혼돈의 시대
리더의 탄생

KB065789

혼돈의 시대 리더의 탄생

—

2020년 3월 4일 초판 1쇄 발행
2023년 4월 18일 초판 24쇄 발행

—

지은이 도리스 컨스 굿윈
옮긴이 강주헌
펴낸이 강준규

—

책임편집 유형일
마케팅 추영대
마케팅지원 배진경, 임혜솔, 송지유, 이원선

—

펴낸곳 (주)로크미디어
출판등록 2003년 3월 24일
주소 서울특별시 마포구 마포대로 45 일진빌딩 6층
전화 번호 02-3273-5135
팩스 번호 02-3273-5134
편집 02-6356-5188
홈페이지 http://www.rokmedia.com
이메일 rokmedia@empas.com

—

ISBN 979-11-354-5975-7 (03340)
책 값은 표지 뒷면에 있습니다.

—

• 커넥팅(Connecting)은 로크미디어의 인문 도서 브랜드입니다.
• 잘못 만들어진 책은 구입하신 서점에서 교환해 드립니다.

Leadership: In Turbulent Times

혼돈의 시대 리더의 탄생

도리스 컨스 굿윈 지음 • 강주헌 옮김

Connecting

남편 리처드 굿윈과
우리 부부의 절친한 친구
마이클 로스차일드를 위하여

◆

저자 소개

도리스 컨스 굿윈Doris Kearns Goodwin

1943년 뉴욕 브루클린에서 태어났다. 1964년 미국 리버럴 아츠 컬리지인 콜비 대학교에서 인문학사 학위를 받았고, 1968년 하버드 대학교에서 정치학 박사 학위를 받았다. 하버드 대학교에서 10년간 '미국 대통령의 통치' 등에 관해 가르쳤다. 그녀는 무려 50년 전, 하버드 대학교 교수가 되었을 때부터 리더십에 큰 관심을 가졌다. 린든 B. 존슨 대통령의 보좌관으로 백악관에서 근무했고, 훗날 존슨 대통령의 회고록 작성에 도움을 주었다. 이때의 경험을 바탕으로 쓴 《린든 존슨과 미국의 꿈Lyndon Johnson and the American Dream》은 뉴욕 타임스 베스트셀러가 되었다. 그 후 1994년에 발표한 《평범하지 않은 시간No Ordinary Time》은 1995년 퓰리처상을 받았다. 1996년에는 미국 성취 아카데미에서 수여하는 골든 플레이트상을 수상했다. 2005년에는 아마존, 뉴욕 타임스 40주 연속 베스트셀러에 오른 《권력의 조건Team of Rivals》으로 링컨상을 수상했다. 또한 뉴욕 역사 소사이어티에서 수여하는 미국 역사책 상을 받기도 했으며, 에이브러햄 링컨 200주년 커미션Abraham Lincoln Bicentennial Commission의 자문 위원으로 활동했다. 스티븐 스필버그는 이 책을 바탕으로 영화 〈링컨〉을 제작했다. 시어도어 루스벨트와 윌리엄 하워드 태프트 간의 우정을 다룬 《불리 펄핏Bully Pulpit》은 2013년 〈뉴욕 타임스〉, 〈워싱턴 포스트〉, 〈이코노미스트〉, 〈타임〉 등 주요 언론에서 올해 최고의 책 중 하나로 선정됐으며, 아마존, 뉴욕 타임스 베스트셀러에 올랐고, 2014년 앤드루 카네기 메달을 수상했다. 노스웨스트 항공사의 이사회 임원이었으며 스포츠 저널리스트로도 활동했다. 1979년에는 보스턴 레드삭스의 라커룸에 들어간 첫 여성 저널리스트가 되었다. 1998년에는 베이츠 대학에서 명예 사회복지학 박사L.H.D.학위를 받았고 2008년에는 웨스트필드 주립 대학교에서 수여하는 명예박사 학위를 받았다. NBC의 'Meet the Press, Charlie Rose' 등에 해설자와 게스트로 출연하며 방송 활동도 왕성하게 하고 있다.

◆

역자 소개

강주헌

한국외국어대학교 프랑스어과를 졸업, 동대학원에서 석사 및 박사학위를 받았고, 프랑스 브장송 대학에서 수학하였다. 뛰어난 영어와 불어 번역으로 2003년 '올해의 출판인 특별상'을 수상했으며, 현재 전문번역가로 활발하게 활동 중이다. 옮긴 책으로 《키스 해링 저널》, 《문명의 붕괴》, 《촘스키, 누가 무엇으로 세상을 지배하는가》, 《슬럼독 밀리어네어》, 《빌 브라이슨의 재밌는 세상》, 《촘스키처럼 생각하는 법》 등 100여 권이 있으며, 지은 책으로 《기획에는 국경도 없다》, 《강주헌의 영어번역 테크닉》 등이 있다.

◆

서문

    에이브러햄 링컨, 시어도어 루스벨트, 프랭클린 루스벨트, 린든 존
슨. 이 네 대통령의 삶과 시대는 반세기 동안 내 관심사였다. 아침에
는 그들과 함께 잠에서 깼고, 밤에는 잠자리에 들어서도 그들에 대한
생각의 끈을 놓지 않았다. 수기로 남긴 기록물, 개인적인 일기와 편지,
구술된 역사 자료, 회고록, 신문과 정기 간행물을 파고들며 그들 자신
과 가족, 친구와 동료, 그들이 살았던 세계를 더 깊이 이해하는 데 필
요한 구체적인 증거들을 추적했다.

    이미 그들을 집중적으로 다룬 4권의 책을 쓴 까닭에, 5년 전 그들
의 리더십에 대한 연구를 시작할 때만 해도 그들에 대해 충분히 알고
있다고 생각했다. 그러나 리더십이라는 한정적인 렌즈를 통해 그들을
관찰하기 시작하자 완전히 새로운 사람들을 만나는 기분이었다. 리
더십이라는 정의하기 힘든 주제를 중앙 무대에 올리자 새롭게 알아야
할 것이 많았다. 그래서 역사와 전기 이외에 철학과 문학, 경영학과 정
치학, 비교 연구법에 눈을 돌렸다. 그 결과 뜻하지 않게 개인적이고 감
정을 자극하는 이야기에 빠져들었다. 대학과 대학원을 졸업한 이후
로는 드러내고 의문을 제기한 적이 없었던 근본적인 문제로 되돌아간
것이다.

리더는 타고나는가, 아니면 만들어지는가? 야망은 어디에서 오는 것일까? 역경은 리더십 성장에 어떤 영향을 미치는가? 시대가 리더를 만드는가, 아니면 리더가 시대를 만드는가? 리더는 어떻게 국민의 삶에 목적의식과 의미를 부여하는가? 권력과 직위와 리더십은 어떻게 다른가? 개인적인 야망보다 더 큰 목적이 없어도 리더십은 가능한가?

지금도 생생한데 대학원 시절에 나는 친구들과 이런 문제를 두고 오랫동안 뜨겁게 논쟁을 벌였고, 때로는 밤을 하얗게 새우며 우리 지식 수준을 넘어 열정적으로 토론하기도 했다. 그 토론은 기본적으로 우리에게 유리하게 작용한 면도 있었다. 토론은 단지 우리 관심을 사로잡은 것을 넘어 이상주의적 성향을 자극했고, 앞으로 어떤 삶을 살아갈지 고민하도록 요구했다. 지금 생각하면 그러한 토론을 거듭하는 과정에서 역사학자로서의 내 소명을 깨달은 듯하다.

———◇———

1부에서는 네 사람이 공적인 삶에 처음 발을 들여놓았을 때를 다루었다. 그들이 공적인 정체성을 형성하기 시작한 20대에는 훗날 미국의 문화와 화폐와 조각상에 남겨진 근엄하고 진지한 모습과는 사뭇 달랐다. 그들이 확실하고 명확한 길을 걸었던 것은 아니다. 그들의 이야기에는 혼란과 실패, 희망과 두려움이 가득하다. 따라서 경험 부족에서 오는 미숙함과 자만심, 조심성 부족, 명백히 잘못된 판단, 자기중심적 행동에서 비롯된 실수를 추적함과 동시에, 그들이 그런 실수를 인정하거나 감추고 혹은 극복하기 위해 어떤 노력을 했는지도 살펴볼 것이다.

그들이 정치적 리더십의 정점에 오르는 과정이 똑같았던 것도 아니다. 시어도어 루스벨트와 프랭클린 루스벨트는 부유한 명문가에서 태어났지만, 에이브러햄 링컨은 지독한 가난을 견뎌야 했다. 한편 린든 존슨은 때때로 힘든 시기를 겪었다. 그들은 기질, 외모, 신체적 기능도 확연히 달랐다. 리더십과 관련된 타고난 자질—지능과 활력, 공감 능력, 언어 구사력, 사람을 다루는 재능—도 달랐다. 하지만 격렬한 야망과 성공을 향한 욕망을 가졌다는 점만큼은 같다. 또 인내하고 근면하며 자신에게 주어진 자질을 함양하고 개발한 덕분에 그들 모두가 리더가 되었다.

네 사람 모두 대통령에 오르기 훨씬 전에 리더로 인정받았다. 그들은 폭넓은 계층의 사람들과 만나고 부대끼면서 점점 빛나게 되었고, 자신의 소명이 정치에 있다는 걸 깨달았다. 미국 철학자 윌리엄 제임스William James는 정체성의 불가사의한 형성 과정에 대해 언급하며 "한 사람의 성격을 규정하는 가장 좋은 방법은 그가 능동적으로 움직이며 진실로 살아 있다고 느끼는 특정한 정신 상태 혹은 심리 상태를 찾는 것이라 생각한다. 그런 순간에 내면의 목소리가 '이것이 진짜 나다!'라고 외친다."고 말했다.[1]

2부에서는 사적인 삶과 공적인 삶이 산산이 조각났던 좌절의 시간에 대해 다루었다. 그들은 각각 다른 삶의 단계에서 자존감을 무참히 짓밟고 희망까지 꺾어놓는 사건을 겪어야 했다. 그들을 공격하며 괴롭힌 역경도 제각각이었다. 에이브러햄 링컨은 대외적인 평판과 개인적인 도의심에 심한 타격을 입고 우울증에 빠져 자살을 생각할 정도였다. 시어도어 루스벨트는 한날에 젊은 아내와 어머니를 잃었다. 프랭클린 루스벨트는 소아마비에 걸렸고, 그 후로는 평생 허리 아래가 마비된 상태로 지내야 했다. 린든 존슨은 상원의원 선거에서 패했다. 그까짓 선거 패배를 나머지 사람들의 좌절과 비교하는 게 터무니없어 보일 수 있다. 그러나 린든 존슨은 선거구민의 거부를 자신에 대한 심판이자 배척이라 해석해 오랫동안 부정적인 방향으로 치달았고, 결국에는 심장마비로 죽음의 문턱에 선 뒤에야 삶의 목적을 재정비했다.

리더의 성장 과정을 연구한 학자들은 어떤 역경에서도 야망을 유지하는 능력, 즉 회복탄력성이 리더십을 개발하는 데 가장 중요한 요소라고 지적했다. 요컨대 역경에 대응하는 자세, 어떻게든 온전히 마음을 다잡는 태도, 리더십의 성장을 방해하는 상황에 맞서 결국에는 굳건한 리더십을 다져가는 능력이 좌절 자체보다 중요하다는 것이다.

3부에서는 네 사람이 백악관에 입성하는 과정을 다루었다. 삶의 전성기를 맞았을 때 그들은 도덕적 목적의식을 갖고 자신의 능력을 끌어 모아, 다른 사람들에게 삶의 기회를 넓혀주겠다는 포부를 실천했다. 그들이 어떻게 국민을 인도했는지 그 구체적인 이야기를 통해 "리더가 시대를 만드는가, 아니면 시대가 리더를 소환하는가?" 하는 수수께끼를 풀어보려 한다.

시어도어 루스벨트는 "전쟁이 없다면 위대한 장군을 얻을 수 없고, 중대한 사건이 없다면 위대한 정치가를 얻지 못한다. 링컨이 평화로운 시대에 살았다면 지금 그의 이름을 기억하는 사람은 한 명도 없을 것이다."라고 생각했다.[2] 루스벨트의 이런 생각은 금세기 초에 구체화됐는데, 그보다 앞서 존 애덤스John Adams의 영부인 애비게일 애덤스Abigail Adams는 미국 독립전쟁 중 아들 존 퀸시 애덤스John Quincy Adams에게 "태평성대가 계속되는 시대에는 큰 인물이 자라지 않는다. … 불굴의 정신은 역경과 씨름할 때 형성된다. 곤경의 늪이 깊을수록 더 고결한 위인을 불러내는 법이다."라고 편지를 쓰기도 했다.[3]

이 책에서 소개하는 네 리더는 '깊은 곤경'에 맞닥뜨렸다. 불확실성과 혼란이 극도에 달했을 때 대통령에 당선됐다. 에이브러햄 링컨이 대통령에 당선된 때는 미국이 역사상 가장 큰 분열의 위기를 맞았을 때였다. 프랭클린 루스벨트는 대통령에 당선된 뒤, 미국의 경제적 생존과 민주주의의 지속 자체가 의심되는 중대한 위기를 이겨내야 했다. 시어도어 루스벨트와 린든 존슨은 분열과 경제적 파국 같은 국가적 위기를 겪지는 않았지만, 선임 대통령의 암살로 인한 사회 혼란과 민주적 승계 방식의 폭력적 단절 뒤에 대통령직을 승계했다.

시대가 리더십을 발휘할 기회에 큰 영향을 미치는 건 사실이다. 그러니 리더라면 기회가 주어질 때를 항상 대비하고 있어야 한다. 물론 그 리더의 능력과 강점과 스타일이 시대에 적합하지 않을 수도 있다. 예컨대 에이브러햄 링컨과 달리, 전임 대통령이었던 제임스 뷰캐넌James Buchanan의 기질은 노예제도로 가중되는 위기에 대응하기에 적합하지 않았다. 또 심화되는 불경기를 극복하는 데에는 허버트 후버Herbert Hoover의 완고한 사고방식보다 프랭클린 루스벨트의 자유분방한 실험정신과 창의력이 맞았다. 윌리엄 매킨리William McKinley는 시어도어 루스벨트와 똑같이 격동의 시대에 맞닥뜨렸지만, 산업혁명의 결과로 감추어진 위험을 제대로 파악하지 못했다. 존 F. 케네디John F. Kennedy도 린든 존슨과 달리 그 시대의 핵심 쟁점이던 공민권을 입법화하는 능력과 집중력이 없었다.

철학자 랠프 월도 에머슨Ralph Waldo Emerson은 매사추세츠주 콩코드의 제일교구교회에서 에이브러햄 링컨을 칭송하며 "그 사건을 해결하기에 그처럼 적합한 사람은 없었다."라고 말했다.[4] 남북전쟁의 암울한 시대에 링컨보다 더 유능하게 미국을 이끌었을 리더를 생각해내기는 어렵다. 링컨은 자비로우면서 무자비한 리더, 자신감에 넘치면서도 겸손한 리더, 끈질기면서도 인내하는 리더였고, 여러 이해관계를 조정하고, 북군의 사기를 북돋우며, 전쟁의 의미를 더할 나위 없이 명확하고 설득력 있게 또 아름답게 풀어낼 수 있는 리더였다.

시어도어 루스벨트도 마찬가지다. 시어도어 루스벨트의 기백 넘치는 투쟁심은 산업화 시대의 불평등과 독점 같은 문제를 해결하기에 더없이 적합했다. 프랭클린 루스벨트의 경우도 그렇다. 그의 자신감과 낙관주의는 희망을 되살렸고, 대공황과 제2차 세계 대전을 성공적으로 이겨내는 데 영향을 미쳤다. 린든 존슨도 다르지 않다. 입법의 마법사라 불리는 그의 능력은 공민권법 제정으로 미국의 얼굴을 완전히 뒤바꿔놓기에 완벽한 조건이었다.

그 시대와 대통령 재임 기간을 규정하는 사건들을 보면 그들이 확연히 달랐다는 것이 4건의 사례 연구에서도 확인된다. 또한 그들의 리더십이 자물쇠에 완벽히 맞아떨어지는 열쇠처럼 그 역사적 순간에 반드시 필요했다는 것도 확인된다. 어떤 열쇠도 완전히 똑같지 않다. 홈이 파인 모양은 제각각이다. 리더십의 만능열쇠도 없고, 역사적 상황을 포괄하는 자물쇠도 없다. 그러나 역사적 맥락에서 리더십 역량을 일관되게 추적하면 유사한 리더십 특성을 찾아낼 수 있다.

　여기에서 먼저 다루어지는 세 리더, 즉 에이브러햄 링컨, 시어도어 루스벨트, 프랭클린 루스벨트가 가장 위대한 대통령에 속한다는 데는 의문의 여지가 없다. 그들도 때로는 결정과 판단에서 실수와 잘못을 범했지만 공동체의 기억에서 안정되고 명예로운 자리를 차지하고 있다.

　린든 존스의 경우는 좀 복잡하다. 나는 24세에 백악관 보좌관으로 존슨의 옆에서 일하기 시작한 때부터 역사에서 그의 위치를 규정해보려고 애썼다. 하지만 그 역할을 시작하기도 전에 가차 없이 쫓겨날 뻔했다. 내 세대의 많은 젊은이가 그랬듯이 나도 베트남 전쟁을 반대하는 운동에 적극적으로 참여했다. 나는 보좌관에 선발되기 수개월 전, 1968년의 선거에서 린든 존슨에게 도전할 제3당 후보를 촉구하는 글을 〈뉴 리퍼블릭The New Republic〉에 보냈는데, 보좌관으로 선발되고 며칠 후 〈뉴 리퍼블릭〉이 그 글을 게재했다. 그래서 나는 해촉될 거라고 생각했지만, 놀랍게도 존슨은 "그 아가씨를 1년 동안 써보자고. 내가 그 아가씨를 내 편으로 만들지 못한다면 누구도 그러지 못할 거야!"라고 말했다. 나는 1년의 계약이 끝난 후에도 백악관에 계속 근무했고, 존슨이 임기를 마친 후에는 텍사스 농장까지 동반해 회고록 작성을 도왔다.

베트남 전쟁 기간에 존슨이 보여준 행태가 앞으로도 그의 유산을 퇴색시키겠지만, 지나온 세월에서 분명해졌듯이 공민권법 제정에서 그가 보여준 리더십과 미국을 '위대한 사회Great Society'로 만들겠다는 그의 비전은 시간의 시험을 견뎌낼 것이다.

———◇———

린든 존슨은 프랭클린 루스벨트를 정치적 스승으로 생각하며 의회에 입성했다. 대통령 집무실 책상 맞은편에 '정치적 아버지'의 초상화를 걸어두고, '위대한 사회'로 루스벨트의 뉴딜을 능가하는 결과를 남기겠다고 다짐했다. 젊은 시절, 프랭클린 루스벨트는 시어도어 루스벨트의 이력을 하나씩 밟아가며 정치적으로 성공하겠다는 꿈을 키웠다. 시어도어 루스벨트의 영웅은 어린 시절부터 에이브러햄 링컨이었다. 링컨이 보복의 악순환을 끊겠다는 단호한 결의로 환히 밝혀 놓은 길을 시어도어 루스벨트는 평생 따르려고 애썼다. 에이브러햄 링컨의 생각에 가장 이상적인 리더는 조지 워싱턴이었다. 그래서 1861년 '그때까지 워싱턴에서 하던 일보다 더 큰 과업'을 맡기 위해 일리노이주를 떠날 때 링컨은 고향 사람들에게 작별을 고하며 조지 워싱턴을 들먹였고, 그 초대 대통령에게서 힘을 얻으려 했다.[5] 조지 워싱턴이 미국의 아버지라면, 이런저런 관련성에서 에이브러햄 링컨은 워싱턴의 자랑스러운 아들이었다. 결국 네 사람은 하나의 가계도를 형성한다. 달리 말하면, 미국의 역사를 관통하는 리더십이란 관점에서 그들은 한 가족이다.

여기에서 소개하는 리더들의 이야기가 분열과 두려움의 시대에 독자에게 유익한 교훈을 주며 불안을 조금이나마 덜어줄 수 있다면 더 이상의 바람이 없겠다. 그들은 우리 모두에게 필요한 기준을 세웠고 선례를 보여주었다. 그들이 서로에게 배웠던 것처럼 우리는 그들에게 배울 수 있다. 리더십은 진공 상태에서 존재하는 게 아니기 때문이다. 비유해서 말하면, 리더십은 쌍방향 도로이다. 링컨은 "나는 도구에 불과했다. 노예제도를 반대하는 국민과 군대가 모든 것을 해냈을 뿐이다."라고 겸손하지만 정확히 지적했다.[6] 진보 운동이 시어도어 루스벨트의 '공평 정책Square Deal'을 위한 길을 놓는 데 도움을 주었듯이, 공민권 운동은 정의롭고 실용적인 행동주의에 불길을 당기는 연료를 공급함으로써 '위대한 사회'를 가능하게 해주었다. 프랭클린 루스벨트만큼 국민과 대화하며, 국민의 목소리를 명확히 경청한 정치인은 없었다. 프랭클린 루스벨트는 국민의 이야기를 귀담아들으며 받아들였고, 한 세대 동안 국민과 끊임없이 대화했다.

에이브러햄 링컨은 "민심과 함께하면 어떤 것도 실패하지 않지만, 민심을 거스르면 어떤 것도 성공할 수 없다."고 말했다.[7] 이런 리더는 국민과 불가분의 관계에 있고, 이런 리더십은 국민이 자신의 모습을 비추어 보는 거울이다.

리더의 조건

그야말로 혼돈의 시대이다. 이념이나 철학은 기준이 아니다. 내 편과 네 편이 있을 뿐이다. 뉴스도 입맛에 따라 진짜 뉴스와 가짜 뉴스로 갈린다. 이른바 팩트 체크도 누구 편이냐에 따라 진위가 달라진다. 이런 시대에는 어떤 리더가 필요할까?

저자는 혼란의 시기를 극복한 네 명의 대통령을 선택해 그들의 리더십을 분석했다. 노예제도에 대한 갈등으로 국가가 둘로 쪼개졌을 때 뚜렷한 철학과 공감 능력으로 위기를 극복한 에이브러햄 링컨, 산업혁명 이후 미국에 닥친 경제적 위기와 트러스트를 타파하고 공정한 사회를 건설하기 위해 전통에 얽매이지 않고 행동하는 리더십을 보여준 시어도어 루스벨트, 대공황에 고통 받고 민주주의에 대한 믿음을 상실한 미국인들에게 활력을 되찾아준 프랭클린 루스벨트, 그리고 입법부와 타협하며 '위대한 사회'의 기초를 놓은 린든 존슨이 그들이다.

그들은 기질과 장단점이 달랐지만 하나의 공통점을 찾는다면 '국민과의 약속'을 반드시 지켰다는 것이다. 실제로 링컨은 "민주주의에서 리더의 강점은 국민과 하나가 되는 결속력에 달려 있다는 사실"을 잠시도 잊지 않았다. 국민과 하나가 되는 방법은 무엇일까? 링컨은 아침마다 집무실 밖에 줄을 서서 기다리는 보통 사람들의 탄원을 듣기 위해 서너 시간을 할애했다. 링컨이 대통령으로 재임한 때가 1861~1865년이었다는 걸 고려하면 직접 대면이 충분히 이해된다. 한편 프랭클린 루스벨트는 1933년부터 1945년까지 12년을 집권하는 동안 945회의 기자회견을 가졌다. 1주에 1회가 넘는 횟수이다. 보좌관에게 둘러싸인 대통령과 비판적인 기자들을 빈번하게 만드는 대통령, 둘 중 어느 쪽이 국민의 뜻을 더 잘 파악할 수 있을까? 굳이 대답할 필요가 없는 질문일 것이다.

그들에게 공통된 또 하나의 특징을 찾는다면, 개인이나 당파의 이익보다 공동체의 이익이 더 중요하다는 것을 실천적으로 보여주었다는 것이다. 링컨이 전쟁터에 몰아넣은 병사들에게 다수의 표를 얻어 재선된 것도 병사들을 직접 만나며 공동체의 중요성을 일깨워준 덕분이었다. 린든 존슨이 정치적 손해를 감수하고 흑인에게 투표권을 인정하는 시민권법을 밀어붙이고, 메디케어 등 사회보장제도와 관련된 법안을 통과시키려 애쓴 것도 공동체의 이익을 위해서였다. 결국 당사자가 소속된 집단의 리더에서 조직 전체의 리더가 되는 순간, 그 집단의 협소한 울타리를 벗어나 조직 전체의 리더가 돼야 한다는 뜻이다. 적어도 이 책에서 다룬 네 명의 리더는 우리에게 그렇게 가르쳐준다.

워런 버핏의 질문을 약간 변형해서 "대한민국 역대 대통령 중 어느 분과 점심 식사를 함께하고 싶습니까?"라는 질문에 당신은 누구라고 대답하겠는가? 이미 현직에 물러난 대통령은 그렇다손 치더라도 현직이나 미래에 대통령이 되려는 사람은 이 책에서 많은 것을 배울 수 있을 것이다. 물론 이 책에서는 네 명의 정치적 리더를 다루고 있지만, 크고 작은 리더들도 이들의 삶에서 많은 교훈을 얻을 수 있을 것이다. 나에게 그들에게 배운 교훈 하나를 선택하라고 한다면 "거짓말하지 말라!"는 것이다.

충주에서 강주헌

◆

차례

3부

리더와 시대

그들은 어떻게
세상을 이끌어가는가?

러햄의 새어머니, 세라 부시 존스턴은 아이들이 "더러운 누더기를 걸친 채" 들짐승처럼 살아가는 걸 보고 망연자실할 수밖에 없었다.[12] 오두막은 마루판도 번듯한 문도 없었다. 가구도 거의 없다시피 했다. 침대도 없었지만 침구도 부족했다. 세라는 짐마차에 싣고 온 물건들로 "아늑하고 포근한" 가정을 만들어갔다. 마루판이 놓였고, 문과 창문도 설치됐다. 세라는 아이들을 위한 옷도 직접 지었다.[13] 그처럼 황량한 곳에서 어떻게 링컨은 원대하고 환상적인 야망, 즉 자신이 더 고결하고 더 나은 것을 위해 탄생한 존재라는 믿음을 키우고 유지할 수 있었을까?

링컨의 야망을 키운 도약대는 자신이 남다른 지능과 탐구심을 지녔다는 확신을 갖게 된 어린 소년 시절에서 찾을 수 있다. 켄터키 시골의 초등학교에서 링컨은 일곱 살에 읽기와 쓰기를 배웠다. 당시 학교 친구들의 회상에 따르면, 링컨은 누구보다 빨리 배웠고 제대로 이해했다. 링컨은 아버지의 밭일을 돕지 않아도 괜찮은 경우에만 이따금씩 학교에 나왔지만, 반에서 일등을 독차지했다. 한 친구는 "배우지 않아 무지한 우리 중에서 링컨은 누구보다 많이 아는 소년"이었다고 회상했다.[14] 링컨의 전기를 쓴 역사학자, 데이비드 허버트 도널드David Herbert Donald도 "짧은 학교생활이었지만 그 안에서 자기에게 필적할 만한 지적 능력을 지닌 사람을 만나지 못한 까닭에 링컨은 확고한 자신감을 얻을 수 있었다."고 말했다.[15] 언젠가 자신의 재능을 최대한 발휘하는 상황에 있게 될 거라는 링컨의 꿈은 확고해지기 시작했다.

리더십 자질은 타고나는 것인가 키워지는 것인가에 대한 해묵은 논쟁에서, 기억력—정보를 머릿속에 저장하는 능력—은 일반적으로 선천적인 자질로 여겨진다. 학교에 입학한 첫날부터 친구들은 링컨의 경이로운 기억력에 혀를 내두르며 "최고의 기억력",[16] "신묘하기 그지 없는 암기력"[17]이라 칭송했다. 그런데 한 친구가 링컨에게 "어떤 자국이 네 머리에 쉽게 찍히고 지워지지 않는 것 같아. 네 머리는 그야말로 불가사의야."라고 말했을 때, 링컨은 그에게 잘못 알고 있는 것이라며 뛰어난 기억력이 선천적 능력처럼 보이지만 실제로는 후천적으로 개발한 능력이라고 주장했다. 링컨은 "나는 배우는 게 느리고, 배운 것을 잊는 것도 느린 사람이다. 내 머리는 강철 조각과 비슷해서 그 위에 자국을 내기가 무척 어렵지만, 일단 생긴 자국을 지워내기는 거의 불가능하다."라고 말했다.[18] 링컨이 모든 것을 기억에 새기는 고된 과정을 지켜본 그의 새어머니도 "에이브러햄은 마음에 와 닿는 구절을 보면, 종이가 없을 경우에는 종이를 구할 때까지 판자에 그 구절을 써두고 외우고 또 외웠다."고 회상했다.[19] 링컨은 그런 구절을 쓴 종이들로 스크랩북을 만들어 보관했다.

어린 링컨은 단순하게 외우는 능력은 출중하지 않았지만, 추론력과 이해력은 남달랐다. 또 호기심도 굉장해서 듣고 읽은 것이나 새롭게 배운 것의 의미를 끝까지 알아내려는 욕심은 억누르기 힘들 정도였다. 훗날 링컨은 "어렸을 때 누군가 나에게 이해하지 못할 거라는 식으로 말하면 화를 내곤 했다. 지금까지 살면서 다른 이유로 화를 낸 기억은 없다."라고 회고했다. 또 링컨은 아이디어 사냥을 시작하면 적절한 아이디어를 떠올릴 때까지 잠자리에 들지 않았고, 아이디어를 떠올린 후에는 "북쪽으로 묶고 남쪽으로 묶고, 다시 동쪽을 점검하고 서쪽을 점검할 때까지" 편히 쉬지 못했다.[20]

어렸을 때부터 에이브러햄 링컨은 어떤 분야에서든 성공에 반드시 필요한 자질—자신의 모든 능력을 완전히 개발하겠다는 의욕과 의지—을 드러냈다. 그의 친구, 너새니얼 그릭스비Nathaniel Grigsby는 "링컨의 야망은 우리를 훨씬 능가했다. 우리가 노는 동안에도 링컨은 책을 읽고 또 읽었다."고 회상했다.[21] 링컨은 알파벳 쓰는 법을 처음 배웠을 때 얼마나 좋았던지 "적당한 도구를 찾아내면 어디에서나 철자와 단어와 문장을 끼적거렸다. 숯으로도 글자를 끼적였고, 먼지더미와 모래밭과 눈밭 등 선을 그을 수 있는 곳이면 어디에서나 철자와 단어를 쓰는 연습에 골몰했다."[22] 곧 링컨은 "동네에서 최고의 필가筆家가 됐다."[23]

또 기회가 닿을 때마다 자신의 지식을 친구들에게 나눠주었던 링컨은 곧 친구들의 "길잡이이자 리더"가 됐다.[24] 한 친구는 자기에게 천체의 움직임을 설명해주려고 사서 고생하던 링컨의 "크나큰 고통"을 회상하며, 달이 가라앉는 거라고 믿은 자신의 생각을 바로잡아주기 위해 움직이는 것은 지구이지 달이 아니라고 끈질기게 설명하던 링컨의 모습이 기억에 생생하다고 말했다.[25] 또 다른 친구는 "링컨이 학교에 오면 친구들이 그를 빙 둘러싸고 그의 말을 들었다."고 회상했다. 그럼 링컨은 친절하고 재미있게 또 재치 있고 지혜롭게 "우리가 제대로 이해하지 못하는 것을 이야기와 격언, 숫자로 설명해주었다. 거의 언제나 링컨은 자신이 깨달은 교훈이나 생각을 명확하고 평이한 이야기로 풀어주었다. 그래서 우리는 그의 설명을 거의 즉각적으로 이해할 수 있었다."[26]고 말했다. 요컨대 링컨은 구체적인 사례와 이야기가 최고의 교육 수단이라는 걸 일찌감치 알고 있었던 셈이다.

링컨은 부분적으로는 아버지를 지켜보며 이야기를 꾸미는 능력을 키워갔다. 토머스 링컨은 글을 읽지도 쓰지도 못했지만 재치가 있었고, 흉내 내는 능력도 탁월했다. 또 특이한 이야기를 기억하는 능력도 남달랐다. 저녁이면 토머스는 농부와 목수, 옛 컴벌랜드 산길을 따라 지나가던 행상들과 객담을 주고받았는데, 어린 링컨은 구석에 앉아 이야기에 넋을 잃었고, 어른들이 저녁 내내 떠드는 이야기를 듣고 난 뒤엔 밤 시간을 한순간도 허비하지 않고 그것들을 기억하고 이해하려고 애썼다.[27] 그렇다고 신비한 어른의 세계를 단순하고 재미있게 바꿔서 이튿날 친구들을 즐겁게 해주려는 의도는 눈곱만큼도 없었다.

링컨은 나무 그루터기에 앉아 그럴듯한 이야기를 재미있게 늘어놓으며 친구들의 마음을 사로잡았다. 오래지 않아 이야기 레퍼토리가 풍부해졌고, 이야기를 꾸미는 능력도 커져갔다. 한 친구의 회상에 따르면, 에이브러햄은 열 살 때 그 지역에 간헐적으로 찾아와 설교하던 침례교파 순회 전도사들의 몸짓과 어투를 흉내 내기도 했다.[28] 전도사들의 장황한 설교를 한 단어도 빼놓지 않고 그대로 되풀이했고, 머리와 손의 움직임까지 완벽하게 재현하며 친구들을 즐겁게 해주었다. 나이가 들어서는 25킬로미터나 떨어진 법원까지 걸어가 형사 재판과 계약 분쟁, 유언 소송 등을 지켜보며 이야기의 레퍼토리를 더했고, 재판 과정을 역겨울 정도로 자세히 재현해냈다.[29]

링컨이 좋아했던 책《이솝 우화》가 그랬듯이 그의 이야기에도 교훈이 담겨 있는 경우가 많았다. 하지만 때로는 그 자신이 순전히 재미있게 들어 친구들에게 전해주는 이야기도 있었다. 링컨의 표정은 평소에 약간 슬픈 분위기를 풍겼지만, 이야기를 시작하면 얼굴이 환히 밝아지고 "매혹적인 미소"까지 띠었다.[30] 또 이야기를 끝낼 때는 시원하게 웃었는데, 그러면 모두가 따라 웃었다.

링컨이 천부적인 유머 감각을 남을 즐겁게 해주는 데만 사용한 것은 아니었다. 때로는 멋들어진 풍자로 누군가를 조롱하는 데 쓰기도 했다. 한번은 친구 조사이어 크로퍼드가 링컨에게 파슨 윔스Parson Weems의《조지 워싱턴의 생애Life of Washington》를 빌려주었다. 그런데 엄청난 폭우로 책이 훼손되고 만다. 크로퍼드는 링컨에게 이틀간 옥수수를 따는 걸로 책값을 대신하라고 요구했다. 링컨은 부당한 요구라고 생각했지만, "줄기에 껍질 하나도 남기지 않고 모든 옥수수를 깔끔하게 따냈다."[31] 그리고 나중에 크로퍼드의 유난히 크고 못생긴 코를 풍자하는 "코나팔을 부는 조사이어"라는 시를 써서 그를 웃음거리로 만들었다.[32]

링컨은 친구들을 즐겁게 해주는 주역이었지만, 옳다고 생각하는 것을 포기하지 않고 친구들의 반박을 무릅쓰며 다른 의견을 거침없이 제기하는 반골이기도 했다. 한 친구의 기억에 따르면, 동네 꼬마들이 거북 등 위에 뜨거운 숯을 올려놓고는 거북이가 괴로워하며 꿈지럭거리는 걸 지켜보는 걸 좋아했는데 링컨이 "잘못된 짓"이라며 그들을 나무랐고, 동물 학대를 반대하는 수필을 쓰기도 했다.[33] 링컨은 경계지의 풍습을 따라야 할 필요가 없다고 생각했다. 경계지에는 아이들도 생존과 재미를 위해 새와 짐승을 쏘아 죽이는 법을 배워야 하는 냉혹한 문화가 있었다. 링컨도 여덟 살이었을 때 아버지의 소총으로 야생 칠면조를 죽였지만, 그 후로는 사냥감을 향해 방아쇠를 당긴 적이 없었다.[34]

이런 사고방식이 도덕적인 마음가짐에서만 비롯된 것은 아니었다. 어린 링컨에게는 상당한 공감 능력도 있었다. 즉 다른 사람의 상황을 고려하고 그의 감정을 헤아리는 능력이 있었다. 한 친구의 기억을 예로 들어보자. 어느 겨울날 저녁, 그와 에이브러햄은 집에 돌아가다가 진흙 구덩이에 뭔가가 엎어져 있는 걸 보았다. "사람이었다. 곤드레만드레 취한 상태였고, 내버려두면 얼어 죽을 것 같았다."[35] 에이브러햄은 그를 일으켜 세워 사촌의 집까지 데려갔고, 곧바로 불을 피워 그의 몸을 따뜻하게 덥혀 주었다. 또 다른 경우도 있었다. 링컨이 친구들과 함께 길을 걷다가, 늪 같은 수렁에 빠져 허우적대는 돼지를 보게 됐다.[36] 그들은 돼지를 지나 800미터쯤 걸어갔다. 그런데 링컨이 갑자기 걸음을 멈추고는 되돌아가 돼지를 구해줘야 한다고 우겼다. 돼지가 머릿속을 떠나지 않았던 것이다.

어렸을 때 링컨은 키도 크고 힘도 셌다. 동네 아이들보다 건장해 "달리기와 높이뛰기, 레슬링과 짐 들기에서 필적할 만한 또래가 없었다."[37] 또 한 친구가 회고했듯이, "어렸을 때도 링컨은 어른 셋이서 땀을 뻘뻘 흘리며 옮길 짐을 들 수 있었다."[38] 링컨은 강인한 체력은 물론 건강까지 타고났다. 친척들은 에이브러햄이 병을 앓은 적이 없었다고 회고했다. 그러나 에이브러햄의 타고난 체력은 양날의 칼이었다. 여덟 살부터 스물한 살까지 링컨은 아버지를 도와 밭에서 일해야 했고, 도끼를 휘두르며 나무를 패고, 그루터기를 파내고 울타리를 세워야 했다. 아버지는 "남자는 뼈와 근육만 있으면 충분하며, 학교에서 보내는 시간은 낭비"라고 생각했다.[39] 대부분의 농촌 지역에서 학교는 교습비를 지불해야 하는 사립학교가 전부였기에, 많은 아이가 밭으로 내몰렸다. 링컨 역시 아홉 살이나 열 살 이후 더는 학교 교육을 받지 못했다.

에이브러햄 링컨은 독학을 할 수밖에 없었다. 직접 책을 구해 무엇을 공부할지 스스로 결정하고, 주도적으로 공부해야 했다. 링컨은 무언가가 찾아오기를 기다리지 않고 적극적으로 찾아 나섰다. 읽을거리도 예외는 아니었다. 친척들과 이웃들의 회고에 따르면, 링컨은 주변 지역을 샅샅이 뒤지고 다니며 책을 빌렸고 "손에 쥐어지는 글"을 닥치는 대로 읽었다.[40] 책은 그의 곁을 떠나지 않는 변함없는 동반자였다. 매일 힘들게 일하면서도 잠시라도 쉬는 시간이 생기면, 예컨대 밭을 갈다 말을 쉬게 해야 할 때 《천로역정》이나 《이솝 우화》를 한두 페이지씩 읽었다.

어떤 리더는 글쓰기를 통해 배우고, 어떤 리더는 독서를 통해 배운다. 한편 경청을 통해 배우는 리더도 있다. 링컨은 사람들 앞에서 소리 내어 책 읽는 걸 좋아했다. 훗날 그 이유를 링컨은 "소리 내어 책을 읽으면 그 뜻을 두 개의 감각으로 파악하게 된다. 첫째로는 내가 읽고, 둘째로는 귀로 듣는다. 따라서 그 뜻을 더 잘 기억하게 된다."고 설명했다.[41] 또 어렸을 때부터 그는 시와 연극의 음악성과 운율을 받아들이는 감수성도 있었다. 링컨은 긴 시구와 구절을 외워서 암송했다. 빌린 책은 그 내용을 완전히 자신의 것으로 만든 뒤에야 돌려줬다. 미국의 역사와 문학을 공부할 즈음에는 이미 자신의 능력을 잘 알고 있었던 까닭에 가족과 이웃의 수준을 뛰어넘어 살아가는 방법을 상상하기 시작했다.

하지만 그의 아버지는 링컨이 밭에서 책을 읽거나 일꾼들이 아들의 이야기에 한눈파는 걸 마뜩잖게 생각해 아들을 매섭게 나무랐다. 심지어 에이브러햄의 책을 찢고, 일을 게을리했다는 이유로 그를 채찍질하기도 했다.[42] 토머스에게 에이브러햄의 독서 습관은 태만, 즉 직무 유기와 다를 바가 없었다. 토머스는 아들이 공부를 계속하려는 자기기만에 빠졌다고 생각하며, 한 친구에게 "그만두게 하려고 온갖 짓을 다해보았지만, 녀석의 머릿속에 틀어박힌 어리석은 생각을 빼낼 수가 없군."이라 말했다.[43]

때때로 아버지와의 긴장 관계가 견디기 힘든 지경까지 치닫고, 그의 원대한 야망과 현실 사이의 간극이 극복하기 힘들 정도로 크게 느껴지면, 링컨은 깊은 슬픔에 잠겼다. 시간이 지날수록 링컨의 사색적이고 침울한 기질은 더욱 뚜렷이 드러났다. 그의 법률 회사 파트너였던 윌리엄 헌던William Herndon은 "그가 산책할 때는 음울한 기운이 풍겼다."고 말했고, 그 밖에도 많은 사람이 비슷하게 증언했다.[44] 예컨대 링컨의 친구, 헨리 클레이 휘트니Henry Clay Whitney는 링컨의 성격을 한마디로 "모호하면서도 깊은 음울함."이라고 규정했다.[45] 침울함이 링컨의 본성이었다면, 삶에서 재미있고 긍정적인 면을 인식하고 의지와 기운을 북돋워주었던 유머 감각도 그의 본성이었다. 친구들에 따르면, 이야기를 꾸미는 능력과 유머 감각은 생존을 위해서나,[46] "슬픔을 날려버리기" 위해서라도 그에게 반드시 필요한 것이었다.[47]

아버지와의 끝없는 대립은 어린 링컨의 야망을 꺾기는커녕 오히려 더욱 키워주었다. 링컨은 아버지의 바람에 끈질기게 저항하며, 부정적인 감정을 억누르고 의지력을 발휘했다. 또한 느리더라도 해마다 하나의 과제를 완전히 익히며 자신의 장점과 능력에 대한 믿음도 키워갔다. 그의 사촌, 소피 행크스가 말했듯이 "링컨은 스스로 언젠가 중요한 인물이 될 것"이라 굳게 믿었고,[48] 한 리더십 전문가가 "대안적 미래alternative future"라 칭한 것을 서서히 만들어갔다.[49] 실제로 링컨은 한 이웃에게 "나는 땅을 파고 벌레를 잡고 옥수수 껍질을 벗기고 울타리를 세우는 짓이나 하며 살고 싶지는 않다. 공부하며 만반의 준비를 할 것이다. 언젠가 기회가 반드시 올 테니까."라고 말했다.[50]

———◇———

마침내 21세가 됐을 때 링컨에게 기회가 찾아왔다. 21세, 즉 성년으로 인정받는 연령이 되었다는 것은 아버지의 집에서 거의 노예로 지내던 운명을 떨쳐낼 수 있게 됐다는 뜻이었다. 한 친구가 회상하듯이, 링컨은 "자신의 운명이 아버지의 운명과 뒤얽혀 있는 한 더 나은 미래를 기대할 수 없다고 생각하며, 넓은 세계로 나가려고 무진 노력했다."[51] 링컨은 몇몇 하찮은 물건을 보자기에 싸서 어깨에 짊어지고 서쪽으로 향했다. 거의 150킬로미터 이상을 걸은 뒤에야 매사추세츠주 뉴 세일럼에 도착했다. 그곳에는 그에게 일자리를 약속한 잡화점이 있었다. 뉴 세일럼은 상거먼강을 따라 생겨난 지 얼마 안 된 작은 도시였지만, 북적댔고 "곡물 가루와 온갖 잡동사니를 미국의 많은 지역으로 공급하는 제분소"가 있었다.[52] 전체 정착민 수는 수백 명에 이르렀고, 통나무집 15채와 선술집 하나가 있었다. 대장간과 잡화점도 각각 한 곳이 있었고, 교사와 전도사도 한 명씩 있었다.[53]

뉴 세일럼 주민들에게 키가 훌쩍한 젊은 이방인은 이상하게 보였다. 그다지 매력적인 인상은 주지 못했다. 하기야 얼빠지고 촌스럽게 보이는 데다 피부는 어릴 때부터 밭일을 해 상하고 거무칙칙했으니까.[54] 링컨은 귀가 유달리 컸고 광대뼈는 높았으며 머리카락은 검은 깃털처럼 뻣뻣했다. 게다가 "옷차림도 우스꽝스럽기 그지없었다. 팔이 코트 소매 밖으로 길게 튀어나왔고, 바지도 무척 짧아 훨씬 작은 사람에게나 맞을 듯했다. 양말이 훤히 드러날 정도였다."[55]

첫인상이 이랬던 그가 8개월 만에 어떻게 주민들의 마음을 사로잡았기에, 그들로부터 주의회에 출마하라는 권유를 받았을까? 한 주민의 설명에 따르면, 답은 링컨의 사교성에 있었다. 달리 말하면 링컨의 "열린 자세, 무엇이든 하겠다는 적극성, 친절하고 정직한 성품"에 있었다. 모두가 링컨을 좋아했다.[56] 링컨은 여행객이 진흙탕에 빠진 짐마차를 빼내는 걸 도왔고, 혼자 힘겹게 사는 미망인들을 위해 자진해서 땔나무를 팼다. 링컨은 도움이 필요한 사람을 언제나 자발적으로 도왔다.[57] 그 작은 마을에서 링컨과 한 번이라도 접촉한 사람은 누구나 그의 친절함과 너그러움, 총명함과 겸손함, 유머 감각을 거론하며 그를 굉장히 매력적인 사람이라 칭찬했다. 암살 뒤에 생겨난 그에 대한 신화 같은 이야기보다, 수많은 사람의 이러한 증언이 뉴 세일럼에서 그가 어떻게 행동했는지 진실되게 보여주는 듯하다.

뉴 세일럼의 잡화점에서 점원으로 일하며 링컨은 훗날 정치적 이력을 구축하는 데 필요한 이상적인 기반을 닦았다. 그 잡화점은 경계지의 고유한 역할을 거의 완벽하게 해냈다. 식료품과 철물, 의류와 모자 등을 판매하는 데 그치지 않고 "지식과 사교의 중심지"라는 역할까지 떠맡았다.[58] 한마디로 마을 사람들이 모여 신문을 읽고 지역 운동 대회를 논의하는 곳이었다. 정치가 흥미롭고 보편적인 관심사이던 시대였기에 정치에 대한 토론도 끊이지 않았다.[59] 곡물을 가루로 빻으려면 거의 80킬로미터나 떨어진 제분소까지 운반해야 했던 농부들에게 잡화점은 긴장을 풀고 이런저런 소문과 의견을 주고받던 만남의 장소였다.[60]

한 동료 직원의 회상에 따르면, 링컨은 사교적인 성품과 마르지 않는 이야깃거리로 뉴 세일럼에 도착하고 수 주가 지나지 않아 모두에게 주목받는 '매력덩어리'가 됐다.[61] 마을 사람들은 링컨을 여태 경험한 최고의 점원으로 꼽았다. 한 주민은 "그는 자기 일에 충실했다. 고객들과 친구들에게 친절했고, 사려 깊게 행동했으며, 항상 그들을 상냥하게 대했다."라고 기억했다.[62] 또 뉴 세일럼 주민들은 그의 끝없는 학습욕에도 깊은 인상을 받았다.[63] 링컨은 시집이나 산문집을 항상 계산대 뒤에 두고, 잠시라도 한가해지면 그 책을 읽었다. 정치와 관련된 토론에서도 링컨은 그 시대의 쟁점에 대해 해박한 지식을 자랑했다. 링컨은 결코 평범한 점원이 아니었다. 링컨의 사색적이고 온화한 기질은 지역 사람들의 마음을 사로잡기에 충분했다. 그들은 링컨이 성공하기를 바랐고, 그에게 책을 빌려주며 그의 성공에 일조한다는 자부심을 느끼기도 했다. 마을 통장은 링컨이 밤에 찾아와 책을 읽을 수 있도록 "대팻밥으로 불을 환히 밝혀두었다."[64]

한 친구는 "링컨은 어떤 문제에 대해 모르는 경우 아무리 단순한 문제라도 모른다는 걸 솔직히 인정했다."고 회상했다.[65] 예컨대 링컨은 문법을 공부한 적이 없다는 사실을 교사에게 털어놓았고, 교사는 링컨에게 대중 앞에서 연설하려면 반드시 문법을 배워야 한다고 말했다. 뉴 세일럼에는 적당한 문법 교과서가 없지만 10킬로미터쯤 떨어진 누군가의 집에 알맞은 문법책이 있다는 말도 덧붙였다. 그 말이 떨어지기 무섭게 링컨은 벌떡 일어나 문법책을 구하려고 그 집을 향해 걷기 시작했다. 돌아온 그의 손에는 새뮤얼 커컴Samuel Kirkham의《영어 문법》이 들려 있었다.[66] 집에 도착한 즉시, 링컨은 문장 구조를 지배하는 복잡한 법칙 및 부사와 형용사의 사용법을 익히기 시작했다. 링컨은 "모든 사회 계급이 이해할 수 있도록" 짤막하면서도 명확한 문장으로 단순하고 간결하게 말하고 쓰는 방법을 열심히 공부했다.[67]

———◇———

링컨이 주의원에 출마할 의도를 밝히며 발간한 전단은 2,000단어에 달했다. 그는 공적인 쟁점에 대한 자신의 의견을 사람들에게 분명히 알리고, 자신의 천성과 성격을 간결하게 밝히기 위해 문장을 다듬고 또 다듬었다. 링컨은 민주당원이 압도적으로 많은 지역에서 휘그당* 후보로 출마했다. 그는 4가지 공약 즉, 국립은행 설립, 보호 관세, 공공사업에 대한 연방정부의 지원, 공공교육의 확대를 내세웠다. 하지만 사실 주의원은 국립은행을 설립하고 관세를 인상하는 데 별다른 역할을 할 수 없었다. 반면 도로와 수로, 항구와 철로를 개선하는 등의 사회기반시설 확충과 공공교육의 확대는 휘그당이 강력히 주장하던 공약이었을 뿐만 아니라, 링컨 자신과 뉴 세일럼 주민이 간절히 바라던 소망이기도 했다.

상거먼강은 뉴 세일럼의 생명줄이었다. 주민들은 상거먼강을 통해 생산품을 시장에 내보냈고, 필요한 물품을 받았다. 항해를 방해하는 장애물이 해결되지 않는다면, 물길이 준설되지 않고, 부류하던 통나무가 제거되지 않는다면, 뉴 세일럼은 결코 완전한 공동체로 발전하지 못할 게 뻔했다. 1831년 평저선을 타고 상거먼강을 오가며 직접 그런 상황을 파악한 링컨은 자신의 야망과도 밀접히 관련된 문제에 대해 자신 있고 명확히 주장했다. 수로와 도로가 개선된다면, 또 연방정부가 경제 성장과 공공 개발을 지원한다면, 뉴 세일럼 같은 수많은 작은 마을은 번영할 수 있다고 확신했다. 링컨은 "주의원에 당선되면, 가

---

* 휘그당(Whig Party)은 1833년에서 1860년까지 존재했던 미국의 정당으로, 앤드루 잭슨의 정책에 반대하여 조직되었으나 노예제를 둘러싼 남북의 날카로운 정치적 대립 속에서 명확한 입장을 취하지 못해 결국 해산되었다. 이후 남부의 휘그당원들은 주로 민주당에, 북부 휘그당들은 새로 결성된 공화당에 합류했다. - 편집자주

난하고 인구밀도가 낮은 공동체를 위해 믿을 만한 도로와 항해할 수 있는 수로의 건설을 독촉하는 법을 제정하는 데 앞장설 것"이라고 약속했다.[68]

교육 문제에 대해 링컨은 "국민으로서 우리가 참여할 수 있는 가장 중요한 과제가 교육이라고 생각하는 유일한 사람이 나!"라고 주장했다. 링컨은 모두가 미국의 역사를 읽고, 무상 교육기관의 가치를 인정하며, 문학과 성경을 소중히 생각하기를 바랐고,[69] 가난하게 태어났지만 찬란한 미래를 위해 독학하며 치열하게 노력한 청년답게 열정적으로 교육의 중요성을 역설했다.[70] 그는 꾸준히 독학의 기회를 추구해야 했지만, 모두가 교육의 기회를 누릴 수 있기를 바랐던 것이다.

정계에 입문하기 위한 첫 시도에서 링컨은 어떤 쟁점에 대한 자신의 의견이 잘못되었음이 판명나면 기꺼이 그 의견을 포기할 것이라고도 약속했다.[71] 그의 리더십을 특징짓는 면, 즉 자신의 잘못을 인정하며 실수로부터 배우려는 자세를 일찍부터 드러내 보인 것이다.

링컨은 국민에게 제시한 약속을 일종의 '계약'으로 받아들였고, 국민의 지원에 보답하려고 끊임없이 노력했다. 국민을 하나로 결합시킨 유대감은 투표로 표현됐다. 링컨이 애타게 추구한 운명은 개인적 명성이나 명예가 아니었다. 그의 야망은 처음부터 국민과 관련되었다.

링컨은 첫 선거에 대한 결과를 확신하지 못했지만, 설령 실패하더라도 실망하지 않을 것이라고 다짐했다. 낙선하더라도 "낙심하는 데 너무도 익숙한 까닭에 크게 억울하게 생각하지는 않을 것"이라고 선언했다. 대여섯 번쯤 패한 후에야 불명예스럽게 생각하며 "다시는 출마하지 않을 것"이라고 말했다.[72] 그는 자신의 야망이 실현되지 않을 지도 모른다며 불확실한 상황을 인정하는 와중에도 회복탄력성을 약속했다.

———◇———

링컨은 선거 운동을 시작하자마자 곧바로 일리노이주 의용군에 자원입대했다. 블랙 호크 전쟁Black Hawk War*에서 소크족과 폭스족(혹은 메스카와키족)에 맞서 싸우기 위해서였다. 그 자신이 말했듯이, 놀랍게도 링컨은 중대장으로 선출됐다. 대통령 후보로 결정되고 한 달 뒤, 링컨은 이 일에 대해 한 기자에게 "삶에서의 늦지 않은 성공으로 더할 나위 없이 기뻤습니다."라고 말했다.[73]

3개월의 복무를 마치고 뉴 세일럼에 돌아왔을 때, 8월 선거까지는 4주밖에 남지 않은 상황이었다. 링컨은 말을 타고 로드아일랜드주 크기의 인구가 희박한 지역을 돌아다니며 선거 운동을 시작했고, 시골 잡화점과 작은 광장에서 연설했다. 토요일에는 다른 출마자들과 함께 큰 도시를 찾아가 선거 운동을 펼쳤다. 농부들이 "경매를 통해 생산물을 처분하고 필요한 물품을 구입하려고, 또 이웃을 만나고 정보를 얻으려고" 큰 도시에 모여들기 때문이었다.[74] 연설은 오전 나절에 시작되어 해 질 녘까지 이어졌다. 모든 출마자에게 연설의 기회가 주어졌

---

* 일리노이주 록아일랜드의 원주민, 소크족과 폭스족이 미국 정부에 영토 이양을 반대하여 벌인 전쟁이다. 이들은 전쟁에서 패한 후 위스콘신주와 아이오와주 서쪽으로 밀려났다. - 편집자주

다. 한 경쟁 후보의 기억에 따르면, "링컨의 연설 방법은 다른 후보들과 확연히 달랐다."[75] 링컨은 모든 문제에 솔직한 자세로 접근했고, 모든 사회 계층을 관찰한 결과를 근거로 자신의 주장을 평소 습관대로 쉽게 풀어갔다.[76] 때때로 그의 몸짓이 그랬듯 연설도 어색했지만, 그의 연설을 들은 사람들은 "이야기에 담긴 주장과 이야기 자체, 그리고 링컨이란 존재"를 잊지 않았다.[77]

개표가 시작됐고, 링컨은 패배를 직감했다. 하지만 그 패배로 "희망이 꺾이지도 않았고 야망이 위축되지도 않았다."[78] 오히려 자신의 텃밭, 뉴 세일럼에서 총 투표수 300표 중 277표를 얻었다는 사실에 자신감을 얻었다. 선거가 끝난 뒤, 링컨은 여러 곳에서 일했는데 벌이는 겨우 빵 값을 벌 정도였다.[79] 뉴 세일럼의 우체국장으로 일했고, 토지의 경계를 결정하는 데 필요한 기하학과 삼각법의 원리를 독학한 뒤에는 상거먼 카운티의 부측량사로 임명됐다. 덕분에 카운티 곳곳을 돌아다닐 수 있었다. 한 친구의 회상에 따르면, 링컨이 이야기를 재미있게 꾸민다는 명성이 자자해져 그가 마을에 도착하면 "남녀노소가 토지 경계에 말뚝을 박고, 경계에 나무가 있어 말뚝을 박을 필요가 없으면 그 나무의 껍질을 벗길 채비를 갖춘 채 그의 이야기를 들으려고 여기저기에서 모여들었다."[80]

1834년, 스물다섯이 된 링컨은 다시 주의원에 출마하며 대여섯 번 실패하기 전에는 포기하지 않을 것이란 진지하면서 우스운 약속을 지켰다. 이번에도 링컨은 말을 타고 선거구를 돌아다니며, 연설하고 악수하며 자신을 소개했다. 지역 행사에도 열심히 참가했다. 또 들판에서 30명의 남자가 수확하는 걸 보고는 도와주겠다고 나섰고, 큰 낫을 능수능란하게 다루며 그들의 표심을 얻었다.[81] 주민들은 처음에는 볼품없는 외모 때문에 링컨을 달갑게 여기지 않았다. 한 의사는 링컨을 처음 보았을 때 "당에서 왜 더 나은 후보를 공천하지 않은 거야?"라고 의문을 품었는데, 연설을 듣고 난 뒤에는 "모든 후보를 합한 것보다 저 사람이 더 많이 알고 있어!"라고 인정하게 되었다고 한다.[82]

이번에는 선거구 구석구석 접촉한 덕분에 링컨은 쉽게 승리를 거두었다. 링컨이 주의원으로 활동하기 위해 주도州都로 떠날 준비를 하는 동안, 친구들은 그가 "주의원으로서 품위를 유지하는 데 적합한 의상"을 구입하는 걸 지원하려고 십시일반으로 돈을 모았다.[83] 링컨이 자신의 마음속에서 리더로 성장하고 있다는 걸 확신한 만큼이나, 그들은 링컨을 자신들의 리더로 인정했던 것이다.

———◇———

친구 윌리엄 헌던의 표현에 따르면, 주의회가 개회하는 동안 초선 의원 링컨은 "전혀 눈에 띄지 않았다. 그는 뒷좌석에 조용히 앉아, 의회가 어떻게 운영되는지 학습하며 의회의 복잡한 운영 절차를 차근차근 알아갔다."[84] 링컨은 토론을 유심히 지켜보며 휘그당과 민주당 간의 이념적 차이를 파악했다. 남달리 탁월한 의원들과 함께하고 있다는 걸 알게 됐지만 기가 죽지도 않았고 자신감을 잃지도 않았다. 그들 중에는 훗날 대통령 후보가 2명, 연방 상원의원이 6명, 연방 하원의원이 8명, 주대법원 판사가 3명이나 있었다.[85] 링컨은 세심한 주의를 기울이며, 행동해야 할 때 행동할 수 있도록 지식을 차곡차곡 쌓아갔다. 이처럼 기다려야 할 때와 행동해야 할 때를 정확히 파악하는 탁월한 감각은 링컨의 리더십에서 빼놓을 수 없는 것이었다.

링컨은 법학적 지식이 정치 이력을 키우는 데 도움이 된다는 걸 깨닫고는, 첫 회기가 끝난 뒤 휴회 기간에 법을 본격적으로 공부하기 시작했다. 필요에 의한 독학자였던 링컨은 철저히 혼자 공부했다.[86] 낮에는 측량사와 우체국 직원으로 일했고, 밤에는 판례와 사례를 읽고 또 읽었다. 당시 스프링필드에서 변호사로 일하던 동료 의원, 존 스튜어트에게 한 번에 한 권씩 법률 서적을 빌렸는데, 그 책을 다 읽으면 뉴 세일럼에서 32킬로미터쯤 떨어진 스프링필드까지 걸어가 반납하고 다른 책을 빌렸다.[87] 확고한 목표가 있었던 까닭에 링컨은 이런 고생을 견딜 수 있었다. 약 20년 뒤 링컨은 자신에게 조언을 구하는 법학도에게도 "어떻게든 책을 구해서 읽고 연구하게. 성공하겠다는 결의가 무엇보다 중요하다는 걸 항상 기억하게."라고 말했을 정도다.[88]

두 번째 회기가 시작됐을 때, 링컨의 태도는 확연히 달라졌다. 내면에서 무엇인가가 깨어난 듯, 링컨은 두각을 나타냈다. 법안을 기초하는 데 필요한 법률 용어와 의회의 복잡한 운영 절차를 완벽하게 습득해 동료 의원들이 링컨에게 법안과 수정 조항을 작성해달라고 부탁할 정도였다. 게다가 문서가 손으로 작성되는 시대였기에 링컨이 어렸을 때 갈고닦은 깔끔하고 또렷한 필체가 빛을 발했다. 마침내 그가 발언권을 얻어 일어섰을 때, 동료 의원들은 뉴 세일럼의 시민들이 이미 보았던 모습, 즉 뛰어난 웅변 능력을 능수능란하게 발휘하는 청년과 마주하게 됐다. 링컨은 당시를 회상하며 한 친구에게 "내가 아주 많은 이야기를 알고 있다고들 한다. 내 생각도 그렇기는 하다. 나는 오랜 경험을 통해, 어떤 수단보다 외설적이고 해학적인 이야기가 사람들에게 더 쉽게 영향을 미친다는 것을 깨달았다."고 말했다.[89] 주민들은 신문에서 링컨의 연설을 읽고, 소문을 통해 링컨의 생생한 비유와 은유에 대해 전해 들었다. 링컨의 뛰어난 소통 능력에 대한 인식은 그렇게 일리노이주 전체로 퍼져 나갔다.

일리노이주 주도를 밴데일리아에서 스프링필드로 옮기는 안건에서도 링컨은 리더의 자질을 보여주었다. 당시 의회에서 두 번째로 젊은 의원이던 링컨은 휘그당 전당 대회에서 소장파 리더로 선출됐다. 지도부가 링컨의 연설 능력과 의회 운영 절차에 대한 완벽한 습득을 높이 샀다는 뜻이었다. 또한 훗날 "정치적 진단에 대한 탁월한 재능"으로 알려지게 된 능력, 즉 휘그당의 정적政敵인 민주당의 생각과 의도를 직감하는 능력도 인정했다는 뜻이었다.[90] 링컨은 동료 의원들의 전략과 의견을 말없이 숙고한 뒤에 발언권을 얻어, "여러분의 의견을 종합해보면 민주당이 이러이러하게 행동할 것이라 판단됩니다."라고 말했다. 또 민주당의 의도를 꺾어놓고는 이튿날부터라도 공화당이 취해야 할 행동 전략을 명확히 제시했다. 링컨이 제시하는 행동 방침은 더없이 구체적이어서 동료 의원들이 의문을 품을 이유가 없었다.[91] 한 동료 의원의 평가에 따르면, "링컨은 인간의 본성을 속속들이 알았던 까닭에 동료들, 또 내가 지금껏 알았던 모든 사람을 능가할 수 있었다."[92]

　한 휘그당원은 이렇게 회상했다. "우리는 그의 지휘를 따랐지만 그는 누구의 지휘도 따르지 않았다. 그는 우리가 따라야 할 길을 앞장서서 개척했고, 우리는 기꺼이 그 길을 따랐다. 그는 현안 문제에 집중해서 완전히 이해하는 능력이 탁월했다. 복잡하고 모호한 문제에 대한 그의 진술은 평범한 주장의 수준을 넘어섰다."[93] 물론 링컨에 대한 민주당원의 평가는 달랐는데, 그 자신과 휘그당을 겨냥한 공격에 대한 링컨의 대응에서 그의 기질과 그가 구축해가던 리더십의 성격을 읽을 수 있다. 남북전쟁 전의 시대에 휘그당원과 민주당원 간의 논쟁과 토론은 수많은 사람의 관심을 끌었다. 정치인들이 폭력적이고 험한 언어로 치열한 공격을 주고받으면 구경꾼들은 흥분하며 열광했다. 그렇게 자극된 열띤 분위기에 걸핏하면 주먹 다툼이 벌어졌고, 때로는 총이 뽑히기도 했다. 대부분의 정치인이 그랬듯이 링컨도 모욕에 민감하게 반응하며 발끈했지만, 그의 응수는 거의 언제나 악의 없는 농담이어서 양당 의원 모두 웃으며 긴장을 풀 수밖에 없었다.

　링컨의 몇몇 반격은 시민들의 기억에 깊이 새겨져 한 단어도 틀리지 않고 후세에 전해질 정도인데, '피뢰침' 사건이 대표적인 예다. 합동 정견 발표장에서 링컨이 연설을 끝내고, 민주당 후보 조지 포커George Forquer가 일어서자 군중이 흩어지기 시작했다. 포커는 원래 휘그당원이었지만 토지 등기관이란 좋은 자리에 임명된 후 민주당으로 당적을 옮겼고, 얼마 뒤 최첨단 피뢰침까지 갖춘 호화 주택을 완공한 터였다. 연단에 올라선 포커는 누군가가 젊은 링컨을 끌어내려야 할 때라며 링컨을 조롱하고 비난하기 시작했다. 그런 공격이 "링컨의 마음속에 있는 사자를 깨웠지만", 링컨은 평정심을 유지한 채 포커의 연설이 끝나기를 기다리며 조용히 반격의 칼날을 다듬었다.[94] 포커가 연설을 끝내자 링컨은 "선배님은 젊은이를 끌어내려야 한다고 말씀하셨습니다."라고 익살스레 인정하고는 "저는 살고 싶습니다. 높은 자리에 오르고 명성도 얻고 싶습니다. 하지만 선배님처럼 1년에 3,000달러를 받는 직책 때문에 당적을 옮기고, 그로 인한 죄책감과 하느님의 분노를 피하려고 피뢰침을 세우느니 차라리 오늘 죽겠습니다."라고 덧붙였다.[95] 링컨의 재치 있는 반격에 주변 사람들이 폭소를 터뜨렸다.

하지만 헌던의 기억에 따르면, 링컨의 유머가 경계를 넘어, 악의적이고 잔혹하게 변질되는 경우도 적잖게 있었다. 민주당원 제시 토머스Jesse Thomas가 링컨을 비난하는 재미에 빠졌을 때, 링컨은 연극적인 재능을 십분 발휘했다. 남을 흉내 내는 재주에서 링컨에 견줄 만한 정치인은 없었다. "그는 토머스의 몸짓과 목소리를 흉내 냈고, 때로는 그의 걸음걸이와 몸동작까지 우스꽝스럽게 묘사했다." 군중이 환호하며 열광적으로 반응하면, 링컨은 욕망을 주체하지 못하고, 토머스의 우스꽝스런 말버릇을 더욱 준열하게 조롱했다. 청중석에 앉아 있던 토머스는 결국 울음을 터뜨렸고, 토머스의 눈물은 곧바로 이야깃거리가 됐다. 링컨은 조롱이 지나쳤다는 걸 뒤늦게 깨닫고 토머스를 찾아가 진정으로 사과했지만, 그 후로도 오랫동안 그날의 기억은 링컨에 '깊은 회한'을 안겨주었다.[96] 매번 성공하지는 않았지만, 상대에게 상처를 주더라도 매섭게 반격하고 싶은 충동을 억제하는 능력이 그 이후에 향상된 것은 사실이다. 링컨은 상대에게 교묘하게 굴욕감을 주며 느끼는 희열보다 더 중요한 것을 추구했다.

———◇———

초기에도 링컨은 도덕적 용기와 신념을 야망보다 더 중요하게 생각했다. 26세에 링컨은 남부 사람들이 주로 정착한 일리노이주에서 자신의 기반을 잃을 수도 있다는 걸 뻔히 알면서도 노예제도를 반대한다는 개인의 의견을 공개적으로 밝혔다. 북동부에서 노예제도 폐지론이 부상하고 북부 일부 주에서 도망 노예의 반환을 거부하자, 남부와 북부의 여러 주의회는 노예제도의 헌법적 권리를 확인하는 결의안을 통과시켰다. 일리노이 주의회도 관례를 따랐고, 그 결과 77대 6이라는 압도적인 표차로 "우리는 노예제도 폐지를 강력히 반대하며 노예에 대한 재산권을 존중한다."라고 결의했다.[97] 링컨은 반대한 여섯 명 중 하나였다. 링컨은 공식적으로 반대 입장을 표명하며, "노예제도는 불의와 나쁜 정책에 기반한 것"이라고 주장했다.[98] 훗날 증언했듯이, 링컨은 "노예제도가 잘못된 것이 아니라면 이 세상에 잘못된 것은 없다."라고 항상 믿었다.[99] 하지만 그 저항이 노예제 폐지까지 이르지는 못했다. 헌법이 노예제도를 폐지할 권한을 의회에 위임할 때까지 노예제도가 이미 확립된 곳에 노예 해방의 바람을 불어넣기에는 역부족이라는 걸 실감했기 때문이었다. 링컨은 무엇보다 무정부 상태적 혼란을 두려워했고, 노예제도를 합법적으로 바꿀 수 있을 때까지 법을 준수하는 게 중요하다고 생각했다. 하지만 작가 윌리엄 스토더드 William Stoddard가 말했듯이, 언어가 신중히 선택되고 공격적인 비유가 절제되긴 했어도[100] "북부에서도 노예제도를 반대하면 사회적으로 따돌림 받고 정치적으로는 이단자가 되던 시대에 노예제도를 공개적으로 반대한 건 실로 대담무쌍한 행위였다."[101]

정계에 입문한 초기에 링컨은 노예제도라는 쟁점보다 사회적 기반 시설의 개선을 위해 연방정부의 지원을 확보하겠다는 개인적 약속에 더 큰 압박감을 느꼈다. 링컨은 의회에서 소장파 리더라는 위치를 활용해, 강폭을 넓히고 도로를 건설하며 운하를 파고 철로를 놓는 토목 계획에 수백만 달러를 인가하는 일련의 법안을 지원하는 세력을 모았다. 링컨은 대초원과 처녀림, 항해를 방해하는 크고 작은 강, 농경에는 더할 나위 없이 좋지만 해빙되는 봄과 비가 추적추적 내리는 가을에는 도로와 철로의 노반으로는 적합하지 않은 검은흙을 바라보며 거대한 사회기반시설을 머릿속에 그렸다. 측량사로 일하며 직접 얻은 지식을 근거로 작성된 계획안은 인간과 생산품의 순환 관계, 즉 경제 성장을 유도하고 유지하는 데 반드시 필요한 사회적 시스템을 확립하는 중대한 연결 고리가 됐다. 링컨의 이런 꿈이 경제 개발을 광범위하게 추진하고 이리 운하의 건설을 지원하며 뉴욕주에 큰 족적을 남긴 뉴욕 주지사, 드윗 클린턴DeWitt Clinton을 떠올리게 한다는 이유로 그는 "일리노이의 드윗 클린턴"으로 알려지게 됐다.[102] 클린턴이 그랬듯이, 링컨도 사회기반시설이 갖추어지면 시장이 확대되고, 북적대는 도시들이 생겨나며 생활수준도 향상될 것이라 기대했다. 또한 새로운 정착민들이 찾아오고, 더 많은 사람에게 더 큰 기회가 열릴 것이라고 예상했다. 하층계급도 적절한 교육을 받아 재능을 발휘하면 사회적 신분이 상승하고, 아메리칸 드림이라는 약속이 실현되길 바랐다.[103]

하지만 불경기가 지속되며 일리노이주도 타격을 받자, 돈이 많이 들지만 아직 마무리되지 않은 공공사업에 대해 여론의 반감이 커져갔다. 일리노이주 빚이 걷잡을 수 없이 확대된 때에 링컨은 여론의 비난을 무릅쓰고 사회기반시설 개선을 강력히 옹호하며, 새로운 운하 건설의 포기를 "강 한복판에서 일엽편주를 멈추는 짓"에 비유했다. "조각배가 상류로 더는 올라가지 못해 하류로 떠내려갈 수밖에 없는 처지에" 빠진다는 뜻이었다.[104] 또한 공공사업을 포기하면 결국 실패와 빚, 토사로 막힌 운하, 차단된 수로, 미완성의 도로와 다리만이 남게 될 것이란 경고도 서슴지 않았다. 그는 아버지에게 배운 "기회는 위험을 감수할 때 찾아오는 것"이란 교훈을 마음에 새기며 한 발자국도 물러서지 않았다.[105] 정책 포기에 대한 링컨의 완강한 저항을 그의 완고한 성품을 보여주는 증거로 여기는 사람도 적지 않았다. 링컨은 개인적으로 더없이 소중하게 간직하던 소망과 야망에 직접적인 공격이 가해진 것처럼 자신의 비전을 끝까지 고수했다. 실제로 사회기반시설의 개선은 링컨의 개인적인 꿈이기도 했다.

———◇———

뉴 세일럼 주민들에게 자신의 '고유한 야망peculiar ambition'을 처음 공개한 지 6년이 지났을 때,[106] 스프링필드 청년 회관에서 가진 연설에서 29세의 링컨은 야망의 성격만이 아니라 명성을 갈망하는 이유도 자세히 설명했다. 그는 '불길한 사태'가 사람들 사이에 벌어지고 있다는 경고로 연설을 시작했다. 불길한 사태란 "폭력과 살인과 린치가 법치와 사법과 헌법을 대신하는 경향"이었다. 2개월 전, 일리노이주 알턴에서 노예제도를 찬성하는 무리가 노예제 폐지를 옹호하는 편집자 일라이자 러브조이Elijah Lovejoy를 살해해 북부 전체를 큰 충격에 빠뜨린 사건이 있었다. 미시시피에서 한 무리의 흑인이 반란을 선동했다는 의심을 받아 교수형에 처해졌다. 그 흑인들을 지원하는 것으로 의심을 받은 백인들도 교수형을 피하지 못했다. 링컨은 "이런 폭력이 계속 확산되면 평화를 사랑하는 선량한 사람들은 유약한 정부로부터 소외되어 아무런 보호도 받지 못할 것"이라 걱정했고, 그렇게 되면 미국은 위로부터의 명령이 시행되는 것도 쉽지 않은 상황에 부딪칠 것이라고 덧붙였다.

건국의 아버지들은 국민이 주권을 갖는 입헌 정부를 세우겠다는 목표에 매진했는데, 국가가 폭도적인 행동으로 혼란에 빠지면 "알렉산드로스, 카이사르, 나폴레옹 같은 사람들"이 정적을 끌어내리는 일에 몰두하며 명성을 추구하게 될까 두려워했다. 국민의 이익과 상반되는 꿈을 키우는 자는 민주주의를 끌어갈 인물이 아니었다. 그저 폭군일 뿐이었다. 링컨은 잘못된 야망을 매섭게 나무라며, 미국인들에게 건국 아버지들의 가치관을 되살리고 헌법과 법률을 준수하라고 촉구했다. "미국의 모든 어머니는 어린 자식에게 법을 존중하는 마음을 가르쳐야 합니다. 또 모든 학교에서 가르치고 모든 강단에서 설교해야 합니다." 잠재적인 독재자를 견제하는 최고의 방벽은 "통치와 법을 사랑하는 지적인 국민"임을 강조한 것이다. 이런 주장은 링컨이 주의원 출마를 선언하며 상거먼 카운티 주민들에게 처음 말했던 것, 즉 "교육은 민주주의의 초석"이란 주장과 맞아떨어진다. 왜 교육이 그렇게 중요한가? 그때 링컨이 말했듯이, 모든 시민이 미국의 역사를 읽고, "무상 교육의 가치를 인정할 수 있어야 했다." 미국 독립혁명과 연방 헌법 제정에 대한 역사를 읽는 일이 화급했다. 시간이 적잖게 지났고, 독립혁명의 인상적인 장면들이 기억에서 사라지고 있기 때문이었다. 링컨은 미국의 탄생에 대한 이야기도 "성경이 읽히는 동안에는 반드시 읽히고 언급돼야 한다."라고 주장했다.[107] 건국의 아버지들, 즉 헌법 제정자들의 고귀한 실험—보통 사람들도 정부를 세울 수 있다는 걸 세상에 보여주겠다는 야망—은 성공했으므로 "자유라는 자랑스러운 유산"을 보존하는 것은 자기 세대의 몫이라고 결론지었다.[108]

20대였던 에이브러햄 링컨의 마음속에 형성된 리더십이란 개념에 따르면, 리더는 자유와 평등과 기회에 대한 추종자들의 욕구를 이해할 수 있어야 했다. 링컨은 아무것도 없이 밑바닥에서 시작했지만 거의 6년 만에 주의회에서 존경 받는 리더의 반열에 올라섰다. 또한 공공사업을 위해 투쟁하는 중심인물, 새로운 주도州都를 결정하는 막후 세력, 개업 변호사가 됐다. 정치 초년병이었던 사실을 고려하면 엄청나게 성공한 게 분명하지만, 미국인에게 소중한 존재가 되겠다는 원대한 야망을 고려하면 시작한 것도 아니었다.

시어도어 루스벨트

Theodore Roosevelt

© Courtesy of the Library of Congress

"
나는 로켓처럼 치솟아 올랐다.
"

에이브러햄 링컨처럼 시어도어 루스벨트도 23세에 정계의 문을 처음 두드렸다. 그러나 둘의 유사성은 거기에서 끝난다. 링컨이 그랬듯이 농촌 지역에서 입후보하려던 사람은 스스로 출마를 선언하고 "혼자 뛰어다니며" 자신의 정치적 의견을 발표했다.[1] 유권자가 잡화점과 마을 광장에서 입후보자를 직접 만났기 때문에 개인적인 인상이 당파 관계보다 중요했다. 주의원이 되려는 열망을 2,000단어로 표현한 링컨의 선언문에는 지역 문제에 대한 의견만이 아니라 개인적 야망까지 담겨 있었다. 반면에 루스벨트의 선언문은 이미 확보한 입후보권을 인정한 것에 불과했다. 불과 33단어로 이루어진 그 선언문에는 어떤 약속이나 맹세도 없었다. 그의 성품을 짐작할 만한 단서도 없었다. "이 지역을 대표할 주의원 후보로 지명된 저에게 투표일에 여러분의 표와 개인적 영향을 행사하여 당선의 영광을 주신다면 정말 고맙겠습니다."[2]

링컨과 루스벨트가 정계에 입문한 시기는 반세기의 간격에 불과했지만, 정계에 입문하는 방법은 크게 달라졌다. 링컨은 혼자 힘으로 정계에 들어섰지만, 루스벨트는 붉은 머리칼의 건장한 아일랜드계 이민자이던 지역 유지, 조 머리Joe Murray의 선택을 받아 주의원에 출마했다. 루스벨트가 거주하던 주하원의원 제21선거구에는 부유층의 저택이 늘어선 매디슨가와 가난한 사람들의 공동주택이 있는 맨해튼 웨스트사이드가 속해 있었다. 실크 스타킹 디스트릭트Silk Stocking District라고도 알려진 제21선거구는 뉴욕시에서 공화당의 약세 지역 중 하나였다. 젊은 루스벨트는 그다지 알려지지 않은 신인이었다. 훗날 루스벨트도 인정했듯이 "나를 이용하면 자신도 당선될 가능성이 컸기 때문에 머리는 나를 후보로 선택했다. 당시 나는 명성도 없었고, 혼자 힘으로 공천을 받을 능력도 없었다."[3]

조 머리가 컬럼비아 대학교 법학 대학원 2학년이던 시어도어 루스벨트를 주의원 후보로 선택한 이유는 루스벨트 가문의 명성 때문이었다. 시어도어의 아버지는 무척 존경받던 자선가로, 아동보호협회, 새터리 부인이 운영한 이탈리아 어린이를 위한 야간학교, 신문 배달 소년을 위한 숙박소 등과 협력하며 가난한 아이들의 삶을 지원했다. 실제로 시어도어 루스벨트가 주의원 후보로 결정됐다고 알렸을 때 〈뉴욕 데일리 트리뷴New York Daily Tribune〉은 "뉴욕 역사에서 가장 사랑받고 존경받는 한 인물의 아들에게 투표함으로써 유권자는 그 명예로운 가문에 경의를 표할 기회를 가질 수 있을 것"이라 보도하기도 했다.[4] 조 머리도 자신의 선거 운동에 루스벨트가 유리하게 작용할 것이라 판단한 게 분명했다. 링컨은 출마 선언문에서 인정했듯이 "추천해줄 만한 부유한 사람도 없고 유명한 사람도 없었지만",[5] 뉴욕의 공화당 실력자가 시어도어 루스벨트에게 관심을 가진 이유는 누가 뭐라 해도 그의 가문과 재력이었다.

당시를 회상하며 루스벨트도 "행운으로 얻은 요인", 즉 선거구의 인구 분포와 가문의 힘이 첫 기회를 얻는 데 큰 역할을 했다는 걸 인정했다. 어쨌든 기회가 오면 그 기회를 이용해야 한다는 걸 루스벨트도 정확히 알고 있었다.[6] "나는 세상의 흐름에 몸에 맡겼고, 좋은 일이 생겼다."[7] 지역 공화당 연합회가 59번가와 5번가가 만나는 곳에 있던 모턴 홀에서 모임을 개최했을 때, 루스벨트는 자진해서 그곳을 찾아가 공화당에 가입했다. 모턴 홀은 허름한 벤치, 가래나 침을 뱉는 그릇, 포커 테이블을 갖춘 휴게실 뒤에 자리한 널찍한 막후 협상실이었다. 루스벨트의 회상에 따르면, 당시에는 당에 가입하는 것도 간단하지 않았다. "당은 여전히 비공개 기업과 유사했다. 선거구마다 당 조직이 일종의 사교적이고 정치적인 동호회로 결성됐다. 일반적인 동호회가 그랬듯이 누군가 당에 들어가려면 기존 당원들의 선택을 받아야 했다."[8]

그가 지역 공화당 조직에 대해 조사하기 시작하자, "세련된 취향을 즐기며 유복하게 살아가는 사람들"이 그에게 지역 정치는 천박하다며 정치에 발을 들여놓는 걸 만류하고 나섰다. "정치는 술집 주인과 마부 등 거칠고 난폭해서 함께하기에 불쾌한 사람들이나 하는 분야"라는 경고였다. 이런 경멸적인 평가에도 루스벨트는 단념하지 않았고, 오히려 그들의 경고를 완전히 뒤집어 생각했다. "그런 경고가 사실이라면, 내가 아는 사람들이 지배계급에 속하지 않고 허접한 사람들이 지배계급에 있어야 하지 않겠느냐고 반문했다. 나는 지배계급의 일원이 되고 싶었다. 따라서 그들의 경고가 어김없는 사실로 입증된다면 나는 현재의 삶을 그만두어야 하겠지만, 그런 아수라장에서 버티기에 유약한 존재인지 직접 확인하기 전까지는 현재의 삶을 그만두지 않겠다고 다짐했다."[9]

그럼 이런 의문들이 다시 제기된다. 아무런 근심 없이 특권을 누리던 청년을 가증스럽고 생경한 정치 세계로 끌어들인 요인은 무엇일까? 그의 야망은 어디에서 온 것일까?

——◇——

시어도어 루스벨트가 53세에 책상에 앉아, 첫 출마부터 백악관에 입성할 때까지의 과정을 되짚어갈 때, 간혹 호도하는 경우도 있었지만 앞의 질문에 유익한 답을 해주었다. 시어도어는 논의의 틀을 분명히 하기 위해 예술, 전쟁, 정치 등 어떤 분야에서든 두 가지 유형의 성공을 명확히 구분해야 한다고 말했다.

그의 주장에 따르면, 첫 번째 성공은 "다른 사람은 할 수 없는 것을 하는 천부적 능력을 지닌 사람, 죽도록 훈련하고 엄청난 인내력과 의지력을 지녔더라도 보통 사람은 해낼 수 없는 것을 해내는 사람"의 몫이다. 루스벨트는 〈그리스 항아리에 부치는 노래〉를 쓸 수 있는 시인, 〈게티즈버그 연설〉을 해낼 수 있는 대통령, 트라팔가르 해전을 승리로 이끈 넬슨 제독을 천재의 표상, 즉 태어날 때부터 특별한 능력을 부여받은 표본적인 사람의 예로 들었다.

두 번째 성공은 상대적으로 흔한 경우로, 생득적 능력에 좌우되지 않는다. 즉, 야망과 근면과 끈기로 평범한 자질을 특별한 수준까지 끌어올리는 개개인의 능력에 의해 결정되는 성공이다. 교육을 받지 않아도 번뜩이는 영감을 얻는 천재의 성공과 달리, 자력으로 개척하는 성공은 민주적이어서 "탁월한 지력이나 신체적 능력은 지니지 못했지만, 건강한 몸과 공정한 정신을 최대한으로 개발한 보통 사람에게

055

도 열려 있다." 루스벨트는 이 두 번째 유형의 성공을 연구하는 게 더 유익하다며, "성공하겠다고 다짐하고 불굴의 투지로 실천하면 누구나 비슷한 성공을 이루어내는 방법을 알아낼 수 있기 때문"이라고 그 이유를 설명했다.[10]

루스벨트의 리더십 여정에 대한 이야기를 보면, 그는 처음부터 두 번째 유형의 성공을 지향한 것이 분명하다. 그의 이야기는 소심한 기질을 지닌 병약한 소년이 "의지의 복음gospel of wealth"을 굳게 믿어 건강을 되찾고 대담한 정신력을 얻게 됐다는 내용이다.[11] 그는 엄청난 노력과 끈덕진 단련으로 강인한 체력을 얻었고, 습관적인 시각화 훈련으로 두려움을 극복하고 대담해졌다. "별다른 재능도 없는 내가 이루어낸 결과로 모든 미국인에게 용기를 북돋워줄 수 있다고 믿고 싶다."[12]

한 청년이 성품을 차곡차곡 도야하고, 그 성품을 바탕으로 도덕적 리더십을 구축해가는 과정에 대한 설명은 단순화된 것이고 불완전하지만, 진실에서 벗어난 것은 거의 없다. '테디Teedie' 루스벨트가 신경질적이고 병약한 아이였던 것은 사실이다. 특히 어린 시절에는 기관지 천식으로 크게 고생했다. 이상하게도 천식 발작은 한밤중에 은밀히 닥쳤다. 그때마다 시어도어는 물에 빠진 듯이 숨을 제대로 쉬지 못했다. 아들이 콜록거리고 쌕쌕거리며 숨을 쉬려고 몸부림하면, '디'Thee로 알려진 시어도어 시니어는 황급히 아들의 침실로 달려갔다. 그는 아들을 품에 안고, 아들이 안정되게 숨을 쉬며 깊이 잠들 때까지 몇 시간이고 집 안팎을 서성댔다. 그래도 아들이 안정되지 않으면, 그는 하인들에게 말과 마차를 가져오게 했다. 시어도어 시니어는 숨을 헐떡이는 아들을 담요로 꽁꽁 둘러싸고 가스등이 밝혀진 길을 따라 말을 빠르게 몰며, 상쾌한 밤바람이 아들의 폐를 자극하기를 바랐다. 훗날 루스벨트는 "누구도 내가 오래 살 거라고 생각하지 않는 듯했다."며,[13] "아버지는 나에게 숨을 주었다. 아버지는 나에게 폐와 강인함을 주었고, 생명을 주었다."라고 덧붙였다.[14]

천식은 어린 루스벨트의 몸을 갉아먹었지만, 조숙했던 정신이 더욱 더 성숙해지는 데 간접적인 역할을 한 듯하다. 시어도어의 여동생 코린은 "오빠는 육체적으로 격한 활동을 할 수 없었던 까닭에 항상 책을 읽거나 글을 썼다."며 그의 집중력이 남달랐다고 말했다.[15] 그의 지적인 활동과 호기심, 야심적인 꿈은 결코 평범하지 않았다. 끊임없이 아들에게 지적 능력과 영성의 개발을 독려하던 아버지의 보살핌에 그는 그야말로 탐독가가 됐고, 용감무쌍한 주인공들—강한 체력을 자랑하며 전쟁터를 헤집고 다니던 영웅들, 아프리카 탐험가들, 황량한 경계지에서 살아가는 사슴 사냥꾼들—의 삶에 감정이입했다. 오랜 시간이 지난 뒤, 제임스 페니모어 쿠퍼James Fenimore Cooper의 《가죽 스타킹 이야기》에 등장하는 주인공들을 아느냐는 질문을 받았을 때, 시어도어는 껄껄 웃으며 "그들을 아느냐고요? 그들과 함께 잠을 잤고, 그들과 함께 밥을 먹었습니다. 그들의 장점과 약점을 지금도 훤히 알고 있습니다."라고 대답했다.[16]

어렸을 때 루스벨트만큼 폭넓게 독서하고, 쉽게 책을 구한 사람은 거의 없었다. 그는 아버지의 널찍한 서재를 채운 책꽂이에서 아무 책이나 선택하면 그만이었다. 혹은 어떤 특정한 책에 대한 관심을 표명하면, 그 책은 마법처럼 그의 앞에 놓였다. 가족과 함께 휴가를 즐기는 동안, 테디는 남동생과 여동생, 엘리엇과 코린을 데리고 무려 50권의 소설을 읽었다고 자랑하기도 했다. 아버지는 저녁 식사를 끝낸 후에 아이들에게 책을 읽어주었고, 놀이와 경쟁의 재미를 더해 아이들을 가르쳤다. 또 아이들에게 시를 암송하라고 권했으며, 각자 고유한 관심사를 추구하도록 독려했다. 특히 시어도어 시니어는 이야기와 우화와 격언을 통해 의무와 윤리와 도덕이라는 원칙을 아이들에게 가르치려고 애썼다.

훗날 루스벨트가 말했듯이, 어떤 분야에서나 리더는 "무엇보다 인간의 본성에 대해 알아야 한다. 즉, 인간이 무엇을 원하는지 알아야 한다. 리더는 산문 작가와 시인이 상상력을 발휘해 쓴 작품에서 인간의 본성과 욕구를 알아낼 수 있다."[17] 링컨은 새뮤얼 커컴의 《영어 문법》을 빌리려고 10킬로미터를 걸어야 했지만, 테디는 수백 권의 책을 어렵지 않게 구했다. 디는 테디에게 읽을거리를 제공하려고 끝없이 노력했지만, 토머스 링컨은 에이브러햄의 손에서 책을 빼앗아 찢어버렸다. 그들의 성장 과정은 이렇게 확연히 달랐지만, 링컨과 루스벨트 모두에게 책은 "최고의 동반자"였다.[18] 평생 동안 그들은 하루도 빠짐없이 책을 읽었다. 식사를 기다리는 동안, 방문객을 만나는 틈틈이, 침대에 누워 잠들기 전에 잠깐의 시간도 허투루 보내지 않고 독서에 할애했다.

자신에게는 아무런 생득적 재능이 없다는 루스벨트의 주장은 남다른 지적 능력과 엄청난 기억력에 의해 반박된다. 그가 오래전에 읽은 책에 대해 언급할 때는 그 책을 앞에 두고 마음의 눈으로 읽어내는 것처럼 보였다.[19] "그 위에 자국을 내는 것도 어렵지만 일단 생긴 자국을 지워내는 건 거의 불가능"하다며 링컨은 자신의 머리를 강철 조각에 비유했는데,[20] "루스벨트의 머리는 받아들이는 데는 밀랍이었고, 유지하는 데는 대리석이었다." 루스벨트의 기억력을 이렇게 비유한 친구는 "그는 읽은 것은 무엇이든 빠짐없이 기억하는 듯했다."며 경이로워했다.[21] 루스벨트는 무엇이든 한 번 읽으면, 영원히 자신의 것으로 만들었다. 관련된 구절만이 아니라, 그 구절을 처음 읽었을 때 느꼈던 기분까지 언제라도 기억해낼 수 있었다.

링컨과 달리, 루스벨트는 처음부터 리더로 두각을 나타내지는 않았다. 주변 사람들도 그를 리더로 판단하지 않았다. 불안한 건강 상태로 학교를 다니지 못했고, 또래 소년들과 자연스런 관계를 맺지도 못했다. 누나 바미, 여동생 코린, 남동생 엘리엇도 심각한 질병을 앓고 있어, 네 남매는 집에서 가정교사에게 읽기와 쓰기, 산수를 배웠다. 그들의 유일한 놀이 친구는 또래 친인척이었고, 모두가 부유한 계급이었다.

그 작은 집단에서 테디는 항상 중심적 역할을 하며 놀이의 방향과 규칙을 정했다.[22] 또한 이야기를 재미있게 꾸미는 재주로 그들을 즐겁게 해주었다. 특히 코린은 여덟 살인 오빠가 읽은 책을 바탕으로 상상력을 더해 풀어내는 이야기를 무척 좋아했다. 스토리텔링은 루스벨트 남매의 삶에서 중요한 역할을 했다. 테디의 어머니로 조지아주의 장중한 저택에서 자란 완고한 남부인이던 마사 불럭 미티Martha Bulloch Mittie는 남북전쟁 전 남부에서 유행하던 낭만적이고 기사도 정신에 충

만한 이야기로 아들을 즐겁게 해주었다.[23]

한 전기 작가가 지적했듯이, 조숙한 테디는 "분명한 목적의식을 띤 단호한 성격"만이 아니라 "관심사에는 거의 무자비하게 집착하는 모습"을 보였다.[24] 열 살쯤에는 자연에 대한 열정이 대단해서, 존 제임스 오듀본John James Audubon 같은 유명한 조류학자가 되겠다는 꿈을 키웠다. 그는 가족의 여름 휴양지를 둘러싼 숲길을 산책할 때 폐를 깨끗이 청소하려고 맑은 공기를 마시며 조류를 관찰하기 시작했다. 새들의 노랫소리에도 귀를 기울였고, 어느덧 새들의 다양한 모양과 깃털을 구분하게 됐다. 벌레와 곤충, 파충동물을 수집해 책상 서랍에 보관하기도 했다. 테디가 조류와 포유동물에 몰두하는 걸 보고, 디는 테디에게 자연사에 관련된 책을 사주었고, 오듀본의 조수를 초빙해 박제술을 가르치도록 했다. 그때부터 독서에 탐닉하던 테디의 공격적인 집중력은 박피剝皮와 해부로 향했다. 그는 절개한 수백 개의 표본들에 세심하게 이름표를 붙였고, 표본을 모아놓은 곳을 '루스벨트 자연사 박물관'이라 부르기도 했다.[25] 절개된 벌레들로 채워져 악취가 진동하는 통들이 곳곳을 차지하며 침실이 아수라장으로 변하는 바람에, 동생 엘리엇은 거의 내쫓기다시피 다른 방을 찾아갔다.[26]

디가 자식들에게 제공한 포괄적인 교육은, 링컨이 스스로 개발한 집약적인 공부법과 사뭇 달랐다. 루스벨트 남매를 위한 교육은 겨울 별장과 여름 별장의 경계를 훌쩍 넘어 두 번의 오랜 해외여행으로 확대됐다. 첫 여행 때는 유럽을 돌아다녔고, 두 번째 여행 때는 중동과 성지聖地 그리고 아프리카를 둘러보았다. 그들은 고급 호텔, 숙박지,

천막, 개인 주택에서 머물렀다. 로마에서 두 달, 그리스에서 3주, 레바논에서 2주, 팔레스타인에서 3주를 보냈고, 이집트에서는 겨울을 완전히 넘겼다. 디는 밤마다 방문 지역의 역사와 문학을 소리 내어 읽어주었다. 한마디로 디는 자식들에게 세심한 아버지이자 멘토였고, 목사이자 여행 안내자였다. 드레스덴에서는 한 독일 가족과 함께 두 달을 살았다. 디는 집주인의 딸을 고용해 자식들에게 독일어, 독일 문학과 음악, 미술을 가르치도록 미리 부탁해두었다. 테디는 하루에 여섯 시간씩 계속되던 공부에 무척 흥미를 느껴 시간을 더 늘려달라고 애원하기도 했다. 반면 엘리엇은 "물론 나도 뒤처질 수 없었다. 그래서 우리는 어느 때보다 열심히 공부했다."고 투덜거렸다.[27]

탁월한 체력과 남다른 운동 능력을 타고난 에이브러햄 링컨은 지적 능력 함양에 치중해야 했던 반면, 지적 능력을 함양할 자원을 생득적으로 얻은 테디 루스벨트는 건강한 체력을 키우는 데 힘써야 했다. 열 살쯤에는 기관지 천식으로 더 많은 시간을 침대에서 보냈다. 디는 아들이 질병에 시달려 엄마처럼 위축되고 쇠약해질까 걱정했다. 테디의 엄마도 남북전쟁 기간에 조지아 친정이 몰락한 이후 점점 쇠약해졌다. 심장 박동이 빨라지는 증상, 복통과 심신을 괴롭히는 두통, 우울증에 시달리던 마사 불럭 미티는 걸핏하면 방에 들어가 꼼짝하지 않았다. 테디도 미티처럼 허약한 병약자가 될까 걱정한 디는 테디에게 "넌 지력은 뛰어나지만 몸은 약하다. 하지만 체력이 뒷받침되지 않으면 지력을 마음껏 발휘할 수 없단다. 체력을 키워야 한다. 튼튼한 체력을 만들기가 지루하고 힘들겠지만, 아빠는 네가 해낼 수 있을 거라고 믿는다."고 말했다. 테디는 조금도 망설이지 않고 "튼튼한 몸을 만들겠습니다!"라고 아버지에게 약속했다.[28]

디는 인근 체육관 관장을 고용해 뒷베란다에 완전한 장비를 갖춘 체육관을 설치했다. 아버지의 도움으로 테디는 역기를 들었고 철봉에 매달렸다. 천천히, 지루할 정도로 천천히 테디는 체력을 키우며 몸을 바꿔 나갔다. 하지만 이듬해 여름, 메인주의 북부 숲 저대에서 무스헤드 호수까지 마차로 혼자 여행하던 중 두 불량배를 마주쳤을 때 그의 신체적 능력에 대한 열등감은 여전했던 게 분명하다. 그는 수년 뒤에 당시를 회상하며 "그들은 내가 운명적으로 정해진 피해자라는 걸 눈치채고 집요하게 나를 괴롭혔다."라고 말했다. 아무런 반격도 할 수 없던 테디는 "다시는 이처럼 무력한 지경에 빠지지 않겠다!"고 다짐했다.[29] 그래서 권투를 배우고 싶다고 아버지에게 말했고, 디는 전직 프로 권투 선수를 고용해 테디를 가르치게 했다.

테디는 하버드 입학시험을 준비하기 시작한 뒤에도 규칙적인 운동을 멈추지 않았다. 하버드 졸업생으로 테디의 입학시험 준비를 도와주었던 아서 커틀러Arthur Cutler는 "테디는 게으름이 무엇인지 모르는 듯했다. 쉬는 시간에도 그의 손에는 최근에 발간된 영국 명작이나 난해한 자연사 서적이 들려 있었다."고 말했다.[30] 테디는 라틴어와 그리스어, 문학과 역사, 과학, 수학 등을 공부하는 데 매일 많은 시간을 투자했고, 일반적으로 3년이 걸리는 준비 과정을 2년 만에 끝냈다. 한 동료의 표현을 빌리면, "테디의 남다른 집중력은 지붕이 무너져 내려도 한눈팔지 않을 정도였다."[31] 어떤 과제도 미루는 법이 없었다. 테디는 미루는 습관을 죄악시했다. 그 자신도 인정했듯이 미리 준비하며 불안감을 떨쳐냈고, 이런 습관 덕분에 동료들보다 수년을 앞설 수 있었다. 결국 테디는 모든 여덟 번의 시험을 쉽게 통과해 하버드에 입학했고, 방법까지는 정확히 몰랐지만 세상에 자신의 흔적을 뚜렷이 남길 수 있기를 바랐다.

———◇———

한 전기 작가가 말했듯이, "'시어도어 루스벨트 이야기'는 위인전을 읽고 위인처럼 되기를 욕심낸 소년의 이야기이다."[32] 이 평가도 정확하지만, 어린 루스벨트는 책에서 읽은 위인들보다 아버지의 모습에서 이상적인 영웅의 전형을 보았다. 훗날 루스벨트는 "아버지는 내가 지금껏 알았던 사람 중 최고였다. 아버지는 강인함과 용기, 부드러움과 온유함을 겸비한 분이었다. 정말 이타적인 분이셨다."라고 회상했다. 시어도어 루스벨트 시니어는 자선 세계에서 위대한 업적을 이루어냈고, "모든 사회 개혁 운동"에 헌신한 유명 인사였다. 게다가 "적어도 내가 알기에 내 아버지보다 삶 자체를 즐겁게 보낸 사람은 없었다!"[33] 테디는 아버지를 "최고의 친구이고 가장 친밀한 친구"인 동시에 그에게 필요한 조언을 아끼지 않는 멘토로 여겼다.[34] 실제로 테디는 가족들에게 "지난 18년의 삶을 돌이켜볼 때 내 잘못인 경우를 제외하면, 불만스럽게 보낸 날이 문자 그대로 단 하루도 없었던 것 같다!"고 말했다.[35]

하버드에 입학한 뒤에도 시어도어는 학업에 열중하느라 동료 학생들과의 사교는 등한시한 편이었다. 한 급우의 기억에 따르면 "테디는 학구적이고 야심적이고 별난 친구였다. 첫인상이 좋은 친구는 아니었다."[36] 그의 방은 죽은 도마뱀들과 박제한 새들로 가득했다. 또 시어도어는 학문 자체에는 냉정하게 접근했지만 열정적이고 공격적이어서 교수에게 반론과 질문을 퍼부으며 수업을 방해하는 경우도 적지 않았다. 술을 마시고 담배를 피우는 동료 학생들을 경멸하며 거리를 두었고, 가족과 함께하는 삶에서 위안을 얻었다.

링컨은 공감 능력과 자상한 성격으로 가는 곳마다 환영을 받았지만, 젊은 루스벨트는 그런 면은 부족했다. 그러나 그의 남다른 면은 결국 급우들의 마음을 사로잡았고, 특히 그의 마르지 않는 활력과 남의 시선을 의식하지 않는 자신감에 급우들은 혀를 내둘렀다. 루스벨트는 천식을 완전히 치료하지 못해 수십 년 동안 간헐적으로 발작을 일으켰지만, 다양한 운동을 소화해낼 수 있을 정도로 체력을 키웠다.[37] 레슬링과 권투를 했고, 하루에 평균 5~6킬로미터를 달렸다. 또 조정漕艇과 테니스를 즐겼고, 체력 단련을 위해 체육관에서 꾸준히 운동하기도 했다. 어떤 운동에서도 뛰어난 솜씨를 보이지 못했지만 어린 시절의 병약함을 이겨냈다는 사실 자체에 큰 만족감을 얻었다. 한편 학업에서는 매번 뛰어난 성적을 거두었고, 카드놀이를 위한 휘스트 클럽과 금융 동호회를 결성하기도 했다. 또 사격 클럽과 예술반에 가입했고, 하버드에서 가장 권위 있는 엘리트 모임인 '포셀리언 클럽Porcellian Club'의 회원으로도 선택받았다. 루스벨트는 조류에 대한 관심도 포기하지 않아 케임브리지 주변을 돌아다니며 조류를 관찰하고 사냥해 박제로 만들었다. 또 일주일에 한 번씩 춤을 배웠지만, 한 급우가 "그는 춤을 추는 게 아니었다. 그냥 깡충깡충 뛰어다녔다."라고 회고했듯이 그의 춤 솜씨는 형편없었던 모양이다.[38] 이렇게 다양한 분야에서 활동하면서도 루스벨트는 일요학교에서 아이들을 가르쳤다. 여동생 코린은 "하버드에서 오빠는 관심의 범위를 넓히며 그때까지 거들떠보지도 않던 것을 했고, 그 과정에서 또래 청년들과 함께하는 관계에서 자신감을 얻었다."라고 평가했다.[39]

———◇———

시어도어 루스벨트는 하버드에서 얻은 자신감 덕분에 가장 큰 슬픔을 그럭저럭 이겨낼 수 있었다. 시어도어가 2학년이던 해의 12월, 당시 46세에 불과하던 아버지가 대장암에 걸렸다. 그해 초가을, 러더퍼드 버처드 헤이스Rutherford Birchard Hayes 대통령이 디를 뉴욕항 세관장으로 임명했다. 상원의 동의를 받아야 했지만, 디의 임명은 행정 조직의 개혁을 주장하던 사람들의 승리로 여겨졌다. 또한 오랫동안 그 자리를 개인적 착복 수단으로 삼았던 부패한 정치인들에게 가해진 타격으로도 해석됐다. 몇 주간 개혁적인 공화당원들과 반개혁적인 정치인들 간에 정쟁이 이어졌고, 반개혁적 집단이 승리를 거두어 디의 지명은 철회됐다. 이때 디는 시어도어에게 보낸 편지에서 "너희 미래가 걱정되는구나. 부패한 정부를 더는 두고 볼 수 없는 지경에 이르렀는데."라고 한탄했다.[40] 이는 시어도어 루스벨트가 전투적인 리더십을 개발하는 데 적잖은 영향을 미친 경고였다.

대장암 진단을 받고 석 달 만에 디는 세상을 떠났다. 시어도어는 견디기 힘든 슬픔에 빠졌다. 그때 시어도어는 "어리벙벙했다. 내 생명의 일부가 떨어져나간 기분이었다."며,[41] "아버지가 입버릇처럼 말했듯이 '죽은 게 아니라 먼저 간 것'일 뿐이란 확신이 없었다면 나도 거의 죽었을 것이다."라고 일기장에 썼다.[42] 그 후로 며칠 동안, 시어도어는 일기장을 아버지에 대한 회상으로 채웠다. "때때로 나는 끔찍한 악몽을 꾼 기분이었다. 아버지를 잃었다고 생각하면 미칠 것만 같았다. 아버지는 나에게 모든 것이었다. 아버지는 나에게 벗이었고 친구였다."[43]

〈뉴욕 타임스〉는 "루스벨트 씨의 사망은 국가적 손실이었다. 조기弔旗가 도시 전체를 뒤덮었다. 빈부를 막론하고 모두가 무덤까지 그의 뒤를 따랐다."라고 보도했다.[44] 시어도어는 아버지의 유산을 되짚어보며 자신의 삶을 헤아려보았다. 그리고 일기장에 "아버지에 비하면 나는 한없이 미약한 존재다. 아버지의 이름을 지키기 위해서라도 뭔가를 할 수 있기를 바란다."고 썼다.[45]

시어도어는 기질적으로 긍정적인 성격이어서 기운을 되찾는 것은 시간문제였다. 실제로 6월 말쯤 시어도어는 "표본을 찾아 숲과 들판을 오랫동안 터벅터벅 돌아다니고, 말을 타고 신나게 달리며 시간을 보낸다. 이렇게 야외에서 더없이 행복하고 건강한 삶을 살아간다."는 속마음을 일기장에 털어놓았다. 이렇게 바쁘게 살아가는 과정에서 마음의 위안을 얻었고, 더 나아가 자신의 기본적인 성격까지 알게 됐다. "아버지를 잃었다는 사실을 새삼스레 깨닫는 쓰라린 순간을 제외하면 더할 나위 없이 행복했다. 아버지는 언제나 활력에 넘치던 분이어서 내가 침울해 있으면 잘못이란 생각마저 든다. 게다가 다행인지 아닌지 모르겠지만 나는 기질적으로 무척 부산스런 사람이다. 약간 낙천적인 성격이다."[46]

한편 시어도어는 "만약 내가 결혼한다면 아내를 제외하고 누구도 아버지의 자리를 대신할 수 없을 것이다."라고 일기에 썼다.[47] 이듬해 가을, 대학 3학년이던 시어도어는 당시 열일곱 살이던 앨리스 해서웨이 리Alice Hathaway Lee와 사랑에 빠졌다. 앨리스는 매사추세츠주 체스트넛의 부유한 상류층 가문의 딸이었다. 시어도어는 한 친구에게 "첫눈에 사랑에 빠졌다. 내 첫사랑이기도 했다."고 말했다.[48] 책과 표본 수집, 체력 단련에서도 그랬듯이, 시어도어는 앨리스를 아내로 삼기 위해 일편단심으로 십자군 전쟁을 시작했다. 그는 앨리스를 파티와 무도회에 데려갔고, 스케이트와 썰매를 함께 탔다. 또 말을 타고 시골길을 달렸고, 숲을 함께 산책하기도 했다. 하버드 친구들에게도 소개했고, 뉴욕의 어머니와 형제들에게도 데려갔다. 앨리스의 가족도 직접적으로 공략했다. 카드놀이로 그녀 부모의 마음을 사로잡았고, 유령 이야기와 모험 이야기로 남동생들을 즐겁게 해주었다. 여하튼 "앨리스의 마음을 사로잡기 위해 온갖 수단을 동원했다."[49] 첫 만남이 있고 6개월 후, 시어도어는 앨리스에게 청혼했는데, 앨리스는 자신이 아직 어리다는 이유로 거절했다. 시어도어는 "거의 미쳐" 공부는커녕 밤에 잠을 잘 수도 없었다. 하지만 포기하지 않았고, 8개월 후, 즉 "많은 애원이 있은 후" 마침내 앨리스는 시어도어의 아내가 되는 걸 허락했다.

앨리스의 허락을 받은 날, 시어도어는 "너무 행복하다. 이 행복이 믿기지 않을 지경이다."라고 썼고,[50] 2개월 후에는 "내가 앨리스를 사랑하는 것만큼, 한 여인을 사랑하는 남자가 있을까?"라며 행복을 만끽했다.[51]

---◇---

특권을 누리지 못할 때 야망이 뜨겁게 불타오를 수 있듯, 특권을 누리는 삶은 오히려 야망이 커가는 걸 방해할 수도 있다. 그러나 시어도어의 경우는 달랐다. 욕심스러운 독서부터 루스벨트 자연사 박물관까지, 또 엄격한 운동 프로그램부터 모든 교육 기관에서 뛰어난 집중력을 발휘해 거둔 발군의 성적까지, 거의 모든 활동에서 시어도어는 최고가 되려는 욕망을 가졌다. 그가 누렸던 특권이 야망을 꺾지는 못했다. 시어도어는 아버지의 보호막 아래에서 밥벌이를 염려하지 않는 특권을 누리며 광범위한 관심사에 탐닉할 수 있었다. 디는 시어도어에게 개인 서재, 전용 체육시설과 개인 트레이너, 박제술 선생과 대학 입학시험에 대비한 가정교사, 세계 전역의 표본을 수집해 개인 박물관을 채울 만한 돈을 제공해주었다. 시어도어가 하버드에 입학한 뒤에도 디는 그에게 박물학을 계속 공부하고 싶다면 그렇게 해도 괜찮다고 격려했다. "아버지는 내가 좋아하는 것이면 금전적 보상이 없는 일도 계속할 수 있도록 충분한 돈을 주었다. 하지만 나는 딜레탕트로서 그런 일을 계속하고 싶지는 않았다." 시어도어 루스벨트는 하버드

의 교육 과정 때문에라도 박물학자가 될 수 없었다고 회상했다. 당시 하버드에서 생물학은 "실험실과 현미경의 학문"으로 여겨졌다. 조류와 포유동물, 나무와 바깥세상에 대한 연구는 무시되었다.[52] 끊임없이 움직이는 걸 좋아하고, 신체적 지구력과 정신적 강인함을 체계적으로 키워가던 청년에게 실험실에 앉아 현미경으로 조직을 연구하는 삶은 조금도 유혹적이지 않았다.

시어도어는 자신이 학문 연구에 적합하지 않다는 걸 알았다. 이는 시어도어가 '자각 능력self-awareness'—자신의 기질적 강점과 약점을 진지하게 파악하는 능력—이 뛰어났다는 증거이다. 요즘 들어 자각 능력은 리더십 무기고에서 반드시 필요한 도구로 여겨진다. 시어도어는 박물학자가 되겠다는 꿈은 포기했지만, 자연세계에서 모험적인 삶을 계속하며 자연을 향한 열정을 버리지는 않았다. 아버지가 세상을 떠나고 18개월이 지난 뒤, 그는 메인주의 황무지를 세 번이나 탐험했다. 그때마다 그의 협소했던 사교 세계가 크게 확대되었고, 책을 통해서만 만났던 사람들과 밀접한 관계를 맺는 효과를 거두었다.

첫 여행은 그의 하버드 입학시험 준비를 도와주던 가정교사가 주선한 것이었다. 아서 커틀러는 메인주 출신의 안내자, 빌 수얼Bill Sewall에게 "그 청년을 특별히 잘 보살펴주면 고맙겠습니다. 그다지 건강하지는 않지만 야망과 투지가 대단한 청년입니다. …… 피곤에 지쳐도 절대 피곤하다고 말하지 않을 겁니다. 그러니 당신이 그 친구의 상태를 먼저 파악해야 할 겁니다. 지쳐 쓰러질 때까지 묵묵히 걸을 테니까요."라고 부탁했다. 커틀러의 예상은 정확히 들어맞았다. 시어도어는 여행 과정에서 심한 천식 발작으로 고생했지만, 카누를 타고 강을 따라 10킬로미터를 항해할 때나 숲길을 무려 55킬로미터나 걸어야 했을 때, 물새와 오리와 비둘기를 제대로 못 맞추었을 때도 서글서글한 성품을 조금도 잃지 않았고, 텐트 치는 걸 도울 때도 불편한 기색을 드러내지 않았다.

당시 34세였던 수얼은 루스벨트에게서 리더의 자질을 발견한 첫 번째 사람이었고, 결국 루스벨트의 멘토이자 평생지기가 됐다. 수얼은 "그는 그때까지 내가 경험한 사람들과는 사뭇 달랐다."고 말했다. "그는 가는 곳마다 그곳 사람들의 마음을 사로잡았다. 그들과 하나가 되어 흥겹게 이야기를 나누었고, 조금도 잘난 척하지 않으며 그들을 즐겁게 해주었다." 사회적으로 하층 계급과 어울리는 걸 경계하며 대학 생활을 시작했던 시어도어가, 숲 이외에는 아무것도 모르는 벌목꾼들과 함께 벌목장에서 아무렇게나 뒹굴며 밤을 보냈던 것이다. "십중팔구 벌목꾼들은 자기 이름도 쓰지 못했겠지만 숲에 대해서는 모르는 게 없었다. 또 그들은 개척자가 겪어야 하는 어려움에 대해서도 잘 알았다." 젊은 루스벨트는 그런 사람들에게 마음을 터놓았고, 그들과 대화하며 그들로부터 배웠다. 이는 그가 부유한 배경에서 물려받은 선민의식을 큰 슬픔의 여파로 떨쳐내기 시작했다는 뜻이었다. 그는 수얼에게 "산간벽지에 사는 사람들로부터 그곳의 삶에 대해 생생하게 듣고, 그들이 무엇을 원하는지 알게 돼 기쁘다."고 말했다. 수얼은 "그는 어린 나이였지만, 지극히 질박한 사람들에게서 진실한 인간의 모습을 찾아냈다."라며 경탄했다. 시어도어는 그들의 이야기를 귀담아들었고, 그 역시 책에서 읽은 모험 이야기를 그들에게 해주며 그들과 하나가 됐다. 수얼이 지적하듯이, 시어도어는 미국인이 된다는 게 무엇을 뜻하는지, 즉 "가치로 평가하지 않는 한 누구도 더 우월하지 않고, 단점으로 평가하는 않는 한 누구도 더 열등하지 않다."는 사상을 그렇게 배웠다.[53] 다른 사회적 삶에서도 즐거움을 발견한 시어도어는 결국 장래의 꿈을 재검토하기에 이르렀다.

시어도어는 아버지의 뒤를 이어 자선 사업을 하겠다고 생각한 적이 있었다. 아버지가 자선 사업을 성공적으로 운영하며 가난한 사람의 삶을 향상시킨 것은 사실이었다. 그러나 시어도어는 한 친구에게 "나는 아버지가 하시던 일을 정말 열심히 해보려고 애썼다. 하지만 제대로 해내지 못했다."고 고백했다. 이런저런 위원회에 가입하고, 아버지가 전에 맡았던 여러 직책을 이어받았지만 자신에게는 안 맞는다는 걸 깨달았다. 실험실에 앉아 현미경을 들여다볼 수 없었듯이, 어떤 회의에도 연이어 몇 시간씩 앉아 있을 수 없었다. 결국 시어도어는 "자기만의 방식으로" 아버지가 보여주었던 도덕적 열의를 계승하기로 마음먹었다.[54] 그가 특권계급으로부터 물려받은 '노블레스 오블리주noblesse oblige'는 현실과 완전히 동떨어지고 무관한 것처럼 느껴졌다. 오히려 정치가 처참한 사회적 상황을 치유하는 대책을 제시하면 자선 행위가 크게 필요하지 않을 것이란 생각에 이르렀다. 그는 하버드 4학년이었을 때 한 친구에게 "뉴욕시에서 더 나은 정부를 만드는 데 힘을 보태고 싶어. 하지만 어떻게 해야 하는 건지 모르겠어."라고 털어놓았다.[55] 그가 컬럼비아 법학 대학원에 진학하기로 결심한 이유는 변호사가 되고 싶어서가 아니라, 변호사가 되는 게 공적인 삶에 진입하는 첫 단계라 생각해서였다.

하지만 시어도어는 법학 대학원 강의가 자신의 기질에 맞지 않는 다는 걸 깨달았고, 교수들이 법의 당위성보다 법을 정의하는 데 급급 하며 정의보다 판례를 강조한다고 비판했다.[56] 하버드 재학 당시 시어 도어는 청년들이 신념이나 도덕적 원칙에 상관없이 어떤 명제에 대해 "재잘거리도록" 유도하는 교육은 잘못된 것이라 믿었고 사회에 대한 토론을 의도적으로 멀리했다.[57] 그래서 변호사가 되면 그렇게 할 수밖 에 없는 상황에 놓이지 않을까 염려했다. 그는 한쪽으로 치우친 사실 을 교묘하게 포장하는 능력보다, 자신의 주장이 옳기 때문에 논쟁에 서 승리하기를 바랐다. 결국 그는 대학원 수업에 몰두하지 않고, 모턴 홀에서 더 많은 시간을 보내며 노동자 계급에게나 어울리는 지저분한 정치에 관심을 기울였다.

---◇---

훗날 루스벨트는 "내가 정치에 입문했을 때 다른 사람들을 돕겠다 는 목적의식을 갖고 시작한 것은 아니었다. 다른 사람들과 마찬가지 로 내게 주어진 특권을 활용한 것"이라고 인정했다.[58] 처음부터 자신 과 자신이 이끌어가려는 주민을 위해 이중의 야망을 품었던 링컨과 달리, 23세의 루스벨트는 정치인으로서의 경력을 시작하려는 생각보 다 시민으로서 권리를 행사하려는 의도가 더 컸다. 루스벨트는 "존경

할 만하고 많은 교육을 받은 사람, 특히 젊은층이 그 시대의 정치 문제에 관심을 두지 않는 현상"을 개탄하며 본보기를 보이려 했다.[59]

"저 풋내기greenhorn는 누구야?"[60] 뉴 세일럼 주민들은 옷차림도 어수룩하고 교육도 제대로 받지 못한 링컨을 처음 보았을 때 이렇게 물었다. 한편 뉴욕 지역 정치인들은 젊은 루스벨트를 처음 보았을 때 "저 멋쟁이 녀석dude은 누구야?"라고 물었다. 한가운데를 가른 가르마, 짧은 구레나룻, 황금 사슬로 귀에 걸쳐진 단안경, 재단사가 마름질해 빈틈없이 들어맞는 조끼와 바지 등 루스벨트의 모습은 외모와 관습을 중요시하는 멋쟁이의 전형이었다.[61] 하지만 시간이 지나면서 첫인상의 특이함은 희미해졌고, 그에 대한 사람들의 시각은 자연스레 바뀌었다. 시어도어는 몇 주 동안 연이어 모턴 홀을 방문해 아일랜드계와 독일계 이민 노동자, 도살업자와 목수, 마부 등과 어울리며 담배를 피웠고, 그들과 함께 카드놀이를 하며 그들의 이야기를 귀담아들었다. 철저히 남성적이고 유쾌한 분위기를 즐겼다.

훗날 루스벨트는 "그들이 나에게 익숙해지고, 나도 그들에게 익숙해지도록 모턴 홀을 번질나게 들락거렸다. 그래서 우리는 같은 어투로 말하기 시작했고, 작가 브렛 하트Bret Harte가 '낯선 사람의 결함'이라 칭했던 것을 마음속에서 지워낼 수 있었다."고 회상했다.[62] 이윽고 모턴 홀의 주인들은 자신들을 부지런히 찾아오는 청년이 서글서글한 성격에 성실하고 매력적이며 영리하고, 자신이 믿는 바를 위해 싸우지만 패배도 흔쾌히 인정하는 사람이란 걸 인정하게 됐다. 특히 루스벨트를 수개월 동안 유심히 지켜보던 지역 유지 조 머리는 '족장으로서'

루스벨트에게 관심을 품기 시작했고,[63] 마침내 그 23세의 부잣집 청년을 믿을 만한 주의회 후보로 추천하기로 결정지었다.

11월에 후보 지명을 받은 날로부터 선거일까지는 일주일밖에 남지 않은 상황이었다. 선거에서 승리하려면 당의 조직력을 활용하는 게 무엇보다 중요했다. 선거 운동을 시작하며, 조 머리는 루스벨트를 데리고 6번가의 술집을 돌며 유세하기로 계획을 세웠다. 당시 술집 주인들의 정치적 영향력은 컸다. 그들이 선거구에서 '적법한' 투표자의 명단을 작성하고 이들이 투표장에 가도록 독려했기 때문이다. 머리 일행이 방문한 첫 술집은 발렌타인 영의 주점이었다.[64] 그런데 루스벨트를 술집 주인 영에게 소개하자마자 소동이 벌어졌다. 술집 주인이 루스벨트에게 주세가 지나치게 높으니 당선되면 주세와 주류 판매비용을 낮춰 달라고 말했는데, 루스벨트가 모든 이익 단체를 공평하게 대하겠지만 자신의 생각에는 주세가 "충분히 높지 않아서" 오히려 주세를 인상하는 쪽을 지지하겠다고 대답한 것이었다.[65] 머리는 서둘러 루스벨트를 술집에서 데리고 나왔고, 그때부터 6번가의 선거 운동은 그와 그의 동료들이 전적으로 떠맡았다. 루스벨트에게는 친구와 지인의 표를 끌어오는 역할을 맡겼다.

선거 운동을 하는 동안 발표한 몇몇 선언문에서 루스벨트는 "누구에게도 얽매이지 않고",[66] "아무런 약속도 없이 자유롭게" 주의회에 들어가겠다고 선언했다. 또 조 머리에게 중대한 빚을 졌고 그와의 의리도 무시할 수 없겠지만, "무작정 상관에게 복종하거나 당파를 섬기지는 않을 것"이라고도 선언했다.[67] 루스벨트의 이런 독립 선언은 조직화된 정치를 혐오하며 지역 선거에 거의 참여하지 않던 실크 스타킹 디스트릭트 주민들의 마음을 사로잡았다. 결국 독자적인 후보로 선거 운동을 전개한 전략 덕분에 루스벨트는 본래의 매력을 마음껏 발산할 수 있었다. 루스벨트가 공화당 후보로 지명을 받고 이틀 뒤, 훗날 국무 장관을 지낸 엘리후 루트Elihu Root와 컬럼비아 대학교 법학 교수 시어도어 드와이트Theodore Dwight를 비롯해 스무 명의 저명한 뉴요커가 그를 강력히 지지한다는 성명을 발표했다. "우리는 그의 고매한 인격을 인정하고 이를 증언하는 걸 무척 기쁘게 생각하는 바이다. 그는 정직함과 성실함에서 타의 추종을 불허한다."[68] 바로 그날, 훗날 주영 대사를 지낸 조지프 초트Joseph Choate는 '디의 친구들'이란 모임을 결성해 공화당 선거 자금을 보탰다. 이때 언론인 제이컵 리스Jacob Riis는 "백만장자들이 그들의 마부들에게 표를 간청했고, 그들의 표를 확보해 기뻐했다."고 보도했다.[69] 선거일, 부유층의 투표율은 평소보다 훨씬 높았다.[70] 시어도어 루스벨트는 공화당의 평균 득표보다 거의 두 배나 많은 표를 얻어 주의원에 당선됐다.

—◇—

루스벨트는 당시를 회상하며 "주의회에 들어간 초기에는 다른 학교로 전학한 소년의 모습과 무척 비슷했다. 동료 의원들과 나는 불신의 눈으로 서로를 쳐다보았다."고 말했다. 하기야 민주당이 다수당인 의회에서, 루스벨트는 최연소 의원이었을 뿐만 아니라 "뉴욕에서 가장 부유한 지역" 출신의 공화당 의원이기도 했다.[71] 링컨이 첫 회기 때 구석에 조용히 앉아 회의 과정을 묵묵히 지켜본 반면, 루스벨트는 거침없이 행동했고, 때때로 의회의 운영 절차를 위반하며 동료 의원들을 짜증나게 했다.

또 동료 의원들의 기분을 아랑곳하지 않고 미친 듯이 질문하며, 그들이 의회의 운영 방식에 대해 알고 있는 모든 것을 흡수하려 애썼다. "당신 지역에서는 이런 일을 어떻게 처리합니까?", "이것은 무엇입니까? 저것은 또 무엇입니까?" 그 덕분에 짧은 시간 내에 "루스벨트는 다선 의원의 90퍼센트보다 뉴욕주의 정치에 대해 많이 알게 됐다."[72] 루스벨트는 의원들을 세 집단으로 나누었다. 첫째는 소수의 개혁파로, 그들을 "무척 좋은 사람들"이라 칭했다. 둘째는 뉴욕의 부정한 정치 조직으로, 뇌물을 수수하며, 태머니 홀Tammany Hall을 본거지로 삼던 "무척 나쁜 사람들"이었다. 셋째는 "무척 좋은 사람도 아니고 무척 나쁜 사람도 아니며", 여론의 흐름에 따라 이리저리 흔들리는 다수의 의원들이었다.[73]

주의회가 개회되고 2개월이 지나지 않아 루스벨트는 주목을 받았고, 훗날의 대담하고 능수능란한 면모를 조금이나마 드러내 보였다. 당시 언론은 주법원 판사, 시어도어 웨스트브룩Theodore Westbrook이 법정 소송 절차를 교묘하게 이용해, 월스트리트의 금융가, 제이 굴드Jay Gould가 뉴욕의 고가 철도망을 장악하도록 도왔다고 거세게 비난하고 있었다. 루스벨트는 그 문제를 철저히 조사한 뒤, 웨스트브룩이 악덕 자본가와 부정하게 결탁한 것이라 확신했다. 루스벨트는 초선 의원이었지만 자리에서 벌떡 일어나, 신문마다 머리기사를 장식한 판사를 신랄하게 비판했고, 이 일로 시어도어 루스벨트는 "뉴욕주에서 가장 유명한 사람"이 됐다. 특히 〈뉴욕 타임스〉는 사설에서 "월스트리트의 악덕 자본가들에게 굴종하는 시대였지만, 이제부터는 공인公人이 그들의 행동을 적절한 말로 묘사하는 데 큰 용기가 필요하지 않을 것"이라고 보도했다.[74]

루스벨트는 청교도적 관점에서 정치를 선과 악이 다투는 경기장으로 보았다. 그는 고위직이 부패로 얼룩지지 않아야 한다는 아버지의 꿈을 알았고, 미국이 더는 "지독히 부패한 정부"를 견디지 못할 거라는 아버지의 경고를 받아들였다.[75] 그는 부패를 백일하에 드러내기 위해 전쟁을 시작했다. 그는 이익 단체와 결탁한 정치 조직의 "검은말 기사단Black Horse Cavalry"에 맞서 싸우는 기사였다.[76] 그는 한 기자에게 "한 가지를 제외하면 내 경력에는 눈에 띄거나 특별한 것이 없다. 그 한 가지는 뭔가를 하기로 결심하면 행동에 옮긴다는 것이다."고 말했다.[77]

루스벨트는 정계의 스타로 떠오르기 시작했지만, 정작 그 자신은 정치가 직업으로는 적합하지 않은 것이란 주장을 굽히지 않았다. "시민으로서 정치적 활동에 간헐적으로 참여할 수는 있겠지만, 삶과 행복을 완전히 정치에 맡겨야 한다면 그보다 더한 불운은 없을 것이다." 이런 생각에서 그는 주의원으로 활동하는 동안에도 주민들에게 진심으로 봉사하는 걸 꺼렸고, 의원직을 맡고 있다는 이유로 자신의 신념을 때로는 버려야 한다는 과중한 부담감에 항상 시달렸다.[78]

하지만 주의원으로 활동을 시작하고 1년도 지나지 않아, 시어도어 루스벨트가 자신의 소명을 발견한 것은 분명하다. 그에게 재미와 성취감을 주기에 충분한 활동, 즉 말하기와 글쓰기, 사람들과의 교감, 주인공 역할이 망라된 곳은 정치였다. 그를 평생 정치와 공적인 삶에 묶어둔 도화선에 그렇게 불이 붙었다.

———◇———

시어도어 루스벨트는 성공 과정을 회상하며 "나는 로켓처럼 치솟아 올랐다."고 말했다.[79] 뉴욕주 전체를 민주당이 휩쓸었지만 루스벨트는 다시 당선됐고, 젊은 나이에도 공화당 동료들에게 소장파 리더로 선택받았다. 그러나 그의 친구이자 기자이던 제이컵 리스가 냉정히 지적했듯이 "로켓처럼 쏘아 올려진 사람은 막대기처럼 곤두박질하기 쉽다."[80] 이런 연이은 승리에 취해 루스벨트는 냉정한 균형감을 잃었다. 머리가 "퉁퉁 부어오르며" 독선과 오만에 빠졌다.[81] 자기만이 정직과 성실로 시장을 궁지에 몰아넣을 수 있다고 생각하기 시작했다. 한 관측가의 증언에 따르면, "루스벨트가 유명세로 지탱하던 의원직을 지킬 수 없을 것이란 의혹이 점점 커져갔다."[82] 그가 소리를 지르고 주먹으로 책상을 내리치며 걸핏하면 의회 운영을 방해하는 "완전한 골칫거리"가 되자,[83] 그를 우상으로 삼았던 소수 개혁파도 점점 걱정스런 표정으로 바뀌었다. 한 의원은 "그는 공구 상자에서 삐져나온 잭과 다를 바 없었다."고 회상했다.[84] 민주당원의 비판을 받으면, 루스벨트는 악의에 차 반격하며 민주당 전체를 "썩었다"고 매도했다.[85] 친구들은 "점잖게 앉아 막후에서 영향력을 행사"하라고 부탁했고,[86] 그의 폭발적이고 무분별한 공격에 그 자신은 물론이고 다른 사람도 파멸하게 될 것이라 충고했다.[87] 그러나 루스벨트는 "어떤 주장, 어떤 조언에도 귀를 기울이지 않았다."[88] 그의 현란한 말솜씨가 신문 머리기사를 장식할 때마다 자기만족에 빠져들었다.

프로젝트에 대한 동의를 얻으려는 시도가 연이어 실패하자 루스벨트는 자신이 친구들에게도 버림받았다는 걸 깨달았다. "혼자 우뚝 솟았던 봉우리가 골짜기로 변했다. 내가 지닌 영향력은 완전히 사라졌다. 나는 하고 싶은 어떤 일도 해낼 수 없는 무력한 존재로 전락하고 말았다."라는 깨달음은 그의 자존심에 큰 충격을 주었다. 다른 사람들과 협조하며 타협하는 법을 배우는 걸 방해하던 독단적이고 독선적인 성격도 큰 타격을 받았다. 그는 자신이 "지극히 중요한 인물"이 아니고,[89] "다른 사람들이 황금처럼 순수하지 않더라도 그들과 협력하는 게 반드시 필요하다는 것"을 깨닫고 인정하기 시작했다. 또 "원하는 걸 모두 얻을 수 없다면 취할 수 있는 것만이라도 취해야 한다는 것"도 알게 됐다.[90] 그때부터 루스벨트는 다른 의원을 돕는 데 집중했고, 그 대가로 그들도 루스벨트에게 도움을 주었다.[91] 엄격한 도덕관에 기초한 그의 생각보다 세상은 훨씬 더 복잡하고 미묘했던 것이다. 지나치게 자기중심적인 행동으로부터 교훈을 얻고 실수로부터 배우며 방향을 전환하는 능력은 그가 크게 성공하는 데 밑거름이 됐다.

루스벨트가 소속한 위원회에 공동 주택에서 담배를 제조하는 걸 금지하는 법안이 올라왔을 때도 그는 리더로 성장할 가능성을 유감없이 보여주었다. 법안이 처음 상정됐을 때, 루스벨트는 노동시간을 제한한다는 이유로 최저임금 법제화에 반대했듯, 이 법안도 반대하려고 생각했다. 특권계급 출신인 데다 대학에서 자유방임경제를 배운 탓에 루스벨트는 "노동자의 사회경제적 조건을 향상하기 위한 모든 정부 정책"을 반대하는 경향을 띠었다.[92] 그는 공동 주택 소유자가 제조업자라면 자신의 재산으로 무엇이든 할 수 있는 권리가 있다고 생각했다. 하지만 노동자 대표 새뮤얼 곰퍼스Samuel Gompers에게서 수천 가구가 함께 거주하며 담배를 가늘게 찢고 말리고 싸는 열악한 환경에 대해 듣고 난 뒤, 그곳을 직접 둘러보았고, 두 눈으로 목격한 현장에 아연실색해 생각을 바꾸었다. 담배 제조 금지법의 적극적인 대변자가 된 것이다. 30년 후에도 루스벨트는 한 가정의 처참한 상황을 생생히 기억하고 있었다. 어른 다섯과 서너 명의 어린아이가 골방에 앉아 하루에 16시간씩 일해야 했다. 게다가 그들 모두 이민자로 영어를 거의 말하지 못했다. 담배가 먹을 것과 뒤섞인 채 잠자리 옆에 차곡차곡 쌓여 있었다. 루스벨트는 현장을 직접 살펴봄으로써 의혹의 그림자를 걷어내고, "공동 주택에서 담배를 제조하는 걸 허락한다면 사회와 산업과 위생 등 모든 면에서 사악한 짓을 저지르는 것"이라 확신할 수 있었다.[93]

이 사건은 루스벨트의 공감 능력이 향상된 증거로 여겨진다. 링컨의 공감 능력은 생득적 능력인 듯하지만, 루스벨트는 그전까지 방문한 적도 없고 이해하려고 노력한 적도 없던 곳을 직접 둘러보며 다른 사람의 관점과 의견을 포용하는 능력을 서서히 늘려갔다. 제이컵 리스는 "삶의 현실이 그의 의식에 점점 파고들었다."고 평가했다.[94] 루스벨트도 15년 후에 쓴 〈동료의식fellow-feeling〉이란 수필에서, 용기처럼 공감 능력도 시간이 흐름에 따라 획득될 수 있는 것이라 주장하며 이렇게 덧붙였다. "주변 사람들과 운명을 같이하고, 그들과 이익을 나누며, 공동의 목표를 함께하려고 진지하게 노력하더라도, 처음에는 주변의 시선을 의식하고 개인적인 목표를 더욱더 자각하게 된다. 하지만 훈련하면 동료의식이 자연스레 생긴다. 처음에는 억지로 끌어내야 했던 동료의식이 전에도 잠재적인 형태로 분명히 존재했으며, 앞으로는 무척 건강하게 성장할 수 있다는 걸 신속히 깨닫게 된다." 또 루스벨트는 "여러 사회계급과 계층이 서로 단절된 까닭에 어떤 계급도 다른 계급의 열정과 선입관 및 관점을 고려하지 않는 현실에서 정치사회적 갈등이 비롯되는 경우가 많다."고 주장했다.[95]

세 번째 당선 이후에는 독선적인 면은 점점 찾아보기 어려워졌다. 루스벨트는 전에는 "썩었다"고 거침없이 비판하던 민주당과도 협력하며, 뉴욕시를 위해 공무원 제도 개혁법을 비롯한 여러 법안을 초당적으로 통과시켰다. 그는 자신의 약점과 신체적 결함, 오만하고 자기중심적인 리더십 방식, 심지어 자신의 두려움까지 인정하며, 단점을 극복하기 위한 세심한 노력을 게을리하지 않았다.

첫아이의 탄생을 행복하게 기다리던 25세의 루스벨트는 아내에게 "고삐를 손에 쥔 기분"이라고 말했다.[96]

프랭클린 루스벨트

Franklin Roosevelt

© Courtesy of the Library of Congress

"
아닙니다. 그냥 프랭클린이라 불러주세요.
"

리더로 성장하기 위해 반드시 지켜야 할 시간표는 없다. 에이브러햄 링컨, 시어도어 루스벨트, 프랭클린 루스벨트 모두 리더의 자질을 타고났지만, 스스로를 리더로 처음 인지하고, 주변 사람들로부터 인정받은 시기는 제각각이었다.

에이브러햄 링컨은 역경을 통해 자립심을 신속히 키웠다. 야망과 동기 부여, 단호한 결단력과 연설 능력, 이야기를 꾸미는 능력과 사교성 등도 일찍부터 드러났다. 링컨 자신이 어렸을 때부터 리더로서의 잠재력을 인지했듯이, 어린 시절부터 청년기까지 링컨을 알았던 사람들도 그가 리더로 성장해가는 과정을 지켜본 셈이었다.

시어도어 루스벨트는 나중에야 자신을 리더로 의식하게 됐지만, 주변 사람들은 순간적으로 번뜩이는 그의 면모—남다른 의지력, 뛰어난 지적 능력, 꺾이지 않는 활력, 폭넓은 관심, 다양한 계층과 교감하며 얻는 만족감—를 명확히 알고 있었다.

프랭클린 루스벨트는 허드슨 강변의 사유지, 스프링우드에서 형제자매 없이 자란 때문인지, 에이브러햄과 시어도어에 비하면 대기만성형이었다.[1] 에이브러햄과 시어도어는 젊었을 때부터 성공하겠다는 뜨거운 야망을 명확히 드러내 보였지만, 프랭클린은 삶의 과정에서 많은 것을 그랬듯 성공을 향한 열망도 감추었다. 또 남다른 적극성이나 집중력이 있었다는 증거도 없다. 일반적인 기준에 따르면 외모는 셋 중 가장 뛰어났지만, 에이브러햄만큼 출중한 체력과 운동 능력은 없었고, 시어도어처럼 주변 사람들에게 즐거움과 위압감을 주었던 무궁무진한 에너지도 없었다. 프랭클린은 그로턴 기숙학교와 하버드 대학, 컬럼비아 법학 대학원에 다닐 때만 해도 그저 평범한 학생이었다. 이어 월스트리트의 보수적인 법률 회사에 취직하며 특권계급의 자녀로서 예측된 길을 걸었다.

28세에 링컨과 시어도어는 리더십 자질을 입증해 보였지만, 프랭클린은 타고난 지능이나 노동관, 목적의식 등 그 어떤 것으로도 법률 회사 파트너들에게 별다른 인상을 주지 못했다. 그런데 더치스 카운티의 민주당 실력자, 존 맥John Mack과 에드워드 퍼킨스Edward Perkins에게 승리가 보장된 민주당 후보로 주의원에 출마하라는 뜻밖의 제안을 받게 된다. 그야말로 행운이 제 발로 찾아온 셈이었다. 프랭클린은 정계에 뛰어들려는 열의를 보이며 그 제안을 주저 없이 받아들였다. 프랭클린의 내면에는 누구도 모르는 욕망이 있었던 것이다. 현실에 안주하는 듯한 겉모습 뒤에는 협소한 세계로부터 벗어나려는 욕망이, 모험에 대한 갈망이 있었다. 요컨대 그는 내면에서 야망이 두근대는 걸 일찍부터 느꼈지만, 다른 사람들은 그의 야망을 훨씬 나중에야 눈치챘던 것이다. 또 그는 정치 세계가 자신의 사교적 기질, 타고난 능력, 개발되지 않은 재능에 가장 적합하다는 걸 충동적으로 느끼기도 했다.

1910년 늦봄, 존 맥이 카터 레드야드 앤드 밀번Carter, Ledyard & Milburn의 젊은 변호사로 일하던 프랭클린 루스벨트를 찾아가기 전 그를 만난 적이 있었는지는 분명하지 않다. 맥은 프랭클린의 어머니, 세라의 서명이 필요한 서류를 가지고 루스벨트를 찾아갔고, 사무적인 일을 마무리짓고 나서야 진짜 방문 이유를 밝히며, 포킵시와 하이드파크가 포함된 선거구에서 민주당 후보로 주의원에 출마하는 것에 대한 프랭클린의 의향을 타진했다.

하이드파크는 프랭클린이 어린 시절을 보냈고, 어머니가 여전히 거주하고 있던 곳이었다. 맥은 그 지역의 민주당 의원이던 루이스 스타이베선트 챈러가 은퇴하기로 결정했다는 설명도 덧붙였다. 여러 세대 동안 민주당은 포킵시에서 아일랜드계와 이탈리아계의 지지를 받아 의석을 독점해왔지만, 그 선거구에서 전통적으로 공화당이 강세인 농촌 지역까지 세력을 확장하기를 바랐고, 맥은 프랭클린이 "그 역할에 적합한 인물"이라 생각했다.[2]

하지만 프랭클린에게 리더의 자질이 있다고 간파해서 그가 최선의 선택이라 생각한 것은 아니었다. 맥과 퍼킨스의 관심사는 루스벨트라는 이름이 공화당 지지자들에게 갖는 영향력에 있었다. 1910년 당시, 프랭클린의 먼 친척(12촌)이던 시어도어 루스벨트는 연임하여 대통령직을 마친 뒤였지만 여전히 전국적으로 가장 유명한 인물이었다. 또 세라 루스벨트라면 막대한 재산으로 아들의 선거 비용을 부담할 뿐만 아니라, 민주당의 금고를 채우는 데도 상당한 기여를 할 것이라는 게 맥의 판단이었다. 에이브러햄 링컨이 순전히 혼자 힘으로 주의원으로 출마했고, 시어도어는 모턴 홀에서 정치인들과 뒤섞인 끝에 후보로 지명받는 위치에 올라선 반면, 프랭클린 루스벨트는 아무런 노력 없이 주의원 후보로 선택을 받은 것이다.

프랭클린이 선택받은 이유보다 더 주목되는 것은 그의 반응이었다. 프랭클린은 "정말 기쁩니다. 저에게 무엇을 하고 어디를 가고 누구를 찾아야 하는지 말씀만 해주십시오!"라며 열정적으로 대답했다.[3] 무엇을 했을까? 맥은 프랭클린에게 선거구에서 시간을 보내며 지역 민주당 운동가들을 사귀라고 말했다. 프랭클린은 즉시 시작하겠다고 대답했고, 뜨거운 여름이었지만 금요일 오후에 월스트리트 법률 회사를 출발해 하이드파크와 포킵시에서 주말을 보낸 후, 월요일 아침에 돌아왔다. 누구를 찾아갔을까? 프랭클린은 가장 먼저 동향인 민주당 지도자, 톰 레너드Tom Leonard를 찾아갔다.

8월의 어느 날 오후 3시, 프랭클린은 레너드를 찾아갔다. 주택 도장업자이던 레너드는 루스벨트 가문의 사유지에 있던 한 집 안에서 일하고 있었다. 그 사유지는 영국식 영지領地와 비슷했는데, "세 명에 불과한 주인집 식구를 보모와 여자 가정교사와 구분하고, 그들을 다시 실내에서 일하는 하녀와 요리사와 구분하고, 다시 그들을 바깥에서 일하는 마부와 일꾼과 구분하는 전통적인 선이 있었다."[4] 어렸을 때 프랭클린은 매일 아침 조랑말을 타고 아버지와 함께 당시 한창 건축되고 조경되고 있던 건물과 나무 들을 둘러보았다. 그들이 지나가면 일꾼들은 "모자를 조금 올려 쓰며 경의를 표했다."[5]

루스벨트는 공식적으로 톰 레너드와 인사를 나눈 적이 없었다. 가정부가 레너드에게 "프랭클린이란 분이 뵙고 싶어 합니다."라고 전했을 때, 레너드는 "그래요? 내가 아는 사람인가?"라고 말하며 기억을 더듬어보았지만 프랭클린이란 사람이 전혀 기억나지 않았다. 그래도 레너드는 그 신사를 만나려고 현관으로 나갔고, 그 프랭클린이 프랭클린 루스벨트라는 걸 확인하고는 깜짝 놀랐다. "안녕하세요, 톰?" 프랭클린은 온화한 미소를 지으며 손을 내밀었다. 레너드는 어리둥절해서 물었다. "어이쿠, 안녕하십니까, 루스벨트 씨?" 프랭클린 루스벨트는 "아닙니다. 그냥 프랭클린이라 불러주세요."라 말하고는 정계에 입문하기 위해 조언을 구하려고 찾아온 거라고 덧붙였다.[6] 루스벨트가 꾸밈없이 악수를 청하며 조금도 오만한 기색 없이 조언을 구한 태도는 톰 레너드뿐만 아니라 더치스 카운티의 많은 유권자를 자기편으로 끌어들이기에 충분했다. 프랭클린의 상냥하고 진실한 태도에는 진정성이 담겨 있었다. 이렇게 정치에 첫발을 내딛으며, 프랭클린은 적어도 상징적으로는 사회적 간격을 줄였다.

프랭클린은 어디에서나 본연의 온화함과 매력으로 사람들의 마음을 사로잡았다. 금요일 저녁이면 하이드파크 기차역에서 미리 약속한 이륜마차 마부를 만났다. 토요일과 일요일에는 선거구를 돌아다니며 정치 집회에 참석했고, 잡화점에 들러 주민들과 대화했으며, 마을 광장과 공장 앞에서 유권자들과 악수를 나누었다. 톰 레너드는 "그는 성급히 정치 문제를 언급하지 않아 좋은 인상을 주었다."고 회상했다. 오히려 프랭클린은 주민들에게 일과 가족과 삶에 대해 푸념할 기회를 주었다. 물론 프랭클린도 말하는 걸 좋아했지만, 어느새 경청하는 법을 터득했다. 고개를 끄덕이며 공감하고 경청하는 자세는 그 후로도 프랭클린 루스벨트를 특징짓는 상징이 됐다.

10월 초로 예정된 전당대회에서 정식으로 주의원 후보로 지명될 것이란 확언을 받고, 프랭클린은 9월 10일 연례 경찰 해산물 파티에서 첫 정치 연설을 가졌다. 훗날 프랭클린은 그날을 회상하며 "나는 해산물과 맥주로 흥겨운 파티장에서 첫 정치 연설을 시도했는데, 이후 그 연설에 대해 끝없이 변명해야 했다."라고 말했다.7 존 맥의 소개를 받은 뒤, 프랭클린은 자신의 유명한 친척, 시어도어 루스벨트처럼 "여러분을 만나 정말 기~쁩니다."라고 연설을 시작했고, 시어도어가 즐겨 사용하던 구절과 몸짓 및 코안경까지 들먹이며 "내년에는 모든 친척과 함께 이곳을 다시 찾겠다."고 약속했다.8 프랭클린의 당시 연설에 대한 더 이상의 기록은 존재하지 않지만, 그 후로 몇 주 동안 그의 연설을 들은 사람들의 증언을 종합하면, 프랭클린은 대화체로 편하게 연설한 듯하다. 프랭클린은 군중들과 쉽게 어울렸고 격정적으로 악수를 나누었으며, 어디에서나 친구를 만들었다. 그 이유를 명확히 설명할 수는 없지만, 28세의 특권계급 청년이 물속에 처음 뛰어들고도 물개처럼 여유 있게 헤엄치는 걸 보면서 존 맥을 비롯한 민주당 다선 의원들은 놀라지 않을 수 없었다.

어떻게 그런 변신이 가능했을까?

———◇———

정치학자 리처드 뉴스타트Richard Neustadt는 대통령의 리더십에 대한 고전에서 "기질이 리더를 구분짓는 중대한 기준"이라고 주장했다.9 프랭클린 루스벨트는 1933년 3월 4일 대통령에 취임하고 나흘 뒤, 92세 생일을 맞은 전前 연방대법원 판사, 올리버 웬들 홈스Oliver Wendell Holmes를 방문했다. 루스벨트가 떠난 후, 홈스는 "지력은 이류이지만 기질은 일류군."이란 유명한 말을 남겼다.10 역사학자들도 홈스의 평가에 동의하며, 루스벨트의 자신감 넘치고 사교적이며 낙천적인 기질을 리더로서 성공한 요인으로 꼽았다.

기질이 성공의 핵심이라면, 앞에서 제기한 질문의 답은 하이드파크의 사유지, 즉 스프링우드에서 찾아야 한다. 프랭클린 루스벨트의 기본적인 기질은 그곳에서 형성됐으니 말이다. 루스벨트는 "내 내면에 존재하는 모든 것은 허드슨강까지 거슬러 올라간다."라고 즐겨 말했다.[11] 잔잔한 강과 큰 저택만이 아니라 사랑과 애정이 넘치는 분위기에서 성장한 어린 시절이 기질 형성에 큰 영향을 미쳤다는 뜻이다. 요컨대 프랭클린의 성격은 따뜻한 환경에서 형성됐다. 프랭클린의 어린 시절을 알았던 사람들은 그를 묘사할 때 거의 똑같은 수식어—"무척 얌전한 아이", "밝고 행복한 아이", 또 상냥하고 예쁘고 무척 침착하다—를 사용했다.[12]

프랭클린은 여덟 살까지 안정되고 균형적인 시간을 보냈다. 전해지는 말에 따르면, 제임스와 세라 루스벨트는 나이차에도 불구하고 서로 진실로 사랑하며 행복하게 살았다. 고등 교육을 받아 정중하고 점잖았던 제임스는 52세에 프랭클린을 얻었다. 의지가 강하고 자신감에 넘치던 아름다운 부인, 세라의 나이는 그 절반에 불과했다. 루스벨트 가문은 부동산과 설탕 무역으로 큰돈을 벌었다. 덕분에 제임스는 지방의 대지주로 살아가며, 영국의 상류 지주처럼 옷을 입고 그들과 유사한 취미 활동을 즐겼다. 활달한 성격이던 제임스는 프랭클린에게 남성적인 세계를 가르쳤고, 세라는 독서와 취미를 통해 프랭클린의 내면을 다스렸다. 세라의 회고에 따르면, 프랭클린 앞에서 부부는 한 번도 다투지 않았다. 프랭클린의 올바른 훈육을 위해 항상 "통일 전선united front"을 펼쳤다. 또 자식이 하나였기에 "형제간의 다툼이라는 문제도 실질적으로 없었다."[13] 부부의 삶은 전적으로 프랭클린에게만 맞추어졌다. 프랭클린은 부모의 재산만이 아니라 불화와 갈등이 없는 정신까지 물려받았다.

훗날 세라의 증손자, 존 보티저 주니어John Boettiger Jr.가 말했듯이, 프랭클린에게 좋은 면만 보여주려 했던 세라의 양육 과정을 돌이켜 볼 때 그녀는 "아픔을 모르게 하는 양육은 그 자체로 치명적일 수 있다 는 것"을 인정하지 않은 듯하다. 아이들은 형제자매와 부대끼는 과정 을 통해 강해진다. 함께 놀다가 다투지만 다시 어울려 놀고, 비판을 받 아들이며 상처를 극복하고, 비밀을 주고받으며 친밀해지는 법을 배운 다. 보티저 주니어는 "프랭클린 루스벨트는 감정을 노골적이고 명확 히 표현하는 걸 거북하고 불편하게 생각했다. 이런 성향은 추잡하고 질투하는 이익 충돌로부터 철저히 보호된 어린 시절에서 비롯된 것일 수 있다."라고 덧붙였다.[14]

자신이 세상의 중심이라는 인식이 어린 루스벨트에게 안정감과 특 권 의식을 심어주었던 것은 분명하다. 그 후로도 평생 동안 루스벨트 는 평화롭고 안정되게 보낸 어린 시절을 정겹게 기억했다. 프랭클린 은 계절마다 그에 적합한 야외 활동을 즐겼다. 겨울에는 아버지와 함 께 구불구불 내려간 가파른 언덕에서 크고 작은 썰매를 탔다. 프랭클 린은 "아빠랑 썰매를 타고 신나게 내려갔어요. 위험한 건 없었어요. 내일 또 탈 거예요!"라고 말하며 어머니의 애간장을 태웠다.[15] 또 얼어붙은 허드슨강에서 아버지에게 스케이트와 빙상 요트 타는 법을 배웠다. 겨울이 지나고 봄이 오면, 매일 아침 아버지와 함께 말을 타고 사유지를 돌아다니며 사유지에 건축 중이던 건물들을 둘러보았다. (프랭클린은 두 살에 당나귀를 졸업했고, 여섯 살에는 조랑말, 여덟 살에는 말을 타기 시작했다.) 여섯 살에는 어머니에게 "어제 오후에 아빠와 낚시를 갔어요. 피라미를 열두 마리나 잡았어요!"라는 열띤 편지를 보내기도 했다.[16] 제임스는 아들에게 낚시하는 법만이 아니라 숲에서 조류를 관찰하고 수목樹木을 구분하는 법을 가르치며 자연을 사랑하는 마음을 북돋워주었다. 여름에는 가족 모두가 메인주 동부 해안의 다운이스트Down East Maine에서 멀리 떨어진 캄포벨로 섬에서 휴가를 보냈다. 이곳에서 프랭클린은 패서머콰디만灣을 출발해 펀디만까지 항해하는 법을 배웠다. 가을이 오면 두 부자는 함께 사냥을 다녔다. 또래의 놀이 친구가 거의 없었던 까닭에 프랭클린은 너그럽게 감싸주는 아버지를 동반자이자 친구로 여겼다.

제임스가 야외활동을 통해 프랭클린에게 자연을 사랑하는 마음을 가르쳐주었다면, 세라는 규칙적인 식사 및 학습과 취미 활동을 위한 시간을 치밀하게 조절하여 아들의 내적 능력을 키우는 데 최선을 다했다. 프랭클린이 다섯 살이었던 어느 날, 평소답지 않게 우울한 모습을 보이자, 세라는 아들에게 슬퍼하는 이유를 물었다. 프랭클린은 대답하지 않았다. 그래서 세라는 다시 물었다. "그때서야 프랭클린은 초조하면서도 애원하는 듯한 표정으로 두 손을 깍지 끼며 '자유를 주세요!'라고 소리쳤다." 세라는 자신의 규칙과 단호함이 아들의 자유로운 정신을 억누르고 있음을 걱정하며, 프랭클린에게 어떤 규칙에도 얽매이지 않는 하루를 허락했다. 그날 프랭클린은 사유지를 마음대로 돌아다닐 수 있었다. "하지만 금세 프랭클린은 어떤 불평도 없이 자진해서 원래의 생활방식으로 돌아왔다."[17]

세라는 "우리 부부는 프랭클린에게 '하지 말라'고 쓸데없이 제약하지 않았다. 금지를 위한 금지, 엄격함을 위한 엄격함에 몰두하지 않았다. 프랭클린에게 뭔가를 금지할 필요가 없었다는 게 오히려 은근히 자랑스러웠다."라고 말했다.[18] 부모의 보호와 배려가 프랭클린의 독립심을 해쳤더라도, 또 시어도어 루스벨트의 어린 시절을 더 신나게 해주었던 자발적인 탐구 같은 것이 없었더라도, 프랭클린 루스벨트의 성향과 기질은 낙천적인 정신—모든 것이 결국에는 좋게 끝날 것이라는 일반적인 생각—으로 발전했을 것이다. 이는 완벽한 균형을 이루었던 삶의 시대에 엄청난 자신감을 키웠다는 증거이다.

———◇———

훗날 프랭클린 루스벨트가 보여주었듯이, 변화에 적응하며 새로운 상황에 적합하도록 행동과 태도를 바꾸는 능력은 리더로 성공하는 데 중요한 요인이다. 여덟 살에 프랭클린은 어쩔 수 없이 적응력을 키워야 했다. 평온하던 스프링우드가 뿌리째 흔들렸기 때문이다. 1890년 11월 제임스가 갑자기 심장발작을 일으켰고, 그 후로 세상을 떠날 때까지 거의 10년 동안 병자로 지내어 평온하던 가족의 삶이 붕괴되고 말았다.

아버지와 아들이 함께하던 야외 활동은 줄어들 수밖에 없었다. 프랭클린은 아버지의 걱정과 불안을 덜어주기 위해 어머니와 머리를 맞대고 상의했다. 그 이후 "무척 얌전한 아이"로 행동하여 주변 사람을 즐겁게 해주려는 프랭클린의 선천적 욕망이 더욱 심화됐다.[19] 자신이 슬퍼하고 혼란스러워하는 모습을 보이면 아버지의 심장에 부담을 주게 될까 두려워했던 것이다. 예컨대 떨어지는 철제 커튼 봉에 맞아 두피에 깊은 상처가 났을 때도 그 일에 대해 아버지에게 전혀 언급하지 않았다. 프랭클린은 며칠 동안 모자를 깊이 눌러쓰고 다니며 상처를 감추었다. 확연히 달라진 스프링우드의 분위기를 고려하면 비밀 유지와 조작이 필요했던 것이다. 나중에는 번거로운 짓이었던 것으로 드러났지만, 당시에는 사랑하는 사람에게 어떤 부담도 주지 않기 위해 생각해낸 최상의 온유한 조치였다.

아버지와 함께하는 시간이 크게 줄어들고, 주변에 놀이 친구도 없었던 까닭에 프랭클린은 더 많은 시간을 실내에서 보낼 수밖에 없었고, 우표와 지도, 모형 배와 새 둥지, 동전과 군함 판화 등을 수집하기 시작했다. 특히 우표 수집은 그가 가장 심혈을 기울이는 취미가 됐다.[20] 세라는 자신이 어렸을 때 수집한 것으로 프랭클린이 수집을 시작하게 했고, 나중에 외삼촌 프레더릭 델러노도 프랭클린에게 자신의 수집품을 선물로 주었다. 철학자 발터 벤야민Walter Benjamin은 진정한 수집가를 다룬 수필에서, 수집을 무질서한 세계의 질서화라고 정의했다. 벤야민은 수집이 어린아이에게 특별한 의미를 갖는다고 지적했다. 수집은 어린아이가 책임지고 결정하는 작은 세계이고, 무엇인가를 획득하는 '짜릿한 황홀감'과 뒤죽박죽된 품목들을 통합하고 정리한다는 자부심을 경험하게 해주기 때문이다.[21] 프랭클린이 우표 도감을 뜯어보고, 우표를 선별해 앨범에 정리하며 보낸 평온한 시간은 일종의 안식처, 즉 남편의 보호막이 줄어든 여파로 아들에 의존하려는 경향이 짙어진 어머니로부터 해방되어 혼자 있을 수 있는 안전한 공간이기도 했다. 과거에 제임스는 프랭클린만이 아니라 세라의 보호자이기도 했지만, 이제부터는 세라와 프랭클린이 제임스를 보호하는 역할을 떠맡아야 했으니 말이다.

어린 시절은 프랭클린 루스벨트가 나중에 리더십을 함양하는 데 무척 중요한 도구가 됐다. 구체적으로 말하면, 마음속으로 무엇인가를 깊이 생각하며 에너지를 재충전하는 방법을 어린 시절에 터득했던 것이다. 제2차 세계 대전 동안 루스벨트를 방문한 윈스턴 처칠Winston Churchill은 저녁을 함께 보낸 때를 회상하며, 루스벨트가 "국가의 안위"를 잊은 채 우표를 정돈하고 분류하며 하나하나를 본래의 자리에 놓더라고 말했다.[22] 루스벨트의 개인 비서, 그레이스 털리Grace Tully는 "한 손에 쥔 돋보기, 스콧 우표 도감, 가위와 스티커 뭉치"를 옆에 둔 루스벨트를 만날 때마다 자신도 차분해지는 기분이었다고 회고했다. 무척 짧은 시간이었지만, 그동안이나마 루스벨트는 "자신을 괴롭히던 문제"에서 해방될 수 있었다.[23]

링컨의 철학적이고 시적인 깊이와 시어도어의 번뜩이는 폭넓은 지능에 비교할 때, 올리버 웬들 홈스의 표현을 빌리면 프랭클린의 지적 능력은 "이류"인 듯했다. 하지만 이런 추정은 크게 잘못된 것이다. 프랭클린은 어렸을 때 남다른 직관적 능력과 대인관계지능interpersonal intelligence, 즉 상대의 의도와 동기를 이해하는 능력으로 부모의 의도와 바람을 읽어냈고, 급격히 변한 가족 분위기에 적절히 대응할 수 있었다. 이 능력은 그가 그 후로도 꾸준히 개발하고 함양한 재능이었다. 그는 학자가 될 정도로 많은 것을 배우지는 않았지만, 광범위한 독서와 남다른 분석으로 복잡한 문제도 기민하게 해결하는 지능만이 아니라 유연하고 탄력적인 언어 구사력도 자랑했다.

평생 프랭클린은 독서보다 경청을 통해 더 많은 것을 배웠다. 그는 주변 사람들이 말하는 걸 조용히 들으며 많은 정보를 흡수했다. 그가 어렸을 때 어머니는 틈나는 대로 그에게 책을 읽어주었다. 세라의 회고에 따르면, 어느 날 저녁 그녀가 아들에게 책을 읽어주는 동안 "그는 배를 깔고 엎드려 우표를 분류하고 정리했다." 아들이 듣지 않는다고 생각해 책을 내려놓고 나무랐다. "이제 엄마가 책을 읽어주려고 수고할 필요가 없겠구나. 네가 전혀 듣지 않으니까." 그러자 프랭클린이 고개를 들고 "묘한 미소를 지으며 내가 조금 전에 읽은 구절을 한 단어도 빠뜨리지 않고 그대로 되풀이했다." 그러고는 "짓궂게 눈을 반짝이며, 엄마, 내가 동시에 두 가지를 할 수 없다면 그게 부끄럽지 않을까요?"라고 덧붙였다.[24] 오랜 시간이 지난 후, 루스벨트가 노동부 장관 프랜시스 퍼킨스Frances Perkins에게 말했듯이, 그 자신도 나이가 들어서 혼자 말없이 책을 읽는 것보다 누군가에게 소리 내어 읽어주는 걸 좋아했다. 그녀는 "거부하기 힘든 사교적인 면이 있었다. 지적인 면에서나 장난스런 면에서나 사교적이었다."라고 그를 평가했다.[25] 또 백악관 보좌관으로 연설문 작성자였던 새뮤얼 로젠먼Samuel Rosenman도 "대체로 루스벨트는 자료와 보고서를 읽는 것보다 구두로 정보를 얻는 걸 더 좋아했다. 루스벨트는 시시때때로 보고를 끊고 질문을 퍼부었다. 그는 이런 식으로 핵심을 파악했다."라고 회상했다.[26]

시어도어와 달리, 프랭클린은 일정한 원칙 없이 무계획적으로 교육을 받았다. 어린 시절에는 여자 가정교사들에게 배웠지만, 이런 부정기적인 교육도 세 번의 오랜 유럽 체류로 중단됐다. 제임스와 세라가 온천의 치유력을 믿어 독일 바트 나우하임을 주로 찾은 때문이었다. 게다가 디는 자녀들에게 역사와 문학에 대한 관심을 북돋워주려고 유명한 전쟁터와 문학 소설의 배경지에 시어도어를 데리고 다녔지만, 제임스는 자신의 건강을 되찾는 데 온 신경을 집중했다. 그래서 프랭클린은 잠깐 동안 지역 독일 학교를 다녔는데, 뛰어난 청해력聽解力 덕분에 독일어를 상당히 쉽게 습득했다. 프랭클린이 열두 살이 되자, 제임스는 그로턴 기숙학교의 교장, 엔디콧 피보디Endicott Peabody에게 편지를 써서, "내 아들의 친구"도 될 수 있는 점잖은 가정교사를 추천해 달라고 부탁했고,[27] 제임스는 생폴 예비 학교에서 라틴어와 수학을 가르치던 아서 덤퍼가 최적이란 결론을 내렸다.

훗날 아서 덤퍼가 말했듯이, 프랭클린은 흥미롭게도 "비정통적 방법"으로 배우는 걸 좋아했다.[28] 가정교사를 대화에 끌어들여 그가 아는 것에 대해 이야기를 나누었고, 책보다 우표와 함께 더 많은 시간을 보냈다. 하지만 우표에 대한 열정적인 관심을 통해 많은 지식을 습득했고, 단편적 지식을 짜맞추어 관심사에 따라 커다란 그림을 머릿속에서 그려냈다. 어떤 우표에나 고유한 이야기가 담겨 있었다. 따라서 제임스 페니모어 쿠퍼의 모험 이야기가 시어도어 루스벨트에게, 《이솝 우화》가 에이브러햄 링컨에게 그랬듯이, 하나하나의 우표가 발행된 장소와 날짜, 전면에 묘사된 형상, 여행을 시작한 시간과 장소를 알려주는 소인 등이 프랭클린의 상상 세계에서 생생한 이야깃거리가 됐다. 세라가 준 우표는 그녀의 가족이 아시아에서 오랫동안 체류할 때 모은 것이었다. 여기에 유럽에서 건너온 우표들, 남아메리카에서 날아온 우표들이 더해졌다. 훗날 프랭클린은 세상에 잘 알려지지 않은 곳까지 어떻게 알게 됐느냐는 질문을 받았을 때 "우표에 관심을 갖게 되자 그 우표를 발행한 국가에 자연스레 관심을 갖게 됐다."고 설명했다.[29] 백과사전을 뒤적이며 프랭클린은 그 국가와 국민 및 역사까지 공부했다. 백과사전을 읽는 동안 이해되지 않는 단어가 눈에 띄면 웹스터 사전을 머리맡에 가져와 읽었고, 한때 어머니에게 "거의 절반"을 읽었다고 자랑하기도 했다.[30]

　프랭클린은 자기만의 방식대로 공부한 덕분에 자연스레 학문 경계를 넘나드는 폭넓은 지식과 지능, 탁월한 문제 해결 능력, 세세한 부분도 간과하지 않는 치밀함을 보여주었고, 그런 능력은 평생 동안 유지됐다. 특히 지도와 지리적 내용을 좋아한 까닭에 각국의 지형에 대한 광범위한 사실, 예컨대 강과 산맥, 호수와 계곡, 자연자원 등을 기억했다. 훗날 입증됐듯이, 이런 지리적 정보는 두 번의 전쟁에 어떻게 어디에서 전 세계가 휘말려들 수밖에 없었는지 미국인에게 설명하는 데 더할 나위 없이 소중한 기초 자료가 됐다.

———◇———

14세에 그로턴 기숙학교에 보내졌을 때 환경 변화에 적응하는 프랭클린의 능력이 시험대에 올랐다. 대부분의 학생은 12세에 시작했지만, 세라가 아들을 떼어놓지 못해 2년을 늦게 보낸 때문이었다. 훗날 프랭클린이 엘리너에게 말했듯이 "다른 아이들은 이미 자기들끼리 우정을 맺은 뒤였다."[31] 또 프랭클린이 모르는 걸 다른 아이들은 이미 알고 있어 프랭클린은 내버려진 기분이었을 것이다.[32] 급우들은 서로 주고받는 게 당연했지만 프랭클린은 이런 관습에도 익숙하지 않았다. 세심하게 꾸민 듯한 고상하고 예의 바른 태도는 어른들에게 좋은 인상을 주었지만, 급우들에게는 부자연스럽게 격식을 차리고 가식적이며 진실되지 않게 보였다. 게다가 프랭클린에게는 팀 스포츠에 참가해 부각될 만한 운동 능력도 없었다. 훗날 프랭클린도 인정했지만, "많은 부문에서 무력감을 느낄 수밖에 없었다."[33] 그는 급우들과 함께하기를 간절히 바랐지만, 사소한 것도 잘못하지 않으면 친구들에게 존경받을 거라고 생각할 정도로 급우들의 마음을 끌어당기는 방법을 전혀 몰랐다.

프랭클린은 외로움과 싸우면서도 그런 낌새를 어머니에게 단 한 번도 드러내지 않았다. 오히려 어머니에게는 "정신적으로나 육체적으로 멋지게 적응하고 있으며",[34] "친구들과 사이좋게 지내고 좋은 성적을 받았다."며 항상 밝은 편지를 보냈다.[35] 따라서 그런 편지를 받을 때마다 세라는 안도하며 즐거워했다. 프랭클린이 뒤늦게 입학해서 급우들에게 "불법 침입자"로 낙인찍힐까 두려워했지만, "거의 하룻밤 사이에 프랭클린은 급우들과 친하게 어울리며, 온갖 학교 활동에 즐겁게 참가했다."며 자랑스러워했다.[36] 프랭클린은 어머니를 위로하려고 그렇게 편지를 썼지만, 궁극적으로는 현실과 자신의 바람을 뒤섞으며 자신에게 용기를 북돋우기 위해서이기도 했다.

모든 것이 긍정적인 방향으로 진행될 거라는 낙천적인 기질 덕분에 프랭클린은 꾸준히 전진할 수 있었고, 어려운 상황에도 인내하며 적응할 수 있었다. 그리고 결국에는 토론팀의 일원으로 자리매김했다. 국가를 위해 일하도록 청년을 키운다는 그로턴 학교의 사명에 따라, 모든 학생이 청중 앞에서 진행되는 토론에 참여해야 했다. 프랭클린은 항상 토론을 앞두고 오래전부터 치밀하게 준비했고, 아버지에게 조언과 충고를 얻었다. 그는 탁월한 기억력을 적절히 활용해 아무런 쪽지 없이 청중을 똑바로 바라보며 발언할 수 있었다. 시어도어 루스벨트는 청년들이 자신의 믿음이나 느낌과 반대되는 입장을 취하는 훈련을 받아, 결국에는 위선을 배우게 된다고 생각하며 토론하는 모임을 멀리했지만, 프랭클린 루스벨트는 하나의 쟁점을 다양한 관점에서 고려하는 걸 좋아했고, 자신의 의견을 설득력 있게 표현하며 추론능력을 입증해 보였다. 프랭클린은 청중과 감정적으로 교감하며 토론에서 승리의 즐거움을 만끽했다. 실제로 부모에게 "우리는 30표를 받았지만 반대쪽은 3표밖에 받지 못했어요! 아마 올해의 토론에서 가장 큰 승리일 거예요!"라고 자랑한 적도 있었다.[37] 어느덧 프랭클린은 급우들과 한결 편하게 지내기 시작했고, 마지막 해에는 적잖은 급우와 좋은 친구가 됐다. 학업 성적에서는 두드러지지 않았지만 하버드 입학 시험에서 높은 점수를 얻어 부모에게 "큰 즐거움"을 주었다.[38]

그러나 이런 성취에도 프랭클린은 급우들 사이에서 리더로 부각되지는 않았다. 그로턴에서 첫해를 보낸 뒤에야 프랭클린은 반듯하고 예절 바르게 행동한다고 해서 얻을 수 있는 것은 거의 없다는 걸 깨달았다. 그래서 부모에게 "오늘 학교에서 처음으로 감점을 받았어요. 그래서 정말 기뻐요. 그전에 나는 애교심이 없는 녀석이란 오해를 받았거든요."라는 편지를 보내기도 했다.[39] 그로부터 30년 후 루스벨트가 1932년 대통령 선거에서 당선되자, 그로턴의 교장, 엔디콧 피보디는 이렇게 말했다. "프랭클린 루스벨트가 그로턴에 재학했을 때 그에 대해 쓰인 글이, 그가 학교에 남긴 인상에 합당하다고 생각할 만한 수준보다 더 많았다. 그는 조용한 학생이었고, 지능은 평균을 약간 상회했다. 또 능력은 괜찮은 편이었지만 특별히 총명하지는 않았다. 운동 능력에서 성공할 가능성은 거의 없었다."[40] 이런 평가는 외견상 정확해 보이지만, 프랭클린이 그로턴에 입학할 때까지 부모에게 일방적인 사랑을 받았을 뿐 또래 학생들과 번잡스런 경쟁을 벌인 적이 없었다는 사실이 간과됐다. 그로턴에 입학하기 전까지 그는 프랭클린 루스벨트라는 이유만으로 어디에서나 관심을 독차지했다. 아직까지 또래의 리더가 아니었고, 심지어 또래의 일원으로도 받아들여지지 않았지만, 프랭클린은 즐거운 마음을 숨김없이 드러내고 좌절을 감추는 방법을 차근차근 배워갔다. 이것만으로도 대단한 성취였다.

———◇———

　프랭클린 루스벨트가 하버드에 입학했을 때도 에이브러햄 링컨과 시어도어 루스벨트에게 강력한 기폭제 역할을 했던 야심적 노력은 보이지 않았다. 훗날 아들이 대통령이 될 거라고 상상한 적이 있었느냐는 질문에 세라조차 "단 한 번도 없었다. 프랭클린이 대통령이 될 거라고, 아니 어떤 직책이든 공인이 될 거라고는 상상조차 못 했다."라고 대답할 정도였다. 세라의 주장에 따르면, 그녀와 아들에게는 지극히 소박한 꿈이 있었을 뿐이다. "그다지 야심적이라 할 수 없지만, 나는 물론 프랭클린도 아버지처럼 올곧고 반듯하며, 정의롭고 친절하며 정직한 미국인이 되는 게 최고의 이상이었다."[41]

　세라는 열여덟이 된 아들이 자기만의 꿈을 꾸기 시작했다는 걸 눈치채지 못했다. 그 꿈은 널찍한 사유지를 관리하며 계절에 따라 다른 형식의 삶을 살아가고, 캄포벨로 섬에서 여름휴가를 보내며 지역 대소사에 개입하는 시골 대지주의 삶을 훌쩍 넘어서는 것이었다. 세상에 태어나서 처음 10년 동안 항상 중심을 차지하던 어린아이 프랭클린의 무사태평한 겉모습 뒤에는 그런 삶을 더 큰 세계에서도 향유하며 세상 사람들에게 관심받을 만한 일을 해내고 싶다는 욕망이 감추어져 있었다.

하버드 첫 학기에 아버지가 치명적인 심장발작을 일으켰고, 그 일로 말미암아 프랭클린의 삶을 안정되게 지탱해주던 것들이 흔들렸다. 프랭클린은 자신의 위치와 꿈과 야망을 치밀하게 점검할 수밖에 없었다. 대학 신입생에게 가장이란 짐이 떠맡겨졌다. 다행히 프랭클린은 어머니와 서로 깊이 의존하는 관계를 형성한 뒤였다. 아버지와 남편이라는 보호막과 완충장치가 없었던 까닭에 모자는 더욱 서로에게 의지할 수밖에 없었다. 하이드파크에서 혼자 살아야 한다는 "상상할 수도 없는" 생각을 견디지 못한 세라는 아들 가까이에서 지내려고 보스턴에 주택 하나를 빌렸다.[42] 한 친구가 말했듯이 "세라는 관대한 어머니였지만 아들이 자기 뜻대로 사는 걸 허용하지 않았다."[43] 프랭클린이 어머니에게 상처를 주지 않고 자율권을 얻으려면 새로운 차원의 교묘한 조작과 속임수, 지략과 인내, 치밀한 계획이 필요했다. 프랭클린이 자기보존을 위해 다양한 분야에서 이런저런 능력을 키워가며 더불어 개발해야 했던 자질이었다.

처음으로 프랭클린은 향후 진로를 모색하며, 부모의 그늘과 기대에서 벗어나 혼자 힘으로 반짝일 수 있는 분야를 찾기 시작했다. 그렇게 찾아낸 것이 학교 신문 〈하버드 크림슨Harvard Crimson〉이었다. 그는 가장 낮은 단계에서 시작했다. 한 자리를 두고 70명의 신입생이 경쟁해야 했다. 한 급우의 회고대로 "경쟁이 무척 치열했다. 지원자들은 생각과 시간을 완전히 투입했다."[44] 프랭클린도 완전히 집중해야 했기에, 저녁 식사나 연극 관람을 함께하자는 어머니의 끊임없는 초대를 적절히 거절했다. 프랭클린은 어느 때보다 열심히 일했고, 괜찮은 성적을 받은 과목들을 공부할 때보다 전력을 쏟았다. "사랑하는 어머니께, 저는 〈크림슨〉에서만 하루에 여섯 시간을 일하고 있습니다. 중압감을 견디기 힘듭니다."라고 썼을 정도였다.[45] 2월에 일차로 선발된 5명에 포함되지 못했지만 프랭클린은 포기하지 않았다.

2개월 후 다시 그 문이 열렸다. 행운과 진취성, 대담함과 특혜가 복합된 결과였다. 당시 부통령이던 시어도어 루스벨트가 보스턴을 방문할 거라는 소식을 지역 신문에서 읽고, 프랭클린은 그 유명한 친척에게 접촉을 시도하며 만날 수 있는지 물었다. 그전에도 오이스터 베이에서 가족 휴가를 보낼 때 프랭클린은 시어도어를 수차례 만난 적이 있었다. 시어도어가 그로턴 기숙학교의 특별 강연에서 경찰국장으로 일하던 때의 이야기를 재미있게 들려주었던 기억도 있었다. "강연장 전체를 한 시간 동안 들썩거리게 만들었던 강연"이었다.[46] 시어도어는 프랭클린을 특별히 좋아한 까닭에 이튿날 아침 로런스 로웰Lawrence Lowell 교수의 강의를 대신하는 초청 강연을 끝낸 직후에 그를 만나기로 약속했다. 그 강연은 로웰 교수의 학생들만을 대상으로 예정된 것이라 전혀 공개되지 않은 일이었다. 프랭클린은 그 소식을 급히 알리려고 〈하버드 크림슨〉으로 달려갔다.

편집국장이 프랭클린에게 말했다. "내일 아침 1면은 자네가 차지했군."[47] 그 기사를 보고 강의실에 2,000명의 학생이 모여들자 로웰 교수는 격노했지만, 시어도어 루스벨트는 언론의 작은 관심도 허투루 넘기지 않았던 까닭에 그런 환호를 당연한 반응으로 받아들였다. 몇 주가 지난 뒤, 프랭클린은 〈하버드 크림슨〉의 일원으로 선발됐다. 처음으로 선택을 받아 한층 자신감을 얻은 프랭클린은 여름이 다가오자 어머니에게 "이번에는 캄포벨로에 가고 싶지 않습니다. 그러니까 어머니도 가지 마세요."라는 편지를 보냈다. 그러고는 해외여행을 제안했다. "새로운 곳을 방문해서 새로운 것을 보면 근심을 잊고 즐겁게 시간을 보낼 수 있을 거예요."[48] 그렇게 해외에서 여름을 보내고 9월 뉴욕에 돌아온 모자는 그때서야 윌리엄 매킨리 대통령이 암살되고, 그들의 사촌 시어도어 루스벨트가 미국 대통령직을 승계했다는 걸 알게 됐다.

하버드에 돌아온 프랭클린은 〈크림슨〉의 사다리를 한 단계씩 천천히 올라갔다. 2학년 때는 총무로 선발됐고, 그 뒤에는 부편집국장을 거쳐 편집국장이 됐고, 마침내 편집장에 올라섰다. 승진은 프랭클린이 자신을 리더로 의식하게 된 획기적인 사건이었다. 결국 그는 대학원에 진학해 신문에서의 지배력을 이어나갔다. 그는 많은 사설에서 점점 위축되는 애교심과 운동 능력에 대한 염려, 즉 대학의 일반적인 문젯거리를 다루었지만, 한 사설에서는 정치에 관심 있는 학생들에게 통치에 대한 추상적인 강의를 듣기보다 보스턴에 들어가 선거구 정치─"입법부 구성을 위한 선거가 이루어진 정당의 일차적인 조직"─가 어떻게 진행되는지 관찰하는 게 더 큰 도움이 된다고 조언했다.[49] 또 프랭클린은 "칸트와 루소를 읽었지만" 두 철학자의 글에서 강력한 리더의 모습을 찾아내지 못했다고 고백했다. 오히려 그는 경험을 최고의 스승이라 믿었다.[50]

에이브러햄 링컨이 블랙 호크 전쟁에서 중대장으로 선출됐을 때 훗날의 어떤 성공보다 더 기뻤다고 말했듯이, 훗날 루스벨트도 처음 리더의 위치에 올랐던 순간을 회상할 때마다 자부심을 감추지 않았다. 대학 신문의 몇몇 동료는 프랭클린을 "우쭐대고 오만한 녀석",[51] 글 솜씨에 걸맞지 않게 자만심이 넘치는 녀석이라 생각했지만, "두뇌 회전이 빠른 유능한 편집자, 함께 지내기에 괜찮은 동료, 낙천적이고 재미있는 유머 감각을 지닌 친구"로 기억하는 동료가 다수였다. 특히 한 동료는 "지금 돌이켜보면 그에게는 중요한 자질이 있었다. 성품이 남달랐다. …… 사람들과 어울리는 걸 좋아했고, 사람들이 그를 본능적으로 좋아하게 만들었다. 또 그의 싹싹한 행동에는 거부감 같은 것이 없었다."라고 회상했다.[52]

그로턴 기숙학교에서는 겨우 살아남았지만, 하버드에서는 두각을 나타내기 시작했다.

———◇———

프랭클린 루스벨트의 핵심적인 특징—주저하거나 과거를 돌아보지 않고 결정을 내리는 능력과 결정 과정을 겉으로 드러내지 않는 성향—은 엘리너 루스벨트와 은밀히 연애하는 동안에 처음 드러났다. 프랭클린은 다른 여성에 대한 자신의 관심과 어머니의 사랑이 자칫 경쟁 관계로 보일 수 있다고 직감하고는 무척 조심했다. 편지와 대화를 통해 프랭클린은 자신의 일상을 세세한 부분까지 어머니와 공유했지만, 속마음은 드러내지 않았다. 어머니 역시 모자 관계의 중대한 침범이라 여길 수 있는 교제에 대해서는 함구했다. 아버지가 세상을 떠난 뒤에는 그런 관계를 감추어야 할 이유가 더욱 커졌다.

그가 하버드 3학년이던 봄에 먼 사촌 엘리너와 사랑에 빠진 것을 아는 사람은 단 한 명도 없었다. 친구도 몰랐고, 어머니도 몰랐다. 그들은 경마장, 하우스 파티, 항해 여행, 무도회, 가족 행사 등에서 항상 함께했지만, 세라는 그들이 형제애를 넘는 사랑을 나누는 걸 전혀 눈치채지 못했다.

프랭클린은 졸업을 앞둔 추수감사절에 충격적인 소식을 어머니에게 전했다. 엘리너에게 청혼했고, 엘리너가 그 청혼을 수락했다고! 하버드에 돌아간 뒤 프랭클린은 세라에게 이런 편지를 보냈다. "어머니에게 큰 아픔을 안겨주었다는 걸 잘 알고 있습니다. 다른 방법이 있었다면 제가 그렇게 하지 않았을 거라는 걸 어머니도 아실 겁니다. 제 마음은 변하지 않을 겁니다. 제가 달리 생각할 수 없다는 걸 오래전부터 알고 있었으니까요. 그 결과로 저는 지금 이 세상에서 가장 행복한 사람입니다. 또 가장 행운아이기도 합니다. 어머니, 어머니와 저의 관계는 앞으로도 옛날과 똑같을 겁니다. 어떤 변화도 없을 겁니다. 이제 어머니는 사랑하는 두 자식을 두게 된 겁니다. 또 어머니를 사랑하는 두 자식이 생긴 것이고요."53

프랭클린은 달리 생각할 수 없다는 걸 오래전부터 알고 있었다며 결심이 변하지 않을 것이라 말했다. 그의 결정이 논의의 대상이 아니라는 뜻이었다. 세라는 그 편지에서 프랭클린의 단호한 결심을 읽어냈다. 그 이후에도 항상 그랬듯이, 프랭클린은 일단 결심하면 마음을 바꾸는 경우가 거의 없었다. 따지고 보면, 자식의 도리와 엘리너를 향한 사랑 간의 내적 갈등이 해결될 때까지 혼자 고민한 끝에 내린 결정이었다. 결정을 내린 이후에도 프랭클린은 올바른 선택을 했는지 고민하고 재검토하며 에너지를 헛되이 낭비하지 않았다. 결국 그는 엘리너와 결혼했고, 그것이 전부였다. 물론 어머니를 변함없이 사랑했다. 여기에서 중요한 문제는 그의 독자성과 미래였다.

엘리너는 프랭클린이 예전에 만난 여성과 달랐다. 엘리너는 무척 지적이었고 꾸밈이 없었으며, 사회적 대의에 몰두하며 특권 계급 세계에는 아무런 관심이 없었다. 프랭클린이 즐거움으로 가득한 어린 시절을 보낸 반면, 엘리너는 슬픔으로 점철된 어린 시절을 보냈다. 그녀가 여덟 살이었 때 어머니 애나가 급성전염병인 디프테리아로 사망했고, 열 살에는 아버지이자 시어도어 루스벨트의 동생이던 엘리엇이 알코올 중독으로 끔찍한 죽음을 맞았다. 하지만 프랭클린이 그녀를 만났을 때는 그녀가 잉글랜드의 여성 기숙학교에서 3년간의 생활을 의기양양하게 마치고 돌아온 직후였다. 앨런스우드 기숙학교에서 그녀는 사회 계급이라는 관습과 전통에서 벗어나 "새로운 삶"을 시작했다.[54] 엘리너는 전설적인 페미니스트 여교장, 마리 수브스트르Marie Souvestre의 사랑을 받았고, 그 학교의 "모든 것", 즉 교수진과 학생들에게 가장 인기 있고 존중받는 학생이 됐다. 실제로 수브스트르 교장은 엘리너의 할머니에게 "손녀는 함께 살아가는 모두에게 사랑을 받고, 접촉하는 모든 것에 흥미와 관심을 보이고 있습니다."라는 편지를 보

냈다.[55]

엘리너는 학교에서 발표한 한 수필에서 "행복해지는 가장 확실한 방법은 타인을 위한 행복을 추구하는 것"이라고 썼다.[56] 뉴욕으로 돌아온 뒤, 엘리너는 수브스트르 교장의 부탁을 받아들여 사회사업에 관여했고, 로어이스트사이드의 리빙턴 스트리트 정착촌에서 이탈리아계 이민자들을 가르쳤다. 또 여성운동가 모임에 가담해 공장과 백화점의 노동 환경을 조사하기도 했다. "나는 사람들의 삶을 알고 싶었고, 모든 것을 직접 경험하고 싶었다."[57]

은밀한 연애 기간에도 프랭클린과 엘리너는 세상에 뚜렷한 흔적을 남기겠다는 꿈을 함께 나누었다. 사회의식과 사회적 정의감, 즉 타인을 배려하고 약자를 보호해야 한다는 각성에서 엘리너는 프랭클린을 훨씬 앞섰다. 프랭클린은 엘리너가 가진 사교계에 대한 혐오와 의미 있는 일을 하려는 전투적인 욕망을 높이 샀다. 엘리너는 진지한 여성이었고, 프랭클린도 간혹 "먼지떨이"라는 가벼운 인상을 남겼지만 역시 진지한 청년이었다.[58] 프랭클린도 통과의례를 거쳐야 했다. 엘리너는 그가 온갖 계층의 사람들을 폭넓게 만나는 삶을 영위해야 한다고 생각했다.[59] 어느 날 오후 그가 사회복지관으로 그녀를 데리러갔을 때, 그녀는 병에 걸린 어린 소녀를 집에 데려다주어야 한다며 그에게 도움을 청했다. 그 소녀가 가족과 함께 살아가는 허름한 공동 주택에 도착했을 때 프랭클린은 엘리너에게 "맙소사, 이런 집에 사는 사람이 있을 거라고는 생각도 못 했어!"라고 말했다.[60] 시어도어 루스벨트가 공동 주택에서 담배를 제조하는 사람들이 살아가는 열악한 환경을 목격하고 놀라고 실색했던 것처럼 프랭클린도 너무 놀라 입을 다물지 못했다.

엘리너를 옆에 두자 프랭클린은 "자신이 언젠가 대단한 존재가 될 것"이란 확신이 들었다.[61] 뉴욕에서 주말을 함께 보낸 뒤 엘리너는 프랭클린에게 보낸 편지에서 "지난 이틀이 나에게 어떤 의미였는지 명확히 말할 수 없지만, 당신에게도 똑같은 의미였을 거라는 건 알아요. 내가 당신을 지극히 사랑한다는 걸 당신이 알고, 나도 당신에게 사랑받을 만한 가치가 있는 존재라는 걸 항상 증명하고 싶으니까요. 완전한 행복이라는 게 무엇인지 전에는 몰랐던 것 같아요."라고 말했다.[62]

훗날 말했듯이, 프랭클린이 주상원의원에 출마하기 훨씬 전부터 정치에 입문하고 싶어 한다는 걸 엘리너는 알고 있었다. 엘리너의 생각에 프랭클린의 그런 바람은, 행동 하나하나에 주목받던 삼촌 시어도어 루스벨트를 향한 동경심에서 자극받은 충동이었다.[63] 시어도어 루스벨트 대통령은 그들의 약혼 소식을 듣고 "좋은 소식을 들어 정말 기쁘구나. 나는 엘리너를 친딸처럼 좋아한단다. 물론 너도 좋아하고. 너를 신뢰한다. …… 너와 엘리너는 진실하고 용기가 있으니, 서로 사심 없이 사랑할 거라고 믿는다. 너희 앞에 황금시대가 열릴 것이다."라는 편지를 프랭클린에게 보냈다.[64] 프랭클린과 엘리너는 1905년 3월 4일 함께 시어도어 루스벨트의 취임식에 참석했고, 대통령의 핵심 측근들과 뒤섞여 점심 식사를 했다. 사열대에 가족들과 함께 앉아 열병식을 보았고, 나중에는 취임 축하 무도회에도 참석했다. 그로부터 열하루 뒤, 루스벨트 대통령은 고인이 된 동생을 대신해 신부를 프랭클린에게 넘겨주며 미소를 머금은 얼굴로 말했다 "프랭클린, 가문의 이름을 지키는 것에 필적할 것은 없다네."[65]

———◇———

시어도어 루스벨트는 기회가 오면 그 기회를 이용해야 한다고 인정했다.[66] 프랭클린도 카터 레드야드 앤드 밀번 법률 회사에서 하급 변호사로 2년차를 맞이했을 때, 도약을 시도하기에 적합한 기회를 기다리고 있었다. 어느 날, 한가한 시간에 그는 동료 직원들과 장래 희망과 계획에 대해 이야기를 나누게 됐다. 그때 프랭클린은 "죽을 때까지 변호사로 일하고 싶지는 않다. 기회가 오면 공직에 출마하고 싶다."고 밝혔다. 실제로 프랭클린은 자신이 취하게 될 단계를 이미 머릿속에 그리고 있었다. 주의회 의원에 출마하는 것을 시작으로 다음에는 해군성 차관보로 임명되고, 뉴욕주 주지사에 출마해 당선되고, 여기에 행운이 더해지면 미국 대통령이 되겠다는 청사진을 그렸다. 당시 25세이던 프랭클린은 그때까지 한 번도 공직에서 일한 적이 없었지만, 프랭클린이 조심스레 밝힌 이런 바람을 누구도 빈정대거나 조롱하지 않았다. 한 동료 직원은 당시를 회상하며 "프랭클린은 심각하고 진지해 보였다. 게다가 그의 표현대로 상당히 합리적이기도 했다."라고 말했다.[67] 프랭클린이 꿈꾼 성공의 단계는 시어도어 루스벨트가 백악관에 입성할 때까지 밟았던 길과 똑같았다.

프랭클린이 제시한 성공의 단계는 계산적이고 합리적인 것이었다.

여기에서 존 맥이 당의 전폭적인 지원을 약속하며 하이드파크와 포킵시 선거구에 출마하라고 권했을 때 프랭클린이 그 제안을 즉각적으로 받아들인 이유가 설명된다. 게다가 선거를 5주 앞두고 그가 더는 당의 유일한 선택이 아니라는 걸 알았을 때 보인 반응은 더욱 흥미롭다. 현직 의원이던 루이스 챈러가 생각을 바꿔 민주당 실력자들에게 현직을 유지하기로 결정했다고 알린 것이다. 그 소식을 듣고 프랭클린은 존 맥과 에드워드 퍼킨스에게 "독사에게 물린 기분"이지만,[68] 멈추기에는 너무 멀리 왔다며 독자적으로 출마할 수밖에 없다고 말했다. 맥과 퍼킨스는 챈러의 변심에 대한 대응책을 고심했다. 당시 뉴욕주 민주당 상원의원 후보가 아직 결정되지 않은 때였다. 주상원의원이라면 훨씬 더 권위 있는 직책인 게 분명했다. 하지만 그들도 인정했듯이, 농촌 지역이 대부분인 더 넓은 선거구에서 프랭클린이 승리할 가능성은 거의 없었다. 게다가 단 한 번을 제외하면 거의 반세기 동안 뉴욕주 상원은 공화당 차지였고, 현직 공화당 상원의원, 존 슐로서John Schlosser는 지난 선거에서 민주당 후보에게 거의 두 배의 표차로 승리를 거둔 실력자였다. 존 맥은 승리할 확률이 20퍼센트에 불과하다고 추측했지만, 루스벨트가 지명을 원하면 지원하겠다고 약속했다. 프랭클린은 지명을 받을 가능성이 얼마나 되느냐고 물었다. 존 맥은 "세 명의 위원이 결정한다. 내가 그중 한 명이고, 다른 한 사람은 확실하고, 나머지 한 사람도 거의 확실하다."라고 대답했다.[69]

프랭클린은 조금의 주저함도 없이 "그럼 상원에 출마하겠습니다."라고 말하고는[70] "반드시 승리하겠습니다."라고 덧붙였다.[71] 프랭클린의 이러한 대답에도 그의 본성, 즉 단호함과 확고한 자신감이 드러난다. 그가 상원의원 후보로 지명을 받은 후에 가진 수락 연설은 33개 단어로 이루어진 시어도어의 성명보다 길었지만 특별한 내용은 없었고, 링컨이 자신을 소개한 전단처럼 충실하거나 통절하지도 않았다. 하지만 "가만히 앉아 있지는 않겠다."라고 발표함으로써 선거 운동에 전력을 다할 것이란 의지를 명확히 밝혔다.[72]

프랭클린은 "승리하려면 모든 유권자와 직접 접촉해야 한다고 생각했다."[73] 주하원의원 선거 운동에서는 초여름에 빌린 말과 마차로 충분했지만, 3곳의 카운티로 이루어진 상원의원 선거구는 폭이 50킬로미터, 길이가 145킬로미터에 달했다. 더구나 선거일까지는 5주밖에 남지 않은 상황이었다. 프랭클린은 문제를 해결하기 위해 혁신적인 전략을 고안했다. 그는 말과 마차 대신 자동차로 선거구를 종횡으로 헤집고 다닌 최초의 후보자가 됐다. 선거 전문가들은 프랭클린에게 자동차 유세를 보류하라고 조언했다. 특히 존 맥의 회고에 따르면, "자동차가 막 사용되기 시작한 때였다." 자동차는 번질나게 고장 났고, 지나가던 자동차가 고장 나면 농부들은 "말을 타!"라고 조롱했다. 게다가 "말은 그 새로운 기계 장치를 무서워했다. 간선도로에서 자동차를 마주치면 말이 깜짝 놀라 날뛰었고, 그 때문에 마차가 뒤집히기 일쑤였다. 마차에 타고 있던 농부가 다치는 경우도 적지 않았다."[74]

이런 위험에도 불구하고 프랭클린은 선례를 깬다는 생각을 더 중요하게 여겼다. 선례를 파괴하는 선거 전력은 그 이후의 선거에도 반복됐다. 운전기사와 눈에 확 띄는 붉은색 맥스웰 관광 자동차를 임대한 프랭클린은 다른 공직에 출마한 두 명의 민주당 후보와 함께 선거 운동에 나섰다. 그들의 선거 운동은 서커스단과 비슷했다. 깃발과 현수막으로 장식하고, 시속 33킬로미터라는 놀라운 속도로 울퉁불퉁한 시골길을 가로지르는 신기한 기계 장치는 사람들의 눈길을 끌기에 충분했다. 프랭클린은 잠재적 골칫거리도 이점으로 바꿔갔다. 운전기사에게 말이나 마차를 마주치면 즉시 자동차를 멈추라고 지시한 덕분이었다. 그런 배려는 농부에게 긍정적인 인상을 주었을 뿐만 아니라, 프랭클린에게는 자신을 소개하며 유권자와 악수하는 기회까지 제공했다.

유세 과정의 모든 면을 프랭클린은 신나게 받아들였다. 선거용 포스터와 배지를 직접 디자인했고, 지역 신문에 광고도 실었다. 무엇보다 사람들을 직접 만나는 걸 무척 좋아했다.[75] 교차로, 기차역과 잡화점, 술집과 작은 광장에서 프랭클린은 짤막하게 연설했고, 하루 열 번의 연설을 시행한 적도 적지 않았다. 엘리너의 회상에 따르면, "프랭클린은 느릿하게 말했고, 연설이 한참 동안 중단되는 경우도 있었다. 그때마다 프랭클린이 연설을 그만두지 않을까 두렵고 걱정스러웠지만",[76] 그는 어김없이 연설을 이어갔다. 한편 민주당 정치 지도자, 톰 레너드는 "연설을 끝내면 프랭클린은 자연스럽고 편하게 군중들 사이를 돌아다녔고, 환한 미소를 띤 얼굴로 자신을 '프랭크'라고 소개하며 누구에게나 친구 대하듯 다가갔다."라고 회고했다.[77]

그때가 그에게는 첫 번째 선거 유세였다. 그러나 한 지역 정치인이 회고하듯이 "그 이후의 어떤 선거에서도 1910년의 주상원의원 선거만큼 승리하겠다는 의지를 강력하게 드러내지는 않다."[78] 그는 "당선되면 1년 365일, 매일 24시간 동안 선거구민의 고민거리를 해결하는 데 전력을 다하는 진정한 대표"가 되겠다고 말하며, "이것이 나의 약속입니다. 저에게 그 약속을 지킬 수 있는 기회를 주십시오!"라고 호소했다.[79] 또 선거구를 주기적으로 찾아와 전 지역을 돌아다니며 유권자의 고민거리를 듣겠다고도 약속했다. 게다가 프랭클린은 독자성을 거듭 강조하며, 양당 실력자들에게 과감히 맞서겠다고도 맹세했다. 특히 그는 "저는 웅변가가 아닙니다."라고 즐겨 말했다. 그럼 군중석에서 누군가가 "당신은 웅변가일 필요가 없습니다, 루스벨트! 그렇게 정직하게 말씀해주시면 됩니다. 그게 우리가 듣고 싶은 말이니까요."라고 소리쳤다.[80] 마침내 선거일이 왔고, 계표가 끝났다. 프랭클린은 상대 후보에 완승을 거두었다. 뉴욕주에 출마한 어떤 민주당 후보보다 큰 표차로 승리를 거두었다.[81]

루스벨트의 승리를 분석할 때 행운이 더해진 우연한 역사, 즉 공화당에서 진보파와 보수파가 분열한 덕분에 전국에서 민주당이 승리한 것이라고 설명하는 역사학자도 있다. 물론 현직 대통령이 전도유망한 주상원의원 후보에게 던진 후광과 가문의 막대한 재산에 힘입은 넉넉한 선거 자금, 시골길을 달리며 유세한 붉은색 맥스웰을 언급할 학자도 있을 것이다. 그러나 유쾌하고 사교적이며 매력에 넘치는 젊은이가 공화당 후보보다 더 나은 선거 전략을 구사했고, 더욱 열정적으로 선거구를 헤집고 돌아다니며 유권자의 바람과 소망을 경청했다는 것은 누구도 부인할 수 없는 사실이다. 결국 프랭클린은 오랫동안 마음속에 품었던 야망을 정확한 표적에 쏟아냄으로써 원하던 곳에 발을 들여놓을 수 있었다.

---◇---

프랭클린은 주상원에 들어가자마자, 태머니파派*에 맞서 싸우기 시작했다. 시어도어 루스벨트가 웨스트브룩 판사 사건을 계기로 부패와 싸우기 시작했듯이, 프랭클린도 태머니파의 거두, 찰리 머피Charlie Murphy가 '푸른 눈'의 빌리 시핸Billy Sheehan을 연방 상원의원 후보로 추천한 사건을 구실로 부패와의 전쟁을 시작한 것이다. 시핸은 시내 전차 산업체와 결탁해 수백만 달러를 벌어들인 부패한 정치인이었다. 시핸의 지명을 반대하는 '반란 세력'이 하원에서 조직되고 있다는 소식을 듣고 프랭클린은 상원의원으로서 머피의 선택을 저지하기 위해 전당대회 자체를 거부하겠다는 반란 세력의 선언문에 가장 먼저 서명했다.

프랭클린의 집은 의회에서 가까운 곳에 있어 반란 세력이 회합하기에 안성맞춤이었다. 이런 행운에 개인적 매력과 명문가 출신이라는 배경이 더해지며 프랭클린은 초선이었지만 의원 20명으로 구성된 모임의 대변인이 됐다. 그가 희색이 만면한 얼굴로 기자들에게 "내 삶에서 지금처럼 재미있었던 적은 없었다."라고 말할 정도였다. 이 모임의 단결심은 밤이면 더욱 뚜렷이 드러났다. 의원 20명의 유대 관계는 "더할 나위 없이 유쾌한 모습"을 띠었다. 담배 연기가 공중에 맴돌았고,

---

* 뉴욕시 태머니 홀을 본거지로 하는 민주당 단체로, 종종 뉴욕 시정(市政) 상의 부패 정치, 보스 정치의 비유로 쓰인다. - 편집자주

"야영지에서 모닥불을 중심으로 모여 앉은 군인들처럼 둥그렇게 둘러 앉아 이런저런 이야기를 주고받았다."[82]

프랭클린 루스벨트는 부패와의 전쟁에서 기운을 얻고, 언론의 주목에 한층 대담해졌다. 머피가 시핸의 지명을 철회한 후에도 루스벨트는 타협을 거부했고, 머피가 시핸의 후임으로 제안한 인물도 적합하지 않다고 주장했다. 당시 올버니에서 노동조합을 대신한 로비스트로 활동하던 프랜시스 퍼킨스는 그때 젊은 루스벨트가 무척 무례하고 오만하다는 인상을 받았다며,[83] "지금도 루스벨트가 난간 뒤에 서서 '자신이 옳다'며 두세 명의 상원의원과 언쟁하는 걸 보면, 그때의 루스벨트가 떠오른다. 오므린 채 살짝 벌린 작은 입, 넓어진 콧구멍, 꼿꼿하게 세운 머리, '안 들은 걸로 하겠소!'라는 냉담한 목소리는 조금도 달라지지 않았다."고 말했다. 수년 뒤에 루스벨트 자신이 퍼킨스에게 인정했듯이, 정계에 처음 입문했을 때 그는 "정말 끔찍하게 못된 놈"이었다.[84]

젊은 시절의 시어도어처럼, 프랭클린도 자신이 중요한 존재라는 오만함이 지나쳤다. 그 때문에 시어도어처럼 프랭클린도 몰락의 길로 치달았다. 3월 말쯤, 즉 전쟁이 시작되고 3개월가량 지나자 반란 세력도 지쳤던지 분열되기 시작했다. 그래서 머피가 제임스 앨로이시어스 오고먼James Aloysius O'Gorman 판사를 후보로 제시했을 때, 오고먼이 태머니파에 속했지만 독자적인 경향을 띠었기에 반란 세력 중 다수가 그 제안을 받아들이며 전쟁을 끝내려 했다. 일부가 "오고먼도 시핸보다 나을 게 없다."라고 주장했지만,[85] 루스벨트는 "패배를 승리라 칭하며 패배를 승리로 둔갑시켰다." 또 머피가 절제에 대해 배웠을 것이고, "당이 한 단계 발전했다."라고 뻔뻔하게 주장했다.[86]

이 일로 그의 정치력은 빛났지만 회의를 주도하던 실질적인 힘은 줄어들었다는 것을 깨닫고 루스벨트는 접근법을 완화하기 시작했다. 시어도어 루스벨트가 그랬듯이, 프랭클린도 다른 파벌과 함께 일하며 타협하는 법을 배워갔다. 프랭클린은 태머니파 의원들에게 개별적으로 접근했고, 과거처럼 그들 모두가 부패했다고 싸잡아 단정하지는 않았다. 실제 대다수 태머니파 의원이 선거구의 보통 사람들과 지속적인 관계를 맺고 일자리를 구해주거나 도움과 위안을 주며, 선거구민의 당면한 요구를 채워주려고 끊임없이 노력했다. 바우어리파派의 실력자, '빅 팀' 설리번Big Tim Sullivan과 태머니파가 사회보험에 의한 노동자 보상금, 주 54시간 노동, 여성 참정권 등 다양한 진보적 입법 활동을 앞장서서 지원했기에, 이런 부문에서 프랭클린도 결국 그들과 손잡아야 했다. 프랭클린은 무엇인가를 이루기 위해 타협의 기술이 필요하다는 걸 신속히 깨달았다.

돌이켜 보면, 시핸 사건이 남긴 가장 큰 영향은 프랭클린 루스벨트라는 젊은 십자군 기사가 태머니파에 맞서 싸운다는 소식이 언론에 폭넓게 다루어지며 민주당 출신 신임 대통령 우드로 윌슨Woodrow Wilson의 눈에 프랭클린이 띄게 되었다는 것이다. 윌슨은 대통령 취임 후 보름이 지나지 않아, 프랭클린에게 해군성 차관보라는 탐나는 직책을 제안했다. 프랭클린은 그 제안을 받고 "얼마나 바라던 자리였던가! 그 소식을 듣고 정말 좋았다. 그 소식보다 나를 즐겁게 해줄 것은 세상에 없었다. 항상 나는 배를 사랑했고 해군에 대해 공부했다. 해군 차관보는 내가 진정으로 차지하고 싶은 자리였다.”라는 반응을 보였다.[87] 세라는 프랭클린이 바다에 관심을 갖는 이유가 유전이라고 믿었다. 그녀의 할아버지가 동양까지 항해한, 멋진 모습과 빠른 속도로 유명하던 미국 쾌속 범선의 선장을 지낸 적이 있었다. 어렸을 때 프랭클린은 “유난히 바다 이야기를 좋아했다.”[88] 열세 살에 아버지에게 아나폴리스에 있는 해군 사관학교에 진학하고 싶다고 말했지만, 해군이 되면 어쩔 수 없이 오랫동안 집을 떠나야 하기에 외아들을 둔 부모로서는 허락하기 무척 힘들다는 제임스의 솔직한 말에 프랭클린은 해군이 되는 걸 단념했다.[89] 하버드에 진학한 후에도 프랭클린은 해군에 대한 관심을 버리지 못하고 중고서점들을 순례하며 해군사를 다룬 서적과 필사본을 수집했다.[90] 그렇게 수집한 책이 2,500권에 달했다.

당연한 말이겠지만, 윌슨이 제안한 해군 차관보라는 직책은 그가 무엇보다 바라던 직책이었다. 해군성 차관보는 대통령직을 향한 사다리에서 프랭클린을 한 단계 더 올려놓았다. 25세에 법률 회사 동료들에게 야망을 털어놓았듯 대통령직은 그가 머릿속에 남몰래 그리던 목표였다. 프랭클린이 해군성 차관보에 임명됐다는 소식이 발표되자, 그가 시어도어 루스벨트의 길을 그대로 따르고 있다고 지적하는 평론가가 적지 않았다. 실제로 시어도어도 프랭클린에게 보낸 축하 편지에서 유사함을 인정했다. “내가 전에 근무했던 자리에 네가 있게 되다니 재미있구나. 너도 그 자리를 마음껏 즐길 것이라 확신한다.”[91]

———◇———

　신문 발행인을 지냈고 민주당원으로 오랜 정치 경력을 지닌 조지퍼스 대니얼스Josephus Daniels 해군성 장관 아래에서 차관보로 7년 동안 일하며, 프랭클린은 자신의 정치 이력에서 처음이자 마지막으로 하급자로 처신하는 방법을 배워야 했다. 그런 상황은 프랭클린에게 무척 낯설고 견디기 힘들었을 것이다. 리더로서는 능력을 발휘했지만 리더에게 반드시 필요한 덕목 중 하나인 겸손함이 여전히 부족했기 때문이다.

　조지퍼스 대니얼스는 프랭클린보다 스무 살이 많았지만 해군의 의례와 언어를 몰랐던 까닭에, 해군성 장관의 권한을 무척 조심스레 행사했다. 동료들과 지루할 정도로 오랫동안 의견을 주고받으며 긴장 관계를 풀었던 공손한 남부인답게 대니얼스는 신중히 행동하며 핵심적인 상·하원의원들과 돈독한 관계를 구축해 나갔다. 한편 프랭클린은 천성적으로 행동가였고, 변덕스런 세상에서는 언제라도 행동에 돌입할 수 있도록 해군력을 확장해야 한다고 굳게 믿었던 까닭에 대니얼스를 "시대에 뒤처진 잔소리꾼"이라 생각했고,[92] 엘리너에게는 "말조차 지독히 느리다."라고 투덜댔다.[93] 어느 날 저녁, 만찬장에서 프랭클린은 대니얼스를 경멸하는 발언을 쏟아내기도 했다. 그때 내무부 장관 프랭클린 레인Franklin Lane은 프랭클린에게 "부끄럽지 않나? 대니얼스는 자네 상관이야. 그에게 충성하든지 아니면 그 자리에서 물러나야 할 거야!"라고 따끔하게 꾸짖었다.[94] 프랭클린은 레인의 충고를 받아들였다. 그때부터 프랭클린은 공적인 자리에서 발언을 삼갔고, 대니얼스가 해군 예산을 결정하는 세출위원회 위원들과 차분하게 맺어간 친밀한 관계의 중대한 가치를 결국에는 인정하게 됐다.

　해군성 장관으로서 대니얼스는 전반적인 해군 정책, 함대 배치, 의회와의 관계를 책임져야 했다. 대니얼스는 정책을 다루는 데 집중한 반면, 유일한 차관보이던 프랭클린은 해군성의 행정을 관리했다. 해군성은 직원이 6만 5,000명이고, 예산이 연방 지출의 20퍼센트를 차지할 정도로 거대한 조직이었다. 따라서 보급품과 설비를 조달하고, 군항과 해군 조선소 및 군무원을 감독하는 게 프랭클린의 책무였다. 프랭클린은 일상적인 관료적 업무를 감독하는 수준을 넘어, 타성에 젖은 관료 조직을 개편하는 동시에 더 크고 더 나은 장비를 갖춘 군함을 건조하기로 결정했다. 또한 필요하면 언제라도 전투에 참전할 수 있도록 해군력을 강화하기 위해 군무원의 업무를 재편성했다.[95]

　조직을 관리한 경험이 실질적으로 전혀 없던 31세의 젊은 차관보가 해군성 행정을 관리하는 동시에 그 조직을 더 나은 방향으로 끌어가는 변화를 주도하는 이중의 과제를 어떻게 해낼 수 있었을까? 물론 그가 지향하는 목표, 즉 조직의 미래를 정확히 파악하는 것이 첫 단계였겠지만, 어떻게 실현까지 성공했을까? 그와 대니얼스는 시작은 불미스러웠지만, 결국에는 둘 모두에게 유익했던 생산적인 업무 관계와 평생의 우정을 형성할 수 있었는데 그 이유는 무엇이었을까?

　이 질문들에 올바른 답을 구하려면, 프랭클린의 유명한 "일류급 기질"에만 의존하지 말고, 빠른 판단력과 규칙에 얽매이지 않은 그의 지력까지 다루어야 한다. 그는 복잡한 조직에서 처음 일하면서, 지력도 결코 "이류"가 아니라는 걸 입증해 보였다. 그전까지 많은 사람이 그의 타고난 지적 능력을 과소평가했고, 그런 잘못된 평가는 그 이후에도 이어졌다. 그로턴 기숙학교와 하버드 대학, 컬럼비아 법학 대학원에서 사용된 잣대로는 그의 탁월한 문제 해결 능력을 올바로 평가할 수 없었고, 이질적인 것들이 어떻게 연결되는지 알아내는 능력과 정보를 남달리 신속히 흡수하는 능력에도 높은 점수를 줄 수 없었다. 게다가 이러한 능력이 상대를 편하게 해주는 상냥하고 외향적인 태도에 의해 감추어진 까닭에 그는 주변 사람들에게 가벼운 사람이란 오해를 받았다.

하지만 해군성에서 루스벨트를 상대하고 경험한 사람들은 똑똑하기 이를 데 없는 사람과 함께하고 있다는 걸 알았다. 한 해군 소장은 루스벨트를 "번뜩이는 두뇌의 소유자"로 묘사하며 "상황의 본질을 파악하는 속도에 숨이 멎을 정도였다. 지극히 복잡한 문제도 세세한 부분까지 철저히 파악했다."고 덧붙였다.[96]

함대 규모와 역량 및 6만 5,000명에 달하는 병사와 군무원 현황을 실시간으로 파악하려고 프랭클린은 사무실 벽에 커다란 세계 지도를 붙여두었다. 색핀들은 모든 군함의 위치를 가리켰다. 군함이 이동할 때마다 색핀도 따라 움직였다. 다른 핀들은 해군 조선소와 군항, 보급소 등에 고용된 군무원의 수를 가리켰다. 프랭클린은 핀을 보고 어디에서 어떤 일이 일어나고 있는지 파악할 수 있었다. 처음부터 그는 해군을 "죽은 나뭇가지"로 채워진 빈사 상태의 관료 조직이 아니라, 살아있는 유기체로 생각했다.[97] 또 모든 구성원이 제자리에서 각자 맡은 일을 충실히 해내는 거대한 조직을 머릿속에 그렸고, 그 결과 미 해군은 어디에도 뒤지지 않는 최강의 해군으로 성장할 수 있었다.[98]

벽에 걸린 세계 지도를 힐끗 봐도 루스벨트의 눈에는 불필요한 해군 조선소가 한두 곳이 아니었다. 처음엔 범선 보수를 위해 마련된 곳이었지만, 당시에는 그저 정치적 압력 때문에 유지할 뿐이어서 운영 자체가 엄청난 손실이었다. 프랭클린은 그런 쓸모없는 조선소를 무작정 폐쇄하지 않고, 현대화된 해군에게 필요한 선박과 장비를 제작하는 특화된 공장으로 전환하는 새로운 계획을 고안했다. 예컨대 브루클린 해군 조선소는 함대에 설치할 무선통신 장치를 제작하는 공장이 됐다. 전함에 사용되는 밧줄과 닻과 사슬은 보스턴 조선소에서 제작됐다. 순양함은 필라델피아, 잠수함과 구축함은 노폭에서 건조됐다. 이는 잠재적인 전쟁을 대비해 평화기의 해군에게 반드시 필요한 조치였다. 이 덕분에 루스벨트는 "살림꾼economizer"이란 평판을 얻었다.[99]

프랭클린 루스벨트는 기존 관료 조직을 관리하는 동시에 새로운 아이디어와 방법론을 도입하는 데 도움을 받기 위해 전속 부관을 모집했다. 관리 업무의 기계적인 부분을 믿고 맡길 만한 보좌관이 필요하다는 걸 깨달은 루스벨트는 찰스 매카시Charles McCarthy를 보좌관 겸 개인 비서로 두었다. 매카시는 여러 행정부서에서 일한 경험이 있는 데다 해군의 전통과 관례를 상징하는 인물이었다. 루스벨트는 금세 매카시로부터 존경과 사랑을 받았다. 매카시는 "차관보님처럼 노련한 경영자만이 신뢰할 수 있는 사람들에게 적절히 분배할 사소한 일거리와 직접 처리해야 할 상대적으로 중요한 문제를 구분할 수 있을 것"이라고 프랭클린을 평가했다.[100] 프랭클린은 매카시라는 노련한 관리에게 존경받은 덕분에 해군성 구조를 개혁하는 데 간부 관료들의 협력을 더 쉽게 얻을 수 있었다.

　루스벨트는 해군의 준비 태세를 개선하기 위한 조치를 원만히 시행하려고 자신의 사람이던 49세의 루이스 하우Louis Howe를 영입했다. 하우는 〈뉴욕 헤럴드〉의 뛰어난 기자였다. 특이한 외모에 항상 담뱃재로 뒤덮인 구겨진 양복을 입고 다녀 "땅의 요정",[101] 가느다란 머리카락과 반짝이는 눈동자를[102] 가진 "검게 그슬린 고양이"[103] 등 과장된 별명을 얻었다. 하우와 루스벨트는 시핸이 연방 상원의원 후보로 지명된 걸 반대하는 운동을 전개하다 처음 만났다. 둘은 서로에게 곧바로 끌려 절친한 친구가 됐고, 서로에게 반드시 필요한 존재가 됐다. 그 이후로 하우는 루스벨트에게 일생을 바쳤다. 그때부터 사반세기 동안 그들은 이틀 이상 떨어졌던 적이 없었다.[104] 싹싹하고 낙천적이던 루스벨트는 대립을 대체로 싫어했지만 하우는 천성적으로 냉정하고 냉소적이었다. 게다가 상대와 머리를 맞대고 싸우는 걸 좋아했다. 하우는 자신의 의견을 거침없이 제시하며 루스벨트의 자존심을 꺾고, 태만함을 나무라기 일쑤였다.[105] 루스벨트가 언제 어디에서 잘못했는지도 직설적으로 말했다. 하지만 하우는 전면에 나서지 않아 일이 제대로 풀리면 루스벨트의 공으로 돌렸고, 일이 잘못되면 자신이 비난을 기꺼이 받아들였다.

루스벨트가 나태한 관료 조직을 더욱 확장하고 준비된 조직으로 바꿔가기 위해 사용한 방법은 그 후에도 제약을 해결하는 그만의 고유한 방법이 됐다. 법규를 우회하든 형식적인 절차를 생략하든, 선례를 파괴하든, 어떻게든 문제를 해결하는 방법이 있기 마련이라는 게 그의 지론이었다. 에모리 랜드Emory Land 제독은 그 시기의 루스벨트를 회고하며 "그는 시행착오를 두려워하지 않았다."고 말했다.[106] 예컨대 무엇인가가 벽에 달라붙는지 확인하고 싶으면, 그것을 벽에 내던졌다. 그것이 벽에 달라붙지 않으면 자신의 실수를 주저 없이 인정했고, 다른 것을 시도했다. 실제로 법규 때문에 정부가 함포를 상선에 판매하지 못하자, 루스벨트는 함포를 판매하지 않고 적당한 채권을 받고 빌려주는 책략을 고안해냈다. 이 책략은 훗날 제2차 세계 대전 동안 시행된 역사적인 무기 대여법Lend-Lease*으로 발전했다.[107]

루스벨트에게는 기발한 상상력과 제약을 우회하는 유연한 기법 이외에 목표를 달성하기 위해서는 미심쩍은 방법도 과감히 시도하는 적극성이 있었다. 예컨대 의회의 승인이 떨어지기 전에 그는 수백만 달러에 달하는 함포와 군수품과 장비를 공식적으로 주문했다. 제조업자들은 그의 말만을 근거로 주문을 받아들였다. 실제로 루스벨트는 자신의 대담한 책략이 불법으로 판명나면 "999년 동안 감옥살이를 하겠다!"라고 과장되게 선언하기도 했다.[108] 철저히 준비하면 궁극적으로

---

* 제2차 세계 대전 중인 1941년 3월, 미국이 연합맹방에 군사 원조를 하기 위해 제정한 법률이다. 미국은 연합국 측의 병기창이 되었으면서도 처음에는 전쟁에 참전하지 않았다. 다만 미국 방위에 필요하다고 인정되는 나라에 무기를 대여할 것을 결정하고 이 법을 제정하였다. 무기 대여는 미국 참전 후 더 활발해졌고, 전쟁을 연합국의 승리로 이끈 원동력이 되었다는 평을 받았다. - 편집자주

미국인의 생명을 구할 것이라 확신했기 때문이다.

프랭클린의 준비성은 무척 중요했던 것으로 입증됐다. 매킨리 대통령과 당시 해군성 장관, 존 데이비스 롱John Davis Long의 정책에 반대하며 시어도어가 스페인과의 충돌에 대비했듯이, 프랭클린은 훗날 미국이 세계 대전에 참전할 수 있는 기초를 놓았다. 1915년 여객선 루시타니아 호가 침몰하고, 2년 뒤에 미국이 전쟁에 참전하게 되자, 루스벨트는 항명자라는 비난의 덫에서 벗어나 선견지명을 지닌 예지자라는 칭찬을 받았다. 해군에 필요한 군수품을 착실히 비축해둔 프랭클린의 준비성에 감탄한 윌슨 대통령은 육군 참모총장과 만나는 자리에 프랭클린을 초대했고, 눈을 찡긋해 보이고는 "유감스럽게도 자네가 군수품을 비축한다고 시장을 교란시켰다고 하더군. 그러니까 자네가 준비해둔 군수품을 육군과 나누도록 하게."라고 말했다.[109] 프랭클린은 전쟁에 미리 대비한 혜안으로 조지퍼스 대니얼스 해군성 장관만이 아니라 윌슨 행정부 전체로부터 신뢰를 얻었다.

훗날 그가 해군성에서 쌓은 행정 경험은 관리 능력만이 아니라 노동조합을 상대하는 능력까지 향상시키는 소중한 자산이 됐다. 차관보로 임명되고 몇 주 지나지 않아, 프랭클린은 워싱턴 해군 조선소에서 일하는 민간인 노동자들을 방문했다. 그들에게는 해군 고위층과 정부로부터 무시당한다는 불만이 팽배했다. 프랭클린은 그들에게 불만 사항이 있으면 언제라도 찾아오고, 순전히 대화를 위해 찾아와도 상관없다며 "우리는 모든 것을 내려놓고 여러분과 허심탄회하게 대화하고 싶다."라고 말했다.[110] 그는 조선소와 군항 등 방문하는 모든 곳의 노동자들에게 똑같은 메시지를 전하며, 미국 노동총연맹American Federation of Labor, AFL에 소속된 기계 기술자들에게 그의 사무실 문은 항상 열려 있을 것이라고 말했다. 그가 차관보로 일하는 동안, 해군성에서는 수천 명의 민간인 노동자가 일했는데, 단 한 건의 파업도 없었다.

결국 연합군이 전쟁에서 승리했고, 루스벨트의 해군성 재임도 끝을 향해 다가갔다. 그는 대니얼스에게 정치 교육에서 멘토 역할을 해준 것에 깊이 감사하며 "장관님은 저에게 말없이 많은 것을 가르쳐주셨습니다. 덕분에 제가 천둥벌거숭이처럼 들뜨지 않고 현실에 두 발을 굳건히 딛고 있을 수 있었습니다."라는 편지를 보냈다.[111]

———◇———

10년 전 주의원 후보로 낙점된 데 행운이 있었듯이, 1920년 38세에 민주당 부통령 후보로 지명받는 데도 행운이 크게 작용했다.

샌프란시스코에서 민주당 전국 전당대회가 열린 날 〈뉴욕 헤럴드〉에 소개된 39명의 잠재적 부통령 후보 명단에는 루스벨트가 없었다.[112] 1920년 여름쯤 여론은 민주당에 등을 돌린 뒤였다. 우드로 윌슨은 뇌졸중으로 고생하며 백악관에서 꼼짝하지 못했다. 민주당이 집권한 8년 동안 전쟁과 진보적 개혁에 지친 미국인들은 공화당이 내건 '정상으로 돌아가자Return to Normalcy'라는 선거 구호처럼 단순한 삶으로 돌아가기를 바랐다.[113] 민주당의 음울한 분위기는 골수당원까지 삼켜버렸다. 1920년은 민주당의 해가 되기 힘들다는 걸 깨달은 실력자들은 선거전에 뛰어들지 않았다. 눈에 띄는 유력한 후보가 없었던 까닭에 44번의 투표가 치러진 뒤에야 제임스 콕스James Cox 오하이오 주지사가 민주당 대통령 후보로 확정됐다. 부통령 후보 지명은 큰 문젯거리가 아닌 듯했다. 모든 후보가 전당대회를 빨리 끝내고 고향으로 돌아가고 싶어 했다. 오하이오 출신을 대통령 후보로 선택했기 때문에 민주당 원로들은 지역 안배를 꾀했다. 프랭클린 루스벨트는 상당히 중요한 뉴욕주 출신이었고 유명한 가문의 후손이었다. 게다가 독자적인 활동으로 명성을 얻은 데다 젊고 활동적이어서, 병든 우드로 윌슨에게 여전히 충직한 사람들을 다시 끌어 모으는 데 적합한 듯했다. 그리하여 루스벨트는 박수로 부통령 후보로 지명되었다.

민주당은 승리할 가능성이 거의 없었지만, 루스벨트에게는 자신의 미래를 위해 "얻을 것만이 있고 잃을 것은 없었다."114 부통령 후보로서 그는 패배해도 비난받을 이유가 없었다. 그는 당을 위해 역동적이고 활기차게 하루하루 선거 운동에 매진하며 미래에 사용하기에 충분한 긍정적인 자산을 차근차근 쌓아갔다.

프랭클린 루스벨트는 선거 운동에 혼신을 다했다. 기차로 거의 40주를 돌아다니며 하루에 18시간씩 일했다. 루이스 하우의 회상에 따르면, "누구도 프랭클린의 열정적인 선거 운동을 말리지 못했다. 너무도 열심이어서 우리는 그가 지쳐 쓰러지지 않도록 뒤쫓아 다니며 돌봐야 했다." 루스벨트는 측근들의 조언을 듣지 않고 기차가 멈추는 곳마다 고집스레 연설했다. 그 이유를 하우에게 "언젠가 내가 당선되면 이 사람들이 내 '주인'이 될 테니까 그들이 어떤 사람을 고용한 것인지 알아야 하지 않겠습니까."라고 설명했다.[115] 또 기차에 동승한 한 기자는 "그는 유세 중에 정치적 영향력을 행사하는 사람을 만나면 그를 결코 잊지 않았다."라고 경탄했다. 물론 그 사람이 당에서 차지하는 "구체적 상황"에 대해서도 잊지 않았다.[116]

거의 800회에 가까운 연설을 하는 동안,[117] 루스벨트의 연설은 점점 매끄러워졌다. 한 기자가 지적했듯이, 간결하면서도 직설적으로 연설한 까닭에 "지극히 무미건조한 주제도 무겁게 느껴지지 않았다."[118] 엘리너는 프랭클린이 연설 도중 머뭇거려도 연설을 계속하지 못할까 두려워하거나 염려하지 않았다. 오히려 세라에게 "요즘엔 그이가 연설을 시작하면 약속한 시간에 끝내는 게 거의 불가능한 지경이 됐어요. 10분이 항상 20분, 30분이 45분이 돼요. 또 저녁 연설은 거의 2시간이에요!"라며 "선거 운동원들이 모두 앞에 나가 손을 흔들며 연설을 끝내라고 신호를 보내요. 어떤 시도도 성공하지 못하면 내가 그이의 웃옷자락을 홱 잡아당겨요!"라고 말했다.[119]

경험 부족과 자만심, 누적된 피로와 즉흥성은 선거 유세 과정에서 필연적으로 실수를 낳을 수밖에 없었다. 루스벨트는 몬태나에서 라틴 아메리카에 대해 언급하며 "해군성 차관보로 일할 때 두 작은 공화국의 건국에 관계했습니다. 특히 아이티 헌법을 직접 썼습니다. 내 입으로 말하기는 그렇지만 상당히 괜찮은 헌법이라 생각합니다!"라고 발언했다.[120] 그 발언은 심한 과장이기도 했지만, 공화당 대통령 후보 워런 하딩Warren Harding에게 역습의 빌미를 주었다. 하지만 그 이야기는 선거전에서 그다지 중요한 문젯거리가 아니어서 금세 사그라들었다.

여하튼 프랭클린은 부통령 후보로서 전국적인 인물로 부상했다.

　민주당이 압도적인 표차로 패했지만 처음부터 패배를 예상한 까닭에 루스벨트는 전혀 실망하지 않았다. 루스벨트는 그 최악의 패배를 "지극히 만족스런 항해"였다고 규정했다.[121] 특히 한 친구에게는 "정말 재미있었다. 낙담할 이유가 전혀 없다. 선거 운동 기간에 나는 가능한 한 모든 것을 해냈다."라고 말했다.[122]

　선거 운동 기간에 루스벨트는 많은 강점을 보여주었다. 그중 유능하고 강직하며 충성스런 팀을 규합하고 유지하는 능력이 무엇보다 중요했다. 실제로 그 팀은 그 후로도 오랫동안 유지됐다. 예컨대 루스벨트는 입후보를 위한 사전 공작원으로 스티븐 얼리Stephen Early를 선발했다. 당시 통신사 기자였던 얼리는 훗날 백악관 언론 담당 비서가 됐다. 또 연설문 작성자로 선택된 마빈 매킨타이어Marvin McIntyre도 언론인이었고, 훗날 루스벨트의 일정 담당 비서로 백악관에 들어갔다. 뉴욕 사무실 운영 책임자로는 그가 해군 관료들과 복잡한 문제를 협상할 때 도움을 주었던 노련한 관리, 찰스 매카시를 고용했다. 훗날 루스벨트 행정부에서 매카시는 법무장관으로 봉직했다. 루이스 하우는 공식적으로 아무런 직책도 맡지 않고 세상을 떠날 때까지 루스벨트의 곁에 머물렀다. 기차를 이용한 오랜 선거 유세 분위기는 무척 화기애애했다. 그들은 재미있는 이야기를 주고받고 카드놀이를 즐기면서, 선거 일정을 준비하고 지역 문제를 연구하며 연설문을 작성하는 중압감을 떨쳐냈다. 루스벨트는 그 기차 유세에서 "마음을 함께하는 형제애"를 나누었다며 그때를 소중한 추억거리로 오랫동안 간직했다.[123] 루스벨트는 기차 유세를 함께한 측근들 하나하나에게 티파니 황금 커프스단추를 선물했다. 앞에는 그의 이름 약자인 FDR가, 뒤에는 수령자의 이름이 새겨진 것이었다. 이를 계기로 그들은 훗날 '커프스단추 클럽Cuff-Links Club'으로 알려지는 강력한 조직을 결성하게 됐다.[124] 시간이 지나면서 개인 비서, 마거리트 미시 르핸드Marguerite 'Missy' LeHand, 엘리너 루스벨트, 뉴딜 구제 프로그램을 주도한 해리 홉킨스, 선임 연설문 작성자이자 보좌관이던 새뮤얼 로젠먼이 가담하며 이 조직은 더욱 커졌다.

프랭클린 루스벨트는 국가를 이끌 만한 능력과 지도력을 갖추었음을 이 조직의 초기 팀원들에게 일찍이 인정받았다. 그들이 루스벨트에게 무작정 헌신한 건 아니었다. 기차 유세를 함께하며 수개월 동안 그를 가까이에서 지켜본 뒤, 그를 존경하고 사랑하게 됐다. 그전에는 누구도 프랭클린 루스벨트를 잠재적인 대통령 후보로 생각하지 않았지만, 그를 항상 프랭클린이라 불렀던 극소수 중 한 명이었던 루이스 하우는 확신이 있었다. 실제로 그는 한 기자에게 "처음 만났을 때 나는 그를 대통령감이라 확신했다. 사고가 있지 않으면 그가 틀림없이 미국 대통령이 될 것이라 확신"했다고 회고하기도 했다.[125]

04

린든 존슨

Lyndon Johnson

© Courtesy of the University Archives, Texas State

"

바지를 입은 증기기관

"

1930년 7월, 22세로 대학교 4학년이던 린든 존슨은 철도 위원장에 출마한 전前 텍사스 주지사, 패트 네프Pat Neff를 대신해 첫 정치 연설을 했다. 그 연설을 계기로 불가사의한 사건이 연속으로 일어나며, 존슨은 결국 워싱턴 DC에서 최고의 지위에 올랐다.

헨리라는 작은 마을 외곽에서 열린 연례 행사에서 린든 존슨은 마지막으로 연설을 했다. 중남부 텍사스에서 무척 중요한 행사였고, 린든이 열 살 때 아버지 샘 존슨과 함께 참석한 행사이기도 했다. 지역 단위 공직에 출마한 모든 후보가 이 행사와 함께 종일 계속되는 '연설회'에 참가했다.[1] 시민 수백 명이 모여 바비큐와 야외 활동을 즐길 때 후보들은 임시로 만든 연단에 차례로 올라가 자신을 찍어달라고 호소했다. 경매를 통해 생산물을 처분하고 소문을 주고받으며 정치에 대해 토론하려고 마을 광장에 모여든 농부들을 앞에 두고 한 세기 전에도 들었을 법한 유머와 허풍, 지역 자랑이 되풀이됐다.[2]

땅거미가 내려앉을 즈음, 사회자가 패트 네프의 이름을 불렀다. 아무도 대답하지 않자, 사회자는 다시 그 이름을 불렀고 그를 대신해 연설하고 싶은 사람이 있는지도 물었다. 하지만 누구도 나서지 않았다. 주의원 웰리 홉킨스Welly Hopkins는 그 상황을 생생히 기억했다. 사회자가 연설회를 끝내겠다고 선언하려는 순간, "군중 틈에서 한 젊은이가 두 팔을 흔들며 걸어 나왔고 '제가 패트 네프를 대신해 연설해보겠습니다!'라고 말했다."[3] 검은 곱슬머리의 키다리 청년은 연단으로 쓰인 마차 뒷문에 올라서서 자신을 "샘 존슨의 아들"이라 소개했다. 샘은 8년 동안 주의원을 지내 그 지역의 유명 인사로 많은 사랑을 받았다. 홉킨스의 회고에 따르면, 10분간 계속된 린든의 연설은 "패트 네프를 대신한 감동적인 명연설이었다."

린든은 "저는 지금 텍사스 존슨시티에서 프레리도그 변호사prairie dog lawyer*로 일하고 있습니다."라며 연설을 시작했다.[4] 자신을 프레리도그 변호사로 소개한 린든은 청중의 귀에 착 달라붙는 언어를 사용했다. 프레리도그 변호사는 법을 특별히 훈련받은 사람이 아니었다. 그들은 판례보다 열정적인 변호에 의존해 배심원단에게 자신의 의뢰인을 변호했다. 젊은 린든은 자조적이지만 확신에 찬 어조로, 자신이 노련한 정치인은 아니지만 패트 네프를 대변하는 역할에 몸을 던진 이유를 알리려 애썼다. 그의 연설은 "젊음의 열정과 진지한 목적의식으로 가득했다." 화려한 웅변은 아니었지만 그의 목소리에는 귀를 즐겁게 해주는 울림이 있었다.[5] 그가 연설을 끝내자, 청중은 휘파람과 우레와 같은 박수로 화답했다. 그의 연설은 "헨리 행사의 히트작"으로 여겨졌다.[6]

———◇———

린든은 어렸을 때부터 아버지의 정치적 야심에 동질감을 느꼈다. 샘이 현관 앞 목제 흔들의자에 앉아 서너 명의 정치 동료와 이런저런 이야기를 주고받는 저녁이면, 린든은 현관문 뒤 어둠에 숨어 주의원

---

* 19세기에 서부 텍사스에 정의의 개념을 처음 도입한 법률가 세대. - 옮긴이주

들이 주고받는 말을 엿들으려고 귀를 쫑긋 세웠다.[7] 린든은 그들의 정제되지 않은 역동적인 어법을 좋아했고, 그 지역 사람들에 대한 그들의 깊은 지식에 감탄했다.

린든 존슨은 "나는 아버지를 따라 주의회에 가는 걸 좋아했다. 방청석에 몇 시간이고 앉아 의원들의 활동을 지켜보았고, 의회가 어떤 일을 하는지 알아보려고 의사당 이곳저곳을 돌아다녔다."고 회고했다.[8] 샘 존슨은 주의회 의사당에서 인기가 좋은 의원이었다. 샘은 아들에게 "네가 사람들로 북적대는 방에 들어가서 누가 너를 좋아하고 누가 너를 싫어하는지 즉시 알아낼 수 없다면 정치를 해서는 안 된다."고 말하곤 했다.[9] 한 동료 의원의 회고에 따르면 "샘은 무척 친절했고, 현실적인 사람이었다. 사람들의 마음을 사로잡고, 사람들을 어떻게 다루어야 하는지를 아는 사람이었다." 샘은 원래 격정적 성격의 소유자로 알려졌지만, 한 이웃은 "불같은 성질은 번쩍이는 번개와 같아 금세 사라졌고, 어김없이 멋진 모습으로 되돌아갔다."라고 회상했다.[10] 샘은 하루 여덟 시간 노동을 규정하고 공익 기업을 규제하며 법인세를 부과하는 법안을 지지한 진보적인 민주당원으로, 기업의 이익보다 사람을 대변했다. 샘은 약자를 옹호했고, 자신의 지위를 활용해 가난한 농부와 퇴역 군인 및 전사자의 미망인을 도왔다. 한 친구에게는 "우리는 그들을 돌봐야 합니다. 우리가 여기에 존재하는 이유가 바로 그것입니다."라고 말했다.[11]

린든 존슨은 아버지와 판박이였다. 둘 다 긴 팔과 길쭉한 코, 큼직한 귀를 가졌다. 사팔뜨기였다는 점도 같았다. 사람을 껴안는 방법도 린든이 아버지에게 배웠던지 똑같았다. 샘과 같은 시기에 주의원을 지냈고, 나중에 연방 하원의원까지 지낸 라이트 퍼트넘Wright Putnam은 "그들은 걸음걸이도 똑같았고, 초조할 때 보이는 버릇도 똑같았다. 상대에게 말할 때 와락 껴안는 방식까지 똑같았다."고 회상했다.[12] 아버지처럼 사교적이던 린든은 누구와도 허물없이 대화를 나누었다. 길에서 마주치는 모든 연로한 여성에게 어떻게 지내는지, 건강이 어떤지를 상냥하게 물어 마을의 모든 어머니에게 사랑받았다. 또 남자들이 길에서 정치에 대해 이야기하는 걸 들으면, 그들 옆에 서서 정신없이 정치 이야기에 빠져들었다. 열 살 때는 방과 후 세실 매덕스의 이발소에서 구두를 닦았는데, 그곳이 정치와 최신 소식이 논의되는 곳이었기 때문이다.[13]

린든이 아버지를 따라 주의사당에 가는 것보다 더 좋아한 일은, 아버지와 함께 선거 유세를 다니는 것이었다. "우리는 포드 모델 T를 타고 이 농장에서 저 농장으로 다녔고, 골짜기를 오르내리며 모든 집을 방문했다. 아버지가 주로 말했다. 아버지는 지역 현안과 작황, 본인이 주의회에 제안한 법안을 거론하며 이웃과 이야기를 나누었다. 아버지는 집에서 만든 커다란 빵과 잼을 담은 통을 항상 갖고 다녔는데, 유세에 지치고 배가 고프면 길가에 앉아 빵을 썰고 잼을 발라 나누어 먹었다. 그때만큼 아버지가 행복해하는 걸 본 적이 없었다. 모든 집이 문을 활짝 열고 우리를 반겨주었다. 밖이 지독히 더운 때는 집에서 만든 아이스크림도 대접받았고, 추운 때는 뜨거운 차를 대접받았다. 때때로 나는 그 시간이 영원히 계속되기를 바랐다."[14]

———◇———

이런 목가적인 선거 유세는 아버지와 아들에게 가족 간의 불화에서 잠시나마 벗어나 따뜻하게 위안받는 기회를 주었다. 존슨의 집안에는 거의 언제나 팽팽한 긴장감이 흘렀다. 린든이 툭하면 흥분했던 이유도 이런 가정 환경 탓인 듯하다. 린든은 평생 안정과 불안정, 확신과 순종, 상냥함과 잔혹함, 용서와 조롱, 상대를 즐겁게 해주는 욕망과 통제하는 욕구 사이에서 끊임없이 흔들렸다. 프랭클린 루스벨트가 안정되고 평온한 분위기에서 어린 시절을 보내며 자신만만하고 낙천적인 성품을 함양한 반면, 린든 존슨은 아버지와 어머니 사이에서 타협해야만 했다. 두 분의 세계관이 확연히 달라 크게 충돌했기 때문이다.

존슨의 어머니, 리베카 베인스Rebekah Baines는 "결혼한 첫해가 자신의 삶에서 최악의 해였다."고 존슨에게 입버릇처럼 말했다.[15] "과일나무가 완벽한 간격을 두고 심긴 과수원, 계단식 화단, 널찍한 산책로가 있고, 하얀 말뚝 울타리가 둘러진 이층 돌집"에서 자란 그녀가 외딴 곳에 있어 전기도 없고 상수도도 없는 샘 존슨의 작고 어수선한 오두막을 보고 깜짝 놀란 것은 당연했다.[16] 리베카는 대학 교육을 받은 변호사의 딸이었고, 여자가 대학에 거의 다니지 않던 시대에 베일러 대학교를 졸업한 재원으로 작가가 되기를 바랐다. "늠름하고 역동적인" 샘 존슨이 초선 주의원이었을 때,[17] 가족이 운영하는 신문사를 대신해 그녀는 존슨을 인터뷰했다. 그 후 "갑작스런 구혼"이 뒤따랐고 결혼으로 이어졌는데,[18] "완전히 다른 성격과 이상하고 새로운 생활방식에 적응해야 하는 문제"가 발생한 것이다.[19]

리베카는 문화와 책을 좋아했고, 철학과 문학에 대한 지적 토론을 즐겼지만, 그녀가 사랑에 빠진 남자는 밤늦게까지 정치 동료들과 마주앉아 맥주를 마시며 이런저런 이야기를 주고받는 것 이외에 별다른 흥미가 없었다. 결혼하기 전에 리베카는 샘이 연방 의원에 출마해 그녀를 워싱턴에 데려가기를 바랐지만, 결혼하고 오랜 시간이 지나지 않아 샘이 고향을 떠날 의도가 전혀 없다는 걸 분명히 드러냈다. 그녀는 우물에서 물을 길러 오고 닭에게 모이를 주는 따분한 일로 하루하루를 보냈다. 빨래를 삶고, 무릎을 꿇고 앉아 바닥을 닦아야 했다. 그러는 사이에 시간이 없어 그녀가 읽지 못한 책들이 침실에 "길길이 쌓였고",[20] 글을 쓸 시간은 전혀 없었다. 그녀의 마음은 한없이 나락으로 떨어질 수밖에 없었다. 린든의 회고대로 "그러던 때에 내가 태어났고, 그때부터 갑자기 모든 것이 다시 괜찮아졌다. 나는 어머니가 하지 못했던 모든 것을 할 수 있었다."[21]

처음에 린든은 리베카가 자신의 꿈을 실현할 수 있는 완벽한 도구인 듯했다. 친척들과 친구들은 "그처럼 착한 아이", 또 그처럼 호기심 많고 영리한 아이를 본 적이 없다고 말했다.[22] 린든은 두 살이 되기 전에 알파벳을 배웠고, 네 살이 되기 전에 읽기와 쓰기를 완전히 습득했다. 또 세 살에는 헨리 롱펠로Henry Longfellow와 앨프리드 테니슨Alfred Tennyson의 장시長詩를 암송했다. 린든 존슨은 "내가 그 시를 암송했을 때 어머니는 무척 좋아했다. 그때 어머니가 좋아하던 모습은 영원히 잊지 못할 것이다. 암송을 끝내자마자 어머니가 나를 힘껏 끌어안는 바람에 나는 숨이 막혀 죽을 것 같았다."라고 회상했다.[23] 리베카는 네 아이를 더 낳았지만 린든을 가장 총애했다. "어머니와 나, 우리 둘이서만 할 수 있는 게임을 하던 때가 기억난다. 어머니는 항상 내가 이기게 해주었다. 심지어 규칙을 바꿔서라도 나를 이기게 해주었다. 내가 어머니에게 얼마나 소중한 존재인지 잘 알았고, 내가 그런 존재라는 게 좋았다. 그 덕분에 나는 내 존재에 자부심을 느꼈고, 이 세상에서 무엇이든 할 수 있을 것이란 자신감도 얻었다."[24]

그러나 달에는 밝은 부분의 반대편에 똑같은 크기의 어둠이 있는 법이다. 린든 존슨은 평생 불안감을 안고 살았다. 어머니는 그가 바라는 것을 충실히 이행하지 않으면, 즉 그가 빈둥대며 바이올린과 춤 공부를 게을리하면 그를 향한 사랑과 애정을 거두어들였다. 린든은 당시를 회상하며 "내가 그런 공부를 게을리하면, 며칠 동안 어머니는 나를 거들떠보지도 않았다. 나를 죽은 사람처럼 대했다. 그러고는 아버지와 누이들을 유난히 따뜻하고 친절하게 대했다."고 말했다.[25] 사랑이 넘치거나 바싹 마르거나, 둘 중 하나였다. 사랑은 순종과 성취의 보상으로 주어지는 것이었다. 훗날 존슨은 친구와 동료, 보좌관을 대할 때 이와 유사한 패턴을 보였다. 존슨은 관용과 사랑의 대가로 완전한 충성과 최고의 업적을 기대했다. 기준에 미치지 못하면, 배신으로 인식하고 사랑과 배려를 거두어들였다. 그런 행동 패턴이 너무도 뚜렷해서 '존슨의 냉대 Johnson freeze-out'라는 말까지 생겨났다.[26]

———◇———

　이야기 꾸미기는 에이브러햄, 시어도어, 프랭클린에게 그랬듯, 린든의 삶에서도 중요한 역할을 했다. 어머니와 아버지의 긴장 상태가 격화되면 린든은 "완벽한 피난처"인 길 아래에 있던 친할아버지 집을 찾았다. 린든은 할아버지의 무용담을 들으며 한 시간 이상을 보냈다. 할아버지 샘 일리 존슨 시니어Saml Ealy Johnson Sr.는 텍사스 목장에서부터 치스홀름chisholm 산길을 따라 캔자스주의 애빌린까지 1,500마리의 소 떼를 몰고 갔던 카우보이 시절을 손자에게 자세히 말해주었다. 린든은 당시를 회상하며 "나는 현관 앞 흔들의자 옆에 앉아 할아버지의 무용담을 들으며, 그처럼 신나는 삶을 살았던 거구의 노인이 내 할아버지라는 게 더할 나위 없이 큰 행운이란 생각을 떨치지 못했다."고 말했다.[27]

　샘 존슨 시니어는 이런 초기의 모험들을 중대한 이야깃거리의 보물창고로 삼은 타고난 이야기꾼이었고, 그 이야기들은 훗날 린든 존슨이 리더십 개념을 구축하는 데 중요한 역할을 했다. 이런 이야기들의 중심에는 소 떼를 이끌고 얼어붙은 강을 건너며 소 떼가 도망가지 않도록 경계심을 늦추지 않는 카우보이의 이미지가 있었다.

　황량한 경계지에서 위험하게 살아가는 사슴 사냥꾼들의 이야기가 시어도어 루스벨트가 영웅적 남성상을 형성하는 데 영향을 미쳤듯, 사랑하는 할아버지의 소몰이 이야기는 린든 존슨이 대담한 카우보이를 이상화하며 남성다움이란 개념을 형성하는 데 영향을 주었다. 옛 서부의 과장된 전통은 존슨의 언어에도 영향을 미쳤다. 실제로 황량한 경계지에서 살아가며 신체적 위험과 쓰라린 역경을 견뎌낸 에이브러햄 링컨만이 가족의 과거를 낭만적으로 근사하게 묘사하지 않았다.

린든과 같은 시기에 학교를 다닌 급우들도 린든의 뛰어난 지능을 인정했다. 한 급우의 회고에 따르면, 그는 "매우 영리했다." 또래 아이들은 그에 비교되지 않았다. 나이가 더 많은 아이들도 "린든이 자신들보다 더 유창하게 말하고 생각한다는 걸 인정했다."[28] 하지만 린든은 잠시도 가만히 앉아 있거나 집중하지 못했고, 숙제를 제때에 끝내지 못하는 경우가 많았다. 어머니는 린든에게 아침 식사를 하는 동안 과제물을 소리 내어 읽게 하며 린든의 준비성 부족을 치료해보려 했지만, 린든은 어머니의 강제에 "숨이 막히는 기분이었다."[29] 결국 린든은 유급했고, 여름 학기를 마친 뒤에야 고등학교를 졸업할 수 있었다. 또한 어머니의 바람직한 재촉에도 그는 독서가가 되지 못했다. 어머니가 책을 건네면, 린든은 "사실이 쓰인 책인가요?"라고 묻고는 역사나 통치를 다룬 책인 경우에만 겉표지를 펼쳐보았다.[30] 에이브러햄 링컨이 항상 학급에서 1등을 하며 "자기에게 필적할 만한 지적 능력을 지닌 사람을 만나지 못한 까닭에 확고한 자신감"을 얻었다면,[31] 린든 존슨은 학업 성적에서 항상 열등감에 시달렸다. 훗날 린든은 아쉬운 말투로 "아버지는 나에게 조금만 더 열심히 산다면 하버드나 예일을 다니는 것보다 훨씬 빛날 것이라고 입버릇처럼 말했다."면서 "아버지의 말을 믿고 싶었지만 왜 그랬는지 몰라도 나는 열심히 살지 못했다."고 말했다.[32]

———◇———

린든 존슨은 샌마커스에 있는 사우스웨스트 텍사스 주립 교육대학에 진학했고, 당시 룸메이트에게 "성공하려면 선두권에 있는 사람들과 가까워져야 해. 에번스 총장 같은 사람 말이야."라고 말했다.[33] 세실 에번스Cecil Evans는 15년 전부터 그 대학의 총장으로 일하며 교수진과 학생 모두에게 존경받았다. 에번스 총장이 무척 바쁘다는 걸 알아낸 존슨은 "에번스 총장과 가까워지는 방법은 하나뿐이다. 그분 직속으로 일하는 것"이란 결론을 내렸다.[34] 학교 정책에 따라 도서관과 구내식당, 서점과 행정실, 유지보수부 등에서 학생에게 시간제 일자리를 주었는데, 린든이 처음 맡은 일은 종이를 줍고 쓰레기를 치우는 청소부였다. 대부분의 학생은 일자리를 유지하는 데 필요한 최소 시간을 일했지만, 린든은 열정적으로 일하며 짧은 시간에 가장 많은 쓰레기를 치우는 게임을 하기도 했다. 열심히 일한 덕분에 린든은 행정처 건물에서 일하는 청소팀원으로 승진했다. 대걸레로 바닥을 닦는 일을 배정받은 린든은 총장실과 연결된 복도를 항상 눈여겨보았고, 마침내 에번스 총장과 대화할 기회를 얻었다. 린든만큼이나 에번스도 젊은 시절에 정치에 현혹됐고, 언젠가 공직에 출마하겠다는 꿈을 간직하고 있었다. 따라서 에번스는 평소 학생과 교수를 가리지 않고 누구와도 그랬듯이, 린든과 주의회의 역할과 다양한 정치인에 대한 이야기를 나누었다. 린든이 에번스에게 총장실에서 심부름하며 총장의 지시를 전달하는 일을 할 수 있겠느냐고 물었을 때 에번스는 흔쾌히 허락했다.

린든은 총장의 메시지를 받은 사람에게 자신을 통해 답변을 전달하도록 유도해 심부름꾼의 제한된 역할을 확장했다. 심부름꾼이라는 하찮은 지위가 린든의 손에서 실질적인 권력의 출발점으로 올라선 것이었다. 총장실 입구 책상을 차지한 린든은 단순한 심부름꾼이 아니라 일정을 담당하는 비서인 것처럼 방문객을 총장에게 알렸다. 린든은 교수진과 행정실 직원의 이름을 몽땅 외웠고, 이윽고 그들은 검은 곱슬머리의 호리호리한 청년을 총장과의 직접적인 통로로 여기게 됐다.

에번스가 주 정치에 대한 린든의 통찰력 있는 관찰에 깊은 인상을 받은 것은 사실이었다. 주립 대학들에 대한 지원금과 그 밖의 교육적인 문제로 위원회 청문회가 열렸을 때 에번스는 린든을 오스틴에 데려갈 정도였다. 게다가 에번스는 청문회에 대한 보고서를 작성하는 데도 린든의 도움을 원했고, 린든은 각 주의원의 성향만이 아니라 주의회 전체 분위기까지 분석하며 그 역할을 훌륭히 해냈다. 그로부터 오래지 않아 린든은 총장의 정치적 서신을 처리했고, 여러 주정부 기관에 보낼 보고서 초안을 작성했다. 결국에는 총장 사택에 있는 차고 위 공간을 주거지로 삼고, 에번스 총장이 평생 갖지 못한 아들처럼 살았다. 노老총장에게 사랑과 우정을 아끼지 않았고, 남다른 조직력과 배려로 노인에게는 부담스런 업무와 책임까지 떠맡을 수 있었다.

많은 학생이 린든의 노골적인 권력 지향을 혐오한 것은 당연했다. 학생들은 행정 관료와 교수들의 환심을 사려고 애쓰는 린든의 태도를 "아첨", "알랑방귀", "아부"로 폄하했다.[35] 몇몇 급우도 린든을 "무자비해서",[36] "원하는 것을 얻기 위해서는 누구의 목도 자를 사람"이라 여겼다.[37] 한 친구가 말했듯이 "많은 급우가 린든 존슨을 싫어했을 뿐만 아니라 경멸했다."[38]

린든은 대학 신문에 기고한 한 사설에서 "야망은 불편한 동반자이다. 그 동반자는 새로운 환경과 업적으로 불만을 야기한다. 야망이란 동반자는 결코 현실에 만족하지 않고 항상 앞으로 나아간다."라고 인정했다.[39] 하지만 그는 자신이 다른 사람들에게 어떤 인상을 주는지 정확히 이해하지 못했다. 요컨대 그는 언제 욕심을 줄여야 하는지 알지 못했고, 자신의 충동적인 에너지가 주변에 어떤 부수적 피해를 가하는지 깨닫지 못했다.

———◇———

자신을 과장하고 우선시하던 린든의 욕망은 대학 졸업 후 텍사스주 커틀라에서 멕시코계 미국인 초등학교 교장이 되면서 처음으로 더 큰 목적으로 확대되었다. 당시 그 학교는 교사가 6명에 불과했다. 커틀라는 멕시코 국경에서 멀리 떨어지지 않은, 먼지로 뒤덮인 가난한 도시였다. 대부분의 가정이 가축우리처럼 더러운 집에서 살며, 나무도 없는 척박한 땅에서 입에 풀칠을 하려고 아등바등했다.

린든은 교장이 되며 처음으로 권위 있는 지위에 오르자, 이미 보유하고 있던 리더십 자질들—지칠 줄 모르는 활력, 설득력, 원하는 것을 얻기 위해 싸우는 적극성, 직관력과 진취력, 기획력—을 십분 활용해 학생에게 삶을 개선할 기회를 주려고 힘썼다. 학생들은 린든 교장을 좋아했고, 교사들도 린든을 존경하게 됐다. 린든은 그 작은 도시에 오랫동안 지워지지 않을 흔적을 남겼다. 전기 작가 로버트 카로Robert Caro 의 표현을 빌리면, 마침내 린든 존슨은 "항상 마음속으로 바라던 사람"이 됐다.[40] 노련한 멘토의 뜻에 부응하며 권력을 어쭙잖게 행사하지 않았고, 동료들과 무자비하게 경쟁하지도 않았다. 린든은 텍사스 남부에 위치한 그 작은 도시의 소외되고 박탈된 사람들에게 희망을 주고 그들의 삶의 조건을 향상시키려고 애썼을 뿐이다.

학생들에 감정이입한 까닭에 린든은 더욱더 노력했다. 린든은 훗날 당시를 회상하며 "학생들은 가난해서 아침을 먹지 못해 굶주린 채 등교할 때가 많았다. 학생들은 어렸음에도 편견의 아픔을 겪고 있었다."고 말했다.[41] 과외 활동에 대한 교육부의 지원이 없었기 때문에 린든은 첫 달 봉급의 절반을 운동 장비를 구입하는 데 썼고, 트랙과 필드 육상 및 야구와 배구 연습을 위한 비용을 학교 예산에 포함시키려고 학교 운영위원회를 계속 윽박질렀다. 린든은 교장으로 행정적 책임을 다하는 동시에 혼자 여러 악기를 연주하는 거리의 악사처럼 5학년, 6학년, 7학년을 담당했고, 토론법까지 가르쳤다. 심지어 소프트볼 코치와 연극 연출가, 합창단 단장 역할까지 했다. 처음에는 학생들이 자기들끼리 연습하고 경쟁하도록 했지만, 곧이어 그 지역의 다른 학교들과 경기하기도 했다.

수십 년이 지난 지금도 린든이 그 학교에 남긴 영향이 엄청났다는 걸 증언하는 목소리는 많다. 마누엘 산체스Manuel Sanchez는 "린든 존슨은 어떤 교사보다 학생들을 존중했다."라고 증언했고, 또 다른 학생은 "그분은 우리에게 공부를 시켰다. 우리에게 공부해야 할 이유를 깨닫 게 해준 선생님이었다. 우리는 공부하는 게 그분과 우리 자신을 위한 의무라고 느꼈다."라고 기억했다.[42] 린든 존슨은 학생들이 숙제를 끝 내지 않으면 학교에 붙잡아두었다. 존슨은 엄격한 선생이었고, 학생 들은 모두 존슨의 원칙을 따랐다. 존슨은 "현실적이고 친절했다." 시 간이 지난 뒤, 학생들은 자신들에게 그처럼 많은 것을 요구한 존슨에 게 감사했다.[43]

그 도시에서 린든 존슨보다 치열하게 일한 사람은 없었다. 그는 가장 먼저 출근했고 가장 늦게 퇴근했다. 한 동료 교사는 "그는 이른 바 여가 시간이란 것을 자신에게 허락하지 않았다."고 말했고, 한 마 을 사람은 "그는 항상 빠르게 걸어 흐릿한 형체처럼 보였다."고 회상 했다.[44] 지칠 줄 모르는 활력, 끝없는 야망, 조직적으로 일하려는 강 박증은 그 자신보다 더 큰 무언가로 이어졌다. 그가 추구하던 성공이 학생들의 삶을 바꿔놓겠다는 강렬한 욕망과 맞아떨어진 것이다. "나 는 학생의 내적 욕망을 자극해서라도 미래를 향한 믿음과 야망으로 그들의 영혼을 가득 채우겠다고 다짐했다. 이 세상에서 성공하는 데 필요한 것을 학생들에게 쥐어 주고, 학생들이 학업을 무사히 마치도 록 돕겠다고 결심했다. 그러면 나머지 문제는 자연스레 해결될 것이 라 믿었다."[45]

존슨이 커툴라에서 멕시코계 미국인 어린아이들을 가르치며 보낸 1년은 그의 삶을 바꿔놓았다. 존슨은 시시때때로 그 시기로 되돌아갔다. 오랜 시간이 지난 뒤에도 "내 교실에 앉아 있던 아이들의 얼굴이 지금도 생생하다."라고 말했을 정도였다.[46] 이런 모습은 다른 종류의 리더십, 즉 그가 전에는 전혀 보이지 않았던 공감 능력과 관대함에 근거한 리더십의 과시였다.

———◇———

린든 존슨이 1930년 헨리 행사에서 첫 정치 연설을 할 때, 주 상원 의원에 출마하고 선거 운동을 곧 시작하려던 노련한 정치인, 웰리 홉킨스Welly Hopkins가 그를 지켜보았다. 홉킨스는 그날 충동적으로 린든에게 자신의 선거 운동을 주도하는 역할을 맡겼는데, 이 우연한 만남은 린든의 미래에 지대한 영향을 미친다.

홉킨스는 젊은 린든에 대해 "젊은 나이였지만 그에게는 정치가의 피가 흘렀다. 유전적 요인에 훈련으로 다져져 정치가 적성에 맞는 것이 분명했다."라고 회고했다. 린든은 "정치적인 지식도 풍부했지만",[47] 대중을 만나 인사하고 조직하는 능력도 남달리 탁월했다.[48] 홉킨스의 요청을 받은 린든은 며칠 만에 6명의 대학 친구들로 긴밀한 조직을 구성했다.

홉킨스는 린든과 함께 선거 유세를 다니던 때에 관해 "우리는 블랑코 카운티를 들락거리며 유세했다. 특히 린든의 판단에 따라 나는 페더네일스강의 모든 지류를 공략했다. 린든은 그 지역을 잘 알았고 지역민들과도 좋은 관계를 맺고 있어 그의 판단은 거의 완벽한 것이었다."라고 회고했다. 지독한 피로에도 린든은 표를 얻기 위해 시골 지역을 샅샅이 뒤지고 다녔다. 비포장도로 끝에 위치한 한 집도 간과하지 않았다. 홉킨스는 린든이 자기에게 마른 강바닥에 서서 세 사람—어떤 부부와 그들의 친척—을 상대로 10분 동안 연설을 하도록 했다며 껄껄 웃기도 했다. 이처럼 작은 것도 놓치지 않은 노력에는 보상이 있었다. 홉킨스는 압도적인 승리를 거두었고, "전적으로 린든 덕분에 승리한 것이었다."며 존슨에게 고마워했다.[49] 그 후로 "샌마커스에는 이 지역의 누구보다 정치에 대해 많이 아는 원더 키드가 있다."는 소문이 퍼졌다.[50]

린든은 정계에 정식으로 입문할 태세를 갖추었지만 시대는 그의 편이 아니었다. 대공황으로 정부에서 일할 기회를 얻지 못한 것이다. 그 대신 샘 휴스턴 고등학교에서 오랫동안 역사 주임 교사로 재직하던 삼촌, 조지 존슨George Johnson의 주선으로 연설과 토론을 가르치는 교사직을 얻었다. 샘 휴스턴 고등학교에 출근한 첫날, 린든은 토론팀에게 원대한 목표를 제시했다. 그때까지 토론팀은 이웃 학교와의 경쟁에서 "한 번도 승리한 적이 없었는데"[51], 린든은 토론팀에게 학교 역사상 처음으로 시와 지역 대회에서 우승하는 데 만족하지 않고 주 대회까지 진출할 것이라고 호언장담했다. 그와 동시에 린든은 토론 대회 전에 팀의 야망을 드높이겠다는 심리적 목표도 세웠다.

커툴라에서 그랬듯이, 샘 휴스턴 고등학교에서도 린든은 성공을 향한 자신의 뜨거운 욕망을 학생들에게 쏟았고, 특유의 저돌적인 리더십을 발휘해 토론팀을 위한 지원금을 받아냈다. 토론팀원이던 루서 존스Luther Jones는 "존슨이 교장과 격렬히 다투는 소리"를 우연히 엿들었던 때를 회고해주었다. 교장이 토론팀에게 학교 예산을 배정한 적이 전혀 없었다고 말하자, 존슨은 "나같이 야심찬 선생이 지금까지 없었군요!"라고 맞받아쳤다. 존스는 "일반적 기준에 따라 존슨이 무척 오만하다고 말할 사람도 있을 것이다. 그의 태도가 무척 공격적이었던 것"은 사실이지만,[52] "그에게는 일반적인 환경에서 사람들이 시도할 생각조차 못하는 것을 해내게 하는 능력이 있었다."고 말했다.[53]

린든은 학생들에게 "인간 발전기", "바지를 입은 증기기관"으로 보였다.[54] 그의 근면함과 끝없는 열정은 학생들에게 금세 전염됐다. 출근 첫날부터 린든은 토론팀원들에게 친구들 앞에 서서 짐승 소리를 내게 했다. 남의 시선을 의식하는 수줍음과 불안감을 없애기 위한 훈련이었다. 토론팀원이던 진 래티머Gene Latimer는 "그는 다양한 방법으로 우리를 자극했다. 당면한 과제를 두고 도서관에서 충분한 시간을 공부하지 않았다는 자괴감을 느끼게 하거나, 반대로 우리를 남들에게 터무니없이 자랑해 우리가 스스로 더 많이 노력하도록 유도했다."고 말했다. 또 린든은 학생들에게 토론을 맞붙이는 걸 좋아했다. 래티머는 "그는 그런 기법을 본능적으로 생각해낸 것이 분명했다. 그 전에는 물론이고 그 이후에도 나에게 그런 식으로 동기를 부여한 선생님은 없었다. 그가 우리 중 누군가에게 건물 옥상에 올라가 뛰어내리라고 했다면, 우리 모두 앞 다투어 그랬을 것이다."라고 회상했다.

린든 존슨은 학생들에게 이야기를 전개하는 기술을 가르쳤는데,

그 기술은 성공적인 토론의 열쇠가 됐다. 학생들에게 "우렁찬 목소리로 과장되게 말하는 법"을 가르친 과거의 웅변 선생과 달리, 린든은 구체적인 이야기로 논점을 분명히 제시하는 대화식 토론법을 강조했다. 린든은 학생들에게 "상대편 토론자에게 말하는 것처럼 행동해라. 상대편 중 한 사람의 눈을 똑바로 쳐다보고, 다음에는 시선을 옮겨 다른 사람의 눈을 뚫어지게 쳐다보라!"고 가르쳤다.[55] 토론 대회가 진행되는 동안, 린든은 얼굴을 찌푸리고, 눈을 가늘게 뜨고, 이마에 주름살을 만들고, 머리를 좌우로 흔들고, 놀란 듯 입을 벌리며 한 편의 무성 영화를 찍었다. 그렇게 온갖 몸짓과 표정을 동원해 학생들에게 신호를 보내어 도움을 주었고, 학생들을 조정하고 들볶아서라도 승리하려는 집념을 보였다.

린든 존슨은 처음부터 과거 풋볼팀의 전유물로 여겨졌던 분위기를 토론팀에 심어주려고 애썼다. 첫 대회 때 샘 휴스턴 고등학교 토론팀의 응원단은 일곱 명에 불과했지만, 토론팀이 패하지 않고 승리를 거듭하자 흥분의 열기는 점점 고조됐다. 토론팀이 시 대회에서 우승하고 지역 대회에 진출해 경쟁을 시작할 즘에는 강당이 꽉 들어찼다. 토론장이 지역 사회의 선전장으로 바뀌었다. 응원 구호와 응원단이 생겼고, 모두가 똑같은 단체복을 입었다. 아버지의 음흉한 정치 공작과 어머니가 존슨시티 고등학교에서 웅변술을 가르칠 때 보여준 철저히 계산된 겉모습과 품행이 린든 존슨의 교육 방식에도 고스란히 반영됐다. 토론팀이 지역 대회에서도 우승하자 두 주역, 진 래티머와 루서 존스의 사진이 지역 신문을 뒤덮었다. 주 대회에서도 결승전까지 올랐

고, 한 표 차이로 아깝게 패했지만, 래티머가 자랑스레 말했듯 학년말
에 "풋볼팀보다 더 큰 대우를 받았다."[56]

———◇———

웰리 홉킨스는 린든 존슨이 선거 운동에 기여한 역할을 잊지 않았
다. 텍사스 제14선거구의 연방 하원의원 보궐 선거에서 당선된 리처
드 클레이버그Richard Kleberg에게 입법 비서, 더 나아가 수석 보좌관으
로 존슨을 추천하며 은혜를 갚았다. 클레이버그는 존슨을 만나자마자
지체 없이 비서직을 제안했다. 그리고 며칠 후, 두 사람은 특별 객차를
타고 워싱턴을 향해 이틀간의 여정을 시작했다. 존슨은 당시를 이렇
게 회상했다. "그날 하루 종일 나는 흥분감과 불안감을 떨치지 못했지
만 슬프기도 했다. 미래의 모험을 맞이하기 위해 고향을 떠나야 할 시
간이었다. 어른이 된 기분이었지만, 내 마음은 계속 시간을 거슬러 올
라갔다. 길 아래의 할아버지 집을 향해 달려가던 때와 현관문 뒤에 숨
어 아버지의 정치 이야기를 엿듣던 많은 밤이 떠올랐다. 아버지가 집
을 비웠을 때 어머니와 함께한 저녁도 기억났다. 그 모든 것을 두고 떠
나야 했다."[57]

린든 존슨에게 운명인 듯한 목적지가 있다면 그곳은 워싱턴 DC였
다. 그는 워싱턴의 복잡한 구조를 완벽하게 습득하고, 샌마커스의 대
학, 커툴라, 샘 휴스턴 고등학교에서 그랬듯 그 도시도 완벽하게 지배
하고 싶었다. 존슨은 의사당의 둥근 지붕을 바라보며, 언젠가 반드시

연방 하원의원이 되겠다고 맹세했다. "야망이 없었다고 말하지는 않겠다. 내가 마주치는 대다수 사람이 적어도 하원의원이고, 상원의원이고, 국무위원일 가능성도 있다는 걸 생각하자 가슴이 두근댔다. 그곳에는 권력의 냄새가 났다."58

린든 존슨은 하원의원 비서들이 주로 묵던 호텔에 여장을 풀자마자, 정치의 중심지인 워싱턴에서 권력의 근원과 역학 관계를 알아내기 위한 추적을 시작할 정도로 의욕이 넘쳤다. 추적할 것이 너무도 많고 규모도 컸기 때문에 지체할 시간이 없었다. 그는 도시의 번잡한 숙소에 적응하려고 우스꽝스런 전술까지 생각해냈다. 최대한 많은 사람을 사귀려고 첫날에는 공동욕실에서 샤워를 네 번이나 했고, 이튿날 아침에는 10분마다 이를 닦았다. 유용한 정보원을 가려내기 위한 노력의 일환이었다. 한 입법 비서가 말했듯, "그 깡마른 청년은 정말 아무것도 모르는 애송이였다. 하지만 수개월도 채 지나지 않아, 그는 20년 동안 이곳에서 잔뼈가 굵은 사람보다 워싱턴이 돌아가는 방식을 더 정확히 파악했다."59

처음으로 부하 직원을 관리하게 되었을 때, 린든 존슨은 자신의 눈으로 근면성을 확인한 청년들로 두 자리를 채웠다. 샘 휴스턴 고등학교에서 토론 능력을 발휘한 두 주역, 진 래티머와 루서 존스였다. 존스는 당시를 이렇게 회고했다. "존슨은 완벽함을 요구했기 때문에 함께 일하기에 힘든 사람이었다."60 존슨은 그들에게 '대장The Chief'으로 불렸다. "대장은 하루도 빠짐없이 모든 편지에 답장하기를 바랐다." 게다가 존슨은 어떤 편지에든 올바른 제안이 담겨 있다고 믿었기에, 답장 내용이 그가 정확히 원하는 방식이 될 때까지 같은 편지를 쓰고 또 써야 했다.

어느 토요일 저녁, 존슨은 저녁 식사를 끝내고 사무실로 돌아왔는데, 래티머와 존스가 보이지 않았다. 영화를 보고 9시에 되돌아오겠다는 쪽지가 책상 위에 놓여 있었다. 존슨은 편지 더미를 뒤적거려 아직 답장하지 않은 편지를 찾아냈다! 할 일을 마치지도 않고 영화를 보러 갔다는 것에 화가 난 존슨은 그 편지를 쥐고 극장으로 달려가 두 청년을 밖으로 끌고 나왔다. 그런데 알고 보니 그 편지는 그가 예전에 내린 지시에 따라 따로 치워진 것이었다. 상황을 어떻게든 무마하려고 존슨은 그들을 식당으로 데려갔다. 하지만 첫 잔이 도착하자마자 존슨은 벌떡 일어서며 말했다. "하루를 넘기려면 일할 시간이 아직 세 시간이 더 남았다!"

평론가들은 존슨이 부하 직원들을 무자비하게 다루었다고 흔히 썼지만, 오히려 래티머는 "대장은 자신과 가까운 사람들에게 무척 감상적이었다."고 반박했다. 부하 직원은 존슨의 가족이 되는 대가로 헌신과 무조건적인 충성보다 개인적인 시간과 공간을 포기하는 쪽을 택했다. 존스의 증언에 따르면, "예컨대 당신이 어머니가 보낸 편지를 읽거나 화장실에 대변을 보는 걸 존슨이 보았다면, '미안하지만 좀 더 빨리 끝낼 수 없겠나?'라고 다그쳤을 것이다."[61]

몇 개월이 지나지 않아, 클레이버그 사무실은 국회 의사당에서 가장 효율적인 조직 중 하나라는 평판을 얻었다. "화통하고 온화한 백만장자"이던 클레이버그 하원의원에게 그런 평판은 더할 나위 없이 좋은 것이었다. 클레이버그는 골프와 포커, 폴로로 시간을 보낸 걸 좋아한 까닭에, 기꺼이 린든 존슨에게 의원 사무실의 운명을 맡겼고, 린든도 클레이버그가 사무실을 비우는 것에 불만을 갖지 않았다.[62] 존슨은 고향에서 클레이버그의 기반을 강화하는 게 무엇보다 중요하다고 생각해 처음부터 선거구민의 요구에 최우선순위를 두었다. 제1차 세계대전에서 부상으로 퇴역한 군인들, 농림부의 지원을 간절히 바라던 농부들, 정부가 제공하는 일자리에 목을 맨 실직한 남녀들이 매달 사무실로 수백 통의 진정서를 보냈고, 존슨이 도움이 되는 답장을 즉각적으로 보냄으로써 클레이버그의 열정에 대한 소문은 선거구 전체에 퍼졌다. 또한 사무실 내에서 린든은 행동가라는 평판을 확고히 구축했다.

선거구의 현안 문제는 대체로 정부 기관과 관계가 있었기에 존슨은 미로 같은 관료 조직에 파고들어 진짜 권력이 어디에 있는지 파악하고, 최종적인 결정권자를 알아내느라 매일 몇 시간씩 보냈다. 그 후에는 그가 원하는 결정이 내려질 때까지, 매력적인 열정이 더해진 압력, 위협이 가미된 아첨을 이어갔다. 존슨은 "모든 문제에는 해결책이 있다."고 굳게 믿었다.[63] 존슨은 어떤 요구에도 "안 된다!"고 답하지 않았다. 선거구민이 원하는 대답을 생각해낼 때마다 존슨은 한없이 기뻐했고, 그런 성공 하나하나를 팀 전체의 승리로 돌렸다. 린든 존슨은 대담하고 신속하게 실질적으로 하원의원 역할을 해냈다.

25세에 린든 존슨은 이미 정치 이력을 쌓고 있었다. 헨리 행사 때 군중을 헤치고 나가 첫 정치 연설을 했던 이후로 3년밖에 지나지 않았는데, 그 짧은 시간에 크게 성장한 셈이었다. 존슨은 앞에서 살펴본

세 사람보다 더 일찍, 또 다른 유형의 리더십—뛰어난 집행 능력과 이후로도 끝없이 반복되며 그의 고유한 관리 방식이 된 독특한 행동 패턴—을 펼쳐 보였다. 그는 그 나이에 이미 유능한 정치적 동물, 즉 권력의 수맥을 찾아내는 지팡이를 가진 노회한 정치인이 됐다. 어떤 기관에서나 권력의 축을 찾아내고, 현명하고 진실한 멘토를 구하고, 하찮은 직위도 막강한 영향력을 지닌 것으로 바꿔놓는 본능적인 능력은 그가 성공의 사다리를 올라가는 매 단계에서 큰 힘을 발휘했다.

에이브러햄 링컨이 시를 읽고 연극을 관람하며 긴장을 풀었다면, 시어도어 루스벨트는 조류나 늑대가 짝짓는 습관을 관찰하고 신작 소설을 읽으며 긴장을 풀었다. 프랭클린 루스벨트는 뱃놀이를 하거나 우표를 수집하며 시간을 보냈고, 또 포커를 하며 대화하는 걸 좋아했다. 그러나 그들과 달리, 린든 존슨은 잠시도 긴장을 풀지 않았다. 루서 존스의 기억에는 존슨이 소설을 읽는 걸 본 적이 없다. 신문과 잡지를 강박적으로 읽을 뿐, 그 밖의 것은 읽지 않았다. 존슨은 아무 말도 하지 않고 어둠 속에 앉아 있는 걸 싫어해 영화관이나 연극장에 가는 경우도 거의 없었다. 야구장에서도 이닝 사이에, 심지어 투수가 투구하는 사이에도 정치에 대해 이야기했다. 사교 모임에서는 처녀보다 하원의원이나 정부 관리의 부인을 파트너로 선택해 무도장을 빙글빙글 돌며 최근 소식과 정계 소문에 대해 이야기를 나누었다. 그가 어렸을 때 누리지 못한 한결같은 사랑과 애정을 승리와 성공이 어떻게든 보상해주는 것처럼, 존슨은 평생 이렇게 강박적으로 일했다.

린든 존슨이 성공의 사다리를 올라가는 매 단계에서 보여준 특성—외곬의 결정, 전염력을 지닌 열정, 위협이 가미된 아첨, 지칠 줄 모르는 활력, 불가항력적인 성격—은 클라우디아 '레이디 버드' 테일러Claudia 'Lady Bird' Taylor에게 결혼 승낙을 얻어내기 위한 노력에서도 뚜렷이 드러났다. 시어도어 루스벨트가 아내와 처가의 마음을 얻기 위해 1년에 걸쳐 치밀한 공작을 벌였다면, 린든은 그 과정을 단축해 몇 주 만에 목적을 달성했다.

부유한 사업가의 딸이던 레이디 버드는 당시 텍사스 대학교를 졸업한 직후였다. 존슨은 그녀와 오스틴에서 단 한 번 데이트하고, 영리하고 신중하며 세심하고 판단력이 빠른 이 여인을 놓치지 않겠다고 다짐했다. 그녀의 기억에 따르면, 첫 만남에서 린든은 자신에 관련된 모든 것을 그녀에게 구체적으로 말했다. "연방 하원의원의 비서로 받는 봉급과 개인적 야망만이 아니라, 가족 구성원과 가입한 보험에 대해서도 숨김없이 털어놓았다. 마치 그의 삶과 능력에 대한 모든 것을 완전히 보여주고 싶은 듯했다."[64] 그녀는 "그는 곱슬한 검은 머리카락에 무척 준수하게 생겼다."고 생각했지만[65] 두 번째 데이트 때 그가 구혼하자 그를 "광기 어린 사람"이라 생각했다.[66]

존슨은 "나는 야심도 있고 자신도 있습니다. 젊고 힘도 있습니다. 당신을 정말 사랑합니다. 내가 원하는 것이라 확신하면, 그것을 얻기 위해 지체 없이 모든 노력을 다합니다."라고 말했다. 두 달 후 다시 오스틴을 방문한 린든은 그녀에게 최후통첩을 보냈다. "지금 결혼하지 않으면, 우리는 결코 부부가 되지 못할 겁니다."[67] 그녀가 청혼을 받아들이자 그는 텍사스식으로 환호성을 내지른 후에,[68] 곧바로 샌안토니오로 달려갔고 그곳에서 그날 간단한 결혼식을 올렸다. 30년이 지난 뒤, 래티머는 "존슨이 레이디 버드를 찍은 순간부터 그녀에게 다른 선택지는 없었다."고 말했고,[69] 존스는 "그녀는 존슨에게 균형을 잡아주는 평형추"였다고 말했다.[70] 존슨은 선천적으로 안달하는 성격이었고, 그녀는 선천적으로 차분한 사람이었다. 존슨은 돌발적이고 세속적이었지만 그녀는 온화하고 자애로웠다. 레이디 버드의 인내와 헌신이 없었다면, 또 그녀의 한결같은 사랑이 없었다면, 복잡한 음모가 난무하는 정치계에서 린든의 성공은 불가능했을 것이다.

레이디 버드가 워싱턴에 마련한 집도 린든이 안정을 취하며 야망을 키우는 데 중요한 역할을 했다. 레이디 버드는 밤낮을 가리지 않고 린든의 손님을 반갑게 맞아주었다. 예컨대 그가 저녁 6시나 7시쯤 전화를 걸어 손님 여섯 명을 집에 데리고 가겠다고 알려도 그들이 도착할 때면 마실 것과 먹을 것을 비롯해 식탁이 완벽하게 차려져 있었다.

많은 손님이 있었지만, 텍사스 본햄 출신의 민주당 하원의원으로 린든의 아버지와 함께 주의회에서 활동했고 결국 워싱턴에 진출해 훗날 17년 동안 하원 의장을 지낸 새뮤얼 레이번Samuel Rayburn만큼 린든의 장래에 큰 역할을 한 사람은 없었다. 아내도 없고 가족도 없었던 까닭에 "미스터 샘"은 휴회 중에는 집에서 혼자 지내는 경우가 많았다. 그 때문에 린든은 그를 더욱 자주 저녁 식사에 초대했고, 그 초대는 주말 아침 식사로도 이어지며 둘은 일요일판 신문을 함께 읽는 관계로 발전했다. 따뜻하고 허물없는 분위기에 진정한 동반자 관계가 형성되었다. 린든은 현명하고 믿음직하며 유능한 멘토를 얻었고, 미스터 샘은 다정하고 충성스런 아들을 얻었다. 훗날 입증됐듯이, 린든이 정치적 성공을 위해 다음 단계로 올라서는 데 미스터 샘의 무지막지한 정치력이 결정적인 역할을 했다.

1935년 6월 화요일 아침, 프랭클린 루스벨트 대통령은 행정 명령으로 '청소년 관리국National Youth Administration, NYA'을 설립했다. NYA는 가난해서 학교를 다닐 수 없는 학생들에게 시간제 일자리를 제공하고, 16~21세 사이의 무직 청년들에게는 상근직 일자리를 제공해 '잃어버린 세대Lost Generation'를 구할 목적으로 설립된 정부 기관이었다.[71] 그날 린든은 미스터 샘을 찾아가 텍사스 청소년 관리국 국장으로 자신을 추천해달라고 부탁했다. 레이번은 평소의 그답지 않게 지체 없이 텍사스주 상원의원 톰 코널리에게 전화를 걸어 청탁했다. 코널리는 "샘은 내가 루스벨트 대통령에게 린든 존슨의 임명을 추천하기를 바랐다. 샘은 무척 흥분된 목소리였다."라고 회상했다. 레이번에게 개인적으로 무척 중요한 문제라고 인식한 코널리는 즉각 레이번의 부탁을 받아들였다. 하지만 코널리는 행정 경험이 전무한 26세의 청년이 주 전체를 관할할 자격이 충분하다고 루스벨트를 설득할 수 없었다. 하기야 린든이 그때까지 관리해본 최대 조직 인원은 3명이었으니 말이다. 게다가 이미 다른 사람이 지명된 뒤였다. 결국 레이번이 대통령에게 직접 호소하고 나섰고, 루스벨트는 레이번의 바람을 받아들였다. 곧바로 백악관은 "실수가 있었다."고 인정했고,[72] 텍사스 청소년 관리국 국장직은 클레이버그 의원의 비서, 린든 베인스 존슨에게 돌아갔다.

존슨의 어린 나이와 경험 부족에 대한 걱정은 곧 잠잠해졌다. 오히려 가장 젊은 국장이 다방면에서 뛰어난 관리 능력을 갖추었다는 게 시간이 지날수록 명백해졌다. 린든 존슨은 클레이버그 의원실을 떠날 때 한 친구에게 "나는 보좌관 타입이 아니다. 관리자 타입이다."라며 자신을 정확히 진단했다.[73] 50명에 이르는 직원을 선발하는 것이 그의 첫 과제였다. 그는 대학을 졸업한 이후 샘 휴스턴 고등학교와 클레이버그 의원실에서 함께 팀을 이루었던 청년들을 먼저 불러들였다. 그들은 린든의 휘몰아치는 리더십에 익숙했고, 그가 작은 세계에서 어떻게 일하는지 이미 지켜본 까닭에 더 큰 도전을 맞이할 각오가 되어 있었다. 또 그들 대부분이 린든처럼 가난해서, 경제적으로 암울한 시대에 대학을 다니려면 일자리가 절실히 필요하다는 걸 몸소 깨달은 경험자들이었다. 린든에게 그랬듯 그들에게도 NYA의 소명, 즉 청년에게 적절한 교육과 훈련 및 일자리를 제공하려는 목표는 개인적인 사명이기도 했다. 한 직원은 당시를 회상하며 "우리는 각자 마음속으로 그 목표를 되새기며 목표의 일부가 되어 혼신을 다해 일하겠다고 다짐했다."고 말했다.[74]

주 전역을 관리하는 일은 린든 존슨도 감당하기 힘들 정도였다. 린든은 가장 중요한 프로젝트부터 시작해 "눈덩이처럼" 조금씩 늘려가는 이상적인 계획을 떠올렸다.[75] 일단 주 고속도로변에 여행객들이 자동차를 멈추고 휴식을 취하며 간식거리를 먹거나 샤워를 할 수 있는 공원을 갓길에 조성하는 작업에 학교를 다니지 못하는 수천 명의 청소년을 투입하겠다는 계획이었다.[76] 워싱턴은 수주 만에 그 계획을 승인했고, 계획은 실행에 옮겨졌다. NYA가 임금을 책임졌고, 주고속도로청은 자재와 트럭을 공급하며 공사를 감독했다. 청소년들은 건설 기술자들에게 배우고 훈련받으며 콘크리트를 혼합했고, 간선도로에서 공원으로 들어가는 진입로를 다졌다. 또 벽돌을 쌓아 바비큐 시설을 만들었고, 피크닉용 탁자와 의자를 짜며 햇살을 가리기 위한 나무를 심었고, 갓길에는 키 작은 떨기나무도 심었다. 첫 프로젝트가 활기차게 진행되자, 초반이 성공 분위기를 조성한다는 걸 알았던 존슨은 "기뻐서 어찌할 바를 몰랐다."[77] 갓길에 공원을 조성하는 프로젝트가 성공적인 것으로 확인되자 존슨은 그 프로젝트를 텍사스 전역에 보급했고, 단기간에 그 프로젝트는 실제로 "전국적인 본보기"가 됐다.[78]

린든 존슨은 첫 프로젝트를 훌륭히 수행한 덕분에 많은 프로젝트를 추가로 진행하며 재정 지원도 추가로 받아낼 수 있었다. 존슨은 6개월 만에 학교와 병원, 도서관과 후생 시설 등 350곳의 정부 기관에 종사하는 공무원들에게 각 기관마다 고유한 프로젝트를 진행하는 데 필요한 자료와 감독을 제공할 수 있다는 확신을 심어주었다. 1만 8,000명의 청년이 학교 버스를 수리하고 토지를 측량하는 일에 투입됐고, 쉼터와 수영장, 학교 체육관과 농구장을 짓는 데도 일손을 보탰다. 존슨이 커툴라에서 자비를 털어 학생들에게 방학 중이나 방과 후 활동으로 제공했던 오락 프로그램과 특별 활동이 연방 정부의 돈으로 텍사스 전역에 확대된 듯했다. 엘리너 루스벨트는 1936년 텍사스를 방문했을 때,[79] 소문으로 익히 들었다며 그 젊은 국장을 만나고 싶어 했다.

하지만 압박감이 커져가자, 존슨이 직원들을 향해 광적이고 가혹하며 심지어 모욕적으로 행동하는 경우도 잦아졌다. 한 직원의 회고에 따르면 "모든 것을 당장 끝내야 했다. 무엇이든 즉시 시행되지 않으면 존슨은 불같이 화를 냈다."[80] 예컨대 편지를 받아쓰게 하고는 잠시도 기다리지 못하고 곧바로 깔끔하게 정서된 편지를 원하며 비서에게 "그 편지는 어디 있어?"라고 소리쳤다. 또 편지가 원하는 방향으로 제대로 쓰이지 않으면, 타이핑하던 편지지를 타이프라이터에서 뽑아내기도 했다.[81] 존슨이 직접 선발한 옛 친구 중 하나였던 빌 디슨Bill Deason은 "정말 길고 힘들게 느껴지던 시간이었다."고 회고했다.[82] 그팀은 일주일에 6일 동안 아침 8시부터 자정까지 일했다. 일요일에는 주중에 완료한 일들을 검토하고, 다음 주의 계획을 점검하는 직원회의가 열렸다. 정부 건물의 조명과 엘리베이터는 오후 10시에 끊어져야 했지만,[83] 존슨이 건물 관리자를 설득해 그의 팀은 자정까지, 때로는 건물주가 개입하는 새벽 1시까지 일할 수 있었다. 그의 팀에는 "시계를 들여다보며 퇴근을 기다리는 직원"은 없었다. 존슨은 "시계라는 단어를 들어본 적이 없는 듯했다."[84]

린든 존슨은 직원들에게 공포를 심어주며 모두를 벼랑 끝으로 내몰았다. 레이 로버츠는 "존슨은 우리에게 봉급을 주는 사람이었다. 그렇지 않았다면 한두 명, 기껏해야 세 명이나 남았을까? 게다가 우리는 항상 누군가에게 뒤처졌다."고 회고했다. 예컨대 존슨은 한 직원에게 슬그머니 다가가 다른 직원이 무척 일을 잘하고 있다며 "그를 따라잡도록 노력해야 할 거야."라고 말했다. 다음 날에는 상대를 바꿔 똑같이 말했다. 한 직원이 한탄했듯이 "내가 얼마나 열심히 일하는지는 중요하지 않았다. 나는 항상 뒤처진 직원이었다."[85] 직원들은 어떻게 감정을 폭발해야 할지 몰랐다. 한 직원이 모욕을 당한 후에 푸념했듯이 "그는 그야말로 사람을 갈기갈기 찢어버렸다!"[86] 존슨은 어수선한 책상을 혼란의 증거로 삼았고, 깨끗이 정리된 책상은 나태함의 증거라고 나무랐다. 그러나 무시무시한 감정의 폭발이 있은 후에는 후덕한 애정 표현과 감상주의적인 접촉, 과장된 칭찬이나 후회 등이 흔히 뒤따랐다. 적잖은 팀원이 존슨의 그런 변덕스런 행동을 견뎌내지 못했다. 몇몇은 건강이 나빠졌고, 몇몇은 팀을 떠났지만, 대다수는 존슨의 곁을 떠나지 않았다.

대다수 팀원이 존슨과 함께한 이유는 무엇이었을까? 리더십 연구에 따르면, 리더의 그런 행동은 내부의 동기 부여를 약화시키고, 팀원들 간의 경쟁은 궁극적으로 아무런 성공을 거두지 못하는 경우가 많으며,[87] 공개적인 모욕은 팀원의 사기와 자주성과 생산성을 떨어뜨린다. 하지만 존슨 팀은 대체로 눈부신 성과를 거두었다. NYA 전국 총국장이던 오브리 윌리엄스Aubrey Williams가 텍사스의 NYA 프로그램이 전국에서 최고라고 공개적으로 칭찬했을 정도였다. 도대체 존슨 팀은 어떻게 그처럼 뛰어난 성과를 신속하게 거두고, 오랫동안 유지할 수 있었을까?

이 질문에 대답하려면 존슨이 남달리 근면했다는 점과 직원들 사이에 중요한 능력을 학습하며 중대한 소명에 참여하고 있다는 공감대가 있었다는 점을 인정해야 한다. 거의 모든 직원이 인정했듯이, 그들이 아무리 밤늦게까지 일해도 가장 늦게 퇴근하며 문을 닫는 사람은 존슨이었다. 또 그들이 아무리 일찍 출근해도 존슨은 이미 출근해 있었다. 존슨은 팀원들에게 "여러분, 전심전력을 다하고 서로 협력하면 우리는 분명 이 일을 해낼 수 있습니다."라고 독려했다.[88] 워싱턴에서 그랬듯이 텍사스에서도 레이디 버드는 린든에게 없어서는 안 될 동반자였다. 그녀는 집을 직장의 연장으로 제공함으로써 린든의 무절제함과 강박적 성향을 조금이나마 완화시키려고 애썼다. 여러 팀원이 2층의 한 방에서 존슨과 함께 살았다. 게다가 그들은 아침 식사와 때로는 저녁 식사도 존슨의 집에서 해결했다. 빌 디슨은 "우리는 기숙학생과 달랐다. 자유롭게 그 집을 드나들었다. 적어도 나는 가족의 일원이란 기분이었다."고 회상했다.[89] NYA의 규칙과 규정을 한 단락씩 검토하는 지독히 지루한 회의도 존슨 집의 베란다에서 종종 열렸다. 윌리엄 셔먼 버드웰William Sherman Birdwell은 당시를 회상하며 "그런 회의는 대체로 밤늦은 시간에 열렸다. 그런데도 레이디 버드는 우리에게 항상 커피와 케이크를 준비해주었다."고 말했다.[90]

존슨이 그들보다 나이가 크게 많지는 많았지만, 그 젊은 직원들에게 영감을 주는 멘토였다. 한 직원의 기억에 따르면, 존슨은 그들에게 더 열심히 일해야 하는 동기를 부여하는 데 그치지 않고 "우리에게 현재의 경계와 한계를 넘어 한층 효율적으로 일하기 위해 상상력을 발휘하고 새로운 접근법을 생각해보라고 자극했다."[91] 그들은 존슨을 여태 보지 못한 "가장 위대한 조직자"라 생각했고,[92] "가장 중요한 일을 먼저 처리하며, 한 번에 하나씩 차례로 해결하는 능력"에 경탄했다.[93] 존슨은 현재에 집중하면서도 다음에 어떤 일이 일어날지 훤히 알고 있는 듯했다. 그래서 그들은 존슨이 구석구석까지 빠짐없이 볼 수 있는 능력자라 믿었다.[94] 그들은 강압적이면서도 비범한 리더와 지근거리에서 일하며 매일 새로운 것을 배우는 기분이었다. 레이 로버츠가 인정했듯이 "우리 모두가 그렇게 느꼈다." 당시 린든은 서른 이전이었는데, 직원들은 린든이 틀림없이 성공할 것이므로 그와 함께하면 좋을 것이라 확신했다.[95]

직원들이 린든의 고압적인 행동을 견딜 수 있었던 더 큰 이유는 다른 데 있었다. 대공황 초기에 희망을 상실한 수많은 젊은이의 삶을 바꿔주려는 새로운 조직, 구체적으로 말하면 그들에게 시장이 요구하는 능력을 가르치며 일자리를 제공하고, 그들이 계속 학교에 다니게 하며 미래에 대한 믿음을 재무장하게 도와주는 조직에서 일한다는 소명의식이었다. 직원들은 자신의 삶을 린든 존슨에게 투자하는 것은 결국 더 큰 세상으로 나아가기 위한 과정이란 것을 알고 있었다.

———◇———

연방 하원의원에 출마할 기회가 갑자기 찾아왔을 때 린든 존슨은 삶을 바꾸는 결정을 내리는 데 조금도 주저하지 않았다. 1937년 2월 23일, 텍사스 NYA에서 독재 권력을 휘두르며 18개월을 보낸 린든은 당시 진행하던 몇몇 프로젝트 현장에 캔자스 NYA 국장을 안내하고 있었다. 그때 공원 벤치에 놓인 신문 머리기사—'번햄의 제임스 P. 뷰캐넌 연방 하원의원 사망'—가 눈에 들어왔다. 훗날 존슨은 "방문객에게 집중할 수 없었다. 그곳이 내 선거구이고, 나에게 기회가 찾아온 것이란 생각이 머릿속을 떠나지 않았다. 그날이 한없이 지루하게 느껴졌다. 캔자스 국장은 잠시도 입을 쉬지 않았다. 그에게 보여주는 모든 것에 관심이 있는 척해야 했지만, 마음속에 억누른 흥분감이 폭발할 것 같은 순간이 한두 번이 아니었다."라고 말했다.[96] 그로부터 7주가 지나지 않아 실시된 보궐 선거에서 29세의 린든 존슨은 훨씬 유명하고 경험도 많은 여덟 명의 상대 후보를 꺾고 뷰캐넌의 후임으로 당선됐다. 린든 존슨은 자신의 이름이 거의 알려지지 않은 선거구에서, 입지를 확실히 굳힌 데다 유명세도 있던 노련한 정치인들을 어떻게 꺾고 승리를 거두었을까?

첫째, 린든은 거의 즉흥적으로 결정해 승리의 가장 큰 걸림돌을 제거했다. 다른 여덟 후보는 뷰캐넌의 미망인이 출마 여부를 결정할 때까지 결정을 미룬 반면, 린든은 장례식이 있은 지 사흘 뒤에 출마를 공개적으로 선언한 것이다. 뷰캐넌이 거의 사반세기 동안 그 지역을 대표했던 만큼, 남편의 뒤를 잇겠다는 의도를 간접적으로 표명한 당시 57세인 그의 미망인에게 도전하는 것은 부적절한 행위로 여겨졌다. 그러나 샘 존슨은 아들에게 정확히 조언해주었다. "그녀는 늙었다. 따라서 경쟁해야 한다는 걸 알게 되면 출마하지 않을 거다. 지금 당장, 출마하겠다고 선언해라. 그 여자가 출마를 선언하기 전에 네가 먼저 선언하면 그 여자는 포기할 거다."⁹⁷ 샘의 예측은 적중했다. 린든이 출마를 선언하자 그녀는 출마하지 않기로 결정했다.

린든은 결정을 내리기 전에 소수의 사람들에게 조언을 구했다. 가장 중요한 인물은 오스틴에서 텍사스 NYA 국장으로 일할 때 멘토 역할을 해주었던 앨빈 워츠Alvin Wirtz였다. 워츠는 당시 텍사스 NYA 자문위원장으로 영향력이 막강한 변호사이자 정치인이었다. 워츠의 비서였던 메리 래더의 증언에 따르면 "워츠에게는 아내와 딸이 있었다. 하지만 아들을 갖기를 무척 바랐다. 워츠는 린든을 아들처럼 사랑했다."⁹⁸ 린든은 연방 하원의원에 출마하려면 적어도 1만 달러가 필요할 것이란 말을 워츠에게 들었고, 레이디 버드는 아버지에게 전화를 걸어 그 돈을 마련해 달라고 부탁했다.⁹⁹ 그녀의 아버지는 "1만 달러라고? 너무 많은 것 같은데? 5,000달러나 3,000달러면 안 되겠니?"라고 물었다. 레이디 버드는 "안 돼요. 1만 달러라고 내 귀로 분명히 들었어요."라고 대답했다. 결국 아버지는 딸의 고집에 꺾였다. "알았다. 1만 달러를 내일 아침 린든의 계좌로 송금하마." 린든은 "나는 이튿날 아침 9시에 은행에 갔다. 그 돈이 있었다."라고 회고했다. 아서 존스의 기억에 따르면, 린든 존슨은 공개적으로 출마를 선언하기 전이었지만, 또 NYA에 사직서를 보내기도 전이었지만 "주사위가 던져지자마자 존슨은 거리에서 마주치는 사람에게 무작정 악수를 청하며 '제가 린든 존슨입니다. 연방 하원의원에 출마할 예정입니다.'라고 말했다. 자동차에 올라타기 전까지 그는 적어도 50명과 악수를 했을 것이다."[100]

존슨은 존슨시티의 고향집 현관에 서서 공식 출마 선언문을 낭독했다. 린든의 선언이 있은 후, 전해에 심장마비를 일으켜 고생하던 샘 존슨이 일어나 아들을 힘껏 껴안았다. 존슨은 당시를 이렇게 회상했다. "아버지가 다시 청년이 됐다. 아버지는 우리 집 앞에 모인 사람들, 평소에 잘 알고 지내던 사람들의 얼굴을 바라보고는 나를 똑바로 바라보았다. 아버지의 눈에 맺힌 눈물이 보였다. 아버지는 사람들에게 내가 너무도 자랑스럽다고 말했다. 내가 워싱턴에 들어가 루스벨트와 레이번 등 훌륭한 민주당원들과 함께한다면 우리나라의 커다란 희망이 될 것이라고 말했다. 그렇게 말하고 아버지가 의자에 앉자 그들은 박수를 치기 시작했다. 박수는 거의 10분 동안 계속됐다. 나는 어머니를 살짝 훔쳐보았다. 어머니도 흐뭇한 미소를 짓고 박수를 치고 있었다. 우리 가족에게는 더할 나위 없이 자랑스러운 순간이었다."[101]

존슨의 전략으로 경쟁 관계는 어느 정도 균등해졌다. 또 상대적으로 더 많이 알려진 경쟁 후보들보다 두드러져 보이기 위해 존슨은 자신을 "완전한 루스벨트 맨"이라 소개하며,[102] 뉴딜 정책 중 널리 알려진 부문들은 물론이고 대통령이 얼마 전에 발표했지만 강력한 반대에 부딪친 '사법 절차 개혁안court-packing plan'*까지 지지한다고 선전했

---

* 연방대법원과 연방법원의 법관 수를 늘리고, 연방대법원에 행정 지원 인력을 배정하며, 위헌 판결을 내리는 경우 연방법무장관에게 사전에 통보할 것 등에 관한 내용이 담긴 개혁안이었다. 당시 뉴딜이라고 불린 많은 개혁 입법을 추진하며 경제 회생을 이루려던 루스벨트의 꿈은 위헌이라는 대법원 판결로 위기를 맞았다. 보수적 대법관들을 해임할 수 없던 루스벨트는 법관 증원이라는 사법 개혁을 통해 진보 성향의 법관들을 늘리려 했다. 하지만 이 개혁안은 입법화되지 못했다. - 편집자주

다. 존슨은 텍사스 중남부 지역의 사투리로 "저는 소독 통을 향해 다가가는 수소처럼 머뭇거리지 않겠습니다. 저는 언제나 대통령 편입니다. 대통령이 저에게 도움을 청하면 대통령에게 즉시 달려가 도움을 줄 것입니다. 책무를 피하는 방법을 연습하며 시간을 지체하지 않을 것입니다."라고 공약했다.[103] 몇몇 경쟁 후보도 나중에야 사법 절차 개혁안을 지지한다는 입장을 표명했지만, 유권자들에게는 이미 존슨이 '프랭클린 루스벨트 맨'이라는 인식이 자리 잡은 뒤였다.

존슨은 "남들보다 일찍 일어나 더 많은 사람을 만나고, 늦게까지 유세하면" 승리할 것이라 믿었다.[104] 그는 가장 젊은 후보답게 경쟁 후보들보다 효과적으로 선거 운동을 벌였다. 한 선거 운동원의 기억에 따르면, 존슨은 모든 상점과 모든 소방서, 모든 영업장에 멈추어 그곳에 있던 사람들과 빠짐없이 인사를 나누었고, 뒷문으로 빠져나가며 그곳에 앉아 있던 청소부에게도 인사를 건넸다. 오래전 아버지에게 조언을 받아 토론팀원들에게 되풀이해 사용했듯이 존슨은 "상대의 눈을 똑바로 쳐다보며 힘 있게 악수를 나누었다."[105] 경쟁 후보들은 상대적으로 큰 도시와 읍 등 인구 밀집 지역에 집중했지만, 린든은 작은 마을과 교차로에 심혈을 기울였고, 외진 곳에 있는 주택과 농가까지 찾아다녔다. 먼 곳에서 석유램프 불빛이 희미하게 보이면 자동차를 그쪽으로 돌렸다. 긴 다리로 철조망 울타리를 성큼 넘어가 들판에서 일하는 농부들과도 대화를 나누었다.[106] 린든 존슨은 연설을 가급적 짧게 하며, "5분 연설하고 15분 동안 사람들과 접촉하는 것이 아무리 멋진 연설이어도 15분 동안 연설하고 5분 동안 악수하는 것보다 훨씬 효과

적"이라 지적했다. [107]

　한 역사학자가 말했듯이 린든 존슨은 "이름과 얼굴만이 아니라 그 이름과 얼굴의 관련자들까지 기억하는 경이로운 암기력"을 지닌 듯했다. [108] 링컨도 그랬듯, 이는 타고난 재능 같지만 계획적으로 키워진 것이었다. 존슨이 선거 유세 과정에서 누군가를 만난 후 습관적으로 취한 절차를 존슨의 운전기사, 캐럴 키치Carroll Keach는 이렇게 설명해주었다. 존슨은 소리 내어 묵상하듯 혼잣말로 웅얼거렸다. "존슨은 조금 전에 만난 사람이 누구였고, 그의 특징은 무엇인지, 또 그의 친척은 누구인지 등을 머릿속에 기록하는 것 같았다." [109] "이런 정보들을 머릿속에 깊이 새기는 듯했다." [110] 존슨은 결코 사색적인 성격은 아니었지만, "어떤 전략이 효과가 있고 어떤 전략이 효과가 없는지, 다음에는 어떤 전략을 사용해야 하는지 머릿속으로 따져보는 습관"이 있었다. 또 상황이 제대로 풀리지 않으면 "멍청한 녀석! 더 잘했으면 됐잖아!"라고 자책하기도 했다. [111]

　보궐 선거를 이틀 앞두고 린든은 불안감이 극도에 달했던지 오스틴에서 가가호호 방문하며 투표를 간청할 때 얼굴에서 땀이 줄줄 흘러내렸다. 게다가 심한 복통에 위가 뒤틀렸고 메스꺼웠다. 그날 저녁, 대규모 집회에서 연설을 끝내고 그는 결국 쓰러지고 말았다. 급히 병원에 옮겨졌고, 의사들은 존슨의 맹장이 파열되기 직전이라는 걸 알아냈다. 당장에 응급 수술이 필요했다. 결국 존슨의 선거 운동은 중단되고 말았다. 어디에도 갈 수 없었고, 누구와도 악수할 수 없어 누구도 설득할 수 없는 불확실한 상태에서 결과를 맥없이 기다려야 했기에 존슨은 괴로울 수밖에 없었다. 그러나 그의 끈질긴 노력은 보상을 받았다. 그는 병원 침대에서 당선 소식을 들었다. 그것도 2위를 3,000표 이상으로 따돌린 압도적인 승리였다.

선거 직후, 린든 존슨은 프랭클린 루스벨트 대통령을 만났다. 멕시코만에서 낚시를 즐긴 뒤 텍사스의 갤버스턴 항구로 들어온 대통령은 젊은 하원의원 당선자를 반갑게 맞이하며, 대통령 전용 특별 열차에 초대해 텍사스주를 함께 지났다. 존슨은 노련한 낚시꾼도 아니었고 해군 문제에 깊은 지식도 없었지만 그 기회를 최대한 활용했다. 나중에 루스벨트는 백악관 보좌관 토미 코코란Tommy Corcoran에게 "비범한 젊은이를 방금 만났네. 그 청년이 마음에 들어. 자네도 언젠가 그 친구를 돕게 될 거야."라고 말했다.112

———◇———

린든 존슨은 루스벨트 대통령의 피후견인으로 연방 하원에 입성했다. 프랭클린 루스벨트는 존슨이 성장하는 과정에서 그의 원대한 야망을 지원해주었던 샌마커스의 세실 에번스 총장, 웰리 홉킨스, 새뮤얼 레이번, 앨빈 워츠 등 많은 멘토 중 최고봉이었다. 그가 더 높은 지위로 올라가기 위해 연상의 멘토에게 접근했다는 사람들의 비판이 완전히 틀린 건 아니지만, 멘토를 구하려는 존슨의 바람은 정서적 욕구를 대변하면서도 새로운 것을 배울 기회로 이어졌다. 한 뉴딜 정책 지지자의 표현을 빌리면 "존슨은 대단한 영웅 숭배자였다. 그는 항상 존경하고 의존하는 사람들이 있었다."[113] 존슨은 그들의 이야기를 골똘히 들었고 그들의 전문 지식을 흡수했다. 또 그들의 안내를 소중히 생각하며, 그들이 개략적으로 언급한 과제를 훌륭히 실행해냈다. 그가 출세를 위해 그들을 이용했더라도 그들에 대한 헌신은 진실한 것이었고, 그의 충성심과 노력에 필적할 사람은 없었다.

존슨은 NYA 국장직을 처음 맡았을 때처럼, 워싱턴에 정착해 하원의원으로 일하기 시작했을 때도 평범하고 무미건조한 업무로 짓눌리기 전에 확실하고 극적인 인상을 남겨야 한다는 걸 깨달았다. 선거 운동을 하는 동안, 존슨은 당선되면 중남부 지역에 전기를 끌어오겠다고 유권자들에게 약속했다. 그 목적을 위해 대통령을 설득해야 한다면 그렇게 하겠다고 약속했다. 존슨은 공약을 반드시 실행하기로 다짐했다.

프랭클린이 대통령에 취임했을 때만 해도 농가 10곳 중 9곳에는 전기가 공급되지 않았다. 한 역사학자가 지적했듯이 "전기 부족으로 미국은 두 집단, 즉 도시민과 지방민으로 나뉘었다."[114] 농가의 여인들은 20세기의 편의 시설—냉장고와 세탁기, 다리미와 진공청소기—을 전혀 누리지 못했다. 농민들은 우물에서 물을 끌어올리고, 젖소에게서 젖을 짜려면 순전히 인력에 의존해야 했다. 수십 년 동안, 민간 공익 기업들은 지방까지 송전선을 설치하지 않았는데 인구가 희박한 지역은 수익률이 낮아 손해라고 주장했다. 뉴딜 정책의 일환으로 1933년에 테네시강 유역 개발 공사Tennessee Valley Authority, TVA가 설립되고, 1935년에는 지방 전력청Rural Electrification Administration, REA

이 세워지며 수백만 농가에 전기가 공급됐지만, 텍사스 동남부 지역
민의 요구는 여전히 충족되지 않았다. 연방정부가 홍수를 관리하고
수력 발전을 꾀하려고 텍사스에서 추진한 두 곳의 댐 건설이 완료됐
지만, 송전선과 배전선을 가가호호 가설하는 REA의 지침에 따르면
제곱마일당 최소한 세 가구가 있어야 했다. 텍사스 중남부 지역은 절
반이 충족하지 못하는 조건이었다. 린든 존슨은 인구밀도 조건을 예
외적으로 처리해 달라고 REA 관리자, 존 카모디John Carmody를 설득했
지만 실패하자 토미 코코란에게 루스벨트 대통령을 만나게 해달라고
부탁했다.

그 시대에 가장 약삭빠른 정치인으로 꼽혔던 두 사람은 백악관에
서 두 번 만났는데, 결과는 린든 존슨의 승리였다. 그 승리는 린든의
뛰어난 외교력을 보여주는 또 하나의 증거가 된다. 반면 그들의 만남
은 루스벨트가 유머 감각과 판단력 및 관료 사회의 경직된 기준을 뚫
고 나가는 능력을 입증한 기회이기도 했다. 첫 만남은 우호적인 분위
기로 진행됐지만 존슨은 실망한 채 백악관을 떠나야 했다. 루스벨트
는 상대의 부탁을 면전에서 거절하고 싶지 않을 때 흔히 그랬듯, 존
슨에게 민원을 제기할 기회를 주지 않았다. 루스벨트는 "발가벗은 러
시아 여자를 본 적이 있나?"라는 엉뚱한 질문으로 화제를 돌렸다. 존
슨은 당시를 회상하며 "대통령은 나에게 말하기 시작했다. 러시아 여
성은 힘든 일을 많이 하기 때문에 몸매가 미국 여성과 확연히 다르다
고 말이다."라 말했다. 존슨은 루스벨트와 대화를 시작했지만, "내가
의식하지도 못한 사이에 나에게 허락된 15분이 순식간에 지나갔다."

고 한탄하며 "부탁할 문제를 입 밖에 꺼내지도 못한 채 나는 웨스트 로비로 쫓겨났다. 나는 되돌아가 다시 약속을 정해야 했다."고 덧붙였다.[115]

되돌아서기 전 존슨은 코코란에게 조언을 구했다. 루스벨트는 사진과 도형과 지도를 곁들인 설명과 증명을 좋아했다. 코코란은 존슨에게 "또 규모가 클수록 좋습니다. 그 점에서 당신은 실수를 했습니다. 또 그분과 논쟁하지 마십시오. 그냥 보여주고 증명하십시오."라고 조언했다.[116] 존슨은 얼마 전에 완공된 두 댐을 찍은 1미터가량의 커다란 사진과 전력을 "도시의 화려함"에 공급하는 모습을 보여주는 송전선 지도를 준비했고,[117] 낡고 허름한 농가의 모습을 강조했던 첫 만남과 달리 시골 지역의 가난한 사람들은 거의 언급하지 않았다. 루스벨트는 자신에게 요구하는 것이 무엇인지 파악하려는 듯 댐의 사진에서 눈을 떼지 않으며 "아치형 구조물들이 이어진, 그처럼 경이로운 건축물을 본 적이 없었다. 인간이 빚어낸 진정한 창조물이었다."고 말했다. 존슨은 이번에는 토목공학의 경이로움에 대한 대화가 옆길로 빠지지 않는다는 걸 직감했고, 절대적 침묵이란 전술을 구사했다. 마침내 루스벨트가 사진에서 눈을 떼며 "린든, 원하는 게 뭔가? 이 모든 걸 나에게 보여준 이유가 뭐냐고?"라고 물었다.

"물은 어디에나 있습니다. 하지만 마실 물은 한 방울도 없습니다! 전기는 어디에나 있습니다. 하지만 시골 강가의 집에는 전기가 들어오지 않습니다!"[118] 존슨은 인구밀도에 대한 REA 지침 때문에 자신의 선거구민들이 전기의 혜택을 누리지 못한다고 설명했다. 나중에 존슨이 레이디 버드에 전해준 바에 따르면, 그때 존슨은 "허리를 구부린 채 세탁하느라 또래보다 늙어 보이는 시골 지역의 여인들과 추운 겨울날 아침에 젖을 짜려고 일어나야 했던 남자들을 머릿속에 그렸다. 세탁기와 착유기가 있었다면 쉽게 해결될 문제였다."[119] 이런 이야기는 사실과 통계 수치에만 기반한 것이 아니었다. 우물에서 물을 길러야 했고, 골이 진 빨래판에 세탁물을 문질러댔고, 한여름에도 빨갛게 달궈진 숯 위에 인두를 가열해야 했으며, 무릎을 꿇고 엎드려 바닥을 닦아야 했고, 힘든 일로 너무도 지친 까닭에 침대 옆에 잔뜩 쌓아둔 책을 읽을 여유가 거의 없었던 어머니의 기억에 근거한 것이기도 했다.

루스벨트는 젊은 이야기꾼의 재능에 마음을 완전히 빼앗겼다. 결국 루스벨트는 린든 존슨의 확신에 굴복했다. 대통령은 비서에게 REA 책임자 존 카모디를 전화로 연결해 달라고 부탁했다. "존, 지금 린든 존슨이란 젊은 하원의원과 함께 있습니다." 그러자 카모디가 대답했다. "예, 저도 그 하원의원을 잘 알고 있습니다. 제가 그의 요구를 거절한 적이 있습니다. 제곱마일당 1.5가구밖에 없는 지역에 전기를 공급할 수는 없습니다." 조용히 듣기만 하던 루스벨트는 마침내 특유의 매력을 발산하기 시작했다. "존, REA에도 지침과 규정이 있다는 걸 잘 알고 있습니다. 나도 그런 규정을 뒤집고 싶지는 않습니다. 하지만 이번에는 내 뜻을 따라주면 고맙겠습니다. 내가 책임지겠습니다. 그곳 사람들에게 희망을 걸고 싶습니다. 내가 직접 그곳에서 그분들을 만난 적도 있습니다. 인구가 무척 빠르게 증가하는 곳이어서 밀도 문제는 금세 해결될 겁니다." 존슨은 정말 기뻤다. "나는 백만 달러의 지원금을 들고 백악관을 나왔다."며 그 성공적인 만남을 "삶에서 가장 행복했던 순간 중 하나"였다고 회고했다.[120]

린든 존슨은 아버지가 장수하며 그의 성공을 지켜보지 못한 것을 항상 아쉬워했다. 린든이 하원에 등원한 그해 여름, 샘은 다시 심장발작을 일으켰다. 두 달 동안, 병원에서, 그것도 산소 텐트 안에서 지냈다. 그해 가을 린든이 고향을 찾았을 때 샘은 아들에게 "자신이 아프면 모두가 알고, 자신이 죽으면 모두가 돌봐주는 언덕 위의 작은 집"으로 데려가 달라고 부탁했다. 린든은 처음에는 반대했다. 의사들도 아버지에게 산소가 필요하지만 스톤월에는 산소 텐트가 없다고 말했다. 하지만 샘은 "아들, 아버지의 부탁을 들어다오."라고 간청했다. 린든은 아버지의 심정을 이해하고 "아버지 옷을 가져와 입는 걸 도왔다. 그리고 아버지를 고향에 모시고 갔다."[121] 옛 방에서 아버지는 가족과 친구에게 둘러싸여 지내며 건강을 되찾는 듯했다. 그러나 보름 뒤, 예순 번째 생일을 지낸 직후, 샘 존슨은 숨을 거두었다.

———◇———

지방까지 전기를 끌어오려고 노력했듯이, 똑같은 목적의식에서 존슨은 일련의 유사한 뉴딜 프로젝트들도 적극적으로 지원했다. 그가 하원에 등원하고 많은 시간이 지나지 않아, 의회는 빈민가를 철거하고 공공 주택을 건설하려는 도시에 연방 기금을 지원하는 법안을 통과시켰다. 1938년 초, 가장 먼저 뉴욕, 뉴올리언스, 오스틴, 세 도시에 보조금이 지급됐다. 어떻게 오스틴처럼 작은 남부 도시가 첫 지원 도시로 선정됐을까? 미국 연방 주택 공사United States Housing Authority의 자문위원이던 리언 카이설링Leon Keyserling의 설명에 따르면, "빈틈없이 준비하고 적극적으로 움직이며 상대를 압도한 초선 하원의원이 있었기 때문이다."[122]

루스벨트가 공공 주택과 관련된 법안에 서명할 때, 린든 존슨은 그 곁에 있었다. 존슨은 평소처럼 신속하고 효율적으로 행동하며, 오스틴 시장과 시의원들과의 모임을 마련했다. 존슨은 그들에게 "저는 우리가 첫 도시가 되기를 바랐습니다. 이제 여러분이 흑인과 멕시코인을 지원해야 합니다."라고 말했다.[123] 오스틴의 빈민가를 걸어서 둘러본 뒤, 존슨은 라디오 방송에 출연해 빈민가 상황을 이렇게 묘사했다. "멕시코계와 아프리카계 미국인 100가구가 5블록에 그야말로 벌떼처럼 살고 있었다. 모든 식구가 어두컴컴한 방 하나에 모여 살았고, 창문이 하나도 없어 햇살이 들어오지도 않았다. 이곳에서 그들은 잠을 잤고 밥을 먹었다. 또 200미터 떨어진 곳에서 길어온 물을 구멍 난 통에 담아 몸을 씻었다. 또 이곳에서 아이들을 키웠다. 아이들은 영양을 제대로 공급받지 못했고, 무척 지저분했다."[124] 빈민가 주택의 소유자와 임대업자가 정부가 부당하게 민간 기업과 경쟁하려 한다고 비난하자, 존슨은 "그렇다. 정부는 가축우리처럼 좁고 너저분한 판잣집, 혜택을 받지 못한 사람들이 어쩔 수 없이 살아야 하는 돼지우리처럼 더럽고 지저분한 집과 싸우는 것"이라고 쏘아붙였다. 카이설링의 기억에 따르면, "신청서를 제출한 뒤 존슨은 우리 사무실 앞 복도를 잠시도 떠나지 않고 어슬렁거렸다. 오스틴이 일차에서 보조금을 받은 것은 순전히 그의 수완이었다. 그럴 수밖에 없었다."[125]

린든 존슨이 하원에 처음 등원하자마자 그와 관련된 온갖 소문이 돌았는데, 백악관의 토미 코코란과 짐 로Jim Rowe, 내무부의 아서 골드슈미트와 에이브 포터스Abe Fortas를 비롯해 루스벨트 정부에서 근무하던 젊은 뉴딜 정책 지지자들 사이에는 "밝은 미래가 보장된 젊은 의원이란 일치된 의견"이 신속히 형성됐다.[126] 존슨은 곧 그들 집단의 일원이 됐을 뿐만 아니라, 그가 간절히 바란 대로 그 집단의 중심점이 됐다. 짐 로의 부인, 엘리자베스는 존슨이 회의실에서 성큼성큼 걸으며 그들에게 재미있게 해주던 "경이로운 이야기"와 그가 누군가의 목소리와 습관을 흉내 내던 모습을 뚜렷이 기억했다.[127] 린든 존슨의 "가장 재미있는 이야기"는 할아버지에게 전해들은 소몰이하던 시대의 옛 서부에 대한 것이었고,[128] 텍사스 주지사를 지낸 사람들과 그가 사랑하던 고향 텍사스 중남부 지역에 대한 것이었다. 뉴딜 정책의 법무 보좌관, 에이브 포터스는 "린든 존슨이 참석하면 파티가 더 재미있어졌다. 존슨이 문을 열고 들어오는 순간부터 파티장의 분위기는 뜨거워졌다."라고 말했다.[129]

그 젊은 하원의원에 대한 루스벨트 대통령의 "특별한 관심"은 계속되었다.[130] 루스벨트는 린든 존슨의 됨됨이를 보며 "내가 하버드에 진학하지 않았다면 그 젊은 하원의원처럼 거리낌 없는 사람이 되고 싶었을 것"이란 생각을 떠올렸다. 루스벨트는 "다음 세대에는 권력의 추

가 남서부로 이동할 것이고, 그 젊은이가 최초의 남부 출신 대통령이 될 것"이라 예견하기도 했다.[131]

Adversity and Growth

2부

역경과
성장

**역경은 리더십 성장에
어떤 영향을 미치는가?**

에이브러햄 링컨

Abraham Lincoln

ⓒ Courtesy of Heather Hayes, Illinois Secretary of State's Office

"
죽지 않으면 낫겠지요.
"

20대 후반이 됐을 때 네 거인은 모두 자신이 리더라는 걸 깨달았다. 그들은 공직에서 소명을 찾았다. 사람들 앞에 서서 자신을 낮추며 그들의 지지를 구하는 길을 선택했다. 그들은 젊은 나이에 확연히 눈에 띄는 리더로서의 개략적인 모습을 갖추고 있었다. 하지만 그 개략적인 모습에서 완전한 모습으로 발전하기 위해서는 공적인 부문과 사적인 부문 모두에서 역경을 초월하는 능력이 필요했다.

리더의 성장 과정을 연구한 학자들은 회복탄력성, 즉 좌절한 경우에도 야망을 유지하는 능력이 리더십의 성장 가능성에서 가장 중요하다고 말한다. 리더십을 연구한 학자, 워런 베니스Warren Bennis와 로버트 토머스Robert Thomas는 "어떤 사람은 경험에서 지혜를 얻는 반면, 어떤 사람은 그러지 못하는 이유는 무엇일까?"라는 중대한 의문을 제기했다.[1] 어떤 사람은 좌절의 순간 삶의 방향을 상실해 제대로 성장하지 못한다. 반면 일정 시간이 지나면 정상을 되찾는 사람이 있다. 또 사색하고 적응하며, 더욱 단호한 결의와 목적의식으로 무장해 시련을 이겨내는 사람도 있다.[2]

젊은 나이에 성공을 맛보았지만, 곧이어 네 거인은 극적인 좌절을 겪어야 했다. 그들 모두 우울감에 빠졌고, 공직을 떠날 가능성마저 고려했다.

---◇---

1840년, 을씨년스런 겨울 동안 32세의 에이브러햄 링컨은 깊은 우

울감에 빠졌다. 친구들이 그가 자살할까 봐 걱정해 그의 방에서 칼과 면도날, 심지어 가위까지 없애버릴 정도였다. 프레리 스테이트Prairie State(일리노이주의 속칭)가 3년째 불경기에 접어들자, 링컨의 격렬한 반대에도 불구하고 주의회는 절반만 진행된 철도, 운하, 다리와 도로 등의 공사를 중단했다. 일리노이주를 확대하는 꿈을 설계하고 지지한 핵심 인물 중 하나였던 링컨은 뒤이은 재앙에 대한 비난을 책임지고 감수할 수밖에 없었다. 일리노이주는 엄청난 빚 때문에 무력증에 빠졌고, 신용 등급도 수년 동안 크게 떨어졌다. 일리노이주에 정착하려고 들어오는 새로운 개척자의 수도 줄어들었다. 땅값은 급전직하로 추락했고, 많은 사람이 집을 잃었으며, 은행과 증권회사도 문을 닫았다. 한 친구가 남긴 기록에 따르면 "일리노이의 드윗이 되겠다던 링컨의 장밋빛 소망은 아침 안개처럼 사라졌다."[3] 링컨은 자신이 유능한 재무가가 아니라는 걸 인정하고, 위기에 대한 책임을 짊어지며 엄청난 대가를 치렀다. 자신의 능력에 대한 믿음이 흔들리자, 링컨은 임기가 끝나면 주의회에서 은퇴하겠다고 발표했다.

링컨은 자신의 명성에 흠집이 난 것을 무엇보다 괴로워했다. 그는 주하원의원에 처음 출마했을 때, 인구밀도가 낮고 가난한 지역도 번영할 수 있도록 편안한 도로와 항해할 수 있는 수로를 건설하는 법안을 마련하겠다고 공약했었다. 그는 그 공약이 자신의 명예와 명성 및 인격과 관련된 것이라 생각했지만 이루어내지 못했다. 게다가 그가 주민들에게 걷어주려던 부담이 오히려 늘어나고 말았다.

그 바람에 공적 청렴성에 대한 링컨의 의식은 크게 타격을 입었다.

엎친 데 덮친 격으로 그의 개인적인 명예심에도 타격이 가해졌는데, 그건 자초한 결과였다. 고민 끝에 메리 토드Mary Todd와 파혼하기로 결정한 것이었다. 메리는 켄터키주 하원의원과 상원의원을 지낸 부유한 휘그당원의 딸로 고등 교육을 받은 똑똑한 여성이었다. 그들은 시와 정치를 사랑하는 공통점으로 서로에게 끌렸다. 게다가 링컨의 우상이던 휘그당 지도자 헨리 클레이Henry Clay는 토드 가문의 집에 자주 드나드는 손님이었다. 메리는 자신을 열성적인 휘그당원이라 생각하며 정치에 대한 "여성답지 않은" 열정을 드러냈다.[4] 또 링컨의 운명에 대한 그녀의 굳은 신념은 링컨의 열망에 박차를 가했고, 그들을 하나로 맺어주었다.

하지만 교제가 결혼으로 진전되자, 링컨은 하루는 애정이 넘치고 관대하지만 다음 날에는 우울증에 빠져 짜증을 내는 그 변덕스런 여성을 정말 사랑하는지 의문을 품기 시작했다. 링컨의 절친한 친구, 조슈아 스피드Joshua Speed는 "1840~1841년 겨울에 링컨은 메리와의 약혼을 두고 깊은 고민에 빠졌다. 마음과 몸이 하나가 되지 않아 힘들어 했고, 누구도 그 자신만큼 알지 못해 괴로워했다."고 회고했다.[5]

링컨은 메리를 두고 망설이기도 했지만, 한 친척의 지적에 따르면 "자신에게 아내를 기쁘게 해주고 뒷받침해줄 만한 능력과 여력이 있는지"에 대한 의문도 떨치지 못했다.[6] 주의원으로 활동하고 선거 유세를 하느라 갓 시작한 변호사 업무가 큰 타격을 입은 상황이었다. 실제로 링컨은 "나는 지독히 가난하다. 머리를 치켜들고 세상에 나갈 수도 없을 지경이다. 1년 동안 뼈 빠지게 일해야 한 달을 겨우 쉴 수 있을 뿐이다."라고 한탄했다.[7] 그런데 어떻게 아내와 자식을 부양할 수 있겠는가? 가족을 부양하게 되면 지속적인 학습과 정치적 야망이 방해받지 않을까? 링컨은 표본으로 삼을 만한 성공적인 가정을 알지 못했고, 자신의 가정을 시작할 만한 기반도 없었다. 식탁에 함께 앉은 가족, 부양자 역할을 해야 하는 아버지 등 가정생활이 무엇인지 얼핏 본 적은 있지만 그런 삶을 산 적은 없었다. 이런 불안을 견뎌내지 못하고 링컨은 결국 약혼을 취소하기로 결정했다.

스프링필드는 작은 도시여서 파혼 소식이 알려지자 메리의 수치심은 깊어졌다.[8] 링컨은 메리의 슬픔을 자신의 아픔인 양 격렬히 느끼며, 메리의 불행이 자신의 책임이란 생각을 떨치지 못했고, "내 영혼이 죽는 기분"이었다고 말했다.[9] 스피드에게 털어놓았듯이, 무엇보다 큰 충격은 "일단 결정하면 끝까지 밀고 가는 자신의 능력에 대한 믿음을 상실한 것"이었다. "자네도 알겠지만 내가 그 능력에 얼마나 큰 자부심을 가졌던가. 내 특징 중에서도 가장 큰 보석이라고 말이야. 그런데 그 보석을 잃어버렸네. 그 보석을 되찾을 때까지 내가 어떤 일을 하더라도 나 자신을 신뢰할 수 없을 거네."[10]

그해 겨울, 조슈아 스피드는 켄터키에 있는 가족 농장으로 돌아가려고 스프링필드를 떠날 준비를 하고 있었다. 아버지가 세상을 떠나, 혼자가 된 어머니를 돌봐야 한다는 책임감을 느꼈기 때문이다. 그때까지 7년 동안, 스피드의 잡화점은 스프링필드에서 정치적이고 사회적인 삶의 중심지였다. 스피드와 링컨은 잡화점 위에 자리한 커다란 방에서 함께 살았다. 그들은 정치 행사, 무도회, 파티에 함께 다녔다.

스피드와의 예견된 이별은 링컨에게 단순히 한 친구의 상실을 뜻하는 게 아니었다. 동료애가 절실히 필요하던 시기에 속내까지 털어놓던 유일한 사람을 잃게 된다는 뜻이었다. 윌리엄 헌던의 생각에, 링컨은 "죽은 사람이든 살아 있는 사람이든 세상의 어떤 존재보다" 스피드를 사랑했다.[11] 링컨은 스피드에게 보낸 편지에서 "자네가 없다면 더욱더 외로울 거야. 이 세상은 정말 모든 게 엉망진창인 것 같아. 친구가 없다면 즐거움도 없겠지. 더구나 친구가 있어도 친구를 잃는다면 상실감에 두 배의 고통을 겪어야 하겠지."라고 아쉬워했다.[12]

링컨은 개인적인 삶에서 이런 고난을 겪던 시기에 그가 진심으로 지원했던 공공사업 프로젝트들까지 중단되고 붕괴되자, 정상적인 삶이 불가능할 정도의 우울증에 빠졌다. 링컨은 전에도 우울증 발작으로 고생한 적이 있었다. 6년 전, 첫사랑 앤 러틀리지Ann Rutledge가 죽었을 때, 링컨은 삶 자체에 무관심해졌고, 총을 소지한 채 숲속을 배회하곤 했다. 친구들은 그가 신속히 균형감을 되찾지 않으면 이성을 상실할 것이라 걱정하기도 했다.[13] 하지만 촘촘히 짜인 뉴 세일럼 이웃들이 공개적으로 슬픔을 함께한 덕분에 링컨은 곧 주의원으로 복귀했고, 법학 공부도 다시 시작했다.

32세에 맞이한 이런 좌절은 그의 삶에서 가장 큰 위기였고, 그 후로도 그에게 지속적인 영향을 미쳤다. 링컨은 당시 법률 회사 파트너에게 보낸 편지에 "나는 숨이 붙어 있는 가장 불행한 사람입니다. 지금 내 마음이 모든 인간 가족에게 균등하게 분배된다면 이 땅에서 유쾌한 표정을 지을 사람은 한 명도 없을 겁니다. 내가 앞으로 지금보다 더 나아질 수 있을지 모르겠습니다. 영원히 낫지 못할 거라는 불길한 예감마저 듭니다. 하지만 지금처럼 계속 사는 건 불가능합니다. 죽지 않으면 낫겠지요."라고 썼다. 그 편지는 "더는 못 쓰겠습니다."라는 말로 갑자기 끝났다.[14]

링컨은 몸져누웠고, 식사도 못하고 잠도 자지 못했다. 주의원으로서 의무도 제대로 수행할 수 없었다. 스피드의 표현에 따르면 "링컨은 점점 미쳐갔다. 옆에서 지켜보기에도 끔찍했다."[15] 일리노이 동료 변호사, 오빌 브라우닝Orville Browning은 당시를 회상하며 "링컨은 자신이 무엇을 하는지 모를 정도로 의식이 혼미했고, 마음의 상처가 얼마나 컸던지 말의 앞뒤가 맞지 않았다."고 말했다.[16] 또 한 친구는 "그가 더는 같은 사람으로 보이지 않았다."고 기억했고,[17] 또 다른 친구는 "그는 눈에 띄게 위축되고 수척해졌다. 크게 말할 힘조차 남아 있지 않은 듯했다. 그의 상태는 처참하기 그지없었다."고 말했다.[18]

스프링필드의 의사들은 "평생 정신병자로 추락하기 직전"이란 진단을 내렸다.[19] 그 끔찍한 시기 동안 조슈아 스피드는 링컨의 곁을 지켰다. 그때 나누었던 대화를 계기로 그들은 평생지기가 됐다. 스피드가 링컨에게 어떻게든 정신을 되찾아야 할 것이고, 그렇지 않으면 죽을 것이라고 질책하자, 링컨은 기꺼이 죽고 싶지만 "자신이 이 땅에 살았다는 기억을 사람들에게 심어줄 만한 일을 아직 해내지 못했다."고 말했다. 스피드에게 솔직히 말했듯이, 링컨이 마음속에 품고 있던 가장 큰 열망은 "미국인의 이익에 이바지하는 업적을 자신의 이름으로 남기는 것"이었다.[20]

12년 전 "친구도 없고 교육도 받지 못해 평저선에서 일하는 무일푼의 청년"이 뉴 세일럼의 정착민들에게 자신을 소개하며, 자신이 주의회에 진출해 그들을 대변할 수 있도록 지원해 달라고 요구했던 욕망, 즉 역사에 이름을 남기려는 기본적인 욕망이, 그의 삶을 산산조각낸 최악의 늪에서 결국 그를 구해냈다.[21]

첫째로 링컨은 잃어버린 것을 되찾으며 개인적인 삶과 공적인 삶을 바로잡아야 했다. 링컨은 10년 전보다 더 나은 삶을 살겠다는 일차적인 목표를 세웠다. 주의회를 떠난 뒤, 그는 그 지역의 유력한 변호사였고 서부에서 "순수한 사법 정신의 본보기"로 꼽히던 스티븐 로건Stephen Logan과 새로운 파트너십을 맺었다.[22] 로건은 링컨이 법의 원리와 판례를 체계적으로 공부한 적이 없다는 걸 알았지만, 명확히 말하는 능력과 유머 감각으로 배심원을 다루는 능력을 높이 평가했고, 그가 젊은 까닭에 열심히 일할 것이라 믿었다. 새로운 파트너십은 결과적으로 둘 모두에게 유익했다. 링컨은 로건을 멘토로 삼아 법학을 학습하는 올바른 방향을 배웠다. 링컨의 표현을 빌리면, 로건은 그에게 "아버지 같은 존재"가 됐다.[23] 로건은 링컨에게 사건을 준비하는 방법을 가르쳤고, 자수성가한 변호사인 링컨이 대학을 졸업한 동료들을 따라잡지 못해 희망을 잃으면 자신감을 북돋워주며, "어떻게 시작하느냐가 결과를 결정짓지는 않는다. 결과는 중년까지 얼마나 노력하고, 그 노력을 유지하느냐에 달려 있다."라고 충고했다.[24] 로건과 링컨은 함께 일하며 돈독한 신뢰 관계를 구축했고, 마침내 링컨은 남부럽잖은 삶을 살기 시작했다.

　가족을 부양할 능력에 대한 의혹이 줄어들자, 링컨은 메리에게 다시 구혼했다. 링컨은 금전적 불안만이 아니라, 스피드가 말했듯이 "세속적인 것을 훌쩍 넘어서는 몽상적인 엘리시움", 즉 사랑에 대한 잘못된 생각으로 파혼했다는 걸 깨달았다.[25] 링컨은 자신이 깨뜨린 약혼을 되살리기 위해 노력하며 명예심도 회복해갔고, 그가 결심을 견지하는 "중대한 보석"을 되찾을 수 있다는 것도 입증해 보였다.[26] 메리와의 결혼 생활이 때로는 삐걱거렸지만, 링컨은 좋은 남편과 자상하고 재미있는 아버지가 되려고 크게 노력하며, 정작 그 자신은 아버지와 맺지 못한 관계를 자식들과 만들어가려고 애썼다. 링컨은 "다행히 내 아이들은 자유롭다. 아버지의 폭압에 억눌리지 않아 행복한 아이들이다. 사랑은 자식을 부모에 묶어두는 사슬"이라고 말했다.[27] 그가 영위한 삶은 흔하디흔한 것일 수 있었지만, 그에게는 금전적으로 안정된 가정의 기반을 구축하는 게 결코 작은 일이 아니었다. 링컨은 금전적 안정이 없다면 지극히 사소한 것도 가능하지 않다고 생각했다.

———◇———

　리더의 미래에 우연이 주된 역할을 한다는 것은 링컨의 사례에서 명확히 입증된다. 일리노이주 경제가 회복되기 시작하자, 무력증에 빠졌던 링컨의 정치적 야망도 되살아났다. 결혼한 직후, 링컨은 한 휘그당 동료에게 "링컨이 연방 의회에 진출하기를 원하지 않는다는 말을 들으면, 자네가 내 친구 자격으로 그 사람에게 잘못 생각한 것이라고 말해

주게. 솔직히 말하면, 나는 더 멀리까지 가고 싶네."라고 말했다.[28]

링컨이 주의원으로 처음 당선된 때는 포부가 큰 사람들이 후보로 자천하는 경우가 많았지만, 그 후 오랜 시간이 지나지 않아 휘그당과 민주당은 공직에 출마할 후보자를 지명하기 위한 전당 대회 시스템을 개발했다. 상거먼 카운티가 포함된 제7선거구에는 휘그당원이 압도적으로 많았는데, 이는 링컨에게 좋은 징조였다. 후보로 지명되면 승리는 확실했으니 말이다. 하지만 잠재적 경쟁자들 간의 불화를 차단하려고 휘그당은 제7선거구에서는 순환 원칙을 채택했다. 즉, 모든 지명자가 단임을 약속하고 다음 출마권을 다른 후보에게 넘긴다는 원칙이었다. 연방 상원의원 아들이던 존 하딘John Hardin이 1842년에 후보로 지명됐고, 1844년에는 주상원의원이던 에드워드 베이커Edward Baker가 지명됐다. 순환 방식으로 각 후보는 자신의 차례를 기대하며 일치된 협력을 아끼지 않았지만, 짧은 재임 기간으로 유능한 후보도 지속적인 인상을 남기기 어려웠다. 단임 시스템을 고려할 때 1840년대 의회는 에이브러햄 링컨처럼 야심찬 정치인이 꿈을 펼치기에는 적합한 곳이 아니었다. 당시 친구들의 평가에 따르면, 링컨은 "그 시대의 여느 사람만큼이나 세속적인 명예를 바랐던 사람", "세상에서 가장 야심찬 사람"이었다.[29]

워싱턴에 입성하고 보름이 지나지 않아, 초선 하원의원이던 링컨은 얼마 전에 끝난 멕시코-미국 전쟁Mexican-American War*의 적법성에 의

---

* 1846년부터 1848년까지 멕시코와 미국이 텍사스를 차지하기 위하여 벌인 전쟁이다. 미국이 승리하면서 미국은 멕시코로부터 국경에 인접한 광대한 영토를 할양받았다. - 편집자주

문을 제기하는 결의안을 하원에 제출하며 주목을 받았다. 링컨은 제임스 K. 포크James Knox Polk 대통령이 의도적으로 멕시코를 자극해 전쟁에 끌어들였고, "군사적 성공의 밝은 면을 부각해 철저한 조사를 회피"한다고 비판했다. 또한 포크 대통령의 전쟁 메시지를 "반쯤 미처 중얼거리는 아주 불쾌한 꿈"에 비유하며, "뜨겁게 달궈진 표면 위에서 극심한 고통에 시달리는 피조물처럼 이리저리 날뛰는 죄책감"을 드러낸 것이라 질책하기도 했다.[30] 링컨의 결의안은 신중하고 착실한 분석과 거리가 멀었다. 훗날 링컨의 이성적인 대중 연설과는 완전히 달랐다. 폭넓게 인정받고 싶었던 링컨의 성급한 욕심은 민주당원의 반감을 불러일으켰고, 휘그당을 당혹감에 빠뜨렸다. 게다가 승전으로 애국심이 활활 타오르던 일리노이에서도 지지층을 잃고 말았다.

1848년 대통령 경선은 링컨에게 더욱 효과적으로, 즉 자기만의 고유한 카리스마와 이야기를 꾸미는 재능을 십분 활용해 자신을 드러낼 수 있는 기회였다. 휘그당 후보이던 전쟁 영웅, 재커리 테일러Zachary Taylor를 위해 하원에서 연설한 링컨은 사려 깊으면서도 유머러스한 연설로 휘그당 동료 의원들과 기자들 모두에게 호평을 받았다. 한 기자가 보도했듯 링컨은 "유능하고 예리하며, 무례할 정도로 정직하고 올곧은 젊은 의원"이란 인식을 그들에게 심어주었다.[31] 일간지 〈볼티모어 아메리칸Baltimore American〉은 그 신선한 연설을 "그날의 최고 연설"로 평가하며 "링컨의 태도는 부드러웠고, 그의 어법은 무척 독특해서 하원에서는 유쾌한 웃음이 끊이지 않았다."라고 덧붙였다. 링컨은 연설하는 동안 통로를 오르내렸고, 동료 의원들을 자극하고 즐겁게 해주려는 듯 끊임없이 말하며 손짓도 멈추지 않았다.³² 훗날 링컨의 부통령이 된 해니얼 햄린Hannibal Hamlin조차 링컨의 정체에 대해 의문을 품으며 "하원에서 최고의 이야기꾼"이라 탄복했다.³³ 휘그당 실력자들도 링컨의 연설에 감탄했던지 그해 가을 뉴잉글랜드에서 열린 테일러의 선거 유세에 그를 초빙했다.

수년이 지난 뒤에도 링컨은 매사추세츠주를 처음 방문한 그때를 생생히 기억했다. "당시 나는 거친 서부 출신의 하원의원이었다. 머리카락에서 풀씨를 완전히 떼어내지 못한 채 미국에서 가장 문명화된 주, 매사추세츠에 갔다. 행동거지에서 많은 교훈을 얻으려고 말이다."³⁴ 자신의 빈정대는 어법을 제외하면 그는 동부의 유권자와 교감하는 법을 특별히 배울 필요가 없었다. 동부인들은 링컨의 재미있는 스토리텔링 기법을 참신하고 즐겁고 독특하게 받아들였다. 기자들은 그가 열두 곳의 도시에서 행한 연설은 "분별과 합리적 추론, 반박하기 힘든 논증으로 채워졌고, 몸짓과 언어 구사도 완벽해서 서부의 일반적인 웅변가들과는 확연히 달랐다."고 보도했다.³⁵

링컨이 휘그당원들로부터 얻은 인기보다 더욱 중요한 것은, 노예제도에 관련해 알게 된 전반적인 인식과 감성 및 정서적 이해였다. 멕시코로부터 새로운 영토를 획득하자, 노예제도가 다시 쟁점으로 뜨겁게 타올랐다. 노예제도는 기존에 존재하는 주에서 연방 헌법으로 보호됐지만, 새로이 획득한 영토에는 적용되지 않았다. 멕시코-미국 전쟁이 끝나기 전, 펜실베이니아 출신의 연방 하원의원, 데이비드 윌멋David Wilmot은 전쟁 세출 법안에 "앞에서 언급된 영토의 어느 곳에서도 노예제도와 강제노동은 허용되지 않을 것"이라 규정하는 수정안을 덧붙였다.[36] 이 윌멋 조항Wilmot Proviso은 하원에서 거듭 통과됐지만, 남부가 주도한 상원에서는 재삼재사 막혔다. 훗날 링컨은 윌멋 조항에 40번 이상 찬성투표를 했다고 주장했지만, "하원 연단에서는 노예제도에 대해 한 마디도 언급하지 않았다."[37]

일리노이에서와 달리 매사추세츠에서는 링컨이 유세를 위해 방문하는 곳마다 노예제도에 대해 열띤 토론이 벌어졌다. 이때의 경험으로, 약 10년 뒤에 미국을 찢어발긴 문제에 대한 링컨의 견해도 신속히 변해갔다. 예컨대 링컨은 보스턴의 트리몬턴 교회에서 윌리엄 헨리 수어드William Henry Seward의 열정적인 기조연설을 들었다. 당시 뉴욕 주지사를 지냈고, 훗날 상원의원이 된 수어드는 "의견을 명확히 정리하고 대담하게 발언할 때가 왔다."고 역설했다. 이튿날 링컨과 수어드는 자정을 넘겨 밤을 지새우며 노예제도에 대해 토론했다. 새벽쯤에 링컨은 수어드에게 "당신 말이 맞다고 생각합니다. 우리는 노예 문제를 해결해야 합니다. 앞으로는 그 문제에 더 많은 관심을 기울여야 합니다."라고 말했다.[38]

테일러가 1848년 11월 대통령 선거에서 승리한 뒤, 링컨은 다시 의회로 복귀해 3개월 동안 진행되는 마지막 회기에 참석했다. 링컨은 노예 문제에 대해 목소리를 높이기로 결심하고는, 서너 주 동안 몰두한 끝에 공정한 제안이라 하기에 충분한 결의안을 작성했다. 노예제도가 기존에 존재하는 주에서는 연방 헌법으로 보호된다는 걸 인정했지만 연방 의회는 국가 수도의 문제를 통제할 권한을 지니므로 컬럼비아 특별구, 워싱턴 DC 내의 노예제도를 독자적으로 다룰 권리가 있다는 주장이었다.[39] 또 워싱턴에서 노예의 점진적인 해방을 요구하며, 정부가 노예 소유주에게 노예 값을 부족하지 않게 보상하자고 제안했다. 워싱턴에서 피난처를 찾으려고 남부에서 탈주한 도망 노예를 체포해 인도할 권리가 지방 정부에 있다는 걸 인정하는 동시에, 결의안의 채택 여부는 컬럼비아 특별구 주민의 투표에 맡겨야 한다고도 주장했다. 링컨은 결의안에 기계적으로 균형은 맞추었지만 북부와 남부의 감정이 화합되기 힘든 지경이란 것은 헤아리지 못했다. 노예폐지론자 웬들 필립스Wendell Phillips는 링컨을 "일리노이주의 노예 사냥개"라고 매섭게 비난했고,[40] 친노예제도 세력은 미국 전역에서 노예제도를 폐지하는 문을 열어주는 어떤 형태의 노예 해방도 고려하지 않았다. 어느 쪽에서도 지지를 받지 못한 채 링컨은 나름대로 신중하게 작성한 타협안을 철회하고 말았다.

일반적으로 역사학자들은 단임으로 끝난 링컨의 하원의원 시절을 실패로 평가한다. 링컨이 지금 살아 있다면 그 자신도 그 평가에 동의할 것이다. 링컨은 휘그당의 강령을 충실히 지켰지만, 그의 야망은 당의 목표보다 높았고, 일리노이주의 지리적 선거구보다 넓었다.

링컨은 일리노이로 돌아왔지만, 테일러를 지원하며 그의 당선에 크게 기여했으니 중요한 직책을 얻게 될 것이라 기대했다. 링컨은 국유지 관리국 국장에 지명되기를 바랐다. 당시 국유지 관리국은 서부에 위치한 주州들의 연방 토지를 감독하는 차관급 관청이었다. 그 바람이 이루어지면 링컨은 공직에 처음 출마할 때 내걸었던 공약, 즉 도로와 철로, 수로의 건설 등을 통해 가난한 지역 경제 개발을 촉진하는 데 혼신의 노력을 다하겠다는 공약을 실천할 기회를 얻을 수 있었다. 링컨은 그 공약을 이행하지 못한 것을 정치적 실패이자 도덕적 실패로 여겼다. 국유지 관리국 국장직은 실패를 만회할 소중한 기회였다. 하지만 그 직책은 다른 휘그당 정치인에게 주어졌다. 대통령이 인기를 위해 멕시코-미국 전쟁을 벌였다고 링컨이 준열히 의문을 제기했을 때도 그 전쟁의 기원에 대해 섣불리 발언하지 않고 침묵을 지킨 사람이었다.

헌던의 회고에 따르면, 링컨은 자신이 탐내던 직책에서 탈락했다는 걸 알게 되자 "출세하겠다는 희망을 버렸다." 그때 링컨이 토로한 감정은 중년으로 넘어가는 혼란스러운 과정에서 반복되는 푸념이 됐다. "너무 힘들다. 이 땅에서 결코 살지 않았던 것처럼 죽어 이 땅을 떠나야 한다는 게 너무 안타깝다."[41] 세월이 지나 대통령이 된 뒤에도 그때의 감정이 여전히 강렬히 남았던지 링컨은 "내 삶에서 그때만큼 낙담한 때는 없었다."고 말했다.[42]

———◇———

링컨이 연방 하원의원으로 재임한 2년은 짧기도 했지만 불운하기도 했다. 그 이후의 5년은 흔히 공적인 삶에서 완전히 물러난 시기로 묘사된다. 링컨은 이때 정치에 대한 관심을 잃었다고 주장했다. 이런 주장에 의혹을 제기할 사람도 있겠지만, "여느 때보다 열심히 변호사로 활동했다는 것"은 누구도 부인할 수 없다.[43] 이 시기는 결코 수동적으로 보낸 시간은 아니었다. 오히려 개인적으로나 직업적으로, 또 지적으로나 도덕적으로 크게 성장한 시기였다. 실제로 그 시기에 링컨은 변호사로서 입지를 굳혔고, 미국을 괴롭히기 시작한 위기에 대처할 수 있는 리더로도 올라섰다.

링컨이 이 시기를 보람 있게 보내며 자기개발에 힘쓴 이유는 무엇일까? 이 의문의 답은 자신을 가감 없이 들여다보며 냉정하게 자신을 분석하는 자발성에 있었다. 처음부터 링컨은 공동체의 기억을 남기는 역사책에 자신의 이름을 남길 수 있기를 바랐다. 그의 생각에 그 운명을 이루어내려면 다양한 부문에서 지속적인 노력과 절제력이 필요했다. 약점과 결함을 직시하고, 실패를 반성하며, 자신이 지향하는 리더의 모습을 점검하는 적극성도 필요했다.

이러한 내적 성찰의 시기에 링컨이 보여준 근면성과 학구열은 젊은 학생이었더라도 주목할 만한 것이었다. 하물며 마흔에 이른 남자가 그랬으니 더욱더 놀라울 따름이다. 링컨의 열렬한 자기개발은 자신이 선택한 변호사라는 직업을 재점검하고 다시 헌신적으로 전념하면서 시작됐다. 일리노이에 돌아온 뒤 링컨은 변호사로 다시 일하기 시작했지만 "나는 능력이 뛰어난 변호사가 아니다."라고 자신을 정확히 평가했다.[44] 당시 링컨은 12년 전부터 변호사로 일하며 가족을 부양하기에 충분한 돈을 벌고 있었지만 정치에 열중하느라 오랜 공백이 있었다. 그 사이에 변호사 업무가 더욱 복잡해지고 정교해져 변호사로서의 기량이 떨어졌다는 기분도 떨칠 수 없었다. 변호사에게는 예전보다 더 뛰어난 추론 능력, 성문화된 법조항 뒤에 잠재된 "법 원리에 대한 폭넓은 지식"이 필요했다.[45] 윌리엄 헌던은 변호사 업무에 복귀한 링컨의 모습에서 단호한 변화를 확인할 수 있었다. 링컨은 법학을 체계적으로 배우지 않아 법 원리에 대한 지식이 부족하다는 걸 인정하며 법학 공부에 전념했다. 헌던의 표현에 따르면 "그처럼 전심전력으로 학습하는 사람을 본 적이 없었다. 어떤 문제에 집중하고 전념하면 어떤 것도 그를 간섭하거나 방해할 수 없었다."[46]

링컨의 시대에 판사와 변호사, 증인과 집행관은 매년 봄가을에 8주 동안 함께 유랑 극단처럼 카운티를 옮겨 다니며 드문드문 흩어진 많은 마을과 소도시에서 재판을 열고 사건을 심리했다.[47] 이 순회 법정의 이동 거리는 약 240킬로미터에 달했다. 법정에서 살인, 폭행, 절도부터 유언 분쟁, 빚의 징수, 특허 다툼까지 수백 건의 사건이 심리됐기에 마을 사람들은 이 법정 드라마를 보려고 멀리에서 모여들었다. 순회 법정이 도착하면 카운티 소재지는 축제와 장날을 앞둔 것처럼 흥분과 기대로 북적댔고, 유랑 극단까지 많은 손님을 기대하며 소재지를 찾아와 여관에서 밤을 보냈다.

링컨은 이런 흥거운 분위기를 무척 좋아했다. 링컨은 순회 재판에 참여하며, 이른바 집중 학습에 필요한 시간과 공간을 마련할 수 있었다. 순회 재판을 통해 일반적인 변호사 업무의 한계를 넘어서는 학문을 공부할 기회를 얻은 것이다. 그는 철학과 천문학, 자연과학과 정치경제, 역사와 문학, 시학과 연극을 공부했다. 수학적 정리와 증명을 학습하는 데도 힘썼다. 물론 처음에는 누군가 수학적 개념으로 말하면 어떤 뜻인지 이해하지 못했다. 그럼 그 뜻을 파악할 때까지 그 말을 머릿속에서 굴리고 또 굴렸다. 그는 "피곤해 죽을 지경까지" 수학을 파고들었고,[48] 마침내 "유클리드 기하학을 거의 완전히 익혔다."라고 자랑스레 주장할 수 있는 수준까지 올라섰다.[49]

헌던의 기억에 따르면, 모두가 잠든 뒤에도 링컨은 침대 머리맡에 촛불을 켜고 몇 시간 동안 책을 읽고 공부하느라 새벽 2시를 넘기기 일쑤였다. 방을 함께 사용한 사람들이 코고는 소리가 요란했지만 "링컨은 정신적 평정을 유지하고, 추상적인 수학적 명제에 생각을 집중했다." 어떻게 그럴 수 있었을까? 헌던은 링컨의 이런 능력을 수수께끼라 생각하며 경이로워했는데, "그 누구도 수수께끼를 풀지 못했다."[50] 링컨은 동료들보다 밤늦게까지 공부했고, 누구보다 일찍 일어났다. 한 순회 공무원은 "링컨이 난로 옆에 앉아 사색하고 묵상하며 혼잣말하는 모습"을 자주 보았다고 회상했다.[51] 낯선 사람이 방에 들어와 링컨이 혼잣말로 중얼거리는 걸 보았다면, "그가 갑자기 미쳤다."고 생각했을 것이다.[52] 그러나 순회 재판을 함께 다니던 공무원들은 링컨을 알았기에 "링컨의 혼잣말을 듣고 웃음을 지었다."[53] 그런 모습이 외부인에게는 크게 낙담한 모습으로 여겨졌을 수 있지만, 실제로는 링컨이 문제의 해법을 찾으려고 애쓸 때 습관적으로 행하는 독특한 모습—일종의 정신적 노력—이었다. 그래도 아침 식사를 알리는 종이 울리면 링컨은 서둘러 옷을 입고 동료들과 함께 식사하며, 그날 진행될 사건들을 검토했다. 링컨은 배심원 앞에서 의뢰인들을 변호하는 데 승승장구한 덕분에 "중부 일리노이에서 가장 재판을 많이 하는 변호사가 됐다."[54]

링컨이 성공한 주된 요인은 지극히 복잡한 사건이나 쟁점을 "단순한 단위"로 분해하는 불가사의한 능력이었다.[55] 링컨은 허둥대거나 준비한 원고를 읽지 않고 "잘 훈련된 암기력"에 의존하며 배심원의 마음을 사로잡았다.[56] 링컨은 친구들과 대화하듯이 배심원들과 친근하게 대화하는 방식을 좋아했다. 동료 변호사이던 헨리 클레이 휘트니의 표현을 빌리면 "링컨의 논증은 논리적이고 깊이가 있었음에도 이해하기 쉬운 편"이었고, "주로 평이한 단어로 이루어졌고, 화려하게 꾸미는 경우가 전혀 없었다."[57] 한 일리노이 주법원 판사는 링컨의 변론법을 "그는 자신이 아니라 배심원이 사건을 심리하는 것이라 믿게 만드는 흔치 않은 특이한 재주가 있었다."고 핵심적으로 정리했다.[58]

폐정되면, 낮에 그렇게 다투던 변호사들은 밤에 여관에서 친구처럼 어울리며, 데이비드 데이비스David Davis 판사의 주도하에 같은 식탁에서 함께 식사를 했다. 식사가 끝나면 모두가 활활 타오르는 불에 둘러앉아 술을 마시고 담배를 피우며 대화를 나누었다. 링컨은 담배도 피우지 않고 술도 마시지 않았지만, 주변에 열 명, 오십 명, 수백 명이 있더라도 끝없이 흘러나오는 이야기로 흠모와 관심을 독차지했다. 헌던의 평가에 따르면, "흉내 내는 능력과 이야기를 끌어가는 솜씨가 놀라울 정도는 아니었지만 많은 점에서 특별했다. 그는 이야기의 재미를 더하려고 독특한 얼굴 표정과 이목구비도 동원했다. 이야기나 우스갯말의 요점에 도달하면 그의 얼굴에서 진지함이 완전히 사라졌고, 작은 잿빛 눈동자가 반짝거렸다."[59] 링컨의 이야기와 재담에 관련해서는 많은 해석이 있는데, 공통분모는 웃음이 끝난 뒤에도 생각과 반성을 자극한다는 것이었다. 그러니 이야기꾼에게 재미있는 이야기를 듣고 즐거움을 찾으려던 시골 사람들이 링컨에게 끌렸던 것은 조금도 놀랍지 않다.

명성이 높아졌지만 링컨은 끊임없는 노력과 자기개발을 위한 학습을 멈추지 않았다. 또한 신분의 고하를 막론하고 모두를 똑같이 너그럽고 친절하게 대했다. 진정으로 상대와 공감하며 조금의 꾸밈도 없이 모두를 다정하게 대했다. 그가 23세에 상거먼 강둑에 올라 정계 진출을 선언했을 때 뉴 세일럼 주민들의 마음을 사로잡았던 것도 이런 겸손함 덕분이었다. 한 동료 변호사는 "재판을 위한 순회 과정에서 링컨만큼 잘난 체하지 않는 변호사는 없었다. 링컨은 남보다 우월하다고 과시하지 않았다. 심지어 변호인단에서 가장 알려지지 않은 사람 앞에서도 우쭐대지 않았다."고 회고했다.[60] 여관 식탁의 자리 배치에는 법정 서열이 반영됐다. 데이비스 판사가 상석에 앉았고, 그 주변에 변호사들이 앉았다. 언젠가 링컨이 일반 의뢰인들에 둘러싸여 말석에 앉자, 여관 주인이 "잘못 앉으셨습니다. 상석으로 가시지요."라고 말했다. 그러자 링컨은 "내가 저기서 먹는 게 더 편하십니까? 그런 게 아니라면 그냥 여기에 앉겠습니다."라고 대답했다.[61]

변호사 업계의 리더가 된 뒤에는 다음 세대를 위한 멘토의 책임을 떠맡았다. 동료들은 "링컨은 젊은 변호사들에게 무척 관대했다."고 이구동성으로 말했다.[62] 특히 헨리 휘트니는 처음 변호인단에 발을 들여놓았을 때 링컨의 다정하고 온화한 대우에 크게 감동받았다고 고백하기도 했다.[63] 법원에 첫 출근한 서기에게 가장 먼저 악수를 청하며 취직을 축하해주는 사람은 링컨이었고, 때로는 링컨이 유일했다.[64]

링컨은 신임 변호사들에게 "변호사가 대중에게 다가가려면 커뮤니케이션 기술이 필요하다."라고 조언했다. 변호사가 미사여구를 동원한 말솜씨나 설득력에만 의존해서는 안 된다며, 고상하고 세련된 말에는 깊은 사색이 더해져야 한다는 충고도 놓치지 않았다. 링컨의 생각에 올바른 결론은 중노동, 즉 "법에 대한 힘들고 단조로운 사색"의 산물이었다. 그는 단조롭고 힘든 노동의 과정이 없으면 제아무리 웅변적인 변론도 끌림과 설득력이 없고, "즉석연설도 훈련하고 연습해야 한다."고 가르쳤다. 또 "어떤 직업도 그렇겠지만 변호사의 제1덕목은 근면이다. 오늘 끝낼 수 있는 일을 내일로 미루지 말라."고도 조언했다.[65] 성공의 열쇠는 "일, 일, 일"에 있다는 게 링컨의 지론이었다.[66]

———◇———

한 동료 변호사의 회고에 따르면, "링컨의 머릿속은 그의 작업장이었다. 그에게는 사무실도 펜도 필요 없었다. 잉크와 종이도 필요하지 않았다. 그는 내적 성찰로 주된 노동을 해낼 수 있었다."[67] 링컨은 법에 대한 이해를 확대하고 변호사 업무에 열중하는 데 그치지 않고, 자신의 본성대로 지적인 호기심을 채우고 건강을 돌보는 데도 게을리하지 않았다. 의회라는 싸움터에 복귀할 의사가 없다는 뜻을 표명했지만, 원칙 없이 지식을 추구하지는 않았다. 리더의 역할과 목적을 더 깊이 이해하는 방향으로 지식을 쌓아갔다.

　이 성찰의 기간에 링컨이 행한 두 번의 추도 연설에서도 리더십에 대한 생각의 변화를 엿볼 수 있다. 한 번은 재커리 테일러, 다른 한 번은 헨리 클레이Henry Clay를 위한 추도 연설이었다. 링컨은 첫 추도 연설에서, 재커리 테일러의 군사적 리더십이 뛰어난 군사 작전과 구분되지 않아 부각되지 않았지만 "테일러는 패배의 가능성을 염두에 두지 않는 강인함에 더해 냉정하고 흔들리지 않는 판단력으로 성공했다. 테일러의 남다른 군사적 자질은 흥분하지도 않고 두려워하지도 않는 부정성의 결합체였다. 테일러는 어떤 상황에서도 당황하지 않았고 무서워하지도 않았다."고 진단했다.[68]

　헨리 클레이를 위한 1852년의 추도 연설은 훨씬 개인적인 색채를 띠었다. 켄터키 출신이던 헨리 클레이는 링컨의 중요한 정신적 멘토였다. 헨리 클레이는 독학으로 자수성가한 변호사로 30대 초반에 하원의장을 역임했고, 오랫동안 상원의원을 지냈으며, 세 번이나 휘그당 대통령 후보로 지명되었다. 클레이는 링컨에게 젊은 시절부터 본받아야 할 본보기와 다를 바 없었다. 심지어 링컨은 헨리 클레이가 렉싱턴에 있던 메리 토드의 집에서 자주 식사하며 토드 가문을 더욱 빛나게 해주었다고 생각할 정도였다.

　장문의 추도 연설에서 링컨은 세 가지 유형의 리더십 특성을 언급하며, 클레이가 그런 리더십을 발휘해 미국인들을 "오랜 마법"에 빠뜨렸다고 말했다. 링컨이 클레이의 리더십에서 찾아낸 세 자질은 웅변 능력과 분별력, 의지력이었다. 누구에게도 뒤지지 않는 클레이의 웅

2부 역경과 성장 - 역경은 리더십 성장에 어떤 영향을 미치는가?

변 능력은 단어와 문장의 정교한 배열보다, 성실함과 철저한 확신에서 비롯된 것이었다. 그러나 분별력 없는 웅변은 아무런 쓸모가 없고, 분별력과 웅변 능력을 유지하려는 의지가 없는 리더십은 실패하기 마련이었다. 링컨의 생각에, 이런 리더십 자질만이 아니라 미국 전역에 닥친 시련의 순간들도 클레이를 "위기를 위해 태어난 사람"으로 만드는 데 큰 역할을 했다. 링컨은 "미국을 뒤흔들었던 많은 중대한 문제, 특히 노예제도와 관련된 문제에서 클레이는 10년을 넘어 20년 동안 쌍방이 적대감을 억누르고 타협점을 찾도록 유도했다. 클레이는 북부와 남부의 극단적인 의견에 몇 번이고 반대했다."며 "그는 무엇을 하더라도 국가 전체를 위한 결정을 내렸다."고 결론지었다. [69]

미국 건국 초기부터 남부와 북부가 분열된 근원이었던 노예제 문제는 영토가 확장될 때마다 다시 타올랐다. 루이지애나 구입Louisiana Purchase으로 획득한 광활한 영토의 일부이던 미주리가 '노예주'로 허락받으려고 "의회의 문을 두드렸을 때", 북부와 남부 사이의 험악한 갈등은 여지없이 뒤따랐다. [70] 클레이의 리더십으로 1820년 미주리 협정 Missouri Compromise으로 타협점을 찾으며, 극단으로 치닫던 갈등이 멈추었다. 이 협정에 따라 미주리는 주의 자격을 얻었고, 메인주는 자유주로 인정받았다. 또 자유주와 노예주를 구분하는 상상의 선이 그어져 훗날 확장되는 영토가 그 선의 북쪽에 위치하면 자유주로, 남쪽에 위치하면 노예주로 편입하기로 합의를 보았다. 그 이후 멕시코-미국 전쟁으로 획득한 영토의 운명을 결정하기 위해 의회가 소집될 때까지 30년 동안 평온한 상태가 이어졌다. 조지아주 하원의원, 로버트 툼스

Robert Toombs는 많은 남부인을 대신해 "전 국민의 피와 땀으로 함께 획득한 영토, 캘리포니아와 뉴멕시코에서 우리를 몰아내려 한다면 나는 합중국을 분리하는 쪽을 선택하겠습니다."라고 공언했다.[71]

링컨이 추도 연설에서 말했듯, 미국은 다시 헨리 클레이에게 도움을 청했고, 당시 73세이던 노령의 상원의원은 이번에도 아메리카 합중국을 그대로 유지하는 타협안을 끌어냈다. 1850년 협정Compromise of 1850에 따라, 캘리포니아는 자유주로 인정받았으며 유타와 뉴멕시코는 노예제도의 적용에 어떤 제약도 받지 않았다. 또 컬럼비아 특별구에서는 노예 거래가 종식됐는데, 의회는 기존의 도망 노예법을 강화하는 책임을 떠안았고, 연방 관리는 시민을 징발해 자유주에서 도망 노예를 추적하는 권한을 부여받았다. 클레이는 이처럼 두 번의 중대한 타협을 끌어내는 데 주도적인 역할을 해냈다. 많은 미국인이 그랬듯 링컨도 클레이를 "위대한 중재자Great Pacificator"로 평가했다.[72]

1850년 협정으로 위기가 끝나는 듯했지만, 도망 노예법에 한층 가혹한 조항이 더해지자 북부에서 노예폐지론자들의 분노가 격화됐다. 더구나 노예 소유자들이 보스턴과 뉴욕에 정착한 도망 노예들을 체포해 돌려받으려고 시도하자 폭력적인 소동이 벌어졌다. 링컨도 도망 노예법을 강화한 조항에 경악했지만, 그는 나름대로 해결책을 생각해내어 참담한 마음을 해소할 수 있었다. 링컨은 해결책으로 "아메리카 합중국에 헌신하면, 어떤 것도 유도할 수 없는 수준까지 우리가 양보할 수 있을 것"이라 주장했다.[73] 윌리엄 헌던은 당시 노예폐지론자를 자처하며, "시대적 요구가 급박하던 때 보수적 입장을 견지한 링컨"

에게 크게 실망했다.[74] 노예제도는 순회 재판에서도 주된 화제가 되었고, 변호사들은 여러 신문의 보도 방향을 두고 논쟁을 벌였다. 일반적으로 북부의 신문들은 노예제도를 반대한 반면, 남부의 신문들은 노예제도를 찬성했다. 양극단이 원래의 의견을 고수하며 서로에게 노골적으로 적대감을 드러낸 까닭에 중도 의견은 입도 벙끗할 수 없었다. 한 동료 변호사는 링컨에게 "우리가 모두 노예폐지론자가 되거나 민주당원이 돼야 하는 때가 오고 있다."고 한탄했다.[75] 1850년 협정은 4년으로 수명을 다했다.

---◇---

링컨은 순회 재판 중에, 연방 의회가 오랜 토론 끝에 캔자스-네브래스카법Kansas-Nebraska Act을 통과시켰다는 소식을 들었다. 당시 2선 상원의원이었고 대통령 후보로 거론되던 민주당 지도자, 일리노이 출신의 스티븐 더글러스Stephen Douglas가 고안한 캔자스-네브래스카법안은 새롭게 추가된 영토, 캔자스와 네브래스카에 정착하는 사람들에게 아메리카 합중국에 편입될 때 노예주나 자유주를 스스로 선택할 수 있는 권한을 부여하자는 것이었다.

그 법안 내용을 핵심에서 벗어나 단순하게 해석하면, 노예제도가 '국민주권주의popular sovereignty'로 남부의 울타리를 벗어나 확산되는 빌미를 제공했다고 말할 수 있다.[76] 30년 동안 평온한 상태를 보장해주던 미주리 협정은 단숨에 지워졌다. 링컨이 소망하고 믿었듯, 노예제도가 완전히 소멸될 가능성은 사라졌다. 링컨은 새로운 법의 의미와 영향 및 중대성을 즉시 알아챘다. 이제 노예들의 상황이 "고착되어 더 나은 방향으로 개선될 여지가 없게 되었다."[77] 링컨은 그 법안에 대한 의견을 공개적으로 발언하기 전에 주립 도서관에 파묻혀, 연방 헌법이 제정되던 당시 노예제도에 대한 토론과 쟁점을 논리적이고 체계적으로 조사하고 분석했다. 헌던의 표현을 빌리면, 링컨은 그렇게 연구하며 노예제도의 "안팎과 위아래"를 알아냈다.[78] 어린 시절 링컨은 "어떤 개념을 사냥하기 시작하면 그것을 완전히 잡을 때까지 잠을 자지 못했다."[79] 그때 링컨은 사냥을 시작한 것이었고, 뒤쫓던 것—노예제도라는 쟁점이 미국의 역사에 끼어들고 당시의 교착 상태까지 악화된 과정—을 잡을 때까지 잠을 자지 않았다.

링컨이 그 시기에 단편적으로 끼적인 기록을 보면, 노예제도에 대한 논쟁을 기본적인 단위로 압축하려는 시도가 엿보인다. "A가 당연한 권리로 B를 노예화할 수 있다는 걸 확정적으로 증명할 수 있다면, B가 동일한 방식으로 논증해 A를 노예화할 수 있다고 증명하지 못할 이유가 무엇인가? 그럼 A는 백인이고 B는 흑인이라고 말할 텐가. 피부색이 기준이라면 엷은 색은 짙은 색을 노예로 삼을 권리가 있다는 것인가? 그렇다면 조심하라. 이 법칙에 따라 당신은 길에서 처음 만나는 사람의 노예가 될 수 있다. 그의 피부색이 당신보다 엷다면 말이다! 정말 피부색이 기준이라 생각하는가? 백인이 흑인보다 지적으로 우월한 까닭에 흑인을 노예로 삼을 수 있다는 뜻인가? 이렇게 생각하더라도 조심해야 한다. 이 법칙에 따르더라도 당신은 길에서 처음 만

나는 사람의 노예가 될 수 있다. 그가 당신보다 지적으로 우월할 수 있을 테니까!"[80] 이 짤막한 기록은 단순한 논리 전개가 아니었다. A와 B는 적대적인 두 관점을 의인화한 것이었다. 각각의 논리 전개는 주장과 설득으로 구성된 작은 드라마였고, 그때까지 링컨의 마음속에서만 복잡하게 전개되던 논증과 논쟁의 핵심이었다.

그로부터 오래지 않아 링컨의 산발적인 생각들은 오랜 경쟁자이던 스티븐 더글러스와의 논쟁과 논증에서 극적으로 펼쳐졌다. 링컨과 더글러스는 약 20년 전 조슈아 스피드의 잡화점에서 밤마다 논쟁할 때 만났던 사이였다. 훗날 링컨은 이렇게 말했다. "그때 우리는 둘 다 젊었다. 둘 모두 야망이 컸다. 내 야망도 그에게 뒤지지 않았다. 하지만 그때까지 야망의 경쟁에서 나는 실패자, 완전한 실패자였고, 그는 눈부신 성공을 거두고 있었다. 그의 이름은 전국에 알려졌으니 말이다."[81]

1854년 가을, 더글러스는 캔자스-네브래스카법을 변호하려고 일리노이에 돌아왔다. 그 법으로 북부 전역에서 대규모 시위가 빈발한 때문이었다. 일리노이에서도 적대적인 반발에 직면한 터라, 더글러스는 일련의 공개 토론을 열어 '자치권self-government'이라는 불가침 원칙을 적극 주장할 작정이었다. 스프링필드의 주州공진회에서 마주친 두 사람은 작은 언쟁을 벌였고, 곧이어 피오리아의 공개 토론장에서 본격적인 논쟁을 펼쳤다. 더글러스는 "네 마리의 멋진 백마가 끄는 마차에 앉아 개선 행렬의 선두에서 악단을 앞세우고" 일리노이에서 두 번째로 큰 도시, 피오리아에 들어왔지만,[82] 링컨은 자정이 지난 뒤에 소리 소문 없이 들어왔다. 이튿날 오후가 조금 넘자, 엄청난 군중이 광장에 모여들었다. 의자에 앉은 사람도 있었고, 잔디밭에 편히 앉은 사람도 많았다. 두 사람의 토론을 들으려고 멀리에서 달려온 농부도 수백 명에 달했다. 법원 발코니에서, 작지만 다부진 체구의 '작은 거인Little Giant' 더글러스는 재킷까지 벗고 기백이 넘치는 권투 선수처럼, 세 시간 동안 몰아친 연설로 군중의 마음을 사로잡았다.

링컨의 차례가 됐을 때는 이미 저녁 5시가 지난 뒤였다. "여러분이 제 말도 끝까지 들어주면 고맙겠습니다. 저도 더글러스만큼 오랜 시간 연설할 겁니다. 그럼 저녁 8시가 넘겠지요." 저녁 식사 시간을 훌쩍 넘길 수 있다는 뜻이었다. 그래서 링컨은 모두에게 휴식을 취하며 즐겁게 식사를 한 뒤, 시원한 저녁 7시에 다시 모이자고 제안했다. 또 자신의 연설이 끝난 뒤에 더글러스에게 반박할 기회를 주겠다고도 공언했다. 링컨은 "그렇게 해야 더글러스 지지자들이 돌아가지 않고, 더글러스가 내 가죽을 벗기는 소리를 들으려고 끝까지 토론장에 남아 있을 테니 아무런 사심도 없는 이타적인 제안은 아니다."라고도 인정했다.[83] 링컨은 군중을 돌아보며 "어떻게 생각하십니까?"라고 물었다. 한 참석자의 기억에 따르면 "곧바로 환호성이 울리고 모자들이 공중에 던져졌다. 물론 다른 식으로 동의한다는 표현도 있었다."[84]

저녁 식사를 위해 토론회를 연기하자고 가볍게 제안하면서 링컨은 밤늦은 시간의 데이트를 합의한 친구들처럼 청중들과 친근한 관계를 맺었다. 청중들은 편한 마음으로 되돌아왔고, 오히려 그 수가 늘었다. 햇불로 환히 밝혀진 저녁 토론회는 자정 직전까지 이어지며, 1850년대 시민들의 정치에 대한 관심과 참여도를 입증해주었다. 미국 시골에는 주민들이 함께 즐길 오락거리가 별로 없었기에 마을 사람들과 농민들은 연설회와 정치 토론회를 흥미진진한 구경거리로 여겼다.

웅변 능력이 정치적 성공에 반드시 필요한 자질이었던 시대이기도 했지만, 군중들도 치밀하게 구성된 연설을 경청하며 완전히 몰입했다. 피오리아에서도 청중들은 저녁 식사를 위한 짧은 휴식 시간을 제외하면 연설을 듣고 생각하는 데 거의 일곱 시간을 집중해야 했다. 그런 토론이 있은 뒤에는 상반되는 발언들이 거의 모든 신문에 어김없이 보도됐고, 그 후에는 소책자 형태로 멀리 떨어진 마을과 농장까지 전해지며 토론의 열기는 공간적으로 확대되고 시간적으로도 연장됐다. 이런 환경은 타고난 이야기꾼이었고, 웅변 능력만이 아니라 글쓰기 능력까지 갖춘 에이브러햄 링컨에게는 더할 나위 없이 유리했다. 링컨은 쉽게 이해되고 재미있으며 어디에서나 되풀이되는 일상적인 사례를 곁들인 흥미로운 이야기로 군중을 가르치며 감동을 주었다.

링컨은 타고난 이야기꾼답게 주민들을 한자리에 모이게 한 사건, 즉 캔자스-네브래스카법이 야기한 노예제도의 확장 가능성을 설명하는 것으로 연설을 시작했다. 이어 군중의 공통된 출발점, 즉 미국의 건국까지 거슬러 올라가 연방 헌법이 채택된 때 "노예제도에 대한 그 시대의 명백한 정신은 원칙적으로 반대했지만, 안타깝게도 노예제도가 초창기에 미국의 사회경제적인 삶에 맞아떨어졌기 때문에 필요에 의해 용인한 것"이란 주장을 증명해 나갔다. '노예제도'라는 단어가 연방 헌법에 의도적으로 배제됐다는 사실을 강조하며, "고통받는 환자가 과다한 출혈로 목숨을 잃을까 두려워 종기나 종양을 지체 없이 잘라

내지 못하고 감추면서 허락된 시간이 끝나기 전에 절개하겠다고 약속하듯이" 제헌의원들도 그 단어를 감춘 것이라 주장했다.[85]

링컨의 주장에 따르면, 미주리 협정이 굳건히 지켜졌던 지난 수십 년 동안 노예제도는 줄어드는 추세였다. 독립 선언문Declaration of Independence에서 천명한 이상으로 되돌아가며, 종기를 절개할 시간이 마침내 목전에 닥친 것이었다. 그러나 미주리 협정에 의한 상상의 선이 비상식적인 캔자스-네브래스카법으로 말미암아 폐지되면서 노예제도가 "신성한 권리"로 변했고, 느닷없이 "확대되고 영속화되는 가장 확실한 길에 올라섰다. 한마디로 그 법은 '가라, 하느님이 그대를 지켜주리라!'고 노예제도를 독려하는 셈"이었다.[86]

아메리카 합중국을 북부와 남부로 가르며, 북위 36도 30분 위로는 노예제도가 확장되는 걸 막았던 상상의 선을 제거해 난해한 문제가 야기됐다는 걸 증명하려고, 링컨은 노예제도에 닥친 새로운 상황을 영농과 목초지, 울타리와 가축의 세계에 비유해 설명했다. 인접한 두 농장의 경계를 구분짓는 울타리가 있다고 상상해보라. 한 농부가 자신의 목초지가 바싹 마르자, 굶주린 가축에게 이웃한 목초지의 풀을 뜯게 하려고 갑자기 울타리를 제거하면 어떻게 되겠는가? 이웃은 "도둑놈, 대체 무슨 짓을 한 거야?"라고 항의할 것이다. 농부는 "내가 울타리를 없앴다. 하지만 그게 전부다. 내 가축들을 당신의 목초지로 보내 풀을 뜯게 할 의도는 없었다. 그냥 내 가축들이 자유롭게 돌아다니며 나름대로 먹이에 대한 개념을 형성하게 할 생각밖에 없었다."라고 대답했다.[87] 이 우화와, 상상의 선을 없앴지만 노예제도를 북부 지역까지 확대할 의도는 없다는 더글러스의 기만적인 주장 사이의 유사점을 이해하지 못할 청중은 없었다.

링컨은 군중에게 캔자스-네브래스카법의 위험성을 스스로 판단할 기회를 주려고 이러한 비유를 사용한 것이었다. 그가 배심원들에게 "사건을 심리하는 주역은 그들이지 자신이 아니라고 믿게 하려고 노력하던 것"과 다르지 않았다.[88] 링컨의 설명에 청중은 신법이 어떤 문제를 야기했는지 깨닫게 됐고, 링컨은 파격적인 의견을 제시할 수 있었다. 캔자스-네브래스카법은 폐지돼야 했다. 미주리 협정을 되살려야 했다. 독립 선언문도 명시했듯이, 링컨은 "자치권이라는 원칙은 옳은 것, 앞으로도 영원히 절대적으로 옳은 것"이라 선언하면서, 더글러스의 제안대로 자치권이 노예제도에 확대해 적용되면 그 뜻이 왜곡된다고 덧붙였다. 연방 헌법이 제정될 때 노예제도 자체가 존재하지 않던 새로운 영토에 노예제도를 허락하면 아메리카 합중국의 역사를 끌어온 "양보와 타협의 정신"과 전면전을 벌이게 되는 것이라며, "노예제도를 우리 선조들이 규정한 위치로 되돌려 놓으십시다."라고 호소했다.[89]

링컨의 타협안도 노예폐지론자들의 신조는 아니었다. 하나부터 열까지 그들의 신조는 봉쇄였다. 링컨은 캔자스-네브래스카법에 반론을 제기하며 "자신은 남부인에게 어떤 편견도 없음"을 분명히 밝혔다. "우리가 남부인과 같은 상황이라면 우리도 노예제도에 대해 남부인처럼 생각할 것이다. 요컨대 지금 노예제도가 남부에 존재하지 않는다면 남부인도 노예제도를 도입하지 않을 것이다. 반대로 노예제도가 우리 지역에 존재한다면 우리도 노예제도를 포기하지 못할 것이다."[90] 뛰어난 공감 능력으로 노예제도가 존재하는 지역에서 노예제도를 없애기 어렵다는 걸 이해했지만, 또 그 딜레마를 쉽게 해결할 방법이 없다고 고백하는 겸양을 발휘했지만, 미주리 협정에 의한 경계선의 폐지는 폭력적 행위와 다를 바 없다고 생각했다. 폭력적 행위가 번복되지 않으면 미합중국의 분리로 이어질 수밖에 없었다. "우리가 직면한 선택은 우리 모두가 함께해야 할 선택이다. 캔자스-네브래스카법이 존속된다면, 그리하여 노예제도가 확산된다면, 미국의 희망이 소멸되고, 미국의 존재가 전 세계에 뜻하는 모든 것도 사라질 것입니다. 그러나 우리가 힘을 합한다면 우리는 미합중국을 구하고, 더 나아가 구할 가치가 있는 것을 구하고 영원히 유지할 수 있을 것이다."[91]

〈스프링필드 저널〉은 "광장에는 적막감이 흘렀다. 링컨이 연설을 끝내자, 청중은 우레와 같은 박수와 끊이지 않는 환호로 진실의 영광스런 승리를 인정해주었다."라고 보도했다.[92] 당시 기록에 따르면, 링컨은 노예제도를 반대하는 심오한 논증을 이해하기 쉽고 설득력 있게 전개했다. 통찰력 있게 노예제도라는 쟁점을 파고들며, 청중에게 자신의 생각을 이해시키려 애썼다. 링컨은 진실하고 명료하며, 확신에 찬 열정적인 이야기로 청중을 설득하고, 그들의 마음을 돌려놓았다. 한 기자가 보도했듯이 "링컨을 사로잡은 영감이 청중까지 사로잡았고", "그의 연설은 마음에서 나왔기 때문에 청중의 마음에 전달됐다. 내 경험에 따르면, 우레와 같은 박수로 연설을 시작하지만 청중의 마음을 전혀 돌려놓지 못하는 유명한 웅변가가 많았다. 그러나 링컨은 달랐다. 그 자신이 확신에 차 연설한 까닭에 청중에게도 확신을 심어주었다."93

오래전부터 링컨의 연설을 들어온 사람들도 깜짝 놀랐다. 그들은 서로 얼굴을 마주보며 "저 친구가 언제 노예제도의 역사를 저렇게 완벽하게 공부했지?"라고 물었다.94 연방 하원에서 참담한 시간을 겪고, 기대한 고위직에 임명되지 못한 이후, 오랫동안 자신을 되돌아보며 깊이 생각하고 조사하고 연구한 결과였다. 자기의혹에 빠진 시련의 시간에 링컨은 더욱 노력했고, 개인적으로 지적이고 형이상학적인 성장을 이루어냈다. 다시는 자기만이 정의롭다고 우쭐대지 않았고, 복수하려는 마음에 상대에게 굴욕감을 주려는 수단으로 상대를 조롱하거나 풍자하지 않았다.

철학자 랠프 월도 에머슨은 소크라테스와 피타고라스의 금언에 대해 언급하며, "대담하고 창의적인 표현만큼 인간을 특징짓는 것은 없다. 중요한 진실을 창의적인 형태로 완벽하게 풀어내면 사람들의 주의를 끌며 오랫동안 기억된다."며 "그런 식으로 웅변하면 명성을 얻고 유명해진다."고 했다.95 이 기다림의 시간에 링컨은 언어를 활용하는 법을 공부했고, 다양한 이야기를 수집했다. 개인적 신념도 더욱 공고해졌다. 그렇게 링컨은 개인과 리더로서의 평판이 달라지는 전환점을 마련할 수 있었다.

수필가 발터 벤야민은 "위대한 이야기꾼은 언제나 민중에 뿌리를 둔다. 삶의 과정을 돌이켜보며 자신의 경험과 타인의 경험에서 자료를 끌어 모아, 조언과 교훈과 지침으로 삼을 만한 이야기를 꾸민다."라 말하며, "이런 이야기꾼이야말로 스승이고 현자이며, 현실적인 삶에 적용되는 조언이야말로 지혜"라고 덧붙였다.[96] 에이브러햄 링컨이 그 기나긴 기다림의 시간 동안 함양한 리더십의 본질은 이런 것이었다.

링컨을 초기부터 알았던 사람들은 이구동성으로 링컨이 달라졌다고 말했다. 지역 정치인과 시골 변호사에서 오늘날 에이브러햄 링컨이란 이름에 담긴 인물상으로 변하기 시작했다는 뜻이었다. 이 내적 성찰의 시기에 중대한 변화가 있었다는 게 분명하게 눈에 보였다. 외모와 몸가짐, 연설 능력, 사색의 깊이에서 달라진 변화는 그 후로도 지속됐다.

노예제도를 반대하는 투쟁에서 링컨은 공적인 삶으로 되돌아가겠다는 원대한 목적을 되찾았다. 그 목적은 개인적인 야망보다 훨씬 큰 것이어서, 링컨은 죽음을 맞는 순간까지 그 목적을 고수했다.

———◇———

링컨에게 대통령직을 향한 두 번의 큰 도약은 얄궂게도 두 번의 실패였다. 링컨은 일리노이주를 대표하는 연방 상원의원이 되려고 1855년과 1858년에 출마했지만 낙선했다.

1855년 링컨은 도덕적 원칙에 개인적 야망을 깨끗이 양보하며, 노예제도를 반대하는 동료 후보가 캔자스-네브래스카법을 지지하는 후보에게 승리하도록 지원하며 자신의 패배를 위로했다. 그해 1월 100명의 주의원이 새로운 상원의원 후보를 선정하려고 모였을 때, 캔자스-네브래스카법을 반대하던 47명의 휘그당 의원에게 링컨은 당연히 "첫 선택지"였다.[97] 한편 스티븐 더글러스를 지지하는 민주당 의원은 41명이었다. 따라서 캔자스-네브래스카법이 통과된 후 민주당을 탈당한 5명의 독자적인 의원이 결정권을 쥔 셈이었다. 시카고 출신의 노먼 저드Norman Judd가 이끈 그 소수파는 민주당 연방 하원의원 라이먼 트럼불Lyman Trumbull을 상원의원으로 밀었다. 교착 상태가 밤까지 계속되자, 더글러스의 민주당이 승리하지 못하도록 링컨은 트럼불에게 표를 몰아주자고 휘그당 지지자들을 설득했다. 링컨의 지지자들은 "47표가 5표에 꺾이는 부당성"을 지적하며 안타까워했지만, 링컨의 지시를 따랐다. 그 결과 트럼불이 상원의원에 당선됐다. 링컨은 한 친구에게 보낸 편지에서 "마침내 고통이 끝났다."라며 울분을 삼켰지만,[98] "내 자신의 패배로 인한 고통보다 민주당 후보의 패배가 주는 기쁨이 더 컸다."고 덧붙였다.[99]

1858년 링컨은 공화당 후보로 다시 연방 상원의원에 도전했다. 공화당은 캔자스-네브래스카법을 반대하는 사람들—노예제도를 반대하는 휘그당원들, 민주당에서 탈당한 사람들, 자유토지당원들, 노예폐지론자들—로 구성된 신생 정당이었다. 일리노이주에서 그 이질적인 정당을 규합하고 이끌어온 리더답게 에이브러햄 링컨은 현직 상원의원인 민주당의 스티븐 더글러스에 대적할 공화당 후보로 지명됐다. 많은 선거 운동원은 링컨이 3년 전의 선거에서 보여준 관대함, 즉 노예제도를 반대하는 민주당 후보에게 승리를 양보하며 기꺼이 패배의 쓴잔을 마셨다는 사실을 기억했고, 링컨의 승리를 위해 혼신의 노력을 다할 준비가 돼 있었다.

후보 지명을 받아들이는 링컨의 연설에서 온유한 학습과 설득으로 추종자들을 끌어가겠다는 전반적인 청사진이 읽힌다. "우리가 지금 어디에 있고, 어디로 가야 하는지 알 수 있다면 무엇을 하고, 어떻게 해야 하는지 더 잘 판단할 수 있을 것이다." 이 단순한 성명을 발표하며 링컨은 청중과 함께 문제를 고심하고 머리를 맞대고 해결책을 모색해가는 선거 유세에 돌입했다.[100] 링컨은 마가복음과 마태복음을 인용해 "내부에서 분쟁하는 집은 서지 못하리라!"고 경고하며 미합중국을 붕괴의 위험에 빠진 집에 비유했다. 요컨대 노예제도를 옹호하는 사람들이 미주리 협정을 폐지하고, 미합중국이란 건전한 구조에 압력을 가하며 위협하고 있다는 뜻이었다. 섬뜩하게도 미국을 무너지는 집에 비유했지만 링컨의 연설은 전반적으로 긍정적인 논조였다. 그는 공화당원들에게 노예제도의 확장을 방지하는 법을 회복해 미국의 지배권을 되찾자고 호소했다. 노예제도가 다시 소멸 과정에 들어서면, 건국의 아버지들이 세운 고결한 집에서 신분고하를 막론하고 모든 국민이 다시 평화롭게 살 수 있을 것이라 선언했다.

바야흐로 모든 것이 역사적인 '링컨-더글러스 토론'으로 수렴되고 있었다. 일곱 번에 걸친 대면 토론은 수만 명의 청중을 끌어들였고, 전국의 유수한 신문에 전문이 게재되며 수천만 독자의 눈길을 사로잡았다. 1860년 민주당의 유력한 대통령 후보였던 더글러스가 지역지와 전국지 기자들을 토론장에 끌어당긴 덕분에, 당시 일리노이에서밖에 거의 알려지지 않았던 링컨도 덩달아 지속적으로 주목을 받게 됐다.

동부의 한 정치인은 일리노이 지역지 기자에게 "당신 주에서 더글러스와 입씨름하고 있는 그 사람이 대체 누구요? 내 생각에 우리나라 역사상 국가적인 문제에 그처럼 설득력 있게 연설한 사람이 없었소. 노예제도에 대한 지식도 상당히 깊고, 논리도 반박할 수 없을 정도로 탄탄하고, 연설 방식도 독특해서 흉내 내기 힘들던데, 당신 생각은 어때요?"라고 물었다.[101] 유권자들이 투표소로 향하기 시작한 11월, 링컨의 인기에 힘입어 공화당 후보들이 주 전체 투표에서 과반을 차지했다. 하지만 불공정하고 낡은 재배분 제도*에 의해 민주당이 다시 주의회에서 다수당이 됐고, 민주당은 지체 없이 스티븐 더글러스를 연방 상원의원으로 재선출했다.

링컨의 개인적인 열망은 또다시 꺾였지만 링컨은 실패를 담담히 받아들였다. 며칠 후, 링컨은 지지자들에게 수십 통의 위로 편지를 보냈다.[102] 그가 지지자들에게 위로를 받지 않고, 거꾸로 그가 지지자들을 위로했다는 게 색다르다. 링컨은 친구이던 의사, 앤슨 헨리Anson Henry에게 보낸 편지에서 "지난 선거에 참가할 수 있어 정말 기뻤네. 덕분에 이 시대의 지속적인 중대한 문제에 대해 다른 방법으로는 얻을 수 없는 많은 의견을 들을 수 있었으니까."라고 말했다.[103] 또 어떤 친구가 실의에 빠졌다는 소식을 듣고는 "곧 기분이 좋아질 거네. 또 하나의 흥미로운 사건이 곧 시작될 테니까. 우리가 다시 재미있게 시간을 보낼

---

* 미국의 경우, 상원의원은 각 주별로 2명씩 100명을 뽑고, 하원의원은 각 주의 인구수에 비례하여 총 435명을 뽑는데, 10년마다 인구 조사를 실시해 주별 하원의원 수를 재배분하여 하원의원 선거구를 다시 획정한다. 주의회를 장악한 정당이 소속 정당 후보에게 유리하게 선거구를 획정하는 '게리맨더링(gerrymandering)' 현상이 존재한다. - 편집자주

수 있을 거네."라고 약속했다.[104] 링컨이 보여준 침착하고 평온한 자세는 지지자들에게 희망을 주었다. 링컨 자신도 무척 진지했다. 그 패배를 일시적인 패배라 믿었다. 링컨은 노예제도를 반대하는 투쟁은 앞으로도 계속되고, 그 제도가 완전히 사라질 때까지 계속돼야 한다고 믿었다.

———◇———

상원의원 선거가 다시 다가오자, 〈이브닝 포스트〉는 사설에서 "이번 세대에 선거 운동을 통해 링컨만큼 순식간에 유명해진 사람은 없다."라고 썼다.[105] 리더십에 대한 링컨의 지식도 하루가 다르게 넓어지고 깊어졌다. 하지만 한 친구가 그에게 대통령 후보로 나서지 않겠느냐고 제안했을 때, 링컨은 고개를 저으며 윌리엄 헨리 수어드, 새먼 체이스Salmon Chase 등 "훨씬 더 유명한 인물"이 많다고 말했다. 링컨은 그들을 "노예제도를 폐지하는 운동을 현재 상황까지 끌어온 주역"이라 표현했다.[106] 수어드는 최연소 뉴욕 주지사를 지낸 뒤 상원에 진출했고, 열정적인 연설로 북부 자유주의자들에게 많은 호응을 얻었다. 또 미국에서 노예제도에 반대하는 가장 유명한 정치인으로 손꼽혔다. 한편 체이스는 당시 최초의 공화당 출신 오하이오 주지사로, 상원에서 캔자스-네브래스카법을 반대하는 투쟁을 선두에서 이끌었다. 공화당 창립자 중 한 명이기도 했다. 에드워드 베이츠Edward Bates는 버지니아 출신이었지만 미주리로 이주한 뒤 노예제도 반대 운동에 참여한 존경받는 판사였다. 북부 전역의 보수주의자들과 중서부의 남쪽 주민들에게 지지를 받았다.

링컨은 대통령 후보로 지명될 가능성이 극히 희박하다는 걸 인정하면서도 지명권을 얻으려고 조용히 움직이기 시작했다. 링컨에게는 열렬한 야망만큼이나 날카로운 정치적 본능이 있었다. 그래서 세 명의 유명한 상대를 꺾고 대통령 후보로 지명되려면 굽히지 않는 단호함과 자신을 낮추는 겸손함을 절묘하게 결합해야 한다는 걸 본능적으로 파악했다. 링컨은 주제넘게 출마 선언을 서두르지 않았고, 신중하게 때를 기다리며 당의 입장을 대신해서만 발언하여 수만 당원의 마음을 얻었다. 캔자스, 미주리, 오하이오부터 뉴욕, 코네티컷, 로드아일랜드까지 북부 전역의 크고 작은 도시에서 수없이 시행한 연설에서 링컨은 공화당원들에게 사소한 차이는 제쳐두고, 새로운 당의 깃발 아래 하나로 뭉치자고 호소했다. 또 고향인 일리노이주 밖에서는 자신이 누구에게도 '첫 선택지'가 아니라는 걸 인정하고, 스스로 다수의 차선이 되는 전략을 구사했다. 경쟁자들을 폄하하지 않으면서도 "어쩔 수 없이 첫사랑을 포기해야만 하는 분위기"로 몰아가는 걸 목표로 삼았다.[107]

전국적인 명성을 구축하자 링컨의 마음속에 대통령 후보로 지명될 수도 있겠다는 자신감이 커져갔다. 후보 가능성을 점치는 의견에는 여전히 익살스럽고 회의적인 눈길을 던졌지만, 경쟁자로 올라선 자신의 모습을 시각화한 지 오래였다. 그가 출마를 공식적으로 선언하기 전과 예상 후보에 대한 전망이 크게 뒤집힌 것은 분명했다. 링컨도 훗날 인정했지만, "대통령이란 벌레가 언제부터 자극하기 시작했고, 얼마나 깊이 파고들었기에 결국 후보가 되겠다고 나섰는지는 누구도 모른다."[108] 성공 가능성이 점점 구체화되자 링컨은 한층 더 노력했고, 경쟁자들이 혀를 내두를 정도로 선거 운동에 몰입했다. 수어드는 대통령 후보권은 따 놓은 당상이라 확신하고 전당대회 전까지 8개월 동안 유럽 전역을 여행했지만, 링컨은 하루도 빠짐없이 일하고 조사하며 연설문을 다듬고 또 다듬었다. 링컨은 주립 도서관의 한 구석을 차지하거나, 유세를 앞둔 지역에서 뒷방이나 작은 방에 숨어 누에고치처럼 웅크리고 앉아 혼자 연설문을 작성했다.

링컨은 혼자 생각과 감정에 집중하며 연설문을 작성하는 데 몰두했다. 때때로 절친한 친구들에게 피드백을 받았지만, 유세 범위가 넓어짐에 따라 무엇을 말해야 하고, 또 공천을 받기 위해 정확히 필요한 것이 무엇인지 파악하는 데 전적으로 자신의 통찰력에 의존할 수밖에 없었다.

이런 집요한 노력은 뉴욕의 쿠퍼 유니언 대학에서 더할 나위 없이 큰 보상을 얻었다. 대학의 강연 요청을 새먼 체이스는 거절했지만 링컨은 흔쾌히 받아들였다. 수어드의 고향 주에 강렬한 인상을 남겨야 한다고 생각한 링컨은 연방 헌법에 처음 서명한 39인이 노예제도에 대해 어떤 의견을 가지고 있었는지 조사했고, 그들이 남긴 글과 성명서를 면밀히 읽고 분석한 끝에 절대 다수가 노예제도를 "결코 확대되지 않아야 할 해악, 현재 우리 사회에 존재하기 때문에 어쩔 수 없이 용납하고 유지할 수밖에 없는 해악"으로 규정했다는 것을 알아냈다.[109] 링컨의 주장에 따르면, 공화당원이 진정한 보수주의자였고, 공화당이 건국 아버지들의 다짐과 의도에 가장 가까운 정당이었다. 한편 남부에서는 중재자로서 접근하며, 전국을 갈가리 찢어놓은 폭력적인 사건들—남부 출신 의원이 매사추세츠주 상원의원 찰스 섬너를 공격한 사건, 흑인은 시민이 아니라고 판결한 '드레드 스콧' 사건에 대한 연방대법원의 결정, 하퍼즈 페리의 병기창을 습격한 노예폐지론자 존 브라운—에 냉정하고 신중하게 대응하기를 요구했다. 기록과 논리에 근거한 논증과 온건한 어조 뒤에 감추어진 진실한 열정에 상대적으로 급진적인 청중도 크게 흔들렸다.

링컨이 1854년 공적인 세계에 다시 들어온 이후 행한 모든 대중 연설에서 공화당의 정강이던 두 가지 주된 원칙이 빠짐없이 읽혔다. 하나는 새로운 영토에는 노예제도가 확대되지 않아야 한다는 것이었고, 다른 하나는 노예제도가 이미 존재하는 곳에서 노예제도를 금지하지 않겠다는 것이었다.

전당대회를 서너 달 앞두고, 수어드는 노예폐지론자들이 좋아하던 격정적인 표현을 완화하는 방향을 취했고, 베이츠는 모든 시민에게 평등한 헌법적 권리를 공약하며 자유주의자들의 지지를 얻으려 했다. 반면 링컨은 일관된 방향을 유지했다. 공화당의 두 가지 핵심 정강 정책을 고수하며 두 노선의 교차점—공화당 정책에서 극단적인 면들의 완벽한 중도—에 있었다. 링컨의 "극단의 회피"는 계산된 결과가 아니었다. 〈시카고 데일리 프레스 앤드 트리뷴〉이 지적했듯 "차분한 본성과 결코 균형을 잃지 않는 정신력의 자연스런 결과물"이었다.[110]

전당대회가 가까워지면서 링컨을 후보로 추천하자는 목소리도 점점 높아졌다. 하지만 링컨 자신은 어떤 것도 당연시하지 않았다. 대통령 후보로 지명받으려면 일리노이주 대표단의 일방적인 지지가 필요하다는 판단에, 링컨은 일리노이 내의 분열을 해소하려고 애썼다. 일리노이 북부 지역의 한 정치인에게 "나는 대통령 후보로 지명받지 못하더라도 크게 상처를 받을 만한 위치에 있지 않다. 그러나 일리노이 대표단의 전폭적인 지지를 얻지 못하면 적잖게 상처를 받을 것이다. 자네에게 부담이 되지 않는다면 이 문제에서 나를 도와줄 수 없겠나?" 라는 편지를 보냈다.[111] 다행히 전국 전당대회를 열흘 앞두고, 일리노이주 공화당원들은 에이브러햄 링컨을 "만장일치로 투표하라"고 대표단에게 지시하는 결의안을 통과시켰다.[112] 반면 체이스는 자신이 당과 오하이오주에 크게 공헌했으니 당연히 오하이오 대표단이 자신을 지지할 것이라 판단하고, 그들로부터 전폭적인 지지를 얻기 위한 어떤 노력도 기울이지 않았다.

시카고 선거 유세에서도 링컨 팀만큼 열심히 활동한 경쟁 팀은 없었다. 개인적으로 정치적 야망을 가진 팀원도 적지 않았지만, 헨리 휘트니가 말했듯이 "대부분은 그의 고결한 도덕적 품성과 순수한 정치적 도덕성을 사랑하는 마음, 즉 애정을 담아 일했다."[113] 링컨 팀의 핵심적인 팀원은 1855년 상원의원 선거에서 링컨에게 의원직을 양보받은 전前 민주당원 노먼 저드와 라이먼 트럼불이었다. 수어드와 체이스가 권력의 사다리를 오르는 과정에서 많은 적을 만든 반면, 링컨은 관대함으로 저드와 트럼불을 자기편으로 만들었다.

투표가 시작됐을 때 수어드가 1등을 차지하고, 체이스와 베이츠가 그 뒤를 따를 것이라 예측됐다. 하지만 세 번째 투표가 끝났을 때 에 이브러햄 링컨이 후보로 지명되며 많은 사람을 놀라게 했다. 그 이후 로 오랫동안 링컨의 승리 요인에 대한 토론이 있었다. "링컨의 승리보 다 수어드의 패배"에 주목하는 학자가 적지 않았고,[114] 행운을 지적하 는 학자도 많았다. 전당대회가 시카고에서 열렸다는 사실, 즉 일리노 이가 주된 전쟁터가 됐다는 사실이 행운이었다는 뜻이다. 우연이 어 떤 역할을 했더라도, 궁극적으로 링컨의 주된 승리 요인은 그의 남다 른 리더십—상황을 기민하게 파악하는 능력, 자신의 판단력과 직관력 에 대한 확신, 누구도 흉내 낼 수 없는 근면함, 웅변 능력, 차분한 본성 과 드높은 야망—이었다. 링컨은 야망을 실현하려고 너그러운 본성 을 버리지 않았고, 노예제도를 반대하는 대의를 꺾지도 않았다. 대표 단에게 링컨의 리더십을 정확히 판단할 만한 기준이 없었을 수 있지 만, 그들이 신생 정당을 승리로 인도할 최적임자를 선택했다는 것은 그 이후의 사건들로 입증됐다.

———◇———

처음부터 링컨은 자신에게 패한 후보들과 힘을 합해 공화당을 하 나의 조직으로 융합하는 게 급선무라는 걸 알아차렸다. 이런 목적으 로 링컨은 체이스에게 친서를 보내 선거 운동에서 "특별한 지원"을 요 청했다.[115] 또 세인트루이스의 베이츠 판사에게는 절친한 친구를 보내 자신을 지지하는 공개편지를 써 달라고 부탁했다. 특히 링컨은 수어드가 자신을 대신해 전국을 순회하며 적극적으로 활동해주기를 바랐고, 그런 지원을 확보하는 데 심혈을 기울였다. 반면 링컨 자신은 절제라는 전략을 추구하며 선거 운동 기간 내내 스프링필드에 머물렀다. 그가 말과 글로 발표하는 모든 것이 맥락과 관계없이 취해져 당파적 목적에서 분파주의를 자극한다는 걸 알았기에, 특정한 쟁점에 대해 질문 받은 경우에만 성명서를 발표하고 당론을 지시했다. 링컨이 주장했듯이, 신중하게 작성된 성명서에는 당시 중요한 쟁점에 대한 그의 의견이 빠짐없이 담겨 있었다.

1860년 가을까지 노예제도로 휘그당이 산산조각 났듯이, 민주당도 그에 못지않은 타격을 입었다. 존 브라운John Brown이 하퍼즈 페리의 병기창을 습격한 사건에 남부인들의 태도가 냉담해졌다. 남부 진영은 더글러스의 국민주권주의를 더는 지지하지 않았고, 주민 투표에 상관없이 노예를 새로운 영토에 가져갈 수 있는 권리를 명확히 보호해달라고 연방 의회에 요구했다. 따라서 더글러스가 민주당 후보로 결정되자, 남부 출신 민주당원들은 항의하며 전당대회장을 빠져나와 켄터키 상원의원 존 브레킨리지John Breckinridge를 자체 후보로 지명했다. 그런 분열이 있기 전에도 링컨은 한 친구에게 "공화당이 승리할 가능성이 50퍼센트 이상"이라 말했지만, 그렇게 당이 쪼개지자 민주당이 승리할 가능성은 "극히 희박해졌다."[116] 하지만 링컨은 어떤 것도 운에 맡겨서는 안 된다고 다짐하며 선거 운동에 혼신을 다했다.

링컨은 보잘것없는 이력에 약간의 살을 덧붙이는 방식으로 짤막한 자서전을 쓰는 것도 오랫동안 망설인 뒤에야 동의했다. 경계지에서 힘겹게 보낸 어린 시절을 감상적으로 표현하며 독자의 감성을 자극하지 않았지만, 통나무집을 짓고 거의 4헥타르에 이르는 목초지를 에워쌌던 가로대 울타리를 떼어내던 기억을 소개했다. 곧이어 링컨이 어린 시절에 떼어냈다는 가로대가 집회장에 나타나기 시작했다. 가로대는 링컨의 상징으로 열광적인 호응을 얻었다. 가로대가 선거 운동원을 위한 메달에 새겨졌고 신문 만평에도 등장했으며, 투표를 독려하는 구호와 노래에도 빠지지 않았다. 링컨은 화려한 행사와 함께 자신에게 선물로 주어진 가로대가 자신이 떼어낸 것이라 주장하지는 않았지만, "평범한 사람의 아들이 대체로 그렇듯 임금 노동자였고 가로대를 떼어냈으며, 평저선에서 힘들게 일했다."라는 걸 인정했다.[117] 독학하며 힘들게 노력한 삶에 대한 이야기로 링컨은 "보통 사람을 잘 이해하는 사람", 요컨대 아메리칸 드림을 실현한 사람으로 인정받았다.[118]

선거일, 당연한 말이겠지만 링컨은 불안하고 초조했다. 투쟁은 그에게 생득적 권리였고, 역경은 그의 삶에서 피할 수 없는 것이었다. 일리노이의 드윗 클린턴이 되겠다는 젊은 시절의 꿈이 공공개발 프로젝트의 좌절로 무너졌을 때 그는 깊은 우울증에 빠졌다. 연방 하원의원으로 실망스런 시간을 보낸 뒤에는 혹독한 자기평가와 자기의혹의 시기가 있었다. 하지만 연방 상원의원에 두 번 도전해 실패한 뒤에는 개인적으로 어떤 의혹이나 우울증에도 빠지지 않았다. 오히려 그 두 번의 패배를 반反노예제도 운동에 매진하는 긍정적인 계기로 삼았다. 그의 법률 회사 파트너, 윌리엄 헌던의 지적에 따르면 "당시 링컨은 미국을 괴롭히던 중대한 쟁점들과 철저하게 뒤엉켜 쟁점의 일부가 된 상 태였다.”[119] 패배를 미리 예견하던 내면의 목소리도 이번에는 반노예 제도라는 대의에 대한 굳건한 믿음에 잠잠했다. 마침내 결과가 발표 됐다. 52세의 링컨은 자신의 승리를 확인하고 크게 기뻐했다.

그 승리는, 동료들에게 존경받으며 자존감을 높이려고 애쓰던 23세 의 청년이 꿈꾸던 것과는 다른 야망의 실현이었다. 링컨은 자신의 역 할 모델이었고 모두에게 “위기를 위해 태어난 사람”이라 여겨졌던 헨 리 클레이에게서 찾아낸 조용한 책임감을 보였다.[120] 그의 말과 글은 조금씩 줄어들었고, 한층 절제되고 신중해졌다. 또 애매한 수사적 표 현을 버리고 확정적으로 표현했지만, 반생애 전에 청년 회관에서 행 한 연설만큼이나 시학적이고 감동적이었다. 마침내 링컨은 자기만의 성숙한 목소리를 찾아냈다.

시어도어 루스벨트

Theodore Roosevelt

"

빛이 내 삶에서 사라졌다.

"

올버니의 주의회에 참석하고 있던 시어도어 루스벨트는 건강한 첫
딸을 얻었다는 소식, 즉 아버지가 됐다는 반가운 전보를 받았다. 하지
만 곧이어 또 하나의 전보를 받고, 온몸에서 기운이 빠지는 듯한 기분
이었다. 루스벨트는 주의회를 박차고 나와 뉴욕시행 기차에 올라탔
다. 뉴욕시에는 아내 앨리스를 돕고, 첫아이의 탄생을 축하하려고 모
든 가족이 모여 있었다. 여섯 시간 후, 루스벨트는 비장한 비극에나 있
을 법한 악몽 같은 슬픔에 빠져들었다.

시어도어가 집에 도착하자마자 동생 엘리엇이 말했다. "우리 집에
저주가 내린 것 같아. 엄마가 죽어가고 있어. 형수님도!"[1] 자정 무렵,
두 여인은 반혼수 상태에 빠져들었다. 49세이던 어머니 미티는 여전
히 젊어 보이는 아름다운 여인이었는데, 심한 감기로 여겨졌지만 치
명적인 장티푸스로 밝혀진 질병에 시달리고 있었다. 시어도어는 새벽
3시까지 어머니의 머리맡을 지켰지만, 미티는 결국 그 시간에 세상을
떠났다. 그로부터 12시간이 지나지 않아 시어도어는 싸늘한 시신으로
변한 젊은 아내를 품에 안아야 했다. 나중에 밝혀진 바에 따르면, 앨리
스의 사인은 급성 신장병이었다. 임신 때문에 그 증상이 드러나지 않
았던 것이다. 그날 밤, 26세의 시어도어는 일기에 "빛이 내 삶에서 사
라졌다."라고 쓰고는 커다랗게 ×를 그렸다.[2] 이틀 뒤에는 "지난 3년
동안 우리는 누구보다 행복하고 순수한 시간을 보냈다. 이제부터 내
삶에는 기쁨도 슬픔도 없다."라고 썼다.[3]

올버니의 주의회는 다음 월요일 저녁까지 휴정하기로 만장일치로
결정했다. 유명한 주 하원의원에 바치는 애도의 표현으로 "주의회 역

사상 전례가 없는 사건"이었다.[4] 5번가 장로교회Fifth Avenue Presbyterian Church에서 열린 이중의 장례식에 당 실력자들과 수십 명의 하원의원이 참석했다. 6년 전 루스벨트 시니어의 장례식에 참석했던 뉴욕 사교계 인물들과 많은 지인도 있었다. 장례식이 진행되는 동안, 옛 가정교사이던 아서 커틀러의 눈에 "시어도어는 멍하니 넋을 잃은 것처럼 보였다. 그는 뭐라고 말하고 어떻게 행동해야 하는지 모르는 듯했다."[5] 목사도 장례식을 더욱더 슬프게 하는 특별한 상황에 대해 언급할 때는 자제력을 잃고 목소리가 떨렸다. "한 가족에서 두 분이, 같은 집에서 같은 날에 이 땅을 떠났고 함께 묻히게 됐습니다." 목사는 오랜 목회에서 그와 같은 경우를 기억하지 못한다고도 덧붙였다.[6]

메인주를 탐험할 때 안내자 역할을 하며 친구가 된 빌 수얼의 애도에 대한 시어도어 루스벨트의 자기성찰적인 대답에서는 스토아주의적 운명론*이 읽힌다. "음산하고 사악한 운명이었다. 하지만 나는 어떤 충격에 위축되거나 굴복하는 게 좋은 것이라 생각해본 적이 없다. 또 일을 중단한다고 충격이 가벼워진다고 생각하지도 않는다."[7] 장례식을 마치고 이틀 뒤, 루스벨트는 의회로 복귀하며 한 친구에게 "일이라도 하지 않으면 미쳐버릴 것만 같다."라고 하소연했다.[8] 동료 의원 아이작 헌트Isaac Hunt는 "그는 달라진 것 같았다. 그때부터 그의 얼굴에는 전에 없던 슬픔이 어려 있었다. 누구도 그에게 그 문제를 거론하는 걸 원하지 않았다. 그에게 동정심을 보이는 것도 원하지 않았다. 슬픔

---

* 합리주의나 엄격한 극기와 금욕을 위주로 하는 생활 태도, 즉 감정에 사로잡히지 않고 쾌락과 고통에 동요하지 않으며 의연한 자세로 운명을 받아들이는 태도를 이른다. - 편집자주

을 그의 영혼에만 묻어두려 했다."고 회고했다.[9] 루스벨트는 갓 태어난 딸을 돌보는 책임을 맡은 누나 바미에게 보낸 편지에서 "지금 저녁 회기에 참석하고 있습니다. 일을 할 수 있어 정말 기쁩니다. 일에 몰두할수록 일이 더 좋아집니다."라고 말하기도 했다.[10]

루스벨트는 예부터 항상 정력적으로 일하는 성격이었지만, 이번에도 마음속 슬픔을 잊으려고 입법 활동에 더욱 몰두했다. 의회의 운영 절차에는 아랑곳하지 않고 개혁 법안을 끝없이 제출했고, 동료들의 비판에는 귀를 닫아버렸다. 따라서 그가 가정의 슬픔을 겪은 뒤 노회한 정치인들과 젊은 개혁가들이 선의와 호의로 그에게 주었던 정치적 자산을 잃는 데는 오랜 시간이 걸리지 않았다. 회기가 끝나기 전, 루스벨트는 다음 회기에는 올버니에 돌아오지 않겠다고 결정했다. 그의 주의원 경력은 그렇게 끝났다.

그러나 루스벨트에게는 싸워야 하는 또 하나의 성전聖戰이 남아 있었는데, 이는 그에게 일시적으로 목적의식을 주었지만 궁극적으로 그의 우울감을 더욱 악화시켰다. 6월에 열린 공화당 전국 전당대회에서 루스벨트는 독립적인 강경한 소수파의 리더로서, 개혁가이던 버몬트 상원의원 조지 에드먼즈George Edmunds를 대통령 후보로 밀었다. 한편 당의 실력자들은 제임스 G. 블레인James Gillespie Blaine을 대통령 후보로 지명하려 했다. 개혁가들이 블레인을 남북전쟁 후에 도덕적으로 부패한 공화당의 상징으로 점찍은 데는 충분한 근거가 있었다. 루스벨트는 블레인의 지지를 거부해 당 실력자들에게 "악의에 찬 혹독한 미움"을 받았지만,[11] 개혁적인 공화당원들에게는 폭넓은 호응을 얻었다. 훗날 연방대법원장을 지낸 찰스 에번스 휴스Charles Evans Hughes는 "특히 젊은 당원들에게 루스벨트는 정치에서 고결하고 가치 있는 모든 것을 구현한 존재"로 여겨졌다며 "모두의 기분을 상쾌하고 즐겁게 해주는 멋진 산들바람 같았다."고 회고했다.[12]

하지만 루스벨트의 개혁적 열정은 좌절되고 말았다. 개표가 끝났을 때 결국 당의 주류가 압도적으로 승리하며, 블레인이 완승을 거두었다. 루스벨트는 누이 바미에게 보낸 편지에서 "우리의 완패였습니다. 내 생각에는 블레인이 최악인데 말입니다. 공직자로 일하기에 블레인은 정직과 신의에 문제가 많습니다."라고 말했다. 그래도 "당의 전반적인 지성을 확인한 것"은 그가 거둔 성과였다.[13] 공화당 원로로 루스벨트의 투쟁에 가담한 개혁가, 조지 윌리엄 커티스George William Curtis는 "나는 공화당 창당에 기여했다. 이번 사태로 공화당의 사망을 목격하게 될까 두렵다."고 한탄했다.[14] 블레인이 후보로 결정되자 많은 공화당원이 탈당했다. 그들은 이른바 자주파로서 "머그웜프Mugwump*"를 자처하며 민주당 후보를 지지하겠다고 선언했다.

자주파는 루스벨트가 자신들과 함께할 것이라고 확신했다. 루스벨트는 전당대회장을 떠날 때 분노에 찬 목소리로 한 기자에게 "블레인에게 투표하지 않을 것이다. 민주당 후보가 올곧은 사람이라면 그를 진심으로 지지할 것"이라고 말했다.[15] 하지만 수주가 지난 뒤, 그는 입장을 번복하며 자신은 "선천적으로나 후천적으로나" 공화당원, 즉 정

---

* 당파에 초연한 사람, 당의 방침에 따르지 않는 사람을 일컫는다. - 편집자주

당 정치를 신봉하는 열성 당원이라 발표했다. 과거에 당과 함께했듯이, 앞으로도 당과 함께해야 한다는 의무감을 느낀다는 뜻이었다. 그는 당과의 관계를 완전히 끊고 싶지 않았던지 "전당대회의 결과를 따르겠다."고 결정했다.[16] 동료 개혁가들은 루스벨트의 변심에 망연자실했다. 그전까지 루스벨트를 지원하던 개혁적인 신문들도 그때부터 그를 대의의 반역자라 비난했다.

〈보스턴 글로브〉는 "시어도어, 야망을 경계하라. 그대만큼 촉망 받던 많은 젊은 정치인이 그런 잘못으로 몰락했다."고 경고했다.[17] 루스벨트는 처음에 당의 노선에 반대하며 당의 실력자들을 화나게 했다가, 원래의 입장을 뒤집고 블레인을 지지한다고 선언하여 자주파들을 격분하게 했다. 루스벨트는 뉴욕의 한 기자에게 "나는 정치를 계속할 수 있는 가능성이 사라졌다."고 말했다.[18] 또 친구이던 매사추세츠주 주의원, 헨리 캐벗 로지Henry Cabot Lodge에게는 "정치적인 문제에서 의견을 번복한 게 무엇보다 아쉽다."고 인정했고,[19] 누이 바미에게 보낸 편지에서는 "정치적 토론에 참여할 가능성이 실질적으로 사라졌어요. 앞으로 많은 시간이 지나야 정치에 복귀할 수 있을 것 같습니다."라고 절망했다.[20]

개인적인 삶을 괴롭히던 불행한 재앙과 스스로 자초한 정치적 위기에서 벗어날 필요성을 절감한 루스벨트는 전해에 구입해둔 다코다의 배드랜드Badlands로 향했다. 그를 집요하게 괴롭히던 기자에게 "남은 여름과 초가을 다코다의 목장에서 지낼 것이다. 그 후에도 무엇을 할 것인지는 아직 모르겠다."라고 말했다.[21] 개혁가들은 여전히 배신감을 가라앉히지 않았다. 〈이브닝 포스트〉는 "목장은 물론 세상의 어떤 은신처도 블레인과 같은 사람을 지지한 사람을 지켜주지 않을 것이다."라고 빈정거렸고,[22] 루스벨트는 "소에게 낙인이나 찍는 게 선거를 잊는 최선의 방법일 것"이라며 서글프게 대꾸했다.[23]

———◆———

서부 경계지에서의 체류가 시작됐고, 훗날 루스벨트는 그 기간을 그의 삶에서 "교육적으로 가장 중요한 자산"으로 생각하게 됐다.[24] 20년 후, 대통령으로 재직하던 기간을 포함해 삶의 어느 시기를 가장 기억하고 싶으냐는 질문에 루스벨트는 "목장에서 살던 때, 즉 자연을 가까이에서 경험하고, 자연과 함께 살아가던 사람들의 곁에서 지내던 때"라고 답했다.[25] 그 기간 동안 그가 가장 지속적으로 추진한 최고의 프로젝트는 무엇보다 치유와 성장 및 자기 혁신을 위한 노력이었다. 그 시기에 그의 대표적인 저서—《목장 노동자의 사냥 여행Hunting Trips of a Ranchman》,《목장 생활과 사냥길Ranch Life and the Hunting Trail》,《서부 정복The Winning of the West》—의 자료를 수집하기도 했다.

목장 운영을 위해 직원 넷을 선택할 때 루스벨트가 보여준 특징은 훗날 보좌관을 선발할 때도 고스란히 드러났다. 1883년 가을, 루스벨트는 보름 동안 빌 메리필드와 실베인 페리스를 데리고 사냥을 다녔다. 그때의 경험만을 근거로 그들에게 4만 달러—아버지에게 유산으로 물려받은 돈의 3분의 1—를 맡기며 1,000두의 소를 구입해 돌보는 일을 맡기기로 결정했다.[26] 또 목장 운영에서 그를 도와줄 사람으로는 메인주를 여행할 때 안내해준 빌 수얼과 그의 조카 윌 다우를 선택했다. 누구도 예전에 목장에서 일한 경험이 없었다. 하지만 그런 사실은 루스벨트의 결정에 별다른 영향을 주지 않았다. 루스벨트는 날카로운 통찰력으로 수얼과 다우의 성격을 읽어낸 뒤, 새로운 사업으로 벌어들이는 수익의 일정한 몫을 그들에게 보장하지만 손실은 전적으로 자신이 감당하겠다고 약속했다.[27] 또한 목장에서 지낼 집을 함께 설계하고 짓자고 그들을 불러들이기도 했다. 훗날 수얼은 "그는 결정을 내리는 데 머뭇거림이 없었다."며[28] "어떤 사람에게서 명예를 중시하는 면을 포착하면 그를 믿고 썼다."라고 말했다.[29]

수얼의 회상에 따르면, 루스벨트는 다코타 목장에 처음 도착했을 때 "무척 우울하고, 풀이 죽은 모습이었다." 아름답지만 황막한 평원이던 배드랜드의 풍경은 루스벨트의 적막한 내면을 그대로 대변하는 듯했다. 극소수에게 그랬듯이 루스벨트는 수얼에게도 자신의 감정을 드러냈고, "어떻게 되든 아무 상관이 없는 듯한 기분이고, 살아야 할 특별한 이유도 없다."라고 고백했다. 그때 수얼은 루스벨트에게 딸을 위해서라도 살아야 한다고 말했는데, 루스벨트는 "누이가 자기보다 딸을 훨씬 더 잘 보살필 것"이라며 "내가 없으면 딸이 더 행복할 것"이라고 반박했다.[30]

앨리스가 죽고 나서 몇 주 동안 탈진할 지경까지 일에 몰두했듯이, 루스벨트는 배드랜드에서도 노련한 카우보이에게도 위험하고 힘든 일을 자처하며 자신을 가차 없이 몰아붙였다. 흥분과 두려움을 통해 아직 살아 있다는 느낌을 되찾으려는 듯한 안간힘으로 보였다. 루스벨트는 하루에 16시간씩 말을 탔고, 기복이 심한 지형에서도 전속력으로 달렸다. 검은꼬리사슴, 가지뿔영양과 말코손바닥사슴, 들소를 사냥했고, 소에 낙인을 찍고 시장으로 몰고 가는 5주간의 광적인 소몰이에 참여하기도 했다. 루스벨트는 삶의 모든 면에서 카우보이로 살아갔다. "카우보이 역할에 만족한 것이 아니라 진짜 카우보이였다."[31] 목장 일과 카우보이들과 나누는 동료애, 지속적인 글쓰기로 그는 잡생각을 떨쳐냈고, 마침내 밤에도 그럭저럭 숙면을 취할 수 있었다.[32] 그의 표현을 빌리면, "바쁘게 살아가는 사람에게는 잡념이 끼어들 틈이 거의 없다."[33]

한때 루스벨트를 우상화하던 동부의 젊은 개혁가들은 그가 서부에서 이렇게 살아간다는 걸 전혀 몰랐다. 찰스 에번스 휴스는 "찬란한 기회를 열며 눈부시게 이력을 쌓아가던 사람이 갑자기 사라졌다고, 그것도 처절히 실패한 끝에 사라졌다고 생각할 뿐이었다."며 "그는 정계를 완전히 떠났다. 그가 더 이상 뭔가를 할 수 있을 것 같지는 않았다. 그는 사라졌고, 심지까지 잘려나간 촛불과 같은 신세였다. 언젠가 우리를 인도하는 빛이 되리라 생각했지만 착각이었다."라고 덧붙였다.[34]

그러나 시어도어 루스벨트는 심지가 잘린 초도 아니었고, 정치를 완전히 포기하지도 않았다. 서부로 멀찌감치 물러나 자연 세계에서 부드러운 향유를 탐닉한 것이 아니라, 불굴의 도전을 감행하며 자신을 시험하고 있었다. 그런 시험을 통해 그는 상심한 마음과 두려움을 마주하며 자신에 대한 확신을 되찾고, 진정한 빛과 인도자와 리더가 되는 미래에 대한 자신감을 어떻게든 되살려낼 수 있었다.

———◇———

계절이 몇 번 바뀌자 그도 우울증에서 서서히 회복되었다. 2년의 공백이 끝나갈 즈음, 루스벨트는 정신적 충격에서 벗어나 과거의 강인한 정신력을 되찾았고 신체적으로도 더 강해졌다. 평생 틈틈이 천식으로 고통받았는데 신선한 산 공기로 폐 기능이 향상됐고, 가슴 근육도 발달했다.[35] 수얼은 배드랜드에 처음 도착할 때를 돌이켜보며 "루스벨트는 잦은 천식 발작과 만성적인 복통에 시달리는 유약한 청년"이었는데, "세상에 다시 나갈 때는 내가 알기에 생계를 위해 완력에 의존하지 않는 어떤 사람보다 건강하고 매력적인 사람으로 변했다."라고 말했다.[36] 체중이 13.5킬로그램이나 늘었고,[37] 뼈와 근육만이 아니라 투지도 강해졌다.[38] 약간 높은 음색이어서 의사당에서는 거의 울려 퍼지지도 않던 목소리가 "황소를 부리기에 충분할 정도로 굵고 쟁쟁하게 변했다."[39]

몸의 변화는 시어도어가 "소심하고 안달복달하는" 자신의 성격을 극복하려는 심리적 투쟁에서 한 단계 나아간 것에 불과했다.[40] 그도 인정했듯이, "서부에 처음 발을 들여놓았을 때 회색곰부터 사나운 말과 총잡이까지 모든 것이 두렵게 느껴졌지만, 무서워하지 않는 것처럼 행동하다 보니 두려움이 조금씩 사라졌다."[41] 물론 천성적으로 두려움이 없는 사람도 있겠지만, 그는 신체만이 아니라 영혼과 정신까지 단련해야 했는데,[42] 어렵고 위험한 일을 끊임없이 자발적으로 행하여 결국 "의지력을 끌어올려 발휘하는 연습을 반복함으로써" 담력을 "일종의 습관"으로 키워낼 수 있었다.[43] 그는 말을 다루는 솜씨가 평범한 수준이었음에도 반항적이고 사나운 말을 일부러 골라 탔다.[44] 목장 주인으로서 실천적 리더십의 본보기를 보여주려 애썼고, 몇몇 위험한 경우에는 갈비뼈가 부러지는 비용을 치러야 했다. 또 시력이 좋지 않아 사격 솜씨도 그다지 뛰어나지 않았지만 전문 사냥꾼들과 함께 곰과 가지뿔영양과 들소를 추적하는 위험한 사냥 여행에 참여하기도 했다.

그가 사냥꾼과 카우보이로서 성공한 주된 요인은 "인내"였다.[45] 끝없는 연습 끝에 움직이는 표적을 고정된 표적만큼이나 정확히 맞추는 법을 터득했다. 또 짐승의 습성을 학습하고 연구한 끝에 사냥감의 행동 패턴을 알아내고 추적하고 예측하는 경지에 이르렀다. 루스벨트는 훈련을 통해 얻은 자신의 대담함이 다른 사람들에게도 유익한 교훈이 되기를 바랐고, 위험을 "마주하고 극복할 수 있는 것"으로 생각하면 연습을 통해 두려움을 모르고 용감해진다는 걸 사람들에게 알려주고 싶어 했다.[46] 루스벨트는 두려움을 거의 완벽하게 극복했고, 그 이후 무수히 많은 사람이 그의 몸에 깊이 밴 "불굴의 용기indomitable courage"에 대해 언급했다.[47]

그 2년간의 공백기에 루스벨트는 자신을 새로운 유형의 미국인, 즉 교양 있는 동부인과 불굴의 서부인이 결합된 존재로 재정립했다. 여동생 코린이 말했듯, 시어도어가 배드랜드에서 오랜 시간을 보내지 않았다면 "서부의 정신을 올바로 해석할 수 없었을 것이다."[48] 그 이후로 평생 동안 시어도어 루스벨트는 많은 미국인에게 서부의 남자, 상류계급이란 배경을 버린 낭만적인 인물로 여겨졌다. 그는 정적들이 더는 자신을 멋쟁이, 맵시꾼이라 부르지 못할 거라 생각하자 무척 기뻤다. 그를 향한 개인숭배도 굳게 뿌리를 내렸다. 훗날 루스벨트는 "노스다코타에서 지낸 시기가 없었다면 대통령이 되지 못했을 것"이라 말했다.[49]

에이브러햄 링컨과 시어도어 루스벨트가 정치인으로서 초기에 맞이한 중대한 재앙에는 상당한 유사점이 있다. 첫째, 개인적 위기와 공적 배척이 결합되며 혹독한 시련이 촉발됐고, 그 결과 그들의 핵심적인 야망이 짓밟힌 듯했다. 둘째, 링컨과 루스벨트는 정계를 떠나겠다고 맹세했다. 적어도 입으로는 정계를 영원히 떠나겠다고 말했다. 셋째, 그들은 극심한 우울증을 겪었다. 그들이 역사의 만화경萬華鏡이 회전하기를 기다리는 동안, 치유를 위한 변화는 내면에서 시작돼야 했다.

하지만 두 위인이 우울증을 극복한 방법은 대조적이었다. 그들의 성향이 완전히 달랐다는 걸 고려하면 당연한 것이었다. 링컨은 슬픔과 우울감을 숨김없이 드러내며 이웃과 동료 및 친구들과 그런 감정을 공유했다. 그러나 루스벨트는 서글픈 감정을 철저히 감추었다. 그는 감정을 억눌렀고, 딸을 버리고 떠났다. 심지어 딸과 사망한 부인의 이름이 앨리스로 같아 딸 이름을 부르지도 않았다. 루스벨트는 "나에게 또 다른 앨리스는 있을 수 없다."는 이유로 딸을 "베이비 리Baby Lee"라고만 칭했다. 그는 연애 기간과 짧은 결혼 생활에 대한 추억에 잠기는 걸 못 견뎠다. 그는 거의 모든 사진과 편지를 찢어버렸고, 그들이 함께한 과거를 기념하던 징표를 없애버렸다. 그의 표현을 빌리면, "아내를 잃었다는 사실을 곱씹는 것조차 힘들고 괴로웠다."⁵⁰

활력을 되찾자 그의 생각도 고향과 친구가 있는 동쪽으로 향했다. 1885년 가을, 잠깐 뉴욕을 방문했을 때 루스벨트는 이디스 카로Edith Carow와 우연히 마주쳤다. 이디스는 시어도어의 어린 시절 친구로 무척 지적인 여성이었다. 루스벨트 남매들은 20번가 집에서 주로 홈스쿨로 교육을 받았다. 이디스는 5세였을 때 그 홈스쿨에서 시어도어와 코린과 함께 공부했다. 여름에도 이디스는 루스벨트 가문의 롱아일랜드 사유지에 자주 초대를 받았다. 그곳에서 시간을 함께 보내며 그녀와 시어도어는 둘도 없는 친구가 됐다. 그들은 문학을 사랑하게 됐고, 함께 자연을 탐험하며 말을 타고 숲길을 달렸으며, 해안에서 뱃놀이를 했다. 청소년기에는 무도회와 사교 행사에 함께 참석했다. 그러다가 시어도어가 앨리스를 만나기 전의 여름, 시어도어와 이디스는 불가사의한 이유로 헤어졌다. 시어도어가 "무척 친밀한 관계"로 칭했던 것이 느닷없이 끝난 것이었다.⁵¹ 훗날 이디스는 "전에 사랑해본 적이 없는 소녀의 마음으로" 시어도어를 사랑했다고, 그래서 그가 앨리스와 결혼했을 때 자신은 결코 결혼하지 못할 것이라 생각했다고 고백했다.⁵² 1885년 우연한 만남으로 시어도어의 마음에도 오랫동안 감추었던 감정이 되살아났다. 그 후로 수개월 동안 시어도어가 뉴욕에 올 때마다 그들은 만났고, 떨어져 있을 때는 주기적으로 편지를 주고받았다. 이디스 카로에 대한 시어도어의 헌신에는 앨리스를 향한 낭만적이고 감상적인 열정은 없었지만, 이디스와의 결혼은 그의 격정적인 성향이 활력을 유지하면서도 안정되는 소중한 기회가 되었다.

서부로 피신하고 2년이 지난 1886년 여름, 루스벨트는 다시 정계로 복귀할 준비를 끝냈다. 카우보이로 지낸 삶은 더 크게 성숙하는 유예 기간이었지만, 그의 원대한 야망을 채워주지는 못했다. 친구이던 매사추세츠주 주의원, 헨리 캐벗 로지에게 "내가 정말 잘할 수 있는 것에서 기회를 얻고 싶다."고 말했듯이,[53] 루스벨트는 공적 영역에서 다시 한 번 자신을 시험할 각오였다. 그 자신이 그 세계를 위해 태어나고 자랐다고 생각한 때문이었다.

———◇———

한날 아내와 어머니를 잃은 것은 시어도어 루스벨트의 삶에서 개인적인 재앙 그 이상이었다. 운명의 잔혹한 비틀림에 그의 리더십 철학도 바뀌었다. 잔혹한 운명으로 정치적이고 개인적인 모든 시도의 취약함과 유약함 및 변덕스러움이 뚜렷이 드러났고, 정치적 이력은 산산이 흩어지며 순식간에 사라지거나 뒤집힌 것 같았다. 섬뜩했던 2월의 그날 이후 행운이든 불운이든 간에 그에게는 우연이 최고의 무기로 여겨졌다. 그 이후 10년 동안 찾아온 기회들은 무계획적으로 선택한 것처럼 보일 수 있지만, 결코 그렇지 않았다는 것이 이런 운명론으로 설명된다.

고향에 돌아온 직후, 루스벨트는 뉴욕 시장 선거에 뛰어들었으나

패했다. 귀향한 지 얼마 되지 않은 데다 뉴욕은 워낙 민주당 강세 지역이어서 애초부터 "승리의 가능성이 전혀 없는 경쟁"이었다.[54] 1888년에는 공화당 대통령 후보 벤저민 해리슨Benjamin Harrison의 당선을 위해 활발히 선거 운동을 했다. 그 공로로 루스벨트는 국무부 차관보로 임명되기를 바랐지만 상대적으로 가벼운 연방직, 중앙 인사위원회 위원을 제안받았다. 친구들은 루스벨트에게 그 제안을 거절하라고 충고했다. 그 모호한 직책은 루스벨트의 지위와 명성에 비해 너무도 낮은 데다 "자칫하면 루스벨트가 그대로 잊히고 말까" 걱정한 때문이었다.[55] 하지만 루스벨트는 기꺼이 그 제안을 받아들이며 친구들을 어리둥절하게 만들었고, 놀랍게도 그 직책을 6년 동안 유지했다. 뉴욕 경찰위원회 위원직을 제안받아 고향에 돌아올 기회가 주어졌을 때 루스벨트는 연방 인사위원회를 사직했다. 뉴욕 경찰위원회는 네 명의 위원으로 구성됐고, 정치적 위험으로 가득한 데다 힘들기만 하고 보상은 거의 없는 자리였다. 3년 뒤에는 공화당 대통령 후보 윌리엄 매킨리William McKinley를 적극적으로 지지했고, 그 공로로 1896년 가을에 해군성 차관보직을 제안받았다. 이번에도 친구들은 그의 명성에 미치지 못하는 직책이라며 불만을 터뜨렸지만,[56] 루스벨트는 이번에도 제안을 받아들여 미국-스페인 전쟁*이 발발하기 직전까지 재직했다. 전쟁이 발발하자, 친구들의 조언을 뒤로 한 채 루스벨트는 차관보직을 사임

---

* 1898년 스페인의 식민지였던 쿠바에서 미국과 스페인 군대가 벌인 전쟁이다. 쿠바에서 식민지 통치에 항거하는 세력과 스페인의 탄압 세력이 맞붙어 수많은 시민이 생명을 잃자, 미국이 인도주의를 표방하고 나서며 식민지 쿠바의 내정에 간섭해 전쟁에 뛰어들었다. 이 전쟁으로 제국주의 국가로서의 미국의 입지가 강화됐다. - 편집자주

하고 육군에 자원입대했다.

초기에 루스벨트를 몰아치던 성공을 향한 야망이 사라진 것일까? 신뢰하던 친구들의 조언을 무시한 채 뚜렷한 흔적을 남길 수도 없고 승진이 보장된 것도 아닌 직책, 겉보기에는 하찮은 직책을 기꺼이 받아들인 이유는 무엇일까? 루스벨트가 시련의 시기에 얻은 교훈을 조사하면 답이 얻어진다. 개인적인 삶과 정치 모두에서 위로 순조롭게 올라갈 수 있을 것이란 기대와 믿음이 완전히 사라졌기 때문이었다. 루스벨트는 번지르르한 직책을 연이어 맡아야 리더로 성공할 수 있을 것이란 생각에 의문을 품었다. 또 자신이 통제할 수 없는 미래에 지나치게 집착하면 "말과 행동이 다시 조심스럽고 소심하며 계산적으로 변할 것"이라 염려했다.[57]

그 이후로 루스벨트는 장기적인 계산을 버리고, 어떤 직책이든 기회가 주어지면 그 직책이 마지막이라 생각하며 혼신을 다해 일했다. 루스벨트는 "지금 있는 곳에서, 당신의 모든 재능을 쏟아 할 수 있는 일을 다하라."고 즐겨 말했다.[58] 그는 정치적 삶을 좋은 쪽이든 나쁜 쪽이든 견디고 일어서야 할 호된 시련의 연속으로 보았고, 어떤 직책이든 성격과 노력, 인내와 의지의 시험대로 여겼다. 루스벨트는 미래를 위한다는 명목으로 어떤 것도 예비로 남겨두지 않았으며, 어떤 직책이든 자신의 리더십 능력을 보여줄 수 있는 중요한 시험대로 삼았다.

루스벨트는 어머니와 아내를 동시에 잃는 호된 시련을 겪으며 죽음에 대해 의식하게 됐고, 자신의 야망을 성취하기 위해 남은 시간은 하루가 다르게 줄어들고 있다고 느꼈다. 덧없이 흐르는 시간에 대한 의식과 삶은 언제라도 급변할 수 있다는 자각으로 인해 무엇인가를 이뤄내야 한다는 초조함에 시달렸고, 때로는 견디지 못하기도 했다. 예컨대 앨리스를 잃은 뒤 주의회에서 수십 건의 법안을 제출하던 광적인 일 처리 속도는 평생의 패턴이 됐다. 즉, 관료화된 조직의 느릿한 운영과 세습화된 절차에 반발하고 충돌하는 리더십이 그의 상징이 됐다.

연방 인사위원회와 뉴욕 경찰청, 해군성처럼 아무런 공통점이 없는 부서를 어떻게 성공적으로 이끌 수 있었느냐는 질문에 루스벨트는 자신에게 닥친 문제를 해결하는 데 "행정의 달인이 되거나 특출한 재능이 필요한 것은 아니었다. 상식과 정직함, 활력과 결단력, 배우려는 적극성만 있으면 충분했다."고 대답했다.[59] 이런 분석이 진부하고 대단찮게 보일 수 있지만, 루스벨트의 리더십은 실제로 일련의 단순한 격언과 금언으로 요약할 수 있다.

'기회를 놓치지 마라. 통제력을 강화하라. 어디에 있더라도 모두에게 물어라. 직접 돌아다니며 관리하라. 각 조직의 기본적인 문제를 파악하고, 그 문제에 정면으로 대응하라. 공격을 받으면 반격하라. 자신의 주장을 꿋꿋하게 고수하라. 정치적 자산을 이용해서라도 목적을 달성하라. 당신이 추진하는 일이 방해받거나 중단되면 해결책을 찾아라.'

———◆———

명성에 어울리지 않는 직책이라며 루스벨트에게 인사위원직을 거절하라고 충고한 친구들은, 루스벨트가 본능적으로 무엇을 파악했는지 제대로 이해하지 못했다. 당시 논란이 많던 신新공무원법을 집행하는 투쟁은 부패와의 전쟁을 상징하는 전투였던 까닭에, 개혁적 성향을 지닌 자선가의 아들이고 그 자신도 개혁적인 사람이라면 결코 피할 수 없는 전투였다. 제임스 가필드James Garfield 대통령의 살해(원하는 공직을 얻지 못해 실망한 사람에 의한 암살)로 통과된 펜들턴 공무원개혁법 Pendleton Civil Service Reform Act은 당시 지배적이던 엽관제spoil system*를 시험에 근거한 실력본위제도merit system로 교체할 목적으로 제정되었다. 루스벨트의 생각에, 엽관제는 누구나 자신의 실력을 근거로 평가돼야 한다는 민주적 사상을 부정하는 제도였다. "엽관제에서 모든 공직은 정치적 권력을 약탈하려는 야비한 투쟁에서 승리한 인간들이 앞 다투어 차지하려는 상급이며, 당 수뇌부의 능동적이고 영향력 있는 심복들에게 나누어지는 뇌물이었다."[60] 루스벨트는 인사위원회를 "살아있는 기관"으로 만들겠다고 맹세했다.[61] 또 공화당 지도자를 비롯해 개혁의 진전을 가로막고 법의 집행을 방해하려고 온갖 짓을 다하는 사람들과 치열하게 싸우며,[62] 신법을 철저히 시행하겠다고 다짐했다.[63] 루스벨트는 "지루하고 고된 일"이 앞에 기다리고 있다는 걸 처음부터 알고 있었다.[64] 당시 엽관제는 조직 정치의 핵심이었기 때문이다.

루스벨트는 인사위원회에 입성하자마자, 엽관제가 더는 예전처럼 적용되지 않을 것이란 신호를 곳곳에 보냈다. 루스벨트는 신법의 시행을 방해하려는 시도를 저지하고, 변화를 위한 노력을 극적으

---

* 선거를 통하여 정권을 잡은 사람이나 정당이 관직을 지배하는 정치적 관행을 말한다. - 편집자주

로 보여주려고 아무런 예고도 없이 뉴욕 세관을 급습했다. 뉴욕 세관은 신법 위반이 만연한 곳이란 소문이 자자했다. 루스벨트는 직원들과 대화하며, 정부 관리들이 우호적인 당의 응시자에게 시험 문제를 50~100달러에 팔고 있다는 정보를 얻었다. 증언을 듣고 진술서를 받은 뒤 문서까지 점검한 루스벨트는 범죄가 확인된 3명의 관리를 즉각 해고하라고 요구하며,[65] "신법은 주저 없이 공정하게 집행될 것"이라고 언론과 국민에게 알렸다.[66] 게다가 그는 철저한 조사를 통해, 당 지도자들이 일자리를 유지하게 해주는 대가로 뉴욕 세관 직원들로부터 "이른바 자발적 성금"을 갈취하고 있다는 사실도 폭로했다.[67]

시어도어 루스벨트는 사무실에 머물지 않고 하급 공무원—서기, 등사 담당자, 우체부 등—을 직접 만나 그들의 하소연을 들었다. 그들은 봉급의 2퍼센트를 요구하는 당 지도자들의 고집에 대응하기가 너무 힘들다고 폭로했다. 루스벨트는 조사 결과를 신랄하고 비판적으로 요약한 보고서에서, 겨울에 시행되는 평가가 "자기 겨울 외투와 아내의 따뜻한 원피스를 갖느냐 갖지 못하느냐를 판가름"한다고 밝혔다.[68] 겨울에 가난한 사람들에게 구체적으로 필요한 물건을 언급하며 문제를 지적한 까닭에, 대중은 공직사회 개혁이 필요한 이유를 쉽게 납득했다. 또 루스벨트는 인사위원으로 임명되고 한 달이 지나지 않아, 몇몇 도시에 우체국장이 우호적인 당원을 임명하려고 시험 성적을 조작하고 있다는 정보를 취득하고는 곧바로 우체국들을 순회하며 감사를 벌이겠다는 계획을 발표했다.

인사위원회는 3명의 위원으로 구성됐다. 세 위원 간의 언쟁으로 변

화의 시도가 쉽지 않았지만, 루스벨트는 자신의 통제력을 강화하고
나섰다. 그는 리더십을 장악하고 모든 책임을 직접 떠안으며 권력자
에게 환영받지 못할 개혁을 시도했다. 하지만 그의 권한을 강화하기
위한 시도가 완성된 것은 아니었다. 〈필라델피아 레코드〉는 그의 동
료 인사위원들과 관련해 "그의 동료들은 조용한 사람들"이었다고 보
도했다. 신문과 의회 등 어디에서나 싸우는 사람은 루스벨트였다. 따
라서 공격을 받는 사람도 루스벨트였다.[69] 루스벨트는 곧 인사위원회
의 공식적인 얼굴이 됐고, 누이 바미에게 의기양양해서 "두 동료는 없
는 것과 같습니다. 인사위원회의 모든 일을 내가 처리합니다. 그런 게
더 좋습니다. 책임을 나누는 것보다 더 만족스럽습니다. 그래야 내가
더 단호히 조치를 취할 수 있으니까요."라고 자랑했다.[70]

　루스벨트가 인사위원회를 장악하자 공화당 실력자들은 분노했다.
동료들과의 마찰이 뒤따랐고, 언론도 간헐적으로 비판의 목소리를 높
였다. 〈워싱턴 포스트〉는 "그는 북소리와 나팔소리를 등에 업고 공직
에 들어왔는데, 이제 혼자 북을 치고 나팔을 분다. 게다가 그는 공직에
발을 들여놓기 무섭게 나랏일을 혼자서도 훌륭히 떠맡을 수 있는 사
람이라 자처하고 나섰다."고 보도했다.[71] 어떤 평론가는 "가만히 있지
못하고 통제하기 힘든 그의 입에 자물쇠를 채우라."고 빈정거렸다.[72]
그러나 루스벨트는 입을 닫지 않았고, 〈보스턴 이브닝 타임스〉는 "루
스벨트는 언론을 두려워하지 않는다. 그는 자신의 지위를 잃을까 두
려워하지 않는다. 그는 항상 싸울 준비가 되어 있다. 그는 사람보다
공직 개혁을 우선시한다. 이런 경우에 흔히 그렇듯, 그의 공격적 태도

는 대의를 완성하기 위한 훌륭한 요인이다."라고 긍정적으로 보도했
다.[73]

　루스벨트가 인사위원회를 떠날 때까지 그의 리더십은 공무원법에
대한 국민적 지지를 얻어냈고, 공무원법의 노골적인 위반은 더 이상
용납되지 않았다. 진정한 실력본위제도가 바야흐로 잉태되는 과정에
들어섰다. 제이컵 리스가 요약했듯 "아무런 배경이 없는 사람도 든든
한 배경을 지닌 사람과 똑같이 반반의 가능성을 가져야 마땅했다. 후
원자가 전혀 없는 농부의 아들과 상인의 아들이 부유하고 사회적 명
성을 지닌 사람의 아들과 똑같은 출발선에서 공직을 두고 경쟁할 수
있어야 했다."[74]

——◇——

　루스벨트는 "성공한 사람은 행운이 제공하는 기회를 놓치지 않은
사람"이라고 입버릇처럼 말했다. 1894년 가을, 일련의 충격적인 폭로
가 이어졌다. 대부분이 태머니파派와 뉴욕시 경찰청 간의 부도덕한 관
계와 관련된 것이어서 전통적으로 뉴욕에서 강세이던 민주당이 큰 위
기에 빠졌다. 개혁에 저항하는 분위기도 팽배했지만, 추문이 있은 뒤,
개혁적 성향을 띤 공화당 기업인 윌리엄 스트롱William Strong이 시장에
당선됐다. 시장에 취임하고 오래지 않아, 스트롱은 루스벨트에게 그
의 정부에서 가장 까다로운 직책, 즉 네 명으로 이루어지는 경찰위원
회 위원장이 자동적으로 맡는 경찰청장을 제안했다. 루스벨트는 주저

없이 그 제안을 받아들이며, "뉴욕에서 가장 중요하고 가장 부패한 부서가 내 손아귀에 들어왔다."며 앞날의 어려움을 걱정했다.[75] 흥분감을 명확히 드러낸 발언이기도 했다.

그는 인사위원으로 6년간 전쟁을 치르면서, 자신이 고안하고 활용한 리더십 기법의 대부분을 사용하며, 정권 교체가 일어났다는 사실을 알리는 데 잠시의 시간도 허비하지 않았다.[76] 루스벨트는 새롭게 맡은 직분에서도 전력을 다했다. 멀베리가(街) 경찰청 계단을 뛰어오르며, 신속한 행동이 앞으로 경찰위원회의 상징이 될 거라는 걸 기자들에게 적극적으로 보여주었다. 한 기자는 당시를 회고하며 "모든 것이 숨 돌릴 틈도 없이 바쁘게 돌아갔다."고 말했다. 루스벨트는 뛰다시피 걸으며 기자들에게 끊임없이 물었다. "어떤 고위 관리에게 조언을 구해야 하는가? 어떤 고위 관리를 무시해도 되는가? 어떤 관리를 처벌해야 하는가? 경찰위원회의 관습과 관례와 규칙은 무엇인가? 우리가 가장 먼저 해야 할 일은 무엇인가?"[77]

실은 루스벨트에게 무엇을 먼저 해야 하는지에 대한 조언은 필요 없었다. 경찰위원회는 두 명의 민주당원과 두 명의 공화당원으로 구성되었는데, 루스벨트는 자신이 위원장으로 선출된다는 조건으로 스트롱의 제안을 받아들인 것이었다. 그의 생각에 4명으로 구성된 위원회의 구조는 "완전한 실패"의 징후였기에 그가 위원장으로 내정되는 게 가장 중요한 선결 과제였다. 그는 "대부분의 조직에서 권력은 한 사람의 손에 집중돼야 한다."고 믿었다. 루스벨트가 "그 사람이 국민에 의한 권력을 행사하는 데 온전히 책임을 다할 수 있다는 조건에서"라고 덧붙인 경고를 제외하면, 그 말은 독재자의 대담한 신조로 해석될 수도 있다.[78] 루스벨트는 위원장으로 선출되어 권한을 강화할 수 있었지만, 인사위원회의 경우와는 다르게 이번에는 다른 위원들이 고분고분하지 않았다. 민주당계 위원이던 앤드루 파커는 "루스벨트가 위원회 전체인 듯하다."며,[79] "항상 그가 말한다. 다른 위원은 말할 틈도 없다. 하루도 신문에서 그의 발언을 보도하지 않는 날이 없을 지경이다."라고 불평했다.[80] 정치적으로도 뜻이 맞지 않았고 개인적으로도 적대감이 상당했던 파커는 루스벨트가 언론에 주목하는 이유가 핵심적인 문제에 대중의 관심을 끌어들이기 위해서라는 것을, 즉 대중의 정서, 민심이야말로 변화를 이끌어내는 강력한 수단이라는 걸 제대로 이해하지 못했다.

루스벨트는 경찰청의 은밀한 책동에 대해 알아내야 할 것이 많았고, 그것도 즉시 알아내야 한다고 생각했다. 그래서 경찰청을 오랫동안 드나들던 베테랑 기자, 제이컵 리스와 링컨 스테펀스Lincoln Steffens 에게 조언을 구했다. 당시 루스벨트에게 그들보다 더 나은 멘토는 없었을 것이다. 루스벨트는 리스가 과거에 발표한 처녀작 《나머지 절반은 어떻게 살아가는가》를 읽은 적이 있었다. 뉴욕 빈민가에서 가난한 이민자들이 힘겹게 살아가는 모습을 충격적으로 묘사한 책이었다. 루스벨트는 그 선구자적인 역작에 충격을 받고 신문사로 리스를 찾아갔다. 리스는 부재중이었고, 루스벨트는 "도움을 받고 싶습니다."라고 쓴 명함을 남겨두었다. 두 사람의 평생 우정은 그렇게 시작됐고, 루스벨트가 경찰청장으로 재직할 때 활짝 꽃피웠다. 리스는 당시를 회상하며 "그때까지 내가 거의 20년을 취재하며 보낸 곳에서 2년 동안 우리는 낮에는 항상, 저녁에도 거의 언제나 함께 지냈다. 그 2년은 내 삶에서 가장 행복한 시기였고, 정말 보람 있는 삶을 살았던 시기였다."고 말했다.[81] 한편 야심만만하고 자신감에 충만한 스테펀스는 〈이브닝 포스트〉의 기자로, 주의회가 경찰청의 부패를 적발했다는 사실을 보도한 적이 있었고, 당시에는 경찰청 담당 선임 기자였다. 스테펀스와의 관계는 리스와의 관계만큼 깊거나 지속적이지 않았지만, 루스벨트는 그 유능한 기자에게 많은 정보를 얻었다. 리스와 스테펀스에게 얻은 알찬 정보와 조언 덕분에, 루스벨트 신임 경찰청장은 새로운 모험을 시작하기에 충분하다는 자신감을 얻었다.

대대적인 첫 프로젝트는 경찰청이란 조직의 기본적인 문제를 분석하고, 정면으로 공격하는 것이었다. 과거에 이미 주의회의 조사로 "위에서 아래까지" 부패가 만연하다는 사실이 폭로되었고,[82] 경찰의 사기도 땅에 떨어진 것으로 드러났다.[83] 심지어 태머니파가 신임 경찰에게 임용 대가로 상납금을 요구한 사실도 밝혀졌다. 태머니파가 다양한 방식으로 갈취하는 음성적 기금 모금에 경찰도 참여해야 한다는 뜻이었다. 매달 보호금을 상납함으로써 도박장과 매음굴은 불시 단속으로부터 보호받았고, 잡화점은 상품을 인도에 진열할 수 있었으며, 유흥업소는 일요일에도 문을 열 수 있었다. 경찰이든 정치인이든 고위급으로 올라갈수록 갈취하는 돈의 액수는 커졌다.

이런 상황에 대한 루스벨트의 진단은 세 갈래 전략으로 이어졌다. (1) 상부 지도자들을 숙청하고, (2) 경찰 개개인이 일하는 조직 문화를 바꾸고, ⑶ 경찰과 정치인 및 수많은 소기업 관리자가 연루된 뇌물 수수의 고리에 치명타를 가하는 것이었다.

경찰청장에 취임하고 3주가 지났을 때, 루스벨트는 막강한 힘을 과시하던 톰 번스Tom Byrnes 경찰국장과 그의 심복이던 앨릭 '클루버' 윌리엄스 경감에게 사임을 강권했다.[84] 주의회가 시행한 청문회에서 각자의 은행 계좌에 수십만 달러가 축적된 과정을 충분히 설명하지 못한 것이 그 이유였다. 그들의 갑작스런 해고는 모든 신문의 머리기사를 장식했고, "신임 경찰위원회가 부패를 척결하기 위해 누구도 용서하지 않을 것"이란 신호로 해석됐다.[85] 향후에는 실력만으로 신임 경찰을 선발하고, 승진을 결정하는 기준이 될 것이란 징후이기도 했다. 루스벨트의 단호한 행동에 공화당 실력자들도 불안감을 떨치지 못했다. 그들은 루스벨트가 지나치게 서두르며 지나치게 깊은 곳까지 건드리고, 가는 곳마다 분란을 일으킨다고 걱정했다. 하지만 대중의 적극적인 지지가 있는 한 루스벨트가 본래의 입장을 고수할 것은 분명했다.

루스벨트는 경찰청 지도부를 혁신적으로 바꿔놓았지만, 지속적인 개혁을 위해서는 담당 구역을 순찰하며 현장에서 일하는 경찰의 행동이 달라져야 한다고 생각했다. 그는 두 번째 전략, 즉 순찰 경찰을 순찰하는 전략을 시행하기 시작했다. 즉, 순찰 경찰의 업무를 직접 경험해 그 성격을 파악한 후에 경찰 전체를 위한 새로운 문화의 가치를 규정하기로 결정한 것이다. 리스의 조언을 받아들여 루스벨트는 아무런 예고도 없이 일련의 "야간 순찰"을 시행했다.[86] 루스벨트는 큼직한 외투와 푹 눌러쓴 헐렁한 모자로 신분을 감춘 채 자정과 일출 사이에 10

여 곳의 순찰 지역을 배회하며, 그 지역을 담당하는 경찰들이 본연의 의무를 다하고 있는지 점검했다. 리스가 옆에서 도와준 덕분에 루스벨트는 존재하는지도 몰랐던 지역을 둘러보며, 경찰들이 술집에서 노닥거리거나 철야 식당에서 식사하고, 어둑한 구석에서 여자들을 희롱하는 것을 목격했다. 그런 경우를 목격할 때마다 루스벨트는 이튿날 아침 그 경찰을 경찰청으로 호출해 징계를 내렸다. 일례로 루스벨트는 3번가의 한 술집에서 술을 먹고 있는 경찰을 목격했다. 그는 신분을 드러내지 않고, 그 경찰에게 길에서 순찰하지 않는 이유를 물었는데, 경찰은 "그게 당신과 무슨 상관이요? 대체 당신은 누구야?"라고 되물었다. "내가 경찰청장 루스벨트요."라고 대답했지만, 경찰은 "그렇겠지. 아예 클리블랜드 대통령이고, 스트롱 시장이라고 하지 그래?"라고 빈정거렸다. 그러자 바텐더가 소리쳤다. "그만해, 빌! 높으신 양반인 건 분명해! 치열과 안경을 보면 모르겠어?"[87]

루스벨트의 예고 없는 야간 순찰 이야기는 기자들과 대중의 마음을 사로잡았다. 루스벨트의 첫 번째 기습적인 야간 순찰이 있은 후에 링컨 스테펀스와 햄린 갈런드, 스티븐 크레인과 리처드 하딩 데이비스 등 노련한 기자들과 작가들은 종종 그를 동행했다. 그 바람에 야간 순찰은 곧바로 전국의 신문에 머리기사—"더 교활한 루스벨트에게 발각된 교활한 경찰",[88] "야간 순찰에 나선 루스벨트: 잠자는 경찰들 때문에 밤늦게까지 법석을 피우다"[89]—를 제공했다. 만평가들도 신나게 경찰을 풍자했다. 엄청나게 큰 치열과 금속테 안경과 콧수염을 보고 두려움에 떨며 몸을 웅크린 모습으로 경찰을 풍자한 만평에 전 국민이 즐겁게 웃었고, 시어도어 루스벨트는 전국적으로 유명해졌다. 〈시카고 타임스 헤럴드〉는 루스벨트에게 "미국에서 가장 흥미로운 사람"이라는 별명을 붙였다.[90] 그러나 한 개혁가가 지적했듯이 "대중에게 즐거움을 주었더라도 루스벨트의 목적은 무척 진지한 것이었다."[91] 경찰청장이 한밤중에 느닷없이 나타날지 모른다는 두려움에 순찰 경찰들은 각자의 책무에 더 충실할 수밖에 없었다. 개혁가들에게 이런 도덕성 회복은 "새로운 시대의 시작"을 상징하기에 충분했다.[92]

루스벨트는 책무를 등한시하는 경찰들을 징계했지만, 대다수 경찰에게는 "단연코 최고"라는 칭찬도 아끼지 않았다.[93] 또한 부정행위를 감시하는 것으로 훌륭한 경찰들을 옥죄는 당시의 시스템은 공적을 보상하는 방향으로 바뀌어야 한다고도 주장했다. 루스벨트는 담당 구역 순찰에 충실한 경찰을 마주치면, 고맙다고 말하며 용기를 북돋워주었다. 어떤 구역에서 모든 순찰 경찰이 시간표에 따라 움직이는 걸 확인하면, 루스벨트는 그 구역의 담당 경찰을 일부러 찾아가 "고맙다는 말을 꼭 전하고 싶었습니다. 순찰이 완벽하더군요."라고 칭찬했다.[94] 루스벨트는 잘못된 행실을 처벌하는 것만큼이나 훌륭한 행동을 인정하는 것이 중요하다고 강조하며, 용기와 대담함을 보여준 경찰—범인을 잡으려고 죽음을 무릅쓴 경찰, 고삐가 풀려 도망친 말과 씨름한 경찰, 물에 빠진 아이를 구한 경찰, 일상적인 책무를 수행하는 과정에서 영웅적으로 행동한 경찰—에게 상장과 훈장을 수여하는 시스템을 확립했다.[95] 상장 수여식, 실적에 근거한 승진, 전문적인 훈련과 사격 연습, 자전거 부대 창설 등과 같은 프로그램은 "야경봉을 가진 사람들"에게 의욕을 북돋워주었다.[96] 시어도어 루스벨트는 혁신적인 관료답게 경찰청에 다양한 과학기술적 기법을 도입하기도 했다. 범죄자 사진첩, 지문 활용, 전화 확대 등이 대표적인 예다.[97] 그 결과로 경찰의 사기는 서서히 치유되고 회복되었다.

루스벨트는 뉴욕시의 다양성을 대변하는 경찰력을 구축하는 게 중요하다는 것도 인정했다. 루스벨트가 경찰청장을 퇴직할 무렵, 경찰에는 아일랜드계와 독일계, 아프리카계, 유대계와 스칸디나비아계, 이탈리아계와 슬라브계 등 거의 모든 종족이 있었다. 루스벨트는 그들을 "하나의 몸"으로 융합하려는 노력의 일환으로 편견이나 차별 징후가 눈에 띄면 신속하게 대응하며 "피부색과 출생지가 다르다는 이유로 누군가를 공격한다면, 그를 지체 없이 해고할 겁니다!"라고 말했다.[98]

경찰청장에 취임하고 수개월이 지났을 때 루스벨트는 "다른 직책에서는 꿈도 꿀 수 없겠지만, 내 직책에서는 뉴욕의 모든 계층을 만날 수 있다."고 자랑스레 말했다.[99] 경찰위원회 위원장이었던 까닭에 그는 보건위원회의 위원이기도 했다. 그래서 10년 전 새뮤얼 곰퍼스의 도움을 받아 담배를 제조하던 공동 주택의 열악한 상황을 혼자 살펴보던 때보다, 빈민가의 위생 상황을 한층 체계적이고 포괄적으로 면밀히 점검할 수 있었다. 이번에는 리스와 함께, 과밀하고 비위생적인 공동 주택을 조사했다. 계단은 삐걱댔고 담은 페인트가 벗겨진 상태였다. 공기도 답답했고 복도에는 조명도 없었다. 리스가 훗날 지적했듯이 "공동 주택에 인구가 과밀한 것은 오래된 이야기였다. 루스벨트가 하룻밤 그곳을 살펴보는 것으로는 그곳의 문제를 파악할 수 없었을 것이다."[100] 밤이 깊어지면 빈민가의 진면목을 볼 수 있었다. 겉치레가 벗겨졌고, 진실한 모습이 드러났다.[101] 특히 무더운 여름밤에는 더더욱 적나라하게 드러났다. 루스벨트는 보건위원회에 제출한 보고서에서, 집주인들에게 어두운 복도에 조명을 설치하고 위험한 계단을 보수하는 등 전반적인 상황을 개선하도록 강제해야 한다고 주장했다. 극히 위험한 공동 주택은 허물어야 한다고도 보고했다.[102]

세 번째 전략을 시행하기 위해서는 앞의 두 경우보다 더욱 단호한 결단과 용기가 필요했고, 개인적이고 정치적인 피해도 감수해야 했다. 그는 부패의 원뿌리를 끊어내겠다는 사명감에 '일요일 휴업법 Sunday Closing Law'을 직접적으로 공격했다.[103] 10년 동안 그 법은 정치권과 경찰이 뇌물을 수수하는 거대한 통로로 악용됐다. 뉴욕에서 유흥업소를 운영하던 1만 명이 넘는 사업주와 관리자는 경찰과 정치인에게 매달 뇌물을 상납하는 한 돈벌이가 가장 좋은 일요일에도 영업을 할 수 있다는 걸 알았다. 상납을 거부한 업주는 즉각 영업정지 명령을 받았고, 일요일 휴업법을 위반했다는 이유로 체포됐다. 루스벨트는 "그 결과로, 법을 집행하는 경찰과 정치인과 유흥업소 주인이 복잡하게 뒤얽혀 범죄를 저지르고 있다."며[104] 누구에게는 적용하고 누구에게는 적용하지 않는 편법에서 벗어나,[105] "누구에게나 공명정대하게 법을 집행하여" 뉴욕시 부패의 근원을 근절할 수 있기를 바랐다.[106]

주의회가 지방 유권자들을 고려해 일요일 휴업법을 통과시켰지만, 개인적으로 루스벨트는 그 법을 찬성하지 않았다. 일주일에 엿새를 일하는 노동자들에게 동네 술집은 휴일에 친구들과 어울리며 휴식을

의했다. 올가미가 점점 조여 왔다. 루스벨트는 바미에게 보낸 편지에서 "지금 모든 면에서 특별 검열의 표적"이 됐다며 "깊은 우울의 시간"을 겪고 있다고 인정했다.[121] 로지도 친구인 루스벨트를 걱정하며, 바미에게 "시어도어가 가중한 압박감에 시달려 지나치게 긴장하는 것 같다. 모든 면에서 활기와 관심이 크게 떨어졌다."고 말했다.[122]

루스벨트의 리더십은 어디에서 방향을 잘못 잡은 것일까? 루스벨트는 "나는 민심을 다루는 게 아니다. 나는 법을 다루는 사람이다."고 거듭 주장했으나,[123] 모든 리더는 민심과 거래해야 한다. 에이브러햄 링컨도 멕시코-미국 전쟁에 대한 국민의 폭넓은 호응을 고려하지 않은 채 하원에서 무절제한 첫 연설을 한 뒤 이어진 부정적인 반응에서 큰 교훈을 얻지 않았던가. 루스벨트가 정계 실력자들과 술집 주인들의 분노를 불러일으킨 것과, 노동자 계급의 적대자와 희생양이 된 것은 전혀 다른 문제였다. 루스벨트가 노동자 계급을 이해하고 그들의 친구가 되려고 노력한 것은 사실이니 말이다. 일요일 휴업을 강력하게 집행하면 대중의 저항이 있을 것이란 걸 예상하긴 했지만, 노동자 계급의 반발을 과소평가하는 우를 범했다. 인사위원회에서는 실력을 중시하는 제도를 도입해 전체적으로 긍정적인 반응을 얻었지만, 그때와 달리 유흥업소처럼 복잡하게 얽힌 경우에는 "옳고 그름이 쌍방의 형편에 따라 달라지는 때가 있다는 것과 그런 경우에는 추구해야 할 올바른 길을 판단하기가 곤혹스러워진다는 것"을 너무 늦게 깨달았다.[124]

루스벨트를 향한 적대감이 걷잡을 수 없이 확대되자, 그의 혁신적 정책과 프로그램도 약화되었고, 더는 유지하지 못할 지경에까지 치달았다. 어떻게든 해결책을 찾아내야 했다. 그는 후임자를 위해 기초를 놓는 것이 자신의 역할이며, 그 역할은 완수했다고 합리화했다. 어려운 개혁을 어떻게든 시작했고, 경찰청에 영향을 주었다는 점에서 그의 합리화는 타당했다.

1896년 윌리엄 매킨리 후보를 위한 대통령 선거 운동은 루스벨트에게 완벽한 탈출구가 됐다. 경찰위원직을 일시적으로 내려놓고, 매킨리 공화당 후보를 위해 발 벗고 나서서 뛰어다녔는데, 곧 유세장에서 가장 인기 있는 연설가 중 한 명이 됐다. 뉴욕 경찰청장으로는 인기가 없었지만, 부패와 범죄와 싸워 거둔 공적 덕분에 루스벨트는 미국 전역에서 가장 주목 받는 인물로 부상했다. 어느덧 시어도어 루스벨트는 부패와의 전쟁을 상징하는 리더가 됐고, 10년 후에는 미국인의 폭넓은 지지를 얻었다. 어디에서나 그는 군중의 마음을 사로잡았다. "연설장은 복도까지 군중이 들어차 발 디딜 틈이 없었다."[125] "그는 자신의 모든 시간과 정력, 뛰어난 능력을 선거 운동에 쏟아 부어", 공화당 실력자들로부터 다시 신뢰와 갈채를 얻었다.[126]

매킨리가 당선된 후, 경찰위원회로 복귀한 루스벨트는 새로운 행정부의 고위직 제안을 내심 기대하며 기다렸다. 그가 해군성 장관으로 지명되기를 바라며 그를 대신해 로비하는 친구가 많았는데,[127] 매킨리 대통령은 루스벨트의 한 친구에게 "나는 평화를 원한다. 시어도어를 조금밖에 모르지만, 시어도어는 항상 모두와 의견 충돌을 일으키는 듯하다. 시어도어가 너무 호전적이어서 걱정된다."고 말하며 망설였다.[128] 루스벨트의 지지자들은 그런 평가에 동의하지 않았지만, 결국 매킨리는 루스벨트에게 해군성 차관보직을 제안했다. 전에도 그랬듯 친구들은 루스벨트에게 그처럼 격에 어울리지 않는 직책은 받아들이지 말라고 경고했다. 하지만 루스벨트는 그 제안을 주저 없이 받아들였다. [129]

———◇———

해군성 장관, 존 데이비스 롱John Davis Long의 차관보로 임명된 루스벨트는 처음으로 상관을 보좌해야 하는 하급자가 된 셈이었다. 잠재적 지뢰밭에 처음부터 포위된 상태와 다를 바 없었다. 루스벨트보다 스무 살이 많은 롱은 신중한 성격이었고, 매킨리 정부의 현황을 보여주는 상징과도 같았다. 매킨리가 그랬듯, 남북전쟁에 참전해 전쟁의 참상을 경험했고, 평화를 유지하는 데 전력을 다했다. 그러나 루스벨트는 자유를 원하는 쿠바에 대한 스페인의 태도를 보며, 미국 해군이 스페인과의 전쟁 가능성에 대비해야 한다고 확신했다.

그럼 루스벨트는 그 종속된 지위에서 어떻게 주역으로 올라섰을까? 첫째, 루스벨트는 예절 바르고 정중하고 도움을 주는 반복적인 행동을 통해 롱 장관과 "좋은 감정"을 구축하며 그의 신뢰와 믿음을 얻었다. [130] 롱 장관은 그때까지 해군과 관련된 일을 해본 적이 없었기에 "드라이 독, 포탑, 청사진 설명서, 어뢰정의 약점" 등에 대한 대화를 거북하게 여겼다. [131] 루스벨트는 이런 사실을 인식하고, 해군을 감독하는 데 필요한 전문 지식과 세부 내용—점검과 수리와 보수를 위한 일정표, 비非취역 함정의 수, 새로운 함정의 건조—을 신속히 파악한 뒤 명확하고 평이한 보고서로 작성해 매일 아침 롱에게 전달했다. 평소 과학책과 역사책을 탐독하고, 열심히 글을 쓰던 습관이 이때 상당한 도움이 됐다. 루스벨트는 1812년 전쟁*에서 해상 전투를 집중적으로 다룬 역사서를 처녀작으로 출간할 정도로 해군사에 상당한 지식이 있었다. 또 통계학에 대한 이해력과 전문지식을 십분 활용해 까다로운 세부 사항들을 롱 장관에게 쉽게 설명할 수 있었다.

롱 장관은 부지런한 젊은 차관보를 무척 자랑스럽게 여기며, "그는 끊임없이 제안했는데, 대다수 제안이 나에게는 무척 소중한 것이었다. 그의 활달한 기백은 나처럼 보수적이고 세심한 성향의 사람에게 기운을 북돋워주는 좋은 강장제"라고 말했다.[132] 루스벨트는 인사위원회에서 직접적인 시찰을 제도화하고, 경찰청장으로 재직할 때 뉴욕 곳곳을 야간에 직접 순찰했듯이, 해군성 차관보로 근무할 때도 책상에 머물지 않고 현장을 돌아다니며 해군의 여러 부문을 조사하고 점검하고 살펴보았다. 예컨대 어뢰 사고 조사에 참가했고, 중서부 지역의 해상 예비 민병대를 점검하며 닷새를 보냈다. 또 제1대대 훈련에 동반했고, 해군의 최첨단 전함이던 아이오와 호에도 승선했다. 아이오와 호를 설계한 팀을 만나서는 "질문의 기록을 깨뜨렸고", 전문용어를 자유롭게 구사하며 선박 건조에 대한 이론적 지식을 과시해 설계팀을 놀라게 했다.[133] 또 담당 구역을 순찰하던 경찰을 만나면 칭찬을

---

* 1812년 6월부터 1815년 2월까지 미국과 영국, 그리고 양국의 동맹국 사이에서 벌어진 전쟁 - 옮긴이주

260

아끼지 않았듯, 제2대대가 연병장에서 훈련하는 모습을 참관한 후에
는 대대원들을 아낌없이 칭찬했다.

해군의 준비 상태를 점검하는 모습은 롱 장관에게 충직하고 근면한
차관보로 보였지만, 정작 그는 전쟁을 대비해 해군력을 증강하기 위
한 계획을 신중히 추진하고 있었다. 다만 전쟁에 대해 유난히 함구하
는 행정부 분위기를 고려해 전쟁에 대비하려는 자신의 계획을 감추었
다. 해군참모대학교Naval War College에서 행한 유명한 연설에서 루스벨
트는 초대 대통령의 명언을 인용했다. "워싱턴 대통령이 '전쟁에 대비
하는 자세가 평화를 지키는 가장 효과적인 방법'이라 말씀하신 이후로
한 세기가 지났다."라고 시작하며 "우리 역사에서 전쟁 준비가 평화에
대한 위협이었던 때는 없었다."라고 덧붙였다.[134] 그 연설은 폭넓은 찬
사를 받았고, 루스벨트는 전쟁 준비를 앞장서서 지지하는 정부 관리
로 손꼽혔다.

연설의 긍정적인 반응에 힘입어 루스벨트는 실천적인 행동을 원
하며, "나는 행동으로 옮겨지지 않는 말을 혐오한다."고 자주 비판했
다.[135] 그해 여름, 피로에 지친 롱 장관이 매사추세츠주로 8주간의 휴
가를 떠나며 루스벨트에게 행동할 기회가 찾아왔다. 대통령을 비롯해
정부 고관들은 여름이면 워싱턴을 벗어났다. 뜨거운 날씨가 본격적
으로 시작되기 전, 루스벨트는 새거모어힐에서 보내려던 가족 휴가를
포기하며 상관의 빈자리를 채우겠다고 롱 장관에게 약속했다.

롱의 오랜 공백에 루스벨트는 해군성 장관 대행이 됐는데, 그는 그
위치를 최대한 활용했다. 8월에는 한 친구에게 "장관이 멀리 있어서

내가 해군성을 운영하는 즐거움을 마음껏 누리고 있다."라는 편지를 보냈다.[136] 또 바미에게는 "혼자여서 자유롭습니다. 덕분에 많은 일을 해내고 있습니다."라고 말했다.[137] 뜨거운 날씨에 루스벨트 장관 대행의 지휘 아래 군항과 해안 요새가 보강됐고, 많은 시험 항해가 행해졌다. 의회에 함대를 증강하기 위한 영향력을 행사하기도 했다.[138] 또 함대가 세계 전역에 배치된 현황을 알게 된 후에는, 쿠바에서 전쟁이 발발하면 대부분 스페인 함대가 주둔한 태평양 영역이 중대한 격전지가 될 거라고 확신했다. 따라서 루스벨트는 자신이 원하는 조지 듀이 George Dewey 제독을 아시아 함대의 총사령관으로 임명하려고 전력을 다했다. 루스벨트는 듀이를 서너 번밖에 만나지 않았지만, 듀이가 위기에 적합한 리더라는 걸 본능적으로 파악했다. "전쟁이 발발하면 듀이는 늑대를 쫓는 사냥개처럼 가죽 끈을 끊고 뛰쳐나갈 거라고 확신했다. 또 작은 기회라도 주어지면 그는 지체 없이 효과적으로 공격할 거라고도 확신했다. 그래서 그에게 그 작은 기회를 주기 위해 내가 할 수 있는 모든 역할을 해내기로 결심했다."[139]

동시에 그는 롱 장관과 장문의 다정다감한 편지를 주고받았고, 모든 업무가 통제하에 원만하게 진행된다며 그를 안심시켰다. 예컨대 8월 초에 보낸 편지에서는 "피로하실 테니 아무런 걱정도 마시고 푹 쉬십시오."라고 말했고,[140] 1주일 후에는 "모든 일이 지금처럼 진행된다면 장관님이 6주일 후에 굳이 돌아오셔야 할 이유가 전혀 없습니다."라고 되풀이했다.[141] 또 한 달 후에는 "이곳 날씨가 정말 덥습니다. 장관님이 이곳에 계시지 않아 정말 다행입니다."라는 편지를 보냈다.[142]

그가 그때처럼 이중적인 모습을 밀어붙인 때가 없었을 것이다.

　루스벨트가 오래전부터 언론과 쌓아온 관계도 해군력을 강화하려는 그의 계획에 도움을 주었다. 시험 항해에 초빙된 기자들은 해군의 현황을 칭찬하면서, 보완해야 할 부분도 지적했다. 때때로 언론과 루스벨트의 편안한 관계는 정부 계획을 공개적으로 논박하는 공격적인 보도로 이어졌는데, 롱 장관은 그런 보도에 매번 분노했다. 그때마다 루스벨트는 롱 장관에게 지체 없이 사과하며, 질책을 받아들였다. 또 혈기를 억제하겠다고 약속하며 신뢰를 회복하고는 예전과 똑같이 행동했다.[143] 루스벨트는 오히려 둘의 관점이 다르다는 걸 "정직하게 밝히고 숨기지 않음으로써" 롱의 신뢰를 계속 얻었다.[144] 요컨대 롱 장관이 책임자라는 걸 인정한 것이 무엇보다 중요했다.

　〈보스턴 헤럴드〉에 루스벨트가 장관의 기능과 책무를 월권하려 한다는 기사가 실렸을 때, 루스벨트는 즉각 롱 장관에게 그 기사에 대해 알리며, 심려를 끼쳐 죄송하다고 사과했다. 롱 장관은 "자네가 충성스런 부하가 아닐 거라는 기사는 나를 만나기 전 자네에 대한 경고에 불과한 것"이라 여겼다. 가끔 지독한 비판이 있었지만, 그 경우를 제외하면 루스벨트가 자신을 실망시킬 만한 행동을 한 적은 없었다는 게 롱 장관의 믿음이었다. 하기야 루스벨트는 자신의 관점을 강력히 개진하면서도, "장관님이 어떤 정책이든 결정하시면, 저는 형식과 내용에서 명실공히 그 정책을 추진할 것입니다."라고 말했다.[145]

　롱 장관과 루스벨트는 진정으로 서로를 좋아했기에 간혹 충돌하더라도 원만하게 해결했다. 한 인터뷰에서 롱 장관이 루스벨트를 칭찬하자, 루스벨트는 롱 장관에게 "후한" 칭찬에 감사한다며 "장관님 같은 분을 모시며 일하는 것이 저에게는 완전히 새로운 경험이었습니다. 제가 의도하지 않게 실수하지 않는 한, 앞으로도 장관님이 저와 충돌할 일은 없을 것입니다. 장관님 같은 상관을 모시면서도 내가 모든 면에서 장관님을 뒷받침하지 못한다면 제가 현재 직책을 유지할 자격이 없다는 뜻일 테니까요."라는 편지를 보냈다.[146]

주전론을 펼치던 신문들이 노골적으로 과장한 면이 있었지만, 1898년 겨울 스페인이 쿠바 반군을 속였다는 보고서가 인도주의적 분노를 불러일으켰고, 루스벨트도 신속히 개입할 가능성을 엿보았다. 루스벨트는 롱 장관에게 "전쟁의 기운이 다가오면 우리가 먼저 선전포고를 해야 합니다."라며 "우리가 전쟁을 미리 대비하지 않아 사전에 필요한 조치를 취하지 않은 채 어쩔 수 없이 전쟁에 말려든다면 한두 번의 치욕적인 패배를 감수해야 할 것입니다. 또한 초기 중요한 서너 주의 시간을 공격이 아니라 오래전에 준비했어야 할 것을 마련하는 데 보내야 할 것입니다."라고 조언했다.[147]

루스벨트의 경고는 선견지명이었던 것으로 입증됐다. 2월 15일, 쿠바 국민을 위한 우방 정책의 일환으로 아바나 항에 정박해 있던 미국 전함 메인 호가 폭발하며 266명의 미군이 사망하는 사고가 발생했다.[148] 폭발 원인은 밝혀지지 않았지만, 선전포고를 촉구하는 분노가 미국 전역을 뒤덮었다. 하지만 남북전쟁에서 가장 많은 피를 흘린 전투, 앤티텀 전투Battle of Antietam에서 싸웠던 매킨리 대통령은 "나는 끔찍한 전쟁을 겪어본 사람이다. 산더미처럼 쌓인 시체를 보았다. 다시 그

런 끔찍한 모습을 보고 싶지 않다."며 선전포고를 망설였다.[149] 대통령
이 선뜻 결정을 내리지 못하고 망설이자, 루스벨트는 일련의 부적절
한 조치를 취했다. 존 데이비스 롱이 상관이 아니었다면 불복종으로
당장 해고되고도 남았을 만한 조치였다.

2월 25일, 롱은 하루의 휴가를 예정으로 장관실을 떠나며 "대통령
이나 나에게 의견을 구하지 않고는 정부 정책에 부담을 줄 만한 어떤
조치도 취하지 말라. 휴가라고는 하지만 도시를 떠나지 않을 것이므
로 내가 하루를 조용히 지내는 동안 자네는 일상적인 업무만 처리하
면 충분할 것이다. 급히 처리해야 할 일이 생각나면 자네에게 편지로
연락하겠네."라고 말했다.[150] 이런 경고에도 불구하고, 루스벨트는 서
너 달 동안 준비한 작업을 한꺼번에 체계적으로 실행에 옮기며 일련
의 "독단적인 명령"을 내렸다. 함선을 배치하고 탄약을 주문했으며,
석탄을 대량으로 구매하고, 해군 병력을 무제한으로 징집할 수 있는
법안을 즉각적으로 제정해 달라는 공문을 의회에 보낸 것이다.[151] 게
다가 듀이 제독에게는 "석탄 연료를 최대한 비축하고, 전쟁이 시작되
면 스페인 함대가 해안을 떠나지 못하도록 공격할 준비"를 갖추라는
지시를 내렸다.[152]

롱은 이튿날 아침 출근해서야 그런 명령이 내려진 것을 알았고, "자
칫하면 루스벨트가 메인 호에 일어났던 폭발 사고보다 큰 사고를 일
으킬 뻔했다. 너무도 성급한 행동이었다. 물론 루스벨트는 빈틈없이
충성하려는 의도였겠지만, 어제 오후에 그가 악마에게 홀렸던 모양이
다."라고 일기에 썼다.[153] 롱은 분노보다 동정심으로 대응하며, 루스

벨트가 집에 심각한 문제가 닥친 때문에 냉정히 판단하지 못한 것이라 합리화했다. 루스벨트의 부인, 이디스가 허리뼈 부근 근육에 커다란 종양이 생겨 고통받고 있었는데, 그 종양을 제거하려면 장시간의 위험한 수술이 필요했다. 또 롱은 그들의 장남이며 당시 열 살이던 시어도어 주니어가 "오랫동안 시달리던 위험한 질병에 갓 회복된 것"도 알고 있었다. 이런 복합적인 이유에서 루스벨트가 과민하게 반응하며 "평소였다면 결코 저지르지 않았을 조치를 성급히 취한 것"이라 믿었다.[154] 롱 장관은 루스벨트가 천성적으로 예민한 성격이어서 가족 문제로 판단력이 흐려졌을 것이라 추측했지만, 2월 25일의 조치는 명령을 위반했더라도 사전에 치밀하게 계획된 조치였다.

결국 롱도 매킨리도 루스벨트가 내린 명령들을 하나도 철회하지 않았다. 그래서 9주 후에 의회가 스페인을 상대로 전쟁을 선포했을 때, 듀이 사령관은 공격하기에 유리한 위치를 점거한 상황이었다. 마닐라만 전투Battle of Manira Bay가 시작되고 두 시간이 지나지 않아 스페인 태평양 함대는 괴멸되었고, 그 결과 미국-스페인 전쟁에서 미국은 결정적으로 유리해졌다. 상원 외교위원회 의장은 "루스벨트가 없었다면 우리는 마닐라에서 성공적인 타격을 가할 수 없었을 것"이라 평가했다.[155] 육군 장교, 레너드 우드Leonard Wood는 "그렇게 책임을 과감히 실행하는 사람은 극히 드물다. 시어도어 루스벨트는 무엇을 해야 하는지 알았고, 지체하면 치명적인 결과를 초래한다는 것도 알았다. 그는 책임감을 느꼈고, 실행에 옮겼다."라고 극찬했다.[156] 루스벨트는 '종속subordinate'을 결코 '굴종subservient'이라 생각하지 않았다.

1898년 4월 25일 마침내 의회가 스페인과의 전쟁을 선포하자마자 시어도어 루스벨트는 해군성 차관보를 사임하고 육군에 자원입대하겠다고 선언했다. 모든 친구가 충동적인 결정이라 생각하며, 단 한 명도 루스벨트의 결정에 동의하지 않았다. 특히 한 친구는 "그가 정말 미친 게 아닐까? 대통령이 시어도어에게 개인적인 호의로 두 번이나 해군성에 머물라고 요청했지만, 그는 싸우고 찌르고 싶어 미친 것 같다. 안타깝지만 이것으로 그의 정치적 이력은 완전히 끝난 듯하다."라고 말했다.[157] 그의 친근한 정치적 친구이던 헨리 캐벗 로지와 오랜 멘토, 윌리엄 수얼도 해군성에서 그가 해야 할 훨씬 중요한 역할이 있다고 생각했다.[158] 롱 장관은 "루스벨트가 분별력을 상실한 까닭에 최고의 능력을 발휘할 수 있는 직책을 버리고, 플로리다 모래사장에서 목에 달라붙는 모기를 뜯어내며 말을 타고 달리는 터무니없는 결정을 내린 것"이 아닐까 걱정하며 "그가 올바른 정신에서 선의로 내린 결정이더라도 그 결정은 일탈과 이탈이었고, 무모한 허영심의 발로였다."고 덧붙였다.[159]

하지만 루스벨트의 결정은 결코 경솔한 게 아니었다. 그는 전시에는 해군성에서 자신의 유용성이 크게 줄어든다고 판단했다.[160] 전시에는 군사 보좌관들이 중심에 있어야 하고, 롱 장관은 계속 자리를 지켜야 한다는 것이 루스벨트의 생각이었다. 게다가 전쟁이 시작되면 장관 대행으로 활동하는 게 불가능했다. 새로운 길을 찾아야 할 때가 온 것이었다. 그는 수얼에게 "이곳에서 내 역할은 전쟁 도구를 준비해두는 것이었다. 준비는 끝났으니, 이제는 그 도구를 사용할 사람들과 함께 지내야 한다. …… 나는 전쟁 도구를 사용하는 사람이 되고 싶다." 라고 말했다.[161]

아버지의 반대로 시어도어는 남북전쟁에 참전할 수 없었다. 남부 출신인 부인의 상심을 예방하려고 아버지가 그런 결정을 내렸지만, 시어도어는 그 결정을 가문의 흠결로 여겼다. 따라서 자원해서라도 전쟁에 참전하고 싶었던 것이다. 1898년 봄, 이디스가 수술에서 완전히 회복하지 못했고 어린 시어도어도 신경쇠약에 시달리는 상황이었지만, 시어도어 루스벨트는 쿠바에서 복무하기를 절실히 바랐다. 훗날 루스벨트는 자신의 군사 고문이던 아치볼드 버트Archibald Butt에게 "내 아내와 아이들이 나에게 무엇을 뜻하는지 잘 알 것이다. 하지만 죽음이 무서워 내 길을 포기하지는 않겠다고 다짐했다. 내 조국과 가족을 위해 무엇인가를 할 수 있었다는 것은 내게 행운이었고, 모든 집에서 막대자로 사용하는 지팡이에 내가 작은 흔적을 남길 기회를 얻은 것도 나에게는 행운이었다. 지금 생각하면, 아내가 임종할 때 그런 부름이 있어도 응답하겠다고 결심한 듯하다."고 말했다.[162]

———◇———

우리가 여기에서 다루는 네 리더 중 시어도어 루스벨트만이 전쟁에 참전해 군 지휘관으로 활약했다. 또 루스벨트만이 앞날을 알 수 없는 불확실한 상황에서 자신과 부하들의 목숨을 걸고 적들과 맞섰다. 쿠바에서 병사들을 지휘할 때 루스벨트는 그들의 생사고락을 직접적으로 책임져야 했다. 그때의 경험으로 그는 리더로서 자신에 대한 확신을 굳힐 수 있었다.

정규군을 보완하기 위해 세 자원 연대를 징집한다는 최초 발표가 있었을 때 "말과 총을 다루는 데 능숙한 변경의 개척민"에게만 그 자격이 주어졌다.[163] 우연히도 지원에 필요한 자격이 루스벨트가 배드랜드에서 지내면서 갈고닦는 능력이었다. 배드랜드에서 지낼 때 루스벨트는 극단적인 기후에 단련되고 예기치 못한 온갖 역경을 견뎌내며 포기할 줄 모르는 사냥꾼과 합리적 명사수, 12시간을 연속해 안장에 앉아 버틸 수 있는 카우보이가 되려고 얼마나 애썼던가! 하지만 전쟁성 장관 러셀 A. 앨저Russell Alexander Alger가 최고 지휘관직—세 자원 연대 중 하나를 지휘하는 연대장—을 제안했을 때, 루스벨트는 정중히 거절했다.

연대원을 선두에서 지휘하는 영웅적인 군인, 즉 말을 탄 기사라는 평생의 꿈을 실현할 기회를 얻고도 그 기회를 포기하고, 손아래 친구인 레너드 우드의 휘하에 들어간 이유가 무엇일까? 이런 선택에서 루스벨트의 대단히 중대한 리더십 자질—자신의 강점을 냉정히 분석하고 약점을 보완하는 자각 능력—이 확인된다. 루스벨트는 자신이 연대에 장비와 식량을 신속히 제공하는 경험과 전문 지식이 부족하다는 걸 알았기에 앨저 장관의 제안을 거절하며 우드를 대안으로 추천했다. 우드는 정규군에 복무하며 명예 훈장을 받은 이력이 있었다. "내가 단 6주라도 야전에서 복무한 경험이 있었다면 연대를 그럭저럭 지휘할 수 있었겠지만, 그런 경험이 없어 연대에 장비를 갖추는 방법이나 전투를 지휘하는 방법을 모른다고 앨저에게 말했다."[164] 그러면서 우드가 연대장이 되면 중령 계급, 즉 대대장직을 받아들이겠다고 덧붙였다. 훗날 루스벨트는 "앨저는 내가 부질없이 희생하는 것이라 생각했다. 하지만 나로서는 내가 취할 수 있는 가장 현명한 선택이었다."고 말했다.[165] 루스벨트의 이런 선택에서 그가 직책보다, 함께 지휘하는 연대의 궁극적인 성공을 더 중요시했다는 증거를 찾을 수 있다.

우드 대령과 루스벨트 중령은 효과적이고 상호보완적인 팀을 구성했다. 우드가 말과 안장, 천막과 담요, 장화 등을 징발했다면, 루스벨트는 연대를 개념화해 대외적으로 선전하는 데 주력했다. 결국 그들 연대는 '거친 기병대(러프 라이더스)'로 알려졌고, 800곳도 안 되는 곳에서 닷새 만에 2만 명의 지원을 받았다. 미국을 압축적으로 대변하는 전투 부대라는 비전을 제시하며, 루스벨트는 서부의 카우보이와 원주민, 사냥꾼과 광부 못지않게 "불굴의 정신과 모험심"을 지닌 동부인으로 구성된 병력을 받아들여 연대의 규모를 확대하자고 군사 당국을 설득했다.[166] 루스벨트는 아이비리그의 풋볼 선수, 폴로 선수와 조정 선수, 스포츠를 즐기는 니커보커 클럽Knickerbocker Club과 서머싯 클럽Somerset Club의 회원들, 뉴욕시의 순찰 경찰에서 그런 자질을 이미 확인한 터였다. 미국이란 국가의 다양성을 반영해 모자이크 같은 연대가 구성되면, 언론인이면 누구나 꿈꾸던 '용광로melting pot'가 완성되는 셈이었다. 루스벨트는 그런 이질적인 요소들을 녹여 하나의 부대가 되기에 충분한 열을 제공한 인물이었다. 연대원으로 충원한 사람들에게서 그가 그때까지 살았던 폭넓고 다양한 삶—스포츠에 대한 사랑과 체력 단련, 하버드에서 받은 교육, 메인주에서 사냥꾼과 벌목꾼과 맺은 관계, 서쪽 경계지에서 목장을 경영하며 말을 타던 삶, 뉴욕 경찰청장—이 고스란히 읽히는 듯했다.

출신 지역과 사회적 신분이 달랐던 사람들—서부인과 동부인, 카우보이와 멋쟁이, 교육받은 사람과 무학자—이 어떻게 하나로 뭉칠 수 있었을까?[167] 루스벨트는 '동료의식fellow feeling'을 자극하는 게 성공의 지름길이라 생각했고,[168] 샌안토니오의 훈련장에서 카우보이가 금융업자의 아들과 나란히 잠을 자도록 천막을 배치했다. 또 니커보커 클럽 회원에게는 뉴멕시코 출신과 함께 설거지하는 임무를 맡겼고,[169] 동부인과 서부인에게는 세탁하고, 임시 변소를 파고 메우는 잡일을 맡겼다. 마침내 연대 전체를 아우르는 공통분모가 찾아졌고, 모두 재력과 사회적 지위와 교육의 차이보다 팀워크를 더욱 중요시했다.

애초부터 루스벨트는 리더십은 계급이나 지위로 주어지는 게 아니라 노력해서 얻어야 한다는 걸 알고 있었다. 연대원의 대다수를 차지한 개척자들은 개인주의적 성향이 강했고, 계급과 지위를 무시하는 면이 있었다. 루스벨트는 다코타에서 소몰이하는 법을 배울 때 임금을 주고 명령을 내린다고 해서 진짜 대장이 되지는 않는다는 걸 터득했다. 그들과 삶을 함께하고, 그들에게 명령하기 전에 무엇이든 솔선수범하며, 그들에게 위험과 고통을 감수하라고 요구하기 전에 먼저 고통을 떠안으며 그들을 이끌어야 했다. 훗날 루스벨트는 당시를 회상하며 "장교와 사병을 구분하지 않고 모두가 똑같이 먹었고, 똑같은 환경에서 잠을 잤다. 또 야영지에서는 모두가 똑같이 찬이슬을 맞으며 잠을 잤기에 불만은 사라졌다."라고 말했다.[170]

단기 집중훈련 과정에서 루스벨트와 연대원들은 많은 것을 학습하고 경험했는데, 루스벨트의 실수가 없지는 않았다. 루스벨트는 자신에 대한 연대원들의 존중심을 유지하면서, 선을 넘지 않는 수준에서 연대원과 하나가 되는 방법을 배워야 했다. 샌안토니오의 뜨거운 열기 아래에서 모의 훈련을 성공적으로 마친 어느 날, 루스벨트는 연대원들에게 "가서 맥주를 마음껏 마셔라. 돈은 내가 내겠다!"라고 말했다. 그날 저녁 늦게, 우드 대령이 루스벨트를 자신의 천막으로 호출했다. 우드는 지휘관이 신병들을 느슨하게 풀어주면 훈련 과정에서 필연적으로 닥치는 곤혹스런 문제들을 나열했다. 우드의 훈계를 마음에 새기며 루스벨트는 "연대장님, 사방 10킬로미터 내에서 제가 가장 미련한 멍청이일 겁니다."라고 말했다.[171] 그런 훈계를 받고서야 루스벨트는 자신과 부하들 사이에 적절한 간격을 두지 않았다는 걸 깨달았다. 훗날 루스벨트는 당시를 회상하며 "연대원들과 가까워진 후에는 좀 떨어진 곳에 천막을 치고 생활했다. 약점을 보이거나 부하들의 응석을 받아주며 인기를 얻으려는 시도는 많은 리더가 흔히 저지르는 크나큰 실수이다. 부하들은 훈련을 강제하지 않는 지휘관을 결코 존중하지 않는다."고 말했다.[172] 경험을 통해 루스벨트는 애정과 존중 사이의 균형을 적절히 유지하는 법을 터득했다.

플로리다 탬파 항을 거쳐 쿠바로 훈련장을 이동하는 무질서한 과정에서, 루스벨트는 혼란을 가라앉히고 질서를 유지하며 규정을 너그럽게 적용해 부대원들을 보호하는 임기응변 능력을 보여주었다. 연대의 중장비를 운반할 기차가 확보되지 않으면 사비로 운반비를 지급했다. 또 연대에 보급된 쇠고기 통조림이 산패한 것으로 밝혀지면, 식량의 재공급을 강력히 요구해 받아냈다. 연대원을 실어 나를 선박이 준비되지 않으면, 다른 연대에 할당된 선박을 차지하는 교묘한 솜씨도 발휘했다. 선상은 더럽고 비좁았지만, 그런 상황에서도 루스벨트는 점검과 점호를 실시했다. 수주 만에 쌍방향 신뢰로 이어진 리더십을 구축한 것이다. 루스벨트는 부하들을 지휘하는 데 그치지 않고 그들의 안위를 책임졌다. 또 부하들을 위해 무엇이라도 할 준비가 돼 있다는 걸 직접 보여주었다. 그에 대한 보답으로 부하들은 루스벨트가 요구하는 것이면 무엇이든 해내려 했다.

루스벨트의 기질에서 가장 뚜렷한 특징은 이 거친 기병대가 미국-스페인 전쟁에서 벌인 전투와 교전에서도 여실히 드러났다. "돌격하라!", "전진하라!", "공격하라!" 하는 명령은 한번 내려지면 뒤집히는 법이 없었다. 한 스페인 병사는 "그들은 물러서지 않고 무작정 전진했다. 그렇게 싸우는 법은 없었다. 매번 집중 공격이었다."라고 회고했다.[173] 공격 과정에서 수십 명이 죽고 부상하더라도 루스벨트는 적을 향해 전진하라고 병사들을 거듭거듭 몰아붙였다.[174]

라스 과시마스에서 치른 첫 전투는 혼란스레 시작됐다. 높은 풀과 덤불을 뚫고 전진하던 중, 몸을 감춘 적이 놓은 거센 불길에 막히고 만 것이다. 루스벨트는 무슨 일이 일어났는지 판단할 수 없어 긴장하고 당황해 "펄쩍펄쩍 뛰었다."[175] 나중에 고백했듯이 "어떻게 대처해야 할지 전혀 생각나지 않았다."[176] 하지만 철조망 울타리에서 스페인군이 사용한 듯한 좁은 통로를 찾아냈을 때 루스벨트의 불안은 순식간에 사라졌다. 병사들을 이끌고 철조망을 통과한 루스벨트는 빗발처럼 총격을 가하는 스페인군을 향해 전진했다. 당시 현장을 목격한 종군기자, 에드워드 마셜Edward Marshall의 기록에 따르면 "루스벨트는 내가 지금까지 보았던 가장 숭고한 군인으로 돌변했다. 철조망 울타리가 그의 삶을 구분 짓는 경계선이 된 듯했다." 덤불 반대편에서 우유부단함을 떨쳐내자 루스벨트는 "냉정함과 침착한 판단, 대담한 영웅적 행위로 쿠바에 주둔한 미국인 중에서 가장 존경받고 사랑받는 사람이 됐다."[177] 루스벨트의 지휘 아래, 기병대는 수적으로 불리한 상황에서도 언덕 위의 스페인군을 물리쳤다.

루스벨트가 자신의 삶에서 "위대한 날"이라 칭한 날[178], 루스벨트는 천천히 면도하고 푸른 물방울무늬 스카프를 목에 묶는 차분하기 이를 데 없는 모습을 대원들에게 보여주는 것으로 아침을 시작했고, 케틀힐과 산후안 힐에 진격해 결국 승리하며 두 언덕을 점령하는 것으로 그날을 마무리지었다. 기병대의 일원이던 아서 크로스비Arthur Crosby는 "우리 지휘관이 큰 전투를 앞두고, 즐거운 캠프 여행을 나온 듯 평소와 똑같이 행동하는 것"을 보고 용기를 얻었다.[179] 정규군이 산후안 힐을 공격하는 동안, 기병대에게는 케틀 힐로 전진하라는 명령이 떨어졌다. 루스벨트는 곧바로 말에 올라 연대원들을 소집하고 소리쳤다. "우리가 진격할 때가 왔다. 자, 앞으로!"[180] 루스벨트는 관례대로 종대 뒤쪽에 있었다. 그런데 병사들이 빗발치는 총탄에 머뭇거리며 진격하지 않았다. 유일하게 말을 타고 있던 루스벨트는 머뭇대는 병사들에게 용기를 북돋워주려고, 갑자기 말을 전속력으로 몰아 선두까지 달려갔다. 리처드 하딩 데이비스 기자의 보도에 따르면, "루스벨트가 그렇게 말을 모는 것을 본 사람이라면 그 누구도 그가 전투에서 살아남지 못할 것이라 생각했을 것이다." 그는 꼿꼿이 허리를 펴고 안장에 앉아, 푸른 물방울무늬 스카프가 "뒤쪽으로 똑바로 뻗도록" 전속력으로 달렸다. 그는 사격호에 숨은 적군의 사정거리 내에서 가장 눈에 띄는 표적이었다.[181]

케틀 힐을 향해 올라가던 루스벨트의 부대는 그때까지 공식적으로 공격 명령을 받지 못한 다른 연대 때문에 진격이 중단됐다. 루스벨트는 그 연대의 지휘관에게 "진격할 생각이 없으면 우리 연대원이 지나가게 해주시오."라고 부탁했다.[182] 한 기자는 "그들은 언덕을 오르고 또 올랐다. 죽음을 두려워하지 않았다. 노련한 병사처럼 행동했다. 감격적인 장면이었다. 경외감을 불러일으키는 광경이었다."라고 경탄했다.[183] 전투 내내 루스벨트는 말 등에 꼿꼿이 앉아 "병사들에게 자신을 따르라고 소리쳤다."[184] 그들의 공격에 결국 스페인군은 퇴각했고, 그들은 언덕 정상에 올라 환호성을 지르며 카우보이의 함성으로 하늘을 가득 채웠다.[185] 곧이어 산티아고가 점령됐고, 스페인군은 항복했다.

신문과 잡지 등 전국 모든 언론에서 루스벨트는 "단독으로 적을 분쇄한 영웅"으로 과장되게 묘사됐다.[186] 루스벨트가 많은 군사 보고서와 언론인과의 대화에서 모든 공을 연대원에게 돌렸고, 특별히 인정받아야 마땅하다고 생각하는 개인들을 신중하게 언급했지만, 말에 탄 남자는 미국의 무용武勇을 상징하는 얼굴이 됐다. 더구나 그의 얼굴은 만평을 그리기에도 적합했다.

루스벨트 연대가 롱아일랜드의 몬톡 포인트에 도착하자, 기자들이 루스벨트에게 소리쳤다. "차기 뉴욕 주지사는 당신 것입니다!"[187] 하지만 상황이 그다지 녹록지 않다는 걸 루스벨트는 알고 있었다. 대다수 주민은 루스벨트를 원했지만, 후보 지명권은 당 조직에 있었다. 노회한 당 실력자, 토머스 플랫Thomas Platt은 시어도어 루스벨트 같은 개혁가를 주지사로 추천하는 걸 원하지 않았다. 하지만 이번에는 운명의 여신이 루스벨트에게 미소를 지었다. 공화당이 차지한 올버니 주 정부의 부패가 폭로되며, 공화당 권위가 다시 더럽혀지고 말았기 때문이다. 공화당을 패배로부터 구해낼 유일한 후보는 산후안의 영웅밖에 없었던 까닭에 플랫은 루스벨트를 후보로 지원하는 데 마지못해 동의했다. 1898년 9월 15일 기병대는 해산했고, 이틀 뒤 시어도어 루스벨트는 주지사 경선에 뛰어들었다.

뉴욕주의 가장 높은 공직에 입후보한 전쟁 영웅은 쿠바에서 싸우려고 자원입대하던 때의 사람이 아니었다. 자신의 리더십 역량에 대한 확신과 자신감을 얻은 뒤였다. 실제로 시어도어는 아들에게 "내 연대원의 9할은 나보다 말을 다루는 솜씨가 뛰어났고, 3분의 2는 나보다 사격 솜씨가 나았다. 게다가 그들 모두가 대체로 나보다 강인했고 인내력도 강했다. 하지만 그들과 함께하고 얼마 지나지 않아, 나보다 그들을 효과적으로 지휘할 사람은 없다는 걸 그들도 알았고, 나도 알았다."라고 말했다.[188] 전쟁에서 연대원들을 지휘하며 그들의 신뢰만이 아니라 헌신까지 얻어낸 까닭에, 루스벨트는 리더십이 자신의 주된 능력이라고 믿게 됐다.

언론이 퍼뜨린 영웅적 이미지 덕분에 루스벨트는 군중에게 새롭게 생겨난 카리스마를 투영하며 감상적으로 다가갈 수 있었다. 그 시대의 후보들은 직접 선거 운동에 뛰어들지 않고 당 조직에 의존해 유권자의 마음을 사로잡으려 했는데, 루스벨트는 "직접 뉴욕주 전역을 돌아다니며 유세했다. 낮에는 특별 열차 끝에 마련한 연단에서, 밤에는 크고 작은 도시의 대중 집회에서 연설했다."[189] 한 참관인의 표현을 빌리면, "그에게는 자석처럼 사람들을 끌어들여 사로잡는 무언가가 있었다."[190] 총알이 빗발치던 산후안 힐에서 병사들을 따르게 하던 "말로 표현하기 힘든 무엇"이 이번에는 유권자들에게 파고들었다.[191] 고향에 돌아와 석 달이 지나지 않아, 시어도어 루스벨트는 뉴욕 주지사에 당선됐다.

쿠바에서 보낸 여름, 선거 유세와 당선을 한꺼번에 훑어본 루스벨트는 세실 스프링 라이스Cecil Spring Rice라는 친구에게 보낸 편지에서 이렇게 말했다. "올여름에는 정말 운이 좋았어. 처음에는 전쟁에 참전했고, 다음에는 전쟁터에서 나오자마자 선거판에 뛰어들어 당선됐으니 말이야. 지금까지 참 열심히 살았으나 특별히 운이 좋았던 것은 아닌데, 올여름에는 운이 좋았지. 요즘 이런 행운을 마음껏 즐기고 있다네. 물론 행운이 계속되지는 않을 것이고, 꼭 그래야 할 필요도 없겠지. 그래야 뉴욕 주지사가 된 것에 더욱 만족하게 될 테니까." 그러고는 그가 새로운 직책을 맡을 때마다 습관적으로 반복하며 심리적 안정을 도모했던 "다음에 다른 공직을 맡게 될는지는 신경 쓰지 않을 것"이란 말로 편지를 마무리지었다.[192]

———◇———

뉴욕 정치계의 습관적인 반대와 분열을 원만히 해결한 솜씨에서 루스벨트가 새롭게 얻은 평정심과 인내심과 성숙함이 뚜렷이 드러났다. 루스벨트는 개혁가로서의 명성을 재확립하려면 당파에 휘둘리지 않는 독자성을 입증해 보여야 했고, 성과를 이루어내려면 플랫과 그의 정치 조직과 협력해야 했다. 주지사로 취임하고 며칠이 지나지 않아, 루스벨트는 올버니에서 뉴욕시로 매주 넘어가 플랫과 아침 식사나 점심 식사를 함께할 것이라고 발표했다. 보수적이고 친기업적인 플랫과 협상하여 주지사의 권위를 떨어뜨렸다고 항의하던 개혁가들에게는 "방에 먼저 들어가고, 초록색 의자가 아니라 붉은색 의자에 앉는 권리를 주장하며 권위를 지켜야 한다고 생각하는 사람들과는 말을 섞고 싶지 않다."고 반박했다.[193]

루스벨트도 인정했듯이, 젊은 시절에는 사소한 문제를 두고도 언쟁을 벌이는 경우가 많았다. 그러나 에이브러햄 링컨에 대해 읽어감에 따라, 상대적으로 중요한 쟁점을 위해 덜 중요한 쟁점을 양보하는 링컨의 협상력을 높이 평가하게 됐다. 실제로 링컨은 "자신의 능력을 최대한 활용하는 사람은 개인적인 주장을 내세우며 시간을 허비하지 않는다."라고 즐겨 말했다.[194] 플랫과 타협했다고 해서 루스벨트가 주지사로서 손해를 본 것은 없었다. 오히려 미래 가능성이 높아졌다. 루스벨트는 연장자인 플랫의 자존심을 살려주려고도 애썼다. 겉으로는 굴복하는 것처럼 보이더라도 기꺼이 플랫의 본거지, 뉴욕으로 만나러 갔다.

루스벨트가 올버니에서 주지사로 일할 때는 군대식으로 정확히 하루 일과표를 작성하며 수십 명의 방문자에게 5~10분의 시간을 할당했다. 방문자가 주지사실에 들어오면 루스벨트는 의자에서 벌떡 일어나 방문자를 반겼다. 그러고는 방문자의 손을 따뜻하게 쥐며 "만나서 반갑습니다."라고 말했다. 대화하는 동안 루스벨트는 항상 서 있었고 방안을 끊임없이 왔다 갔다 했다. 또한 방문자에게 곧바로 "알맹이"를 말하도록 독려하고는 주의 깊게 경청했으며, 청원을 받아들여 심사숙고할 것인지, 아쉽지만 거절할 수밖에 없는 것인지를 신속히 결정했다.[195] 어떤 식으로든 결정이 내려지면, 방문자는 다음 방문자를 위해 점잖게 주지사실 밖으로 나가야 했다.

주지사로 재직하는 동안, 루스벨트는 "부드럽게 말하되 큰 막대기를 갖고 다녀라."는 아프리카 속담을 즐겨 인용했다.[196] 리더가 항상 고함만 치며 온화함은 보여주지 못하거나, 다투는 걸 좋아하면 성공하기 힘들다는 뜻이었다. 반면 부드러움 뒤에 강함과 힘이 없다면 부드럽게 말한다고 성공하는 것도 아니다.[197] 항상 그렇듯, 좋은 리더는 협상이 실패하면 최후의 수단을 향해 기꺼이 뒤돌아 나간다는 것을 명확히 보여주는 사람이다.

주지사로 재직하는 동안 겪은 두 번의 투쟁—영업세에 대한 다툼, 보험회사와 불법으로 결탁한 의혹을 받은 보험 담당관의 재임용—으로 루스벨트가 당 조직과 껄끄러운 관계를 어떻게 성공적으로 풀어갔는지 여실히 설명된다.

루스벨트는 수십 년 전부터 뉴욕 주의회가 전차, 전화, 전신에 관련된 수천만 달러, 크게 보면 수억 달러 가치의 영업권을 몇몇 기업에 독점적으로 허용해왔다는 걸 알게 됐다. 이런 영업권은 수익성이 좋았지만 세수를 안전하게 확보하려는 시도로 연결되지는 않았다. 영업권을 독점한 기업들은 플랫의 조직에 선거 자금을 기부하는 형태로 보상했고, 그 자금은 주의회에 출마한 후보들에게 분배됐다. 따라서 많은 표를 얻기 위해 그들, 특히 기업의 이익과 관련된 사람들에게 의지할 수 있다는 "신사협정"이 있었다.[198]

신임 주지사, 시어도어 루스벨트는 영업권 문제를 철저히 조사한 후 "이 문제는 순전히 예의의 문제"라며,[199] "공공으로부터 많은 이익을 거두는 기업이라면 그에 합당한 공적 부담을 감당해야 한다."라고 단호히 결론지었다.[200] 곧이어 루스벨트는 주의회에 보낸 특별 성명에서 영업세 법안을 지지하겠다는 뜻을 전달했다. 주의회가 휴회하기 직전에 그 법안이 기습적으로 통과됐고, 당연히 기업계의 항의가 빗발쳤다.[201] 하룻밤 사이에 주식시장이 곤두박질쳤다. 분노한 기업 대표들이 루스벨트에게 몰려와, 친기업적인 주州로 회사를 옮기겠다고 협박했다. 플랫도 루스벨트에게 편지를 보내어, 주지사가 법안의 서명을 거부하는 것으로 "큰 실수"를 바로잡는 용기를 발휘하지 않는다

면 중대한 위기를 맞을 것이라 위협했다.[202]

협박을 받는 것은 두렵지 않았지만 당 조직과의 단절은 정치적으로 치명타라는 걸 알았던 까닭에 루스벨트는 기업 대표들과 좌담회를 열어 법안의 개선 방향에 대한 제안을 듣기로 했다. 법안의 핵심을 건드리지 않는 한 다른 모든 조항은 필요하면 언제라도 기꺼이 폐기할 수 있는 껍데기에 불과하다고 했다. 좌담회를 통해 적잖은 조항이 무분별하게 작성됐음을 확인한 루스벨트는 의회에 임시회기를 개최해 법안을 수정해 달라고 요청하기로 합의했다. 하지만 최종 법안이 조세 원칙을 근본적으로 약화시킨다면, 루스벨트는 모든 것을 되돌리고 원래 법안에 서명할 각오였다. 결국 루스벨트는 핵심적인 조세 원칙을 지켰을 뿐만 아니라 최소한으로 양보함으로써 플랫이 기업계 유권자들에게 체면을 세울 수 있게 했다.

"부드럽게 말하되 큰 막대기를 갖고" 다니는 루스벨트의 성향 덕분에, 자칫하면 공화당 조직과 큰 분쟁으로 발전할 뻔한 사건이 바람직한 방향으로 마무리된 경우도 있었다. 플랫의 오른팔인 보험감독관 루 페인Lou Payn이 단속해야 할 보험회사들과 "은밀한 거래"를 했다는 소문이 루스벨트의 귀에도 들어갔다. 루스벨트는 그 소문을 직접 조사하기로 마음먹었다. 3년의 임기가 끝나면 페인을 재임용하지 않겠다고 결정할 증거는 충분했다. 플랫은 루스벨트의 결정을 최후통첩으로 받아들였다.[203] 그런데 법적으로 재임자는 후임자가 확정될 때까지 보험감독관 역할을 계속할 수 있었다. 당 조직이 상원을 지배했기 때문에 플랫은 주지사가 선택한 후임자를 거부할 수 있는 힘이 있었다.

실제로 플랫은 루스벨트에게 필요하면 언제라도 그 힘을 사용하겠다는 의도를 명확히 전달했다.

루스벨트는 "그가 무엇이라 말하더라도 나는 성질을 내지 않으려고 끈덕지게 참았다."라며 플랫에게 "문제의 그 신사분은 재임용할 수 없습니다."라고 딱 부러지게 말했다.[204] 그래도 상황을 정돈하려고 "당 조직에 충실한 네 명의 명단"을 플랫에게 건네며 그중 한 명을 선택하라고 제안했다.[205] 플랫은 그 제안을 받아들이지 않았다. 한편 개혁가들은 루스벨트가 플랫과 타협하려 한다고 비난했다. 개혁가들은 루스벨트가 공개적으로 전쟁하기를 바랐다. 그런 교착 상태는 수주 동안 지루하게 이어졌고, 그 와중에 페인이 자신의 관할하에 있는 한 보험회사가 지배하는 신탁 회사로부터 40만 달러를 융자받은 사실이 밝혀졌다. 추문이 더 이상 확대되는 걸 막으려고 플랫은 조용히 물러서며 루스벨트가 제시한 명단에서 한 사람을 지명하기로 합의했다.

루스벨트가 한 친구에게 털어놓았듯, 그가 고함치며 거칠게 저항했다면 상원에서 10표도 끌어내지 못했을 것이다. 똑같은 이유에서, 그가 "큰 막대기"를 휘두르지 않았다면 당 조직은 그를 지지하지 않았을 것이다.[206] 루스벨트는 "플랫에게 진실을 말함으로써, 요컨대 내 판단에 결국에는 그에게 바람직하지 않은 행위를 하려고 한다는 걸 다른 사람들 앞에서 거침없이 알림으로써" 그와의 관계를 유지했다.[207] 플랫은 루스벨트의 이런 공명정대한 성격을 존경하며 "나는 상대가 내 면전에서 어떤 일을 하겠다고 약속하고서 하지 않는 것보다, 그 일을 하겠다든지 못하겠다든지 솔직히 말하는 걸 좋아했다."라고 말했다.[208]

　루스벨트 주지사는 플랫과 표면적으로 휴전했지만, 기업계는 플랫의 조직에게 루스벨트를 주지사 후보로 재지명하면 공화당 선거 자금을 내지 않겠다고 "통지했다." 그러나 주민에게 인기가 높은 주지사에게 재선 기회를 허용하지 않는 것도 위험한 처신이었던 만큼 당 조직은 고민 끝에 완벽한 해결책을 고안해냈다. 루스벨트를 "이 나라에서 가장 고귀하고 가장 무해한 지위인 부통령직" 후보로 추천한 것이다.[209] 공화당은 루스벨트를 부통령 후보로 추천하며 일석이조의 효과를 노렸다. 마냥 껄끄럽기만 하던 루스벨트를 뉴욕 정계에서 제거함과 동시에 공화당과 매킨리 대통령이 루스벨트의 카리스마와 역동성으로 전국적인 선거 운동에서 활력을 얻을 가능성이 그것이었다.

　플랫의 계획은 공화당 실력자들의 전폭적인 지지를 얻었지만, 당의 장이던 마크 해나Mark Hanna는 "미치광이와 백악관 사이에 오직 한 사람만 있다는 걸 모르는가?"라고 경고했다.[210] 하지만 결국 해나도 루스벨트가 어떤 후보보다 전국적으로 많은 표를 끌어올 것이라는 데 동의했다. 처음에 루스벨트는 허울에 불과한 그런 승진에 강력히 반발했다. 당시 부통령직은 정치적 야망의 묘지로 여겨졌으니 그가 그런 허수아비가[211] 되는 걸 원할 리 없었다. 그때까지 60년 동안 부통령이 대통령에 당선된 사례는 한 건도 없었다. 하지만 루스벨트는 그 지명을 거부하면, 많은 국민이 "루스벨트는 너무 오만하다. 부통령이 되기에도 부적합하다고 생각할 것"이라고 판단했다.[212] 게다가 전당대회가 만장일치로 그를 지명했을 때 그는 감사하는 마음으로 선선히 당의 선택을 받아들일 수밖에 없다고 느꼈다. 제이컵 리스는 "그의 적들

이 승리를 거두었다. 마침내 그들이 원하는 자리에 그를 묶어두게 됐다."라고 보도했다. [213]

늘 맡은 일에 완전히 집중하던 15년 만에 처음으로 루스벨트는 역동적인 기질을 발휘하기 힘든 직책을 맡게 됐다. 식물이 햇빛을 원하듯이 그가 항상 갈망하던 스포트라이트는 "무익하고 무의미한 직책"에서는 불가능한 것이었다. [214] 무력감에 따른 좌절감과 우울감이 하루하루 깊어졌다. 매킨리 대통령은 그에게 어떤 역할도 부여하지 않았고, 그에게 조언을 구하지도 않았다. 루스벨트는 지루함을 견디다 못해 법학 대학원으로 돌아갈 가능성마저 신중히 고려했다. 그는 절친한 친구로 당시 필리핀 총독이던 윌리엄 하워드 태프트William Howard Taft에게 이런 속내를 털어놓았다. "아무 일도 하지 않아 내가 존재하는지도 모르겠다. 내 생각에는 가치 있는 일거리를 찾아 남부끄럽지 않게 잘해내는 것이 가장 보람 있는 삶인 것 같다." [215]

친구들은 루스벨트에게 참고 견디라고 조언했다. 그들은 백악관이 훗날 그의 보금자리가 될 거라고 굳게 믿었다. 그러나 매킨리의 2기가 끝날 즘에는 그가 대통령에 도전할 가능성은 완전히 끝날 것이라 추론했고, 그 추론이 터무니없는 것도 아니었다. 모든 일이 논리적이고 단계적으로 전개되지 않는다는 것은 우리 삶에서 이미 증명된 터였다. 그가 대통령이 되겠다고 공개적으로 밝힌 적은 거의 없었지만, 그에게 그런 기회가 주어지려면 "만화경처럼 세상이 완전히 뒤바뀌어야 한다. 완전히 다른 사람들과 쟁점들이 전면에 부각될 가능성이 있어야 한다. 다른 식으로 말하면, 진자가 크게 되돌아가 민주당이 승리할

가능성이 더 커져야 한다."고 생각했다. [216]

만화경과 진자는 루스벨트가 호된 시련을 겪으며 얻은 교훈—할 수 있는 것을 준비하고, 준비를 갖춘 상태에서 앞으로 닥칠지 모를 사건을 기다리는 것이 전부다—에 대한 굳건한 믿음을 상징하는 이미지이다.

마침내 대통령에 올라설 기회가 그에게 찾아왔다. 기회가 현실이 되느냐는 역사의 변덕에 달려 있었다. 1901년 9월 6일, 암살자의 탄환에 매킨리의 숨이 끊어졌고, 42세에 시어도어 루스벨트는 대통령직에 올랐다. 미국 역사상 가장 어린 나이에 백악관을 차지한 것이었다. [217]

프랭클린 루스벨트

Franklin Roosevelt

© Courtesy of the FDR Presidential Library and Museum

"
여하튼 무엇이든 시도해봅시다.
"

1921년 8월 말, 다운이스트에서 좀 떨어진 가족의 섬 휴양지, 캄포벨로에서 프랭클린 루스벨트는 잠을 깼을 때 뭔가가 잘못됐다는 느낌을 받았다. 등이 아팠고, 이상하게도 기력이 떨어진 기분이었다. 그는 심각한 문제는 아닐 거라 여기고는, 몸을 움직이면 그 정도의 무력증은 떨쳐낼 수 있을 거라고 생각했다. 청년 시절부터 루스벨트는 다양한 형태의 신체 활동을 즐겼다. 초기의 편지를 보면, 아버지와 함께하던 썰매타기, 스케이팅, 낚시의 짜릿한 즐거움을 표현한 경우가 많았다. 그 후에는 골프와 테니스, 항해와 승마를 즐겼다. 그는 튼튼하지도 않았고 근육질도 아니었지만, 동작이 민첩하고 우아한 편이었다. 프랭클린이 젊었을 때 "멋진 수사슴처럼" 개울을 건너던 모습을 결코 잊을 수 없다고 기억하는 친구도 있었다.[1] 또 1920년 전당대회에 참석한 한 여성은 프랭클린이 동의動議하려고 네다섯 개의 의자를 뛰어넘는 모습에 깊은 인상을 받았다며 "육상 선수에 버금가는 솜씨"였다고 회상했다.[2]

그는 노곤함에 굴복하지 않고 그날도 격렬한 신체 활동으로 하루를 시작했다. 엘리너와 두 아들을 데리고 멀리 항해를 나갔고, 돌아오는 길에 한 섬에서 덤불숲에 불이 난 것을 보고는 그 섬에 배를 정박한 뒤 서둘러 뛰어내려 불을 끄고 잔불을 정리하며 한 시간을 보냈다. "연기에 눈이 터분했다."[3] 그래도 별장에 도착하자마자 프랭클린은 아이들을 데리고, 그들이 수영을 즐기던 곳까지 1.5킬로미터를 뛰어갔다. 섬 반대편에 있는 민물 연못이었다. 하지만 수영을 한 뒤에도 기력은 회복되지 않았고, 온몸이 찌뿌둣했다. 프랭클린은 아이들과 경주하며 집까지 뛰어갔고, 다시 얼음처럼 차가운 펀디만Bay of Fundy에 뛰어들었다. 그런데 물 밖에 나오자 갑자기 무력증이 밀려오며 젖은 수영복조차 벗을 수 없었다. 그래도 그는 현관 앞에 주저앉아 우편물을 정리하려고 해보았다. 곧 그는 지독한 한기를 느낀다고 식구들에게 무뚝뚝하게 말하고는 침실로 직행했다. 그의 표현을 빌리면 "전에는 한 번도 경험하지 못한 느낌이었다."[4]

48시간이 지나지 않아, 마비 증상이 팔다리를 넘어 발가락, 등과 방광, 항문의 괄약근까지 퍼졌다. 두 다리에서 통증이 오르락내리락했다. 처음에 진찰한 의사들의 오진으로 그렇잖아도 심각한 상황이 더욱 악화됐다. 두려움과 당혹감과 지속적인 통증이 뒤따랐다. 마침내 전문의가 찾아와 상황을 정확히 진단했는데, 척수성 소아마비poliomyelitis, 즉 바이러스가 근육 활동을 통제하는 신경을 공격해 발생한 질병이었다. 그 후로 며칠 동안, 엘리너는 프랭클린의 조수로 당시 캄포벨로의 손님이던 루이스 하우의 도움을 받아 남편을 침대에서 일으켜 요강에 앉혔다. 엘리너는 관장제를 투입하고, 도뇨관을 사용하는 법을 배웠다. 의사는 따뜻한 물로 목욕하는 경우를 제외하고는 절대 침대에서 움직여서는 안 된다고 주의를 줬다.

수주 동안 프랭클린은 침대에서 벗어나지 못했고, 혼자서는 기본적인 신체 기능도 해낼 수 없었다. 독립된 인간이라는 정체성에도 타격을 입은 셈이었다. 급성 단계가 지나갈 때까지 그 질병의 향후 진행 방향을 예측할 수 없었다. 일부 근육은 정상으로 되돌아올 수 있지만, 부분적으로만 힘을 되찾거나 완전히 마비될 가능성도 있었다. 9월 중순, 프랭클린은 캄포벨로에서 뉴욕 장로교 종합병원으로 옮겨졌고, 6주 동안 입원했다. 방광과 괄약근은 회복됐지만, 어깨는 눈에 띄게 약해졌다. 허리는 앉은 자세를 지탱할 수 없었고, 두 다리는 어떤 자극에도 반응하지 않았다. 프랭클린이 혼자 힘으로는 걷지도 서지도 못할 것이라는 데 의사들의 의견이 모아졌다. 하지만 엘리너도 루이스 하우도 프랭클린이 다시는 두 다리를 사용하지 못할 거라는 의사들의 진단을 믿지 않았다. 퇴원할 때도 진료 기록부에는 "개선의 징후가 없음"이라 적혔다.[5]

러시아 소설가 투르게네프I.S. Turgenev가 단편 〈죽음〉에서 언급한 시인 콜초프Koltsov는 이렇게 묻는다.[6]

> 매의 날개가 묶이면
> 어떻게 될까?
> 그에게 모든 가능성이 부정되면
> 어떻게 될까?

매처럼 날렵하고 우아하게 움직이던 사내가 정치적 리더에게 요구되는 강인하고 정력적인 모습과 올곧은 자세를 상실한 채 평생 남에게 의존해야 하는 암담한 미래를 생각해야 할 처지에 빠진 것이었다.

프랭클린 루스벨트는 일반적인 예상이나 논리적 추론과 달리 견디기 힘든 혹독한 어려움을 겪을 때 유의미한 성장을 이루고 야망도 굳건해지며, 리더십 능력도 향상된다는 걸 보여준 전형적인 사례다. 루스벨트는 세상에 커다란 족적을 남기고 싶었던 25세 때 마음속에 그렸던 성공의 사다리—주의회에서 시작해 해군성 차관보를 거쳐 뉴욕 주지사에 오르고, 최종적으로 대통령까지—가 무너져 내린 것 같았다. 그는 오랫동안 두려움과 불안감에 시달렸고, 겉으로 드러내지는 않았지만 깊은 우울증에도 빠졌다. 하지만 영성과 정신의 회복, 또 정서와 신체의 회복을 위해 지속적으로 노력한 끝에 루스벨트는 위험을 무릅쓰고 공적인 삶으로 복귀하는 기적을 이루어냈다.

턱없이 낙천적인 기질, 즉 어떤 상황에서나 최선의 결과를 기대하는 성향 덕분에 루스벨트는 그런 충격을 견뎌낼 수 있었다. 처음부터 루스벨트는 장애를 완전히 회복한 미래를 머릿속에 그리며 성공하겠다는 목표를 포기하지 않았다. 질병 때문에 그 목표를 달성하기 위한 시간표를 수정할 수밖에 없었지만, 결국에는 성공할 것이란 확신을 잃지 않았다.

주치의, 조지 드레이퍼George Draper는 루스벨트가 지나치게 낙관적이지만 상황의 중대성을 완전히 알게 되면 충격을 견뎌내지 못할 것이라고 걱정했다. 병원에 입원한 동안 루스벨트는 항상 미소 띤 얼굴로 기운찬 모습을 보였고, 방문객들에게도 긍정적이고 유쾌한 농담을 던졌다. 친구들과 나눈 편지와 대화에서도 그가 퇴원할 즘에는 목발을 짚고 똑바로 설 것이고, 이듬해 봄에는 절뚝거리지 않고 걸을 수 있을 거라고 장담했다. 게다가 시간문제일 뿐, 골프도 다시 시작할 수 있을 거라고 말했다. 드레이퍼는 한 동료 의사에게 "그의 회복에는 심리적 요인이 무엇보다 중요하다. 용기와 야망은 대단하지만 정서는 무척 예민하니 그가 희망을 완전히 꺾지 않고 현실을 직시하게 하려면 우리가 온갖 능력을 발휘해야 할 것"이라고 푸념했다.[7]

　드레이퍼가 프랭클린 루스벨트라는 인물의 깊이를 잘못 판단한 첫 사람은 아니었다. 아버지 제임스가 심장발작으로 병약자가 됐을 때 보았듯이 "밝고 즐거운" 겉모습은 루스벨트 가문의 예견된 행동 패턴이었다.[8] 제임스에게 걱정과 불안을 끼치지 않으려고 스프링우드에서 꾸며진 역동적 변화에는 비밀 유지와 표리부동이 필요했다. 프랭클린이 그로턴 기숙학교에서 보낸 편지에도 거짓된 생기발랄함이 번뜩인다. 요컨대 급우들과 무척 신나게 지낸다고 썼지만, 실제로 급우들과 어울리는 데 어려움을 겪으며 거북하고 외롭게 지냈다.

　이번에도 그 충격적인 질병에 맞서 프랭클린은 과거의 행동 패턴에 집중하며 여느 때보다 굳건히 버티고 견디려고 애썼다. 그에게 닥친 시련을 고려하면 전혀 어울리지 않지만 마음속에 그려낸 긍정적인 이미지는 그 자신의 기운을 북돋워주는 데 그치지 않고, 주변 사람들에게도 투영됐다. 유난히 힘든 날도 있었지만 억지로 꾸민 좋은 기분이 꾸준히 계속되자 마침내 진짜로 기분이 좋아졌다. 어둠 속에서 방향을 알려주는 휘파람처럼 그의 밝은 모습에는 부자연스럽고 연극적인 면이 있었지만, 그가 주변에 발산한 온기와 희망과 확신은 결국 전염성을 띠었다.

　루스벨트는 결단력과 인내심 그리고 새롭게 얻은 끈기로 "못된" 몸뚱이를 되찾기 위한 고난의 길을 시작했다.[9] 상반신이 회복 가능성이 상대적으로 더 크다는 말을 듣고, 프랭클린은 가슴과 어깨, 목과 팔과 허리를 회복하기 위해 그야말로 살인적인 운동을 견뎌냈다. 강인한 체력을 키우려던 시어도어 루스벨트보다 프랭클린은 훨씬 힘든 과정을 겪어야 했다. 신체 기능에서 온전히 남은 부분이라도 강화하기 위해 온갖 가능한 수단을 동원했다. 그는 매 시간 침대 위 "공중그네처럼 생긴 장치"에 설치한 일련의 둥근 고리에 매달려 몸을 쭉 펴며 근육을 강화하는 힘든 운동을 계속했고, 그 덕분에 그의 상반신은 권투나 레슬링 선수의 상반신을 닮아갔다. 마침내 강인한 팔 힘으로 휠체어를 혼자 조종하고, 앉은 자세를 조절할 수 있었다. 하지만 한 의사의 진단에 따르면, 허리 아래는 여전히 "가망이 없었다."[10] 따라서 도움을 받지 않고 혼자 휠체어에 올라앉거나 내릴 수 없었다. 그래도 그는 날마다 서재 바닥에 누워 허리와 두 팔로 서재를 이리저리 기어 다니며 운동을 끈질기게 계속했다. 그 후에는 계단 오르기를 했다. 두 손으로 난간을 움켜잡고 몸을 한 계단씩 끌어올렸다. 계단 끝까지 올라가면 얼굴에서 땀이 뚝뚝 떨어졌다. 프랭클린은 가족들에게 자신을 지켜보며, 작은 성공을 거둘 때마다 박수와 환호로 성원해 달라고 부탁했다.

엘리너의 증언에 따르면, 프랭클린은 그런 작은 승리를 거둘 때마다 예전보다 더 강해졌다는 자부심을 느끼는 듯했다. "그는 삶의 즐거움을 되찾았다. 작은 것에도 즐거워하는 여유와 해맑은 웃음도 되찾았다."[11] 마침내 그가 발가락 하나를 움직일 수 있게 된 날, 루스벨트 가족은 큰 잔치를 벌이고 행복과 기쁨을 함께 나누었다. 루스벨트는 대통령으로 재임하는 동안 항구적인 문제를 어떻게 해결하느냐는 질문을 받았을 때, 농담조로 "여러분도 침대에서 엄지발가락만 꼼지락

거리며 2년을 보내면 무엇이든 쉽게 느껴질 겁니다!"라고 대답했다.[12] 운동 능력의 향상은 새로운 변화의 가능성으로 이어졌다. 그는 묵직한 철제 보조물을 두 다리에 장착한 뒤에는 목발을 짚고 어색하게나마 걷는 방법을 배우는 힘든 과정을 이겨냈다. 프랭클린 루스벨트는 이 모든 과정을 견뎌내며, 혼자 힘으로 걷겠다는 최종적인 목표를 결코 포기하지 않았다.

끝없이 치료법을 찾는 과정에서 루스벨트는 시행착오를 효과적으로 사용했다.[13] 시행착오는 그의 뚜렷한 리더십 방식이기도 했다. 해군성에 근무할 때도 온갖 아이디어를 가혹하게 시행한 후 결과를 두고 어떤 아이디어를 선택할 것인지 결정했고, 뉴딜 정책을 시행할 때도 다양한 프로그램을 연이어 실험하면서 현재의 프로그램이 효과가 없는 것으로 밝혀지면 신속히 방향을 바꾸었다. 치료법을 찾는 과정에서도 그는 전기 허리띠, 특대형 세발자전거, 특수하게 설계된 구두 등 수십 가지의 새로운 장치를 적극적으로 받아들였다. 시간이 지나면서, "많은 기계적 문제"를 해결한 장치들을 직접 발명하기도 했다. 예컨대 대퇴부의 사두근을 단련하려고 팔걸이가 없는 작은 휠체어를 설계했고, 서재에서 책을 끄집어내려고 지팡이 끝에 집게를 설치하기도 했다.[14] 프랭클린 루스벨트는 손으로 조작하는 조절판과 브레이크가 최초로 설치된 자동차의 주인이기도 했다.

이 과정에서 루스벨트는 "동료 소아마비 환자"들과 광범위하게 편지를 주고받으며,[15] 공통된 어려움을 극복하기 위한 아이디어를 교환했다. 이 편지들에서 취약함을 공유하며 겸손함, 즉 타인의 고통과 아품을 염려하는 마음을 처음으로 배웠다. 이런 겸손함은 나중에 조지아 웜스프링스에서 지내는 동안 한층 성숙해졌다.

—◇—

프랭클린은 요양하며 회복하던 7년 동안 충성스런 개인적인 팀을 조직했다. 엘리너 루스벨트, 루이스 하우, 마거리트 미시 르핸드가 포함된 비정통적인 팀은 부분의 합을 넘어, 루스벨트 몸의 일부가 됐다. 그들은 루스벨트의 마비로 인한 위축을 최소화하는 역할을 해냈다. 에이브러햄 링컨과 시어도어 루스벨트가 중대한 시련을 겪은 후에 어떻게 기운을 되찾고 다른 사람으로 태어났는지에 대해 이미 앞에서 보았다. 스스로 시련을 이겨낸 그들과 달리 프랭클린 루스벨트는 척수성 소아마비라는 너무도 심각한 상황에 처했던 까닭에 체력과 정신력을 회복하려고 싸우면서도 타인에게 전적으로 의존해야 했다. 엘리너의 표현을 빌리면, 그 뛰어난 팀은 "프랭클린의 목적을 돕는 데" 각자의 삶을 바쳤다.[16] 물론 프랭클린도 그들이 목적을 성취하도록 혼신을 다해 도왔다. 프랭클린이 회복하며 변화를 도모하던 오랜 시간은 핵심 팀원이던 세 명이 변하는 시간이기도 했다. 또한 재정리하고 성장하는 시간, 달리 말하면, 그들이 전에는 제대로 개발하지 못한 각자의 재능과 관심사를 발견하는 시간이었다.

애초부터 엘리너 루스벨트와 루이스 하우는 프랭클린에게 정치적 야망이 사라지면 그의 사기도 크게 떨어질 것이라고 판단했다. "그가 정치적 희망을 상실하면 정신적으로 죽을 것이고 지적으로도 죽을 것이며, 인격도 사망할 것"이라 생각하며,[17] 프랭클린이 정치적 꿈을 유지하도록 온갖 노력을 다했다. 예컨대 엘리너는 남편의 이름이 정계에서 잊히지 않도록 유지하는 어려운 과제를 처음에는 불안한 마음으로 떠맡았지만 나중에는 열정적으로 해냈다. 정치적 행사에 남편의 대리인으로 참석했고, 민주당의 여러 위원회에도 가입했다. 게다가 앨 스미스Al Smith를 위해 주지사 선거 운동에 자원봉사자로 활동하며 오찬회와 만찬회에서 연설을 하기도 했다. 아들, 제임스의 회고에 따르면, 엘리너는 대중 연설 경험이 없었던 까닭에 한 명의 관중—멘토이자 코치이던 루이스 하우—를 앞에 두고 100번 이상 연습했다. 하우는 엘리너에게 초조함을 감춘 웃음을 억제하고, 날카로운 목소리를 낮추고, 말하고 싶은 것을 말하는 방법을 가르쳤다. 심지어 연설을 끝내고 앉는 법까지 가르쳤다. 마침내 엘리너가 많은 군중 앞에서 연설하게 됐을 때 하우는 뒷줄에 앉아 일련의 손짓으로 엘리너에게 군중과 교감해야 할 때를 알려주었고, 엘리너가 부정적인 습관에 빠졌을 때 경고를 보내기도 했다(린든 존슨이 토론팀 학생들에게 사용한 방법과 유사했다). 오래지 않아 엘리너는 뛰어난 연사로 인정받았다.

엘리너는 공적인 삶에 뛰어들며 자유를 만끽하는 기회를 얻었다. 그녀가 루시 머서Lucy Mercer라는 젊은 여인이 프랭클린에게 보낸 사랑의 편지들을 발견한 3년 전, 그들의 결혼 생활은 위기를 맞았다. 프랭클린이 루시를 다시 만나지 않겠다고 맹세했고, 엘리너는 결혼 생활을 유지하기로 합의했다. 훗날 그녀가 친구들에게 말했듯이, 그때부터 그녀는 프랭클린을 무조건적으로 사랑하지 않았지만 깨지지 않는 결속력을 유지했고, "상대를 향한 깊고 흔들리지 않는 애정과 온유함"을 간직했다.[18]

프랭클린의 몸이 마비된 이후로 엘리너는 남편의 계획을 돕는 동시에, 자기만의 역할을 구축할 수 있었다. 프랭클린을 대신해 정치적으로 활동하는 사이에 엘리너는 아동 노동을 폐지하고, 여성 노동자를 보호하기 위한 법안을 제안하며, 최저임금과 최대노동시간을 위해 투쟁하는 진보적인 페미니스트 단체에 가입했다. 엘리너는 기숙학교에 다닐 때 최우수 학생으로 행사했던 리더십 자질을 더욱 연마했다. 즉, 사람들을 조직하고 목표를 명확히 제시함으로써 충성심을 불러일으키는 능력을 발휘했다. 남편과 다섯 자녀를 돌봐야 한다는 책임감에 억눌렸던 야망이 그녀의 마음을 흔들었다. 얄궂게도 남편을 도우면서 세상에 흔적을 남기려는 자신의 꿈을 실현할 새로운 기회가 열린 것이었다.

프랭클린의 마비는 루이스 하우의 세계도 극적으로 바꿔놓았다. 하우는 프랭클린이 소아마비에 걸리기 전에도 거의 10년 동안 비서이자 보좌관로서, 또 친구로서 프랭클린을 도왔다. 그러나 하우가 한 인터뷰에서 말했듯 "프랭클린의 질병으로 모든 것이 바뀌었다."[19] 그는 두 자녀를 둔 가장이었지만, 프랭클린이 소아마비에 걸린 순간부터 하우는 아예 가족의 곁을 떠나 루스벨트 가족을 자신의 가족으로 삼았고, 주말에만 때때로 아내와 아이들을 만나러 갔다. 캄포벨로의 별장, 뉴욕의 저택, 주지사 공관, 나중에는 백악관에도 그의 개인 방이 있었다. 백악관 연설문 작성자이던 새뮤얼 로젠먼이 "그는 평생 한 사람에게만 충성했고, 프랭클린 D. 루스벨트는 그에게 일종의 종교였다."라고 말했을 정도였다.[20] 하우는 프랭클린을 대신해 정치인들의 마음을 얻으려고 민주당계 주지사와 시장 및 의원들과 사적인 모임을 꾸준히 유지했고, 지역별 전당대회에도 참석했다. 또한 정치와 경제 및 세계사와 관련된 흥미로운 기사와 소문을 일주일에 두 번씩 정리해서 프랭클린 루스벨트라는 한 사람의 독자를 위한 일종의 신문을 만들었다.[21] 루스벨트의 아들, 제임스가 말했듯이 "아버지는 자신의 몸을 두고 싸우느라 정치적 미래를 생각할 여유가 없었다." 한 전기 작가도 "루스벨트의 육체적 행복과 공적인 삶의 재개, 이 둘의 균형을 유지하기 위해 하우가 선택한 해결책은 둘 중 하나를 루스벨트의 어깨에서 덜어내는 것이었다."라고 말했다.[22] 루스벨트의 운명에 대한 하우의 믿음은 신앙에 가까웠다. 프랭클린이 소아마비에 걸린 직후, 엘리너가 하우에게 남편이 혼란스런 정치계를 견뎌낼 수 있겠느냐고 묻자, 하우는 언젠가 프랭클린이 미국 대통령이 될 거라는 믿음을 어떤 것도 바꿔놓지 못할 거라고 장담했다.[23]

그 사이에 루스벨트는 완전히 회복하겠다는 목표를 계속 추구했다. 루스벨트는 10킬로그램가량의 불편한 보조장치를 마지못해 착용하고 목발을 사용하는 법을 배우면서, 두 발로 걷는 힘을 되찾을 수 있는 치료법을 찾는 걸 멈추지 않았다. 그 힘이 정치적 야망을 성취하기 위한 필요조건이라 생각했기 때문이다. 따라서 어떤 치료법이 가장 효과가 있는지 알아내기 위한 힘겨운 실험을 계속했다. 여름에 햇살을 받으며 야외에 앉아 있으면 두 다리가 더 빨리 반응하고, 흐린 날에는 "오후 5시경부터 다리가 굳는다."는 걸 알아냈고,[24] 물속에서는 중력의 영향을 덜 받으며 두 다리를 훈련할 수 있어 수영이 가장 효과적인 치료법이라는 것도 알아냈다.

불가사의하게도 루스벨트는 햇빛과 물의 치유력을 믿었다. 어린 시절부터 루스벨트는 할아버지가 들려주던 쾌속 범선 시대의 바다 이야기를 좋아했고, 아버지에게 항해하는 법을 배우는 걸 즐거워했다. 모형 선박과 해군 판화를 가장 소중한 개인적인 보물로 생각했다. 치료법을 찾던 끝없던 노력은 플로리다의 따뜻한 앞바다로 이어졌다. 그는 그곳에서 세 번째 팀원, 25세의 미시 르핸드와 함께 가족 소유의 유람선, 라루코 호로 항해하며 겨울을 보냈다. 루스벨트는 얼음처럼 차가운 펀디만을 가리키며 "물이 나를 이 지경으로 만들었지만, 물은 다시 나를 낫게 해줄 거야!"라고 장난스레 말했다.[25]

미시 르핸드는 프랭클린의 회복에 엘리너와 루이스 하우만큼이나 중요한 역할을 했다. 엘리너는 플로리다의 첫 유람선 여행에는 프랭클린을 동반했지만, 낚시하며 그저 휴식만을 취하고 손님들을 웃는 얼굴로 맞이하는 따분한 나날을 좋아하지 않았다. 엘리너는 미시가 플로리다에 남아 프랭클린의 곁을 지키고, 자신은 뉴욕에 돌아가 장래의 정치적 동지들을 접촉하고 그녀 자신의 사회적이고 지적인 삶에 중요한 새로운 네트워크를 구축하는 게 모두를 위해 더 낫다고 믿었다. 이런 믿음은 상당히 합리적이었다. 따라서 미시는 프랭클린의 또 다른 "부인"이 됐다.[26] 그 후로 4년 동안, 루스벨트는 남부에서 총 116

주를 보냈다. 미시는 110주 동안 프랭클린을 동행했는데, 엘리너는 4주, 그의 어머니 세라는 고작 2주를 함께 보냈다. 미시는 루스벨트를 "에프디Effdee"라 불렀고,²⁷ 그를 위해 무조건적으로 헌신했다. 루이스처럼 미시도 루스벨트 가족의 일원이 되어, 나중에는 주지사 공관과 백악관에서도 함께 살았다.

라루코 호에서 처음 몇 달을 보낸 까닭에 프랭클린은 의사들이 처방한 엄격한 운동 프로그램을 벗어나 자기만의 독특한 방식을 개발하는 시간을 가질 수 있었다. 유람선의 키를 잡고 있으면 무엇인가를 통제한다는 희열을 느꼈다. 그는 직접 고안한 장치를 이용해 뱃전에서 바다로 들어가 따뜻한 바닷물에 몸을 담그고 햇살을 즐기며 수영했다. 미시는 그가 갑판에서 낚시하면 그의 곁을 지켰고, 손님들이 유람선을 찾아오면 여주인 역할까지 해냈다. 엘리너와 달리 미시는 루스벨트의 "허튼소리"를 흥겹게 받아들였다.²⁸ 링컨에게 그랬듯이, 이야기를 꾸미는 재미와 즐거움은 루스벨트의 행복에서 빼놓을 수 없는 것이었다. 그러나 미시의 역할의 중요성은 프랭클린이 좋은 기분을 유지하도록 도와준 것보다 그가 암울한 두려움도 그녀에게는 숨김없이 드러냈다는 데서 드러난다. 훗날 미시는 노동부 장관 프랜시스 퍼킨스에게 "라루코 호에서 루스벨트가 오후에는 우울함을 떨쳐내고 밝은 얼굴로 손님을 맞이했지만, 오전에는 그렇지 않은 경우가 적지 않았다."고 말한 적이 있었다.²⁹ 그러나 음울한 날은 서서히 줄어들기 시작했다.

훗날 루스벨트는 주지사와 대통령으로서 실무팀을 확대할 때 이 핵심 조직의 강점을 그대로 되살려냈다. 이 최초의 삼인방 중에 무조건 적으로 충성하는 사람은 없었다. 그들은 루스벨트에게 다양한 의견을 다양한 방식으로 제시했다. 관계를 맺은 초기부터, 루이스 하우는 루스벨트와 논쟁하는 걸 주저하지 않았다. 로젠먼의 회고에 따르면, "하우는 누구보다 자주 큰 소리로 루스벨트에게 반론을 제기하며 자신의 입장을 오랫동안 고집했다."[30] 미시는 한결 온화한 방식으로 반대 의견을 제시했지만, 효과는 하우의 방식에 못지않았다. 타이피스트, 말동무, 여주인 등 다양한 역할을 해내며 루스벨트의 기분과 욕구를 신속히 읽어낸 미시는 적절한 시기에 적절한 방법으로 "그의 행위에 대한 불편한 진실을 말하거나 비판적인 의견을 전달하는 데도 주저함이 없었다."[31] 예컨대 루스벨트가 피츠버그 포브스 필드 야구장에서 예정된 금융 관련 연설문을 소리 내어 읽으며 연습할 때 미시가 때마침 옆방에 있었는데, 루스벨트가 다음 장으로 넘어가려 하자 미시가 큰 소리로 말했다. "그때쯤이면 외야석은 텅 비고, 관중이 모두 경기장에서 빠져나가기 시작할 겁니다."[32] 그 말에 모두가 웃음을 터뜨렸고, 연설문 작성자들은 처음부터 원고를 다시 작성해야 했다.

프랭클린 루스벨트 리더십의 진보적 특성과 도덕적 무게에 가장 중요한 색채를 더한 주역은 엘리너였다. 엘리너는 회고록에서 "조금도 비판적이지 않은 부인을 두었더라면 그가 더 행복했을 것"이라며 "나는 결코 그럴 수 없었다."고 덧붙였다.[33] 그녀는 쉽게 타협하지 않았고 솔직했으며, 전통적인 경계에 도전하는 사상을 가진 사회운동가들과 깊은 관계를 맺었다. 정치적 시기를 판단하고 여론을 읽어내는 전반적인 능력은 루스벨트가 그녀보다 훨씬 예민하고 뛰어났지만, 루스벨트가 그녀의 바람대로 행동하는 걸 망설이면, 그녀는 집요하게 처음부터 다시 시작했다. 예컨대 그녀 생각에 루스벨트가 반드시 만나야 할 사람을 만나지 않으면, 그녀의 이름으로 그 사람을 저녁 식사에 초대했다. 훗날 그녀는 "때때로 나는 자극제 역할을 맡았지만, 그 역할이 항상 환영받은 것은 아니었다."고 고백하기도 했다.[34] 엘리너의 끊임없는 압력에 루스벨트는 긴장을 풀기가 힘들 지경이었다. 따라서 루스벨트는 "지금 당장 그 일을 하려는 건 아니오. 더는 그에 대한 말을 듣고 싶지 않소."라며 엘리너의 말을 끊어도, 엘리너는 변함없이 쓴소리를 해댔다.[35] 루스벨트가 엘리너의 집요한 잔소리가 옳았다는 걸 깨닫는 데는 오랜 시간이 걸리지 않았다.

그 핵심 팀은 완벽하게 맞물려 돌아가며 루스벨트의 사기를 진작하고 그의 이름이 정계에서 잊히지 않도록 하는 데 성공했다. 소아마비가 발병하고 3년이 지난 1924년, 뉴욕 주지사 앨 스미스는 프랭클린 루스벨트에게 대통령 후보 지명을 위한 전당대회 전의 선거 운동에서 뉴욕 위원장을 맡아달라고 요청했다. 루스벨트는 대중 앞에 나서기에는 아직 취약하다고 생각해 망설였지만, 선거 운동에는 그의 몸이 아니라 그의 이름이 필요하다는 말을 듣고 명목상 위원장을 맡는 데 동의했다. 다시 2개월 후, 스미스 주지사는 루스벨트에게 훨씬 더 고민스럽고 까다로운 제안을 내놓았다. 6월 말 매디슨 스퀘어 가든Madison Square Garden에서 열릴 예정인 민주당 전국 전당대회에서 앨 스미스를 대통령 후보로 지명해 달라는 것이었다.

———◇———

　개인적으로나 정치적으로 엄청난 위험을 무릅쓰고 정치적 용기를 발휘한 대표적인 예가 있다면, 앨 스미스의 제안을 루스벨트가 받아들인 것이다. 1만 2,000명의 대표단 앞에서 굴욕적인 실수를 범할 가능성을 고려하면 대단한 용기였다.

　프랭클린이 보조장치와 목발을 이용해 걷는 법을 완전히 습득하지 못했다는 것은 수개월 전에도 분명히 확인된 사실이었다. 소아마비가 발병한 이후로 처음 월스트리트에서 기업체 동료들과 사적인 오찬 약속을 한 때였다. 약속된 위층으로 가려면 엘리베이터를 타야 했다. 엘리베이터 앞까지 가려면 미끄러운 대리석이 깔린 로비를 가로질러야 했다. 운전기사의 도움을 받아 중간쯤 왔을 때 목발이 겨드랑이에서 빠져나갔고, 루스벨트는 엉덩방아를 찧었다. 모자도 벗겨져 바닥에 떨어졌다. 사람들이 놀란 표정으로 모여들었고, 루스벨트는 앉은 자세에서 몸을 똑바로 하려 애썼다. 프랭클린은 "걱정할 것 없습니다." 라고 사람들을 안심시켰고, 갑자기 큰 소리로 웃으며 "이런 문제야 금방 해결되는 겁니다."라고 말했다. 그러고는 두 젊은이에게 도움을 구해 일어선 뒤 운전기사에게 말했다. "갑시다." 누군가 모자를 그의 머리에 씌워주었다.[36] 루스벨트는 환한 표정으로 사람들에게 고맙다고 말하고는 엘리베이터를 향해 다가갔다.

　전당대회는 3년 만에 처음 대중 앞에 서는 자리였다. 라디오로 전국에 생중계되는 전당대회에서 넘어지는 굴욕을 당한다면 정치적 야망까지 위험에 빠질 수 있었다. 호텔 로비에서 쓰러진 것과는 차원이 달랐다. 루스벨트는 위험을 최소화하려고 연습하고 또 연습했다. 엘리너와 여성 참정권 운동을 함께하던 동료, 매리언 디커먼Marion Dickerman은 "그 사람이 얼마나 열심히 노력했는지 아무도 모른다. 65번가의 서재에서 그들은 그가 목발을 짚고 걸을 수 있는 거리를 측정했다. 그는 쓰러지고 나뒹굴며 연습하고 또 연습했다."라고 회상했다.[37] 16세이던 아들, 제임스의 부축을 받아 프랭클린은 아들의 왼팔에서 자기 오른팔 아래의 목발로 체중을 옮겨가며 걸었다. 프랭클린이 무거운 철제 보조장치를 장착하고 상상의 연단을 향해 두 발을 힘겹게 들어 올려 끌고 갈 때, 제임스는 아버지의 손가락이 "집게처럼" 그의 팔을 아프게 파고들던 걸 결코 잊지 못할 것이라 회고했다.[38]

마침내 전당대회에서 연설하던 날, 프랭클린은 한 친구에게 연단을 흔들어 보라고 부탁하며, 연단이 자신의 체중을 견딜 수 있다는 것까지 확인했다.[39] 그의 이름이 불렸을 때 루스벨트는 아들의 팔을 또 하나의 목발로 대체해 강단을 향해 다가갔다. 프랜시스 퍼킨스는 "대회장이 순간적으로 조용해졌고 모두가 숨을 죽였다."라고 당시를 회상했다.[40] 지루하게 느껴질 정도의 팽팽한 긴장감이 흐른 뒤에야 루스벨트는 강단에 도착해 목발을 내려놓고, 강단 가장자리를 꽉 쥐고는 고개를 약간 뒤로 젖혔다. "그의 얼굴에 온 세상을 감싸는 듯한 너른 미소가 흘렀다."[41] 루스벨트가 연설을 시작하지 않았는데도 1만 2,000명의 대표단은 그가 전형적으로 보여준 용기에 탄성을 터뜨렸다. 고개를 뒤로 젖히는 "유감스런 습관"은 퍼킨스에게 건방지게 보이는 행동이었다.[42] 그가 주의회에서 활동할 때만 해도 그런 습관은 잘난 부잣집 청년의 무의식적인 버릇으로 여겨졌지만, 뻣뻣하게 굳은 다리와 긴장한 어깨 위에서 뒤로 젖혀진 고개는 힘들게 얻은 자존심과 자신감의 과장된 표현으로 보였다. 자만이 아니라, 엉덩방아를 찧는 굴욕의 두려움을 극복한 자신감, 비지땀을 흘리며 위험을 무릅쓴 노력에서 비롯된 자신감이었다.

그는 노래하듯 까랑까랑한 목소리로 "동부의 대도시와 서부의 평원과 언덕, 태평양의 경사지와 남부의 들판"을 대표한 사람들에게 도시와 지방, 젖은 땅과 마른 땅, 가톨릭교도와 프로테스탄트를 더는 구분하지 말고 "정치라는 전쟁터의 행복한 전사", 앨 스미스 주지사를 중심으로 하나가 되자고 촉구했다.[43] '행복한 전사'라는 표현은 인간이 삶의 고난을 어떻게 맞서느냐에 대해 노래한 윌리엄 워즈워스William Wordsworth의 시에서 인용한 것이었다. "고난을 피할 수 없는 운명인 까닭에 불가피한 곤경을 영광스런 승리로 바꿔가는 사람"이란 뜻의 '행복한 전사'는 그 이후 앨 스미스에 덧붙여지는 별명이 됐는데,[44] 실은 프랭클린 루스벨트 자신을 압축적으로 표현한 것이기도 했다. 당시 앞줄에 앉았던 퍼킨스의 회고에 따르면, "루스벨트는 연설하는 동안 견뎌야 했던 극심한 통증과 긴장 때문에 몸이 떨리고 흔들렸다." 그러나 그의 연설은 강렬하고 기운에 넘쳤다.[45] 루스벨트는 자신의 고통과 곤경을 영광스런 승리로 바꿔놓은 사람의 살아있는 상징이었다.

엘리너의 친구, 매리언 디커먼에 따르면, 루스벨트가 연설을 끝내자 군중은 열광의 도가니에 빠졌고, 거의 한 시간 동안 환호가 이어졌다.[46] 메릴랜드 해거스타운의 〈모닝 헤럴드〉는 "전당대회장을 꽉 메운 군중들이 울부짖고 고함쳤으며, 괴성을 내지르고 노래를 불렀다."고 보도했다.[47] 한편 〈시러큐스 헤럴드〉의 한 기자는 "나는 지금까지 많은 영웅적 행위를 보았지만, 정신의 용기를 그처럼 훌륭하게 드러내 보인 현장에 함께한 적은 없었다."고 썼다.[48] 당시 뉴욕에서 발행되던 일간지 〈월드〉는 사설에 "프랭클린 루스벨트는 역경을 딛고 언쟁, 개개인의 상충된 야망, 하찮은 당파적 편견을 이겨냈다."고 썼다.[49] 또 전당대회의 진정한 주인공은 프랭클린 루스벨트이며 스미스 주지사가 지명을 받느냐는 중요하지 않다고도 덧붙였다.[50] (스미스는 103번째 투표에서 패했다.) 감정에 흔들리지 않고 지독히 냉정하던 캔자스시티의 실력자, 톰 펜더가스트Tom Pendergast조차 "루스벨트가 육체적으로 선거운동을 견뎌낼 수 있다면 그가 투표도 없이 만장일치로 지명됐을 것이다. …… 그는 내가 지금껏 만난 누구보다 매력적인 사람"이란 의견을 피력했을 정도였다.[51] 그날 저녁 늦게 엘리너가 뉴욕 집에서 축하연을 열었다. 기분은 좋았지만 피로에 녹초가 된 까닭에 프랭클린은 자기 방에서 꼼짝하지 않았다. 매리언 디커먼이 그를 만나러 갔을 때 "그는 두 팔을 높이 치켜들며 '매리언, 내가 해냈어!'라고 말했다."[52]

그로부터 4년이 지난 후에야 루스벨트는 본격적으로 정계에 복귀했지만 그날의 연설이 중대한 중간 기착지였음은 분명하다. 조지아웜스프링스에서 지내는 동안, 그는 신체 기능이 크게 향상된 것은 물론, 리더로서 더 크게 성장했다.

루스벨트가 다 쓰러져가던 리조트를 선구적인 재활 센터로 개조한 '웜스프링스' 이야기는, 그가 걷는 법을 배우기에 적합한 듯한 "장소를 발견한 것"에서 시작된다.[53] 그는 회복하기 위해 다양한 방법을 시도하며 그 과정에서 겸손함을 배웠고, 비슷한 처지의 소아마비 환자들과 맺은 공동체에 용기를 북돋우며 그 자신도 용기를 얻었다.

조지아의 한 휴양 시설에서 한 젊은이가 산비탈이 섭씨 30도로 쏟아내는 뜨끈뜨끈한 광천수로 채워진 거대한 수영장에서 수영하며 다리 힘을 회복했다는 소문을 듣고, 루스벨트는 직접 알아보기 위해 문제의 휴양 시설, 메리웨더 인Meriwether Inn으로 향했다. 하지만 한때 유명했던 그 리조트의 첫인상은 그다지 고무적이지 않았다. 루스벨트의 기억에 따르면 "거의 모든 것이 낡고 허물어진 상태였다."[54] 작은 탑이 있던 목조 호텔은 무너져 내렸고, 주변에 늘어선 별채 지붕에서는 빗물이 뚝뚝 떨어졌다. 그러나 T자 모양의 수영장을 채운 따뜻한 물은 여전해 피로감에 시달리지 않고 상당한 시간 동안 근육 운동을 할 수 있을 것 같았다. 실제로 한 친구에게 보낸 편지에서 루스벨트는 "매일 아침, 세계에서 가장 멋진 수영장에서 2시간 동안 수영한다."며[55] "세상의 모든 운동을 합한 것보다 이곳이 더 좋다는 데는 의문의 여지가 없다."라고 말했을 정도였다.[56]

"직감적"으로[57] 루스벨트는 "소아마비나 그와 비슷한 질병을 치료하는 데 이곳이 최적"이란 생각을 떨칠 수 없었다.[58] 그는 호텔 객실을 햇살이 잘 들게 개조하고, 별채도 보기 좋게 단장한 리조트를 머릿속에 그려보았다. 또 의사와 간호사만이 아니라 물리치료사까지 갖추고, 다수의 오락 활동과 사교 활동을 더해 "환자들이 정상적인 삶을 사는 동시에 당시 의학계에 알려진 최고의 치료를 받을 수 있도록 설계된 휴양 시설"을 꿈꾸었다.[59] 게다가 그가 상상한 휴양 시설은 유럽의 온천 휴양지처럼 돈에 구애받지 않고 치료 가능성도 제공하는 곳—호화롭지 않아 누구나 적정한 비용에서 치료를 받을 수 있는 곳—이었다. 나중에 루스벨트의 리더십을 연구한 프랜시스 퍼킨스는 "그는 어떤 결정이나 어떤 프로젝트가 다른 것과 어떻게 연결되는지 본능적으로 파악하며 모든 것을 꿰뚫어 보는 듯한 때가 있다."고 경탄했다.[60] 웜스프링스에 대한 결정도 그중 하나였다.

폐허로 변한 리조트를 보고 휴양과 치료를 겸비한 시설, 즉 수백 명의 환자와 그들의 가족을 수용할 수 있는 시설로 개조하겠다는 발상의 전환은 루스벨트의 놀라운 사업적 감각을 보여주는 사례이기도 하다. 아내와 어머니 및 친구들의 반대에도 불구하고, 루스벨트는 호텔과 별채와 온천 및 1,200에이커(약 4.8제곱킬로미터)에 달하는 주변 땅을 구입하는 데 20만 달러(총 재산의 약 3분의 2)를 투자하기로 결정했다.[61] 그 사업은 그가 완전히 혼자 힘으로 관리하고 추진한 최초의 중요한 프로젝트였다.[62]

루스벨트는 직접 실천하는 완강한 리더십을 보이며 어디에서나 쉽게 접근할 수 있는 시설을 짓기 위해 건축가들과 머리를 맞댔고, 호텔과 주변 별채 개조에 필요한 조언도 아끼지 않았다. 또 "고문 건축가"

로 역할하는 데 그치지 않고 "조경 기사"로도 일하며 잔디를 깔끔하게 손질하고, 나무를 심고 화단을 배치하는 데도 의견을 제시했다.[63] 골프 코스와 승마 연습장, 무도장과 극장도 설계했다. 아버지가 스프링우드에서 여러 건설 현장을 감독할 때 따라다녔듯, 건축 단계에 들어선 뒤에도 루스벨트는 현장을 직접 돌아다니며 일꾼들을 격려하는 열의를 보여주었다. 완공된 후에는 시설마다 용의주도하게 직원을 배치했다.[64] 또 의료기관의 지원이 중요하다는 생각에 미국 정형외과협회 American Orthopedic Association를 설득해 "연구 규약"을 마련한 뒤 치료의 결과를 측정하고 보고서를 작성했으며,[65] 치료 결과가 긍정적으로 밝혀지자 사업 전체를 비영리재단으로 전환했다. 그 결과 루스벨트는 시설 개선을 위한 자금을 추가로 모금하고, 치료에 필요한 전액을 지불할 능력이 없는 사람들에게 감액 혜택을 부여하며 애초에 꿈꾼 대로 누구나 향유할 수 있는 민주적인 시설을 실현할 수 있었다.

프랭클린 루스벨트는 닥터 루스벨트, 수석 고문, 영적인 지도자, "피크닉 담당 부통령", "모든 것을 하나로 통합한" 치료법의 선구자로 알려지게 됐다.[66] 루스벨트의 처방에 따라, 환자들은 먼저 치료용 수영장에서 아침 운동을 했고, 그 후에는 별도의 수영장에서 술래잡기와 수구水球 등 다양한 수영 놀이를 즐기며 웃고 떠들었다. 오후와 저녁에는 "카드놀이와 포커 게임, 다양한 강의, 영화와 야외 활동, 연극 연습 등을 했다."[67] 축제일에는 칵테일파티와 만찬회도 열렸다. 루스벨트의 목표는 환자의 신체 능력을 회복시키는 데 그치지 않고 삶의 즐거움과 환희까지 그들에게 되돌려주는 것이었다. 그는 "우리 프로그램에서 재미가 빠져서는 안 된다. 환자들에게 살아 있다는 걸 하루하루 더 실감나게 해주어야 한다."라고 주장했다.[68] 한 기자에게 말했듯이, 루스벨트는 "회복의 속도를 앞당기려고 환자들에게 협동심과 경쟁심을 불어넣어준 것"을 자랑스러워했고, "장소의 기운이 환자들의 회복에 긍정적인 효과를 주었다. 이곳에서 환자들은 비슷한 처지의 사람들을 만나며 타인의 시선을 의식하는 자의식을 회복했다."고 말했다.[69]

루스벨트는 거의 4년 동안 이 원대한 계획을 소소한 것까지 챙기며, 퍼킨스가 "영적인 변화"라 칭한 것을 겪었다. 한 노목사의 가르침을 기억하며, 퍼킨스는 "겸손은 가장 중요한 최고의 미덕이다. 우리가 스스로 그 진리를 깨우치지 못하면 주님이 우리에게 굴욕감을 주더라도 그 진리를 가르칠 것"이라 생각했다.[70] 루스벨트가 웜스프링스에서 터득한 겸손은 단순히 인간의 한계를 인정하는 게 아니었다. 비슷한 처지의 소아마비 환자들과 똑같이 한계를 인정하는 데 그치지 않고, 그들에게 귀를 기울이고 그들로부터 배우며 한때 온몸에서 흐르던 엘리트 의식을 지워냈다. 퍼킨스의 표현을 빌리면, 루스벨트는 "겸손한 자세와 한층 깊어진 철학으로 따뜻한 마음을 갖게 됐다."[71]

공감 능력이 눈에 띄게 커진 덕분에 루스벨트는 잔혹한 충격을 운명적으로 이겨내야 하는 온갖 유형의 사람들과 정서적으로 하나가 될 수 있었다. 그는 웜스프링스 공동체에 자신의 낙관적인 정신을 불어넣었고, 소아마비 환자들에게 불굴의 용기를 주입했다. 한 환자는 "이곳에서 지내며 우리 자신에 대한 생각이 완전히 바뀌었다. 덤으로 이

곳을 만든 사람에 대한 생각도 달라졌다."고 회고했다.[72] 한편 루스벨트는 자신의 야망과 타인의 향상을 연결하는 강렬한 성취감을 만끽했다. 즉, 오랫동안 장애가 있는 사람들을 치료하는 본보기가 될 제도적 기관을 설립하는 성취를 이루어냈다.

웜스프링스에서 루스벨트가 찾아낸 치료법은 처음에 추구하던 것과는 달랐다. 그는 공직에 출마하기 위한 필요조건이라 여긴 '걷는 능력'을 다른 식으로 회복했다. 그가 알기에 하반신이 마비된 사람이 정계에서 활동하며 성공한 적은 없었다. 하지만 부축을 받아야 하고 휠체어를 탄 리더는 국민에게 희망과 행복을 주는 지도자가 될 수 없는 것일까? 목발은 미국의 명령에 어긋나는 것일까? 루스벨트는 이런 의문에 대한 답을 알고 있었다. 그는 이미 다른 개념의 리더십을 개발한 뒤였다. 웜스프링스 공동체가 그에게 보여준 깊은 애정과 존경에서, 걷는 데 외부의 도움이 필요한 소아마비 환자도 가장 높은 수준의 리더십을 충분히 발휘할 수 있다는 게 명확히 증명됐다. 그는 완전한 회복과 타협하고, 마음속으로 공적인 삶을 다시 시작할 각오를 다졌다.

———◇———

1928년 마침내 기회가 찾아왔다. 민주당 대통령 후보로 지명된 앨 스미스가 루스벨트에게 그와 당을 위해 뉴욕 주지사로 출마하라고 압력을 가한 것이다. 스미스는 승리가 절실히 필요한 주에서 투표율을 높이려면 루스벨트라는 이름이 필요하다고 생각했다. 스미스가 루스벨트에게 확약한 바에 따르면, 민주당이 루스벨트에게 기대한 것은 한 달간 계속되는 선거 운동에서 전략적으로 중요한 시점에 네다섯 번 라디오 연설을 하는 게 전부였다. 선거 운동이 끝나자마자,[73] 루스벨트는 힘든 일을 부지사에게 맡기고, 웜스프링스로 돌아가 체력을 회복하는 데 힘썼다.

앨 스미스는 루스벨트라는 이름이 뉴욕에 미치는 영향력을 정확히 계산했지만, 인간 루스벨트는 완전히 잘못 판단했다. 루스벨트는 주지사에 출마하는 책임을 떠맡는 데 동의했고, 그 약속을 철저히 지켰다. 실제로 루스벨트는 한 친구에게 "정치를 한다면 게임의 규칙을 지키며 정정당당하게 행동해야 한다."고 말한 적도 있었다.[74] 그는 일반적인 선거 운동의 강도를 넘어서는 수준을 너끈히 해낼 수 있는 체력과 능력이 있다는 걸 자신과 국민에게 증명하겠다고 다짐했다. 그는 간혹 하루에 14번 연설하며 30곳에서 33번의 중요한 연설을 행했고, 그 밖에도 수많은 비공식적 대담과 모임을 가졌다.[75]

퍼킨스가 말했듯이 "이번 선거 운동은 육체적으로 무척 힘들었다. 루스벨트도 정말 조금은 겁먹었다."[76] 그가 3층 연설장에 들어가려고 화재 대피용 비상계단으로 들어 올려지는 걸 지켜보던 퍼킨스는 혼잣말로 "정말 대단한 담력이야!"라고 중얼거렸다.[77] 시련이라지만 너무 위험하고 불편하게 보였다.[78] 게다가 그는 굴욕적인 입장까지 선선히 점잖게 받아들였다.[79] 그는 누구나 온유하게 대했고, 사소한 것에도 불평하지 않았고, 하찮은 것에 시간을 낭비하지 않으며 체력을 비축했다. "당신이 다리를 사용할 수 없다면, 오렌지 주스를 마시고 싶을 때 우유를 가져오더라도 '괜찮다'라고 말하며 우유를 마시는 법을 배워야 한다."[80]

루스벨트는 뉴욕 주지사 선거에서 박빙의 승리를 거두었지만, 스미스는 대통령 선거에서 크게 패했다. 공화당 바람이 전국을 휩쓸며 허버트 후버Herbert Hoover가 백악관을 차지했다. 엄청난 패배에 충격을 받았지만, 올버니로 귀환한 스미스는 주지사를 막후에서 조종하는 실력자가 되기로 마음먹었다.[81] 그의 입김으로 민주당 전당대회에서 루스벨트가 주지사 후보로 지명된 것이라 여긴 때문이었다.

하지만 루스벨트는 형식적으로 선거 운동을 하지 않았듯, 권력을 이양하는 과도기에 그가 허수아비 주지사가 아니라는 걸 분명히 보여주었다. 루스벨트의 회고에 따르면, "크리스마스 직전, 앨이 나를 만나러 와서는 모스코위츠 부인(스미스의 수석 보좌관이던 벨 모스코위츠)이 내 취임 연설문과 주의회에 보내는 연차 교서를 준비하고 있다고 말했다. 그가 순전히 선의로 그렇게 했다고 생각한다. …… 하지만 주지사 역할을 계속하겠다는 확고한 생각이 있었던 것도 분명하다. 내가 취임사를 이미 준비했고, 연차 교서도 거의 마무리됐다고 대답하자, 그는 크게 충격을 받은 듯했다."[82]

스미스는 루스벨트에게 벨 모스코위츠Belle Moskowitz를 수석 비서관으로 임명하라고 거센 압력을 가했다. 루스벨트는 자신의 독립성에 또다시 도전을 받은 셈이었다. 영리하고 역동적이며 위압적이던 모스코위츠는 스미스에게 반드시 필요한 인물이었다. 즉, 루스벨트에게는 루이스 하우에 비견되는 보좌관이었다. 루스벨트는 그녀의 임명을 고려하겠다고 약속했지만, 오랫동안 미적대고 모호한 태도를 보인 끝에 결국 거절하기로 마음을 굳혔다. 올버니에서는 내각의 일원으로, 워싱턴에서는 노동장관으로 재직한 프랜시스 퍼킨스에게 그가 설명했듯 "내가 주지사 역할을 해야 한다는 걸 깨달았다. 나 자신이 돼야 했다." 그는 주지사 선거에 출마하기로 동의했을 때도 힘든 선거 운동을 견뎌낼 수 있을지 확신하지 못했다. "그러나 끝까지 해냈다!"며 자랑스러워했다. 또 뉴욕 주지사 책무를 수행할 만큼 충분히 회복됐는지 확신하지 못했지만 "회복된 게 분명했다."[83] 루스벨트의 거절에 스미스는 격하게 반응했다. "내가 당신을 만들어주었는데 나에게 이럴 수가 있단 말인가!"[84] 엘리너의 회고에 따르면, "주지사 임기를 시작했을 때 막을 올린 이런 무자비한 개인적인 다툼은 결국 내 남편과 스미스 주지사의 결별로 끝났다."[85]

자신의 팀을 자기만의 방식으로 구성하는 것은 루스벨트에게 무척 중요했다. 앞에서도 말했지만 그의 팀은 그의 제한된 이동성을 보완해야 했다. 달리 말하면, 그가 쉽게 갈 수 없는 현장과 지역을 다니며 그의 눈과 귀가 되는 역할까지 도맡아야 했고,[86] 쟁점과 문제에 생명력을 불어넣는 일화와 이야기의 형태로 정보를 수집해야 했다. 시각 장애인과 청각 장애인, 노인과 정신질환자를 위한 국영 시설의 복도와 계단이 무척 좁아 그 자신도 돌아다니는 게 쉽지 않다는 걸 알게 되자, 루스벨트는 엘리너에게 자신의 대리인이 되어 그런 시설들이 대외적으로 천명한 소명을 얼마나 잘 실천하고 있는지 정보를 수집하고 정확히 보고해 달라고 부탁했다.

엘리너도 인정했듯이 "처음에 내 보고서는 전혀 만족스럽지 않았다. 예컨대 내가 하루 식단 내용을 보고하면, 프랭클린은 '실제 식단대로 식사가 이뤄지는지 확인했어요?'라고 물었다."[87] 엘리너는 화로 위솥에서 끓는 음식을 맛보고, 잠자리 공간이 과밀하다는 걸 감추려고 침대들을 접어 문 뒤에 놓아두는지를 알아내고, 재소자들이 직원들과 교류하는 걸 관찰하는 법을 배워갔다. 루스벨트는 그녀에게 세부적인 사항을 포착하기를 바랐고, 그 방법을 가르쳤다. 루스벨트의 가르침 덕분에 엘리너는 오래지 않아 일급 조사원이 됐고, 루스벨트가 직접 자료를 입수한 것처럼 느껴질 정도로 능숙한 경지에 올라섰다.

루스벨트는 팀원의 경험과 특별한 지식으로 자신의 폭넓은 호기심을 더욱 확대할 수 있기를 바랐다. 당시 산업국장이던 프랜시스 퍼킨스의 표현을 빌리면, 루스벨트는 끝없는 "학습자"였다.[88] 주지사 공관에는 모든 계층의 방문자가 끊이지 않았다. 그들은 점심과 저녁을 루스벨트와 함께했고, 때로는 하룻밤을 묵기도 했다.[89] 그가 세상에 나갈 수 없었던 까닭에 세상을 자신에게 끌어들였던 것이다. 또 거의 15년 동안 정계를 멀리했던 그는 당시 3선 의원이던 젊은 변호사, 새뮤얼 로젠먼에게 고문역을 맡아달라고 부탁했다.[90] 로젠먼이 루스벨트의 제안을 두고 고민하는 동안, 그의 임용 소식은 올버니의 한 신문에 크게 실렸고, 루스벨트는 그에게 "내가 자네 대신 결심했네."라고 유쾌한 목소리로 알려주었다. 로젠먼은 화내지 않았다. 그처럼 사근사근한 태도에 누가 저항할 수 있겠는가? 곧 그는 루스벨트의 최측근 조언자 중 하나가 됐고, 프랭클린과 엘리너가 주지사 관사로 이주하라고 요청할 정도로 가까워졌다. 오랜 시간이 지난 뒤, 로젠먼은 거의 알지 못했던 젊은이를 "믿고 맡겨야 하는 가까운 관계"에 둔 이유를 루스벨트에게 물었다. 루스벨트는 "나는 사람을 신속히 판단하고, 사람을 읽어내는 데 상당히 괜찮은 직감이 있네."라며 "때로는 직감이 신중하고 오랜 조사보다 나을 때가 있다."고 대답했다.[91]

루스벨트의 장래 계획에 영향을 미칠 다양한 관련 분야에 대한 지식을 보강해주려고, 로젠먼은 세 명의 컬럼비아 대학 교수—레이먼드 몰리Raymond Moley, 렉스퍼드 터그웰Guy Tugwell, 아돌프 벌리Adolf Berle—를 초빙해 훗날 '브레인 트러스트brain trust'로 알려진 핵심 고문단을 구성했다.[92] 다시 그들은 기업계와 농업계와 노동계 등 다양한 분야의 전문가들을 접촉했다. 따라서 주지사 관사는 흥미롭고 유익한 손님들로 늘 북적였다. 프톨레마이오스의 작은 우주가 지구를 중심으로 회전하듯, 곧 다양한 분야의 전문가들이 주지사를 중심으로 회전하기 시작했다.

레이먼드 몰리가 회고하듯이 "일상은 무척 단순했다."[93] 저녁 식탁 분위기는 거의 언제나 즐겁고 격의가 없었다. 루스벨트는 손님들에게 각자의 일과 가족 및 자신에 대해 허물없이 말하도록 유도하며, "그날 그에게는 이 시간만큼 중요한 것이 없고, 이 시간을 위해 하루 종일 기다렸다."고 느끼게 해주었다.[94] 디저트를 끝내고 그들이 주지사의 작은 서재로 이동하면 "무작위적인 자유로운 대화는 끝을 맺었다." 서재에 들어서면 루스벨트는 전문가들에게 피곤할 정도로 질문을 쏟아냈다. 밤이 깊어가면 질문은 "더욱 알차고 세밀하게 변해갔고, 그 정도는 그가 저녁 내내 받아들인 정보량에 정확히 비례했다." 몰리는 루스벨트가 하루저녁에 받아들이는 지식의 양에 경탄하지 않을 수 없었다.[95] 지금 생각해보면, 몰리에게 "루스벨트는 학생인 동시에 추궁하는 질문자였고 판사였던 것"이 분명하다.[96]

———◇———

대공황Depression은 달이 없는 밤처럼 세상을 덮친 게 아니었다. 증권시장이 활황이던 순간에도 어둠이 짙게 깔릴 듯한 황혼의 조짐은 있었다. 주지사에 부임한 초기부터 시작한 운영 방식—팀원을 현장에 보내 조사하고 정보를 수집한 동시에 정선된 전문가를 영입하는 방식—을 통해 루스벨트는 뭔가가 근본적으로 잘못됐다는 사실을 초기에 인식했다. 또 퍼킨스를 통해서는 노동시장에 이해되지 않는 이상 현상이 있다는 걸 알아냈다. "많은 사람이 납득하기 힘들 정도로 오랜 기간 동안 실직 상태"에 있었던 것이다.[97] 뉴욕주 고용센터의 조사로 일자리를 찾는 실직자도 많지만 일손이 부족한 기업이 많다는 것이 밝혀지자, 루스벨트는 시스템 점검을 지시했다. 1929년 10월 주식시장이 붕괴되기 전에 취해진 작지만 중요한 조치였다.

항상 그랬듯이 루스벨트는 구체적인 불만과 고충에 관련된 이야기에서 활력을 얻었다. 퍼킨스의 기억에 따르면, 까다로운 통계 자료와 사실도 인간의 이야기로 전환될 수 있으면 루스벨트는 관련된 문제를 거의 완벽히 이해했다. 한번은 루스벨트가 포킵시 근처의 작은 마을에 있는 스웨터 공장을 방문했을 때 사장과 직원들이 '두려움과 혼란'에 빠진 것을 확인할 수 있었다. 주식 시장이 붕괴되기 전까지 그 공장은 150명이 일하며 고급 스웨터를 제작하던 곳이었다. 직원들은 넉넉한 급료를 받았고, 사장도 상당한 이익을 거두었으며, 공동체 마을도 번성했다. 그런데 대공황이 심화되고 수요가 줄어들자, 사장은 어쩔 수 없이 작업량을 절반으로 줄였고 임금도 깎았다. 게다가 저렴한 실로 값싼 스웨터를 제작했다. 사장은 개인의 이익을 포기하며 공장을 최대한 계속 운영했다. 사장은 그 마을에 살았고, 직원들은 친구였다. 하지만 수요가 계속 급전직하로 감소하며, 비용을 감당하기 힘든 지경에 이르렀다. 결국 문을 닫을 수밖에 없었던 그 작은 스웨터 공장은 '추락의 악순환descending spiral'이라는 추상적인 경제학 용어에 인간의 모습을 덧씌운 상징적인 비유가 됐다.[98]

루스벨트에게도 대공황에 대처할 포괄적인 해법은 없었다. 그는 단편적 해법부터 시작했다. 시간제 노동, 노동 시간의 단축, 업무량의 감축, 공동체별 일자리 창출 프로젝트 등 시행착오를 거듭하며 더 많은 사람에게 일자리를 제공하려 애썼다. 퍼킨스의 기억에 따르면 "루스벨트는 부분적으로라도 해법을 찾아내고, 부분적으로라도 즉각적인 행동을 독려했다."[99] 그는 구호 단체 활동을 극대화하며 지역의 구호 활동을 조직화했고, 크고 작은 지방 정부에게 대출 여력을 최대한 활용하라고 촉구했다. 하지만 대공황의 파급력은 이런 모든 기관의 한계를 넘어섰다.

루스벨트는 1931년의 겨울과 이듬해 봄까지 후버 대통령과 공화당 정부가 연방 차원에서 프로젝트를 제안하기를 기다렸다가, 늦여름에서야 "스스로 리더십을 자임하고 뉴욕주를 위한 행동을 취하기로 결심했다."[100] 공화당이 다수인 주의회에 임시회기를 열어, 당시에는 급진적인 아이디어로 여겨진 법안—주정부가 지원하는 포괄적인 실업 보험 프로그램—을 통과시켜 달라고 요구한 것이다. 주의회는 공화당이 다수였기에 법안이 채택되지 않을 거라는 것은 애초부터 예측되었다. 후버 대통령처럼, 뉴욕주의 공화당 지도자들은 민간 기업과 자선 단체와 지방 정부만이 경제적 난국에 유연하게 대처할 수 있다고 믿었기 때문이다. 예상대로 주정부나 연방정부 차원의 지원은 미국인의 진취성을 훼손하며 문제를 악화시킬 것이라는 주장이 쏟아졌다.

루스벨트는 의회에 보낼 연차 교서를 준비하며 며칠을 보냈다. 루스벨트는 연설문 작성자이던 로젠먼과 몰리에게 입법자의 허점을 찌르기 위해 일반인과 직접 소통하는 방법—따분한 사실을 피하라, 쉽게 기억되는 이미지를 만들어내라, 모든 쟁점을 인간적인 삶의 이야기로 풀어내라, 평범한 일상 언어를 사용하라, 쉽게 말할 수 있다면 현학적 단어를 사용하지 말라—을 사용하라고 당부했다. 예컨대 "우리가 한층 포괄적인 사회를 건설하려고 노력하고 있다"는 개념을 "우리는 한 사람도 낙오되지 않는 국가를 만들 것이다."라고 말하면 훨씬 더 쉽게 이해되지 않느냐는 것이었다.[101]

연차 교서는 "국가란 무엇인가?"라는 질문으로 시작했고, "상호적 보호와 행복"을 위해 국민이 설립한 것이 국가라고 정의했다.[102] 국가의 중요한 의무 중 하나는 환경이 악화될 때 외부의 도움을 받지 않으면 정상적인 삶을 유지할 수 없는 시민을 돌보는 것이다. 정상적인 시기라면 그런 도움은 민간과 지역 차원에서 제공되는 게 당연하지만, 당시는 정상적인 시기가 아니었다. 실업이 장기화되며 수백만 가정의 저축과 잔고가 바닥났다. 이런 상황에서 국가가 책임지고 본연의 역할을 다하는 것은 자선이 아니라 의무였다. 루스벨트는 경제적 여력이 있는 운 좋은 시민에게 과세함으로써 실직한 시민에게 공공 일자리를 제공하고, 적절한 일자리가 찾아지지 않으면 공적 자금으로 실업 급여를 제공하자고 촉구했다.[103] 하지만 공화당 지도자들은 루스벨트가 제안한 법안을 거부했다. 그들은 루스벨트 주지사가 "미온적인" 대책이라 칭한 법을 제정하고 휴회에 들어가려 했다.[104] 루스벨트는 그 법에 거부권을 행사하고, 실질적인 법안이 통과될 때까지 몇 번이고 임시회기를 요청하겠다고 협박했다. 결국 공화당 지도자들은 루스벨트에게 항복했다.

전국에서 처음으로 시행된 뉴욕의 포괄적인 구제 프로그램relief program은 다른 주의 본보기가 됐고, 루스벨트 주지사는 민주당 개혁파를 끌어가는 대변인으로 부상했다. 1932년 4월 라디오 연설에서 루스벨트는 미국인에게 "위에서 아래로 내려가는 방식이 아니라 아래에서 위로 올라가는 방식으로" 잃어버린 번영을 재건하고, "경제 피라미드의 바닥에 있는 잊힌 사람들에게 다시 한 번 믿음을 주자!"라고 촉구했다. 새뮤얼 로젠먼이 직접 증명했듯이, 루스벨트에게 이런 호소는 추상화된 웅변이 아니었다. 잊힌 사람은 "살아있는 사람"—빚더미에 짓눌린 농부, 독점 기업과 경쟁할 수 없는 소기업인, 입에 풀칠조차 못하는 가정주부—이었다.[105] 실천적인 리더십 방식, 정보를 끝없이 추적하는 열의, 통계 수치에 인간적인 피와 살을 더한 이야기 덕분에 루스벨트는 개개인의 고통과 아픔을 공감하고, 대공황의 파국적인 영향을 본능적으로 이해할 수 있었다.

보통 사람의 대변자로 올라서자, 루스벨트는 시카고에서 열린 민주당 전국 전당대회에서 대통령 후보 경선에 나섰다. 첫 투표에서 대표단의 과반수를 얻었지만, 후보로 지명되는 데 필요한 3분의 2에는 104표가 부족했다. 경쟁 후보들은 민주당의 보수 진영을 대변했다. 두 번의 투표가 더 진행됐지만 판세는 변하지 않았다. 그러나 격렬한 논쟁이 있은 후, 마침내 루스벨트계가 교착 상태를 깨뜨렸다. 텍사스의 존 낸스 가너John Nance Garner를 부통령 후보로 지명하겠다는 합의가 이루어졌다. 그 대가로 텍사스와 캘리포니아 대표단이 루스벨트 쪽으로 돌아섰고, 그 결과 루스벨트는 3분의 2를 넘는 표를 얻었다.

세 번째 투표에서 대통령 후보로 지명됐다는 소식을 듣자마자, 루스벨트는 직접 지명을 수락하기 위해 전당대회장으로 향했다. 그야말로 전례가 없는 행동이었다. 전통에 따르면, 전당대회가 선발한 위원회가 승리한 후보를 한 달이나 6주 후에 느긋하게 방문해 공식적인 후보권을 전달하는 게 원칙이었다. 하지만 루스벨트는 이런 전통을 깨뜨리기로 마음먹었다. 훗날 말했듯이, 몇 주 동안 "모르는 체하며" 지내야 한다는 게 "부조리한 짓"이라 생각한 때문이었다.[106] 여기에서 그는 대담하고 실천적인 새로운 리더십을 보여주었다. 아직 항공기 여행이 흔하지 않던 시대였지만 루스벨트는 삼발 비행기를 타고 올버니

에서 시카고로 날아갔다. 관습적인 방법과 낡은 해법은 미국에 아무
런 도움이 되지 않던 당시 상황에서, 무력증과 소심증과 완고한 생각
을 척결하는 전쟁을 끌어갈 준비가 됐다는 걸 보여주고 싶었던 것이
다. 루스벨트는 "여러분에게 맹세합니다. 저 자신에게도 맹세합니다.
미국 국민을 위한 대변혁을 이루어내겠습니다. 이번 선거는 단순한
정치 선거가 아닙니다. 특별한 조치가 필요한 시대입니다."라고 후보
수락 연설을 끝맺었다.[107]

　　허버트 후버와 프랭클린 루스벨트의 전투는 서로 극명하게 다른 성
격과 기질, 리더십 방식이 미국을 엄청나게 짓누르던 압박과 불확실
성에 어떻게 대응했는지 보여준다. 후버와 루스벨트는 모두 우드로
윌슨의 진보적인 피후견인이었다. 해군성 차관보였던 1920년 루스벨
트는 민주당에게 후버를 대통령 후보로 지명하라고 촉구했다. 후버는
제1차 세계 대전 동안 벨기에 구제위원회Commission for Relief in Belgium의
책임자로서 눈부신 성공을 거둔 계몽된 기업가로, 민주당과 공화당
모두에서 상당한 존경을 받았다. 1928년 공화당은 후버를 대통령 후
보로 지명했다. 미국이 호황을 누리던 때 행해진 후보 수락 연설에서
후버는 "미국은 인류 역사상 어느 때보다 가난에 대한 최종적인 승리
에 한층 가까워졌다."고 선언했다.[108]
　　개인주의와 자유의지, 미국 경제의 근본적인 강점을 굳게 믿은 까

닭에 후버는 미국이 여태껏 경험한 적이 없는 최악의 대공황기에 연방정부가 국민을 돕는 데 주된 역할을 해야 한다는 걸 뒤늦게까지도 깨닫지 못했다. 주식 시장이 조금이라도 상승하면 후버는 최악의 시기가 끝났다고 믿었고 성급히 이를 선언했다.[109] 경제가 다시 계속 추락하자 후버는 비판적인 공격을 받을 수밖에 없었다. 그런데도 후버는 자선 단체와 지방 정부의 자발적인 봉사 활동이 이미 실패했다는 걸 인정하지 않았다. 그는 반복된 공격으로 비롯된 방어 심리, 즉 벙커 심리bunker mentality를 극대화하며, 상황이 악화되고 있다는 데도 동의하지 않았다.

반면에 루스벨트는 변화된 상황에 맞춰가며 평생을 살아온 사람이었다. 아버지의 심장마비와 그에 따른 죽음으로 평온하던 어린 시절이 완전히 뒤집힌 기억이 있었다. 또 영원히 다시는 걷지 못할 것이란 진단을 받았을 때는 이동 능력을 향상할 수 있는 온갖 방법을 시도하고 실험해보았다. 대통령 선서를 앞두고는 좀처럼 끝나지 않는 역경과 맞닥뜨려야 했다. "지금은 대담하고 끈질긴 실험이 필요하고 또 요구됩니다. 어떤 방법이든 취해서 시도해봐야 합니다. 그 방법이 실패하면 솔직히 인정하고 다른 방법을 시도해봐야 합니다. 그것이 상식입니다. 여하튼 무엇이든 시도해봅시다."[110]

대통령 선거일, 미국 국민은 압도적 다수가 프랭클린 루스벨트를 대통령으로 선택했다. 전국이 불황의 늪에 허덕이던 시대에 보통 사람들은 루스벨트의 자신감에 찬 표정과 굳건한 어깨를 보며, 그를 믿고 신뢰했을 뿐만 아니라 그와 자신을 동일시했다. 프랭클린은 어렸을 때 대통령까지 한 걸음씩 착실히 올라가는 꿈을 꾸었지만, 마비로 인해 그 꿈은 좌절되었다. 하지만 웜스프링스에서 치료하는 과정에서 그는 백악관으로 가는 길과 실천적이고 실험적이며 공감하는 리더십의 받침점을 기적적으로 찾아냈다. 루스벨트는 어두운 시절을 극복하고 이겨냈다. 국민들은 자신들도 위기를 극복해낼 거라 믿었다.

린든 존슨

Lyndon Johnson

© Courtesy of the LBJ Presidential Library and Museum

"
내 삶에서 가장 참담했던 기간
"

20대 초부터 린든 존슨은 "남들보다 일찍 일어나 더 많은 사람을 만나고 더 늦게 잠자리에 들면 승리는 그의 것"이란 전제에서 활동했다.[1] 그때부터 10년 동안 그는 잠시도 한눈팔지 않고 앞만 보고 달렸다. 그는 취미도 없었고 휴식을 취하는 방법도 몰랐다. 그의 목표는 그저 승리하는 것이었다. 토론 교사로 활동할 때는 토론팀을 승리로 이끌었고, 연방 하원의원 리처드 클레이버그의 비서로 일할 때는 의사당에서 최고의 비서라는 명성을 얻었다. 또 최연소 청소년 관리국 국장으로서는 전국에서 본보기로 사용할 만한 프로젝트를 처음 시작했다. 초선 의원으로는 텍사스 중서부의 외진 곳까지 전기를 끌어들여 '귀재wunderkind'란 칭찬을 들었다.[2]

1941년 존슨은 연방 상원에 출마했다. 그의 삶에서 무척 중요한 선거였지만 패배했다. 에이브러햄 링컨은 첫 출마에서 패했다고 낙담하거나 야망이 꺾이지는 않았다. 오히려 "낙심하는 데 익숙한" 사람답게,[3] 그는 자신을 잘 아는 사람들—뉴 세일럼이란 작은 촌락의 유권자들—에게는 거의 만장일치의 표를 받았다는 사실에서 큰 용기를 얻었다. 프랭클린 루스벨트는 부통령 후보로 겪은 패배를 '정말 좋은 항해darn good sail', 즉 그의 이름과 명성이 전국으로 확산되는 계기로 받아들였다.[4]

그러나 존슨에게 선거는 더 큰 의미가 있었다. 존슨은 상원 선거의 패배에서 충격을 받았고, 이를 자신의 가치에 대한 국민의 심판으로 받아들였다. 즉 국민에게 부적합하다는 평가를 받은 것이라 여겼다. 그 패배는 그의 정치 경력에서 작은 걸림돌에 불과했어야 했지만 삶을 바꿔놓는 시련이 되었다. 그의 야망이 본질적으로 달라졌고, 훗날 그 자신이 "내 삶에서 가장 참담했던 기간"이라 칭했던 오랜 침체기가 시작됐다.[5]

———◇———

프랭클린 루스벨트의 피후견인, 린든 존슨은 어떤 경쟁자보다 집중적으로 열심히 일하는 사람이었는데 간절히 원하던 상원 선거에서 패한 이유는 무엇이었을까?

죽음이 다시 한 번 그에게 기회와 승진의 문을 열어주었다. 4년 전 공원 벤치에 남겨진 신문에서 제임스 뷰캐넌 연방 하원의원 사망 기사를 우연히 보고, 존슨은 하원의원에 도전해 성공했다. 이번 1941년 4월 9일에는 텍사스의 원로 상원의원, 모리스 셰퍼드Morris Sheppard가 뇌출혈로 사망하며 보궐 선거가 실시돼야 했다. 그날 아침 존슨의 보좌관, 월터 젠킨스Walter Jenkins가 전화를 걸어 그 소식을 알려주자, 존슨은 "곧바로 관심을 보였다."[6]

린든 존슨은 치밀하게 계획된 장면을 통해 경선에 뛰어들 거라는 신호를 보냈다. 4월 22일 존슨은 루스벨트를 개인적으로 만났다. 그날 예정된 대통령 기자회견을 위해 모인 기자들은 젊은 하원의원이 대통령 집무실에 들어가고 나오는 걸 목격할 수 있었다. 곧이어 백악관 계단에서 존슨은 상원에 출마하겠다고 공식적으로 선언했다. 기자들은 대통령 집무실로 안내됐고, 루스벨트는 온화한 미소로 그들을 맞이했다. 한 기자가 "방금 린든 존슨이 텍사스에서 상원에 출마하겠다고 발표했습니다. 이 건에 대해 논평하실 말씀이 있습니까?"라고 물었다. 루스벨트는 껄껄 웃으며 대답했다. "나한테도 그렇게 말했습니다." 그 기자는 "대통령님은 이번 텍사스주 예비 선거에 간섭하지 않는다고 하셨습니다. 그런데 존슨을 좋게 보시는지 묻고 싶습니다."라고 말했다.

루스벨트는 "내가 그 질문에 대답하는 게 간섭하는 게 아닐까요? 당신은 이제 부인을 안 때립니까?"라고 되물었다. 기자는 대통령을 따라 웃고는 "별거 중입니다. 대답이 됐습니까?"라고 반격했다. 둘의 기싸움에 기자단 모두 웃음을 터뜨렸다. 그런 분위기 속에서 루스벨트는 이렇게 대답했다. "텍사스를 대표할 상원의원을 선출하는 건 텍사스가 결정할 문제입니다. 이것이 첫째이고, 둘째로 나는 텍사스 예비 선거에 참가하지 않습니다. 셋째로 여러분이 나에게 린든 존슨에 대해 묻는다면 누구나 인정하는 진실을 말할 수밖에 없습니다. 존슨은 나의 오래된 가까운 친구라고요. 하지만 이 세 가지를 묶으려고 하지 마십시오!"[7]

선거 운동을 시작한 때부터 존슨은 프랭클린 루스벨트에게 모든 것을 배우고 익힌 것처럼 자신을 루스벨트와 하나로 묶으려고 애썼다. 즉 "루스벨트를 계속 돕고 싶다면 단 하나의 방법밖에 없다. 나를 선택하는 것"이라고 반복해서 주장했다. 4년 전, 존슨이 갤버스턴에서 루스벨트를 처음 만났을 때, 당시 텍사스 주지사이던 제임스 올레드 James Allred를 중간에 두고 그가 대통령과 악수하는 모습을 찍은 사진이 있었다. 올레드를 지워낸 그 사진은 선거 운동을 대표하는 이미지가 됐고, "프랭클린 D.와 린든 B."라는 구체적인 설명까지 더해졌다.[8] 존슨은 루스벨트 대통령과의 관계를 최대한 활용해야 했다. 세 명의 경쟁 후보—인기 있는 현 주지사 리 '패피' 오대니얼Lee 'Pappy' O'Daniel, 5선 하원의원 마틴 다이스, 텍사스주 법무장관 제럴드 만—가 그보다 훨씬 널리 알려진 대단한 정치인이었기 때문이다.

텍사스 면적은 뉴잉글랜드에 속한 모든 주를 합한 것보다 넓었다. 존슨의 타고난 설득력은 소규모로 교감할 때 위력을 발휘했기에 텍사스의 드넓은 면이 존슨에게 가장 큰 골칫거리였다. 주 전체가 선거 무대였다. 접촉하는 것만으로도 유권자에게 확신을 주고 표를 끌어올 수 있는 것처럼 악수를 시도해야 했지만, 상대적으로 짧은 보궐 선거 기간과 유세하며 돌아다녀야 할 거리는 존슨에게 절대적으로 불리했다. 따라서 기계적으로 느껴질 정도로 악수를 신속하게 끝내야 했다. 제10선거구에서 치른 첫 선거 운동에서는 수백 명을 앞에 두고 즉석으로 연설할 때 5분 만에 소개를 끝내고, 15분 동안 개별 유권자와 접촉하며 대화를 나누었다. 제10선거구는 그가 선거 운동을 해야 할 스무 곳 중 하나에 불과했고, 대다수 선거구에서 그는 실질적으로 무명이었다. 그런 만큼 각 선거구에서 최대한 많은 관중을 두고 연설해야 했던 까닭에 연단과 유권자의 간격은 멀어질 수밖에 없었다.

그렇게 격식화된 무대에서 존슨은 말하는 능력을 제대로 살려내지 못했다. 상원의 품위라는 선입견에 사로잡혀, 한 시간 동안 연설하며 목청을 높여야 했고, 그의 즉흥 연설에 생동감을 더해주던 다듬어지지 않은 비유적 표현은 피해야 했다. 그 바람에 그의 따분한 연설이 끝나기도 전에 군중은 어김없이 흩어졌다. 닫힌 공간에서는 그 존재만으로도 강연장을 압도하던 사람이 격식화된 무대라는 틀에 갇히면 불편해하고 얼어붙는 것 같았다.[9]

초기에 시행된 여러 여론조사에서 린든 존슨은 경쟁 후보들에게 큰 표차로 뒤졌고, 존슨의 자신감도 덩달아 크게 흔들렸다. 자신감의 상실은 그의 몸에도 악영향을 미쳤다. 그는 당시를 회상하며 "어머니와 아내가 나에게 꼴찌를 했다고 말했다. 목구멍이 화끈거리고 아팠다. 나는 며칠을 병원에서 지내야 했다."고 말했다.[10] 이틀이 보름으로 길어졌고, 결국에는 '신경쇠약'으로 악화됐다.[11] 하지만 선거 운동 기간이었기에 외부에 드러나지 않도록 애써야 했다. 레이디 버드는 "그는 우울증에 빠졌고 상황이 좋지 않았다."고 회고했다.[12] 존슨은 예전에도 이런 증상을 보인 적이 있었다. 하원의원에 첫 출마해 선거 운동을 하는 동안 신경쇠약 증세를 보였고, 곧이어 발진, 맹장염과 대장염, 위궤양과 복통 등 전형적인 신경성 질병이 뒤따랐다. 정치적 스트레스가 그의 예민한 몸에 악영향을 미친 것이었다.

유세 집회에 더 많은 군중을 끌어들이고, 연설의 결함을 최소화하는 전략이 마련되자 그의 사기가 되살아났다. 토론팀 교사로 일할 때 존슨은 대회가 열리면 일반적으로 운동 경기에 동원되는 응원단과 노래 및 활력을 돋우는 구호를 사용하며 축제 분위기를 조성했었다. 헨리 마을 행사가 다양한 볼거리를 제공하는 곳으로 발전했듯, 전통적인 정치 집회가 서커스 같은 놀이마당이 된다고 한들 무슨 상관이 있는가?

하지만 그런 계획을 실행하려면 많은 돈이 필요했다. 그래서 존슨은 앨빈 워츠에게 소개받은 부유한 텍사스인들을 통해 조지와 허먼 브라운 형제가 포함된 그룹에 도움을 요청했다. 브라운 앤드 루트 건설회사의 창립자인 브라운 형제는 불법적으로 수만 달러의 기업 자금을 마련했고, 그 돈을 "합법적 수수료"나 "직원 상여금"으로 분류한 뒤 직원들이 개별적으로 존슨의 선거 운동에 기부하는 형식으로 존슨을 지원했다.[13] 그 돈으로 존슨 선거 본부는 매력적인 라디오 진행자와 성공한 홍보 전문가를 고용해 음악이 있는 연극적인 정치 집회를 기획하고 제작할 수 있었다. 그들은 대본을 작성하고 연예인을 고용했고, 24인조 재즈 밴드와 다수의 가수와 무용수를 집회장에 데리고 다녔다. 저녁이면 애국적인 내용을 다룬 야외극이 하얀 야회복 재킷을 입은 재즈 밴드의 공연으로 시작됐고, 뒤이어 〈아름다운 미국America the Beautiful〉 등 애국심을 고취하는 노래가 연주됐다.

분위기가 적절히 달아오르면, 린든 존슨이 무대에 올랐다. 그는 루스벨트와 악수를 나누는 사진을 뒤에 두고, "외투를 벗고 셔츠 소매를 말아 올린 모습으로 즉석연설을 시작했고, 곧이어 꾸밈이 없으면서도 진지하게 청중들과 대화를 나누었다."[14] 그는 무엇이든 해내는 상원의원이 되겠다고 약속했다. 루스벨트 대통령이 그에게 뭔가를 원하면, 그 일을 반드시 해내겠다고 약속했다. 그러고는 시끌벅적하게 광고된 클라이맥스가 뒤따랐다. 모든 청중이 자리를 지키고 떠나지 않은 이유가 거기에 있었다. 집회장에 입장할 때 모든 청중에게 경품권이 주어졌던 것이다.[15] 무대 위 커다란 통에서 꺼낸 숫자와 일치하는 경품권을 가진 사람은 1달러부터, 운이 좋으면 100달러까지 상당한 액수의 국방채와 우표를 받았다.

존슨의 집회에 모이는 군중이 증가하고 열기도 뜨거워지자, 여론조사 결과도 달라졌다. 처음에는 네 후보 중 바닥으로 지지율은 5퍼센트에 불과했지만, 20퍼센트, 다음에는 30퍼센트로 올라갔고, 마지막 주에는 선두이던 오대니얼 주지사를 간발의 차이로 앞섰다. 그러나 여론조사는 선거판에서 한 부분을 반영할 뿐이었다. 당시 텍사스 정계는 부패가 만연한 상태였다. 텍사스 남부와 동부의 몇몇 카운티에서 지역 지도자들은 박빙의 선거에서 필요한 표를 "제공"할 수 있었다. 존슨 또한 상당한 선거 자금이 선거 본부로 흘러들어온 터라 텍사스 남부에서 그런 표를 쉽게 확보할 수 있었다. 존슨은 승리를 확신했다. 개표 초기에 존슨은 넉넉히 앞섰기 때문에 선거 운동원들이 존슨을 헹가래질하는 사진이 언론에 실리기도 했다.[16]

사기충천한 존슨은 경계심을 늦추고, 모든 공식적인 투표가 마무리될 때까지 전통적으로 함구하던 협력 선거구를 발표했다. 그 발표에 표차는 더욱 벌어졌고, 저녁쯤에 존슨은 5,000표를 앞섰다. 하지만 시골 지역 투표가 여전히 느릿하게 진행되고 있었다. 그래도 〈매캘런 데일리 프레스〉는 '린든 존슨, 상원 선거에서 승리'라고 머리기사를 썼고,[17] 〈댈러스 뉴스〉는 "프랭클린 루스벨트의 선택을 받은 후보를 이기려면 기적이 필요하다."라고 썼다.[18] 하지만 다음 날, 정말 기적이 일어났다. 정치 지도자들의 입김이 막강하던 텍사스 동부의 여러 카운티에서 오대니얼을 지원한 때문이었다. 존슨이 협력 선거구를 너무 일찍 공개하는 바람에 오대니얼 선거 본부가 선거에 승리하려면 어느 손을 잡아야 하는지 알 수 있게 된 것이었다. 투표 집계가 끝났을 때 1,311표 차이로 오대니얼의 승리가 선포됐다.

———◇———

존슨은 하원으로 돌아갈 준비를 하면서 그동안 워싱턴에서 얻었던 존경과 애정을 적잖게 상실하지 않았을까 걱정했다. 하원 분위기가 승리를 다짐하며 떠나던 때와 패하고 복귀했을 때가 같지 않았으니 말이다. 게다가 루스벨트 대통령이 그의 당선을 지원하려고 비상한 노력을 기울였으니, 대통령을 실망시키고 곤란하게 만들었다는 자괴감도 떨칠 수 없었다. 실제로 루스벨트 보좌관, 토미 '더 코르크' 코코란은 "우리가 줄 수 있는 모든 것을 그에게 주었다. 모든 것을! 하지만 그는 승리하지 못했다."라고 아쉬워했다.[19] 존슨은 백악관의 신임을 잃었다는 생각에 무척 불안해하며, 대통령을 방문하는 것도 자제했다. 올레드 주지사에게는 "내 계좌가 넉넉하지도 않은데 너무 많은 수표를 끊은 것 같습니다. 하지만 돈이 바닥나서 부도난 수표가 내 얼굴에 던져지는 걸 바라지 않습니다."라고 비유적으로 속내를 털어놓았다.[20] 결국 루스벨트가 먼저 존슨에게 손을 내밀었다. 백악관에서 가진 사적 만남에서 루스벨트는 특유의 익살로 존슨의 기운을 살려주려 애썼다. "린든, 텍사스 사람은 우리 뉴욕 사람이 가장 먼저 배우는 것 중 하나를 배우지 않은 모양이군. 선거가 끝나면 투표함에 앉아 모든 걸 깨끗이 잊어야 하는 걸세."²¹ 루스벨트의 계속된 격려에도 존슨은 실의에서 벗어나지 못했다. 존슨은 더 이상 '원더 보이wonder boy'가 아니었고, 자신 앞에 무한한 미래가 펼쳐져 있다고도 생각하지 않았다. 그는 435명의 하원의원 중 한 명에 불과했고, 그의 보좌관을 비롯해 모두가 그의 패배를 알고 있는 곳에서 자리를 지키고 있을 뿐이었다.

에이브러햄 링컨은 우울증에 빠져 친구들이 그의 방에서 칼과 가위, 면도날을 빠짐없이 치워버려야 했고, 한날 어머니와 아내를 잃은 시어도어는 우울증에 빠지며 중대한 시련을 맞았다. 또 프랭클린 루스벨트는 소아마비에 걸리며 모든 꿈을 포기해야 할 지경에 이르렀다. 린든 존슨의 1941년 선거 패배를 이런 중대한 시련의 기폭제로 생각하는 것은 지나친 과장으로 여겨질 수 있다. 하지만 공적인 삶과 사적의 삶을 하나로 생각하던 린든 존슨에게 닥친 불안정을 고려하면 이렇게 보는 것도 무리는 아니다.

린든 존슨은 아버지가 현관 옆에서 동료들과 나누는 정치 이야기를 엿들으며 아주 어렸을 때부터 정치에 관심을 가졌다. 또 아버지를 따라 주의사당을 들락거렸고, 아버지의 선거 유세에도 즐겁게 따라다녔다. 상원 선거에 패한 뒤에는 잠시 정계를 떠나는 것을 고려했지만, 여전히 유지하던 하원의원직을 지키는 것 이외에 정치적으로 다른 대안이 없었다. 존슨에게 사적인 삶은 공적인 삶을 추진하는 터전이었는데, 사적인 삶에서 아무런 위안을 얻지 못했다. 존슨에게는 공적인 문제를 잊고 집중할 만한 취미도 없었다. 먹는 것조차 이동하는 데 필요한 영양을 섭취하는 것에 불과했다. 요컨대 린든 존슨은 정치를 위해

먹고 마셨고 잠을 잤다.

에이브러햄 링컨은 일리노이주를 미국의 경제 모델로 만들겠다는 꿈이 좌절되고 수개월 후에야 변호사 활동을 재개할 수 있었다. 변호사라는 직업은 남들과 어울리는 걸 좋아하던 그가 열망하는 동지애를 구축하는 토대가 됐고, 그에게 책을 읽고 남들과 대화하며 스토리텔링 능력을 배우고 가다듬는 시간과 공간도 제공했다. 시어도어 루스벨트는 막대한 재산을 물려받은 덕분에 배드랜드에서 토지와 가축을 구입해 널찍한 목장을 세웠다. 그곳에서 하루에 16시간씩 말을 타며 우울증에서 서서히 벗어났다. 또 5주간의 소몰이에 참여하고 자연 세계를 탐험하며 체력과 체격을 키워갔다. 세라 루스벨트가 제공한 재력 덕분에 프랭클린은 낡은 리조트를 구입해 웜스프링스에 치료 센터를 세울 수 있었다. 그곳에서 프랭클린은 '닥터 루스벨트', 수석 고문, 영적인 지도자, 일과 놀이를 결합한 치료법의 선구자로서 추적하던 적합한 치료법을 찾아내어 소아마비 환자들에게 희망과 삶의 재미를 되돌려주었다.

세 거인은 중대한 시련을 겪으며 리더십의 역량을 키웠고, 재앙을 행운으로 바꿔놓았다. 그러나 역경으로 성격이 어두워지고, 불신과 분노까지 깊어지면 어떻게 되겠는가? 슬픔과 상실에 빠져 진실한 공감 능력이 떨어지고, 권력과 부를 축적하겠다는 외곬에 빠지면 어떻게 되겠는가? 린든 존슨의 경우가 그랬다. 선거 패배로 그의 본성에서 부정적인 면이 증폭되었고, 그의 리더십마저 위태로워졌다. 그러나 심각한 심장마비를 일으킨 뒤, 존슨은 과거의 우선순위를 되살려내며

삶의 과정을 재정립했고, 커툴라에서 처음 보여주었듯 다른 사람들의
삶을 향상시키는 데 자신의 능력을 사용하겠다는 단호한 결심을 다시
확고히 다졌다.

———◇———

프랭클린 루스벨트가 초선 의원이던 젊은 린든을 후원한 까닭에,
연방 하원의 제도적 구조에는 린든 존슨의 리더십이 맞지 않다는 사
실이 제대로 드러나지 않았다. 루스벨트 대통령의 관심과 배려 덕분
에 린든 존슨은 하원에서 놀라울 정도로 신속하게 두각을 나타낼 수
있었지만, 상원 선거에 패한 뒤 하원에 복귀했을 때 루스벨트 대통령
은 나날이 확대되는 전쟁에 사로잡혀 한눈팔 틈이 없었다. 존슨은 하
원에서 방황하며 지냈다. 하원의 구조가 그의 기질에 적합하지 않다
는 게 점점 명백해질 뿐이었다.

1940년대의 연방 하원은 연령에 기초한 연공 서열제*를 따랐다. 따
라서 지도층에 오른 핵심 의원들은 오랜 시간, 심지어 수십 년을 하원
에서 일한 사람들이었다. 이런 제도하에서는 유능한 사람도 체념한
채 하염없이 기다려야 했기에 존슨의 강점—기회를 포착하는 본능적
능력, 누구보다 신속하게 열심히 일하는 역량—은 무력화될 수밖에
없었다.

---

* 　근속 연수가 긴 구성원을 승진과 보수 등에서 우대하는 인사 제도 - 편집자주

하원은 성급한 젊은이에게 적합한 기관이 아니었다. 58세에 하원 의장이 된 새뮤얼 레이번도 사반세기를 하원에서 보내야 했다. 젊어서 죽을지도 모른다는 두려움에 존슨의 절박감은 더욱 커졌다. 존슨 가문의 남자들에게는 심장병 가족력이 있었다. 린든의 아버지는 40대 중반에 건강이 약해지기 시작했다. 또 50대 중반에 처음 심장발작을 일으켰고, 환갑을 넘기고 며칠 만에 세상을 떠났다. 린든에게 샘 휴스턴 고등학교 교사직을 구해준 삼촌 조지는 57세에 심장마비로 사망했다. 가족력이 사실이라면 린든에게는 달팽이처럼 느릿하게 승진하며 수십 년을 보낼 여유가 없었다.

하원의 규모도 존슨의 강점에 불리하게 작용했다. 2년마다 시행되는 선거가 끝나면 의원들이 바뀌었기에 존슨은 자신의 중심 세력으로 삼을 만한 개인적 네트워크를 구축하기가 쉽지 않았다. "누구든지 방에 데리고 들어가면 그를 내 편으로 만들 수 있다고 믿었듯이", 존슨의 훤칠한 외모와 설득력 및 강인한 의지력은 얼굴을 마주하는 대면 관계에서 절대적인 이점을 발휘할 수 있었지만,[22] 청중과의 거리가 멀어지면 그는 답답증을 호소하며 설득력을 발휘하지 못했다. 인간의 욕망과 동기를 헤아리는 그의 능력은 허물없이 반복해서 주고받는 대화에 근거한 것이었다. 하지만 그런 대화는 435명의 하원의원이 여러 건물에 분산되고, 나날이 확대되는 보좌관들에 둘러싸인 하원에서는 거의 불가능했다.

존슨은 많은 청중을 상대로 연설하는 걸 거북하게 생각했다. 따라서 다양한 쟁점에 대해 공개적으로 발언하고, 의원석 토론에 참여하며 전국적인 명성을 쌓아야 했지만 그렇게 하지 못했다. 캘리포니아에서 당선된 한 하원의원은 "적잖은 의원이 항상 의원석을 지키며 자유주의적 대의를 위해 싸웠다. 그러나 존슨은 의원석 토론에 끼어들지 않았다. 의원석에 있었지만 거의 입을 다물고 조용했다."고 기억했다.[23] 물론 존슨은 자신의 선거구민들을 위해 꾸준히 노력했지만, 그런 일상적인 책무로는 그의 수그러들지 않는 야망을 충족하지 못했다. 그의 동료 의원, 오비 클라크 피셔Ovie Clark Fisher는 당시를 회상하며 "내가 보기에 그는 항상 만족하지 못한 표정이었다. 정복할 더 큰 세계를 끊임없이 찾고 있는 듯했다."고 말했다.[24] 실제로 존슨은 1941년부터 1948년까지 하원에서 보낸 7년을 일종의 연옥으로 보았다.

당연한 말이겠지만, 존슨의 기력 상실과 일에 대한 의욕 약화는 직원들과의 관계에도 악영향을 미쳤다. 역사학자 랜들 우즈Randall Woods는 "그는 우울감에 젖어 지내면서 뜬금없이 분노를 터뜨렸고, 아무나 비난하며 상실감을 메우려 했다."고 말했다. 그의 폭력적인 행동은 더욱 악화됐다. 한 여성 직원은 "어느 날, 존슨은 자신이 원하는 전화번호를 빨리 대답하지 못하자, 나에게 책을 냅다 던졌다. 그날 이후 나는 그가 약간 무서웠다."고 회상했다.[25] 존슨이 상원에 도전했을 즈음에는 그의 곁을 가장 오랫동안 지켰던 두 보좌관, 루서 존스와 진 래티머도 떠난 뒤였다. 존스는 하원에서 보좌관으로 채용되고 1년이 지나지 않아, "존슨 곁을 떠나지 않으면 잡아먹힐 것"이라 생각하며 그의 곁을 떠났다.[26] 래티머는 정확히 1년 후에 떠났다. "정말 문자 그대로 일하다 죽을 것 같았다. 잠시도 휴식을 취할 수 없었다."[27] 존슨은 존스와 래티머를 지체 없이 유능한 직원들로 대체했다. 그러나 그 누구도 존슨의 집중력에 영감을 받지도 못했고, 중요하고 유익한 프로젝트에 함께 참여하는 즐거움도 없었기에, 새로운 팀에는 변덕스럽고 억압적인 '대장'에도 불구하고 과거의 팀을 하나로 묶어주었던 동료애가 형성되지 않았다.

———◇———

전에는 재물에 대한 욕심을 전혀 보이지 않던 존슨은 재산을 축적하는 데 더 많은 시간과 에너지를 할애하기 시작했다. 존슨은 진주만 공격의 여파로 해군에서 복무한 뒤, 하원에서 기회를 기다렸다. 요컨대 보좌관들에게 선거구 관리를 맡기고, 10년이 지나기 전에 막대한 재산이 될 만한 것을 축적하며 하루하루를 보냈다. 돈의 변덕스런 수입과 지출은 처음부터 린든 존슨의 가족에게 무척 중요한 부분을 차지했다. 어린 시절부터 아버지 사업의 성패가 불화와 불안의 원인이었기 때문이다.

1943년 레이디 버드가 텍사스 오스틴에 운영되던 파산 직전의 라디오 방송국 KTBC를 인수하며, 린든 존슨의 부의 제국이 시작됐다. 레이디 버드가 상속받은 돈 1만 7,500달러로 작은 방송국을 인수하자마자, 연방 통신위원회Federal Communications Commission, FCC가 출력을 높이고 방송 시간을 하루 24시간으로 연장하는 축복을 내려주었다. 게다가 방송 제휴를 허용해 경쟁 가능성도 차단했다. 이런 유리한 법령에 힘입어 레이디 버드는 텔레비전 방송국까지 인수했고, 이어 얻은 수익을 다시 주식과 부동산과 목장에 투자했다. 〈월스트리트 저널〉의 한 기자는 "나란히 자라는 두 그루의 어린 떡갈나무처럼, 의정 활동과 사업에서 린든 B. 존슨의 경력은 쑥쑥 성장했다. 두 줄기는 평행하게 똑바로 올라갔고, 가지들은 뒤얽혔다."고 비유했다.[28]

커툴라에서 초등학교 교장이었을 때 멕시코계 미국인 학생들을 위해 체육 장비를 구입하고 운동장을 마련하려고 쥐꼬리만 한 봉급의 상당 부분을 썼던 린든 존슨과, 재산의 증식 속도에 비례해 정치색도 우경화됐던 하원의원을 비교하면, 그가 상원 선거에서 패한 후유증으로 본연의 마음가짐을 상실했다는 게 뚜렷이 드러난다. 정치에 처음 뛰어들었을 때 그에게 삶의 방향과 의미를 부여했던 야망, 즉 빈민가를 정리하고 외진 지역까지 전기를 끌어오려고 싸우고, 청소년 관리국에서 일하며 다른 사람들의 삶을 더 낫게 해주겠다는 야망은 이제 자신에만 집중되었다. 권력을 향한 욕망에 동반된 목적의식을 상실한 때문이었다. 권력을 향한 욕망과 목적의식, 이 둘은 진정한 리더십에서 반드시 필요한 야망의 이중성이다.

———◇———

정치 멘토였던 프랭클린 루스벨트의 죽음 이후, 린든 존슨의 목적의식 상실은 더욱 뚜렷이 나타났다. 1948년 연방 상원에서 한 자리가 비워지자, 존슨은 상원에 진출할 마지막 기회라 생각하며 다시 도전하기로 결심했다. 점점 보수화된 텍사스에서 선거를 준비하며, 존슨은 더욱더 오른쪽으로 기울어졌고, 심지어 과거에 뉴딜 정책을 옹호했다는 사실마저 부인했다. 한 기자에게는 "내 생각에 '뉴딜 정책 지지자New Dealer'란 표현은 부적절"하다며, "수력의 발전"을 비롯해 루스벨트가 추진한 여러 프로그램의 효과를 여전히 믿지만 "나는 자유시장 경제가 옳다고 생각한다. 민간이 할 수 있는 사업을 정부가 하는 게 바람직하다고는 생각하지 않는다. 가능하면 정부는 간섭하지 않아야 한다."고 말했다.[29]

7년이나 기다리던 기회가 찾아왔지만 어느덧 40세가 된 존슨은 무척 두려웠다. 이번 보궐 선거에는 안전망이 없었다. 전부냐 전무냐, 둘 중 하나였다. 패하면 10년 동안 연륜을 쌓아온 하원의원직을 잃게 되어 20대 이후 처음으로 워싱턴의 공직을 떠나야 했다. 존슨은 자신의 정체성이 신분과 지위에 따라 결정되는 것처럼 "모든 것을 잃을 수 있다는 생각을 견딜 수 없었다."고 솔직히 말했다.[30] 친구들과 친척들은 존슨에게 상원에 도전하라고 부추겼지만, 존슨은 결정을 계속 미루었다. 기다리는 데 지친 측근들은 존슨에게 옛 보좌관이던 존 코널리John Connally를 다시 영입하라고 설득했다. 그날 오후, 존슨은 연방 상원의원에 출마하겠다고 선언했다.

선거를 앞두자 린든 존슨은 어김없이 지독한 스트레스를 받았고, 그 결과 열병과 오한, 복통과 두통, 우울증, 심지어 신장 결석까지 나타났다. 존슨이 선거 운동원이던 조 핍스에게 이렇게 말했을 정도다. "정치인, 좋은 정치인은 이상한 오리, 그러니까 무척 특이한 사람이다.

자신에게 투표하여 자신을 사랑한다는 걸 입증해 달라고 유권자들에게 주기적으로 손이 발이 되도록 빌어야 하는 사람은 아플 수밖에 없다. 얼마나 집착하는지에 따라 다르겠지만 지독히 아플 수 있다. ······ 나를 중대한 병에 걸린 소중한 친척이나 친구라 생각해보라. 병을 낫게 하려면 보살핌과 동정, 위안과 사랑이 필요하다고 생각해보라. 그럼 병을 훌훌 털고 일어설 것이고, 다음 선거가 시작될 때까지 어떤 증상도 보이지 않을 것이다."[31]

존슨의 주된 상대는 코크 스티븐슨Coke Stevenson이었다. 당시 텍사스 주지사이던 스티븐슨은 유명세에 힘입어 경선 초기에 선두를 달렸다. 하지만 텍사스는 민주당 세력이 강세여서, 민주당 예비선거에 승리한 후보는 가을 본선에서도 승리할 것이 확실했다. 따라서 선거 운동은 인물 중심으로 전개됐다. 린든 존슨만큼 특이한 인물은 없었다. 선거 유세에서 존슨은 하루 20시간씩 일했다. 유권자들과 악수했고, 간결하게 연설하며 라디오 인터뷰에 집중했다. 그의 비서 도로시 니컬스Dorothy Nichols는 당시를 이렇게 회상했다. "그는 욕조에서도 일했다. 작은 마을의 작은 호텔에 묵으면, 린든은 보좌관을 욕실로 호출했다. 보좌관이 욕실에 들어가면, 린든은 욕조에 몸을 담근 채 보고를 받았고, 곧이어 두세 명의 비서가 들어가 편지를 받아썼다. 린든은 잠시도 쉬지 않았다."[32]

유권자의 관심을 사로잡는 것이 중요하다고 생각한 존슨은 헬리콥터를 타고 텍사스주 전역을 돌아다녔다. 과거에 어떤 후보도 시도하지 않은 기발한 방법이었다. 이 헬리콥터는 '존슨의 도시 풍차'란 별명이 붙었는데, 텍사스의 외진 지역에서도 유권자들의 주목을 받기에 충분했다. 프랭클린 루스벨트가 주상원의원에 출마했을 때 요란하게 장식된 붉은색 맥스웰 자동차를 타고 헛간부터 목초장까지 유세하며 돌아다녔다면, 린든 존슨은 재미있고 신나는 선거 운동에 현대식 선거 기법을 더한 셈이었다. 그는 선발대를 유세지에 먼저 보내 분위기를 조성했고, 정교한 여론조사와 라디오 홍보를 도입했다. 또 마을 광장이나 풋볼 경기장을 선회하며, 헬리콥터에 부착된 방송 설비로 자신의 도착을 알렸다. "안녕하십니까? 여러분의 차기 연방 상원의원 린든 존슨입니다. 정확히 1분 후에 착륙하겠습니다. 여러분 모두와 악수를 나누고 싶습니다."[33] 마을에 헬리콥터가 착륙할 만한 곳이 없을 땐 그 마을에서 오래전부터 그에게 탄원 편지 등을 보낸 유권자들의 목록을 참조해 헬리콥터에 탄 채 이런 식으로 말했다. "안녕하십니까, 존스 씨. 당신의 친구, 린든 존슨입니다. 아쉽게도 오늘은 착륙할 수가 없군요. 제가 여기에서도 당신을 생각하고, 당신의 편지와 지적을 고맙게 생각하고 있다는 걸 알아주시기 바랍니다. 당신은 당연히 저에게 투표하시겠지만, 친구분들에게도 저에게 투표해 달라고 말씀해주시기 바랍니다."[34]

선거일, 어떤 후보도 섣불리 승리를 선포할 수 없을 정도로 결과는 박빙이었다. 존슨과 스티븐슨 모두 득표수를 낮게 혹은 높게 계산하며 승리를 선언할 적절한 때를 엿보는, 같은 게임에 열중했다. 이번에는 존슨 선거 본부가 더 영리하게 행동했다. 1941년에는 자신감에 넘치고 이튿날 언론의 머리기사를 독차지하고 싶은 욕심에 "매수한" 선거구의 표를 너무 조급히 발표하는 실수를 저질렀지만, 이번에는 달랐다. 존슨의 보좌관, 월터 젠킨스는 "1948년 선거는 우리가 더 많은 것을 배운 뒤였다. 자신만만한 스티븐슨 선거 본부는 승리를 일찍이 공언한 반면, 우리는 우리가 강세인 지역에서 사람들에게 투표를 서둘러 하라고 재촉하지 않았다. 오히려 그들이 최후의 순간까지 기다리기를 바랐다. 그런 식으로 '일종의 속임수'가 개입되면,[35] 스티븐슨 쪽이 반격할 틈이 없었다."고 말했다.

존슨의 후원자인 오스틴 시장, 톰 밀러Tom Miller는 "그들이 텍사스 동부의 표를 훔치고 있었다면 우리는 텍사스 남부의 표를 훔치고 있었다. 누가 승리할지는 예수 그리스도만이 알 수 있었다."고 당시를 회상했다.[36] 결국 87표차로 린든 존슨은 오랫동안 간절히 원하던 상원에 올랐고, 박빙의 차이를 조롱하듯 "랜드슬라이드* 린든Landslide Lyndon"이라는 별명을 얻었다.

―――◇―――

87표 덕분에 린든 존슨은 역학 구조에서 하원과 완전히 다른 조직에 들어갈 수 있었다. 상원은 그의 기질에 훨씬 더 적합했고, 남다른 리더십을 발휘하기에도 안성맞춤이었다. 상원은 규모가 더 작지만 더 친밀하고, 상대적으로 절차에 얽매이지 않는 조직이었다. 또한 하원

---

* 압도적인 표차를 뜻한다. - 편집자주

의 임기는 2년이지만 상원은 임기가 6년이란 점에서 더 안정적이기도 했다. 상원은 소규모 모임에서 얼굴을 맞댄 친밀하고 감정을 억제한 관계를 통해 상대의 마음을 사로잡고 설득하는 능력이 뛰어난 리더에게 더할 나위 없이 적합한 조직이었다. 상원은 관습과 '게임의 불문율'에 따라, 초선 상원의원들에게 일종의 견습 기간을 요구했고, 윗사람에게 경의를 표하고 의석에서 너무 빈번하게 발언하는 걸 자제하며 '행동 규범'―정확히 말하면 린든 존슨이 오래전부터 함양해온 사고방식―을 학습하는 데 집중하기를 바랐다.[37]

그가 다른 시대에 상원의원이 됐다면 남다른 리더십 재능을 마음껏 발휘할 수 없었을 것이다. 예컨대 형식을 갖춘 곳에서는 효과적으로 발언하는 능력이 상대적으로 부족했던 까닭에 상원의 '황금시대'―상원에서 그 시대의 핵심 쟁점을 토론하며, 매사추세츠의 대니얼 웹스터, 사우스캐롤라이나의 존 C. 칼훈, 뉴욕의 윌리엄 헨리 수어드처럼 위대한 웅변가가 전국적인 인물로 부상하던 남북전쟁 이전의 수십 년―에 상원의원이 됐다면, 아마 그 존재를 드러내기 쉽지 않았을 것이다. 하지만 존슨이 당선된 때의 상원은 그의 전형적인 리더십 방식에 완벽하게 맞아떨어졌다. 그의 보좌관, 조지 리디George Reedy의 평가에 따르면 "린든은 적절한 때 적절한 곳에 등장한 적절한 사람이었다."[38]

존슨은 상원에 입성하자마자 그 제도적 기관의 조직적 특징을 파악했고, 남부의 민주당 의원들과 보수적인 공화당 의원들이 내밀히 모인 비공식 연합체에 힘이 있다는 것을 어렵지 않게 알아냈다. 그들의 타협으로, 보수적인 공화당 의원들이 민주당에 협조해 시민권 입법에 반대했고, 그 대가로 민주당은 자유주의적인 사회경제적 대책에 반대했다. 이 연합체는 루스벨트의 '연방대법원 재구성 계획court-packing plan(정식 명칭은 사법 절차 개혁법)'을 무산시키려는 목적으로 잉태된 이후, 전략적인 위원회의 의장직을 확보하고 기민하면서도 권위적인 정무적 감각을 과시하며 시간이 지남에 따라 더욱 권한이 강화됐다. 이 비공식 연합체의 절대적인 리더는 거의 모든 상원의원에게 존경받는 리처드 러셀Richard Russell이었다.

상원에 첫발을 디딘 순간부터 존슨은 상원에서 영향력을 가지기 위해서는 러셀과의 관계가 중요하다는 걸 알았다. 물론 존슨만이 러셀의 특별한 위치를 인정한 것은 아니다. 그러나 러셀의 마음을 얻기 위한 전략을 구사한 초선의원은 존슨이 유일했다. 존슨은 대학에서 총장실 앞 복도를 걸레질하는 일을 맡았을 때 룸메이트에게 "세상에서 성공하려면 선두권에 있는 사람들과 가까워져야 해."라고 말한 적이 있었다.[39] 상원에 입성한 직후 존슨은 "매일 러셀을 만날 수 있는 유일한 방법을 알아냈다. 그가 속한 위원회에 들어가는 것이었다. 그렇지 않으면 우리는 그저 인사를 나누는 정도의 사이를 넘어서지 못했을 것이다. 그래서 나는 군사위원회Armed Services Committee에 들어가겠다고 신청했다. 다행히 내가 하원에서 국가 방위 분야에서 일한 덕분에 내 신청은 받아들여졌다."고 말했다.[40] 존슨과 러셀은 기질과 행동 방식에서 확연히 달랐지만, 일에 완전히 몰두하는 성향은 똑같았다. 상원은 독신이던 러셀의 존재 자체였다. 새뮤얼 레이번이 하원의 화신이었다면 러셀은 상원의 화신이었다.

린든 존슨은 레이번과 러셀을 멘토로 삼아 존경하며 좋아했고, 정성껏 섬기면서도 철저히 이용했다. 존슨은 두 사람이 일하지 않을 때 느끼는 허탈함과 불안을 정확히 이해하며 이렇게 설명했다. "러셀에게 상원은 집과 같은 곳이었다. 집에는 그를 위해 식사를 준비해주는 아내가 없었다. 따라서 러셀은 일찌감치 등원해 의사당에서 아침 식사를 해결했고, 늦게까지 의사당에 머무르다 길 건너편에서 저녁 식사를 해결했다. 그런데 러셀만큼 의사당에 오랫동안 머무르며 열심히 일하는 동료, 한 명의 상원의원이 있었다. 그 사람은 바로 나, 린든 존슨이었다. 일요일이면 하원과 상원이 텅 비고 조용해 적막할 정도였다. 주변 길거리도 썰렁했다. 정치인, 특히 러셀처럼 항상 혼자인 사람에게는 힘든 날이었다. 나는 그의 기분을 충분히 짐작할 수 있었다. 나도 월요일의 해가 뜰 때를 기다리며 시간을 보냈으니까. 러셀을 아침이나 점심 혹은 브런치에 초대하든지, 일요판 신문을 맥없이 읽든지 해야 했다. 그는 나의 멘토였다. 어떻게든 그에게 도움을 주고 싶었다."[41]

성공을 꿈꾸는 상원의원이라면 시간과 자원을 어떻게 사용하고, 상원에서 어떤 역할—국가적 쟁점에 대한 대변인, 지역 지도자, 특정한 분야의 전문가 등—을 맡을 것인지에 대해 중대한 결정을 내려야 한다. 존슨은 당을 운영하는 리더가 되겠다는 목표를 세우고, 당대표를 보조하는 실속이 없는 직책, 즉 이른바 원내총무party whip를 맡았다. 그래도 성실하게 노력하고 운이 좋으면 당대표로 올라서는 디딤돌로 삼을 수 있는 직책이었다. 1940년대 말과 1950년대 초, 대부분의 상원의원은 당대표와 원내총무라는 공식 직책을 멀리했다. 핵심 조직이 보유한 실질적인 힘에 비교하면, 그런 직책은 상징적인 지위에 불과했기 때문이다. 게다가 당을 위해 표를 모으는 책무를 다하려면 엄청난 시간을 투자해야 했던 까닭에 당 지도자들은 워싱턴을 떠날 수 없어, 지역구의 경쟁자에게 불리할 수밖에 없었다. 1950년의 선거에서 소수당이던 민주당의 원내총무와 당대표가 재선되지 못한 것은 결코 우연이 아니었다.

존슨은 원내총무라는 직책에 제공되는 기회를 얻을 목적으로 평소처럼 신속하고 효율적으로 행동했다. 즉, 다른 의원들이 줄곧 간과해왔던 가능성을 머릿속에 그리며 "그의 삶에서 가장 황급히 바랐던 목표 중 하나"라고 칭했던 원내총무라는 직책을 러셀에게 요구했다.[42] 1951년 러셀의 지원을 받아, 존슨은 역사상 최연소 원내총무가 됐다. 2년 뒤, 민주당은 소수당이 됐고 기존의 민주당 당대표도 재선에 실패했다. 공석이 된 당대표직에 도전한 존슨은 기발한 선거 운동을 시작했고, 처음에는 개혁적인 자유주의자들의 반대가 거셌지만 결국 만장일치로 선택을 받았다.

리더에 오를 때마다 경험했듯, 존슨은 대담하고 눈길을 끄는 시작이 중요하다는 걸 알고 있었다. 그는 이번에는 위원회의 배정 방식에 대대적인 변화를 주겠다고 선언했다. 연공서열을 이유로 중요한 위원회에 들어가지 못하는 초선의원들의 원망이 대단하다는 걸 간파한 존슨은 모두가 선호하는 위원회에 적어도 한 명의 초선의원을 배정하자고 러셀과 그의 연합체를 설득하고 나섰다. 그렇게 하려면 연공서열

규칙에 약간의 변화를 주어야 했다. 존슨은 연공서열이 궁극적으로 상원 전체에 유익한 역할을 할 수 있는 역동적이고 젊은 재능을 억누르고 있다고 러셀을 설득했다. 이 하나의 변화로 존슨은 모든 초선의원에게 찬사와 박수를 받았고, 그 이후 그들은 존슨을 든든한 후원자로 받아들였다.

그렇게 초선의원들의 마음을 얻은 존슨은 선배 의원들을 홀대하지 않으려고 조심했다. 그가 항상 연장자에게 예의바르게 행동했듯, 선배 의원들의 기분을 맞추려고도 최선을 다했다. 예컨대 쟁점을 간략하게 정리한 보고서를 제공해 그들이 위원회를 준비하는 걸 도왔고, 그들을 존중하는 마음을 공공연히 드러내보였다. 나이가 들면 모든 것이 둔화되기 마련이었기에 "그들은 굴욕을 당할까 두려워했고 주목받기를 바랐다. 따라서 관심을 받으면 사막에서 샘을 만난 것처럼 좋아했다. 그들은 고마워하는 마음을 나에 대한 전적인 지원과 의존으로 표현했다. 게다가 나는 연장자들과 함께 시간을 보내는 걸 워낙 좋아했다."[43]

당대표로 선출되고 수개월 만에 존슨은 운영과 절차를 진정한 힘의 원천으로 전환하는 능력을 유감없이 발휘했다. 정보 전달자와 정보 관리자 및 시간표 배정자의 역할은 지극히 평범하게 보이지만, 실제로는 상당히 중요하다는 걸 본능적으로 파악한 결과였다. 일반적인 관례에 따르면, 상원에서 논의할 법안들의 일정을 정하는 것은 당대표의 몫이었다. 존슨은 그 따분한 역할을 선선히 맡았다. 동료 의원은 어떤 법안에 대한 즉각적인 조치를 원하거나, 논란이 많은 투표를 연기하기를 바라면 존슨의 도움을 구해야 했다. 또 존슨은 사무실 공간을 배정하는 책무를 상원 규칙행정위원회Committee on Rules and Administration에서 당대표실로 이관해 상원의 관례에서 하찮게 여겨지던 또 하나의 업무를 막강한 영향력의 원천으로 바꿔놓았다. 오래지 않아, 신축한 상원 건물에서 좋은 곳은 존슨의 우군이 차지했고, 존슨에게 적대적이던 의원들은 좁고 낡은 건물로 밀려났다.

무엇보다 존슨이 상원에서 성공한 가장 큰 요인은 상대하는 사람들의 성격을 읽어내고, 그들의 바람과 욕구, 희망과 꿈을 알아내는 능력이었다. 시어도어 루스벨트가 주의회에서 학습하는 속도로 동료 의원들을 놀라게 했다면, 린든 존슨은 초선의원으로 자신이 상원에서 활동하는 걸 지켜본 사람들을 좋은 의미에서 입을 다물지 못하게 했다. 존슨은 상원의 전반적인 구조와 직원들, 관례와 전통을 곧바로 암기하며 "모든 상원의원, 즉 선량한 의원과 비정상적인 의원, 근면한 의원과 나태한 의원, 영리한 의원과 평범한 의원을 상대하려면 두 가지를 즉시 알아야 한다. 첫째, 정치인으로서 모두가 공통되게 지향하는 믿음과 가치가 있다는 걸 알아야 한다. 쉽게 말하면 모두가 명성과 명예를 원한다는 걸 알아야 한다. 둘째, 특정 상원의원을 가장 확실히 조절할 수 있는 감정이 무엇인지 알아야 한다."고 설명했다.[44]

존슨은 주변 사람들에 대해 무엇을 알게 되든지 하나도 잊지 않았다. 시간이 지남에 따라, 존슨은 모든 민주당 상원의원의 복합적인 모습을 머릿속에 담을 수 있었다. 구체적으로 말하면, 각 의원의 강점과 취약점, 상원과 그 너머에서 이루려는 포부, 의지력과 음주량, 아내와

가족에 대한 생각, 특히 자기 자신에 대한 생각—예컨대 어떤 상원의
원이 되고 싶어 하는가—등에 대해 빠짐없이 기억했다. 동료에 대한
존슨의 분석과 기억력은 점점 넓고 깊어졌고, 그의 정치적 직감도 거
의 정확해졌다.[45] 당파를 초월해 모든 동료 의원의 욕구와 바람을 세
세한 것까지 알게 되자, 존슨은 대표단에게 적절한 좌석을 배정하는
수준을 넘어, 파리를 여행하고 싶어 하는 의원의 소망과 나토 의원 총
회NATO Parliamentary Conference에 참석해 자신의 외교 정책력을 보강하려
는 의원의 바람도 채워줄 수 있었다. 따라서 상원의원들은 존슨에게
크고 작은 빚을 졌고, 이는 훗날 갚아야 할 빚이었다.

상원에서 권력을 향해 올라가던 매 단계에서, 존슨은 "상원 역사에
서 가장 규모가 컸고, 가장 효율적이었으며, 무자비할 정도의 격무에
시달렸지만 더할 나위 없이 충성스러웠던 참모진"의 도움을 받았다.[46]
조지 리디가 회고하듯이, 존슨과 함께 일하기는 결코 쉽지 않았다. 어
떤 때는 "영감을 주는 비할 데 없는 리더"였지만, 어떤 때는 "상종하고
싶지 않은 개자식"이었다. "그는 마지막 순간까지 함께한 사람들에게
도 잔인했지만, 뛰어난 성과를 거두면 호화로운 선물—값비싼 양복,
자동차, 여성에게는 장신구—로 고마움을 표현하기도 했다." 그러나
그런 선물은 추가로 쏟아지는 독설의 서곡인 경우가 적지 않았다. 항
상 그랬듯이, 참모들은 모든 것을 포기하고 그를 도와야 했고, 그를 위
해 개인적인 삶을 잊어야 했다.[47] 주기적으로 리디는 사직하려고 생각
했지만, 그때마다 존슨은 리디가 불만을 까맣게 잊을 정도로 굉장한
일을 해냈다.[48]

———◇———

1955년 중간 선거에 승리하며 민주당이 상원에서 다수당이 됐을 때 46세의 린든 존슨은 상원 역사상 최연소 다수당대표로 선택을 받았다.

지칠 줄 모르는 활력과 음흉한 책략, 외곬의 결단, 이름과 사람과 사건을 연결하는 능력, 업무 추진력과 기업가적인 예민한 직감, 재미 있게 이야기를 꾸미는 재능 등 많은 무기로 존슨은 입법부 정상에 올랐다. 신문 기자들에게 존슨은 막힌 곳을 뚫고, 입법부라는 기계를 삐거덕거리거나 과열되지 않게 원만히 돌아가게 유지하는 뛰어난 정치 정비공이었다.

마침내 린든 존슨이 "세상의 꼭대기에 올랐는데", 정상까지 오르는 과정에서 큰 소동을 일으킨 적이 한두 번이 아니었다.[49] 예컨대 상원의 전반기 활동을 되짚어보는 기자회견에서 한 기자가 기분 나쁜 질문을 하자, 존슨은 버럭 화를 내며 "빌어먹을! 당장 여기서 나가!"라고 소리쳤다.[50] 기자회견장은 아수라장으로 변했고, 기자단은 망연자실할 수밖에 없었다. 보좌관들은 사람들의 눈이 없는 곳에서 존슨의 욱하는 성질을 적잖게 경험했지만, 존슨이 공적인 장소에서는 그런 성질을 그럭저럭 억제해왔던 터였다.

이상한 무력증과 소화불량과 가중되는 스트레스에 짓눌려 지내던 존슨은 지극히 드물게 잠시 일을 떠나, 7월 4일 독립기념일 주말을 버지니아 미들버그에서, 정확히 말하면 좋은 친구이나 후원자이던 조지 브라운George Brown의 시골 별장에서 보내기로 결정했다. 미들버그까지

2시간가량 자동차로 가던 도중 "가슴이 뭔가에 짓눌린 듯 지독한 통증이 밀려왔다."[51] 존슨의 표현을 빌리면 "잭으로 트럭을 들어올리다가 잭이 미끄러지는 바람에 트럭이 가슴 위에 떨어져 내린 것 같았다."[52] 다행히 한 동행자가 과거에 심장마비를 일으킨 적이 있어 그 증상을 알아보았다. "저런, 심장마비를 일으킨 겁니다!"[53] 존슨은 구급차로 심장병동이 있는 가장 가까운 종합병원, 베데스다 해군 병원으로 옮겨졌다. 존슨의 오랜 친구, 포시 올토프Posh Oltorf가 구급차에 동승했다. 올토프는 당시를 회고하며 "병원까지 가는 동안 나는 정신을 차릴 수 없었다. 존슨은 지독한 고통에 시달렸다. 우리가 병원에 도착하기 전 존슨이 죽을지도 모른다는 생각이 들었다. 하지만 그런 통증에 시달리면서도 존슨은 의연하고 대담한 모습을 잃지 않았다."며 "존슨은 발가락이 아프면 온갖 불평을 쏟아내며 주변의 동정을 받으려 했지만, 그런 중대한 위기를 맞아서는 오히려 정반대로 행동했다."고 덧붙였다.[54]

레이디 버드는 병원에 미리 도착해 존슨을 기다렸다. 존슨은 병원에서 쇼크 상태에 빠져 생사의 기로를 오갔다. 하루를 넘길 때마다 생존 확률이 크게 높아졌지만, 의사들은 존슨이 민주당 당대표직에 바로 복귀하는 것은 절대적으로 불가능할 뿐만 아니라 "서너 달 동안 아무런 일도 하지 못할 것"이라고 언론에 말했다.[55] 실제로 AP통신 Associated Press은 "존슨, 심장마비로 백악관의 꿈을 접다"라는 머리기사를 내기도 했다.[56] 정계에도 심장마비로 존슨이 대통령에 출마할 가능성이 사라졌고, 당대표라는 부담스런 역할을 재기하지도 못할 것이란 소문이 퍼졌다. 정상을 향해 가던 존슨의 탄탄대로가 끊어지고, 종착역에 이른 것 같기도 했다.

존슨은 깊은 우울증에 빠졌고 심지어 자신의 죽음을 생각하며 한탄하는 듯했다. 자신이 올랐던 언덕에서 너무도 급격히 떨어진 탓에 낙담의 깊이가 더한 것은 당연했다. 그가 소중히 여기던 모든 것, 예컨대 현재의 성취와 미래의 야망이 모두 위태로워졌다. 존슨의 상태는 심장마비 이후에 흔히 나타나는 우울증의 정도와 확연히 달랐다. 조지 리디의 표현을 빌리면 "그는 그냥 누워 있을 뿐이었다. 전혀 존재하지 않는 사람처럼 느껴졌다. 우리 곁에 존슨을 대신한 것이 있지만, 그저 기계 덩어리인 것 같았다."

"어느 날, 그가 일어나더니 누구든지 빨리 와서 면도를 해 달라고 소리쳤다. 순식간에 병원 전체가 들썩거리기 시작했다. 곧이어 복도에 두 대의 타자기가 설치됐고, 존슨은 편지를 받아쓰게 했다. 하루아침에 다른 사람으로 변한 것이었다."[57] 무엇이 그를 시체 같은 상태에서 다시 일으켜 세운 것일까? 의사와 간호사가 기운을 돋우는 특효약을 처방한 것도 아니었고, 레이디 버드의 정성 어린 간호가 결정적인 자극제가 된 것도 아니었다. 존슨에게 다시 활력을 불어넣은 것은 격정과 사랑을 담아 건강 회복을 바라는 4,000통이 넘는 편지였다. 리디의 기억에 따르면 "그는 그 편지들을 읽고 또 읽었다. 그 편지들에 파묻혀 지냈다."[58] 마침내 "그의 방에 편지를 다 보관하지 못할 정도로 편지가 밀려들었다. 그가 누울 공간도 없었다."[59] 그 편지들은 "모두가 린든을 사랑한다."는 증거로 여겨졌다.[60] 존슨은 우쭐해졌고, 그 사랑에 보답해야겠다는 열의로 활활 타올랐다. 항상 지역구민의 요구에 즉각 대응했듯, 이번에도 모든 편지에 일일이 답장하는 행동에 돌입했다. 그들과 어떻게든 인연의 끈을 잇고 싶어 했다. 속기사들이 병원 복도에 배치됐고, 타자기들이 쉴 새 없이 따닥거렸다. 베데스다 해군 병원 17층은 분주하기 이를 데 없는 곳으로 돌변했다. 그렇게 편지를 쓰느라 존슨은 우울증에 빠질 틈 없이 즐겁게 시간을 보냈다. 생명을 구하는 수혈이 그렇듯, 존슨의 기운을 되살려낸 것은 답장 쓰기였다.

———◇———

"시간은 우리가 가진 가장 소중한 보물이다. 그러니 시간을 잘 써야 한다."[61] 존슨이 자주 인용하고, 가장 좋아한 격언이었다. 이번에는 이 격언을 더더욱 화급히 마음에 새겨야 했다. 과거에 그는 지나치고 과도한 면이 있었다. 휴식을 잊은 끝없는 업무, 만성적인 대사 장애, 빡빡한 일정에 틈틈이 배를 채운 끔찍한 식습관이 이제는 돌이킬 수 없는 치명타가 될 수 있는 상황이었다. 따라서 그런 습관을 바꿔야 했다. 목장에서 6개월 동안 요양할 때 건강한 식단이 아침에는 네 개비의 담배와 블랙커피를 대신했고, 저녁에는 스테이크와 감자튀김을 대체했다.[62] 또 새로 설치한 수영장에서 매일 운동했고, 위스키 음주량도 줄였다. 그 사이에 체중도 거의 20킬로그램이 줄었고, 규칙적으로 낮잠도 잤다. 의식적으로 천천히 걷고, 흥분하면 빨라지는 말하는 속도도 어떻게든 늦추어보려고 애썼다. 아내와 자식들과 더 많은 시간을 보냈고, 참모진에게도 더 친절하게 행동했다. 여하튼 과거보다 덜

까탈스러운 것은 사실이었다.

존슨은 자신에게 가마솥 같은 정계에 당대표로 복귀할 체력이 남아 있지 않을 거라는 언론에 반박하기 위해 대중을 직접 상대하는 전략을 택했다. 존슨은 그 자리에서 삶의 방식이 완전히 달라진 자신의 이야기를 자세히 털어놓았다. 특히 삶의 철학이 얼마나 달라졌는지는 〈심장마비가 내게 삶을 사는 방법을 가르쳐주었다〉라는 제목의 한 잡지 기사에서 가장 간결하게 표현된 듯하다.[63] 존슨은 자신을 완전히 달라진 사람, 즉 전인격적이고 사색적인 삶을 영위하고, 플라톤과 미국 역사를 읽으며, 클래식 음악을 감상하고, 텍사스 페더네일스의 자연계와 그의 목장 및 그곳의 동물들과 함께하는 걸 좋아하는 사람으로 묘사했다. 취재와 인터뷰를 위해 목장을 찾아온 기자들은 "슈트라우스의 왈츠를 들으며 해먹에 누워 책을 읽는 존슨"의 모습을 보았다.[64] 한마디로 음악과 각종 소품이 완벽하게 구비된 무대였다.

겉모습은 꾸며진 것처럼 보였더라도 진실한 변화는 분명 있었다. 죽음의 그림자가 그를 강하게 때린 까닭에, 그는 정교하게 계산된 홍보 전략 뒤에서 변화를 위해 자신과 처절히 싸우고 있었다. 뉴딜 정책을 함께 지원하던 친구, 짐 로Jim Rowe는 근래에 출간된 링컨 전기를 그에게 보내기도 했다. 링컨이 정계를 떠나 시간을 허비할 때 어떤 변화를 겪었는지를 자세히 다룬 전기였다. 당시는 존슨이 시간을 허비하던 때였지만, 결국에는 기력을 회복하고 방향을 재정비하는 시간이었다.

링컨은 심각한 우울증에 빠졌을 때 이런 의문을 품었다. 내가 지금 죽으면 어떻게 될까? 내 이름이 무엇 때문에 기억될까? "죽음의 문턱"

에서 되돌아온 존슨도 비슷한 의문을 품었다.[65] 상당한 재산을 모았는데, 그 재산을 어떤 목적에 사용하면 좋을까? 또 존슨은 전문 지식을 바탕으로 능수능란하게 상원이란 입법부를 다루는 법을 터득한 터였다. 이런 점에서 미국 역사상 존슨에 비견될 만한 능력자는 없었다. 그러나 그런 능력을 어떤 목적에서 키운 것인가? 외적인 직함과 상관없이, 목적의식도 없고 비전도 없는 능력은 리더십과 아무런 관계도 없었다.

의사들은 회복이 빠르면 존슨이 1월쯤 워싱턴에 복귀할 수 있을 것이라 진단했다. 새로운 회기가 시작될 1월이 가까워지자, 존슨은 신체적으로나 정신적으로 상원을 다시 지휘할 수 있는 힘을 되찾았다는 걸 보여주기 위해 공개적으로 연설할 계획을 세웠다. 그가 대중 앞에 공식적으로 다시 등장할 시간과 장소는 신중히 선택됐다. 텍사스 휘트니라는 호숫가의 작은 마을에 건설된 레이크 휘트니 댐이 11월 말에 국가방위군 훈련소에 헌정될 예정이었다. 휘트니는 작은 마을이었지만, 훈련소에는 5,000명을 수용할 공간이 있었다. 존슨 참모진은 텍사스주 전역에서 모인 사람들로 기념식장을 채워 존슨의 복귀를 반기는 모습을 보여주는 것이 "모두의 명예가 걸린 문제"라 여겼다.[66]

11월 내내, 조지 리디의 도움을 받아가며 존슨은 연설문을 다듬고 또 다듬었다. 자신이 격식을 갖춘 형식적 연설을 능란하게 해내지 못하는 걸 잘 알았기에 "다시 일터로 돌아왔다."라는 걸 보여주는 데 주력하기로 했다. 그래서 그가 연단에 오를 때도 진 오트리Gene Autry의 〈다시 일터로〉라는 노래를 배경 음악으로 선택했다.[67] 특히 그 연설을 계기로, 그가 처음 공직에 입문할 때 마음속에 품었던 가치관—도움이 필요한 사람, 즉 가난한 사람, 교육을 받지 못한 사람, 주거지가 열악한 사람, 노인과 병자 등을 돕기 위해 정치가 활용돼야 한다는 생각—을 되살리기로 결심한 것이 무엇보다 중요했다. 존슨은 "우리는 그런 사람들을 돌봐야 한다. 그것이 우리가 여기에 존재하는 이유"라는 말을 아버지에게 귀에 딱지가 앉도록 들은 터였다.[68] 심각한 심장마비라는 시련에서 회복되자 존슨은 자신에게 시간과 기회가 주어진다면, 아버지의 진실한 충고를 다시 되새기며 그 가르침에 따라 행동하겠다고 다짐했다.

프랭클린 루스벨트가 소아마비에 걸린 이후 처음 대중 앞에 모습을 드러냈던 1924년 전당대회 연설을 앞두고 강박적으로 연습하고 또 연습했듯이, 린든 존슨도 리디에게 "3분마다 전화를 걸어 to를 the로 혹은 the를 to로 바꾸라고 지시했다. …… 아무런 의미도 없는 지극히 사소한 단어까지 신경 썼다. 그때마다 연설문을 다시 타이핑해야 했다. 덕분에 내 불쌍한 비서는 그 빌어먹을 연설문을 얼마나 자주 타이핑했던지 잠을 자러 갈 때도 손가락을 허공에 톡탁거릴 정도였다."[69] 메리 래더도 당시를 회상하며 "우리가 목장에서 휘트니로 이동할 때도 존슨은 연설문을 고쳤다. 여하튼 마지막 순간까지 나는 연설을 다시 타이핑해야 했다."라고 말했다.[70]

점점 보수화되던 텍사스에서 생존하기 위해 뉴딜 정책을 비판하는 쪽으로 돌아섰고, 시민권에 대한 자신의 견해를 명확히 드러내지 않았던 존슨은 그 연설에서 "시대적 상황에 필요한 조치"를 강력히 천명했다. 이는 다가오는 의회의 회기가 지향할 방향을 명확히 제시하고 리더로서 국가를 끌어가려는 방향을 처음으로 언급한, 대담한 진보적 의제였다. 존슨은 사회보장제도 범위를 확대하고, 저소득층의 감면 혜택을 늘리고, 연방정부가 교육과 주택에 보조금을 지급하자고 주장했다. 또한 인두세를 폐지하기 위한 헌법 수정, 이민의 자유화, 공공도로와 수자원 보존을 역설하기도 했다. 이런 자유주의적인 주장들의 틈새에 하나의 수구적인 민원, 즉 부유한 텍사스 보수주의자들을 위한 천연가스 법안을 슬쩍 끼워 넣기는 했다.

"심장이 있는 프로그램Program with a Heart"이라 명명된 이 연설에서,[71] 존슨은 민주당의 유력한 대통령 후보이던 애들레이 스티븐슨Adlai Stevenson이 제시하던 수준을 넘어서는 사회적 비전을 보여주었다. 조지 리디는 존슨의 연설에 짜릿한 전율을 느꼈다며 "존슨이 그처럼 청중을 완벽하게 압도하는 걸 본 적이 없었다."고 덧붙였다.[72] 몇 번씩이나 청중들은 벌떡 일어나 박수를 치며 발을 굴렀고, 탁자를 내리치고 휘파람을 불며 존슨의 주장에 동의한다는 뜻을 내비쳤다.[73] 소외된 사람들과 교육을 제대로 받지 못한 사람들, 열악한 주거 환경에서 살아가는 사람들에게 느낀 연민에서, "나팔을 불어 예리코 성을 무너뜨리라고 명령하는 여호수아"처럼 그는 청중에게 믿음을 주며 열정적으로 연설했다. 준비된 원고를 끝내고는 강단에서 벗어나, 확신에 찬 목소리로 즉흥적으로 연설하기 시작했다. 리디의 표현을 빌리면, "존슨이 연설에 불어넣은 불덩이처럼 뜨거운 감정에 마음을 빼앗겨 모두가 어리벙벙한 상태로 기념식장을 떠났다."[74]

상원 다수당 대표가 심장마비 이후로 처음 공적인 행사에 참석한 것인 만큼 전국에서 기자들이 모여들었다. 따라서 존슨의 연설은 전국적인 주목을 받았다. 그 한 번의 연설로 존슨은 기회를 잡았고, 그 감동적인 연설은 "그곳에 참석한 모든 신문 기자의 마음을 사로잡았다." 자유주의의 상징이던 휴버트 험프리Hubert Humphrey는 "12번의 홈런에 1번의 스트라이크 아웃"으로 존슨의 연설을 요약했다.[75] "무척 괜찮은 타율"이었다. 험프리는 특히 인두세 폐지 요구에 주목하며,* 시민권 투쟁에서 드디어 유의미한 전진이 이루어질 듯하다고 평가했다.[76] 존슨은 연설에 담긴 열정적인 확신을 통해 국가를 인도할 준비가 돼 있음을 입증했을 뿐만 아니라, 텍사스주와 미국을 더욱더 혁신적인 방향으로 끌어가겠다는 단호한 결의도 보여주었다.

그렇게 목표를 명확히 제시하며, 뉴딜의 탕아는 되돌아왔다.

———◇———

1957년 1월 린든 존슨은 상원 다수당 대표로 복귀하자마자 시민권

---

* 1870년 수정헌법 제15조로 흑인 참정권이 규정되었으나, 백인들은 갖가지 조건을 더해 이를 막았다. 그중 하나가 인두세 납부를 투표의 선행조건으로 내세운 것이다. 이로 인해 빈곤하여 세금을 낼 수 없었던 흑인들은 투표권을 박탈당했다. - 편집자주

법안 통과에 전력을 기울였다. 1875년 강제법Enforcement Acts이 통과된 이후로 82년 동안, 다양한 시민권 법안이 하원에서 통과됐지만 상원에서는 남부 출신 의원들이 의사 진행을 방해하는 필리버스터filibuster를 활용해 시민권 법안 통과를 완강히 막아왔다.

일련의 사건으로 시민권의 입법화가 더욱 화급해졌다. 1954년 '브라운 대 교육위원회 소송 사건'에서 연방대법원이 공립학교에서 인종차별을 금지하는 결정(흑인 아동 분리 교육은 불법이라는 판결)을 내림으로써 시민권 운동이 앞당겨졌고, 이에 대해 남부에서 격렬히 반발하자 아이젠하워 정부는 투표권을 포함해 광범위한 시민권 차원에서 흑인을 보호하는 연방정부의 권한을 확대하는 법안을 의회에 서둘러 보냈다. 전해 하원에서 통과된 법안이 1월 초 상원의 심의를 위해 존슨의 책상에 올려졌다. 시민권 관련 법안은 상원을 통과하지 못했다는 오랜 역사적 전례에도 불구하고, 존슨은 여름이 끝나기 전 시민권 법안을 75년 만에 처음으로 상원에서 통과시키겠다고 친구들에게 약속했다.[77]

존슨은 하원을 통과한 첫 공화당 법안을 면밀히 분석한 끝에, 수십 년 전부터 상원에 보내진 모든 법안이 그랬듯이 그 법안대로는 결코 통과될 수 없다는 걸 즉시 알아차렸다. 한 증언에 따르면, 존슨은 "어떤 구절을 완전히 드러내고, 어떤 구절은 상당히 수정한 뒤에야 이 정도라면 통과하겠지!"라고 예측했다.[78]

그는 법안 통과를 위해 3막으로 전개되는 연극을 전략적으로 꾸몄다. 제1막에서 존슨은 필리버스터로 남부가 승리를 얻더라도 너무 큰 희생을 치러야 할 것이라고 자신의 멘토이자 남부파의 리더이던 리처드 러셀을 설득했다. 시민권 운동이 확산되는 속도로 판단하면, 3분의 2의 찬성을 얻어 토론이 종결되는 것은 시간문제일 뿐이고, "그렇게 되면 훨씬 과격한 법안도 막을 길이 없을 것"이라는 것이었다.[79] 게다가 법안을 무효화하는 시도가 성공하면 상원은 마비 상태에 빠질 것이고, 그럼 경제 침체라는 남부의 한층 근본적인 문제를 해결하는 데도 도움이 되지 않을 것이라고 덧붙였다. 결국 남부가 시민권의 점진적인 작은 진전을 받아들이면 미국에서 가장 번창하는 지역 중 하나가 되겠지만, 미래를 향한 진전을 거부하면 경제적 낙후 상태를 벗어나지 못할 것이란 뜻이었다.

존슨은 법안이 투표권만을 보호하도록 제한하고 사회경제적인 통합에 대해 일절 언급하지 않겠다고 러셀에게 약속했다. 또한 연방 군대를 남부에 파견해 법집행을 강제하는 권한을 대통령에게 부여한 부분도 삭제하겠다고 맹세했다. 흑인의 권리를 침해한 혐의로 기소된 남부인들에게 유리하도록 배심 재판을 받아내려고 노력하겠다고도 했다. 러셀은 존슨이 이런 약속들을 실행하지 않으면 필리버스터를 다시 시작하겠다는 생각에 당분간 결정을 미루고 법안에 대한 토론을 계속하기로 했다.

제2막의 주인공은 서부 로키산맥주*의 상원의원들이었다. 이 지역에는 흑인이 극소수에 불과해 시민권 운동도 거의 없었다. 이곳 출신 상원의원들은 대체로 시민권을 지지했지만 타협하더라도 북부의 동

---

* 로키산맥이 지나가는 미국 8주—몬태나, 아이다호, 와이오밍, 네바다, 유타, 콜로라도, 애리조나, 뉴멕시코 - 옮긴이주

료 의원들보다 잃을 것이 적었다. 따라서 존슨은 법안을 수정하는 데 필요한 응원군을 이 지역에서 확보할 수 있기를 바랐다. 거의 10년 전부터 서부 출신 민주당 의원들은 아이다호와 오리건의 경계 근처에 있는 헬스 캐니언Hells Canyon에 댐을 쌓는 데 연방정부의 지원을 확보하려고 투쟁해왔다. 그 댐이 완성되면 정부가 전 지역에 값싼 전기를 공급할 수 있었다. 하지만 아이젠하워 정부와 남부 보수적인 의원들은 관련 법안을 반대하며, 민간 기업이 그 건설 계획을 담당하고 전기요금도 결정해야 한다고 주장했다. 존슨은 명백한 정치적 거래를 도모하며, 로키산맥주 상원의원들에게 계류된 시민권 법안에서 가장 논란이 많은 조항을 삭제하는 데 동의하면 헬스 캐니언 댐과 관련된 법안에 찬성하도록 남부 의원들을 설득하겠다고 제안했다.

그 사이에도 존슨은 의사당과 휴게실을 떠나지 않고 계파가 다른 의원들을 번갈아 만나며 법안 문구를 수정하고 다듬었다. 또한 갈등이 돌이킬 수 없는 지경까지 치닫지 않도록 애썼고, 합의된 사항은 반드시 지켜진다는 걸 보여주려고도 노력했다. 실제로 헬스 캐니언 댐에 대한 법안이 통과되자마자, 곧바로 로키산맥주 의원들이 시민권 토론에 앞장서서 북부 의원들을 놀라게 했다. 와이오밍의 클린턴 앤더스 상원의원은 시민권 법안을 투표권 허용에 제한하고, 법안 집행을 위해 연방 군대를 파견하는 대통령의 권한을 삭제하자는 수정 조항을 제시하며 "시민권 법안이 상원에서 통과되는 걸 보고 싶습니다. 이번에도 통과되지 않으면 오랫동안 상원의 중대한 과실로 남게 될 것입니다."라고 말했다.[80]

앤더슨이 법안 수정을 제안하는 순간, 존슨은 법안 통과에 필요한 연합이 이루어졌다고 생각하며 곧바로 투표를 요청했고, 수정 조항은 통과됐다. 며칠 후에는 와이오밍의 조지프 오마호니Joseph O'Mahoney 상원의원과 아이디호의 프랭크 처치Frank Church 상원의원이 발언권을 얻어, 투표권을 침해한 혐의로 기소된 사람들에게 배심 재판을 받을 권리를 부여하는 수정안을 제시했다. 이 추가적인 수정 조항이 통과됨으로써 존슨은 세 지역을 하나로 통합하는 법안을 갖게 됐다.

아직 제3막이 남았다. 시민권과 관련된 법안을 전혀 인정하지 않는 것보다 완화된 법안이라도 통과시키는 게 낫다고 북부 상원의원들을 설득할 차례였다. 〈뉴욕 타임스〉도 사설에서 "연방 정부가 시민권을 광범위하게 집행하기를 바라는 사람들의 기준에서 보면 미약한 법안"이라고 지적했다. 하지만 그 법안은 "미국의 오래된 상처를 치유하는 과정의 첫걸음"이었다.[81] 그 법안이 전초적 단계에 불과하지만 미약하게라도 투표권 문제를 해결하는 것이 반드시 필요한 중요 단계라는 걸 존슨만큼 명확히 이해하는 사람은 없었다. 상원 단상에서 존슨은 "투표권을 가진 사람은 자신의 운명을 직접 결정하게 된다."라고 역설했다.[82] 물론 이빨 빠진 법안이라고 비난하는 사람도 적지 않았지만, 존슨에게는 법안의 내용보다 법안이 통과됐다는 사실이 더 중요했다. "우리가 할 수 있다는 걸 보여주었다. 2년 후에 다시 해낼 수 있을 것이다."[83]

1957년 9월 9일, '1957년의 민권법Civil Rights Act of 1957'이 정식으로 미국의 국법이 됐다. 존슨이 7개월 전 머릿속에 대략적으로 그렸던 내용과 거의 같았다. 그 법안에 상표를 새긴다면 당연히 LBJ(린든 베인스 존슨)이었다. 많은 신문에서 보도했듯이, 서부와 동부, 자유주의적인 민주당과 보수적인 공화당의 있을 법하지 않은 연합을 이뤄낸 주역은 LBJ였다. "예상과 달리 민주당이 피를 흘리지 않게 하며" 상원에 그 법안을 상정하고,[84] 북부와 서부 동료 의원들과 똑같이 남부 의원들도 자발적으로 투표하게 하자며 다섯 명의 온건한 남부 상원의원을 설득할 만한 타협안을 구상해낸 주역도 LBJ였다.[85] 남북전쟁 이후 미국 흑인에게 입법부의 문을 처음 열어준 사람도 LBJ였다.

전국에서 모든 신문이 법안 통과를 린든 존슨의 경력에서 "가장 인상적인 순간"으로 규정하며,[86] 존슨이 상원 역사상 가장 강력한 다수당 대표가 됐다는 폭넓은 공감의 증거라고 보도했다. 이듬해 매사추세츠의 존 F. 케네디John Fitzgerald Kennedy 상원의원은 "존슨은 민주당 대통령 후보가 되기에 충분한 자격이 있다. 그 능력을 이미 증명했다. 미국의 앞날에 대한 그의 생각은 나와 똑같다. 하지만 결국 최종적인 승리는 애퍼매톡스Appomattox*에 가까운 후보가 차지할 것이다."라고 선언했다.[87] 전前 대통령 후보, 애들레이 스티븐슨도 케네디의 지적에 동의하며, "성과와 능력이라는 관점에서 보면 존슨은 민주당 대통령 후보로 가장 적합했지만, 하나의 커다란 약점이 있었다. 그는 남부인이었다."고 말했다.[88]

20년 전 프랭클린 루스벨트는 린든 존슨을 처음 만났을 때, 그 수다

---

* 남군의 총사령관이 북군의 총사령관에게 항복한 곳 - 옮긴이주

스럽지만 강단 있는 하원의원에게서 대통령이 되기에 충분한 자질을 보았다. 그러나 정치적 혜안을 지닌 지도자답게 루스벨트도 "권력의 추가 서부와 남부로 이동돼야만 가능하다"고 보았다.[89] 1960년대 중엽 민주당 전당대회가 열렸을 때는 그런 이동이 충분히 이루어지지 않았다. 그 결과 민주당은 존 F. 케네디를 대통령 후보로 선택했다.

———◇———

정치적 계산을 신속히 끝낸 케네디는 린든 존슨에게 부통령직을 제안했다. 존슨이 그 제안을 받아들이자, 많은 사람이 도저히 이해할 수 없다는 반응을 보였다. 왜 존슨은 다수당 대표라는 강력한 지위를 포기하고 역사적으로 아무런 의미도 없는 부통령이란 직책을 받아들였고, 그의 표현을 빌리면 "상원에서 중요한 발언을 한 적이 없는 사람"의 부하로 일하는 데 동의했을까?[90] 모두가 이런 의문을 품었다. 존슨이 무시되고 장래성이 없는 지위에서 다른 사람들에게는 보이지 않는 보석을 캐내는 능력을 보여준 경우가 많았다는 것에 의문의 답이 있는 듯하다.

존슨이 부통령직을 실질적인 지위로 바꿔놓지 못했더라도 그의 노력이 부족한 탓은 아니었다. 텍사스에서 민주당이 승리함으로써 케네디는 대통령에 당선될 수 있었다. 케네디의 승리가 확정되자마자 존슨은 부통령의 운신을 확대하는 혁신적인 계획안을 구상했다. 민주당 상원의원들이 의원 총회를 위해 모였을 때 신임 당대표 마이크

맨스필드Mike Mansfield가 부통령을 민주당 상원 원내교섭단체Democratic Conference의 의장으로 선출하자고 제안했다. 민주당 상원의원들의 모든 공식 회의를 주재하는 역할을 부통령에게 부여하자는 뜻이었다. 46명의 상원의원이 찬성한 반면, 17명이 헌법에 명기된 권력분립이 훼손된다는 이유로 반대했다. 그런 투표 결과를 자신에 대한 심각한 거부로 해석하며 존슨은 맨스필드에게 그 제안을 철회하라고 요청했고, 부통령으로서 의회를 지휘하겠다는 희망을 버렸다. 이때 깊은 상처를 입었던지 존슨은 그날부터 의사당을 멀리하며, 케네디 대통령에게 그의 도움이 가장 절실히 필요했던 입법 전략에도 적극적으로 참여하는 걸 자제했다.

존슨 자신이 말했듯이 "일반적으로 말하면, 부통령은 거세한 수소와 같다. 그가 속한 사회에서 사회적 지위를 상실한 존재였다."[91] 한없이 샘솟는 기운을 배출하지도 못하고 주인공 역할까지도 빼앗기자 존슨은 깊은 우울증에 빠졌다. 연방정부 및 연방정부와 계약을 맺은 기업들이 직원을 고용할 때 인종차별을 금지하기 위해 설립한 '대통령 직속 고용기회 평등위원회President's Commission on Equal Employment Opportunity'의 의장으로 일할 때 일시적이나마 성취감을 얻을 수 있었다. 역사학자 아서 슐레진저Arthur Schlesinger에 따르면, 시민권에 대한 모임에서 존슨은 활기를 띠며 '복음주의 전도사'처럼 말했고, 그의 의견이 "대통령이나 법무장관보다" 훨씬 더 설득력 있게 들렸다.[92] 하지만 다른 주제를 다룬 모임에서는 존재하지 않는 것처럼 침묵을 지킨 까닭에 "거의 유령처럼 보였다."[93]

시어도어 루스벨트처럼 존슨도 "부통령이 되려고 태어난 것"은 아니라고 확신했다.[94] 존슨도 자신의 존재를 정당화할 만한 유의미한 업무에서 배제된 까닭에 방황하고 위축됐다. 부통령이란 지위에 제공되는 혜택—세계 여행과 운전기사, 공손한 대접과 박수—은 아무런 의미도 없었다. "존슨은 그 모든 것을 혐오했다."[95] 시어도어 루스벨트는 무의미한 직책의 따분함을 벗어나려고 법학 대학원에 돌아갈 가능성을 고려했지만, 린든 존슨은 다른 삶을 산다는 건 상상조차 못 했다. 그래도 한 친구는 "존슨은 정치인의 길이 끝났다고 생각하는 듯했다." 라고 말했다.[96]

시어도어 루스벨트와 린든 존슨만큼 부통령직의 구조적 제약으로 고통받은 역동적인 사람, "바지를 입은 증기기관"은 없었다.[97] 그런데 그 둘에게 부통령직이란 유치장이 급격히 열렸다. 루스벨트의 경우에는 윌리엄 매킨리 대통령이 세계 박람회에 참석해 영접자들—한 무정부주의자가 권총을 손수건으로 감춘 채 그들의 틈에 섞여 그를 기다리고 있었다—을 향해 다가갈 때였고, 존슨의 경우에는 케네디가 탄 검은색 리무진이 텍사스 학교 도서 보관소Texas School Book Depository Building를 지나 딜리 플라자Dealey Plaza로 들어서는 모퉁이를 돌아갈 때였다.

3부

리더와
시대

**그들은 어떻게
세상을 이끌어가는가?**

변혁적 리더십

Abraham Lincoln

"
에이브러햄 링컨과 노예 해방 선언
"

1861년 3월 4일 에이브러햄 링컨이 대통령에 취임했을 때, 하원은 분열된 정도가 아니라 화염에 휩싸인 상태였다. 링컨이 당선되고 취임할 때까지 4개월 동안, 7개의 남부 주가 '합중국the Union'에서 분리 독립하겠다는 결의안을 통과시켰다. 앨라배마주 몽고메리에 모인 7주의 대표들은 새로운 정부를 세우고 새로운 헌법까지 제정했다. 또한 전前 미시시피 상원의원, 제퍼슨 데이비스Jefferson Davis를 아메리카 연합국Confederate States of America의 임시 대통령으로 선출했다. 그 사이에 공화당은 극단적인 의견 대립으로 금방이라도 쪼개질 것 같았다. 한쪽에는 적절한 타협안이 제시되면 노예 소유주들이 합중국에 계속 머물 것이라 확신하는 온건파가 있었고, 반대편에는 타협은 완고한 남부를 더욱 자극하게 될 거라는 강경파가 있었다.

처음부터 링컨은 미국이 공동체로 공유한 경험과 기억 그리고 전 세계에 희망을 주는 횃불이라는 역할에 대해 분리 독립이 제기하는 사태의 심각성을 정확히 파악했다. 링컨은 개인 비서이던 존 헤이John Hay에게 이렇게 말했다. "이 다툼에서 우리는 민주 정치가 부조리하지 않다는 걸 입증해야 하네. 우리가 지금 해결해야 할 문제는 자유로운 국가에서는 원하면 언제든 국가와 관계를 끝낼 수 있는 것인가 하는 것이네. 우리가 이 문제를 바로잡지 못하면 국민은 직접 자치할 능력이 없다는 걸 입증하는 게 되겠지."[1]

눈앞에 닥친 엄청난 과제를 해결하기 위해 링컨은 미국 역사에서 가장 특이한 내각을 구성했다. 신생 공화당의 모든 당파—옛 휘그당, 자유토지당, 노예제도를 반대하던 민주당파, 보수파와 급진파의 연합, 강경파와 온건파의 연합—를 대표하는 내각이었다. 훗날 링컨이 말했듯이 "취임한 즉시, 내 짐을 함께 짊어질 사람들의 지원이 필요하다는 걸 절감한" 때문이었다.[2] 제임스 뷰캐넌 대통령이 비슷한 생각을 가진 사람들, 말하자면 대통령의 권위에 의문을 제기하지 않을 지지자들을 의도적으로 선택했다면, 링컨은 자주적이고 결단력 있는 사람들로 내각을 구성했다. 모두가 링컨보다 공직 경험이 많았고, 더 많은 교육을 받았으며 유명하기도 했다. 특히 가장 중요한 세 부서, 국무부와 재무부와 법무부의 수장에는 주된 경쟁자이던 윌리엄 수어드, 새먼 체이스, 에드워드 베이츠를 선택했고, 그들은 링컨을 일리노이주의 순회 법정 변호사가 아닌 대통령으로 존중해주었다.

내각을 그렇게 구성한 이유에 대한 질문에 링컨의 대답은 간단했다. 국가가 위험에 직면한 때문이었다. 그들은 미국에서 가장 강인하고 유능한 사람들이었다. 따라서 그들을 옆에 두고 도움을 받아야 했다. 개인적으로 야심적이고 뛰어난 재능을 지닌 반면 자기주장이 강해 자칫하면 지리멸렬한 집단이 될 수 있었지만, 합중국을 향한 충성심에는 의문을 품을 수 없는 내각으로 융합할 자신감이 링컨에게는 충분히 있었다.

대통령 당선자가 되어 일리노이에서 워싱턴으로 떠날 때 링컨은 기차역에 모인 친구들에게 작별 인사로 이렇게 말했다. "이렇게 헤어져야 하는 내 슬픔이 얼마나 큰지 누구도 짐작할 수 없을 것이다. 지금 떠나지만 언제 돌아올 수 있을지, 아니 돌아올 수나 있을지 모르겠다."[3] 또 나중에는 대통령에 취임하고 처음 몇 주 동안 견뎌야 했던 시련과 긴장을 돌이켜보며 한 친구에게 "내가 예상했던 것만큼 엄청나게 힘들었다. 그 힘든 시간을 이겨낼 수 있을 거라고는 생각지 못했다."고 털어놓았다.[4]

링컨이 그때까지 살아온 삶은 끝없는 투쟁으로 점철되었다. 따라서 미국이 직면한 문제에 대처할 준비가 된 셈이었다. 링컨은 우울감이 짙었지만 비관적이지 않았고, 어떻게든 극복하려는 의지가 있었다. 또 성실하고 겸손했지만 자신의 리더십에 대한 자신감이 있었다. 무엇보다 그에게는 실패로 다져진 정신이 있었다. 당면한 끔찍한 고통도 방향과 목적의식과 지속적인 영감을 주는 이야기로 꾸며낼 수 있는 정신이었다.

에이브러햄 링컨이 노예 해방 선언Emancipation Proclamation을 처음 공개하고 시행한 사건만큼, 그 특별한 역사적 상황에서 독특하게 구성된 내각의 화학적 융합을 명확히 보여주는 에피소드는 없는 듯하다.

———◇———

1862년 7월 22일, 에이브러햄 링컨은 내각을 긴급히 소집하고 노예 해방 선언문의 초안을 보여주었다. 토론할 목적에서 소집한 것은 아니었다. 링컨은 "노예 문제에 관해 각료들의 의견이 다른 것"을 충분히 이해한 까닭에, 각료들이 초안을 읽고 난 뒤에 제시하는 의견을 흔쾌히 받아들였다. 하지만 처음부터 링컨은 "그 문제가 이미 그의 마음속에서 완전히 정리된 뒤이고, 그 조치에 대한 책임은 전적으로 자신

의 몫이란 걸 이해해주기를 바랐다."⁵ 대담한 행동을 취해야 할 시간
이 마침내 도래한 것이었다.

링컨이 그때가 합중국이 치르고 있던 싸움의 방식과 목적에 근본
적인 변화를 도모하기에 적절한 때라고 판단한 근거는 무엇이었을까?
링컨은 어떻게 제각각인 내각의 각료들, 군대, 북부에서도 분열된 국
민들을 설득할 수 있었을까?

정책이 실패하면
방향 전환이 필요하다는 걸 인정하라

1862년 6월의 마지막 주, 조지 B. 매클렐런George Brinton McClellan 장군
의 포토맥 군軍이 첫 대대적인 공격에서 참담한 패배를 당했다. 남부
연합의 수도 리치먼드를 공격하려고 버지니아 반도로 진격하던 매클
렐런 군은 처절한 전투 끝에 로버트 E. 리Robert Edward Lee 장군이 이끄
는 남군에 격퇴당하고 말았다. 북군은 거의 1만 6,000명이 죽거나 부
상을 당했고, 적군의 포로가 되어 후퇴할 수밖에 없었다. 매클렐런 군
은 완전히 전멸하거나 항복할 위기를 맞은 순간도 있었다. 북군의 사
기는 땅바닥에 떨어졌고, 불런 전투Battle of Bull Run* 이후보다 더 낮았다.
뉴욕의 기업가 조지 템플턴 스트롱George Templeton Strong은 "지금 우리는

---

* 미국 남북 전쟁 때인 1861년과 1862년에, 버지니아의 불런강 일대에서 남군과 북군이 벌인 두 차례
  의 전투이다. 모두 남군이 승리하였다. – 편집자주

깊은 수렁에 빠져 있다. 절망감이 팽배하고, 암울한 생각에 짓눌려 있다."고 인정했다.[6]

링컨은 그해 여름을 회고하며 "상황이 더욱 악화됐다. 우리가 추진하던 작전 계획이 진퇴유곡에 빠졌고, 최후의 수단을 이미 썼기에 전술을 바꿔야 한다는 느낌을 떨칠 수 없었다."라고 말했다.[7]

먼저 정보를 수집하고, 끈질기게 질문하라

거의 무력화된 북군이 제임스 강변의 해리슨 랜딩에 돌아왔다는 소식을 듣자마자, 링컨은 그 부대를 방문해 부상병들을 위로하고 병사들의 사기를 올려주기로 마음먹었다. 대통령의 예기치 않은 방문에 무력증에 빠졌던 병사들은 크게 자극을 받아 사기를 되찾았다.

링컨이 병사들을 직접 만나 정보를 수집하고 궁금한 것을 질문할 기회를 얻었다는 것도 무척 중요했다. 그때의 질문과 관찰을 통해 링컨은 노예의 역할에 대한 자신의 생각을 수정할 수 있었다. 링컨은 전쟁 초기에 북군이 합중국(혹은 연방)을 유지하기 위해 싸우는 것이지, 노예제도에 간섭하려는 것이 아니라고 강조했다. 링컨은 오래전부터 노예제도를 경멸했지만, 앞에서도 보았듯 합중국의 회복이 무엇보다 중요하다는 여론과, 노예제도가 이미 존재하던 주에서는 그 제도를 인정한 연방헌법을 존중하는 뜻에서 노예제도에 대한 개인적인 혐오감을 드러내지 않았다.

하지만 야영지에서 지휘관과 병사를 직접 만나 정보를 수집하면서 링컨은 남부 연합이 전쟁에 몰두하는 이유가 노예제도와 밀접한 관계가 있다는 걸 깨달았다. 남군에서는 노예들이 참호를 팠고 요새를 지었다. 또 노예들이 마부와 요리사, 심부름꾼과 간병인으로 일했다. 고향에서 밭을 갈고 곡물을 재배하고 목화를 따는 것도 노예의 몫이었다. 결국 노예 노동으로 농장과 플랜테이션을 유지했다.[8] 노예가 힘든 일을 떠맡은 까닭에 남부 군인들은 전투에 집중할 수 있었다. 링컨의 판단에 "노예를 활용하는 사람들의 강점은 바로 노예에 있는 것이 분명했다." 노예라는 요소를 우리 편에 두어야 할지, 반대편에 두어야 할지를 결정해야 했다.[9] 결국 남군에게 노예를 빼앗는다면, 사면초가에 몰린 북군이 절실히 필요한 군사적 이점을 확보하게 될 것이란 게 링컨의 판단이었다.

생각할 시간과 공간을 찾아라

링컨은 전쟁의 어두운 면을 점검하며, 노예에 관한 새로운 전략을 구상하기 시작했다. 노예 해방 명령의 합헌성과 영향을 면밀히 분석할 시간이 필요했다. 하지만 아침에 백악관 문이 열리면 수백 명의 방문객과 관리 지망자가 몰려들었기 때문에 링컨은 휴식을 취할 시간조차 없었고, 복잡한 문제를 심사숙고할 시간은 더더욱 없었다. 복도와 2층 집무실로 이어진 계단 양쪽에 늘어선 사람들을 헤치며 지나갈 때마다 링컨은 "집중적인 공격과 비판을 받아야 했다."[10]

그해 여름, 링컨은 퇴역 군인을 위한 휴양소로 피신했다. 워싱턴에서 북쪽으로 5킬로미터쯤 떨어진 구릉지에 조성된 300에이커(약 1.2 제곱킬로미터)의 복합 단지였다. 연방정부가 운영하는 복합 단지에는 150명의 상이군인을 수용할 수 있는 건물, 의무실과 식당, 크고 작은 거주지가 있었다. 이곳의 2층 벽돌집에서 링컨은 가족과 함께 6월부터 10월 중순까지 지냈다. 링컨은 아침 7시 전에 일어나 말을 타고 백악관까지 달렸고, 저녁에는 워싱턴의 후텁지근한 무더위와 시끌벅적한 혼란에서 벗어나 위안을 주는 시원한 산들바람을 맞으며 벽돌집으로 돌아왔다.

퇴역 군인을 위한 휴양소는 링컨에게 안식의 공간이었다.[11] 그곳에서 링컨은 깊이 생각할 수 있었고, 노예제도라는 문제의 중대성과 미묘함을 진지하게 분석할 수 있었다.[12] 섬터 요새Fort Sumter에서 첫 전투가 벌어진 이후, 두 가지 쟁점—법률적 쟁점과 도덕적 쟁점—이 항상 충돌했다. 휴양소의 차분한 분위기에서 링컨은 노예제도의 합헌성과 도덕적 타락 간의 간극을 해결하겠다고 결심할 수 있었다.

전쟁은 점점 심화되어 합중국과 연방헌법의 생존 자체를 위협했지만, 그 딜레마에 적합한 해결책도 제공했다. 노예가 남부 연합에 제공한 여러 이점을 고려하면, 노예를 해방하라는 행정 명령은 "합중국의 구원에 반드시 필요한 군사적 조치"로 여겨질 수 있었다.[13] 즉 다른 경우에는 위헌이 되는 노예 해방 선언이 합법적인 행위가 될 수 있었다.[14] 링컨은 헌법적으로 보장된 최고 사령관의 권한으로 노예제도의 헌법적 보호를 철회할 수 있었다. 이리하여 에이브러햄 링컨은 대통령으로서의 업적과 역사적 위상이 되는 중대한 결정을 내릴 수 있었다.

하지만 링컨은 "해방이란 무기"를 일방적인 군사적 명령으로 발표하는 걸 두려워했다.[15] 사반세기 전, 링컨은 청년 회관의 연설에서 혼란기를 이용해 위로부터의 명령을 강요하는 알렉산드로스와 카이사르와 나폴레옹 같은 사람들을 경계하라고 주장했다. 합중국을 구하기 위해 합중국의 존재 근거였던 헌법을 유예해야 한다는 것은 역설이었다. 노예제도에는 간섭하지 않겠다는 처음의 약속을 행정 명령으로 철회하는 것은 다른 모든 가능성이 실패했다고 인정하는 것이기도 했다.

행정력을 일방적으로 행사하기 전에
모든 타협 가능성을 시도하라

4개월 전, 링컨은 합중국에서 탈퇴하지 않은 4곳의 '충직한 경계주 loyal border states'—미주리, 켄터키, 델라웨어, 메릴랜드—가 노예제도를 점진적으로 철폐하면 연방정부가 지원할 수 있도록 요청하는 교서를 의회에 보냈다. 노예를 자발적으로 포기하는 대가로 노예 소유주에게 1인당 평균 400달러를 보상하자는 것이었다. 링컨은 해방 노예의 보상이 전쟁을 빨리 끝내는 방법이라고 확신했다. 남군은 경계주가 남부 연합에 가담할 거라는 희망을 잃으면 낙담할 것이 분명했다. 따라서 그 계획이 성공하려면 경계주 입법부의 동의가 필요했다.

링컨은 경계주 시민들에게 직접 호소했다. "눈을 부릅뜨면, 시대의 징후를 읽지 못할 수가 없습니다. 여러분에게 부탁합니다. 정치의 개인적 당파성을 떠나, 시대의 징후를 차분히 폭넓게 살펴보십시오. 내 제안은 누구를 비난하자는 게 아닙니다. 공동의 목적을 위해 함께 노력하자는 겁니다. 내가 제안하는 변화는 하늘의 이슬처럼 부드럽게 진행될 겁니다. 어떤 것도 급격히 파괴되거나 무너지지 않을 겁니다. 내 제안을 받아들이지 않겠습니까?"[16] 링컨이 의회에 보낸 교서로, 노예 제도에 의존하는 경제사회적 시스템에 급격하고 파괴적인 변화가 일어날 가능성이 예방됐다.

버지니아 반도에서 북부군이 패배를 당한 뒤, 링컨은 28개 경계주의 하원의원과 상원의원에게 그의 보상 계획을 다듬기 위한 회담을 제안했다. 그들은 링컨의 제안을 거부하며, "어떤 형태로 시행되더라도 노예 해방은 경계주의 분리 독립을 부추길 것이고, 이미 분리 독립한 주에서는 저항 정신을 더욱더 강화해 전쟁이 끝나기는커녕 연장될 것"이라 주장했다.[17]

링컨은 그들 중 한 명에게 "나는 끈기가 있는 사람이다. 모든 카드를 뒤집어보지 않고는 이 게임을 결코 포기하지 않을 것"이라고 말했다.[18] 그 마지막 카드가 노예 해방 선언의 초고를 공개한 것이었다.

———◇———

1862년 7월 22일, 링컨이 국무위원들을 소집해 그 선언문을 읽어주었다. 당시 상황을 묘사한 프랜시스 카펜터Francis Carpenter의 유명한 그림에서 링컨은 가운데 앉아 있다. 급진파—에드윈 스탠턴과 새먼 체이스—는 링컨의 오른쪽에 있고, 보수파—케일럽 스미스, 몽고메리 블레어, 에드워드 베이츠—는 왼쪽에 모여 있다. 온건파—기드온 웰스와 앞쪽에 앉은 윌리엄 헨리 수어드—는 링컨을 에워싸고 있다. 링컨은 그림의 구도에서 중심이자 지렛목으로 여겨진다. 전투 지도와 책이 곳곳에 흩어져 있는데, 책들은 벽에 기대지거나 바닥에 널브러졌고, 지도는 둥그렇게 말려 선반에 올려져 있다. 화가 카펜터는 "전에 없이 세상의 주목을 받은 사람들"에게 영원한 명성을 안겨줄 목적으로 이 그림을 그렸다.[19]

적막감이 흘렀고, 링컨은 주머니에서 두 번 접은 약 33×41센티미터 크기의 종이를 꺼내 조심스레 폈다. 안경을 코에 맞추고, 노예 해방을 위한 변론 취지에 해당하는 부분을 읽기 시작했다. 링컨은 반란군, 즉 남군의 재산 압류에 관련된 다양한 의회 활동을 열거했고, 해방 노예에 대한 보상이 있어야 할 것이란 자신의 의견을 되풀이하며 합중국을 유지하겠다는 자신의 목표도 다시 언급했다. 그러고는 역사의 흐름을 바꿔놓은 하나의 문장을 읽었다.

나, 에이브러햄 링컨은 육국과 해군의 최고 사령관으로 이 목적[합중국의 보존]을 성취하는 데 적합하고 필요한 군사적 조치로서, 어떤 주에서나 노예로 여겨지던 모든 사람이 1863년 1월 1일부로 영원히 자유의 몸이라는 것을 명령하고 선언한다. 그리하여 이 점에 관련된

합중국의 헌법적 권한은 실질적으로 인정되지 않고 유효하지도 않으며 주장되지도 않을 것이다. [20]

노예 해방 선언의 발효일을 약 6개월 후로 정하여 반란주들에게 노예를 강제로 몰수당하기 전에 전쟁을 끝내고 합중국에 복귀할 마지막 기회를 주었다. 이런 역사적 전환점에 어울리는 고상한 언어가 기대되는 순간이었지만, 링컨은 신중함이 눈에 띄는 건조하기 그지없는 어법을 사용했다. 상징적이고 시학적 표현은 전혀 없었다. 해방의 도덕적 타당성을 주장하며 가슴을 끓게 하는 구절을 찾으려 한다면 헛수고일 뿐이다. 노예 해방 선언이 연설용으로 작성된 것이 아니라, 법적 공지, 즉 향후에 있을 사법부의 심문과 판결에 대비한 문서였다는 걸 고려하면 충분히 이해된다. 글이 갖는 영향력을 링컨만큼 잘 아는 사람은 없었다. 살얼음판 같은 세상에서, 링컨은 초당파적 지지를 받고 조심하면 피할 수 있는 충돌을 피하기 위해서라도 자신의 뛰어난 웅변 능력을 억눌렀다.

절제된 언어는 그렇다손 치더라도 노예 해방 선언의 범위는 충격적이었다. 처음으로 미국 대통령이 합중국과 노예제도를 변해야 할 하나의 도덕력으로 얽어맸다. 게다가 여러 세대 동안 노예로 살던 남부의 350만 흑인에게 자유를 약속했다. 80단어로 이루어진 문장이 거의 75년 동안 하원과 상원의 정책에 영향을 주던 재산권과 노예제도에 대한 입법 행위를 대신한 것이었다. 적잖은 사람에게 혼란을 주었겠지만, 이 행정 명령은 충직한 경계주들에 거주하던 50만 명의 노예에게는 적용되지 않았다. 그 주들은 반란에 가담하지 않았기 때문에 비상 대권war powers이 그들을 해방시키는 데 사용될 수 없었던 것이다. 해방 선언이 경계주들에 즉각적인 위협을 가하지는 않았지만, 장래에 그 주들이 남부 연합에 가담하면 법적으로 제재를 받게 될 거라는 잠재적 경고로는 충분했다.

다른 관점의 견해를 예상하고 대비하라

링컨은 해방 선언문을 읽기 전에 자신은 이미 마음을 굳혔다는 암시를 주었지만 찬성하든 반대하든 국무위원들의 반응을 기꺼이 받아들였다. 또 각 국무위원의 성향을 잘 알아, 어떻게 반응할지도 거의 정확히 예상한 까닭에 그들이 제기하는 반대 의견에 대한 대답을 준비할 수 있었다. 앞에서도 말했듯이 링컨은 지역과 정파와 이념을 대표하는 사람들로 내각을 구성했고, 그 이후 합중국을 유지하는 최선의 방법에 대해 그들이 입씨름할 때마다 조용히 이들을 지켜보며 경청했다. 국무위원들이 링컨에게 때로는 지나치게 급진적이라고, 때로는 지나치게 보수적이라고 공격하는 경우도 심심찮게 있었다. 심지어 지독히 독재적이고 위험할 정도로 무책임하다고 공격하는 국무위원도 있었다. 링컨은 국무위원들이 제시하는 다양한 의견을 흔쾌히 받아들이며 관련된 문제를 머릿속으로 숙고하고 또 숙고했다. 요컨대 "제기되는 모든 문제의 이쪽과 저쪽을 번갈아보며" 철저한 분석을 통해 자신의 의견을 형성해갔다.[21] 그의 의사결정 과정은 한 번에 많은 관점을 받아들이는 독특한 능력에 바탕을 두었기 때문에 어떤 사람에게는 답답하고 느리게 보였겠지만, 최종적으로 행동하기로 결정하면 '무엇'에 대한 의문도 더는 없었다. '언제' 행동하느냐가 문제일 뿐이었다.

회의실 양편 끝을 차지한 책꽂이처럼, 에드윈 스탠턴Edwin Stanton 전쟁성 장관과 에드워드 베이츠 법무장관—링컨 내각에서 가장 급진적인 장관과 가장 보수적인 장관—은 노예 해방 선언문을 가장 강력히 지지했다. 스탠턴이 '즉각적인 공포'를 권고한 것은 당연했다.[22] 스탠턴은 그 누구보다 곤경에 처한 육군의 상황을 자세히 알고 있었기에 노예 해방에서 기대되는 군사적 이점을 즉각 이해했다. 한편 입헌주의자이던 베이츠는 카펜터의 그림에서는 팔짱을 끼고 굳은 표정을 한 채 링컨의 강독을 못마땅하게 생각하며 저항하는 모습으로 묘사됐지만, 예상 외로 노예 해방 선언에 진심으로 동의했다. 다만 모든 해방된 흑인을 본국으로 송환하는 계획이 마련되어야 한다는 조건을 내걸었다.

곱슬한 가발을 쓴 해군성 장관, 기드온 웰스Gideon Welles는 훗날 인정했듯이 "해방 선언문의 중대성과 불확실한 결과, 그 신성함과 무게"에 완전히 압도되어 침묵을 지켰다.[23] 웰스의 판단에 따르면, 해방 선언문은 대통령의 전쟁 권한을 극단적으로 행사한 것이었고,[24] 노예 소유주가 필사적으로 저항하면 오히려 전쟁이 길어지고 저항의 강도가 더욱 거세질 가능성도 있었다.[25] 웰스 뒤에 서 있던 내무장관 케일럽 스미스Caleb Smith도 침묵을 지켰는데, 훗날 자신의 차관보에게 링컨이 실질적으로 해방 선언을 공포했다면 "그 자리에서 사임하고 고향에 돌아가 링컨 행정부를 공격했을 것"이라고 털어놓았다.[26]

뒤늦게 도착한 체신장관 몽고메리 블레어Montgomery Blair는 해방 선언을 강력히 반대했다. 체신장관이 되기 전 미주리와 메릴랜드에서 법률가로 활동한 경험을 바탕으로 경계주의 대변자를 자임하던 블레어는, 해방 선언이 공포되면 경계주에서 합중국에 충성하던 사람들이 분리주의자의 편으로 돌아설 것이라 예측했다.[27] 게다가 북부에서도 보수주의자들의 격렬한 저항을 불러일으켜 다가오는 가을 선거에서 공화당이 참패할 것이라 염려하기도 했다. 블레어가 반대한 모든 근거는 링컨도 걱정한 것이었지만, 노예제도라는 문제가 당리당략보다 훨씬 중요하다고 결론을 내린 터였다. 링컨은 블레어에게 타협점을 찾기 위한 다양한 노력을 줄기차게 시도했음을 상기시키고는 반대하는 이유를 문서로 작성해 제출해 달라고 정중히 부탁했다.

내각에서 가장 열렬한 노예폐지론자였던 새먼 체이스조차 링컨의 결단에 움츠러들었다. 체이스는 "내가 권하던 수준을 훌쩍 넘어선 것"이라 인정했는데, 전면적인 해방은 "한쪽에서는 대학살로, 반대쪽에서는 지지로 이어질 것"이라 걱정했다.[28] 체이스는 그해 초 봄에 데이비드 헌터David Hunter 장군이 자신의 관할하에 있는 영토—사우스캐롤라이나, 조지아, 플로리다— 내에 거주하는 노예들을 해방한다는 명령을 내렸듯, 노예 해방이라는 위험한 쟁점은 조금씩 해결하는 편이 훨씬 더 낫다고 생각했다. 하지만 링컨이 헌터의 명령을 즉각 무효화해 체이스를 비롯한 노예폐지론자들은 곤혹스런 지경에 빠졌다. 링컨은 원래의 입장을 고수하며 "지역 사령관이 대통령의 권한을 무시하고 그런 명령을 내려서는 안 된다!"라고 말했다.[29] 링컨은 복잡한 쟁점을 야전 사령관의 결정에 맡기는 게 정당하지 않다고 생각했다.[30] 행정부 수반이라면 종합적인 정책을 고민하고 수립해야 했다.

국무장관 윌리엄 헨리 수어드는 국제주의적 시각의 소유자였다. 걱정도 범세계적이었다. 노예 해방 선언이 인종 전쟁으로 발전해 목화 생산이 중단되면, 전적으로 미국의 목화에 의존해 방직공장을 운영하던 영국과 프랑스의 지배계급이 남부 연합을 편들고 나설 가능성도 배제할 수 없었다. 링컨도 수어드의 주장에 타당성이 있다고 인정했지만, 영국과 프랑스의 일반 대중은 과거 노예제도를 폐지하라고 정부에 압력을 가한 적이 있기 때문에 합중국이 진실로 노예 해방에 헌신한다면 남부 연합을 지원하지 않을 것이라 믿었다.

국무위원들이 반발하고, 그들 사이에 의견 충돌이 있었지만 링컨은 흔들리지 않았다. 회의가 끝나기 직전, 수어드는 민감한 문제를 거론했다. "거듭된 패전으로 국민의 상심이 무척 큽니다. 노예 해방 선언이 거듭된 후퇴에 대한 우리의 마지막 아우성으로 여겨질 수 있습니다."라고 주장했다.[31] "승리의 독수리가 비상할 때까지 기다렸다가 노예 해방 선언을 그 독수리의 목에 걸어주는 것"이 더 낫다는 게 수어드의 의견이었다.[32]

나중에 링컨은 카펜터에게 이렇게 말했다. "수어드의 지적은 그 문제에 대해 생각하며 내가 완전히 간과했던 것이었다. 그래서 당신이 스케치한 것처럼 나는 해방 선언문의 초안을 한쪽에 치워두고 승리를

3부 리더와 시대 - 그들은 어떻게 세상을 이끌어가는가?

기다렸다. 그 사이에 때때로 나는 전쟁 상황을 초조히 지켜보며, 초안을 다듬고 또 다듬었다."[33]

———◇———

2개월 동안 링컨은 시의적절한 때를 기다렸다. 즉, 전쟁터로부터 '승리의 독수리'가 비상했다는 소식이 들려오기를 손꼽아 기다렸다. 마침내 리의 군대가 메릴랜드와 펜실베이니아에서 퇴각하며 전세가 변했다. 2만 3,000명이 전사한 앤티텀 전투Battle of Antietam는 "미국 역사에서 하루에 가장 많은 피를 흘린 전투로 기록됐다."[34] 엄청난 사상자에 양측 모두가 큰 충격을 받았다. 그 악몽은 링컨이 학수고대하며 간절히 기다리던 완전한 승리는 아니었지만, 그의 계획을 시행하기에는 충분했다. 링컨은 퇴역 군인을 위한 휴양소에서 앤티텀 전투 소식을 듣자마자 노예 해방 선언의 초안을 수정했고, '승리'가 있고 닷새 후, 즉 9월 22일 월요일에 다시 국무회의를 소집했다.

회의실에 숨 막히는 긴장감이 흘렀다. 그때 뚜렷한 이유도 없이 링컨이 유머 작가 아르테무스 워드Artemus Ward의 일화로 이야기를 시작하며 항상 진지하던 스탠턴을 짜증나게 했다. 최후의 만찬을 묘사한 입체 모형에서 유다의 밀랍상이 끌어내려진 과정에 대한 터무니없는 이야기로, 뉴욕주 유티카 주민이 그 모형을 두들겨 깨뜨리던 행위가 결국에는 '3급 방화'로 이어졌다는 것이었다.[35] 링컨은 워드의 우스꽝스럽고 '난해한 법률 용어'로 회의실의 긴장감을 순식간에 씻어냈다.

링컨 자신도 유머러스한 이야기와 촌철살인의 조크에서 긴장을 풀고 머리를 식히는 때가 많았다. 여하튼 스탠턴을 제외하고 모든 국무위원이 링컨의 호탕한 웃음을 따라 껄껄대고 웃었다. 모두가 벼랑 끝에 서 있는 듯한 압박감을 덜어낼 수 있었다.

중대한 결정에 대한 책임을 완전히 떠맡아라

링컨이 7월에 뒤로 미루었던 행동을 마침내 실천에 옮길 때가 왔다. 링컨은 노예 해방이란 중대한 문제를 불쑥 꺼내며 "이번이 더 좋은 시기이기를 바란다. 우리 조건이 더 나아졌기를 바란다."라고 말했다. 체이스가 남긴 기록에 따르면, 링컨은 "리의 군대가 메릴랜드에서 후퇴하면 노예 해방 선언을 공포하겠다고 나 자신과 (약간 머뭇거리며) 주님에게 약속했다."라며,[36] "결정은 이미 내려졌고 돌이킬 수 없다. 이 결정에 대한 모든 책임은 전적으로 내가 떠안겠다."라고 덧붙였다.[37] 링컨은 수주 동안 그 문제를 곰곰이 생각했고, 시간이 지남에 따라 그 조치의 타당성을 더욱 확신하게 됐다.[38] 이렇게 모든 것이 확정된 상태에서 링컨은 약간 수정한 해방 선언문을 읽어 내려갔다.

스탠턴의 증언에 따르면, 링컨은 그 조치의 타당성을 강력히 주장했고, "그 조치가 무척 중요하고 파급력도 엄청난 것이어서 모든 국무위원이 각자의 의견을 명확하고 확실히 제시해주기를 바랐다."[39] 처음 해방 선언문을 읽었을 때 장관들은 혼란스러운 반응을 보였다. 하지만 두 달 동안 링컨은 장관들과 개별적으로 많은 대화를 나누었다. 그의 견해는 조금도 바뀌지 않았다. 그는 전쟁의 승리를 위해 노예 해 방이 반드시 필요하고 확신했다.

체이스는 야전 장군들에 의한 점진적인 해방이 더 안전한 방법이라 생각했지만, 링컨에게는 "대통령님이 대책으로 제안 받은 모든 가능 성을 진술하고 정직하게 고려했을 것입니다. 그리하여 마침내 도달한 결론을 분명하고 명확하게 표현하셨습니다."라며 "저는 해방 선언문 을 쓰인 그대로 받아들이고 전심으로 지지할 각오입니다."라고 말했 다.[40] 웰스는 여전히 당혹스런 표정으로, "노예 해방 선언은 자유의 이 름으로 선포되더라도 독단적이고 전제적인 조치"라고 말했다.[41] 하지 만 링컨이 그 결정에 대한 모든 책임을 떠안겠다고 나선다면 "그 조치 에 분명히 찬성할 각오였다."[42] 케일럽 스미스도 비슷한 방식으로 링 컨의 조치에 동의하며, 해방 선언이 공포되면 링컨 정부를 공격하겠 다는 과거의 위협을 거두어들였다.[43] 1862년 12월, 미국 인디애나 지 방 법원 판사가 사망하자, 링컨은 연방 판사를 꿈꾸던 스미스의 오랜 소망을 들어주었다.

몽고메리 블레어는 "노예 해방 선언이 경계주와 군대에 미칠 영향 에 대한 두려움"이 여전하다고 걱정했다.[44] 링컨도 그 방향에 위험이 있다는 걸 인정했지만, "행동하는 것이나 행동하지 않는 것이나 똑같 이 위험하므로", 차라리 전진하는 편이 낫지 않겠느냐고 말했다.[45] 블 레어는 반대안을 제출해도 괜찮겠느냐고 다시 물었고, 링컨은 다시 그의 제안을 받아들였다. 하지만 블레어는 끝내 반대안을 제출하지 않았다. 링컨 행정부에 대한 그의 충성심은 강압되거나 강요된 것이 아니라 순전히 자유의사로 선택한 것이었다.

수어드의 충성도 한결같아, 그처럼 단호히 내려진 결정에 반대할 의사는 조금도 없었다. 오히려 수어드는 하나의 중대한 의견을 내놓았다. 링컨이 재임 중에 노예 해방을 유지하겠다는 언급을 삭제하고, 향후 모든 정부가 노예의 자유를 인정하고 유지할 것이라고 약속하면 더 낫지 않겠느냐는 것이었다.[46] 요컨대 링컨 행정부보다 행정부 자체가 그 약속을 보장하자는 뜻이었다. 링컨은 지킬 수 없는 약속이라 망설였지만, 수어드가 제안한 사항이 중요한다는 걸 인정하고 결국 받아들였다.

———◇———

다음 날 노예 해방 선언문이 신문에 실렸고, 모든 국무위원이 대통령을 중심으로 똘똘 뭉친 모습을 보여주었다. 그 내각이 구성된 초기에는 거의 불가능하다고 여겨졌던 일이었다. 합중국 내의 이질적인 당파성을 보여주는 작은 우주로 해석될 정도로 특이한 팀이었다. 그들이 그 중대한 전환점에 단합하지 않았다면 국가 전체를 하나로 융합할 가능성은 극히 희박했다.

링컨이 어떻게 했기에, 오만하고 야심차며, 논쟁적이고 질투심이 하늘을 찌르던 그 유능한 사람들이 근본적인 변화를 지지하는 쪽으로 마음을 돌렸을까? 가장 합리적인 대답은 오늘날 링컨의 '감성 지능

emotional intellengence'—공감 능력과 겸손함, 일관성과 자기인식, 자제력과 너그러움—이라 일컬어지는 것에서 찾을 수 있다. 링컨은 "대통령에 재직하는 동안 나는 누구의 가슴에도 의도적으로 가시를 꽂지 않겠다."고 다짐했다.[47] 국무의원들과 매일 마주하는 관계에서 옹졸하게 행동하거나 개인적인 분노나 유감을 쏟아낼 여지는 없었다. 링컨은 국무회의에서 열띤 토론을 기꺼이 환영했지만, "장관들이 공개적으로 서로 공격한다면 내 가슴이 몹시 아플 것"이라며 "그런 저격은 나에게도 좋지 않지만, 국가에게는 더욱더 좋지 않을 것"이라고 장관들에게 충고했다.[48] 링컨이 요구한 예의 기준은 내각 전체가 "서로 반목하면 더욱더 감당하기 벅찬 문제"에 휘말린다는 합의에 근거한 것이었다.[49] 처음에 내각을 구성하는 원칙으로 삼았던 이 공통된 목적의식이 내각을 지탱하는 받침대가 된 셈이다. 이렇게 이질적인 내각을 하나로 묶는 데 성공한 링컨의 사례에서 무엇을 배울 수 있을까?

각 팀원의 정서적 욕구를 이해하라

링컨은 내각 구성원들의 복잡하고 다양한 욕구를 지속적으로 배려하며 그들에게 리더십을 발휘할 수 있었다. 예컨대 링컨 자신도 인정했듯이, 수어드는 국내외적으로 명성을 누리고 있어 국무장관이란 직책을 맡기에 적합했고, 대통령에게도 특별대우를 받았다. 수어드의 국제적인 감각과 함께할 때 얻는 즐거움에 끌리기도 했지만, 링컨은 그가 당연히 자신이 승리할 것이라 생각했던 후보 경쟁에서 패해 자존심에 상처를 입었을 것이라 염려하며, 길 건너편 라파예트 공원에 있던 수어드의 저택을 번질나게 방문했다. 그곳에서 링컨과 수어드는 활활 타오르는 벽난로에 앞에 앉아 저녁 시간을 함께 보내며 대화했고, 즐거운 이야기를 나누고 함께 웃으며 끈끈한 동지애를 키워갔다. 예민한 성격에 무뚝뚝한 에드윈 스탠턴과도 항상 유쾌하지는 않았지만 그에 못지않게 친밀한 관계를 형성했다. 링컨은 스탠턴 전쟁성 장관에게 '마르스Mars(로마 신화의 전쟁의 신)'라는 정겨운 별명을 붙여주었고, "그가 받는 압박감은 측정할 수 없을 정도"라고 변호해주었다.[50] 링컨은 스탠턴의 압박감과 스트레스를 줄어주려고 온갖 노력을 다했다. 전신실電信室에서 스탠턴 옆에 앉아 두 손을 조아리고, 전장의 소식을 초조하게 기다리기도 했다.

수어드와 스탠턴에 의지하던 링컨은 편애라는 유령이 질투를 낳는다는 걸 알게 됐고, 각 국무위원과도 독대하는 시간을 가졌다. 해군성으로 돌아가던 기드온 웰스를 불러 세웠고, 새먼 체이스의 대저택을 예고도 없이 방문했으며, 몽고메리 블레어와 저녁 식사를 함께했다. 에드워드 베이츠와 케일럽 스미스를 늦은 오후에 초대해 마차를 함께 타고 돌아다니며 담소를 나누기도 했다.

"칭찬을 싫어하는 사람은 없다."라는 걸 링컨은 잘 알고 있었다.[51] 누구나 자신이 하는 일을 칭찬받고 싶어 한다. 그래서 링컨은 국무위원들에게 손편지를 자주 보내며 그들의 조치에 감사하는 마음을 전했다. 예컨대 노예 해방 선언문을 공포하기 전에 군사적 승리를 기다리자는 수어드의 제안이 독창적이고 유익한 제안이었다고 공개적으로 감사를 표했다. 해군성 장관 '넵튠'(바다의 신을 뜻함) 웰스에게 명령을 내려야 할 때는[52] "당신이 해군성의 고된 업무를 놀라운 정도로 성공리에 수행한 사례를 이미 보았기에, 요즘에는 업무를 책임지고 처리하는 데 태만했다."고 말하려는 게 아니라고 덧붙였다.[53] 또 체이스가 임명한 직원 중 한 명을 해임해야 했을 때 체이스가 발끈하며 분개할 거라고 짐작한 링컨은 상황이 악화되는 걸 바라지 않았기에 그날 저녁 체이스를 방문해 체이스의 양 어깨에 손을 얹고, 그렇게 결정을 내릴 수밖에 없는 이유를 끈기 있게 설명했다. 야심찬 체이스는 링컨 휘하에서 자존심이 상한 적이 없지는 않았지만, "대통령님은 항상 저를 친절하게 대해주셨고, 목적의 공정함과 진실함을 항상 명확히 보여주셨기 때문에 대통령님을 향한 믿음을 함부로 내던지지 못했습니다. …… 그래서 지금도 일하고 있습니다."라고 감사했다.[54]

과거의 원망이 곪아터지지 않도록 하라. 개인적인 원한을 초월하라

링컨의 오랜 친구 레너드 스웨트Leonard Swett가 말했듯이, 링컨은 "개인적으로 좋아하느냐 그렇지 않느냐를 기준으로 국무위원을 선택하지 않았다. 비방한 사람이든 개인적인 학대와 폭력으로 범죄를 범한 사람이든 그 직책에 가장 적합한 사람을 선택했다."[55] 용서의 원칙에 따라, 링컨은 어떤 사람이 과거에 잘못된 짓을 했느냐 하는 것은 크게 신경 쓰지 않았고, "이제부터 나쁜 짓을 하지 않으면 그것으로 충분하다."라고 말했다.[56]

링컨이 용서의 원칙을 고수한 덕분에 에드윈 스탠턴은 링컨과의 불미스런 과거가 있음에도 전쟁성 장관에 임명될 수 있었다. 링컨과 스탠턴은 신시내티에서 특허 사건으로 처음 마주쳤다. 똑똑하고 정력적이던 스탠턴은 당시 전국적인 명성을 얻은 변호사였고, 링컨은 일리노이주에서 막 두각을 나타내던 변호사에 불과했다. 링컨의 외모―구불대는 머리카락, 얼룩진 셔츠, 외투와 바지가 짧아 보일 정도로 유난히 긴 팔다리―를 얼핏 보고, 스탠턴은 파트너이던 조지 하딩George Harding을 돌아보며 "왜 저 빌어먹을 긴팔원숭이를 여기에 데려온 겁니까? …… 아무것도 몰라 우리한테 아무런 도움이 되지 않을 것 같은데."라고 투덜거렸다.[57] 스탠턴은 일리노이의 시골 변호사, 링컨을 완전히 무시했다. 링컨이 힘들게 준비한 보고서를 보지도 않았고, 링컨에게 의견을 구하기는커녕 말조차 붙이지 않았다.

그런 굴욕을 겪은 뒤, 링컨은 자신을 철저히 되돌아보며 실력을 쌓겠다고 다짐했다. 링컨은 일주일 내내 법정을 지키며 스탠턴의 법률 서류를 면밀히 연구했다. "그처럼 완벽하게 마무리되고 다듬어진 서류, 철저히 빠짐없이 준비된 서류"를 본 적이 없었다.[58] 스탠턴의 파트너가 회고했듯이, "링컨은 그 쓰라린 사건을 결코 잊지 않았지만 스탠턴을 국무위원으로 영입하는 게 국가 이익에 부합한다는 확신이 서자, 많은 사람과 달리 개인적인 원한을 억누르고 그를 임명했다."[59]

스탠턴의 개인 비서는 "두 사람만큼 화합할 수 없을 정도로 철저히 다른 쌍은 없을 것"이라고 말했다. 링컨은 매클렐런 장군처럼 다루기 힘든 부하에게 자신의 실수를 만회할 기회를 지나치게 많이 부여한 반면, 스탠턴은 "부하에게 복종하든지 자기의 목을 자르든지 둘 중 하나를 선택"하라고 요구했다. 또 링컨은 동정적이고 끈기 있고 솔직한 반면, 스탠턴은 무뚝뚝하고 격정적이고 비밀스러웠다. "그들은 서로 상대의 단점을 보완했다. 그들은 서로에게 필요한 존재라는 걸 완전히 인정했다."[60] 링컨의 죽음으로 그들의 협력 관계가 끝나기 전에 스탠턴은 링컨을 존경했을 뿐만 아니라 좋아하기도 했다.

상호 존경과 존엄의 기준을 세우고, 분노를 조절하라

동료에게 화가 나면 링컨은 '뜨거운hot' 편지라 칭한 것을 써대며 글로 분노를 토해냈다. 그리고는 그 편지를 한쪽에 밀어놓고 분노가 가라앉아 상황을 한층 명확한 눈으로 분석할 수 있을 때까지 기다렸다. 20세기로의 전환기에 링컨 문서가 공개됐을 때 역사학자들은 그런 편지를 다량으로 발견됐다. 흥미롭게도 그런 편지의 아래쪽에는 링컨의 필체로 "발송 금지, 서명 금지"라 쓰여 있었다.[61] 이런 너그러움은 국무위원들에게 본보기가 됐다. 어느 날 저녁, 스탠턴이 격분해 한 장군에게 분노를 쏟아내는 걸 링컨이 우연히 듣게 됐다. 스탠턴이 "내가 그를 어떻게 생각하는지 알려주고 싶었던 겁니다."라고 변명하자, 링컨은 "그런 생각을 편지로 써서 질책하면 어떻겠습니까?"라고 제안했다. 스탠턴이 편지를 쓴 후 링컨에게 읽어주었다. 그러자 링컨이 말했다. "멋진 편지입니다! 스탠턴 장관, 이제 그 편지를 어떻게 하시겠습니까?" 스탠턴은 "물론 보내야지요!"라고 답했다. 그러자 링컨이 "나라면 그렇게 하지 않을 겁니다. 쓰레기통에 던져 버리십시오."라고 했고, 스탠턴은 "이 편지를 쓰는 데 이틀이나 걸렸습니다."라고 의아해했다. 그를 보며 링컨은 이렇게 말했다. "알고 있습니다. 그래서 당신에게 큰 도움이 되지 않았습니까! 지금은 기분이 훨씬 좋아졌고요. 그럼 된 게 아닐까요? 그러니까 편지를 쓰레기통에 버리라는 겁니다."[62] 스탠턴은 잠시 투덜거렸지만 결국 편지를 쓰레기통에 던져 버렸다.

링컨은 분노가 가라앉을 때까지 참았고, 다른 사람들에게 똑같이 해보라고 권했을 뿐만 아니라, 자신에 대한 무지막지한 공개적인 공격까지 기꺼이 용서했다. 남북전쟁 초기에 블레어가 쓴 비판적인 편지가 수개월 뒤에 예기치 않게 언론에 공개됐을 때, 블레어는 당황해서 그 편지를 백악관에 가져갔고 사직서를 제출했다. 하지만 링컨은 그 편지를 읽을 의사가 전혀 없고, 그 때문에 그를 견책하고 싶지도 않다며 "잊어버리십시오. 다시는 언급하지도 말고 생각하지도 마십시오."라고 말했다.[63]

동료들을 비판으로부터 지켜주라

웰스의 회고에 따르면, 링컨은 "내각에 전가되는 잘못의 원인은 자신에게 있는 것이지 내각의 탓이 아니다."라고 입버릇처럼 말했다.[64] 링컨이 자신의 결정 때문에 부하가 비난받는 걸 용납하지 않았다는 사실은, 전쟁성이 충분한 병력을 파견해주지 않아 버지니아 반도에서 패전할 수밖에 없었다는 매클렐런 장군의 주장에 링컨이 스탠턴을 공개적으로 보호하고 나선 사례에서 잘 설명된다. 매클렐런의 주장이 있은 후, 스탠턴에 대한 적대적인 공격이 뒤따랐고 급기야 그의 사임을 요구하는 목소리도 있었다. 그때 링컨은 신문에 대대적으로 다루지 않을 수 없는 극적인 뉴스거리를 제공하려고, 모든 정부 부서에게 정각 1시에 업무를 중단하고 의사당 앞 계단에서 예정된 합중국 단합대회에 참석하라는 명령을 내렸다. 예포가 터지고, 해병대 군악대의 애국적인 노래가 연주된 후, 링컨은 매클렐런의 비난을 직접적으로 반박했다. 링컨은 매클렐런 장군을 지원하려고 동원할 수 있는 모든 병력을 보냈다며, "전쟁성 장관이 더 이상 보낼 수 없는 것을 보내지 않았다는 이유로 비난받을 이유는 없다!"고 주장했다. 우레와 같은 박수가 터졌고, 링컨은 "스탠턴은 대담하고 유능한 장관입니다. 내가 여기에 선 이유는 전쟁성 장관에게 가해진 모든 비난이 내가 떠안을 책임이라는 걸 알려주기 위해서입니다. 정의를 추구한다면 당연히 이렇게 할 수밖에 없겠지요."라고 덧붙였다.[65] 사면초가에 빠진 장관을 링컨이 용기 있게 보호하고 나서자, 스탠턴에 대한 비난은 서서히 수그러들었다.

결국 내각의 모든 국무위원에게 영감과 용기를 북돋워주며 그들을 변화시킨 것은 링컨의 성품—일관된 세심함, 인내심과 신중함, 공감 능력—이었다. 이런 팀 리더십을 본보기로 한다면, 위대함은 선함에서 비롯된다고 말할 수 있다.

링컨은 이처럼 겉으로는 온유하고 친절했지만, 내심에서는 복합적이고 야심적이었으며 계획적이고 확고한 리더였다. 국무위원들은 개인적인 야심을 공공연히 드러냈고, 링컨을 비판하고 조롱했다. 또 링컨을 자극하며 화나게 만들었고, 끝없이 압력을 가했다. 하지만 그들이 각자의 책무를 열정적이고 능숙하게 해내는 한, 또 링컨이 결정한 방향을 지향하며 중요할 때 공동 전선을 구축하는 한 모든 것이 용납됐다. 1862년 9월 22일 링컨이 노예 해방 선언을 공포했을 때 그들이 보여준 공동 전선이 대표적인 사례다.

노예 해방 선언이 9월에 공포된 이후 1863년 1월 1일 발효될 때까지의 100일은 링컨의 내각을 시험하는 시간이었다. 그 힘든 시간을 링컨은 어떻게 무사히 견뎌냈을까?

칭찬이나 비난 앞에서도 평정심을 유지하라

노예 해방 선언이 공포되고 사흘 후에 해니벌 햄린Hannibal Hamlin은 링컨에게 보낸 편지에서 "노예 해방 선언이 뜨겁게 환영받고 유지될

것"이며 "이 시대의 위대한 선언으로 우뚝 설 것"이라고 자신 있게 예
측했다. 하지만 링컨은 무척 현실적이어서 즉각적인 반응에 대해 회
의적이었다. 그는 햄린 부통령에게 "신문과 저명한 인사들의 찬사는
자만심이 강한 사람이나 바라는 것입니다. 주가가 떨어졌고 군대의
전진도 예전보다 느려졌습니다. 겉으로는 괜찮게 보이지만 그다지 만
족스럽지는 않습니다."라고 말했다.[66]

중간 선거를 위해 투표장으로 향하는 유권자들은 불만이 팽배했
다.[67] 뉴욕의 일기 작가, 조지 템플턴 스트롱은 "반란을 진압하려는 전
쟁이 시들해지고 있다."고 한탄했다.[68] 앤티텀 전투에서 거둔 성과에
크게 만족한 매클렐런 장군은 퇴각하던 남군을 추적하지 않았다. 그
덕분에 리는 포토맥 강을 건너 버지니아로 피신할 수 있었다. 게다가
매클렐런은 노예 해방 선언 같은 '가증스런 신조'를 위해 싸우지 않겠
다는 뜻을 피력하며 군대의 진격을 고집스레 거부했다. 그 행위는 노
골적인 불복종에 가까웠다.[69]

유권자들은 전쟁을 더 가열하게 추진하지 않는다는 이유로 정부
를 비판했다. 이런 지각은 노예 해방 선언에 대한 보수파의 분노와 결
합되었고, 몽고메리 블레어가 예측했듯 선거는 공화당의 참패로 끝났
다. 링컨의 개인 비서, 존 니콜라이John Nicolay의 표현대로 "우리는 거의
모든 의석을 잃었다."[70] 연방 의회에서, 노예 해방 선언에 반대한 보수
적인 민주당의 의석수가 두 배로 증가한 까닭에 공화당은 겨우 다수
당을 유지할 수 있었다. 오하이오와 인디애나, 펜실베이니아와 뉴욕
의 주의회에서는 민주당이 압도적인 다수당이 됐다.

공화당의 패배를 어떻게 생각하느냐는 질문에 링컨은 조크로 우울함을 태워버렸다. "켄터키 소년이 사랑하는 애인을 만나려고 달려가다가 발가락을 다친 기분이라고 할까요? 다 커서 울지는 못하겠고, 웃기에는 너무 아프고요."[71]

압박에 대처하고, 균형감을 유지하며 에너지를 충전하는 방법을 찾아내라

언론인 노아 브룩스Noah Brooks는 "이번 계절의 이른바 휴일들은 침울하기 그지없었다. 도시는 부상하고 죽어가는 사람들로 넘쳐났다. 행방불명되고 부상한 친척들을 찾아 헤매는 북부의 많은 주민으로 호텔이 북적댔다."고 말했다.[72] 중간 선거 이후, 링컨은 오랜 망설임 끝에 매클렐런을 사령관에서 해임하며 "그가 부정한 짓을 하고, 적을 물리치고 싶어 하지 않는다는 걱정이 밀려오기 시작했다."고 말했다.[73] 매클렐런의 후임으로는 '싸우는 장군'으로 알려진 앰브로즈 번사이드 Ambrose Burnside를 선택했다.[74] 기질이 매클렐런과 완전히 다른 장군으로 바꾼 셈이었다. 하지만 번사이드의 저돌적인 기질은 결국 재앙을 부르고 말았다. 12월 중순, 번사이드는 링컨의 충고를 무시하고 포토맥 군軍을 버지니아 프레더릭스버그의 '살육장slaughter pen'으로 잘못 인도하는 실수를 범했고, 그 결과로 1만 3,000명의 북군이 전사하거나 부상했다.[75]

무지막지한 비난이 링컨에게 쏟아졌다. 프레더릭스버그에서의 굴욕적인 패전에 영국과 프랑스가 남부 연합의 편에 섰고, 내각 전체가 사임하고 링컨도 해니벌 햄린에게 대통령직을 물려줄 거란 소문까지 퍼졌다.[76] 죽음과 국상國喪의 연속에 전쟁이 불명예스런 재앙으로 끝날 것이란 두려움, 결국 남부 연합이 독립하고 노예제도는 그대로 유지될 것이란 두려움이 팽배했다. 링컨은 불안과 두려움에 휩싸였다. 무엇보다 병사들의 처참한 죽음에 고통을 받았다. 그들은 "피와 목숨으로 조국의 미래 행복과 번영을 구하려던 용맹한 사람들"이었다.[77] 링컨은 "삶의 과정에서 어느 때보다 혹독한 겨울에 깊은 우울"에 빠졌다.[78] 삶의 우여곡절을 고려하면, 실로 섬뜩한 표현이 아닐 수 없을 정도로 링컨은 "지옥보다 더 나쁜 곳이 있다면 내가 지금 있는 곳이다."라고 말했다.[79]

이런 상황에서도 평정심을 잃지 않기 위해 링컨은 어떤 전략을 사용했을까? 그 기나긴 불만의 겨울winter of discontent를 무사히 견뎌낼 정도의 안정성을 어떻게 유지할 수 있었을까?

안정이 드러나는 형태는 안정을 추구하는 사람만큼이나 각양각색이다. 링컨은 엄청난 압박감에 시달릴 때 연극 관람으로 한숨을 돌리며 활력을 되찾았다. 대통령으로 재임하던 4년 동안, 링컨은 100번 이상 극장을 찾았다. 가스등이 희미해지고 배우들이 무대에 올라서면, 링컨은 "완전히 다른 경로의 생각"에 몰입할 수 있었다.[80] 링컨과 함께 연극을 관람한 한 친구가 말했듯이, 〈헨리 4세 제1부〉의 공연을 보며 "그는 전쟁을 까맣게 잊었다. 의회도 잊었다. 정치에서도 떠났다. 그는 완전히 할 왕자(헨리 5세의 젊은 시절)의 시대에 살고 있었다." 링컨은 극장을 자주 찾는 것이 사람들에게 이상하게 보일 수 있다는 걸 알았지만 "지금의 끔찍한 불안에서 조금이나마 위안을 얻어야 했다. 그렇지 않으면 불안에 짓눌려 죽었을 것 같다."고 솔직히 말했다.[81]

하지만 연극 관람이 현실 도피는 아니었다. 머리를 식히며 휴식하는 시간이 절실히 필요했지만 링컨은 셰익스피어의 희곡 중에서 가장 비극적인 연극—《맥베스》, 《리어왕》, 《햄릿》—에 끌렸고, 이를 자신에게 닥친 문제를 해독하기 위한 출구이자 입구로 삼았다. 언젠가 링컨이 "셰익스피어가 어떻게 공연되느냐는 나에게 중요하지 않다. 그와 함께하는 생각으로 충분하다."라고 말했듯이, 남북전쟁이 한창일 때 극심한 고통에 시달리던 리더에게 셰익스피어의 철학적 깊이가 유의미한 깨달음을 주었던 것이다.[82]

링컨은 악몽 같은 나날과 대통령이란 외로운 지위 때문에 밤잠을 설치는 때도 많았다. 그런 밤이면 침대에서 일어나 잠옷을 걸치고 슬리퍼를 신고 손때가 묻은 셰익스피어를 쥔 채 백악관의 작은 방에 들어가 젊은 개인 비서 존 헤이와 존 니콜라이를 깨웠다. 그러고는 이야기를 재미있게 꾸미고 흉내를 잘 내는 공연자로서의 능력을 십분 발휘하며 셰익스피어에서 좋아하는 희극적인 구절을 소리 내어 읽었다. 링컨이 셰익스피어의 비극 공연에 공감한 성향은, 우스꽝스럽고 풍자적인 이야기를 좋아한 성향과 맞아떨어졌다. 비극과 희극의 백지장 같은 차이가 링컨에게 '문학적 기분 전환literary recreation'을 준 것이다.[83] 화가 카펜터의 표현을 빌리면, 링컨이 재미있는 이야기를 늘어놓으며 터뜨리는 호탕한 웃음은 "야생마의 울음소리"와 비슷했다.[84] 한 친구는 링컨에게 웃음은 구명구救命具 역할을 했다고 결론지었다.[85] 존 헤이도 "그가 세심한 관찰력으로 내 무거운 눈꺼풀을 눈치챈 경우에만 셰익스피어 낭송을 중단하고 나를 잠자리로 보냈다."고 회상했다.[86] 낭송은 링컨이 힘들고 외로운 시기에 인간애를 공유하는 방법이었다.

그가 내린 명령의 결과로 하루하루 병사들이 죽어가던 때, 홀로 막중한 책임을 짊어진 링컨은 용서하는 힘을 통해 슬픔을 조금이나마 덜어냈다. 전쟁성 장관과 군장교들은 군율을 유지하기 위해 탈영하거나 보초 근무 중 잠든 병사에게 사형을 선고해야 한다고 주장했지만, 링컨은 "한 명의 생명이라도 구하기 위한 그럴듯한 핑계"를 찾아내려 애썼다.[87] 링컨은 사형 청원서를 읽을 때마다 병사의 관점—향수병에 걸리고 의지력을 넘어서는 두려움에 짓눌린 십대 병사의 야간 탈영,[88] 피곤에 지쳐 의식하지 못하는 사이에 잠들어버리는 보초 근무[89]—을 이해하려고 노력했다. 감형의 이유를 찾아내면 "내 이름을 서명하여 그 병사만이 아니라 그의 가족과 친구들까지 즐겁게 해준다고 생각하면 행복한 마음으로 잠자리에 들 수 있다."라고 말했다.[90] 잠깐이나마 씁쓰레한 죽음에 대한 생각에서 벗어나 생명을 구원했다는 즐거움을 누렸던 것이다.

약속을 지켜라

1863년 1월 1일이 다가오자, 대통령이 노예 해방 선언을 새해 첫날부터 발효하겠다는 9월의 약속을 지킬 것인가에 대한 "전반적인 의혹"이 국민 사이에 감돌았다.[91] 평론가들은 선언문이 법제화되면 남부에서는 인종 전쟁이 일어나고, 북군 장교들은 지휘권을 포기할 것이며, 10만 명의 병사가 지체 없이 무기를 내려놓을 것이라고 예측했다. 게다가 공화당원과 합중국을 지지하는 민주당원을 묶어두던 불안정한 연대마저 균열될 위험이 있다고도 경고했다. 조지 템플턴 스트롱도 "링컨이 강단 있게 그 위기를 헤쳐 나갈 수 있을까?"라고 의문을 제기하고는 "누구도 모른다!"고 덧붙였다.[92]

에이브러햄 링컨을 잘 알던 사람이라면 그런 의문을 제기하지 않았을 것이다. 그는 약속을 지키는 걸 명예의 문제이며, 자신의 자존심을 지켜주는 '중요한 보석'이라 생각했다.[93] 예컨대 메리 토드와의 약혼을 파기했을 때, 또 공공사업을 통해 일리노이주에 경제 번영을 가져오겠다는 약속을 지키지 못했을 때, 링컨은 생명을 위협받는 우울증을 겪었고, 약속과 결심을 실천하는 능력에 대한 자신감을 회복하면서 비로소 우울증을 딛고 일어나 정치인으로서 부활할 수 있었다. 그 이후 가장家長으로서, 또 변호사이자 정치인으로서 그는 항상 깊이 심사숙고한 후에야 개인 의견을 피력하거나 약속했다. 따라서 그가 자신과 창조주 신과 맺은 9월의 약속을 지킬 것이란 데에는 의문의 여지가 없었다. 실제로 링컨은 매사추세츠 출신의 한 의원에게 "나는 이미 약

속했습니다. 따라서 그 약속을 취소할 수 없습니다."라고 말했다.[94]

노예폐지론자 프레더릭 더글러스Frederick Douglass가 노예 해방 선언의 발표를 연기한 링컨을 매몰차게 비판했지만, 링컨이 반드시 약속을 지키는 성품이라는 걸 누구보다 잘 알았던지 "에이브러햄 링컨이 굼뜨게 행동하는 것일 수 있지만, 공식적으로 서명하고 엄숙하게 선언한 약속과 목표를 재고하거나 철회할 사람은 아니다."라고 썼다. 또 링컨이 재고하지 않을까 의심하는 사람들에게 단호히 "아니다!"라고 대답하며 "에이브러햄 링컨은 절대 물러서지 않을 것이다. 링컨이 우리에게 가르쳐준 것이 하나 있다면, 그것은 그의 약속을 믿으라는 것이다."라고 주장했다.[95]

---◇---

백악관은 새해 첫날 연회를 열어 일반 대중을 초대하는 전통이 있었다. 1863년의 첫날에도 그 행사를 위해 백악관 문이 정오에 열렸다. 세 시간 동안 링컨은 백악관 2층에 있는 접견실, 블루 룸Blue Room에서 "잔잔하고 평온한 미소를 띠고" 1,000명이 넘는 시민과 악수를 나누었다. 하지만 한 기자는 "그의 두 눈은 생각으로 가득했고, 정신은 딴 곳에 있었다."라고 보도했다.[96] 그날 오후 늦게 링컨은 해방 선언문에 서명할 예정이었다.

하루 전, 링컨은 노예 해방 선언문을 최종적으로 점검할 목적으로 세 번째로 내각을 소집했다. 그날 링컨이 제시한 선언문은 하나의 중대한 점에서 9월의 원고와 달랐다. 수개월 전부터 노예폐지론자들은 흑인을 군대에 징집하라고 주장하던 터였다. 링컨은 그런 급진적인 조치를 시기상조라 생각했고, 그런 조치가 취해지면 그렇잖아도 불안정한 연대가 위험하다고 판단하여 망설였다.

하지만 이번에는 때가 됐다고 판단해, 의회에 "과거의 고요함은 폭풍우가 몰아치는 현재에는 맞지 않다. 현재 상황이 새롭다면 우리는 새롭게 생각하고 새롭게 행동해야 한다."라는 의견을 전달했다.[97] 군대가 흑인 징집을 시작할 거라는 새로운 조항이 해방 선언문에 덧붙여졌고, 새먼 체이스 장관의 제안을 받아들여 "인류의 이해심 많은 판단과 전능하신 하나님의 은총"이란 구절로 선언문은 마무리됐다.[98]

간단히 치러진 서명식에는 수어드 국무장관과 그의 아들 프레드를 포함해 12명만 참석했다. 프레드 수어드의 기억에 따르면, 선언문이 링컨 대통령 앞에 놓여 있었고, 링컨은 펜을 잉크병에 살짝 담근 후 선언문 위에 손을 멈추고는 잠시 망설이는 듯했지만, 곧이어 단호한 어조로 말했다. "내 평생 지금 이 선언문에 서명하려는 순간처럼 내가 옳은 일을 하고 있다고 확신한 적이 없습니다. 내 이름이 역사에 전해진다면 이 서명 때문일 것입니다. 이 서명에 내 모든 영혼이 담겨 있기 때문입니다." 하지만 그의 팔은 뻣뻣해지고 감각을 잃은 듯 흔들리고 떨렸다. "이 서명은 훗날 면밀히 조사될 겁니다. 내 손이 흔들린 흔적이 발견되면 '링컨이 주저했군.'이란 말이 나오겠지요." 그래서 링컨은 몇 분을 기다린 뒤에야 펜을 다시 잡고 "여느 때보다 대담하고 명확하고 단호한" 필체로 서명을 했다.[99]

　뉴잉글랜드 전역에서 이른 아침부터 교회와 공회당과 극장에 사람들이 모여들어, 대통령이 노예 해방 선언문에 서명했다는 소식을 손꼽아 기다렸다. 보스턴의 트레몬트 템플Tremont Temple*과 근처 음악당에서는 밤을 하얗게 새울 각오로 6,000명 이상이 모였다. 프레더릭 더글러스, 랠프 월도 에머슨, 해리엇 비처 스토, 올리버 웬들 홈스를 비롯한 여러 연설가의 웅변이 이어졌고, 시간이 지날수록 긴장감이 고조됐다. 오후 10시가 다가와도 아무런 소식이 들려오지 않자 "뚜렷한 그림자visible shadow"가 군중에게 드리워졌다. 마침내 한 남자가 군중을 헤집고 달려왔다. "왔습니다! 전보가 막 도착했습니다!" 더글러스는 당시의 "격하고 웅대한" 반응을 이렇게 묘사했다. "기쁨과 환희", "오열과 눈물"이 있었고 찬송과 노래가 이어졌다.[100] 〈글로리 할렐루야〉, 〈올드 존 브라운〉. 새벽 첫 햇살이 열릴 때까지 그들은 하나가 되어 노래하고 찬송했다.[101]

　노예 해방 선언에 뉴잉글랜드는 환희로 화답했지만, 경계주, 더 나아가 대부분의 북부는 그렇지 않았다. 앤티텀에서의 작은 승리가 해방 선언에 대한 반발을 억눌렀지만, 프레더릭스버그에서의 굴욕적인 패전과 뒤이은 교착 상태로 분노의 불길이 크게 타올랐다. 제임스 로빈스James Robinson 켄터키 주지사는 취임 연설에서 주의회에 해방 선언을 거부하라고 권고하며, "말도 안 되는 주장"이 남부 연합을 "결코 꺼지지 않는 증오의 불덩어리"로 단합시킬 것이라는 경고까지 더했

---

* 1806년에 세워진 침례교회 예배당으로 미국에서 현존하는 흑인 교회 가운데 가장 오래되었다. -옮긴이주

다.[102] 인디애나와 일리노이에서도 민주당이 우세한 주의회가 남부 연합과 평화로운 타협을 촉구하는 결의안을 통과시키며, 노예제도를 건드리지 말라고 요구했다. 뉴잉글랜드에게 노예제 폐지를 주장하며 노예제도를 용납하는 국가에서 살고 싶지 않으면, 분리해 독립하라고 주장하기도 했다. 연방의회에서는 '코퍼헤드Copperhead'*로 알려진 민주당 평화주의자Peace Democrat들이 선언문 발표 초기의 활력이 크게 꺾인 틈을 기회로 삼아 새로운 징집법을 반대했고, 심지어 병사들에게 탈영하라고 공개적으로 부추기기도 했다. 확증되지는 않았지만 야전군의 보고에서도 노예 해방 선언이 병사들에게 부정적인 영향을 미치고 있는 듯했다. 많은 병사가 흑인이 아니라 북군을 위해 싸우겠다고 서명한 것이라며 정부에 속았다는 주장까지 서슴지 않는다는 것이었다.

시카고 전당대회에서 링컨의 선거운동을 주관했고, 당시 연방대법원 판사이던 데이비드 데이비스David Davis도 오랜 친구, 링컨에게 "사태의 걱정스런 상황"에 대한 염려를 전달했다. 데이비스는 오직 하나의 방법만이 미국을 구할 수 있을 것이라며 링컨에게 "노예 해방 정책을 수정하고, 그 정책을 잘못 지지한 내각을 재구성하라고 조언했다." 하지만 링컨은 그런 패배주의적인 조언을 단호히 거부하며, 그 정책은 "확정된 것"이라 대답했다.[103] 또 다른 친구, 연방 상원의원 오빌 브라우닝Orville Browning도 북부가 타협을 외치며 민주당으로 뭉치고 있다는 소문을 전달했지만, 링컨은 "민주당이 노예 해방에서 양보를 지향하

* 남북전쟁 당시 남부를 동정한 북부인 -옮긴이주

면 결국 국민의 마음이 민주당을 떠날 것"이라 예측했고,[104] 노예 해방이 북군을 분열시킬 것이라 걱정하지도 않았다. 또 군의 사기가 흔들리며 노예 해방에 대한 긴장이 심화된 것을 인정했고, 탈영이 증가할 가능성도 인정했지만 "그 숫자가 실질적으로 군에 악영향을 미칠 것"이라 생각하지는 않았다.[105] 오히려 노예 해방의 결과로 자원입대하려는 지원병이 탈영병을 보완하고도 남을 것이라 확신하며, 링컨은 해방 선언문에 의문을 제기하는 사람들에게 전쟁의 목적을 재정립하기에 적합한 때가 됐다고 확언했다.

기다려야 할 때와 전진해야 할 때를 알아라

"노예 해방을 기다리는 사람은 그 순간을 보게 되겠지만, 노예 해방을 방해하는 사람은 그 순간에 압도될 것이다."[106] 링컨은 이렇게 말하며 노예 해방의 시간이 가차 없이 다가오고 있다는 걸 확신했다. 또 비슷한 맥락에서 "내가 사건을 통제한 것은 아니다. 솔직히 말하면 사건이 나를 통제했다."고 말했다.[107] 노예 해방은 링컨이 대통령이란 지위를 초월하는 사건에 휩쓸려 지향했더라도, 노예 해방 선언의 시간은 거의 전적으로 그가 선택하고 결정한 것이었다.

훗날 링컨은 이렇게 말했다. "해방 선언이 6개월 전에 공포됐더라면 여론이 지지하지 않았을 것이라 확신한다. 그 이후에 경계주에서 흑인을 징집하는 조치는 더더욱 그랬을 것이다. 노예 해방 선언이 더 빨리 취해졌더라면 흑인 징집은 시행되지 못했을 거라는 게 내 판단이다. 어떤 사람이 배나무가 자라는 걸 하루하루 지켜보며 열매가 익기를 초조하게 기다린다고 가정해보자. 그런데 그가 그 과정을 억지로 앞당기려 한다면 열매와 나무가 상하고 망가질 수 있다. 하지만 끈기 있게 기다린다면 잘 익은 배가 결국 그의 무릎에 떨어지지 않겠는가!"108

링컨은 "그 위대한 혁명에 대해 여론이 느리지만 확실히 변해가는 것"을 유심히 관찰했다. 링컨은 신중한 경청자답게 국무위원들의 의견도 조금씩 변하고 있다는 걸 놓치지 않았다. 또한 신문 논설의 방향, 북부 주민들이 주고받는 대화의 논조, 특히 병사들의 의견이 어떻게 달라지는지도 유심히 관찰했다. 그는 노예 해방 선언이 공포되면 반대가 격렬할 거라는 것도 알고 있었지만, 해방 선언의 목적을 무산시킬 만큼 강하지는 않을 거라고 판단했다.109 한 기자의 표현을 빌리면, 시기를 판단하는 뛰어난 감각은 링컨 리더십의 비밀이었다. "그는 사건의 흐름에 끌려 다니거나 사건과 성급히 다투며 힘을 낭비하지 않았고, 항상 상황이 유리한 국면에서 움직였다."110

노예 해방 선언이 공포되기 수개월 전의 가을에 링컨은 정신적 압박과 스트레스에 시달렸지만, 선언하기로 결정한 후에는 마음이 오히려 편안해졌다. 링컨에게 생각과의 다툼은 결코 비유적 표현이 아니었다. 피곤할 정도의 정신적 다툼을 통해 링컨은 자신감과 통찰을 얻었다. 물론 선언의 결정 자체도 힘든 시련이었지만, 그는 기나긴 의사 결정 과정이 올바른 방향을 낳으면 국민이 결국에는 기꺼이 그의 뜻을 따를 것이라 확신했다.

국민의 의기가 크게 꺾이고 전쟁의 피로감이 확산될 때 링컨은 새로운 활력을 얻었다. 많은 사람은 노예 해방 선언으로 건국 아버지들의 실험이 종말적 죽음을 맞았다고 보았지만, 링컨은 새로운 자유의 탄생을 보았다. 진보적 변화에 이런 확신은 시대의 흐름을 올바로 읽었다는 증거였을 뿐만 아니라, 시대의 흐름을 끌어가기 위해서도 중요한 것이었다. 최종적인 노예 해방 선언이 공식적으로 공포되기 전에 내각이 긴밀히 협력했듯, 링컨의 리더십하에서 군대의 신병 모집도 원만하게 이루어졌고, 연방 의회는 코퍼헤드의 반대에도 군비와 징집과 관련해 정부가 제시한 전쟁 법안을 빠짐없이 통과시켰다. 4월 초 보궐선거가 실시된 3개 주—코네티컷, 로드아일랜드, 뉴햄프셔—에서 모두 공화당과 충직한 민주당 후보가 여유 있게 승리를 거두며 북부의 전쟁 지원은 합헌적 지위를 얻었다. 링컨이 1월의 암울하던 시기에 예상했던 것처럼, 코퍼헤드들이 "평화의 타협에서 도를 넘어선 때문이었다."[111]

〈뉴욕 타임스〉는 이 뜻밖의 승리로 "링컨 행정부가 고비를 무사히 넘기고 끝까지 안전 운항할 수 있었다."고 보도했다.[112] 쉽지는 않았지만 고비를 넘긴 것은 분명했다. 링컨은 패배주의적 감정에 대한 반발을 현명하게 유도했고, 새롭게 얻은 활력을 결집시키려고 애썼다. 링컨이 노예 해방을 계기로 생겨난 승인과 통합과 권능을 향한 크나큰 움직임을 재조직하고 조정하며 창의적으로 꾸려간 이야기에서는 변혁적 리더십transformational leadership이라는 드문 자질이 엿보인다.

거래적 리더십과 변혁적 리더십을 결합하라

학자들은 리더십을 이루는 많은 항목에서 상반되는 두 유형을 찾아내려 한다. 하나는 상대적으로 흔한 거래적 리더십transactional leadership이고, 다른 하나는 변혁적 리더십이다. 거래적 리더들은 실리적으로 생각하고 행동한다. 그들은 추종자들의 개인적 이득을 자극한다. 거래와 교환에서 보상으로 주는 것을 활용해 추종자들로부터 지지를 끌어내고 그들의 행동에 영향력을 행사하는 것이다. 한편 변혁적 리더는 추종자들에게 자신보다 더 큰 무엇—조직이나 공동체, 지역이나 국가—과 자신을 동일시하라고 독려한다. 궁극적으로는 추상적인 개념, 예컨대 국가의 이념과 자신을 동일시하는 수준까지 끌어간다. 변혁적 리더는 도덕적 원칙과 고결한 목표를 위해 희생을 요구하며, 현재의 순간을 넘어 노력해 얻을 만한 가치를 지닌 미래를 설정함으로써 이타주의에 가치를 부여한다.

하지만 그의 긴 다리에 어울리는 바지, 그의 흐느적대는 팔에 어울리는 소매를 찾기가 쉽지 않았듯 링컨은 두 유형의 리더십을 곧이곧대로 적용하지 않았다. 링컨은 거래에 기반을 둔 실리적인 전략을, 원칙에 기반한 변혁적 리더십에 반드시 필요한 보완재로 삼았다. 예컨대 코네티컷, 로드아일랜드, 뉴햄프셔에서 봄에 예정된 보궐선거가 실시되기 전, 링컨은 뉴욕의 공화당 실력자 설로 위드Thurlow Weed에게 전보를 보내 첫 기차를 타고 워싱턴에 와 달라고 부탁했다. 링컨은 아침 식사를 함께하며 "위드 씨, 지금 우리는 궁지에 빠졌습니다. 합법적 목적을 위해 돈이 당장 필요합니다. 하지만 합법적으로 끌어올 만한 돈이 없습니다. 그 돈을 어떻게 마련해야 할지를 모르겠습니다. 그래서 당신에게 도움을 청하려고 이렇게 모셨습니다."라고 말했다.[113] 그날 밤이 끝나기 전 위드는 3개 주에서 유권자들의 마음을 사로잡는 데 필요한 비밀 자금의 일부로 1만 5,000달러를 링컨에게 전달했다.

링컨은 설득하려는 대상에 따라 노예 해방의 당위성을 거래적 관점과 변혁적 관점으로 옹호할 수 있었고, 실제로 그런 능력을 발휘했다. 여러 도시에서 링컨은 충직한 연방주의자들의 사기를 드높여주는 동시에 코퍼헤드의 패배주의를 누그러뜨릴 목적으로 대규모 군중대회를 조직했다. 그의 고향이었지만 코퍼헤드의 영향력이 여전히 막강했던 일리노이 스프링필드에서 예정된 대회를 앞두고, 링컨은 장문의 편지를 보내 군중에게 낭송되도록 했다. 그 편지를 대신 읽을 오랜 친구, 제임스 콘클링에게 "이 부분을 특히 천천히 읽게."라고 낭송 방법까지 꼼꼼히 지시했다.[114] 링컨은 그 편지에서 숨김없이 말했다. "흑인들에게 이렇게 하는 제가 불만스러울 겁니다." 그러고는 그런 불만이 잘못되고 부적절한 이유들을 하나씩 나열했다. "우리가 합중국을 위해 싸우는데 흑인이 적군을 돕지 않아야 한다고 생각했습니다. 그렇게 하면 적군이 그만큼 약해질 거라고도 생각했습니다. 여러분도 그렇게 생각하지 않습니까?" 이렇게 묻고는 완전히 실리적인 관점에서 군중에게 "흑인이 군인이 되어 무엇이든 하면 백인 군인이 할 일이 크게 줄어든다고 생각했습니다."[115]라고 피력했다.

링컨은 흑인 군대가 제공하는 실질적인 이점을 언급한 뒤에 위험을 무릅쓰고서라도 행해야 하는 변화의 필요성을 역설했다. "흑인들이 우리를 위해 목숨을 걸게 하려면 그들에게 강력한 동기가 주어져야 합니다. 그것이 해방의 약속입니다. 또 약속이란 것은 무엇이든 반드시 지켜져야 합니다."[116] 결국 공개편지는 실리적인 목표에서 도덕적인 목표로 교묘하게 올라서는 지침서로, 영감과 감화를 주는 변혁적 리더십의 특징을 여실히 보여주었다.

에이브러햄 링컨의 변혁적 리더십은 노예 해방에 대한 병사들의 태도 변화에서 그 영향이 가장 뚜렷이 나타났다. 남북전쟁이 시작되고 처음 18개월 동안에는 병사 10명 중 3명만이 노예 해방을 위해 기꺼이 목숨을 바치겠다고 말했고, 대다수는 합중국의 유지를 위해서만 싸우는 것이라 대답했다. 노예 해방 선언 이후에는 그 비율이 달라졌다. 링컨의 설득을 받아들여, 압도적 다수의 병사가 노예 해방과 합중국의 회복이 서로 밀접히 연결된 것이라 생각하게 됐다. 이런 변화가 일어날 수 있었던 이유가 무엇일까? 링컨은 어떻게 자신의 목적의식을 병사들에게 전달할 수 있었을까?

가까이 다가가고 편하게 접근하라

군대의 반응은 링컨이 전쟁 초기부터 일반 병사들에게 심어놓은 깊은 신뢰와 충성심에 근거한 것이었다. 링컨은 워싱턴 주변의 군대와 전쟁터로 병사들을 방문할 때마다 병사들과 함께 식사했고, 병사들이 잠자는 막사도 둘러보았으며, 병사들에게 가족의 안부를 물었다. 또 퇴역 군인을 위한 휴양소를 방문해 그곳 사람들과 허물없이 대화를 나누었고, 북군과 남군의 부상병들을 똑같이 보살폈다. 따라서 병사들은 "대통령이 진심으로 우리에게 신경을 쓰는 것 같다. 우리는 대통령의 명령으로 싸우고, 대통령은 항상 우리의 안위를 걱정한다."라는 말을 서로 주고받았다.[117]

어디를 가든 링컨은 군인들을 초대해 부당한 대우를 받지는 않았는지 물었다. 링컨의 초대를 받아 백악관을 방문해 환영받거나 애로사항을 전달하며, 총사령관과 대면한 병사가 거의 2,000명에 달했던 것으로 추정된다. 링컨의 설명에 따르면, 이런 개방 정책은 "일반 백성과 지배층을 이어주는 끈이고 연결 고리이다."[118] 링컨과 병사의 만남에 대한 이야기는 순식간에 군대에 퍼졌다. 링컨의 관대한 성품과 노예 해방이란 대의를 유지하려는 끝없는 노력에 대한 이야기도 다를 바 없었다.

군인들이 고향에 보낸 편지에서도 링컨의 공감 능력과 책임감, 친절함과 자상함이 확인됐다. 심지어 병사들의 가족에 대한 동정심까지도 읽혔다. 군인들은 링컨을 자신의 가족처럼 생각하며, 링컨의 초상을 가슴에 품고 전쟁터로 향했다.[119] 위스콘신 출신의 한 병사는 "그의 미소를 보며 우리는 집중하고 감응하며 확신할 수 있었다."고 회상했다.[120] 병사들은 링컨을 '아브라함 아버지', '에이브 아저씨', '우리 에이브'라고 칭했다. 성경에 등장하는 아브라함을 언급하고 가족 간의 호칭을 사용했다는 것은 정서적 교감을 나누었고 인간적인 취약함을 공유했다는 뜻이다. 또한 링컨의 얼굴과 몸가짐에서 고통과 고뇌를 읽어내고 함께 고뇌함으로써 전쟁의 위험을 함께 견디고 위험한 운명을 함께하겠다는 의지를 분명히 드러냈다. 예컨대 펜실베이니아 출신의 한 신병은 "그분이 근심 걱정으로 야윈 것 같다. 에이브러햄 링컨을 축복해달라고 하나님께 기도하지 않을 수 없었다."라고 편지에 썼다.[121] 링컨은 병사들에게 희생을 요구하기 전에 자신이 먼저 희생하는 솔선수범을 보여주었다. 펜실베이니아 출신의 또 다른 병사는 어머니에게 보낸 편지에서, 복무 기간이 끝나더라도 고향에 돌아가지 않겠다며 "평화의 시기에 살 만한 국가를 만들려면 전쟁의 시기에는 목숨을 걸고 싸워야 할 겁니다. 그래서 힘든 군인의 삶을 기꺼이 참고 견딜 겁니다."라고 말했다.[122]

병사들은 링컨을 무척 깊이 신뢰했기에, 더는 합중국을 위해서만이 아니라 합중국과 노예 해방이란 이중의 목적을 위해 싸웠다. 한 병사는 "링컨이 모든 노예는 이후로 영원히 자유로울 것이라 말하면, 그렇게 되게 해주시옵소서!"라고 기도했고,[123] 한 병사는 "나는 여태껏 노예제도의 폐지를 찬성한 적이 없었지만, 이제부터는 노예 해방을 위해 기꺼이 싸울 것이다."라고 고백했다.[124] 요컨대 새로운 방향이 병사들에게 제시됐고 받아들여졌다.

노예 해방 선언에 대한 변화의 힘을 흑인 병사의 징집과 입대만큼 설득력 있게 설명해주는 사건은 없을 것이다. 흑인 부대를 앞장서서 옹호하며 흑인 병사 모집에도 적극적이었던 프레더릭 더글러스는 북부 도시들을 순회하며 흑인 청년에게 "더 똑바로 서게 될 겁니다. 더 자신 있게 걷게 될 겁니다. 마음속에 남은 작은 걱정도 지워낼 수 있을 겁니다. 흑인도 U.S. (아메리카 합중국)이란 황동 배지를 달게 된다면, 또 독수리가 새겨진 단추를 얻고 어깨에 머스킷총을 메고 총알로 주머니를 채운다면, 흑인이 시민권을 얻었다는 걸 부인하는 세력은 지상과 지하 그 어디에도 없을 것"이라 약속하며 참전을 독려했다.[125]

흑인들은 입대 요구에 적극적으로 호응했고, 수만 명씩 참전했다. 하지만 초기의 이런 뜨거운 열기는 금세 사그라들었다. 흑인 병사는 백인 병사와 동일한 임금을 받지 못한다는 게 알려졌기 때문이다. 게다가 자원입대에 따른 장려금도 받지 못했고, 장교가 될 수도 없었다. 더는 흑인 청년들에게 자원입대하라고 양심상 설득할 수 없다는 생각에 더글러스는 링컨에게 직접 부탁하기로 마음먹었다. 더글러스는 링컨과 처음 만난 때를 "처음 만난 사람과 그처럼 신속히 더없이 편하게 느낀 적이 없었다."고 회상했다. 더글러스가 '페어플레이fair play'가 없어 모병에 어려움이 있다고 하소연하자,[126] 링컨은 "진지하게 경청하며 누가 봐도 공감하는 표정을 지었다."[127] 링컨은 정치적으로 시대에 편승하는 경향을 띠었지만 그때에는 차별 정책이 부당하다는 데 동의하며 "결국에는 흑인 병사도 백인 병사와 동일한 임금을 받게 될 것"이라고 약속했다.[128] 훗날 더글러스는 "그처럼 맑은 표정"을 본 적이 없었다고 전했다.[129] 첫 만남에서 신뢰와 공경의 관계가 형성됐고, 그 관계는 나중에도 중요한 역할을 했다. "링컨은 나를 인간으로 대해주었다. 우리는 피부색이 다르다는 걸 한순간도 느끼지 못했다! 이제 그가 어떤 환경에서 어떤 결정을 내리든 나는 기꺼이 받아들인다."[130]

결국 흑인은 거의 20만 명에 달하는 기록적인 수로 입대했을 뿐만 아니라, 공식적인 증거에서도 확인되듯이 용감무쌍하게 싸웠다. 제임스 G. 블런트James G. Blunt 장군은 초기의 교전이 있은 뒤 "흑인 연대처럼 용맹하게 싸우는 걸 본 적이 없다. 그들은 누구에게도 뒤지지 않을 정도로 용감하고 냉정하게 노련한 군인처럼 싸웠다."고 썼다.[131] 또 허드슨 요새에서 전투가 있은 뒤 한 백인 장교는 "며칠 전의 전투로 흑인 부대에 대한 내 편견이 완전히 사라졌다. 흑인 여단은 날렵하게 움직이며 눈부시게 싸웠다. 그보다 더 잘 싸울 수는 없을 것 같았다."고 고백했다.[132] 링컨의 노예 해방 선언을 반대한 지휘관들도 "해방 정책과 유색인 부대의 활용이 반군에게 가장 큰 타격"이라는 걸 인정하게 됐다.[133]

개인의 이익보다 공동체의 이익을 위해
봉사하는 공명심을 심어주라

노예 해방에 대한 전반적인 여론은 북군의 전황에 따라 흔들렸다. 게티즈버그 전투에서는 북군이 승리를 거두었지만, 리 장군의 군대가 탈출해 재무장한 끝에 스포칠베이니아, 콜드 하버, 피터즈버그에서 연이어 벌어진 악몽 같은 전투에서 율리시스 S. 그랜트Ulysses S. Grant 장군이 이끄는 북군을 물리쳤다. 북군과 남군 모두에게 1864년의 봄은 물리적으로나 정신적으로 어둠과 죽음의 시기였다. 여름이 끝나갈 즘에는 사상자와 체포되거나 행방불명된 병사의 수가 북군에서는 58만을 넘었고, 남군에서는 거의 47만에 달했다. 따라서 절망에 빠져 어떤 대가를 치르더라도 평화를 갈구하는 비명이 빗발쳤다.[134]

북부 지역을 뒤덮은 의기소침한 분위기에 링컨의 재선은 위태로웠다. 공화당 전국위원회Republican National Committee 의장, 헨리 레이먼드 Henry Raymond는 링컨에게 "흐름이 우리에게 크게 불리하다."라고 8월 말에 경고했다. 선거가 그때 실시된다면 링컨의 재선은 거의 불가능하다는 뜻이었다. 공화당 전국 위원들도 링컨의 재선 가능성에 지극히 회의적이었던 까닭에 그때까지도 당 조직을 동원하지 않았다. 군사적 승리가 확실하지 않은 것도 문제였지만, 노예 해방에 대한 링컨의 완강한 고집이 평화의 주된 걸림돌이라는 의혹도 큰 문제였다. 레이먼드는 공화당이 대통령 선거에서 승리하려면 노예제도 문제는 훗날의 고려 사항으로 접어두고, 재통합의 "유일한 조건"에 대해 평화 회담을 시작해야 할 것이라고 조언했다.[135]

링컨은 "솔직히 말하면 나도 재선되고 싶다. 지난 4년의 내 노력을 인정받고 싶은 게 인지상정이지 않겠는가."라고 인정한 뒤 "이 일을 내 손으로 끝내고 싶다."라고 덧붙였다.[136] 하지만 링컨은 리치먼드에 특사를 파견해 남부 연합의 제퍼슨 데이비스Jefferson Davis 대통령을 만나라는 레이먼드의 간청을 거부했다. 링컨은 노예제도의 종식을 요구하지 않고 평화의 조건을 타진하려면 '완전한 파멸utter ruination'이 절실하다고 생각했다.[137] 또 해방 선언의 포기보다 선거의 패배를 달게 받아들이겠다며, "합중국과 자유라는 쌍둥이 목표를 포기하면 지금은 물론이고 영원히 저주받을 것"이라고 격렬히 주장했다. 노예제도 폐지라는 하나의 목표를 위해 이번 전쟁을 시작했다고 링컨을 비난한 사람들도 "노예 해방 선언이란 수단을 동원하지 않으면 인간의 힘으로는 이 반군을 진압할 수 없다는 것"을 알고 있었던 게 분명했다.[138] 에이브러햄 링컨이 자신의 의견을 고수한 강철 같은 의지를 표현하기에는 '단호함firmness'이란 단어로는 부족하다.

9월 3일, 애틀랜타 점령으로 북부의 사기가 하룻밤 사이에 치솟아 올랐다. 조지 템플턴 스트롱은 "오늘 아침 반가운 소식이 들려왔다. 정치적 위기가 한창인 때 들려온 멋진 승전 소식이었다."며 기쁜 마음을 표현했다.[139] 승전과 관련된 머리기사들이 북부의 신문들을 채웠고, 크고 작은 도시에서는 인파가 모여 축포를 쏘고 종을 울렸다. 링컨의 친구, 레너드 스웨트는 수주 전만 해도 링컨의 재선 가능성이 없다고 썼지만,[140] 이제는 하느님이 합중국에 영광스러운 승리를 안겨줘 "폭풍 속에서 커다란 파도에 거의 뒤집힌 배가 똑바로 서게 됐다."고 믿었다.[141]

병사들의 표에 선거 승패가 결정될 가능성이 크다는 것은 누가 생각해도 당연한 것이었다. 민주당은 조지 매클렐런이 한때 병사들에게 헌신을 끌어냈다는 사실을 떠올리며 그를 대통령 후보로 선택했고, 동시에 노예제도 폐지와 재통합을 분리해 생각하며 전쟁을 조기에 끝내겠다고 약속했다. 한 민주당계 첩보원은 "태양이 동쪽에서 뜨는 것만큼이나 3분의 2가량의 병사가 매클렐런 장군에게 투표할 것이라 확신한다."고 의기양양하게 예측했다.[142]

병사들의 표는 링컨에게도 무척 중요했다. 그들의 수가 선거 결과에 미치는 영향보다는 훨씬 심원한 이유에서였다. 링컨은 전쟁터를 직접 방문해 병사들과 맺은 유대감을 믿었다. 링컨은 일반 병사들에게 깊은 친밀감을 느낀 까닭에 "병사들에게 지지받지 못한 채 당선되는 쪽보다 병사들의 지지를 받아 패배하는 쪽을 선택하겠다."라고 말할 정도였다.[143]

다행히 그런 상황은 닥치지 않았다. 링컨은 선거인단 투표에서 212대 21로 압도적 승리를 거두었고, 병사들에게는 70퍼센트 이상의 표를 얻었다. 병사들은 링컨에게 표를 던지면 개인적인 위험과 복무 기간이 연장된다는 걸 알았지만, 링컨과 대화하며 깨달은 대로 개인의 이익보다 공동체의 이익을 위한 쪽을 선택한 것이다. 링컨은 개인의 이익보다 공동체의 이익이 더 중요하다는 철학을 다양한 방식으로 표현했다. "[이번 선거는] 오늘만이 아니라 다가올 미래를 위한 것입니다. 나는 백악관을 잠시 차지하고 있을 뿐입니다. 내 아버지의 아들이 그랬듯 여러분의 자녀가 이곳을 차지할 수도 있다는 걸 보여주는 살아 있는 증거가 바로 나입니다. 우리가 예전부터 누려온 자유로운 정부를 통해 누구나 자신의 근면성과 진취성과 지능에 따라 교육받고 사업하는 공정한 기회를 얻을 것입니다. 또 삶의 과정에서 모두가 인간적인 열망을 품고 동등한 특권을 향유하게 될 것입니다. 이런 목표를 성취하기 위해서라도 이번 전쟁을 유지해야 합니다."[144] 그렇게 병사들은 개인의 안위를 생각하지 않고, 그들이 하나가 되어 싸우는 대의를 대표하는 사람에게 투표했다.

———◇———

　재선에 성공하자, 링컨은 남부의 반발을 극복하고 노예 해방을 완성하며, 국가 전체를 포용하겠다는 결심을 더욱 불태웠다. 링컨은 노예제도가 미국 전역에서 폐지될 것이란 약속을 가급적으로 빠른 시일 내에 공식화하려 했다. 그런 확약은 행정 명령에 머물지 않고, 헌법 수정을 통해 국법으로 성문화돼야 했다.

　링컨은 전시에 비상대권으로 헌법에서 보장된 노예제도를 우회할 수 있었지만, 이제는 헌법 자체를 수정해 노예제도를 폐지하기 위한 항구적인 조치를 내려야 했다. 그런 조치가 수정 헌법 제13조의 형태로 1865년 1월 6일 의회에 제시됐다. 3주 후, 통과에 필요한 3분의 2에서 2표가 부족했다는 소식을 들은 링컨은 의원들과 협상을 시작했다. 거래적 리더십을 발휘해 의원들의 친척과 친구에게 공무직이나 해외 대사직을 약속하거나, 선거 보조금과 사면 등을 약속했다. 오랜 시간이 지나지 않아 의회는 부족한 2표를 찾아냈다. 최종 결과가 발표됐을 때 한 목격자의 증언에 따르면 "폭발적인 환호가 있었다. 미국 연방의회에서 전에는 듣지 못한 굉장한 환호였다."[145] 이튿날 저녁 백악관을 방문한 많은 축하객에게 링컨은 "헌법 수정은 미국과 전 세계를 위한 경사"라고 선언했다. 그러면서 "아직 우리 앞에는 하나의 과제가 남아 있습니다."라며 의회가 고결하게 시작한 과업을 국민투표로 완성하는 과제가 남았다는 걸 상기시켜주었다.[146]

　1주일 후, 수정 헌법 제13조의 하원 통과를 축하하는 공연이 보스턴 음악당Boston Music Hall에서 열렸다. 그곳에 모인 많은 군중에게 노예 폐지론자 윌리엄 로이드 개리슨William Lloyd Garrison은 "이 중요한 헌법 수정에서 우리나라는 누구에게 가장 많은 빚을 졌습니까?"라고 묻고는 "나는 자신 있게 대답할 수 있습니다. 일리노이주에서 울타리용 목재를 만들던 사람, 수백만을 억압하던 사슬을 끊어낸 사람, 바로 에이브러햄 링컨!"이라고 외쳤다.[147]

링컨은 '위대한 해방자'라는 영웅적인 호칭을 달갑게 받아들이지 않으며 "나는 도구에 불과했다. 노예제도를 반대한 사람들과 군대가 그 모든 것을 해냈다."고 주장했다.[148] 이런 겸손이 야망의 결핍을 뜻하지는 않는다. 오히려 링컨은 젊었을 때부터 세상에서 차이를 만들겠다는 큰 야망을 품고 있었다. 극단적인 우울증에 빠졌던 30대 중반에도 절친한 친구, 조슈아 스피드에게 "기꺼이 죽을 수 있지만 자신이 한때 살았다는 걸 인류가 기억할 만한 걸 아무것도 해내지 못한 것"을 아쉬워했다. 하지만 이제 링컨은 역사에 기억될 만한 업적을 남겼다. 링컨이 노예 해방 선언에 서명한 직후, 스피드가 백악관을 방문했을 때 두 오랜 친구는 링컨의 삶에서 암울했던 그 시기를 추억하며, 세상 사람들에게 기억되겠다는 야망 덕분에 링컨이 우울증을 이겨낼 수 있었다고 회고했다. 젊었을 때의 원대한 꿈을 훌쩍 넘어, 링컨은 마침내 미국 국민에게 크게 공헌했다. 실제로 링컨은 노예 해방 선언에 대해 "이번 조치로 내가 가장 바라던 소망이 실현된 것이라 굳게 믿는다."고 말했다.[149]

에이브러햄 링컨은 노예 해방 선언으로 자신이 시작한 과업이 완결되는 걸 생전에 보지는 못했다. 수정 헌법 제13조가 1865년 12월에야 전체 주의 4분의 3에서 비준됐기 때문이다. 링컨은 노예제도를 연방 헌법에서 들어내야 할 '종기'라고 일컬었다.[150] 그 노예제도는 호된 대가를 치른 뒤에야 결국 삭제됐다. 링컨은 수정 헌법의 비준을 예상하며 "수정 헌법은 모든 악을 치유하는 만능약이 되어 모든 것을 바로잡을 것"이라고 말했다.[151]

링컨은 내각과 군대 및 국민에게 영감을 주며, 그들을 이상적인 방향으로 이끌었다. 노예 해방 선언을 공포하기 수개월 전, 의회에 보낸 연차 교서에서는 "국민 여러분, 우리는 역사에서 벗어날 수 없습니다. 우리가 지금 겪고 있는 아픈 시련은 명예스럽든지 불명예스럽든지 우리를 후세에 밝게 비출 것입니다. …… 노예에게 자유를 허락함으로써 우리는 자유로워야 할 사람들에게 자유를 보장하는 것입니다. 그리하여 우리가 허락하는 것과 우리가 지키는 것이 똑같이 영광을 누릴 것입니다. 마지막으로 남은 최고의 희망을 훌륭하게 지키지 않으면 초라하게 잃고 말 것입니다."라고 말했다.[152]

그의 리더십 특징이 잘 요약된 이 연차 교서에는 지루하게 이어진 고통스러운 남북전쟁의 도덕적 목표와 의미가 담겨 있었다. 에이브러햄 링컨 이전과 이후의 미국을 돌이켜보면, 링컨이 사회적 변화 과정에서 산파 역할을 한 것이 분명하다.

위기관리

Crisis Management

"

시어도어 루스벨트와 탄광 파업

"

윌리엄 매킨리 대통령이 서거하고 며칠 뒤, 시어도어 루스벨트는 한 친구에게 보낸 편지에서 "그런 식으로 대통령이 되는 것은 끔찍한 일이겠지만, 그 때문에 한없이 음울한 생각에 사로잡혀 있다면 더더욱 잘못된 짓일 것이다. 눈앞에 많은 과제가 놓여 있다. 이제 내 능력을 다해 그 일을 해내야 한다. 그것이 내가 해야 할 전부이다."라고 말했다.[1]

루스벨트가 국정을 안정되고 신중하게 운영할 것이란 확신을 경제계에 주지 않으면 주식 시장이 붕괴될 수 있다는 두려운 징조가 널리 확산돼 있었다. 따라서 신임 대통령, 루스벨트는 매킨리 내각의 모든 국무위원에게 계속 근무해 달라고 요청했다. 친구들은 적잖은 국무위원이 그에게 충성하지 않을 것이라 걱정했지만, 루스벨트는 "그들이 자신의 역할을 충실히 다하는 것이 내가 그들에게 바라는 충성심"이라고 말했다. 물론 자신의 역할에 충실하지 않는 국무위원이 있다면, 그를 지체 없이 교체할 것이라고도 덧붙였다.[2] 그와 동시에 루스벨트는 보수적인 정치 지도자로 윌리엄 매킨리의 절친한 친구였던 마크 해나Mark Hanna에게도 손을 내밀었다. 해나는 공화당원들에게 '그 미치광이that madman' 루스벨트를 부통령 후보로 지명하지 말라고 경고하며 두려워했던 상황을 현실로 맞아 깊은 상실감에 빠져 있었다.[3]

루스벨트 신임 대통령은 상실감에 젖은 해나에게 "당신이 매킨리에게 했던 그대로 저에게도 해주기를 바랍니다."라며 회유했다.[4] "깊고 안타까운 상심의 시간이지만, 미국의 평화와 번영과 영광을 추구한 매킨리 대통령의 정책을 조금도 손대지 않고 그대로 유지하겠다고 말

씀드리고 싶습니다."라는 약속도 덧붙였다.[5]

루스벨트는 정책의 연속성을 공개적으로 약속했지만, 매킨리의 보수적인 정책을 그대로 추진하면 "그가 대변하는 사람들에게는 거짓말을 하는 것"이 된다는 걸 알고 있었다. 공화당을 진보적인 방향으로 쇄신하기 위해 싸우겠다고 지지자들에게 약속한 터였다.[6] 주의원에서 경찰위원을 거쳐 주지사까지 다양한 계급을 직접 경험한 덕분에 루스벨트는 시대의 이면에 감춰진 위험들—각 분야에서 경쟁 기업들을 급속도로 삼켜버리는 거대 트러스트*의 등장, 정계 실력자들과 기업계를 잇는 보이지 않는 부패의 고리, 부의 집중에 따라 점점 확대되는 빈부 격차, 이민자들의 비참한 거주 환경, 파업으로 발전할 듯한 노동계급의 불만—에 예민하게 반응했다.

대통령에 공식적으로 취임한 첫날, 시어도어 루스벨트는 현상을 유지하겠다고 약속했지만, 헌법 규정에 따라 대통령직을 계승했으므로 "매킨리가 아니라 그가 유권자들로부터 표를 받은 대통령 후보였던 것처럼 언행이 일치하는 모습을 보여주겠다."며 새로운 정치 시대가 곧 도래할 것이란 암시를 기자들에게 주었다.[7] 그는 정계에 발을 들여놓은 때부터 비주류로 잔뼈가 굵었고, 정당 간부진과 개혁가들 사이에서 시달린 정치인이었다. 그 과정에서 그는 간부진을 믿지 않았고 두려워했으며, 때로는 개혁가들을 실망시켰다. 결국 그는 주식 시장의 대격변을 피하기 위해 자신의 때를 기다려야 한다고 생각한 것에

---

* 경쟁을 피하고 보다 많은 이익을 얻을 목적으로 같은 업종의 기업이 결합한 독점 형태 - 편집자주

불과했다. 윌리엄 매킨리가 시작한 친기업적 정책을 루스벨트도 따를 것이라 생각한 사람은 그의 성향과 의도를 철저히 잘못 해석한 것이었다.

전임자와 완전히 다른 방식으로 국가 과제에 도전하는 새로운 리더가 대통령에 올랐다는 사실이 명확히 드러나는 데는 오랜 시간이 걸리지 않았다. 신문기자 마크 설리번Mark Sullivan은 "그의 생동감 넘치는 활력이 주변에도 영향을 미치며 백악관에 새로운 사람, 완전히 새로운 유형의 사람이 있다는 걸 온 국민이 알게 됐다. 진취적인 기상, 엄청난 업무량, 솔직하고 단도직입적인 성격, 다방면의 뛰어난 능력은 많은 보통 사람에게 삶의 활력을 주었다."라고 썼다.[8]

정치인으로서 루스벨트는 궁지에 몰린 상황에서도 세상에 나가 자신의 능력을 입증하려는 영웅의 이야기를 기초로 리더십에 대한 개념을 정립했다. 물론 그 영웅은 용기와 투지를 겸비하고, 명예와 진실을 중요시하는 사람이어야 했다. 한마디로 영웅이 리더로서 용을 죽인다는 개념이었다. 다행히 루스벨트는 자신의 기개를 입증해 보일 수 있는 역사적 순간을 마주하는 행운을 누렸다. 요컨대 루스벨트는 '공평정책Square Deal'이란 깃발을 내세우고, 다른 종류의 전쟁, 즉 미국 경제와 사회에서 공정성을 회복하기 위한 전쟁을 이끌어갔다.

1902년의 탄광 파업Great Coal Strike은 산업혁명의 여파로 노동자 계급에서 확산된 저항 분위기를 상징하는 사건이다. "미국 역사에서 가장 섬뜩한 교착 상태"[9]로 여겨졌던 그 사건에 대한 루스벨트의 창의적 접근은 획기적인 위기관리 증거로 여겨지기에 충분하다. 이번에는 1902

년의 탄광 파업을 중심으로 시어도어 루스벨트의 위기관리 리더십을
살펴보기로 하자.

———◇———

찬바람이 불기 시작한 1902년 가을, 섬뜩한 공포 분위기가 널리 확
산됐다. 하지만 미국에서 가장 큰 노동조합이던 전미 탄광노동자조합
United Mine Workers of America과, 펜실베이니아에서 무연탄을 독점 생산하
던 탄광 소유주와 철도회사 기업주의 강력한 카르텔이 6개월 전부터
맞붙은 갈등이 해결될 조짐은 전혀 보이지 않았다. 탄광 노동자들의
대대적인 조업 중단은 "가장 중대하고 가장 오랫동안 지속된 올해의
사건"이었다.[10]

북동부 지역의 겨울철 난방 연료는 거의 무연탄이었다. 많은 지류
를 지닌 검은 강처럼, 석탄은 펜실베이니아의 탄광에서부터 철도 차
량을 통해 뉴욕과 뉴잉글랜드의 공장과 병원, 학교와 주택까지 전달
됐다. 이런 석탄의 흐름이 막히면 전 지역이 석탄 기근에 빠질 수밖에
없었다. 빵 부족이 그렇듯, 석탄 기근도 일반 대중의 고통과 폭력적 저
항을 유발할 가능성이 컸다.

겨울철이 가까워지며 이런 계절적 비극이 대중에게 닥치기 시작하
자, 보수주의자들은 시어도어 루스벨트에게 "상황이 변하지 않으면
지금까지 우리가 경험하지 못한 최악의 소요 사태가 보름 내에 크게
벌어질 것"이라고 경고했다.[11]

그러나 그런 단일 사건을 관리하기 위해 대통령의 개입을 정당화할 만한 법적이고 역사적인 전례가 없었던 까닭에 루스벨트는 성급히 대응할 수 없었다. 게다가 규제받지 않는 자유시장 운영에 정부가 개입하는 걸 억제해야 한다는 믿음이 컸고, 노동자와 관리자의 다툼은 전적으로 민간 차원의 문제로 여겨졌다. 또한 가족 및 절친한 친구와 동료를 비롯해 많은 목소리가 펜실베이니아주가 폭력적 소요 사태를 진압하기 위해 비상군을 요청하지 않는다면 선제적으로 행동을 취할 권한이 대통령에게는 없다고 충고했다.

개입할 법적 권한도 없었지만, 그 사태에 참견하지는 말라는 경고도 정치적으로 주어졌다. 참견하면 공화당의 주된 지지 세력이던 기업계의 지원이 끊어질 염려가 있었다. 게다가 그가 섣불리 개입했다가 실패하면, 그 대가로 다가오는 가을 중간 선거에서 공화당이 큰 타격을 입을 것이고, 그의 정치적 미래도 위태로워질 것이 분명했다.

6개월 동안 계속되던 파업에 대한 루스벨트의 대처는 그해 봄부터 시작해 세 계절에 걸쳐 전개됐다.

· 봄 ·

10월까지 계속된 파업으로 야기된 재앙은 14만 7,000명의 광부가 조업을 중단한 1902년 5월에는 전혀 예상치 못한 것이었다. 노동조합 지도자 새뮤얼 곰퍼스Samuel Gompers의 평가대로 당시에는 누구도 그

파업이 "미국 노동운동사에서 가장 중요한 사건"이 될 것이라 생각하지 않았다.[12]

전례 없이 산업 결합이 급증하며 거대한 석탄 카르텔이 10년 전부터 형성되기 시작했다. 월스트리트에서 가장 존경받던 금융가, J. P. 모건의 지원하에 석탄을 운반하던 철도회사들—레딩 철도회사, 래카와나 철도회사, 이리 철도회사 등—이 탄광을 매수하기 시작하던 때였다. 철도회사들은 운임을 결정하는 힘을 휘두르며 독립적인 탄광들을 차근차근 매수했다. 전미 탄광노동자조합이 무연탄 생산 지역에 기반을 마련한 것은 훨씬 나중이었다. 여러 무연탄 탄광에서 일하는 수만 명의 광부로 구성된 조직, 전미 탄광노동자조합의 조합장이던 젊은 지도자 존 미첼John Mitchell은 보수적이지만 카리스마가 넘쳤다.

1902년 봄이 시작되자마자 미첼은 동료 광부들로부터 저임금과 10시간 노동, 가혹한 작업 환경을 비롯한 많은 쟁점을 해결하라는 압력을 받았다. 미첼은 파업을 "한 번의 큰 싸움에 모든 것을 걸어야 하는 위험"이라 생각한 까닭에 파업 요구가 격화되는 걸 막고, 탄광 소유주들과 타협이 가능한 부문을 논의하려고 뉴욕으로 달려갔다.[13] 레딩 철도회사 사장으로 부유하고 고등 교육을 받은 조지 배어George Baer를 필두로, 탄광 소유주들은 "15년 동안 육체노동을 하다가 이제는 파업 선동자로 변신한 천박한 탄부"와 한 테이블에 앉는 것을 단호히 거부했다.[14] 탄광 소유주들의 무례함으로 자존심에 상처를 입은 탄광 노동자들은 결국 투표를 통해 파업하기로 결정했다.

미첼은 이제 조직되기 시작한 신생 조합이 투쟁의 강도를 유지할 수 있을지 염려하며 처음에는 파업안을 반대했지만, 협상이 결렬된 후에는 파업을 성공적으로 끌어가기 위해 혼신을 다하겠다고 노동자들에게 약속했다. 미첼은 광부들에게 힘들더라도 함께 참고 견디자며 "우리가 한 몸처럼 단결해 억세고 끈질기게 버티면 승리하겠지만, 분열되면 패하고 말 것"이라고 호소했다.[15]

미첼의 권위는 실로 대단해서 그의 신호에 거의 모든 광부가 첫날부터 조업을 중단했다. 노동조합 위원들이 기대하던 수준을 훨씬 넘어서는 반응이었다. 대다수 광부가 영어를 거의 이해하지 못하는 이민자였던 사실을 고려하면, 미첼의 장악력은 거의 전설적이었다. 적절한 사례를 예로 들면, 매킨리 대통령의 암살 소식이 탄광 지역에 처음 전해졌을 때 탄부들은 한자리에 모여 눈물을 펑펑 쏟으며 "누가 우리 대장을 쏜 거야?"라고 소리쳤다.[16] 그런데 암살된 사람이 미첼 조합장이 아니라 매킨리 대통령이란 걸 알게 되자 모두가 크게 안도했다고 전해진다.

개입할 때 예상되는 위험을 계산하라

파업 초기 단계에 루스벨트는 상황의 잠재적 위험을 "철저히 알고 있었다."[17] 파업에 대한 책임이 조금도 없기에 개입할 필요가 없다는 조언을 귀에 딱지가 앉도록 들었지만, 프랭클린은 "파업이 상당 기간 동안 계속되면, 8년 전인가, 10~12년 전에 가뭄이 닥쳤을 때 캔자스와 네브래스카가 흉작의 책임을 우리에게 씌웠던 것처럼 석탄이 부족해지면 국민은 그 책임을 우리에게 물을 것"이라 판단했다.[18] 요컨대 국민의 리더에게 사건에 개입할 법적 권한이 있든 없든 간에 국민이 입은 피해에 대한 책임은 지워질 것이란 뜻이었다.

게다가 소극적 대처는 루스벨트의 성향에는 물론이고, 그의 리더십 개념에도 맞지 않았다. 그가 역사를 공부한 바에 따르면, 대통령의 권한을 해석하는 '두 학파'가 있었다. 하나는 제15대 대통령 제임스 뷰캐넌처럼 "대통령은 국민보다 의회의 종이며, 헌법에 명확히 명기되지 않았으면 필요하더라도 아무것도 할 수 없다며 법을 좁게 해석하는 견해"인데, 이를 받아들이면 "행동보다 무대책을 선호한 모든 의혹"이 해소된다.[19] 다른 하나는 완전히 상반된 견해로, 행정부를 "국민의 청지기"로 생각한 에이브러햄 링컨이 표본이었다.[20] 루스벨트는 후자의 견해에 전적으로 동의했고, "헌법과 법률에서 명확히 금지하더라도 국민이 요구하는 것이면 무엇이든 해야 하는 것"이 행정부의 권리이며 그의 책임이라 생각했다.[21]

따라서 상황이 걷잡을 수 없이 커져 위기에 도달하기 수개월 전부터 루스벨트는 파업에 개입할 방법, 지도자로서 굳건한 발판을 마련할 방법을 모색하기 시작했다. 하지만 무작정 달려들지 않았고, 세상에 알려진 그의 저돌적 리더십과 달리 조직적이고 절제된 태도를 끈기 있게 보여주었다. 그는 언론인 제이컵 리스에게 "나는 천천히 계속 움직이며, 제한된 권한 내에서 열심히 일하고 있다. 내 책임을 외면할 생각도 없고, 성급하고 거칠게 행동할 생각도 없다."라고 말했다.[22]

상황을 사실대로 정확히 파악하고,
그 원인과 조건도 가감 없이 평가하라

파업이 시작되고 한 달이 지난 6월 8일, 시어도어 루스벨트는 향후의 행정 조치를 국민에게 간접적으로 알리기 위해 작지만 확고한 행동 하나를 취했다. 노동청장이던 캐럴 라이트Carroll Wright와 대화하던 도중 수년 전에 제정된 한 법률 조항을 새삼스레 꺼내든 것이다. "대통령이나 하원의 요구가 있으면 어떤 특정 문제에 대해 특별 보고서를 작성하는 권한"을 노동청장에게 허용하는 조항이었다.[23] 그 조항을 근거로 루스벨트는 라이트에게 "현재의 논란과 관련된 모든 실상"을 알아내라는 명령을 구두로 내렸다.[24] "세계 최고의 통계학자 중 하나"로 여겨지던 라이트는 파업의 근본 원인과 조건을 공평정대하게 조사하는 일에 더할 나위 없이 적합한 사람이었다.[25] 라이트는 새로운 산업시대의 노동 조건을 연구하는 데 대부분의 경력을 바친 공직자이기도 했다. 게다가 숫자를 다루는 통계학자치고는 양쪽 당사자에 잠재된 인간적인 면—권위와 통제력, 인정과 자존심—까지 고려하는 남다른 감수성도 있었다.

루스벨트는 단순히 통계적 보고서를 요구한 것이 아니었다. 대중의 주목을 끄는 보고서가 되기를 바랐다. 한 잡지는 사설에서 "탄광 파업을 조사하려고 노동청장을 파견한 대통령의 결정을 두고 몇몇 평론가는 대통령이 향후에 영향력을 행사할 것이라 예측했다."고 보도했고, 또 다른 사설은 "대통령이 파업을 민간 차원의 다툼이 아니라, 공공의 이익이 직접적으로 관련된 갈등으로 보는 것이 분명하다."고 썼다.[26] 루스벨트는 라이트에게 내린 지시를 공개하는 것으로 잠정적이었지만 첫 조치를 취했다. 그 조치를 통해 대통령의 권한에서 "지금까지 시도되지 않은 새로운 분야"를 개척하는 과정이 신중하고 느릿하게 시작됐다.[27]

처음에 라이트는 대통령의 대리라는 그의 존재가 백해무익할 것이란 생각에 펜실베이니아 탄광을 직접 조사하지 않는 방향을 선택했다.[28] 그래서 그는 뉴욕에서 석탄을 운반하는 철도회사 사장들과 전미탄광노동자조합 간부들, 또 광부들과 노동자들을 연이어 만나며 일련의 인터뷰를 가졌다.

라이트는 노사 양측 모두 각자의 지지층을 만족시켜야 하는 압박을 갖고 있음을 이해하려 애썼다. 경영자들은 주주들의 이익을 대변하며, 임금을 올리고 노동시간을 단축하면 적잖은 탄광이 파산할 것이라 주장했다. 배어는 "경영을 책임진 사람이면 누구나 불필요하고 어리석다고 말할 손실을 자초하며 회사를 파산으로 몰아가 않을 것."이라고 항변했다.[29] 반면 신생 노동조합을 대변한 미첼은 광부들에게 집단으로 행동할 때 그들의 삶이 나아진다는 걸 입증해 보여야 했다. 라이트는 상황을 진실로 파악하려면 임금과 노동시간 및 노동조건에 대한 구체적인 분쟁을 넘어 "심리적 요인이 고려돼야 한다. 모두의 마음속에 의심이 도사리고 있기 때문이다."라고 결론지었다.[30]

라이트 노동청장은 "무연탄광의 노동 조건을 지금보다 평화롭고 만족스럽게 조성하겠다는 제안"이 덧붙여져야 자신의 보고서가 완성될 것이라고 루스벨트에게 보고했다. 라이트는 6개월 동안 일일 노동시간을 10시간에서 9시간으로 줄이면 생산성에 어떤 영향이 있는지 실험해보자고 제안했다. 또 양측의 내면에 잠재된 불신과 악감정을 조금이라고 해소하기 위한 방법으로, 노동자들에게 톤 단위로 임금을 지급할 경우 생산된 석탄의 무게를 측정할 때 각각 경영자와 노동자를 대표하는 두 명의 감독관을 입회시켜야 할 것이라고도 권고했다. 특히 "경영진과 노동조합을 대리하는 사람들로 구성된 합동 조정위원회"의 설립이 필요하다고 역설했다. 라이트는 이런 조치가 '정의와 평화가 넘치는 이상적 시대'를 약속하는 것은 아니지만 격앙된 감정을 가라앉혀, "무연탄 생산 지역이 한층 정의롭고 공정하게 다스려지는 시대"를 앞당길 것이라 믿었다.[31]

초기 단계에 중립을 지켜라

루스벨트는 법무장관 필랜더 체이스 녹스Philander Chase Knox에게 "이 것이 캐럴 D. 라이트의 중요한 보고서입니다. 꼼꼼히 읽고, 보고서의 공개 여부를 국무회의에서 논의해봅시다. 나는 보고서의 논조가 개인적으로 무척 마음에 듭니다."라고 말했다. 녹스는 보고서의 공개를 강력히 반대하며, "그 문제는 대통령이 신경 쓸 바가 아니고, 보고서를 공개한다고 어떤 이득이 있는지 모르겠다."고 말했다.[32] 또한 대통령은 파업에 대해 어떤 책임도 없으니 보고서는 순전히 개인적인 정보를 위해 작성된 것으로 생각하라며 이렇게 덧붙였다. "이 보고서를 공개하면, 대통령이 보고서의 조사 결과와 권고를 인정한 것으로 해석될 것입니다. 대통령이 이 문제에 몰두해서는 안 된다고 생각합니다."

루스벨트는 보고서 공개 여부를 심사숙고했다. 보고서에서 라이트는 노동조건을 개선하라고 조언했다. 따라서 보고서를 공개하면 노동자에게 호의적인 반응을 얻을 것 같았다. 대통령으로서 그가 특정 쟁점에 대해 섣불리 개인적인 의견을 피력했다면 의무적으로 사태에 개입하라는 요구가 있더라도 그때쯤에는 "신망을 잃고 난처한 입장"에 빠졌을 것이다.[33] 하지만 보고서를 공개하지 않으면 이 또한 억압 행위로 여겨져 긍정적인 대책을 학수고대하는 진보주의자들을 화나게 할 가능성이 컸다. 둘 중 하나를 선택해야 하는 곤경에 빠진 루스벨트는 당분간 보고서를 공개하지 않기로 결정했다.

· 여름 ·

계절의 시계는 째깍째깍 흘렀다. 한여름, 국민 일상에 극적인 변화는 없었지만, 하루가 지날수록 공장과 학교, 병원은 물론 수백만의 주택 소유자도 겨울을 넘기는 데 필요한 석탄을 확보해야 할 날이 가까워졌다. 석탄 공급이 줄어들었고, 석탄 중개인의 저장고도 점점 비워졌다. 소매가격은 50~60퍼센트가량 올랐다. 이러한 가격 상승은 대다수 국민에게 큰 부담이었다. 뉴잉글랜드의 크고 작은 도시에서 전해지는 보도에 따르면, 부담스런 가격을 감당할 수 있는 사람조차 석탄을 구하기가 쉽지 않았다. 석탄이 심각할 정도로 부족해 소수의 중개인에게만 구할 수 있는 지경이었다. 〈콜 트레이드 저널〉은 "그 단계가 눈앞에 닥친 게 거의 확실하다. 조만간 무연탄 공급이 사실상 완전히 고갈될 것"이라고 예측했다.[34]

역사에서 배우고 균형감을 유지하라

그해 여름, 의회는 휴회 중이었지만 루스벨트는 오이스터 베이 Oyster Bay에 있던 가족 별장에서 파업의 전개 과정을 면밀히 추적했다. 에이브러햄 링컨이 퇴역 군인을 위한 휴양소에서 얻은 것—분쟁의 근원을 추적하고 사색하는 시간과 공간—을 루스벨트는 별장 서재에서 구했다.

루스벨트는 평생 역사를 공부한 역사학자였고 열렬한 독서광이었다. 그는 탄광 소유주와 광부, 자본과 노동, 부유층과 빈곤층의 충돌이 수십 년 전부터 시작됐다는 걸 알고 있었다. "산업혁명의 여파로 노동 문제가 새로운 장에 들어섰다. 전국적인 규모로, 심지어 세계적인 규모로 거래하는 거대 금융기업들이 상대적으로 작은 걱정거리를 가장 먼저 경험했다. 기업주와 고용인 간의 친밀하고 친숙한 관계도 차츰 사라졌다. 수세대 전에는 기업주가 상점에서 일하는 모든 직원을 알았다." 하지만 탄광 노동자가 레딩 철도회사 사장을 예전에 만났을 가능성은 거의 없었고, 그와 친구였을 가능성은 더더욱 없었다. 게다가 기업의 규모가 확대됨에 따라 기업주와 개별 고용인 간의 협상 관계는 지독히 불평등해졌고, 그 정도는 점점 심해졌다. 탄광 노동자는 혼자 고용주와 임금을 협상할 때 무력할 수밖에 없었다. "단결하여 노동조합을 결성하고 집단으로 협상해야만 공정한 계약을 맺을 수 있었다." 따라서 노동조합의 규모와 세력은 커질 수밖에 없었는데, 탄광 경영자들은 이런 역사적 필연성을 이해하지 못했다.[35]

루스벨트는 도금 시대Gilded Age* 및 트러스트와 노동조합의 성장을 다룬 책을 읽었는데, 사실 그의 가족사가 새로운 산업 질서에서 재산이 어떻게 축적되는지를 보여준 뚜렷한 증거이기도 했다. 할아버지 코닐리어스 루스벨트Cornelius Roosevelt는 상인과 은행가와 부동산 자산가로 크게 성공해 "뉴욕에서 가장 부유한 다섯 부자 중 한 명"이 됐다.[36] 그런 할아버지에게 시어도어는 가족 기업을 물려받았다. 또 뉴욕 자선 단체의 기둥이었던 아버지에게는 시민으로서 갖추어야 할 의무감과 책임감을 배웠다. 한편 그 자신은 메인주의 숲을 탐험하고, 서부에서 카우보이들과 어울리며 색다른 경험을 쌓았다. 또 워싱턴에서는 공직자로, 뉴욕에서는 경찰위원회 위원장으로, 쿠바에서는 군인으로 일하며 노블레스 오블리주noblesse oblige가 일반적으로 상상하는 길과는 다른 길을 걸었다. 시어도어는 미국의 다양성을 직접 맞닥뜨리며, 공직자로서 감당해야 할 사회적 책임과 리더십에 대한 개념을 몸

---

* 산업화로 미국 자본주의가 급속하게 발전하던 1870년부터 1900년까지의 시대 - 옮긴이주

에 익혔다. 1902년의 파업에서 전개되던 역사는 그가 알고 있던 역사에서, 또 그의 삶과 시대에서 지극히 중요한 부분이었다.

1902년 여름, 루스벨트는 존 니콜라이와 존 헤이가 함께 쓴 에이브러햄 링컨의 방대한 전기를 읽기 시작했다. 루스벨트는 그 전기를 읽는 데 그치지 않고, "큰 가르침을 얻은 듯하다."라는 편지를 헤이에게도 보냈다. 물론 링컨이 내전으로 인해 마주한 위기와 그에게 닥친 과제는 정도의 차이가 있지만, "관련된 사람들과의 역학 관계는 무한히 다양하다는 점에서 똑같다."고 생각했다.[37] 링컨이 극단주의자에게는 충분하지 않다는 이유로, 반대편에게는 지나치게 멀리 갔다는 이유로 비난받았을 때 어떤 기분이었을지 루스벨트는 넉넉히 짐작할 수 있었다. 당시 석탄 파업에서도 보수주의자들은 "광부들에게 동정심을 보인다."는 이유로 루스벨트를 강력히 비난했고, 진보주의자들은 루스벨트가 "석탄 재벌들의 숨통을 조이기를 바랐다."[38] 루스벨트가 링컨의 전기에서 무엇보다 주목한 것은 링컨의 성품이었다. 그 성품을 본보기로 삼아 루스벨트는 "온화하고 너그럽게 보이며, 복수심으로부터 해방되려고 애썼다."[39]

모든 계획을 수포로 돌릴 수 있는
급작스런 반전에 대비하라

얄궂게도 한 무정부주의자의 총탄 덕분에 루스벨트는 대통령이 됐다. 그런 갑작스럽고 만화경 같은 반전은 그가 삶의 철학과 리더십 개념을 형성하는 데 영향을 미쳤다. 그때까지 상대적으로 평화롭게 전개되던 파업이 12주차에 들어섰을 때, 셰넌도어라는 탄광 마을에서 폭력적 사태가 벌어지며, 평화로운 해결책을 모색하던 모든 희망이 뒤집히기에 충분한 위기가 닥쳤다. 미첼은 파업을 시작할 때부터, 광부들에게 도발적인 자극을 피하고, 피켓 라인을 질서 있게 지키라고 당부했다. 그러나 7월 말이 되자 광부들의 신경은 위험할 정도로 날카로워지기 시작했다.

7월 30일, 한 부보안관이 "의심스럽게 보이는 꾸러미"를 짊어진 두 사람을 탄광까지 데려다주고 있었다. 꾸러미에 광부용 장비가 있는 것을 보자마자, 시위자들은 그 '배신자들'에게 달려들어 무지막지하게 두들겨 팼다.[40] 경찰들이 부리나케 현장으로 달려왔고, 광부들은 길거리에 모여들었다. 〈뉴욕 타임스〉는 "1,000발 이상의 총성이 울렸다."고 보도했다.[41] 수십 명의 파업자와 지역 주민이 맞았고, "많은 사망자가 뒤따를 것이라 예견됐다." 부보안관을 도우려던 시민조차 파업자들에게 두들겨 맞아 죽임을 당했다.[42] 전국에서 신문들은 앞 다투어 머리기사에 "공포 시대reign of terror"를 선언했다.[43]

루스벨트는 오이스터 베이에 있는 가족 별장, 새거모어힐에서 폭력 사태에 대한 보고를 받고, 워싱턴으로 돌아갈 계획을 세웠다. 폭력 사태가 계속되면, 펜실베이니아 주지사가 질서 유지를 위해 연방군의 파견을 요청할 가능성이 컸다. 훗날 루스벨트는 당시를 회상하며 한 친구에게 "군중이 폭력을 행사한다면 유일한 해결법은 질서를 유지하는 것"이라 말하기도 했다. 그런 개입은 분명 대통령의 헌법적 권한에 속했지만, 연방군의 파견이 경영자를 위한 강압적 조치, 즉 파업을 분쇄하기 위한 조치로 해석될 수 있다는 걸 루스벨트는 역사에서 배워 알고 있었다. "조치를 취해야 할 필요성을 두고 고민해야 하는 것이 안타깝다. 어떤 조치를 불가피하게 취해야 하는데, 그 조치가 가난과 고통에 짓눌려 분노한 사람들의 죽음을 뜻할 수 있기 때문이다."[44]

루스벨트는 상황이 어떻게 전개되는지 지켜보며 경계심을 늦추지 않았고, 별장을 떠나지도 않았다. 그런 인내는 결국 보상을 받았다. 이튿날, 존 미첼이 폭력 현장에 도착했다. 광부들의 대의에 심정적으로 동조하는 사람들도 법과 질서의 파괴를 용납하지 않을 거라는 걸 미첼은 잘 알고 있었다. 그가 스크랜턴에 도착하자 1만 명의 광부가 열렬히 환영했다. 한 신문 보도에 따르면, 광부들은 미첼의 등장에 뜨겁게 열광하며 폭력을 자제하라는 미첼의 호소를 귀담아들었다.[45] "여러분 중 한 명이라도 법을 어기면 동료들에게 최악의 적이 되는 겁니다. 이번 파업에서 승리하는 게 중요하다는 걸 다시 강조하고 싶습니다. …… 여러분이 승리하면 앞으로 더는 파업이 없을 것입니다. 하지만 여러분이 이번 파업에서 패하면 조직도 잃게 될 것입니다."[46]

시어도어 루스벨트가 성급히 개입하지 않았기 때문에, 또 존 미첼이 신속하고 효과적으로 대응했기 때문에, 탄광 지역에는 불확실하나마 평화가 회복됐다.

여러 선택지를 재평가하라.
급변하는 상황에 적응하고 대비하라

파업이 넉 달째로 접어들자 국민의 우려도 깊어졌다. 양측은 금고를 다시 채우며 장기적인 투쟁에 대비했다. 경영자들은 광부들이 패배를 인정하고 일터로 돌아가야만 파업이 끝날 것이라고 거듭 강조했다. 한편 광부들은 전국의 노동조합 동료들에게 파업 자금을 요청하며 "장기적인 시련을 끝까지 견뎌낼 각오를 다졌다."[47]

8월 21일, 교착 상태가 지루하게 이어지자 루스벨트는 불안감을 견디지 못하고 법무장관에게 물었다. "석탄 경영자들을 기소하지 못하는 이유가 무엇입니까? 내 마음속에 끊임없이 제기되는 의문이어서 묻는 겁니다."[48] 실제로, 석탄 트러스트가 노던 증권사(루스벨트가 1901년 2월에 소송을 제기한 거대 운송 기업)보다 셔먼 반독점법Sherman Antitrust Act*을 더 노골적으로 위반하고 있다고 지적하는 기자가 적지 않았다. 1901년 말, J. P. 모건의 주도하에 설립된 노던 증권사는 경쟁 관계에 있던 세 곳의 철도회사와 해운회사를 하나의 거대 기업으로 통합해 유에스스틸U.S. Steel 다음으로 "미국에서 두 번째로 큰 기업"을 탄생시켰다.[49] 새로운 지주회사, 노던 증권사에 운임을 결정짓는 절대적인 권한이 있었다. 하지만 "합병의 타당성을 검증하기 위해" 연방정부가 소송을

---

* 산업의 독점을 막고 경쟁을 촉진하기 위해 1890년에 제정된 미국 최초의 트러스트 금지법이다. 법률적으로나 경영상으로 완전한 기업 결합 형태인 트러스트는 독점의 가장 강력한 방법으로 이윤추구, 효율성 제고 등의 목적을 가장 쉽게 달성할 수 있다. - 편집자주

제기하겠다는 뜻밖의 발표에 금융계는 큰 충격에 빠졌다.[50] 사흘 후에 열린 백악관 모임에서 모건은 루스벨트에게 "우리가 잘못된 행동을 하면 언제라도 우리에게 사람을 보내십시오. 그럼 우리가 바로잡겠습니다."라고 말했다.[51] 훗날 루스벨트의 증언에 따르면, 모건의 태도는 대통령조차 단순히 경쟁 기업으로 생각하는 월스트리트의 관점을 극명하게 보여준 것이었다.[52] 노던 증권사에 대한 소송은 루스벨트에게 '트러스트 파괴자trust-buster'라는 별명을 붙여준 일련의 사건 중 첫 사건에 불과했다. 루스벨트는 미국의 통치자는 월스트리트가 아니라 연방정부라는 것을 모두에게 알려주기 위해 트러스트 금지법을 활용했던 것이다.[53]

석탄 경영자들을 트러스트 금지법으로 옭아맬 수 있겠느냐는 루스벨트의 질문에 녹스 법무장관은 석탄 경영자들이 트러스트 금지법에 저촉되도록 담합하지는 않았다고 대답했다. 게다가 탄광 소유주를 상대로 한 소송에서 승리하더라도 재판은 워낙 느릿하게 진행되기 때문에 당면한 위기에 대한 적절한 해법이 되지 못한다고 덧붙였다. 하기야 노던 증권사에 제기한 소송은 7개월이 지난 후에도 연방법원에서 첫 단계를 벗어나지 못했다. 연방대법원은 그로부터 거의 3년 뒤에야 정부의 손을 들어주는 최종 결정을 내렸다.

법무장관의 반대에 부딪힌 루스벨트는 논란이 적은 다른 해법을 심사숙고하고는, 녹스에게 라이트 보고서를 공개하지 않기로 한 과거의 결정을 재고하면 어떻겠느냐고 물었다. 녹스는 "그 보고서를 공개하는 게 현명하다고 생각해본 적이 없으며, 지금도 그 생각을 바꿀 이유가 없다."고 대답했다.[54] 하지만 루스벨트는 다른 보좌관들과 상의한 끝에 결국 그 보고서를 언론에 공개하기로 결정했다. 게다가 경영자들과 광부들이 주고받은 편지들이 보고서의 부록에 포함됐다. 그 편지들에는 직원들을 향한 경영자들의 적대감이 분명히 드러났다. 또한 경영자들은 미첼과의 면담을 거듭거듭 거절했다. 모든 광부에게 최저임금을 보장하자는 아이디어와 관련해, 경영자들은 광산마다 노동조건이 다르다는 걸 아는 사람에게 "그런 아이디어는 무지하고 병든 마음의 산물에 불과한 것이 명백하다."고 반박했다.[55]

보고서가 공개됨으로써 경영자들이 대중에게 어떤 책임도 느끼지 않는다는 중요한 사실이 밝혀졌다. 예컨대 라이트가 경영자들에게 파업 해결을 위해 대통령에 도움을 구한다면 어떤 제안을 하겠느냐고 물었을 때, 경영자들은 "대통령이든 누구든 참견하지 않으면, 파업이 원만하게 끝날 것"이라고 무뚝뚝하게 대답했으니 말이다.[56]

루스벨트는 보고서를 공개하면서도 대통령은 이 문제에 대해 어떤 권한도 책임도 없다는 녹스 법무장관의 의견을 포함하는 신중함을 보였다. 그러나 루스벨트의 생각은 점점 달라졌다. 그는 국민의 대표였다. 따라서 법적으로 명확히 규정되지는 않았지만 상당한 영향력을 지닌 것은 분명했다. 또한 점점 격해지는 파업으로 생계가 불안정한 상태에 빠진 국민도 이 상황에서 어떤 역할을 해낼 수 있을 것이란 생각도 자리 잡기 시작했다. 루스벨트가 파업 초기에 심은 씨앗도 국민의 기대와 요구를 양식으로 삼아 구체화되기 시작했다. 요컨대 루스벨트는 발언의 강도를 점진적으로 높이는 전략을 구사했고, 마침내 눈앞에 닥친 폭풍의 눈에서 시민들, 특히 뉴잉글랜드 주민들의 지지 기반을 구축할 때가 됐다고 판단했다.

의견을 명확히 밝히고,
위기로 직접 영향을 받는 사람들의 지지를 확보하라

석탄 파업이 극단적인 단계에 이르기 전, 루스벨트는 다가오는 가을 선거를 앞두고 공화당의 지지 세력을 결집할 목적으로 늦여름 뉴잉글랜드와 중서부 지역을 순회하는 연설회를 계획했다. 장기화되는 파업으로 뉴잉글랜드 주민들의 걱정이 커진 까닭에 순회 연설회는 정치색을 짙게 띠었다. 루스벨트는 로드아일랜드, 코네티컷, 매사추세츠부터 버몬트와 뉴햄프셔와 메인까지 기차와 지붕을 접었다 폈다 하는 무개차로 이동하며, 가는 곳마다 많은 인파를 끌어들였다. 〈보스턴 데일리 글로브〉의 보도에 따르면, "예포와 교회 종소리, 호루라기 소리, 관악대의 연주와 수천 명의 환호"가 그를 맞이했다. "공장은 작업을 멈추었고 상점은 문을 닫았다. 깃발이 올랐고, 사람들은 나들이옷을 입고 달려 나왔다."[57] 한 기자의 표현에 따르면, "작은 도시는 모든 주민이 루스벨트를 보려고 나왔다."[58] 루스벨트는 주민들이 서커스를 보려고 모여드는 것처럼 대통령을 보고 싶어 하는 것이라 생각했다.[59] 루스벨트는 결코 지치지 않았다. 항상 미소를 띤 밝은 표정을 보였고, 역동적인 몸짓으로 군중들과 애정을 주고받았다. 또 어디에서나 시민

정신과 인격에 대해 즉흥적으로 연설하며, "신분의 고하, 빈부의 격차를 막론하고 모두가 공정한 대우"를 받아야 한다고 역설했다.[60]

루스벨트는 사전에 준비된 연설에서는 석탄 파업에 대해 언급하는 걸 의도적으로 피했지만, 점점 강화되는 트러스트와 점점 확대되는 빈부 격차에 대해 불만의 소리를 듣게 되면 이에 동조하는 모습을 감추지 않았다. 많은 사람이 향수에 젖어, "보통 사람들이 지금보다는 더 자신에게 충실하게 살았던" 산업화 이전 시대를 뒤돌아본다는 걸 루스벨트는 알고 있었다.[61] 하지만 루스벨트는 그들에게 뒤돌아보지 말고 앞날—중앙정부가 경제 질서 유지를 위해 개입하고 트러스트를 규제하며, 경쟁을 자극하고 소기업을 보호하는 건설적인 방법을 찾아내는 것을 민심이 받아들이는 시대—을 내다보라고 독려했다.[62] 루스벨트는 리더가 변화를 꾀할 때 민심의 역할이 무엇보다 중요하다는 링컨의 생각에 전적으로 동의했다.

여름이 끝나갈 무렵, 루스벨트는 그런 민심을 불러일으키고 있었다. 국민의 눈이 도움을 구하며 백악관으로 향했고, 여론은 백악관이 나서라고 압력을 가했다. 마침내 한 신문은 "우리는 끈기 있게 참고 견뎠다. 이제는 국민이 목소리를 높일 때이다. 정부는 국민의 목소리를 귀담아들어야 할 때이다."라며 "우리를 억누르는 비대한 조직을 밀어내기 위해 영향력을 사용하라고 대통령에게 호소할 때"라고 보도했다.[63] 결국 민심이 루스벨트에게 행동할 여지를 만들어주었다.

· 가을 ·

위기에 온전히 집중하기 위한 준비를 끝내라

가을이 시작되자 석탄 파업이 극심한 단계로 치닫기 시작했다. 순회 연설회를 절반쯤 끝낸 뒤여서 루스벨트의 정치적 평판과 통찰은 상당히 향상된 때였다. 이번에도 그의 삶에 끔찍한 사고와 함께 기회가 불쑥 끼어들었다. 연설 약속 때문에 매사추세츠 피츠필드에서 레녹스로 가던 대통령 일행이 탄 마차가 전찻길을 건널 때 돌진하던 전차에 들이받히고 만 것이었다.

"전차가 마차를 때리는 요란한 소리가 주변을 완전히 뒤덮었고, 마차가 뒤집히며 바퀴와 차체가 산산조각 났다."[64] 루스벨트의 총애를 받던 비밀 정보원, 윌리엄 크레이그William Craig는 전차 바퀴에 깔려 즉사하고 말았다. 그런 아수라장에서 루스벨트는 10미터 밖으로 내던져졌고, 턱과 눈가에 상처를 입었다. 왼쪽 정강이뼈도 큰 타박상을 입었다. 루스벨트는 당시를 회상하며 "마차를 함께 탄 모두가 죽었다고 확신했다."라고 말했다.[65]

루스벨트는 상처를 툭툭 털어내고 특유의 허세를 부리며, 예정된 순회 연설을 계속하기로 결정했다. 인디애나에 도착했을 때, 그의 다리는 퉁퉁 부어올랐다. 고름집이 커진 때문이었다. 통증도 극심했고 체온도 급격히 올랐다. 결국 병원에 입원할 수밖에 없었다. 의사들은 즉시 수술하기로 결정했다. 루스벨트는 마취를 거부하고, 의사들에게 농담을 건넸다. "의사 선생님들, 너무 격식을 차리신 것 아닙니까? 장갑까지 끼시고 말입니다." 소독된 장갑을 가리킨 것이었다. 한 의사가 재치 있게 화답했다. "대통령님, 대통령을 영접할 때는 장갑을 끼는 게 규칙입니다."[66]

고름집은 성공적으로 제거됐다. 의사들은 루스벨트에게 심각한 합병증을 피하려면 적어도 보름 동안 발을 쓰면 안 되므로 남은 연설회를 취소하라고 권했다. 워싱턴으로 돌아온 루스벨트는 들것에 실려 잭슨가 22번지에 마련된 임시 백악관에 옮겨졌다. 거주 구역과 행정관을 구분하려고 웨스트윙*을 덧붙이는 방식으로 백악관을 증축하고 있었기 때문이다.

루스벨트는 개인적인 비극과 역경을 항상 적극적인 움직임으로 극복해낸 행동가였지만 이번에는 꼼짝할 수 없었다. 파업의 부정적인 영향이 마침내 대중의 의식까지 파고들려던 순간에, 얄궂게도 그의 두 발을 묶어둔 상처 덕분에 그는 석탄 파업에 온전히 집중할 수 있는 기회를 얻었다. 실제로 루스벨트는 코네티컷 출신의 상원의원, 오빌 플랫Orville Platt에게 "특별히 만날 이유가 없는 사람들은 만날 필요가 없습니다. 내가 다리를 들어 올린 채 방에 틀어박혀 있는지 확인하려는 사람만 만나면 됩니다. 그 덕분에 석탄 파업과 관련된 모든 중요한 일을 할 수 있습니다. 결국 내가 두 다리로 서 있는 것과 조금도 다를 바가 없습니다."라고 말했다.[67]

---

* 백악관 중앙 관저를 중심으로 서쪽에 위치한 건물로, 대통령 집무실인 오벌 오피스를 비롯해 대통령 보좌관들의 사무실이 있는 집무 공간이다. - 편집자주

보름간의 회복기 동안, 루스벨트는 석탄 파업에 개입하기로 전례가 없는 결정을 내렸다. "그때까지는 헌법적으로나 법적으로 나에게 아무런 의무도 없었다. 따라서 이 문제에 헌법적으로나 법적으로 아무런 권리도 없었다."라고 인정했지만[68] "내가 실패할 수 있다는 것도 알았다. 실패하더라도 제임스 뷰캐넌 대통령처럼 무엇인가를 시도하는 걸 두려워하여 실패하지는 않겠다고 마음먹었다."[69] 움직이지 못하는 동안 어떤 일이 있었기에 그렇게 대담한 결정을 내렸던 것일까?

루스벨트가 라파예트 공원이 굽어보이는 침실에 갇히자마자, 북동쪽에서부터 두려움에 가득 찬 하소연이 들려오기 시작했다. 그 지역의 대도시 시장들이 보내는 탄원이었다. 예컨대 뉴욕 시장, 세스 로 Seth Low는 "현재의 석탄 상황은 부당하기 그지없습니다. 이런 상황이 계속되면 수백만의 무고한 시민이 큰 고통을 받게 될 겁니다."라는 전보를 보냈다.[70] 메인주에서는 석탄 부족으로 공장이 곧 문을 닫게 될 것이란 보고서가 올라왔다. "수천 명의 직공이 일자리를 잃을 위험이 있다. 호텔과 철도에도 연료가 부족하다."[71] 코네티컷에서는 연료 부족으로 이미 적잖은 공장과 소기업이 문을 닫은 뒤였다. 노동자들이 무섭도록 빠른 속도로 실직하고 있었다.[72] 그 지역 전역에서 병원들은 결핵과 디프테리아 환자가 증가하고 있다며 염려했다. 교실이 습하고 서늘해서 학생들을 일찍 집에 돌려보내지만, 집에도 석탄이 없기는 마찬가지였다. 가장 우려스러운 상황은 폭력 사태의 기운이 팽배하다는 것이었다. 작은 마을과 도시를 지나는 석탄 차량을 습격하는 무리가 생겨났고, 다리와 철길을 폭탄으로 끊는 사태까지 벌어졌다.

석탄 기근으로 '말로 다할 수 없는 고통'이 확산되고, 그로 인해 유혈극이 벌어지기 전까지 남은 시간은 거의 없었다.[73] 루스벨트에게 명확한 법적 권한이 있든지 없든지 간에 분명한 건 석탄 기근은 정상적인 사태가 아니란 것이었다. 평가의 시간은 끝났다. 이제 결정을 내려야 할 시간이었다. 시어도어 루스벨트는 어떻게 해서든 개입할 방법을 찾아내야 했다.

위기관리팀을 조직하라

시어도어 루스벨트가 무계획적으로 행정부 안팎에서 인재를 끌어모아 위기관리팀을 구성한 것은 아니었다. 그가 조언을 받기 위해 규합한 7명은 모두 저마다 독특한 시각으로 파업을 해석했다. 교착 상태에 빠진 분쟁의 다각적인 해결에 맞추어진 사람들이었다. 그 모든 방향이 루스벨트 자신과 그의 다양한 경험과 전문지식으로 수렴됐다. 루스벨트는 그들의 됨됨이는 물론이고, 그들이 무엇을 알고 어떻게 일하는지도 알고 있었다. 따라서 그들의 지혜와 지식과 영향을 하나의 팀으로 결집하면, 공통된 목표를 위해 일하는 방법을 찾아낼 수 있을 것이라 확신했다. 실제로 그가 수주 전에 내린 결정이 그 팀에서 구체적으로 잉태되기도 했다.

루스벨트가 팀원으로 영입한 첫 인물은 윈스럽 크레인Winthrop Crane 매사추세츠 주지사였다. 당시 매사추세츠는 석탄 기근으로 큰 피해가 예상되는 주였다. 루스벨트가 매사추세츠를 방문했을 때, 두 사람이 의기투합할 기회가 있었다. 전차가 대통령의 마차를 들이받았을 때, 루스벨트의 옆자리에 앉아 있던 크레인도 땅바닥에 내던져진 덕분에 목숨을 건졌다. 루스벨트는 보수적인 기업가 출신인 크레인이 불필요한 걱정을 조장하지 않고, 상황에 대한 직접 경험을 근거로 적절한 의견을 제시할 것이라 믿었다.[74] 크레인은 때를 놓치지 않고 긴급한 조언을 내놓았다. 결코 무시할 수 없는 단호한 어조로 루스벨트에게 경고했다. "이번 파업을 조속히 끝내지 않으면 북부 지역 노동자들이 연료로 쓰려고 건물을 뜯어낼 겁니다. 가만히 앉아 얼어 죽지는 않을 테니까요."[75] 사태 해결을 미루는 건 선택 사항이 될 수 없었다.

크레인은 그 후로도 며칠 동안 워싱턴에 머물렀고, 그 사이에 루스벨트는 새로이 구성한 팀과 온종일 회의를 했다. 각 팀원은 기업계와 노동계, 정치계와 법률계를 대표하는 인물이었다. 전쟁성 장관 엘리후 루트Elihu Root는 입각하기 전까지 월스트리트에서 일한 까닭에 금융계와 신뢰 관계에 있었고, 철도회사와 탄광회사의 경영자들에게 금융을 제공하는 부동의 일인자이던 J. P. 모건과 연결되는 통로도 알고 있었다. 우정청장 헨리 페인Henry Payne은 입각하기 전에 시카고 앤드 노던 철도회사 사장을 지낸 까닭에 철도회사 소유주들의 사고방식을 꿰뚫어보았다. 노동조합의 시각을 파악하기 위해서는 이민청장 프랭크 사전트Frank Sargent에게 조언을 구했다. 사전트가 기관사 형제단Brotherhood of Locomotive Firemen의 대표를 지냈고, 새뮤얼 곰퍼스의 존경받는 동료이자 존 미첼의 친구였기 때문이다. 펜실베이니아 출신의 상원의원, 매슈 퀘이Matthew Quay는 무연탄광의 운영 방식을 잘 알았고, 루스벨트의 소중한 통계학자, 노동청장 캐럴 라이트는 노동계와 기업계 양측 모두를 대변했다. 물론 루스벨트에게 파업에 간섭하지 말라고 일관되게 조언하던 녹스 법무장관도 팀원이었다.

크레인은 매사추세츠에서 최근에 있었던 마부들의 파업에서 얻은 교훈을 근거로 행동 방향을 제안했다. 크레인은 주지사 자격으로 사용자와 노동조합 대표를 같은 호텔에 초대했는데, 그들은 각각 다른 방을 차지한 채 서로 만나지 않았다. 결국 크레인은 두 방을 부지런히 오가며 협상안을 끌어냈다.[76] 이처럼 대통령이 탄광 소유주와 노동조합 대표를 워싱턴에 초대해 그들을 만나면 어떻겠느냐는 제안이었다.

루스벨트는 크레인의 제안에 담긴 가능성을 즉각 파악했지만, 위기 관리팀은 탐탁지 않게 생각하며, 여전히 파업이 대통령의 개입 없이 해결되기를 바랐다. 하지만 결국 녹스를 제외한 모든 팀원이 대통령이 행동해야 한다는 데 동의했다. 녹스는 향후의 모든 노동쟁의에서 대통령의 개입을 요구하는 전례가 만들어질 것이란 걱정을 떨치지 못했다. 하지만 정책 방향이 결정되자 녹스는 항상 그랬듯 자신의 역할을 다했다. 루스벨트도 "녹스는 우리 정책을 성공시키기 위해 최선을 다했다."라고 말했다.[77]

똑같은 전보가 노동조합 대표 존 미첼과 6명의 석탄 회사 사장에게 보내졌다. "다음 주 금요일, 10월 3일 오전 11시, 이곳 워싱턴에서 당신을 뵙고, 국가 전체의 주된 걱정거리가 된 석탄 공급의 실패와 관련된 문제를 상의하고 싶습니다."[78] 표면적으로는 단순한 내용이었지만 전례가 없는 초대였던 까닭에 이 일은 전국 모든 신문의 머리기사가 됐다. 〈콜리어스 위클리〉는 "미국 역사상 처음으로 기업 지도자들과 노동조합 대표가 미국 대통령과 얼굴을 맞대고 서로의 차이에 대해 대화할 예정이다."라고 보도했다.[79]

한편 보수적인 신문은 저항의 목소리를 높이며, 대통령의 개입을 위험한 反미국적 실험이라 규정했다.[80] 예컨대 〈저널 오브 코머스〉는 "루스벨트 씨의 충동적이고 통제할 수 없는 간섭 성향은 파업보다 훨씬 더 나쁘다."라며 불만을 쏟아냈다.[81]

상황을 재정리하라

그들이 임시 백악관의 2층 응접실에 줄지어 들어오자, 루스벨트는 그들을 반갑게 맞이했다. "내 초대에 응해줘서 정말 고맙습니다. 일어서서 여러분을 맞을 수가 없군요. 용서해주시기 바랍니다." 휠체어에 앉은 채 응접실 한구석을 차지한 루스벨트는 "푸른 줄무늬 목욕용 가운을 몸에 두르고 있었다." 흰 담요로 가린 "부상당한 다리는 앞쪽으로 뻣뻣하게 삐져나왔다."[82]

루스벨트는 회의를 시작하기 전에, 신중하게 작성한 성명서를 읽으며 논의를 위한 기본 원칙을 제시했다. "석탄 파업으로 영향을 받는 삼자가 있다. 경영자와 광부와 일반 국민이다." 또 루스벨트는 자신이 경영자와 노동자 중 어느 쪽도 편들지 않을 것이며, 일반 국민을 대변할 것이라 확언했다. 파업에 개입할 법적 권리와 의무가 없다는 걸 인정하지만 현 상황이 견디기 힘든 지경이라 생각하기 때문에 양측의 타협을 유도하기 위해 개인적인 영향력을 사용할 수밖에 없었다고도 덧붙였다. "양측 주장과 제안을 두고 토론하자는 게 아니다. 여러분의 애국심에 호소하려는 것이다. 개인적인 욕심을 접어두고, 공공의 이익을 위해 개인적으로 희생하는 마음을 요구하는 것이다."[83]

루스벨트가 이런 제안을 끝내자마자, 3명의 지역 노동자 대표들과 함께 뒷줄에 앉아 있던 존 미첼은 문자 그대로 벌떡 일어섰다.[84] 미첼은 "경영자와 노동자 간의 모든 문제를 대통령이 지명하는 위원회의 결정에 맡기고, 양측이 그 결정에 따르기로 합의한다면, 광부들은 즉각 일터로 복귀할 것"이라고 선언했다. 미첼의 기습적인 선언에 경영자 측과 대통령은 깜짝 놀랐다. 루스벨트는 경영자 측을 돌아보며 물었다. "여러분은 이 제안을 어떻게 생각하십니까?" 조지 배어는 동료 경영자들과 서둘러 협의한 뒤 일어서서 "미첼 씨의 어떤 제안에도 우리는 동의하지 않습니다."라고 단호히 말했다. 대통령은 "알겠습니다. 일단 해산했다가 3시에 다시 모이도록 하지요. 그때 여러분의 제안을 문서로 제출해주시기 바랍니다."라고 말했다.[85]

다시 모였을 때 배어는 경영자에게 유리하도록 상황을 재정리한 문서를 제출했다. 배어는 2만의 노동자가 탄광으로 복귀해 석탄을 생산할 준비가 된 상태이지만 "미첼과 그의 패거리"의 방해로 그렇게 하지 못한다고 주장했다.[86] 또 "시간에 대한 의무를 다하려면, 이런 무정부

상태를 조장하고 법을 무시하는 사람들과 협상하며 시간을 낭비하지 않고, 자유로운 시민의 유일한 수호자인 법의 지상권을 회복해야 한다."[87]며, 대통령을 똑바로 쳐다보면서 "정부가 개인 재산의 파괴를 예방하고 파업을 종식시키기 위해 연방군을 파견하지 않는다면 경멸받아 마땅한 실패자가 될 것"이라 비난했다.[88]

훗날 루스벨트는 탄광 소유주들에 대해 "그들은 나에게 질서 유지에 무관심하다며 모욕을 가했고, 탄광 노동조합이 서면 반독점법을 위반했는데도 기소하지 않았다며 녹스를 공격했다."라고 썼다.[89] 탄광 소유주 존 마클John Markle이 대통령에게 "우리에게 범법자들과 타협하기를 원하시는 겁니까?"라고 소리쳤을 때 긴장감은 최고조에 달했다.[90]

분노를 억제하라

"처음부터 끝까지 경영자 측은 미첼을 괴롭히고 자극하려고 온갖 짓을 다했고, 그에게 모욕적인 표현을 서슴지 않았다. 심지어 나에게도 무례하기 이를 데 없었다. 나는 그들의 말에 전혀 대꾸하지 않았다. 화를 참고 말다툼에 말려들지 않는 게 중요하다고 생각했기 때문이다." 마클이 "범법자들과 타협하기를 원했다"는 이유로 루스벨트를 비난했을 때 루스벨트는 분노가 거의 폭발할 뻔했다. 훗날 인정했듯이 "그의 엉덩이와 목덜미를 움켜잡고 창밖으로 내던지고 싶었던 것"

이 루스벨트의 본심이었다.[91] 하지만 루스벨트는 휠체어의 팔걸이를 움켜잡고, 입술을 깨물며 분노를 그럭저럭 억눌렀다.

루스벨트는 존 미첼의 자제력에 놀라고 깊은 인상을 받았다. 미첼은 온갖 자극에도 아랑곳하지 않았고, 품위 있고 점잖게 행동했다.[92] 한 번도 화를 내지 않았다. 그런 행동만으로도 미첼은 그들 모두를 압도했다.[93] 루스벨트가 의도적인 폭력과 살인에 대한 경영자 측의 비난에 어떻게 대답하겠느냐고 물었을 때 미첼은 7건의 죽음이 있었다는 걸 주저 없이 인정했다. "저도 그 사건을 누구보다 안타깝게 생각합니다. 하지만 3건의 죽음은 경영자 측의 청원 경찰이 주된 원인이었고, 나머지 4건도 노동자의 잘못은 아니었습니다. 대통령님, 저와 제 동료들에게 공격이 가해지고 있다는 걸 분명히 알고 있습니다. 하지만 오늘 이곳에 오면서 저는 협상에 악영향을 미칠 행동과 말을 결코 하지 않겠다고 다짐했습니다."[94]

협상이 실패할 듯한 분위기가 점점 짙어졌다. 루스벨트는 갈등을 해소할 최후의 방법을 시도하며, 탄광 소유주들에게 자신이 지명하는 조사위원회에 문제 해결을 일임하지 않겠느냐고 다시 물었다. 그들은 한목소리로 "싫습니다!"라고 대답했고, "존 미첼과는 어떤 종류의 거래도 하지 않겠다."라고 단호히 말했다.[95] 그렇게 그들의 만남은 급작스레 막을 내렸다. 석탄 재벌들은 응접실 밖에 기다리던 기자들에게 자신들의 입장을 밝히며 "노동자와 대통령의 제안을 모두 거부했다고 말했다."[96] 루스벨트도 마크 해나에게 보낸 짧막한 편지에서 "노력했지만 실패했습니다. 결과에 낙담할 수밖에 없습니다."라고 인정했다.[97] 비록 그 만남은 실패했지만, 실패에서 무엇인가를 얻어내려는 계획은 진행되고 있었다.

각 단계의 진행 상황을 문서로 기록하라

그날 아침 일찍, 모임을 시작하기 전, 루스벨트는 참석자들에게 상황의 중대성을 고려해 속기사를 모임에 참석시켜 전 과정을 기록하겠다는 허락을 얻었다. 한 언론인의 평가에 따르면, 그 기록은 미국이 건국된 이후 대통령 주재 회의를 문서로 기록한 최초의 사례였다.[98]

참석자들이 백악관을 떠나자마자 백악관 관리들은 속기사의 속사를 풀어쓰기 시작했고, 작성된 의사록은 정부 인쇄국Government Printing Office으로 넘겨져 소책자로 제작됐다. 참석자들의 모든 발언이 수록된 소책자를 두고, 한 언론인은 "정부기관이 가장 빠른 속도로 제작한 작품 중 하나"라고 경탄하기도 했다.[99] 소책자는 자정 마감 시간 전에 신문사에 전달되었고, 이튿날 조간신문의 머리기사로 다루어졌다.

언론에 전달하는 메시지를 관리하라

이튿날 아침 전국의 언론을 통해 모임 상황이 머리기사로 다루어진 덕분에 루스벨트의 실패감은 크게 사라졌다. 대다수 언론이 대통령의 정중하고 품위 있고 공명정대한 행동과 석탄 재벌들의 무례한 태도를 비교했다. "석탄 소유주들은 자신들의 영역이라 주장해온 분야에 대한 대통령의 간섭에 노골적으로 분노를 드러냈다."[100] 모임을 시작하며 루스벨트가 제시한 성명서가 도시와 농촌을 비롯해 전국 방방곡곡에서 읽혔고, 제3자가 민간 분야의 분쟁에 관심을 갖고 개입할 수 있다는 아이디어가 대중의 마음을 완전히 움켜잡았다. 주간지 〈아웃룩〉은 대통령은 대중을 제3자로 파업에 끌어들임으로써 "대중의 이익이 노동자나 자본주의자의 이익보다 더 중요하다는 생각을 공식적으로 인정하는 대담하면서도 현명한 해법을 제시했다."라는 내용의 사설을 내보냈다.[101]

게다가 존 미첼과 조지 배어의 상반된 태도도 읽히고 또 읽히며, 민심은 탄광 노동자의 편으로 급격히 기울었다. 존 미첼은 무척 합리적으로 행동하며 중재의 결과를 따르겠다는 적극성을 띠었고, 단 하루라도 유혈극이 발생하면 대중의 동정심이 사라질 수 있다는 걸 알았던 까닭에 폭력의 산발적인 발생을 진심으로 우려하는 모습을 보였다. 그 덕분에 루스벨트 대통령 못지않게 큰 홍보 효과를 얻었다. 반면 탄광 소유주들은 비협조적이고, 대중의 행복은 조금도 신경 쓰지 않는 듯한 모습을 보여 대중의 반감을 샀다.

며칠 후에는 단순화된 도덕극이 미국 국민의 눈앞에서 실시간으로 공연됐다. 석탄 재벌은 진자주색 제복을 입은 하인들의 시중을 받아가며 멋진 마차를 타고 회의장에 도착했고, 탄광 노동자들은 두 주먹을 불끈 쥐고 터벅터벅 걸어서 회의장에 들어섰다.[102]

게다가 조지 배어가 탄광 소유주의 명분을 북돋우기 위해 파업을 선동하는 노동 운동가보다 "무한한 지혜를 지닌 하느님에게 미국의 재산을 관리할 권한을 위임받은 기독교인"이 노동자의 권리를 더욱 잘 보호할 것[103]이라고 주장한 사실이 언론에 공개되면서, 비난과 조롱이 빗발쳤다. 보스턴의 한 신문은 "왕권신수설이 나쁘지만, 부자의 권리가 하느님에게 부여받은 것이란 생각만큼 용납할 수 없는 것은 아니다."라고 빈정거렸다.[104]

협의를 계속하겠다는 루스벨트의 결정은 대중의 폭넓은 지지를 얻었다. 하지만 향후 전망이 그리 밝은 것은 아니었다. 〈워싱턴 타임스〉는 "워싱턴 전체가 숨을 죽인 채 대통령의 다음 결정을 기다리고 있다. 어쩌면 전국이 마음을 졸이며 긴장 상태에 있을 것이다."라고 보도했다.[105]

스트레스를 해소하는 방법을 찾아내라

루스벨트는 한 친구에게 "중대한 국가적 문제에 열중할 때는 내 생각의 흐름을 완전히 바꾸는 것도 도움이 된다."라고 말했다.[106] 운동 능력이 뛰어나지는 않았지만, 루스벨트는 격렬한 활동으로 정신적 균형감을 유지했다. 따라서 그의 편지에는 시끌벅적한 테니스 경기, 숲이 우거지고 낭떠러지가 많은 록크리크 공원에서의 힘든 하이킹, 권투 연습을 함께할 스파링 파트너를 구하려는 이야기 등이 넘쳐흐른다. 루스벨트는 일본 레슬링 선수에게 내던져졌던 재미있는 경험담으로 아이들을 즐겁게 해주기도 했다. "그들과는 체구에서 비교가 되지 않았다. 나는 상대의 머리 위에서 빙빙 돌려지다가 매트리스에 내던져졌지만, 그들이 무척 기술이 뛰어나 나는 전혀 다치지 않았다."[107] 심지어 투구와 갑옷을 입고 친구들과 함께 유럽식 목검술, '싱글스틱 Singlestick'이란 경기를 하는 것도 무척 좋아했다.

하지만 다친 다리로는 그렇게 신나게 움직일 수 없었던 까닭에 루스벨트는 가장 신뢰할 만한 오락거리, 즉 독서에 맹렬히 탐닉했다. 어렸을 때부터 루스벨트는 문학을 통해 다른 사람들의 삶으로 도피하며 스트레스를 해소했고, 재미있는 모험을 간접적으로 즐기고 자유롭게 숨 쉬며 위대한 공적을 완수해낼 수 있었다. 책이 그의 정체성을 형성한 주된 요소였다고 말하는 게 결코 과장은 아니다.

휠체어에 갇힌 루스벨트는 의회 도서관 사서, 허버트 퍼트넘Herbert Putnam에게 "내 특이한 취향에 들어맞는 책"을 구해 달라고 부탁했다.[108] 퍼트넘은 폴란드 역사와 초기 지중해를 지배한 종족을 다룬 책을 루스벨트에게 보냈다. 이틀 후, 루스벨트는 몹시 기뻐하며 퍼트넘에게 감사의 편지를 보냈다. "정말 고맙습니다! 내가 원하던 책을 정확히 보내주었습니다. 지금 가스통 마스페로를 읽으며 즐겁게 시간을 보내고, 지중해 종족에 대한 주세페 세르지의 이론을 틈틈이 읽으며 머리를 식히기도 합니다. …… 내 의무와 관련된 모든 것, 예컨대 석탄 파업과 관련된 모든 것을 잠시나마 잊고, 아시리아와 이집트의 관계를 다룬 역사서를 읽으며 오후 시간을 보낼 수 있어 정말 즐겁습니다.

나에게 도움이 되지는 않겠지만 그래서 더 재미있게 읽었습니다."[109]

복수의 전략을 마련하고, 파격적인 대책을 준비하라

모임이 실패로 끝난 뒤, 루스벨트의 행보는 눈에 띄게 빨라졌다. 그가 준비한 몇몇 계획은 행정력이 간섭하는 정도와 엄격성—설득부터 강압까지—에서 달랐지만, "해당 지역의 기온이 급락할 때 연료 부족으로부터 주민을 보호"한다는 동일한 목표를 공유했다. 봄과 여름에 루스벨트를 괴롭히던 상황은 마침내 완전한 위기로 발전했다.

루스벨트는 윈스럽 크레인 상원의원에게 보낸 편지에서 "남북전쟁보다는 위기가 덜 심각하지 않느냐며 파업을 동정적으로 바라보는 여론이 형성되고 있다."고 말했다.[110] 전국이 곧 멈춰버릴 것 같았다. 루스벨트는 필랜더 체이스 녹스와 엘리후 루트에게 "사악한 전례가 될 만한 중대한 행동"을 모색하고 있다는 비밀을 털어놓으며, 급진적인 행동을 최대한 자제하겠지만 고통과 혼란으로부터 시민을 보호하기 위해서는 필요한 조치를 취하기로 결심했다고 알렸다.[111] 그 계획은 루스벨트가 실행에 옮기기로 결정할 때까지 비밀에 부쳐졌다. 링컨이 국무위원들에게 노예 해방 선언에 문서로 반론을 제기하는 걸 허락했듯이, 루스벨트도 그 계획을 유일하게 알고 있던 두 국무위원, 녹스와 루트에게 "책임을 벗어나기 위해 원하면 언제라도 반론을 문서로 제시하라고 지시했다." 루스벨트는 "전시에 있는 것처럼" 최고 사령관으

로서 모든 책임을 떠안았다.[112]

루스벨트는 그 급진적인 계획을 세부적으로 정리하는 과정에서, 상대적으로 덜 극단적인 두 방법을 추진했다. 실제로 루스벨트는 "덜 극단적인 방법으로 똑같은 효과의 결과를 얻을 수 있다면 극단적인 행동을 취할 이유가 없다."라고 입버릇처럼 말했다.[113] 위기관리팀은 윌리엄 A. 스톤William Alexis Stone 펜실베이니아 주지사에게 압력을 가해 주방위군을 탄전에 파견해서, '노동조합의 협박으로부터 보호받으면 수만 명의 광부가 탄광으로 돌아올 것'이란 경영자 측의 주장을 검증해 보자고 제안했다.[114] 경영자 측의 경직된 태도는 민심을 악화시켰지만, 그들의 이런 주장은 상당한 호응을 얻었던 것이다.[115] 따라서 루스벨트는 경영계나 노동계가 아닌 국민을 대변하고 옹호하는 쪽을 선택했으니 이 역시 검증하는 게 중요하다고 생각했다.

스톤 주지사는 주방위군을 배치하는 데 동의했다. 그로부터 36시간이 지나지 않아, 펜실베이니아 주방위군이 탄전에 배치됐다. 그리고 바로 다음날, 경영계의 주장이 틀렸다는 게 명백히 증명됐다. 지극히 사소한 수의 광부만 복귀했을 뿐, 압도적 다수는 적절한 해결책이 마련될 때까지 파업에 참가할 것이란 뜻을 분명히 밝혔다.[116]

파업이 끝날 조짐이 전혀 보이지 않았기 때문에,[117] 루스벨트는 차선의 계획—파업의 원인을 조사하고, 행정부와 입법부에 적절한 해법을 권고하는 조사 위원회Blue Ribbon Commission의 설립—을 준비했다. 개입의 근거를 찾아내기 위해 애쓰던 루스벨트는 합중국의 상태에 대해 의회에 보고할 권한을 헌법에서 위임받았다고 주장했다. 대통령을

대신해 그 역할을 맡아줄 위원회에 무게감을 더하려면 유명한 사람의
이름이 필요하다는 게 루스벨트의 생각이었다. 따라서 스티븐 그로버
클리블랜드Stephen Grover Cleveland 전 대통령에게 "이 나라에 대통령님만
큼 조사 위원회에 무게감을 실어줄 사람은 없습니다."라고 속내를 털
어놓았다.[118]

그렇게 제안된 위원회에는 조사 결과를 집행할 수단이 없었기 때문
에 권한보다 위원이 더 많았던 것이 사실이다. 하지만 조사 위원회에
대한 기대는 라이트의 조사를 단순히 되풀이하는 수준을 넘어섰다.
위원회는 그 자체로 다가오는 중간선거와 상관없이 초당적인 지지를
뜻했고, 루스벨트가 어떻게든 파업을 종식시키기 위해 바람직하지
않더라도 가혹하기 이를 데 없는 계획을 전개할 필요가 있다고 생각
하면 "여론이라는 가장 든든한 버팀목"을 구축하는 수단을 제공할 터
였다.[119]

공격할 필요가 없을 때는 공격하지 마라.
하지만 공격할 때는 강하게 공격하라

어느덧 10월 중순이었다. 조사 위원회가 소집되어 조사를 진행하
고 완료한 후에 결과를 발표하려면 수주의 시간이 필요했다. 그때쯤
이면 너무 늦은 것일 수 있었다. 파업이 끝나더라도 석탄이 채굴되고
공급을 시작하려면 상당한 시간이 걸린다는 걸 루스벨트는 정확히 파

악하고 있었다. 긴급히 필요한 조치는 주나 일의 단위가 아니라 시간 단위로 계산돼야 했다. 루스벨트는 "잘못이 어디에 있든 간에 현재의 관리 시스템은 실패했다. 현재의 국가 상황을 고려하면 실패를 지체없이 바로잡아야 한다."라고 주장했다.[120] 루스벨트가 "최후의 수단"으로 선택한 전략은 최고의 장군이 지휘하는 1만 명의 정규군을 탄전에 투입하는 것이었다.[121] 정규군이 경영자로부터 탄광을 몰수하여 노사 양측이 합의점을 찾을 때까지 정부를 대신한 관재인으로서 탄광을 운영하는 것이었다.

루스벨트는 퇴역 장군 존 M. 스코필드John McAllister Schofield에게 그 엄청난 임무를 맡겼다. 스코필드 장군은 "분별력과 판단력과 행동력"을 겸비해 그 임무를 맡기에 안성맞춤이었다. 루스벨트는 스코필드에게 최고 사령관인 대통령을 제외하고는 어떤 세력의 눈치도 보지 않겠다는 다짐을 받아냈다.[122] 또 "경영자들이 소송을 제기해 그에게 영장을 보내면, 링컨의 휘하에서 그랬던 것처럼 그 영장을 대통령에게 보내기로 했다."[123] 파업자들이 석탄 캐는 걸 방해하면, 연방군의 힘을 최대한 행사하여 파업자들을 견제할 권한도 스코필드에게 부여됐다. 요컨대 연방군에게는 광부들 사이에서 법과 질서를 유지하는 동시에 경영자들에게 재산권을 박탈하는 임무가 부여된 것이다.

그런 전력을 시행하는 데 필요한 연락망을 구축하려고 루스벨트는 펜실베이니아 출신의 상원의원 매슈 퀘이를 임시 백악관으로 불렀다. 루스벨트는 재산권의 압류 부분에 대해서는 자세히 밝히지 않고, 퀘이에게 펜실베이니아 주지사 스톤과 상의해 대통령이 암호로 지시할 때마다 주지사가 연방군의 파견을 공식적으로 요청함으로써 대통령이 합법적으로 개입할 수 있는 유일한 근거—질서 유지—를 마련해 달라고 부탁했다.[124] 연락의 고리는 대통령이 보내는 평범한 내용—예컨대 "요청을 위한 시간이 왔다"—의 전보로 시작될 예정이었다.[125] 또 루스벨트는 일단 연방군이 배치되면 그 후에 일어난 모든 사태는 자신이 전적으로 책임지겠다고 확약했다. 훗날, 퀘이 상원의원은 실제 뒤이은 행동으로 자신을 성가시게 했다면 기꺼이 탄핵 절차를 시작했을 것이라고 말했다![126] 여하튼 이 대담한 계획은 루스벨트가 좌우명으로 삼던 격언, "공격할 필요가 없을 때는 공격하지 마라. 하지만 공격할 때는 강하게 공격하라!"를 실천한 사례였다.[127]

하지만 루스벨트가 허세를 부린 것일까? 요즘에는 루스벨트가 그 급진적인 계획을 실제로 시행할 의도는 없었을 것이라 추정하는 역사학자가 적지 않다. 이미 시행되던 훨씬 덜 파괴적인 대책들도 "권력의 남용"이라는 거센 비판을 불러일으켰고,[128] 석탄을 실제로 어떻게 채굴하겠다는 명확한 계획도 없었다. 과연 정부가 관재인 역할을 하면 광부들이 복귀할까? 그렇지 않으면, 정부가 비조합원 광부들을 동원해야 할까? 석탄을 운반하는 철도회사 소유주들이 재산을 압류당하면, 석탄이 동부 해안 지역까지 어떻게 운반될 수 있을까? 석탄을 생산하고 분배하는 메커니즘을 어떻게 조절할지에 대해 아무런 결정도 이뤄지지 않았다.

하지만 루스벨트의 기질에 대해 우리가 알고 있는 바에 따르면 결코 허세는 아니었을 것이다. 루스벨트는 파업 내내 신중하게 처신하고 인내하는 모습을 보였지만, 그가 보호하겠다고 맹세한 국민이 중 대한 위험에 빠질 정도로 당시 상황은 악화된 상태였다. 루스벨트는 국민에게 도움이 필요할 때 "연방정부의 무력한 상태"를 용납하지 않 았을 것이다.[129] 그런 상황은 그가 인습을 타파하겠다고 나서기에 충 분한 이유였다. 그는 당장이라도 전례를 깨겠다고 나섰고, 대통령직 까지 위험에 빠뜨리며 "나는 군최고 사령관이다. 나는 국민에게 석탄 을 줄 것이다."라고 단호히 말했다.[130]

훗날 시어도어 루스벨트는 연방군을 동원해 탄광을 압류하겠다는 계획이 파업을 해결하는 열쇠가 됐다고 주장했다.[131] 실현되지는 않았 지만 개입하겠다는 위협은 엘리후 루트가 뉴욕 앞바다에 띄운 J. P. 모 건의 개인 요트 코세어 호에서 그를 만났을 때 가져간 '커다란 몽둥이' 가 됐다.[132] 누구도 원하지 않은 대규모 군사 개입이 있기 전에 경영계 를 설득할 사람이 있었다면, 그 사람은 강력한 석탄 트러스트의 원래 설계자인 J. P. 모건이었다.

체면을 세워주는 방법을 찾아내라

루트 전쟁성 장관은 뉴욕행 침대차를 타기 전에, "경영자들이 굴욕 을 당하지 않고 교착 상태에서 벗어나는 방법을 찾아냈지만, 모건과 협상하려면 완전한 재량권이 필요하다."라고 루스벨트에게 말했다. 루트는 그런 재량권을 허락받아 대통령의 대표가 아니라 자신의 이익에 따라 행동하는 개인 자격으로 뉴욕에 가야 했다.[133] 루스벨트는 루트의 요청을 받아들였다. 하지만 루트는 평범한 시민으로 뉴욕을 방문하는 게 아니었다. 누가 뭐라 해도 루스벨트 대통령의 후광을 얻은 최측근 국무위원이었다.

루트는 10월 3일 모임에 대한 속기사의 기록을 면밀히 분석했다. 당시 경영계는 쟁점을 중재할 대통령 위원회를 설립하자는 미첼의 제안을 단호히 거부했다. 경영계가 부정적 성향을 띠었지만, 루트는 그들이 중재 자체를 반대하는 게 아니라 미첼의 제안이어서 받아들이지 않으려 한다는 걸 알아냈다. 그들에게 노동조합 리더인 미첼은 경영계의 권위를 전면에서 도전하는 존재, 또 배어가 경영계의 세계관으로 입버릇처럼 말하던 기본적인 가정—"기업 경영에 두 주인은 있을 수 없다"—을 위협하는 존재였다.[134]

훗날 루트는 "이 사건과 관련된 사람들을 위해 거짓말을 했다."라고 말했다.[135] 예컨대 탄광 소유주들이 중재를 받아들이도록 유도하며 미첼과 직접 대화하지 않는 걸 허용한다면 어떻게 될지를 생각하며, 요트 코세어 호에서 루트와 모건은 경영자들에게 서명을 받아낼 각서의 초안을 작성했다. 각서의 내용을 대략적으로 정리하면 "대통령이 그 역할을 기꺼이 받아들인다는 조건하에 우리는 대통령에게 위원회의 설립을 요청한다. 위원회에서 모든 쟁점을 다루고, 위원회의 결정은 우리 모두가 받아들인다."였다.[136] 훗날 루트가 인정했듯이, 중재라는 아이디어를 경영계가 먼저 제안했다는 것은 "새빨간 거짓말"이었다. 분명히 말하지만, 중재는 미첼의 아이디어였다. 하지만 그 거짓말

은 문서상에서 그럴 듯하게 보였고, 경영자들의 자존심을 조금이나마 달래주었다.[137]

그날 저녁 루트는 워싱턴행 기차를 탔고, 모건은 각서를 들고 유니언 클럽에서 탄광 소유주들을 만났다. 모건은 상황이 폭발 직전이라고 경고했다. 탄광을 몰수하려는 군사 계획이 연구 중이지만, 중재에 합의하면 그 계획을 무산시킬 수 있다고도 덧붙였다. 탄광 소유주들은 못마땅했지만 합의에 동의하는 걸 미루면 어떤 결과가 닥칠지 알았던 까닭에 '무연탄 파업 위원회Anthracite Coal Strike Commission'는 다섯 분야에서 선발된 다섯 명의 위원—군 장교, 광산 전문가, 펜실베이니아 판사, 탄광과 석탄 판매에 오랫동안 관계한 기업인, 저명한 사회학자—으로 구성한다는 조항을 더한 합의에 서명할 수밖에 없었다.

모건으로부터 서명된 합의문을 받자마자, 루스벨트는 노동계 대표가 빠졌다는 치명적인 결함을 즉각 알아차렸다. 하지만 루스벨트는 "상황의 긴급성을 고려해" 위원장으로서 자신이 가장 공정한 사람들로 다섯 분야의 전문가를 채울 것이라 믿고, 합의문을 받아들이라고 미첼을 설득했다.[138] 미첼은 대통령의 진정성을 믿지만, 위원회에 노동계 대표가 포함되지 않으면 노동자들의 동의를 받아내지 못할 것이라 주장했다. 노동과 자본의 분쟁에서 노동도 테이블의 한 자리를 차지하는 게 당연하지 않느냐는 반박이었다. 또한 미첼은 대다수 탄광 노동자가 가톨릭 신자이니 가톨릭 주교도 위원에 포함시키자고 요구했다.

루스벨트는 루트를 통해 모건에게 협상 재개를 위해 경영계 대표를 황급히 워싱턴에 보내달라는 전보를 보냈다. 같은 날 저녁, 모건이 파견한 두 명의 젊은 대표가 탄광 소유주들로부터 협상 전권을 위임받아 임시 백악관에 도착했다. 루스벨트는 목발에 의지한 채 다리를 절뚝이며 그들을 맞이했다. 탄광 소유주들은 모건의 사무실에 모여 있었다. 그로부터 세 시간 동안 전화선을 열어두고, 그 젊은 대표들은 탄광 소유주들로부터 두 명의 위원을 추가하는 조건에 대한 동의를 끌어내려고 안간힘을 다했다. 탄광 소유주들은 가톨릭 성직자를 추가하는 조건은 고려할 수 있지만, 어떤 상황에서도 노동계 대표는 용인할 수 없다고 버텼다.

루스벨트는 당시를 회상하며 "교착 상태가 끝없이 이어질 것 같았다. 그들은 모든 것을 희생하더라도 양보보다 내란을 각오하겠다는 생각의 틀에 갇혀 있었다."라고 말했다. 자정이 점점 다가왔고, 그때 임박한 비극이 희극으로 돌변했다. "그들이 현상 자체가 아니라 이름에 반대하고 있다는 생각이 문득 들었다. 그들은 내가 누구를 지명하는지는 상관하지 않았다. 따라서 노동계를 대표하는 사람을 '노동계 대표'가 아닌 다른 이름으로 지명하면 될 것 같았다." 그래서 루스벨트는 '저명한 사회학자'로 노동계 지도자이자 철도승무원 연합회Order of Railway Conductors 의장이던 에드거 E. 클라크Edgar Erastus Clark를 제안했다. "그들은 노동계 대표를 받아들이느니 대혼란을 감수하겠다는 각오였지만, 내가 노동계 대표를 저명한 사회학자라고 부르자 모두가 좋아하며 받아들였다. 그 순간, 내가 느낀 안도와 환희가 복합된 감정은 영원히 잊지 못할 것이다."[139]

며칠 후 펜실베이니아 윌크스배리에서 열린 노동자 대회에서, 탄광 노동자들은 투표로 합의안을 받아들이며 일터에 복귀하기로 결정했다. "탄광 노동자, 이해관계와 쟁점을 대통령 위원회의 결정에 맡기기로 합의. 노사분규에서 새로운 해법을 제시한 이정표"라는 머리기사가 모든 신문의 1면을 장식했다.[140]

163일간 계속되던 교착 상태가 끝났고, 미국 역사상 가장 재앙적인 결과를 낳을 뻔했던 파업은 평화롭게 마무리됐다. 루스벨트는 "국민의 대리인"으로 역할하며, 그때까지 민간 영역으로 여겨지던 노동과 자본 간의 분쟁을 공익의 관점에서 해석했다.[141] 루스벨트는 파업이 계속되던 5개월을 끈기 있게 지켜보고 한 번에 한 걸음씩 나가며, 결국에는 여론의 지속적인 압력으로 "연방정부가 최초로 관여한 구속력을 지닌 중재"에 노사 양측을 끌어들일 공간을 마련해냈다.[142] 캐럴 라이트는 "새로운 아이가 탄생했다. 그 아이가 우리 사회에서 큰 역할을 하리라 믿는다."고 말했다.[143]

성공한 해결에 대한 공적을 함께 나누라

루스벨트는 그 아이의 친권을 너그럽고 기분 좋게 가장 먼저 J. P. 모건에게 돌렸다. "당신이 이 문제에 개입하지 않았다면 파업이 지금쯤 해결됐을 것이라 누구도 장담할 수 없을 겁니다. 당신에게 진심으로 감사하고, 축하의 인사를 보냅니다."라는 편지를 모건에게 보냈다.[144] 파업이 끝나고 쓴 일련의 편지에서 루스벨트는 위기관리팀원들—루트와 녹스, 퀘이와 사전트, 라이트와 크레인과 페인—에게도 각자 기꺼이 맡아준 중대한 역할에 대해 감사의 말을 잊지 않았다. "패배가 고아라면 승리에는 천 명의 아버지가 있다"라는 속담이 있다. 이 사건에서 루스벨트는 그 아버지들이 맡은 각각의 역할을 세상에 알렸다. 하지만 개인적으로는 탄광 경영자들에 대한 울분을 토했다. 특히 바미 누이에게 보낸 편지에서 "주님, 그 꼭 막히고 우둔한 인간들과 다시 협상해야 한다면 저를 지켜주소서!"라고 분통을 터뜨렸다.[145]

루스벨트가 공적을 문자 그대로 남들에게 돌렸다면, 전국과 세계 곳곳의 신문들은 루스벨트에게 칭찬을 쏟아냈다. 예컨대 〈노스아메리칸 리뷰〉는 "그의 부상과 대담성 그리고 파업 해결에서 그가 맡은 역할은 삭막한 분쟁 이야기에 낭만적이고 기사도적인 색을 더해주었고, 루스벨트라는 인물의 매력까지 드높여주었다."라고 썼다.[146] 노사분규가 그렇게 타결됐다는 소식을 듣고 프랑스 의회는 환호했고, 런던 〈타임스〉는 "가장 조용하면서도 야단스럽지 않은 방법으로 루스벨트 대통령은 완전히 새롭고 대단한 일을 해냈다."라고 보도했다.[147]

탄광 노동자들은 곧바로 일터로 복귀했지만, 루스벨트가 주변 사람들에게 쏟아낸 찬사와 그 자신이 받은 갈채 덕분에 구속력을 지닌 중재 위원회의 조사와 그 결과는 계속 주목을 받았다. 위원회의 조사는 3달 이상 이어졌다. 양측은 자신에게 유리한 해결책을 제시했는데,[148] 마침내 위원회는 광부들에게 10퍼센트 인상된 임금을 소급해 지급하고, 일일 노동량을 10시간에서 9시간으로 줄이며, 향후 분쟁을 해결하기 위한 노사 조정국을 설립할 것을 만장일치로 합의했다. 하지만 안타깝게도 노동조합을 정식으로 인정받으려던 노동자들의 바람은 이루어지지 않았다.

전면적인 해결은 없었고, 노동과 자본 중 한쪽이 완전한 승리를 거두지 못했지만, 중재의 결과는 구속력을 지닌 까닭에 자본과 노동과 연방정부 간의 역학 관계는 꾸준히 조정됐다. 런던 〈타임스〉는 "우리는 석탄 파업의 종언만이 아니라, 강력한 정부의 등장을 목격하고 있다."라고 보도했다.[149]

미래를 위해 기록을 남겨라

이 선구적인 사건의 여파로 시어도어 루스벨트는 미래를 위해 위기의 역사를 정확히 기록하고, 그 기록을 후세에 전해줄 수 있기를 바랐다. 루스벨트는 노동과 경영 간의 사적인 분쟁에 직접 개입함으로써 오랜 전례를 과감히 깨뜨렸다. 그의 그런 행동은 반발과 찬성을 동시에 불러일으켰다. 위기가 해결된 후, 루스벨트는 그 이례적인 사건의 성격을 명확히 규정하고, 파업이 자체적으로 해결되기를 기다리며 정부의 개입을 자제했지만 대통령이 개입할 수밖에 없도록 상황이 변해간 과정을 밝혀두고 싶었다. 훗날 행정력의 전격적이고 일방적인 확대를 위한 전권 위임을 피하기 위해서라도 이런 기록을 남기는 것이 무척 중요했다.

　파업이 끝난 다음날, 루스벨트는 매사추세츠 상원의원 크레인에게 분쟁이 시작된 5월부터 자신의 행동을 3,000단어로 빠짐없이 담은 편지를 보냈다. 이 편지에서 루스벨트는 "사건의 전 과정을 기록해두는 게 마땅하다고 생각"한다며,[150] 그가 어떤 결정을 내렸을 때마다 그렇게 한 이유—위험에 대한 평가, 현상에 대한 정확한 이해를 위한 조사, 라이트 보고서를 공개하지 않은 최초의 결정, 결국 라이트 보고서의 공개로 이어진 상황의 변화, 노사 양측 대표의 대면 회의를 주선한 전대미문의 행위, 그 만남이 실패로 끝난 뒤에도 "수수방관하지 않겠다던 다짐", 심각한 반발이 있을 거라는 걸 알면서도 과감히 선택한 행동, 연방군의 개입을 막은 J. P. 모건의 개입, 명칭을 바꿔 궁극적으로 해결된 분쟁의 부조리함—를 설명했다.[151]

　또 뒤이어 보낸 편지에서는 석탄 파업의 위기는 전례가 없는 것이어서 "엄격히 말하면 합법적이지 않은 행동"을 취할 수밖에 없었다고 그 이유를 자세히 설명했다. 예컨대 저명한 역사학자 윌리엄 로스코 세이어William Roscoe Thayer에게 말했듯이, "제철소 파업이었다면 개입하지 않고 거리를 두었을 것이다. 그러나 석탄 파업은 국민의 삶과 건강에 필요한 상품에 영향을 미쳤다." 그러면서 "미국 대통령이 개입해 재앙의 확산을 예방하지 않는다면 정부가 무엇 때문에 존재하겠는가?"라고 덧붙였다.[152]

　그 후로 수년 동안, 루스벨트는 "무연탄 파업 위원회의 명확하고 권위 있는 보고서가 소책자로 만들어져, 위원회가 다루었던 사건과 유사한 혼란이 존재하거나 존재할 조짐이 있는 곳이면 어디에나 널리

유포되기를 바란다."고 말했다. 위원회 위원들은 "누구도 자본가나 노동자로서 말하지 않았다. 또 판사나 군 장교로서도 말하지 않았다. 종교인의 자격으로도 말하지 않았다. 모두가 정의가 승리하기를 간절히 바라는 미국 시민으로서 그 보고서에 서명했다."[153]

———◇———

석탄 파업을 통해 시어도어 루스벨트는 국내 정책의 방향—산업혁명 이후 부를 급속도로 축적하던 기업 견제—을 명확히 드러내보였다. 특히 기업 합동의 속도와 규모를 보며 "그런 기업을 감독하고 규제하는 힘을 지닌 정부의 필요성"을 절감했다. 루스벨트는 석탄 파업으로 위기가 최고조에 달했을 때 "무연탄업을 필두로 급진적인 실험을 시도하고 싶었다."라는 걸 인정했다.[154]

석탄 위기를 해결하기 위한 실험을 시도하는 동안, 시어도어 루스벨트의 리더십은 새로운 시대의 새벽빛이라는 게 입증됐다. '공평 정책'이란 깃발 아래에서 진보적인 개혁 분위기가 미국 전역을 휩쓸었고, 노동과 자본의 관계만이 아니라 정부와 국민의 관계를 새로운 관점에서 보게 됐다. 루스벨트는 메인주의 숲을 탐험할 때 처음 만난 친구, 빌 수얼에게 이렇게 말했다. "이제 나는 부자도 공명정대하게 행동하고, 노동조합도 지혜롭고 정의롭게 관리된다고 믿는다. 하지만 고용인과 고용주, 노동자와 자본가, 어느 쪽이든 잘못하면 나는 그쪽과 맞붙어 싸울 거다. 그렇게 하면 된다!"[155]

11

회생의 리더십

Turnaround Leadership

© Courtesy of the Associated Press

"

프랭클린 루스벨트와 취임 후 100일

"

"당시를 돌이켜보면 우리가 그 시간을 어떻게 이겨냈는지 모르겠다."[1] 노동부 장관 프랜시스 퍼킨스는 점점 심화되던 대공황기에 이렇게 말하며 "지금 1933년의 분위기를 되살리고, 회복되지 않는 가난과 끝없는 실직에서 야기되던 두려움을 떠올리기는 쉽지 않다."고 덧붙였다.[2] 미국 경제는 바닥까지 떨어졌고, 산업은 마비된 상태였다.[3] 노동인구의 4분의 1이 실업자였고, 일하는 사람의 노동 시간도 급격히 줄어들었다. 많은 사람이 농지를 잃고 집을 잃었다. 수세대 동안 가족이 운영하던 소기업이 줄지어 파산했다. 수천 곳의 은행이 붕괴되었고, 수백만 명의 예금도 사라졌다. 시정부와 주정부의 구제 기금도 고갈됐다. 굶주린 사람들이 길거리를 배회했고, 마침내 식량 폭동이 일어났다. 자본주의의 미래, 민주주의의 미래가 암울하게 보였다. 허버트 후버 대통령은 "이제 모든 수단을 다 썼다."며 절망했다.[4]

"우주의 어떤 극작가도 프랭클린 루스벨트의 등장보다 새로운 대통령, 새로운 독재자 혹은 새로운 메시아의 등장을 그럴듯하게 고안해내지 못했을 것이다."[5] 백악관 보좌관 로버트 셔우드Robert Sherwood는 이렇게 말하며, 리더는 시대의 요구에 부름을 받아 등장한다고 믿는 사람들의 의견에 동의했다. "미국인들은 스스로 올바로 일하고 있다고 생각할 때 백악관을 차지한 사람의 성품에 대해 깊이 생각하지 않는다. 워런 하딩Warren Harding 대통령처럼 사진 액자의 주인공이 되기에 적합한 대통령을 가진 것으로 만족한다. 하지만 힘든 시기가 시작되고, 개인이 감당하기에 어려운 문제가 닥치면 미국인들은 방향을 인도해줄 사람을 간절히 찾는다. 사진 액자에서 빠져나와 자신을 이 시대에 반드시 필요한 사람이라 주장하는 리더를 원한다."[6]

하지만 앞에서도 보았듯이, 기회만으로는 충분하지 않다. 프랭클린 루스벨트가 맞닥뜨린 암울한 상황은 위대한 성공만큼이나 참혹한 실패의 전조였다. 리더라면 시대가 제기하는 시련에 대응하고 대처할 수 있어야 한다. '닥터 프랭클린'만큼 국가의 질병을 정확히 진단하고 "이 시대에 반드시 필요한 사람"이라 자처할 준비가 된 리더는 없었다. 루스벨트는 웜스프링스에서 건축가, 부동산 개발자, 프로그램 관리자, 수석 고문, 영적인 지도자, "피크닉 담당 부통령", "모든 것을 하나로 통합한" 치료법의 선구자로서 소아마비 환자들과 직접 교류하며 '닥터 프랭클린'이라 불리는 걸 좋아했다.[7]

닥터 프랭클린은 거의 신비에 가까운 자신감과 흔들리지 않는 결단력으로 국가에 새로운 피를 수혈하는 데 필요한 모든 조치를 취할 각오였다. 새로운 리더십으로 실의에 빠져 마비된 조국에 활력을 불어넣을 정책을 꾸준히 추진할 준비도 돼 있었다. 요컨대 개인적으로 그는 그 모든 시련을 이미 치열하게 이겨낸 적이 있었다.

1933년 3월 4일로 예정된 프랭클린 델러노 루스벨트의 취임식을 1주일 앞두고, 신문기자 아그네스 마이어Agnes Meyer는 일기에 "문자 그대로 세상이 우리 발밑에서 흔들리고 있다."라고 썼다.[8] 3년간의 급격한 추락으로 금융제도의 근간이던 은행들이 문을 닫았고, 미국의 경제 체제는 물리적으로나 정신적으로 사망한 상태와 비슷한 지경에 빠져들었다.[9]

당시 미국은 중대한 병에 걸린 '보디 폴리틱body politic'*이라 묘사됐는데, 이런 극단적 표현도 과장된 것은 아니었다. 루스벨트가 "당장 치료가 필요한 이 시대의 구체적인 질병"이라 칭했던 현상—위태로운 지경에 빠진 은행의 급성 순환 위기— 뒤에는 "우리 경제 체제에 은밀히 파고든 약점"이라는 훨씬 더 치명적인 조건이 있었다.[10] 정부와 국가가 위기에 빠졌고, 그런 상황은 계속될 것만 같았다.

"극심한 공포가 팽배했다."[11] 루스벨트 정부의 내무장관으로 내정된 해럴드 이커스Harold Ickes는 그 섬뜩하던 대공황의 끝 단계를 회상하며 이렇게 말했다. 시골 지역에서는 수백만의 가정이 농장을 압류당해 잃었다. 아이오와의 한 지방 변호사는 법률가로 일하며 "중년 남자가 25년 동안 일한 대가로 남겨진 가구와 잡동사니를 수레에 싣고 가족과 함께 파산법원을 터덜터덜 걸어 나오는 모습"을 지켜본 건 그때가 처음이었다고 한탄했다.[12] 도시에서는 네 사람 중 한 명 이상이 일자리를 잃었고, 일자리를 지킨 사람도 삭감된 임금을 감수하며 일해야 했다. 무료 급식소에도 식량이 부족해 수만 명의 미국인이 굶주렸고, 수백만 명이 영양 부족에 시달렸다. 어디에도 확실한 안전망은 없었다.

2월 중순, 대공황이 맹위를 떨치며 모든 주에서 은행들이 연이어 문을 닫기 시작했다.[13] 경제가 침체하기 시작한 초기에도 약 5,000개의 작은 은행, 주로 지방 은행이 파산하며, 수백만 명이 예금한 돈이 사라

---

* 정치적 통일체로서의 국가 혹은 국민 - 옮긴이주

졌다. 그 결과로 그들은 안전한 삶만이 아니라 미래의 희망마저 빼앗겼다. 1933년 겨울에도 경제는 회복될 조짐이 보이지 않았다. 은행 시스템 전체가 무너질 것이란 소문이 확산되기 시작했다. 지방과 도시에서 모두가 예금을 인출하려고 커다란 가방을 손에 쥐고 은행 앞에 줄을 섰다. 그들은 돈을 인출해 매트리스 밑에 감추거나, 땅에 묻어둘 작정이었다.

은행은 그런 급작스런 요구에 부응할 만큼의 현찰을 갖고 있지 않았다. 투기 열기가 미국을 온통 휩쓸었던 광란의 20년대Roaring Twenties에 은행들은 예금자의 돈을 이용해 주식을 매수했는데, 대부분의 주식이 종잇장으로 전락한 터였다. 은행이 보유한 현찰과 자산이 감소한 까닭에 인출은 최소한으로 제한됐다. 곧이어 은행이 보유한 모든 자원에도 그런 제한이 가해졌다. 그러자 은행 문 앞에 늘어선 고객들의 행동이 점점 격렬해졌고, 주지사들은 모든 은행에 무기한 폐점을 명령했다.

수백만 시민에게 그 불경기는 종말의 시대로 여겨졌다. 당시 시카고에 살던 한 주민은 한때 인파로 들끓던 루프Loop 상점가를 떠올리며 "우리 도시가 죽어버린 것 같았다. 바쁘게 걷는 사람은 눈에 띄지 않았다. 모든 거리에 적막감이 감돌았고, 섬뜩한 기분도 들었다. 비정상적인 상황인 게 분명했다."라고 회고했다.14 미국의 맥박은 거의 감지되지 않았다.

새로운 대통령의 취임식 날 새벽, 미국의 부와 금융 자산에 대해 막강한 영향력을 휘두르던 뉴욕주 주지사가 모든 은행 업무를 중단시켰다는 소식만큼 끔찍한 드라마가 최종 단계에 이르렀다는 증거가 또 있겠는가. 당시 절반 이상 주에서 은행이 업무를 중단했고, 다른 주에서도 은행은 제한적으로 운영될 뿐이었다. 몇 시간 후 증권 중개인들이 거래 시작을 알리는 신호를 기다렸는데, 뉴욕 증권거래소 소장 리처드 휘트니Richard Whitney는 증권거래소를 무기한으로 폐쇄한다고 발표했다.

대통령 당선자 프랭클린 루스벨트는 "대통령으로 선서할 기회를 갖기도 전에 불안정한 조직 전체가 붕괴될 듯했다."[15] 루스벨트는 불안정한 조직에 대해 잘 알았듯, 그 파괴적인 질병에도 신념과 균형감, 희망과 행동력을 유지하는 방법을 알았다. 루스벨트 이전에도 보디 폴리틱의 병폐를 설명하기 위해 의사와 환자에 비유하는 경우가 많았다. 예컨대 닥터 뉴딜Dr. New Deal이 금융체제의 급성 순환 위기를 극복하고, 질병의 근원적 조건을 치유하기 위해 실험적 대책을 시도했다는 묘사도 결국에는 이런 비유의 확장이라 할 수 있다.

루스벨트는 대공황이란 질병을 치료하려면 세 방향으로 공격해야 한다는 걸 알았다. 첫째, 적절한 회복이 이뤄지려면 무엇보다 먼저 무력감과 두려움이 극복돼야 했다. 둘째, 금융 붕괴가 지체 없이 중단되고 금융이 되살아나야 했다. 셋째, 시간이 걸리더라도 경제와 사회 구조가 개혁돼야 했다.

루스벨트가 당면한 금융 위기를 막기 위해 취임 후 100일 동안 취한 조치들로 상황이 호전되기 시작했고, 그 결과 정부와 국민의 관계는 그 이후 완전히 달라졌다.

· 첫 날 ·

과거에 시도한 수단과 곧 시작할 수단 사이에 명확한 경계선을 그어라

프랭클린 루스벨트의 취임식 날은 기도로 시작되고, 행동으로 끝났다. 그는 말과 행동으로, 단순히 정권이 다른 당으로 바뀐 것에 불과한 게 아니라는 명확한 비전을 보여주었다. 국가를 끝없는 나락으로 몰아넣던 시대가 끝나고, 새롭고 희망찬 시대가 시작될 것이라 선언했다. 치밀하게 기획된 취임식이라는 정치극에서 주목할 것은, 오래전에 잊힌 용맹무쌍한 리더십의 선언과 사기가 꺾인 심리와 경제 상황에 대한 맹공격이었다.

토요일 아침 일찍, 루스벨트는 국무위원 전원과 보좌관, 가족과 친구를 데리고 세인트존스 성공회 교회의 특별 기도회에 참석했다. 루스벨트는 그들에게 "하느님과 함께하는 게 우리 정부를 시작하는 적절한 방법이라 생각한다. 우리를 절망의 구렁텅이에서 꺼내주는 수단이 될 테니까."라고 말했다.[16] 20분간의 기도회가 끝난 뒤에도 루스벨트는 얼굴을 두 손으로 감싼 채 여전히 무릎을 꿇고 있었다.[17] 그날 아침 늦게 루스벨트는 의사당에서 취임식이 시작되기를 기다렸고, "오늘은 우리나라를 봉헌하는 날입니다."라는 말을 즉흥적으로 덧붙이며 취임 연설을 시작했다.[18] 루스벨트의 취임 연설은 "더 큰 목표"를 제시함으로써 국민을 "신성한 의무"로 묶으려고 의도된 정중한 설교였다.[19]

루스벨트가 연단으로 느릿하게 다가가는 모습에서, 앨라배마주 상원의원, 조지프 힐Joseph Hill의 아내는 그의 강렬한 결의를 어렴풋이 엿보았다. "그가 마비된 다리를 움직이려고 엄청난 노력을 했다는 걸 그제야 깨달았다. 신체장애를 극복한 그의 위대함을 새삼스레 느꼈다. 나는 그에게서 그런 표정을 본 적이 없었다. 신념으로 가득한 표정, 용기로 가득한 표정이었다. 더없는 자신감으로 가득한 표정이었다!"[20]

과거와의 단절을 선언한 그날, 루스벨트는 과거 31명의 대통령이 그랬던 것처럼 취임 선서가 읽힌 후에 "그렇게 하겠습니다."라고 대답하지 않고, "나, 프랭클린 루스벨트는 미국 대통령으로서 직무를 성실히 수행하고 최선을 다해 미국의 헌법을 준수하며 보호하고 보전해나갈 것을 엄숙히 선서합니다."라고 처음부터 선서문을 다시 읽어도 되겠느냐고 대법원장에게 물었다.[21] 선서의 구절 하나하나에 개인적인 확신을 더하고 싶었던 것이다. 그렇게 크고 작은 방법으로 전례를 깨뜨리며 국민에게 충격을 주고, 취임 연설을 행하기 전에 대통령으로서 책임을 온전히 떠안겠다는 각오를 전하고 싶었던 것이다.

국민의 사기를 되살리고, 현실주의와 낙관주의 사이에서 적절한 균형을 유지하라

루스벨트는 암울한 상황을 직시하는 것으로 취임 연설을 시작했다. 그는 "지금이야말로 진실을 말할 때"이고 "우리나라의 상황을 정직하게 말할 때"라고 선언했다. 루스벨트는 "어리석은 낙관주의만이 이 순간의 암울한 현실을 부정할 수 있을 것입니다."라며 "우리가 유일하게 두려워해야 할 것은 두려움 그 자체입니다."고 말했다.[22] 이 구절은 훗날 취임 연설의 뒷부분을 완전히 지워버릴 정도로 유명해졌다. 이 구절의 출처는 아직까지 확실히 밝혀지지 않았다. 루스벨트의 연설문 작성자, 레이먼드 몰리는 보좌관 루이스 하우가 처음 사용한 문장이라 말했지만, 엘리너는 취임식 전에 며칠 동안 묵었던 워싱턴의 메이플라워 호텔에서 보았던 헨리 데이비드 소로Henry David Thoreau의 글에서 영감을 받은 것이라 생각했다. 이 구절의 기원이 무엇이든 간에 이 구절에 위력을 더하며, 연설을 시작하면서부터 관중의 이목을 사로잡은 사람은 루스벨트였다.

보통 사람들에 대한 루스벨트의 연민과 이해는 연설 곳곳에서 읽혔다. 루스벨트는 국민 개개인이 처한 암담한 상황은 국민의 탓이 아니라는 것을 국민에게 알려야 한다고 직관적으로 파악하며, "미국 국민은 실패하지 않았습니다."라고 주장했다. 또 성경 출애굽기를 암시하며 미국이 "메뚜기 떼에 시달리는 것"도 아니라고 말했다. 경제 체제의 실패가 신의 채찍질 때문도 아니고, 경기순환의 자연스런 위축이나 자원의 부족 때문도 아니라고 주장했다. 오히려 "풍요가 우리 문 앞에 있다"며, 실패는 리더십의 부족 때문이라고 지적했다. 리더십의 공백으로 국민은 "부도덕한 환전꾼"으로부터 보호받지 못했고, 불황의 늪이 깊어질 때도 충분한 대책을 마련하지 못했으며, 그 결과 강력한 리더십이 절실히 필요할 때 소극적으로 대처할 뿐이었다고 지적했다. 따라서 "국민의 삶이 암울한 시기를 맞을 때마다 솔직하고 활기찬 리더십"
이 국민을 이끌어갔듯 회복을 위해서도 그런 리더십이 필요하다고 역
설했다.[23] 그렇게 할 때 미국은 다시 일어설 것이라 확신했다.

목적과 방향을 공유한다는 의식을 심어주라

공동체 결속이 절실히 필요하던 순간에 루스벨트의 연설은 완벽하
게 맞아떨어졌다. 종교적인 색채를 띠면서도 국민의 사기를 높여주었
으며, 전혀 가식적이지 않았다. 연설 중간쯤에 그는 리더와 국민 간의
새로운 계약, 서로 의존적 관계에 있다는 인식에 기반한 계약을 요구
하며, "우리가 앞으로 나아가기 위해서는 공동선을 위해 기꺼이 희생
하는 잘 훈련되고 충성스런 군대"처럼 움직이고, "지금까지 무장 투쟁
의 시기에만 강조되던 의무적인 화합"을 보여줘야 한다고 역설했다.
루스벨트는 국민의 선택을 국민이 자신에게 준 선물이라 생각한다면
서, "강력한 리더십의 규율과 방향 제시"에 대한 국민의 요구를 수행하
여 그에 보답하겠다고 약속했다. 루스벨트는 "이런 정신으로 저는 제
몫을 다하고, 여러분은 여러분의 몫을 다하며 우리는 공동의 어려움
에 맞설 것"이라 다짐했다.

무엇보다 루스벨트는 "국민이 행동하라고, 그것도 지금 당장 행동하
라고 요구하고 있다는 것"을 알았다. 따라서 국민에게 일터를 돌려주고
건전한 통화 유통 환경을 제공하며, 주택과 농장의 압류를 방지하고,

"국민의 돈으로 투기하는 관례를 끝내겠다."고도 약속했다.[24] 항상 그랬듯이, 루스벨트의 비전은 철저히 실용주의적 행동으로 뒷받침됐다.

국민이 리더에게 무엇을 기대할 수 있고, 리더가 국민에게 무엇을 기대하는지 솔직하게 말하라

루스벨트는 "고통받는 국가"에 필요한 일련의 대책을 의회에 권고할 준비가 돼 있다는 걸 국민에게 알렸다. 하지만 의원들이 "지체 없는 행동의 전례 없는 요구"에 부응하지 않는다면, "위기에 대처할 한 가지 남은 수단, 즉 비상사태에 대처해 전쟁을 수행할 수 있는 대통령의 광범위한 권한, 달리 말하면, 사실상 외적의 침략을 받는 경우에 저에게 주어지는 권한만큼이나 막강한 권한"을 의회에 요구할 것이라고도 말했다.[25] 여기에서 에이브러햄 링컨과 시어도어 루스벨트의 전례가 떠오른다. 링컨은 최고 사령관이란 권한에 근거한 행정 명령으로 노예 해방 선언을 공포했고, 시어도어 루스벨트는 헌법이나 법률로 명확히 규정되지 않은 경우에는 "국민의 청지기"로서 국민을 위해 무엇을 할 수 있는 권한을 부여받았다고 생각하지 않았던가.[26] 그렇다고 그들이 장밋빛 희망을 불어넣는 독재자나 메시아는 아니었다. 프랭클린 루스벨트는 국민의 이름으로 민주주의의 장점을 되살려내고, 미국 헌법 체계의 핵심적인 본질을 그대로 유지하면서도 모든 압박을 견뎌낼 수 있을 것이라 말했다.[27]

국무위원으로 지명된 장관들도 전체의 일부라는 걸 강조하려고, 루스벨트는 그날 저녁 백악관에 그들을 모두 불러 모아 연방대법원 판사 벤저민 카도조Benjamin Cardozo 앞에서 취임 선서를 하게 했다. 〈뉴욕타임스〉의 보도에 따르면, "전에는 국무위원이 같은 시간 같은 장소에서 선서한 적이 없었다."[28] 우정청장 제임스 팔리James Farley는 당시의 현장을 생생하게 기억했다. "신임 대통령은 책상에 앉아 환한 미소를 띠고, 내각을 구성한 국무위원의 이름을 하나씩 우렁차게 불렀다."[29] 그러고는 모든 국무위원에게 선서를 받은 뒤, 모두에게 악수를 청하며 "이 모임을 전적으로 '가족 모임'이라고 말했다".[30] 그는 "모든 국무위원이 마찰 없이 힘을 결집하고, 국가의 최고 이익과 공동선을 위해 어깨를 맞대고 협력할 수 있을 것"이라 믿었다. 팔리의 회고에 따르면, "격식을 허문 그 작은 접촉으로 국정 최고 책임자는 딱딱하고 가식적인 의식을 친근하고 즐거운 행사로 멋지게 바꿔놓았다."[31]

그날의 일은 그것으로 끝나지 않았다. 루스벨트는 그날 저녁 두 가지 중대한 결론에 도달했다. 첫째, "국가의 금융 시스템 전체를 통제하는 감독권"을 확보하는 헌법적 근거가 찾아지면, 얄궂지만 "은행 휴일bank holiday"이란 이름으로 은행의 일괄적인 폐쇄를 첫 조치로 공포할 예정이었다.[32] 그래서 법무장관과 재무장관에게 "모든 은행을 폐쇄하는 헌법적 근거를 모색하기 위한" 첫 공식적인 국무회의를 다음날에 준비하라고 지시했다.[33] 루스벨트는 그 권한을 손에 쥐면, 임시 의회를 소집해 자신의 조치를 법적으로 인정받고, 상환 능력에 따라 질서정연하게 은행 업무를 재개하는 법률을 제정해 달라고 요청할 계획이었다.[34] 그날 신임 국무위원들은 밤을 하얗게 지새워야 했다.

　루스벨트는 불구를 딛고 자신의 몸을 끈질기게 다시 만들며 자신감과 낙관적 정신을 되찾은 정치인이었다. 따라서 그가 대통령으로 선택된 데에는 모든 가능성과 논리에 도전하며 보디 폴리틱을 재건하고 국민정신을 소생시키라는 국민의 바람이 있었다. 루스벨트가 곤란의 시대에 그런 일을 떠맡기에 적합한 리더라는 평가에, 그의 리더십에는 말로 표현하기 힘든 마법적인 면이 더해졌다. 루스벨트 정부에 참여한 한 젊은 법률가가 회고했듯이, "공기가 갑자기 바뀌고 바람이 복도를 따라 흐르는 것처럼" 마법적 리더십은 전염성을 띠었다.[35] 격려하며 용기를 북돋워주는 50만 통의 편지가 백악관으로 쇄도했다. 한 시민은 "나 자신은 물론이고 국민 모두가 희망과 활력을 되찾은 듯합니다."라고 썼다.[36] 분위기가 달라지고 "삶이 다시 시작되고 있다는 느낌"이 지역을 가리지 않고 신문 머리기사와 논평에서 반복됐다.[37]

> 무기력의 시대는 이제 끝났다.[38]
> 정부는 아직 살아있다.[39]
> 리더가 돌아왔다![40]

솔선수범하라

　첫날 프랭클린 루스벨트가 설득력 있게 보여준 진정한 모습은 수십 년 동안 축적한 노력의 결실이었다. 어렸을 때는 병든 아버지에게 걱정을 끼치지 않으려고 이마의 흉터를 모자로 감추었고, 소아마비에 걸린 후에는 가족을 지키려고 항상 유쾌하고 즐거운 모습을 보이지 않았던가. 그는 혼란의 소용돌이에 휘말려 있더라도 단순히 가면을 쓰는 데 그치지 않고, 겉으로는 차분하고 평온하며 자신감에 찬 모습을 보였다.

하지만 에이브러햄 링컨의 경우와 달리, 루스벨트는 불요불굴한 생각과 열망이 겉모습에서는 드러나지 않았기 때문에 국민이 그의 겉모습과 속마음을 뚜렷이 구분할 수는 없었다. 언론인 존 건서John Gunther가 엘리너 루스벨트에게 "남편은 어떻게 생각하십니까?"라고 물었을 때, 엘리너는 "대통령은 생각하는 법이 없어요. 결정할 뿐이에요."라고 대답했다.[41] 하지만 천재, 타고난 리더, 직관적인 리더라는 루스벨트에 대한 평가는, 그의 모든 말과 행동은 오랜 생각과 준비의 결과라는 사실과 상반된다. 엘리너의 친구, 매리언 디커먼Marion Dickerman은 루스벨트가 소아마비에 걸린 뒤 첫 대중 연설을 위해 민주당 전국 전당대회장에서 연단까지의 짧은 거리를 혼자 걸어가려고 서재에 파묻혀 몇 시간 동안 연습하는 걸 지켜본 후에 "그 사람이 얼마나 노력하는지는 아무도 모른다."라고 말했다.[42] 연설문 작성자 새뮤얼 로젠먼은 주지사로 재임하던 때의 루스벨트에 대해 "나는 그처럼 열심히 일하는 사람을 본 적이 없다."라고 말했다.[43] 정확히 말하면, 루스벨트가 하이드파크에서 오랫동안 체류하며 다양한 분야의 전문가들에게 단숨에 질문을 퍼붓고, 엄청난 양의 정보를 흡수하며, 모든 정책 분야에서 지식의 깊이를 더해가던 때를 회고한 것이었다.

　캘리포니아 출신의 상원의원 하이럼 존슨Hiram Johnson은 프랭클린 루스벨트에 대해 "책임을 떠맡는 적극성과 웃는 얼굴로 책임을 다하는 자세는 주목할 만하다."라고 평가했다.[44] 루스벨트가 자신감을 가지려고 자신 있게 보이는 법을 오래전에 배웠듯, 고개를 치켜들고 약간 기울인 모습, 반짝거리는 눈동자와 현혹적인 미소, 확신에 찬 차분한 목소리로 미국의 유약해진 불안감을 달래고 담대한 정신력을 회복할 수 있지 않았을까? 모든 것이 상실되고 불안정한 시대에 프랭클린의 온화한 모습은 미국 국민에게 작지 않은 선물임에 틀림없었다.

행동과 변화를 두려워하지 않는 팀을 꾸려라

　프랭클린 루스벨트가 경쟁자들로 내각을 꾸리지 않았다는 사실은, 토요일 오후 첫 공식 모임을 열었을 때 명확히 드러났다. 루스벨트 대통령이 내각의 족장인 것은 분명했다. '빅 맨big man' 즉 이름이 널리 알려지고 명성이 있는 권위자, 더 나아가 훗날 대통령이 될 만한 인물이 과연 있는가? 평론가들은 끊임없이 이런 의문을 제기했다. 얼핏 생각하면 "국무위원들은 루스벨트를 지지하는 사람들 중 충성심을 기준으로 선발된 듯했다."[45] 실제로 대부분이 그와 함께 오랫동안 일한 친구들이었다.

　면밀히 분석해보면, 루스벨트 내각 구성에는 일정한 패턴이 나타난다. 기존에 국무위원으로 선택된 사람들은 민주당에서 나름대로 유명하고, "당 노선을 따르고 변화에 저항하는 구질서"와 관련된 사람들이었다.[46] 따라서 악화되는 위기에 직면해서도 그들은 오랫동안 담보 상태를 벗어나지 못한 채, 원칙의 늪에서 허우적대며 경제가 하강기를 멈추고 상승기로 반전하기를 기다렸다. 하지만 루스벨트에게 필요한 내각은 향후 어떤 변화와 긴급 사태에도 열린 자세로 대응할 수 있어야 했다.

지리적이고 정치적으로 내각은 상당히 다른 사람들로 구성됐지만, 그들에게는 하나의 공통된 특징이 있었다. 민주당 출신이든 공화당 출신이든, 자유주의자이든 보수주의자이든, 동부인이든 서부인이든 간에 그들은 행동 지향적이었고, 미국을 가난에서 끌어내기 위해 필요하면 무엇이든 하겠다는 애국심이 있었다. 이 "동료들"을 통해 루스벨트는 정부에 새로운 기운, 즉 모험심을 다시 불어넣기를 바랐다.[47] 물론 그는 이 모험에서 대장이었다.[48]

취임식장에 오던 중에 심장마비로 급사했지만, 법무장관 내정자는 워런 하딩 정부의 내무장관이 연루된 뇌물 사건, 티포트 돔 스캔들Teapot Dome scandal*을 폭로한 자유주의자, 토머스 월시Thomas Walsh였다. 그 후임으로 법무장관에 오른 코네티컷의 변호사 호머 커밍스Homer Cummings는 실업자의 연방 구제를 강력히 지지했다. 재무장관으로 선

---

* 1차 세계대전 직전, 해군 함정의 연료를 석탄에서 석유로 전환하겠다고 결정한 미 해군은 석유가 부족해질 경우에 대비해 석유저장소를 마련했다. 이후 하딩 대통령이 석유 저장시설 관할권을 해군성에서 내무부로 넘겼는데, 내무부 장관 앨버트 폴이 석유 저장시설 두 곳의 운영권을 민간업자들에게 넘기며 그 대가로 40만 9,000달러를 받은 사건이다. - 편집자주

택한 윌리엄 우딘William Woodin은 공화당계 사업가였지만 웜스프링스 재단의 이사였고, 넘치는 활력과 뛰어난 창의력을 지닌 사람이었다. 내무장관과 농림장관에는 진보적인 공화당원, 해럴드 이커스와 헨리 월리스Henry Wallace가 지명됐다.

루스벨트는 노동장관으로 자유주의자인 민주당원 프랜시스 퍼킨스를 선발했다. 뉴욕 주지사였을 때 산업국장 퍼킨스의 긍정적이고 혁신적인 정신, 뛰어난 지능과 근면성을 직접 목격한 까닭에 그녀에게 노동장관을 제안한 것이다. 퍼킨스는 "노동자들은 예부터 노동자가 노동장관이 되는 날을 손꼽아 기다렸다."며 그 제안을 완곡히 거절했는데, 루스벨트는 "조합원이든 비조합원이든 모든 노동자를 배려할 때가 됐다."고 대답했다.[49] 그 결과 퍼킨스는 역사상 최초의 여성 국무위원이 됐고, 그리하여 루스벨트는 또 하나의 관례를 깨는 기록을 세웠다.

그런데 이때 의문이 생겼다. 그녀를 어떻게 불러야 했을까? 미스터 세크러테리Mr. Secretary*에 대응하는 여성 직함이 있었을까?《로버트의 토의 절차 규칙Robert's Rules of Order》에서는 '마담 세크러테리'를 제안했다. 기자들이 '더 마담The Madam'이라 칭할 때마다 퍼킨스는 움찔했지만, 그 명칭은 그녀에게 더할 나위 없이 적합했다.[50] 그녀는 내각에서 남성 우월적인 분위기를 한 번도 경험하지 못했다고 회고했는데, 해

---

* '세크러테리'는 흔히 비서의 뜻으로만 알려졌으나, 14세기 말 비밀문서를 다루는 인력을 의미한 데서 시작해 권력을 위임받아 정부 업무를 처리하는 자, 즉 장관을 의미하게 됐다. 차관은 'undersecretary'이다. - 편집자주

군성 장관이 어떤 이야기를 하려다가 여성이 듣기에 적합한지 생각하며 흠칫하자 루스벨트가 "계속하십시오. 퍼킨스 장관도 듣고 싶어 죽을 겁니다."라고 독촉한 경우도 있었다.[51]

숨을 돌리며 쉬는 시간, 즉 시간의 창문을 제공하라

퍼킨스의 회고에 따르면, 토요일 오후에 열린 첫 공식 회의에서 "대통령은 이번 은행 위기가 어떤 것이고, 관련된 법률문제는 무엇인지에 대해 어느 때보다 논리정연하게 설명했다."[52] 연방정부가 은행을 폐쇄할 수 있는 헌법적 근거를 찾으며 밤을 하얗게 새운 법무장관이 거의 알려지지 않은 1917년의 전례를 근거로 대통령이 통화의 유통을 조사하고 규제할 수 있을 거라고 보고했다. 루스벨트는 그 보고를 듣고 무척 기뻐했다. 〈뉴욕 타임스〉는 "그 모호한 전례를 근거로 평화시였지만 대통령의 권한이 가장 극단적으로 행사됐다."라고 보도했다.[53] 반대 의견은 없었다. 모든 국무위원이 찬성했고, 결국 일주일로 연장됐지만 은행에 나흘간의 휴업을 명령하는 대통령령이 곧이어 작성되었다.

은행 휴업은 시간의 창문, 즉 "큰 수술 이전의 마취제"로 역할하며,[54] 은행을 질서정연하게 재개하는 계획을 여유 있게 고민하는 시간을 제공했다. 역사학자 아서 슐레진저는 "조율된 폐쇄로 오랫동안 지속되던 경제 침체가 바닥에 닿은 것처럼 급격히 완전히 멈추었고, 그

때부터는 모든 것이 상승 기조로 변할 수 있었다."고 평가했다.[55]

모든 이해 당사자와 함께하라

국무회의 도중에 루스벨트는 양당 의회 지도자들을 초빙했다. 그들에게 제73차 임시회기를 소집해 긴급 은행법을 제정하여 그의 계획을 지원해 달라고 요청했다. 취임식이 3월 4일에서 1월 20일로 옮겨지기 전의 시대여서, 정상적인 상황이었다면 의회는 12월까지 소집되지 않았을 것이다. 유일한 예외가 링컨이 남북전쟁 개전을 다루려고 임시의회를 요구한 1861년 7월이었다. 루스벨트는 멀리 떨어진 곳에 거주하는 의원들을 고려해 의회 소집일을 3월 9일 목요일로 정했다.

그 일요일, 루스벨트의 초대에 뉴욕과 필라델피아, 리치먼드와 시카고의 저명한 은행가들이 워싱턴에 들어왔고, 루스벨트 정부가 긴급 은행법Emergency Banking Bill을 작성하는 데 도움을 주었다.[56] 급진적 조치를 바랐던 진보주의자들은 "부도덕한 환전꾼"으로 비난한 사람들에게 도움을 얻으려는 루스벨트 정부의 결정에 낙담했다.[57] 그러나 루스벨트는 금융에 대한 전문지식과 은행권의 지원이 필요하다는 걸 알았기 때문에 법안 작성 과정에 그들을 포함시키는 것이 중요하다고 판단했다. 루스벨트가 전임 대통령 허버트 후버의 재무부 관리들을 중용한 것도 전문지식을 중요시한 때문이었다. 은행을 구하는 이런저런 계획을 구상하며 오랫동안 씨름한 그들을 중용한 것이 "시대정신에

역행하는 것"처럼 보였지만,[58] 정작 후버의 무대책에 몇 번이고 실망했던 그들은 새 정부에 어떻게든 기여하려고 의욕을 불태웠다.

루스벨트는 국민적 합의를 이루어내려고, 다음날 아침 모든 주지사를 백악관에 초대해 국무위원들과 함께 그들을 만났다. 루스벨트는 주지사들에게 "은행 상황에 대한 완전한 그림"을 알리며 협조와 도움을 구했다.[59] 주지사들도 신속히 대응하며 일련의 결의안을 통과시켰고, 전폭적인 지원을 약속했다.

그렇게 루스벨트는 차근차근 국무위원만이 아니라 의회 지도자와 중요한 은행가 및 주지사까지 긴급 대책을 구체화하는 데 끌어들이며, 공공부문과 민간부문 모두에서 다양한 계층의 지도자들로부터 합의를 얻어냈다. 그 과정에서 루스벨트는 가장 중요한 이해 당사자, 즉 미국 국민에게 호소하고 용기를 북돋워주는 혁신적인 방법을 끊임없이 구상해냈다.

마감시간을 정하고, 그 시간을 맞추기 위해 전력을 다하라

루스벨트 대통령은 취임하면서 행동을 약속했다. 3월 6일 월요일 아침, 전국에서 은행 휴업이 선포되었다. 3월 13일 월요일, 은행이 영업을 재개할 예정이었다. 그 사이에는 일주일밖에 시간이 없었다. 그 짧은 기간에 루스벨트 내각은 실패한 금융 시스템에 대한 국민의 신뢰를 회복하기 위한 대책을 준비하고 점검한 뒤 발표해야 했다. 3월

13일, 그 대책이 발표될 때 전국이 초조하게 귀를 기울일 것이고, 그들의 반응에서 성패가 결정될 것이 분명했다. 비상 입법이 제때에 완성되고 제정되지 않으면 어떻게 될까? 국민이 계획의 견실함을 믿지 않으면 어떻게 될까? 월요일 아침, 전국에서 예금자들이 은행으로 몰려가면 어떻게 될까? 은행 시스템과 갓 출범한 정부에게 확실한 것은 하나도 없었다.

　엄청난 자료를 분석하고 분류해야 했다. 그 결과를 바탕으로 신속한 결정을 내리고, 긴급 은행 법안을 작성해 의회에 보내야 했다. 은행은 상환 능력의 안정성에 따라 단계적으로 영업을 재개하게 한다는 예비 결정이 내려졌다. 하지만 누가 그 결정을 최종적으로 내려야 하는가? 견실한 자산을 보유했지만, 상환 요구에 대응할 정도로 충분한 자금을 갖추지 못한 은행은 어떻게 해야 하는가? 연방정부가 그 자산에 상당하는 통화를 추가로 공급해야 할까? 그래야 한다면, 지폐를 새로 발행할 것인가 아니면 지급 보증으로 대체할 것인가? 지폐를 새로 발행한다면 제때에 발행하고 분배할 수 있을까? 손실로 지급 불능에 빠진 은행이 폐쇄돼야 한다면, 예금자를 적정하게 대우하는 방법은 무엇일까? 루스벨트 보좌관 레이먼드 몰리는 "서두르면 중대한 실수를 범할 수 있다는 걸 모두가 알고 있었다. 당연히 폐쇄됐어야 할 은행들이 다시 문을 열었고, 얼마든지 고비를 넘겼을 수 있었지만 결국 폐쇄된 은행도 적지 않았다."라고 인정했다.[60] 따라서 새로운 법에서는 행정부에 강화된 권한을 부여해야 한다는 데는 이론의 여지가 없었다.

일주일은 정교하게 계획된 마감 시한의 연속으로 군사작전을 방불케 했다. 긴급 은행 법안은 의회가 소집되는 목요일 정오까지 준비돼야 했다. 매일 밤, 루스벨트는 자정까지 집무실에 머물며 레이먼드 몰리, 재무장관 윌리엄 우딘과 후버 정부에서 일한 관리들, 은행가들과 끝없이 토론했다. 모두가 쉬지 않고 일하며 샌드위치로 배를 채웠고, 소파에서 쪽잠을 자거나 샤워하려고 잠시 틈을 내는 걸로 만족했다.

처음에는 상대적으로 허약한 은행을 연방 자금으로 지원하는 결정이 내려졌다. 연방 인쇄국Bureau of Engraving and Printing에 새로운 지폐를 긴급히 인쇄하라는 명령이 내려졌고, 그 지폐를 전국의 은행들로 운반할 항공기들이 징발됐다.

수요일, 긴급 은행 법안의 초안이 백악관에 전해졌다. 은행 감독관과 연방준비제도 이사회의 도움을 받아, 재무부 관리들은 건전성에 따라 은행 상황을 다양한 색의 핀으로 구분한 지도를 준비했다. 루스벨트는 문제를 시각적으로 명확히 드러내고 주변 사람을 가르치는 방법으로 지도를 유달리 좋아한 까닭에, 그 지도를 보고 무척 좋아했다.[61] 그날 저녁 늦게, 초안은 상원과 하원의 양당 지도자들에게 전해졌다. 약간의 수정을 가한 후, 의회 지도자들은 전폭적인 지원을 약속했다. 새벽 3시, 법안은 인쇄소에 보내졌다. 법안이 마무리됐느냐는 질문에 윌리엄 우딘은 장난스럽게 이렇게 대답했다. "예, 마무리됐습니다. 내 이름이 빌입니다. 나도 끝났습니다."[62]*

---

* 빌은 윌리엄의 애칭이며, '법안(bill)'을 뜻하기도 한다. - 옮긴이주

긴급 은행 법안은 본질적으로 보수적인 색채를 띠었다. 결함과 단점을 대충 보완하는 것으로 만족해 기존 구조를 확 바꾸는 게 아니라 안정시키는 데 중점을 두었다는 뜻이다.[63] 루스벨트는 금융계의 광범위한 구조적 변화를 모색하고 있었지만, 우선은 "경제의 금융 동맥을 맑게 하는 것"이 필요했다.[64] 첫 시도가 성공해야만 구조적인 문제를 해결하는 데 탄력을 얻을 수 있었다. 이 위기가 해결되지 않으면 회복을 위한 반전은 있을 수 없었다.

루스벨트는 수요일 밤에 이런저런 회의로 바빴고, 자정을 넘겨서야 모든 일정이 끝났다. 법안의 세부 사항은 대체로 합의됐지만, 중대한 과제가 하나 더 남아 있었다. 법안을 상정하기 전에 의회에 대통령 교서를 먼저 보내야 했다. 따라서 루스벨트는 아침 7시에 일어나 교서를 손으로 작성하기 시작했다. 〈뉴욕 타임스〉의 보도에 따르면, "한 페이지가 완성될 때마다 타이프로 정서된 후 곧바로 행정실로 보내져 등사됐다."[65]

루스벨트의 교서는 "의회에 즉각적인 행동의 필요성을 강력히 촉구해도 지나치지 않다고 생각합니다. 우리가 당면한 첫 과제는 모든 건전한 은행의 업무 재개입니다. 이 법은 예금자의 돈을 이용한 투기와 그 밖의 위반을 예방하기 위한 향후의 입법에 반드시 필요한 예비 수단입니다."라고 시작했다. 일에는 순서가 있는 법이란 뜻이었다. "닷새라는 짧은 시간에, 과거의 잘못된 관례가 반복되는 걸 방지하는 완벽한 대책을 만들어내는 것은 불가능합니다." 그러나 다양한 대책이 한꺼번에 시행되면, "은행과 국민의 관계를 새롭게 정립하는 동시에 국가 회복을 위한 통합 프로그램"을 제안하겠다고 약속했다.[66] 개혁이 없는 회복은 임시방편에 불과할 뿐, 금융 붕괴의 근본 원인은 제거되지 않을 것이기 때문이었다.

30분의 여유를 두고, 루스벨트 정부는 첫 마감 시간을 지켰다. 의회가 개정하기로 예정된 1933년 3월 9일 목요일 정오 전에, 그들은 긴급 은행 법안(혹은 그 법안의 필사본)을 제출했다. 하원 은행위원회 의장, 헨리 스티걸Henry Steagall은 법안을 머리 위에서 흔들며 "여기에 법안이 있습니다. 통과시키지요."라고 말했다.[67] 하원 지도자들은 어떤 수정도 허용되지 않고, 토론도 40분으로 제한한다는 결정을 내렸다. 소수당이던 공화당 지도자, 버트런드 스넬Bertrand Snell도 대통령에게 전권을 위임하자고 동료 의원들을 설득하며, "지금 하원이 불타고 있습니다. 미국 대통령이 이 법안이 불을 끄는 유일한 방법이라고 말하고 있습니다."라고 말했다. 구두 투표가 실시됐고, "찬성합니다. 찬성합니다."라는 말이 이어졌다.[68] 단 한 표의 반대도 없었다.

상원이 토론을 시작했을 즈음에는 새로 산뜻하게 인쇄된 법안이 상원의원들에게 배포됐다. 은행에 대한 국가의 규제를 강화하려는 진보적인 의원들이 최소한의 수정을 요구했지만, 그 목소리는 즉시 사그라들었다. 최종 투표 결과 찬성이 73표, 반대가 7표였다. 농촌 지역의 진보적인 의원들이 주로 반대표를 던졌다. 22분 뒤, 법안은 백악관으로 옮겨져 루스벨트의 서명을 기다렸다. 서명식은 2층에 있던 오벌 룸Oval Room에서 열렸다. 그 방은 나중에 대통령 집무실이 됐지만, 당시에는 반쯤 열린 상자들과 벽을 장식할 그림들로 엉망진창인 상태였다.

루스벨트가 서명하기 전, 엘리너는 서둘러 남편의 머리칼을 가지런히 빗어주었다. 대통령 부부의 반려견 스코티시 테리어가 맹렬히 짖는 가운데서도 백악관 직원이 루스벨트에게 펜을 건네주었고, 루스벨트는 대통령으로서 첫 법안에 서명했다. 훗날 '100일 의회Hundred Days Congress'로 유명해진 임시회기가 열리고 9시간이 지나지 않은 때였다. 그처럼 의회가 법안을 신속히 처리한 적은 없었다.

　루스벨트는 법안을 통과시킨 의회에 감사의 뜻을 전하며, 특히 "초당적 협력의 승리"임을 강조했다.[69] 당시 민주당이 상원과 하원 모두에서 다수당이었지만, 공화당도 신속히 전개되는 과정에서 협력과 지원을 아끼지 않았다. 하지만 루스벨트는 아직 아무것도 이루어지지 않았다는 걸 알았다. 은행이 다시 영업을 시작하는 월요일 아침이 진정한 시험대였다. 그날 미국 국민에 의해 금융체제의 운명이 결정되기 때문이었다. 국민이 은행을 신뢰하며 예금을 인출하지 않을까? 그렇지 않다면, 즉 예금을 인출해 개인적으로 보관하려 한다면, 상황은 급속도로 대혼란에 빠져들 것이 분명했다. 루스벨트가 사흘 후에는 국민 앞에 나가 계획을 설명하고 방향을 확고히 전달해야 한다는 뜻이었다. 다양한 구성원으로 팀을 구성해 법안을 준비한 기획자가 마침내 막후에서 나와 법을 시행할 계획을 세우고, 국민을 설득하는 데 주도적인 역할을 떠맡을 때가 됐다는 뜻이기도 했다.

기본 원칙을 명확히 언론에 제시하고 철저하게 지켜라

중대한 시기에 국민을 설득하는 첫 단계로, 루스벨트는 두 번의 기자회견을 가졌다. 기자회견은 과거 정부 때와 달리 사전 각본 없이 자유롭게 진행됐다. 루스벨트는 집무실을 가득 채운 125명의 백악관 출입 기자에게 "내가 하려는 일이 불가능할 거라는 평가가 있다는 걸 알고 있습니다. 하지만 나는 어떻게든 시도해볼 겁니다."라고 말했다.[70]

실험적 기자회견은 많은 관심을 끌었다. 루스벨트의 비서가 남긴 기록에 따르면, "기자회견이 시작되기 전 루스벨트는 무척 초조한 모습"을 보였고,[71] "손이 떨렸고, 식은땀에 온몸이 흥건히 젖었다."[72] 하지만 기자회견의 시작을 알리는 신호음이 울리고 기자들이 집무실로 줄지어 들어오자, 조금 전까지 보였던 초조한 기색은 감쪽같이 사라졌다. 〈뉴욕 타임스〉의 표현을 빌리면, 놀랍게도 그는 "생기에 넘치고 건강하게 보였다."[73]

전임 대통령들은 기자회견을 불규칙하게 가진 데다 미리 제출된 질문을 중심으로 이루어졌음에도 회견은 거북한 만남이 되는 경우가 많았다. 루스벨트는 서면 질문 방식을 폐기하고, 대통령과 기자가 실제로 의견을 주고받는 모습을 국민에게 보여주기를 바랐다. 따라서 루스벨트의 기자회견장은 즉흥적이고 기발한 의견이 오갔지만, 신중하게 정해진 기본 원칙을 벗어나지 않는 무대였다. 즉 직접 인용은 공보 비서 스티브 얼리Steve Early의 확인을 거쳐야 했고, 배경 정보는 백악관이 제공한 것이 아니라 기자가 취재한 결과로 암묵적으로 인정됐다.

특히 오프 더 레코드_{off-the-record}가 요구된 정보는 공개하지 않아야 했고, 심지어 편집자나 동료에게도 발설하지 않는 게 원칙이었다. "그런 규칙은 위반되지 않아야 하지만 간혹 몇몇 사람이 망각하는 경우가 적지 않았다."[74]

루스벨트는 규칙적으로 격주로 기자회견을 열었고, 대통령과 기자가 입씨름하는 시간이 아니라 서로 상대에게 배우는 시간으로 삼기를 바랐다. 학교 신문 〈하버드 크림슨〉의 편집장을 지낸 까닭에 프랭클린은 기자들을 존중했고, 기자의 역할과 책무를 이해했다. 당연한 말이지만 기자들은 실제로 어떤 일이 일어나고 있는지 확인하고 싶어했고, 루스벨트는 자신의 의도를 나름의 방식으로 전달하려 했다. 따라서 그의 기자회견 방식에서는 그의 됨됨이가 읽혔다. 기자회견은 열띤 토론장이 아니었고, 공격을 주고받는 대립의 장도 아니었다. 화기애애하고 기분 좋게, 또 예의 바르게 의견이 교환되는 곳이었다.

프랭클린 루스벨트는 사촌 시어도어가 언론을 어떻게 상대했고, 어떻게 즐겁게 해주었는지 잘 알고 있었다. 시어도어는 매일 오후 1시, 면도하던 '이발 시간'에 기자들을 초대해 이런저런 질문을 받았다.[75] 더 정확히 말하면, 기자들의 말을 경청했다. 이때 시어도어는 주제에 어떤 제한도 두지 않았고 이발사는 자신의 역할을 하며 진땀을 흘려야 했다. 사반세기 후에는 프랭클린 루스벨트가 새로운 형식의 기자회견을 통해 이런 식의 만남을 공식화하자고 제안했고, 그 결과 언론과 대통령의 관계를 새롭게 생각하는 계기가 됐다.

기본 원칙이 존중되지 않으면, 루스벨트는 '아나이아스 클럽_{Ananias}

Club'을 되살리겠다고 농담 반 진담 반으로 협박했다. 이는 거짓말이나 조작된 가짜 뉴스를 보도한 기자를 회견장에서 추방하려고 시어도어 루스벨트가 설립한 것으로, 그 이름은 베드로 사도에게 거짓말한 뒤 죽은 예수의 제자*를 추념하려고 선택한 것이었다. 프랭클린 루스벨트가 처음 두 번의 기자회견 후에 가진 약 1,000번의 기자회견에서 기본 원칙이 위반되는 경우는 거의 없었다. 한 기자는 "우리는 적대자였지만 서로 좋아했고 함께 웃었으며, 상대가 무엇을 하려고 하는지 완벽하게 이해했다."고 회고했다.[76]

규칙을 제시한 뒤, 루스벨트는 "물론 뉴스에 어떤 규칙이 있다고는 생각하지 않습니다!"라고 말하며 모두를 웃게 했다.[77] 기자회견 내내 상냥한 말투를 유지하며 "탁자를 사이에 두고 옛 친구에게 말하는 것처럼 느긋하고 편안하게" 질문에 대답했다.[78] 대답할 정도로 충분히 알지 못하는 경우에는 숨김없이 그렇다고 말했고,[79] "요즘 은행에 대해 많이 배우고 있습니다."라는 말을 잊지 않고 덧붙였다.[80] 〈볼티모어 선〉은 그런 솔직담백한 기자회견을 "백악관에서 지금까지 보았던 가장 놀라운 장면"이라 보도했다.[81] 루스벨트는 소란스럽던 첫 실험을 무척 즐겼다. 기자회견이 끝났을 때 기자단은 감동한 청중으로 돌변해 대통령에게 박수를 보냈다.

엘리너 루스벨트도 그날 같은 시간에 독자적으로 첫 기자회견을 가져 새 정부의 혁신적인 면을 더해주었다. 엘리너는 여성 기자만이 참

---

* 성경에서는 '아나니아'로 소개된다. - 옮긴이주

석할 수 있다는 규칙을 만들었다. 즉 보수적인 신문도 여성 기자를 고용해야 한다는 뜻이었다. 엘리너 루스벨트의 주간 기자회견 때문에 여성 기자 세대가 첫걸음을 내딛은 것은 사실이다.

〈뉴욕 타임스〉는 그 첫 주를 "몇몇 대통령의 경우에는 임기 전체에서 일어났을 법한 많은 중요한 사건이 신속하게 처리된 중요한 한 주"로 규정했다.[82] 하지만 불황을 이겨내기 위한 탄력이 붙기 시작했다는 걸 아는 사람은 거의 없었다.

이야기하듯이 단순하게 말하고, 국민에게 직접 말하라

은행이 다시 문을 여는 3월 13일, 즉 운명의 월요일 아침을 앞둔 일요일 저녁, 루스벨트는 첫 '노변담화'fireside chat를 가졌다. 그는 전주前週에 틈틈이 은행 위기에 대한 이야기를 대략적으로 구성하고 몇 번이고 연습했다. 내각의 첫 모임에서도 은행 문제를 간략하게 설명한 적이 있었다. 프랜시스 퍼킨스의 평가에 따르면, 명료하고 평이한 단어를 사용한 설명이었다.[83] 그 설명은 의원들과 기자들을 위해 다듬어지고 수정되며 간략히 정리됐고, 마침내 국민 앞에 선보일 차례가 되었다.

루스벨트는 재무부가 제공한 초안을 읽고, 법률계와 금융계의 언어를 쉽게 바꾸려고 애썼다. 즉 전문용어를 그 자신과 보통 시민—그의 표현을 빌리면 "신축 건물에서 일하는 석공, 카운터에서 일하는 계산원, 들판의 농부"—이 쉽게 이해할 수 있는 평이한 단어로 바꾸려고 애썼다. 마침내 소수의 가족과 동료를 마주보며 6개의 마이크 앞에 앉은 루스벨트는 미국 국민이 거실이나 부엌에서 청취할 것이라 상상하며 "내 친구들!"이라고 시작했다. 첫 단어부터 친밀감을 드러내 보인 것이다. 퍼킨스의 회고에 따르면, 방송 내내 그는 환한 표정에 미소 띤 얼굴이었다.[85] 연설문 작성자 새뮤얼 로젠먼도 "그는 국민 전체에게 직접 말하고 있을 뿐만 아니라 국민 한 명 한 명에게 말하고 있었다."라고 평가했다.[86]

"국민 여러분에게 지난 며칠 동안 어떤 일이 어떤 이유에서 있었고, 다음에는 어떤 조치가 있을 것인지를 말씀드리고 싶습니다."[87] 에이브러햄 링컨도 "내부에서 분쟁하는 집"이 어떻게 생기고, 국민이 그 집을 다시 통일하려면 어떻게 힘을 합해야 하는가를 설명할 때 "우리가 지금 어디에 있고 어디로 가야 하는지 알 수 있다면, 무엇을 어떻게 해야 하는지 더 잘 판단할 수 있을 것"이라며 유사한 청사진을 제시한 적이 있었다.[88] 링컨이 그랬듯, 루스벨트도 국민과 직접 소통하며 방향을 제시하려 했던 것이다.

"여러분이 은행에 돈을 맡기면 은행은 그 돈을 안전한 금고에 보관해두지 않습니다. 은행은 여러분의 돈을 채권에 투자하거나, 필요한 기업이나 사람에게 빌려줘서 공업과 농업이란 바퀴가 계속 돌게 합니다." 정상적인 시기에는 현금이 넉넉해서 예금자의 요구에 부응할 수 있다. "그런데 어떤 일이 일어났습니까?" 다수의 은행이 "예금자가 맡긴 돈을 투기하고 무모하게 빌려주는 잘못"을 범했다. 주식시장이 붕괴하고, 은행도 파산하자 금융제도 전체에 대한 신뢰가 무너졌다. 예금 인출이 봇물처럼 이어지며 "견실한 은행도 예금자의 요구에 부응할 만큼의 현금을 확보할 수 없었다." 루스벨트는 새로 들어선 연방정부가 일정한 기준을 맞춘 은행들에게 돈을 빌려주고, 필요하면 통화를 추가로 발행하겠다고 약속했다. 그러면서 안전이 확인된 은행만 다시 영업을 시작할 것이므로, "여러분의 돈을 매트리스 아래보다 다시 문을 여는 은행에 맡기는 게 더 안전하다고 분명히 말씀드릴 수 있습니다."라고 덧붙였다.[89]

루스벨트는 국민이 하루라도 빨리 답을 얻고 싶었던 의문을 정확히 짚었다. "여러분은 이렇게 묻고 싶을 것입니다. 왜 모든 은행이 동시에 문을 다시 열지 않는가? 그 답은 간단합니다." 어떤 은행은 즉각 문을 열 수 있지만, 어떤 은행은 어떤 지원이 필요한지 결정하는 과정에 시간이 걸렸다. 루스벨트는 국민에게 "향후에 문을 여는 은행도 내일 문을 여는 은행과 안전성에서 완전히 똑같은 지위"에 있다고 확약했다. 누구도 손해를 보지 않을 것이라고는 약속하지 않았지만, 국가가 표류하면 훨씬 큰 손해를 감수해야 할 것이라 말했다. 취임 연설에서 그랬듯 이번에도 루스벨트는 국민에게 용기와 믿음을 요구하며 "하나가 되어 두려움을 떨쳐냅시다. 금융 시스템을 재건하기 위한 조직이 이제 마련됐습니다. 그 조직이 제대로 작동하느냐는 여러분에게 달려 있습니다."라고 말했다.[90]

프랭클린 루스벨트라는 사람과 시대적 상황이 맞아떨어진 면도 있다. 요컨대 루스벨트는 라디오가 제공한 혁신적인 기회를 놓치지 않았다. 라디오는 "시간과 거리와 공간의 장벽을 거의 없애버린 20세기의 경이로운 발명품"이었다.[91] 대략 6,000만 명이 대통령의 라디오 담화를 청취했다. 그의 부드럽고 여유로우며 노래하는 듯한 목소리는 라디오 시대에 걸맞게 대화하는 말투에 자연스레 맞추어졌다. 그 노변담화는 일방적인 웅변이 아니라 생각을 주고받는 대화였다. 게다가 그의 목소리에는 상대에게 그의 말을 믿고 신뢰하게 만드는 따뜻함과 자신감이 있었다.

하지만 백악관이 걱정했듯, 진정한 시험대는 은행이 영업을 다시 시작한 이후의 국민 반응이었다. 초기에는 창구마다 사람들이 길게 줄을 늘어섰다는 보도가 이어졌는데, "그 줄은 돈을 인출하려는 줄이 아니라 돈을 다시 예치하려는 줄이었다."[92] 어느 곳에서나 머리기사는 똑같았다. 〈시카고 트리뷴〉은 "도시가 신뢰를 회복했다"고 선언했고,[93] 〈뉴욕 타임스〉는 "은행에 돈을 예치하려는 줄, 신뢰 회복의 증거"라고 보도했다.[94] 많은 예금자가 대통령의 라디오 담화를 통해 은행을 다시 신뢰하게 됐다고 증언했다. 샌안토니오의 한 은행장은 "고객이 몇 주 전에 돈을 인출하려고 달려들던 사람과는 완전히 다른 사람으로 돌변한 듯했다."며 "그들의 이름과 서명은 똑같았지만 그들의 마음 상태는 완전히 달랐다."고 덧붙였다.[95]

루스벨트는 은유나 비유를 사용하지 않고 단순하고 평이한 언어로 설명과 설득이란 목표를 달성했다. 미국을 두려움과 공포로 짓누르던 은행 위기가 진정됐다. 수요일에 주식 거래가 다시 시작되자, 주가가 15퍼센트나 상승하며, 수년 만에 최고의 상승폭을 기록했다.[96] 한 역사학자가 말했듯, 연설이 미국 사회에 미친 영향을 기준으로 할 때 "제

1회 노변담화는 미국 역사상 가장 중요한 연설 중 하나"로 손꼽힌다.[97] 미국이란 환자는 비상한 난국을 이겨냈고, 그제야 루스벨트라는 의사는 그 질병의 근원을 치유하는 방법을 처방할 수 있었다.

구조적인 문제를 해결하라. 지속적인 개혁을 시행하라

처음에 루스벨트는 긴급 은행 법안을 통과시킨 후에 의회를 휴회할 계획이었다. 하지만 첫 승리에서 얻은 기세를 헛되이 낭비해서는 안 된다는 걸 깨달았다. 그래서 의회 지도자들에게 회기를 연장해 달라고 요청했다. 훗날 '100일The Hundred Days'로 알려지게 된 역사적인 회생을 낳은 요청이었다.

처음부터 루스벨트는 "회복 과정에는 과거의 파괴적인 영향을 제거하고, 다시는 쉽게 되살아나지 못하도록 오래된 폐단을 근절하는 과정이 필요"하다는 걸 알았다. 루스벨트는 미국이 직면한 상황을 구조적인 질병, 즉 많은 분야에 팽배한 병폐라고 입버릇처럼 말했다. 그 오래된 폐단, 과거의 파괴적인 영향, 지속적인 치료 가능성을 방해하는 약점은 무엇이었을까?[98]

프랭클린 루스벨트의 생각에, 주된 장애물은 산업 자본주의였다. 잠시나마 진보적인 입법 행위가 이어졌던 시어도어 루스벨트와 우드로 윌슨 시대를 제외하면, 산업 자본주의는 규제 받은 적이 거의 없었다. 구조적인 문제가 한 세대 동안 곪아터진 끝에 대공황이라는 파국적인 결과로 드러난 것이었다. 프랭클린 루스벨트가 진단한 병리적 현상은 사회경제적인 구조와 밀접한 관계가 있었다. "우리 농업, 우리 상업, 우리 공업의 뿌리"까지 병들었다. 따라서 회복을 위해서는 "경제 구조의 근본적인 재조직과 정교한 통제"가 필요하다고 확신했다.[99] 또 최상층에 특권이 집중된 피라미드형 질서를 "농민과 노동자와 기업인으로 이루어진 다수에게 이익을 주는 새로운 질서"로 대체할 경우에만 그 목표는 성취될 수 있다고 생각했다.[100]

프랭클린 루스벨트가 예측했듯이, 은행 위기가 해결되자마자 "회복이 궤도에 오를 때까지 개혁을 중단해야 한다고 목소리를 높이는 소수가 등장했다."[101] 그 소수는 뉴딜이 추진하려는 광범위한 행동 계획에 저항하기도 했다. 피라미드의 정점을 차지한 그들은 은행을 구하고 기업을 긴급 구제하는 것만으로도 전 국민이 낙수효과를 누릴 것이라 믿었다. 루스벨트의 지적에 따르면, "그들은 회복과 개혁이 항구적인 행복을 이루어내기 위한 쌍둥이 조건이라는 걸 몰랐다." 은행의 회복이 전쟁의 개막을 알리는 결정적인 전투였다면, 개혁은 광범위한 전선에서 오랫동안 벌여야 하는 전쟁이었다.

루스벨트는 1933년 5월 7일 제2차 노변담화를 통해 사회와 경제의 구조적인 개혁에 대한 자신의 비전을 밝히기로 결정했다. 루스벨트가 시도하려던 변화는 무척 포괄적이었기 때문에 연설문 작성자이던 레이먼드 몰리는 루스벨트가 자유방임 철학을 멀리한다는 사실에 역점을 두고 원고를 작성했다. 즉, 정부의 간섭으로부터 민간 기업을 보호하고 모든 규제를 나쁜 것이라 생각하는 자유방임주의에 반대한다는 사실을 강조했다. "취임식 전날 밤 이후 그 어느 때보다 루스벨트는 진지해 보였다. 한동안 침묵을 지키던 루스벨트는 '자유방임 철학이 파산한 것으로 입증되지 않았다면 지금 허버트 후버가 여기에 앉아 있겠군.'이라고 말했다."[102]

루스벨트는 8주 전에 다룬 은행 위기에 대한 노변담화의 연속편으로 두 번째 라디오 담화를 시작했다. 그는 깊이 뿌리내린 문제를 치유하기 위한 전반적인 계획을 알렸고, 특정한 정책의 목표에 대해 개략적으로 설명했다. 과거의 제도로 돌아갈 수는 없었다. 루스벨트가 마음속에 품고 있던 새로운 세계는 정부가 강압적으로 통제하는 세계가 아니라, 정부와 농업, 공업과 교통이 동반자 관계에 있는 세계였다. 새로운 협력 관계의 중심에는 대통령과 국민 간의 혁명적인 결속이 있었다. 달리 말하면, 일반 국민이 루스벨트에게는 통치의 동반자였다.

루스벨트는 겉만 번드르르한 말로 국민을 위로하지 않았다. 오히려 "과장된 허풍으로 우리가 과거의 번영을 되찾을 수 있는 것은 아닙니다."라고 경고했다.[103] 조직화된 행동만이 미국의 추락을 막을 수 있었다. 루스벨트는 경제를 규제하고 아래에서 위까지 미국인의 삶을 안전하게 보장하는 역할을 연방정부에 새롭게 부여하는 다양한 프로그램을 승인해 달라고 의회에 요구했다. "더 건전한 토대와 더 건전한 방향"에서[104] 사회 시스템을 재건하려는 그의 목표는, 프랜시스 퍼킨스가 "국민이 중요하다는 그의 일반적인 마음가짐"이라 칭한 것에서 비롯된 것이었다.[105]

의회가 휴회한 100일째 되는 날까지 15개의 주요 법안이 통과되고 서명됐다. 또 수십억 달러의 예산이 책정됐다. 연방정부가 대규모 공공사업을 시행하고, 직접 구제 활동에 나서고, 대출금의 압박감을 덜어주고, 투자자를 보호하고, 은행 예금을 보증하고, 적정한 임금을 보장하고, 단체교섭권을 제공하고, 농산물 가격을 올리고, 공권력을 강화하기 위해서였다. '구제', '완화', '보호', '보증', '보장'은 모두 고통받는 사람들에게 위안을 주는 단어였고, 예방과 규제를 위한 거대한 안전망이 구축하려는 정책이 시작됐다는 걸 뜻하는 단어였다. 이 정책들이 결국에는 '뉴딜 정책'이 됐다.

당시 사람들은 프랭클린 루스벨트가 100일 동안과 그 이후에 보여준 리더십에 경이로워했다. 지금도 그렇지만 당시에도 "한 사람이 경제와 사회 전 영역을 아우르는 다각도의 새로운 프로그램을 일관성 있게 시행하는 게 어떻게 가능할 수 있을까?" 하는 의문을 품었다.

열린 자세로 실험하라.
새로운 문제를 다루는 융통성 있는 기관을 설계하라

첫째로 프랭클린 루스벨트는 뉴딜의 즉흥적이고 실험적인 면을 강조했다. 대공황에서 비롯된 고통의 바다에 내던져진 루스벨트에게는 정책을 수립하고 시행하는 데 "본보기로 삼을 만한 전례가 거의 없었다."[106] 다수의 포괄적인 법을 제정해 집행하며, 과거의 행정적 관례에서 벗어나 실험하는 수밖에 다른 도리가 없었다. "지금 우리에게 닥친 문제는 과거와는 다른 새롭고 복잡한 문제이다. 문제가 무엇인지도 정확히 모른다. 과거 조직에 그 문제를 떠넘기지 않고 새로운 문제를 전담할 새로운 기관을 설립하지 못할 이유가 어디에 있는가?"[107] 전통적인 조직은 익숙한 관례에 길들여져 기존의 방식대로 생각하고 행동하기 마련이었다. 새로운 기관은 혁신과 활력과 속도를 기반으로 새로운 문화를 자유롭게 구축할 것이라 생각해, 루스벨트는 취임한 이후 18개월 동안 20개의 새로운 기관을 설립하고, 훗날 머리글자로 알려지게 된 명칭을 부여했다.[108]

루스벨트가 처음 설립한 기관, CCC로 알려진 '민간자원보존단Civilian Conservation Corps'은 그의 개인적인 작품에 가까웠다. 프랜시스 퍼킨스의 표현을 빌리면, "때때로 루스벨트는 거의 예지력에 가까운 지혜와 지식을 번뜩이기도 했다."[109] 온갖 종류의 이질적인 것들을 기발하고 낭만적이지만 실질적인 프로그램에 모았던 CCC는 처음에는 그저 하나의 구상에 불과했다. CCC는 3월에 발족할 때 7월 중순까지 25만 명의 청년에게 일자리를 제공하고 의욕을 되살려주겠다는 원대한 목표를 세웠다. 대부분의 청년이 도시에 살았고, 학교를 졸업한 지 오래되지 않아 "각자의 방식대로 사회에 진출할 기회"를 찾고 있었지만,[110] 어디에서도 일자리를 찾을 수 없어 낙담하고 우울감에 빠져들었다. 그때 수십 곳의 국유림이 오랫동안 "애처로울 정도로 방치 상태"에 있어, 잡목으로 뒤덮여 숨조차 쉬기 힘든 지경이었다.[111] 죽은 나무와 떨기나무를 제거하고 새로운 나무를 심어야 했다. 또 방화벽을 세우고 숲길도 만들어야 했다.

CCC는 숲을 치유하며 청년도 치유하는 효과를 거두었다. 상당 부분의 임금이 집으로 보내지며 가족에게도 큰 도움을 주었고 청년들의 숙소 부근 지역 경제를 활성화하는 역할도 해냈다. CCC는 현재를 위한 실질적인 대책과 미래를 위한 물질적 투자였다. 루스벨트가 처음에 머릿속에 그렸듯이, CCC는 나무를 심은 걸 넘어 방황하던 젊은 세대에게 희망을 주며 "도덕적이고 정신적인 가치"를 심어주는 훨씬 더 중요한 역할을 해냈다.[112]

루스벨트가 국무회의에서 그 계획을 처음 제시했을 때, 퍼킨스는 '허황된 몽상pipedream'이라 생각했다.[113] 25만 명의 청년을 어떻게 모집할 것인가? 설령 모집하는 데 성공하더라도 어떻게 그들을 국유림으로 이동시키고, 적정한 의식주를 제공할 것인가? 누가 작업 과정을 설계하고 감독할 것인가? 그 엄청난 프로젝트를 어떻게 석 달 만에 수립하고 시행할 수 있겠는가? 이런 모든 의문을 해결한 답은 루스벨트의 리더십 방식—목표를 명확히 세워라. 팀이 세부 사항까지 놓치지 않도록 독려하라. 전통적인 부서 간 경계를 허물어라. 단기 목표와 장기 목표를 동시에 세워라. 성장과 추진력을 높이기 위해 유형의 구체적인 성공을 만들어가라. —에 있었다.

국무회의를 반복해 진행하는 동안, 루스벨트의 아이디어를 실현할 전반적인 방법론이 구체화됐다. 네 부처가 그 프로젝트에 협력했다. 노동부는 생활보호 대상자 명부에서 적절한 청년을 선발하는 역할을 맡았다. 내무부와 농림부는 작업 장소를 선정하고, 해당 지역에 적합한 프로젝트를 설계했다. 육군성은 청년들을 작업장에 수송하는 역할만이 아니라, 캠프를 건설해 청년들에게 적정한 의식주를 제공하고 임금까지 지불하는 역할을 맡았다. 예비역 장교들이 다시 복귀해 캠프를 관리했고, 내무부는 청년들의 작업을 감독할 민간 전문가를 선발했다. 루스벨트는 CCC를 이끌고, 부처들의 협력을 끌어낼 지도자로 로버트 페크너Robert Fechner를 선택하는 수완을 발휘했다. 페크너는 기계공으로 사회생활을 시작한 노동조합 지도자였다. 루스벨트가 첫 캠프를 준비를 하는 데 시간이 얼마나 걸리겠느냐고 물었을 때, 페크너는 "한 달"이라고 대답했다. 루스벨트가 "너무 길다!"라고 반발하자, 페크너는 지체 없이 절반으로 줄였다. 그때서야 루스벨트는 "좋다!"라고 간단히 대답했다.[114]

25만 명의 청년에게 7월 중순까지 국유림 프로젝트에 참여하라고 독려함과 동시에 루스벨트는 국무위원들에게 일반적인 기대치를 넘어서는 목표를 설정하라며 도전의식을 자극했다. "지금 당장 시작하십시오. 어떤 변명도 용납하지 않을 겁니다!"[115] 훗날 퍼킨스는 "프로젝트를 대담하게 구상하고 신속히 추진하면서 세부 사항에 대한 고민을 남들에게 떠넘기는 게 루스벨트의 특징"이었다며,[116] "그 일을 해야만 하는 사람들을 강력히 밀어붙이며, 그들이 어떻게든 해결책을 찾아내게 만들었다."라고 말했다.[117] 모든 국무위원이 루스벨트의 요구에 부응했다. 루스벨트는 7월 초에 이미 25만 명이 넘는 청년이 1,500곳의 캠프에 참여했다며 "우리 역사상 가장 신속히 이루어진 대규모 동원"이라고 선언했다.[118] 노동부는 매일 평균 1만 명가량의 청년에게 신청을 받았고, 결국에는 목표를 달성해냈다. 조지 마셜George Marshall

대령을 비롯한 장교단은[119] 미국-스페인 전쟁에 참전한 병사보다 더 많은 청년을 동시에 수용하는 캠프를 세우는 능력을 발휘했다.[120] 청년단원들은 다양한 국유림 관리 프로그램에 깊이 참여하며 "자신이 마땅히 있어야 할 곳"을 찾아냈다.[121] 구체적으로 말하면, 청년들은 미래 세대를 위해 삼림지를 개간하고, 홍수와 들불을 통제하며 숲을 관리하고 보존하는 과제, 즉 공유지의 기반시설을 지속적으로 개량하는 작업에 열중했다.

CCC는 뜨거운 호응을 받은 뉴딜 프로그램 중 하나였다. 제2차 세계 대전의 발발로 프로그램이 중단되기 전까지, 25만 명이 넘는 청년이 캠프를 거쳐 갔다. 많은 청년이 캠프에 참여하기 전에는 자연 환경에서 거주한 적은커녕 숲을 본 적도 없었다. 고된 육체노동을 경험한 청년도 극소수에 불과했다. 그러나 루스벨트가 바랐듯이, 청년들은 광범위한 직무 능력을 개발하며 그때까지 전혀 알지 못한 다양한 지역의 또래들과 함께 땀 흘려 일하는 방법을 배웠다. 한 청년은 자존감을 되찾았다며 "거기에 갔을 때는 몸무게가 70킬로그램 남짓에 불과했지만, 떠날 때는 85킬로그램의 건장한 청년이었다. CCC 덕분에 나는 남자다운 남자가 됐다."라고 말했다.[122]

CCC가 초기에 성공을 거두었지만 루스벨트는 CCC를 만병통치약이라 생각하지는 않았다.[123] CCC가 25만 개의 일자리를 만들었지만, 그 수는 미국 전역에 산재한 1,500만 실업자 중 60분의 1에 불과했다. 루스벨트는 이런 상황을 쉽게 설명하려고 스포츠에 비유했다. 루스벨트는 자신을 "게임을 전체적으로 계획하는" 풋볼팀의 쿼터백에 비유했다. 그는 첫 플레이가 무엇이어야 하는지 알았지만, 다음 플레이에 대해서는 미리 말할 수 없었다. "첫 플레이로 10야드를 전진하면 다음 플레이는 실패한 경우에 시도할 플레이와 완전히 다를 것이기 때문이다."[124] CCC가 크게 성공함으로써 루스벨트는 본격적으로 전개되기 시작한 게임에서 거대한 실업 문제를 다룰 수 있게 됐다.

경쟁과 토론을 독려하라. 창의력을 자극하라

새뮤얼 로젠먼의 생각이 맞다면, "여러 아이디어와 주장이 찬반으로 갈려 그의 앞에서 제기되고 논쟁되고 토론될 때" 루스벨트는 누구보다 뛰어난 생산적인 능력을 발휘했다.[125] 그의 주변 사람들은 한결같이 자존심이 강해 자신의 의견을 관철하려고 치열하게 다투었다. 그래서 루스벨트는 의도적으로 그들이 각자의 의견을 방어하도록 독려하는 상황을 조성했다. 물론 최종 단계에서는 그들을 타협하는 방향으로 이끌었다. 또 루스벨트는 관습적인 행정 관례에 구속받지 않고, 같은 기관에 근무하는 여러 사람에게 똑같은 과제를 부여하거나 여러 기관에 똑같은 프로젝트를 할당하는 경우가 적지 않았다. 루스벨트의 철학에 따르면, "작은 갈등은 있는 게 낫다. 작은 경쟁은 자극이 된다. 경쟁이 있을 때 모두가 자신이 다른 사람보다 낫다는 걸 증명하려고 애쓸 것이기 때문이다."[126]

루스벨트 자신은 다양성과 혼란스러움이 위험하다고는 조금도 생각하지 않았지만, 부하들은 루스벨트 행정부의 "본질적으로 무질서한 면"에 불만을 품었다.[127] 그들은 때때로 의욕을 잃었고, 감정에 상처를 입기도 했다. 루스벨트의 개인 비서, 그레이스 털리Grace Tully가 증언했듯이 "루스벨트는 내각과 수뇌진의 마음을 다독거리는 데 많은 시간을 투자했다."[128] 팀원 중 한 명이 제대로 인정받지 못한다고 낙담하거나 압박감에 시달리는 걸 알아채면 루스벨트는 지체 없이 행동에 돌입했다. 그 팀원을 백악관에 초대해 "손을 쥐고 응원하는 시간"을 가졌다. 한 사무관이 말했듯이 "루스벨트는 자신의 무심한 언행에 상처를 입은 사람의 마음을 달래주는 특이한 능력이 있었다."[129]

역사학자 아서 슐레진저는 "일상적인 문제가 반복되는 평온한 시대라면 행정부가 원칙을 지키며 오달지게 운영돼야 마땅할 것이다. 그러나 위기의 시대에는 진취력과 혁신에 중점을 두고, 그런 자질에 자율권을 주고 보상하는 정부 조직을 장려해야 한다."라고 말했다.[130] 루스벨트는 명령 계통을 모호하게 유지함으로써 어떤 과제를 동시에 여러 방향에서 추진했고, 팀원들에게 힘차게 달리라고 독려했다. 한마디로, 팀을 완벽하게 통제할 수 있다는 자신의 능력을 조금도 의심하지 않았다. 또 한 사람에게 지나치게 많은 권력을 위임하지 않았고, 중요하다고 판단한 부문에서는 그 자신이 최종 결정을 내렸다.

공공사업을 통한 실업 구제에 할당된 수십억 달러의 관리권을 두고 해럴드 이커스와 해리 홉킨스Harry Hopkins가 치열하게 경쟁한 일만큼, 루스벨트 정부의 경쟁을 극명하게 보여주는 사례는 없을 것이다.

내무장관으로 공공사업 관리국Public Works Administration, PWA까지 감독

한 이커스는 진보적인 기업가의 시각을 지닌 정치인이었다. 그의 생각에 실업 문제를 해결하는 최적의 방법은 "펌프에 마중물을 붓는 것"이었다. 다시 말하면, 완공하는 데 많은 시간이 걸리지만 완공된 후에는 오랫동안 유지되는 대규모 프로젝트에 민간 기업들을 참여시키고, 그 기업들에 보조금을 지급하는 것이었다. 보너빌 댐, 링컨 터널, 라과디아 공항, 그레이트스모키산맥 국립공원이 대표적인 예였다.

한편 루스벨트 정부에 참여하기 전에 사회운동가로 활동한 해리 홉킨스는 토목사업국Civil Works Administration, CWA과 공공사업 진흥국Works Progress Administration, WPA을 차례로 맡았다. 홉킨스는 규모가 상대적으로 작더라도 많은 사람이 생활보호 대상자에서 벗어나 실질적인 일자리를 구할 수 있도록 설계된 프로젝트를 선호했다. 이런 프로젝트 덕분에 많은 공동체에 학교와 도서관, 소방서와 유원지, 스케이트장과 수영장이 지어졌다. 또 연방 미술 프로젝트Federal Art Project는 공공건물에 그려지는 벽화 작업을 지원했고, 연방 연극 프로젝트Federal Theatre Project의 지원 덕분에 고전 작품이 외딴 지역에서도 공연될 수 있었다.

관리 방식에서 이커스와 홉킨스의 뚜렷한 차이는 그들의 철학과 기질에서 비롯된 것이었다. '정직한 해럴드Honest Harold'로 알려진 이커스는 노련한 행정가로, 하딩 정부에서 티포트 돔 스캔들로 크게 훼손된 내무부의 평판을 되찾겠다고 결심했다.[131] 따라서 그는 꼼꼼하고 세심하게 계획을 수립했고, 모든 계약에서 사소한 것까지 관리하며 낭비와 부정행위를 끊임없이 경계했다. 성실하고 엄격한 사람답게 일찍 출근해서 늦게까지 책상을 지켰다. 나중에는 공식적으로 항의가 제기된 까닭에 중단했지만, 직원들의 지각을 예방하겠다며 아침 8시 35분에 내무부 정문을 잠갔고, 직원들이 신문을 읽으며 시간을 낭비하지 못하도록 화장실 칸막이 문을 없애기도 했다.

홉킨스는 "줄담배를 피우는 골초에 블랙커피를 좋아했다."[132] "워싱턴에서 가장 허름한 건물"을 차지한[133] 홉킨스는 책상에서 항상 조는 듯한 모습이었고, 사나흘 동안 똑같은 셔츠를 입고 다녔다.[134] 관료 체제를 답답하게 생각하고 조직적인 구조를 혐오한 홉킨스는 일자리 부족으로 야기된 "신체적이고 정신적이며 영적인 고통"에 강박적으로 초점을 맞추었다.[135] 실업 수당이란 형태의 직접 구제는 인격과 독립심을 약화시킨다는 게 그의 믿음이었다. 또한 모든 남녀가 절실히 바라는 것과 그들에게 진정으로 필요한 것은 노동이 그들의 삶에 부여하는 존엄성과 절제력이라 믿었다. 그는 평론가들이 CWA가 제공하는 일자리는 단기적인 것에 불과해 장기적으로 경제에 별다른 영향을 미치지 못한다고 비판했을 때, "인간은 장기적으로 먹지 않는다. 매일 먹는다!"라고 반박했다.[136]

프랭클린 루스벨트는 두 사람의 철학을 높이 평가했고, 적절히 활용하며 중재하는 역할을 맡았다. 루스벨트는 미국의 질병을 치유하는 데 필요하면 단기적인 방법과 장기적인 방법, 즉 분권화된 단기적인 공공사업과 중앙정부에서 관리하는 장기적인 공공사업을 가리지 않았다. 두 사람이 제출한 프로젝트를 심사하고 평가하는 위원회에 참석해 기금 분배에 직접 관여하기도 했다. 또한 이커스의 묵직한 프로젝트는 추진하는 데 너무 오랜 시간이 걸리고, 자재비가 너무 많은 몫을 차지하는 까닭에 국민의 주머니에 들어가는 돈은 일부에 불과하다는 홉킨스의 주장에 공감했고, 홉킨스가 추진한 수만 개의 작은 프로젝트가 치밀하게 감독되지 않아 비효율성과 부정행위 위험에 노출돼 있으며 그 결과 의회의 지지가 줄어들 가능성이 있다는 이커스의 우려도 무시하지 않았다.

하지만 대공황이 하염없이 계속되자 루스벨트는 홉킨스와 함께하는 경우가 더욱 빈번해졌다. 루스벨트는 통계적 수치로 가득한 대규모 프로젝트보다 사람들의 삶에 대한 이야기를 듣는 걸 좋아했는데, 홉킨스는 루스벨트가 좋아할 만한 이야기—정부가 제공한 일자리가 한 가족의 사회 복귀를 도운 이야기, 공공사업 진흥국이 진행한 프로젝트로 공동체에 운동장이나 공원 혹은 수영장을 만들어 마을 주민들이 감사해했다는 이야기—를 많이 알았다.[137] 따라서 기금 책정이 홉킨스의 작은 프로젝트를 선호하는 쪽으로 기울었고, 루스벨트는 이커스를 달래야 했다. 이커스의 일기를 보면, 그는 사임하기로 결심했다가도 "그 사람의 개인적인 매력과 꾸밈없는 순박함"에 이끌려 마음을 돌릴 수밖에 없었다는 푸념이 많았다. 루스벨트는 보좌관의 도움을 받아 옷을 입으면서도 이커스의 불만을 경청하며 공감하는 반응을 적극적으로 보여주었다.[138] 훗날 이커스가 말했듯 "그런 대통령에게 어떻게 사표를 내밀 수 있었겠는가?"[139]

하지만 오랫동안 마음속에 쌓여가던 적대감은 결국 공개적으로 폭발하고 말았다.[140] 이커스가 WPA 프로젝트를 "불요불급한 작업"이고[141] "쓸데없는 작업"이라 비판한 것이다.[142] 홉킨스는 즉각 반격하며, 내무부의 건설 프로젝트가 하염없이 연기된다고 비판했다. 루스벨트는 수뇌부 사이의 그런 논쟁을 높이 평가했고 심지어 권장했지만, 그런 반목이 언론에 거론되자 달가워하지 않았다. 루스벨트는 지체 없이 이커스와 홉킨스를 불러들여 전국 순회 연설과 파나마 운하를 통과하는 유람선 항해에 동행하도록 했다. 두 사람은 대통령과 함께 며칠을 보내며 멕시코 연안에서 낚시를 했고, 카드놀이를 하고 마티니를 마시며 한담을 나누었다. 이커스와 홉킨스는 한 달간 계속된 여행으로 상대를 더욱 깊이 알게 되었고, 깊은 정이 들었다. 이커스는 "루스벨트는 낚시하러 갈 때 천방지축인 아이처럼 들썩였다."며 그의 한없이 밝은 모습에 감탄했고,[143] 홉킨스는 동생에게 "더할 나위 없이 재미있는 시간"을 보내며 "푹 쉬었다."라고 말했다.[144]

유람선이 매일 발행한 신문 〈더 블루 보닛〉에 '바다에 수장되다'라는 제목의 흥미로운 단신이 눈에 띈다.[145] 활달한 문체로 보아 프랭클린 루스벨트가 쓴 것이 분명하다.

> 홉킨스와 이커스 사이의 불화는 오늘 장엄하게 수장되었다. 국기는 반기半旗로 게양되고, …… 대통령은 장엄한 의식을 집행했다. 이제부터 두 사람은 앞으로 영원히 신문 제1면에서 사라지리라 굳게 믿는다.
>
> 홉킨스는 이커스가 과거에 그에게 쏟아낸 박정한 평가에 유감을 표명했고, 이커스는 자신의 말을 고스란히 받아쓸 수 있는 속기사를 구하는 즉시 더 호된 평가를 해주겠다고 반격했다.

대통령은 그들의 등을 정겹게 철썩 때리고 그들을 바다에 밀어 넣으며 명령했다. "전속력으로 전진!"

공식적인 소식통에 만족하지 말고, 정보를 여과 없이 전해들을 수 있는 통로를 확보하라

워싱턴 사람들이 말하는 것과 국민이 실제로 체감하는 것을 혼동해서는 안 된다. 루스벨트는 보좌관들에게 끊임없이 이렇게 충고하며,[146] "직접 가서 어떤 일이 벌어지고 있는지 확인하라. 우리가 진행하는 일의 최종적인 결과는 물론, 사람들과 이야기를 나누며 분위기를 직접 확인하라."고 말했다.[147] 전례가 없는 상황을 타개하기 위해 "지금까지 시도되지 않은 새로운" 프로그램이 필요하다면, 루스벨트는 행정부 수반으로서 그런 프로그램 중 어느 것이 효과가 있었고, 어느 것이 그렇지 않은지 알아내야 했다.[148] 루스벨트는 공식적인 통로를 통해 얻는 정보에 갇혀 있지 않으려고 전국의 정보망을 가동했다. 인습에 얽매이지 않은 온갖 형태의 정보원과 접촉하면서 그때그때 상황에 따라 기존 프로그램을 포기하거나 수정했다.

루스벨트는 "곡물을 삼키는 콤바인"처럼 6개의 광역권 신문을 읽으며 하루를 시작했고,[149] 개인 보좌관 루이스 하우가 전국의 크고 작은 도시에서 발행되는 신문에서 추려낸 기사와 사설도 꼼꼼히 읽었다. '그날의 나팔'이란 뜻으로 데일리 뷰글Daily Bugle이라 일컬어진 스크

랩을 통해 루스벨트는 사람들이 뉴딜에 대해 개인적으로 느끼는 평가를 더욱 생생하게 받아들였다. 백악관에 쏟아지는 편지에서도 정보를 얻었다. 편지를 통해 국민의 목소리를 직접 들을 수 있다는 걸 알게 된 후로는 매일 6,000~8,000단어 사이의 편지를 읽었다.[150] 엘리너는 "공인公人은 국가에 영향을 미치는 삶의 흐름으로부터 떼어지는 위험"이 있다며 자신에게도 편지를 보내 달라고 부탁했다.[151] 엘리너의 일간 칼럼은 국민에게 조언하는 데 그치지 않고 국민의 의견과 제안을 받았다. 남편이 그랬듯 엘리너도 쌍방향 소통에 충실했던 셈이다.

루스벨트는 "덧칠되지 않은 진실"을 제공하는 정보원으로 누구보다 엘리너를 신뢰했다.[152] 그는 엘리너를 "도깨비불" 같은 아내라고 불렀다.[153] 그녀는 한 번에 몇 주, 몇 달씩 전국 방방곡곡 수십만 킬로미터를 돌아다니며 다양한 계층의 사람들과 이야기를 나누었고, 그들의 불만을 들으며 뉴딜 정책의 효과를 점검하고 이런저런 사례를 수집했다. 그런 긴 여정에서 돌아오면, 남편과 "끝없는 식사"를 함께하며 "신선하고 따분하지 않은 일화"들을 전해주었다.[154] 루스벨트는 엘리너의 정확하고 확실한 관찰력을 절대적으로 신뢰했다. 프랜시스 퍼킨스의 말을 빌리면 "그녀는 대통령이 보지 못한 많은 것을 보았다. 그녀가 국민의 삶에 대해 알게 된 많은 것이 대통령에게 전해지며 영향을 미쳤다."[155] 그 때문에 국무위원들은 루스벨트에게 "마누라가 온 군데를 돌아다니는 것 같아. 지난주에 방문한 도시에서는 사람들이 NRANational Recovery Administration(전국부흥청)가 정한 최저임금 이하의 돈을 받고 일한다고 하더군."이라는 식의 말을 귀에 딱지가 앉도록 들어

야 했다.[156]

엘리너의 보고를 근거로 루스벨트는 프로그램을 간소화하며 효율성을 높였고, 때로는 새로운 기관을 설립하기도 했다. 농업조정청 Agricultural Adjustment Administration, AAA은 곡물을 뒤엎고 가축을 도살하며 그에 상승하는 금액을 농민들에게 보상하는 정책을 시행함으로써 농촌 지역을 깊은 고통에 빠뜨린, 하락한 농산물 가격을 끌어올리려 했다. 엘리너는 "왜 그 불쌍한 돼지들을 미시시피강에 던져버리는 겁니까? 전국에 굶는 사람이 헤아릴 수 없이 많은데."라고 한 사무관에게 날카롭게 지적했다.[157] AAA 프로그램에 낭비적인 면이 많다는 엘리너의 매서운 질책에 새로운 기관, 연방 잉여농산물공사 Federal Surplus Commodities Corporation가 설립됐다. 그 공사는 밀과 옥수수, 쇠고기와 목화 등 잉여 농산물을 구입한 뒤 실업자에게 먹을 것과 입을 것을 제공하는 구제 기관들에 분배하는 역할을 맡았다.

프랭클린 루스벨트는 외부로부터 새로운 정보를 획득함과 동시에 내부에서도 정상적으로 정보를 얻었다. 또 어떤 부처에 흥미로운 직원이 있다는 소문을 들으면, 그 직원을 백악관에 불러들였다. 명령계통을 파괴하는 이런 행위에 짜증내는 부서장도 적지 않았다. 루스벨트는 책을 읽는 것보다 사람과 접촉하는 데 열중하는 경향을 띠었고, 대화하며 자신의 생각을 정리하고 확신하는 기회를 얻었다. 따라서 "나는 일반적으로 매일 연방 구제기관 절반가량의 대표들과 전화로 혹은 편지로 접촉했다. 우리가 시행하는 모든 작업을 인간적으로 가능한 범위 내에서 끊임없이 점검하려고 애썼다."라고 말했다.[158] 쇄도하는 엄청난 양의 자료는 매 시간 보고서로 정리됐다. 프랜시스 퍼킨스는 "그의 기억에 사진처럼 선명하게 각인되도록 자료를 준비하는 법을 터득했다."고 말했을 정도였다. 행동에 대한 권고는 짧아야 했고, "한 페이지가 적합했다."[159] 각 문장은 한 줄을 넘지 않으면서도 누가 찬성하고 누가 반대하며 그 이유가 무엇인지 적혀야 했다. 그러나 퍼킨스가 알기에 루스벨트는 보통 사람들의 특별한 이야기를 가장 듣고 싶어 했고, 그 이야기들은 그의 기억에 깊이 새겨졌다.

적응하라. 필요하면 신속히 방향을 전환하라

"우리가 절차에서 잘못을 범할 수 있다는 걸 부인하지 않겠습니다. 누구도 타석에서 매번 안타를 칠 수 없습니다. 물론 저도 저 자신만이 아니라 정부를 위해서도 최고의 타율을 기록하고 싶습니다."[160] 루스벨트는 제2차 노변담화에서 구조적 변화에 대한 대략적인 계획을 처음 밝힐 때 이렇게 말했다. 또 보좌관들에게 각자에게 맡겨진 과제의 중요성을 강조하고 또 강조하며, 그들이 제한된 시간에 최선을 다해 모든 관점을 고려했다면 옳고 그름에 대해 고민할 필요가 없다고도 입버릇처럼 말했다. 새뮤얼 로젠먼에게는 "자신이 올바른 결정을 내렸는지 쓸데없이 걱정하는 사람이 많지. 결정할 때는 최선을 다하게. 그리고 결정이 내려지면 뒤돌아보지 말고 전진하게!"라고 속마음을 털어놓았다.[161]

상황 변화에 따라 의견을 바꾸고 수정하는 융통성과 적응성은 처음 100일과 그 이후 제시된 많은 프로그램을 관통한 원칙으로 여겨질 수 있다. 그런 프로그램 중 일부는 연방정부의 항구적인 부처로 지금도 존재하고 있다. 테네시강 유역 개발공사Tennessee Valley Authority, TVA, 연방 주택관리청Federal Housing Administration, FHA, 연방 통신위원회Federal Communications Commission, FCC가 대표적인 예다. 반면 토목사업국, 공공사업 관리국, 공공사업 진흥국, 청소년 관리국처럼 필요성이 사라진 프로그램도 적지 않았다.

루스벨트가 은행 위기가 한창일 때 내세운 약속—규제받지 않는 주식시장과 금융 시스템에서 다시는 되살아나지 못하도록 오래된 폐단을 근절하고, 개혁을 통한 경제 회복을 추구하겠다는 약속—을 지키는 데는 적응성이 주된 역할을 했다.[162] 루스벨트는 증권 진실법Truth in Securities Act으로 주식시장을 규제하는 첫 조치를 취했다. 그의 표현을 빌리면, "증권 거래에서 거짓 정보로부터 투자자를 보호할 목적"에서 제정된 법이었다. "투자라는 이름으로 가장된 투기성 증권에 투자하라는 감언이설에 넘어갔다가 결국 엄청난 압박을 견디지 못하고 싼값에 이를 팔아버린 가정에 닥친 참혹한 고통"을 직접 목격한 후 "국법이 반드시 필요하다는 결론에 이른 것"이었다.[163] 그 법안에 따르면, 신규 증권 발행자는 연방 거래위원회Federal Trade Commission, FTC에 유가증권 신고서를 제출해야 했다. 의도적으로 허위 신고하면 최고 5년 실형을 받을 수 있었다. 그러나 그 법안은 모두에게 거센 비난을 받았다. 기업계는 연방 거래위원회의 아마추어들이 결정한 가혹한 형벌로 증권

중개인들이 위축되고, 그 결과 주식시장도 침체에 빠져 경기 회복조차 늦어질 것이라 경고했다.[164] 한편 개혁가들은 이미 발행된 주식과 채권에는 어떤 규제도 두지 않아 크게 실망했다.

6개월이 지나지 않아, 그 법이 "쓸모없다"는 것을 깨달은 루스벨트는 지체 없이 "긴축을 풀고",[165] 신규로 발행되는 주식과 채권만이 아니라 모든 유가증권에 연방 규제를 확대하는 새로운 법안을 추진했다.[166] 그 결과로 모든 형태의 조작을 광범위하게 금지하고, 5년 임기의 위원 다섯 명으로 구성되는 증권거래위원회Securities and Exchange Commission, SEC라는 새로운 규제 기관의 설립을 요구하는 법안이 완성됐다. 기업계는 연방정부를 "길모퉁이 경찰"에 비유하며 격분했다.[167] 뉴욕 증권거래소는 몬트리올로 옮기겠다고 협박까지 하고 나섰다. 루스벨트는 뉴딜과 관련된 어떤 법률보다 그 법안에 대한 조직적 반발이 거세다며 이에 강력히 항의하는 특별 교서를 의회에 보냈다. 그 법안을 약화시키거나 무산시키려는 시도가 행해진다면, "규제받지 않는 투기"가 "이해되지 않은 호황"과 주식시장 붕괴 이후의 "끔찍한 시간"을 촉발했다는 것을 이제 국민 모두가 아는 만큼 의원들이 직접 법안을 무산시킨 이유를 설명해야 할 것이라고 경고했다.[168] 결국 1934년 증권거래소법Securities Exchange Act은 쉽게 통과됐고, 증권거래위원회는 뉴딜로 설립된 정부기관 중 가장 칭찬 받는 기관이 됐다.

한편 금융계를 규제하는 법안은 99일째 되는 날에 서명되어 법이 됐다. 흔히 글래스-스티걸법Glass-Steagall Act으로 알려진 은행법은 은행 위기를 예방하기 위한 것이었다. 은행이 예금자의 돈을 과열된 증권시장에 투기하는 바람에 정작 예금자의 인출 요구에 부응하지 못해 은행 위기가 닥쳤다는 게 루스벨트의 생각이었다. 새로이 제정된 은행법은 은행에게 선택을 요구했다. 즉, 은행은 상행위에 주력하는 상업 은행이 되거나 투자 업무에 집중하는 투자 은행이 돼야 했다. 그때부터 두 업무를 동시에 행하는 것은 금지됐다.

이 법안을 토론하는 과정에서 상원은 보험과 관련된 조항과 더불어, 연방정부에 저축을 어느 수준까지 보장하도록 요구하는 수정안을 덧붙였다. 그 보장액을 점차 증액할 것도 요구했다. 하지만 루스벨트는 그 의견에 강력히 반대하며, 상하원 협의회 위원들에게 수정안을 거부해 달라고 문서로 요청했다. 루스벨트는 "허약한 은행이 견실한 은행을 무너뜨리게 될 것"이라 확신했고, "그런 보장은 효과가 없을 것"이라 주장했다. 저축을 일정 수준까지 보장하는 수정안이 폐기되지 않으면 법안 전체에 거부권을 행사하겠다고 위협하기도 했다. 하지만 격렬한 토론이 있은 후, 법안은 수정안을 포함한 채 최종적으로 통과했다. 루스벨트는 즉시 글래스 상원의원에게 전화를 걸어 축하 인사를 건넸고, 서명식에서는 그 법안이 고양이보다 목숨이 더 많은 듯하다고 농담을 했다. 레이먼드 몰리의 평가에 따르면, "그의 패배를 정중히 인정한 것"이었다.[169]

수개월이 지나지 않아 루스벨트는 예금 보장에 대한 자신의 완강한 반대가 잘못이었다는 걸 깨달았다. 연방 예금보험공사Federal Deposit Insurance Corporation, FDIC의 설립으로, 예금자는 자신의 돈에 대한 안전을 보장받게 됐다. 1934년까지 90퍼센트 이상의 은행이 예금 보험에 가

3부 리더와 시대 - 그들은 어떻게 세상을 이끌어가는가?

입했고,[170] 5년이 지나지 않아 예금자는 50퍼센트가량 증가했다.[171] 통화 역사학자의 평가에 따르면, "은행 예금에 대한 연방정부의 보장은 1933년의 공포에서 비롯된 가장 중요한 구조적인 변화였고, 통화의 안전성을 증진하는 데 가장 효과적인 조치였다."[172]

1933년의 증권 진실법을 보완한 증권거래소법과 은행법 모두에서, 루스벨트는 원래의 법안을 수정하며 타협하는 적극성을 보여주었다. 예컨대 증권거래소법은 엄격한 형벌을 완화했지만 위반에 해당하는 범위를 확대했다. 또 처음에는 예금보험공사 설립을 반대했지만 결국에는 정중히 인정하며 성공한 적자嫡子로 받아들였다. 어떤 것도 확정되지 않았고, 어떤 것도 최종적인 것이 아니었다. 프랭클린 루스벨트는 의사결정과 관리를 살아 있는 과정의 부분이라 생각하며, "우리는 지금 이 순간 아는 대로 최선을 다해야 한다. 지금의 방법이 효과가 없으면 진행하는 과정에서도 수정할 수 있어야 한다."라고 퍼킨스에게 말하기도 했다.[173]

즉흥적이지만 변경과 수정을 두려워하지 않은 성향과 유연한 리더십의 창의적이고 확산적인 특징을 고려하면, 루스벨트가 창의적인 예술가에 흔히 비유된 것은 당연한 듯하다. 예컨대 극작가 로버트 셔우드는 루스벨트를 "정부 내의 진정한 예술가"로 칭했다.[174] 회생의 예술가artist of turnaround, 루스벨트 앞에는 확대하거나 다른 곳에 적용할 만한 완성된 본보기와 모델이 없었다. 퍼킨스의 표현을 빌리면 "루스벨트는 당면한 문제를 주어진 재료로 해결해야 할 처지였다. 한 단계와 씨름하는 동안 다음 단계가 변해가는 상황이었다."[175] 프로젝트가 하나씩 구체화됨에 따라, 그의 숙련성과 능력도 꾸준히 향상됐다. 그의 직관력은 더욱 세련되고 자신감에 넘쳤고, 그에 대한 미국인의 확신과 신뢰도 더욱 굳건해졌다.

———◇———

100일이 지나고, 제73차 임시의회가 마침내 6월 16일 휴회됐을 때 루스벨트는 의회에 공개적으로 감사의 뜻을 전했다. 루스벨트는 "정당의 기본 방향을 초월한 팀워크 정신"에 칭찬을 아끼지 않았다. 또 "입법부와 행정부가 전폭적으로 협력하며 새로운 문제와 해묵은 문제에 접근하는 새로운 방식을 받아들였고, 우리 권력 구조가 위기에 대처하며 긴급 프로그램을 신속히 수행할 수 있다는 걸 입증해 보였다."고 경의를 표했다.[176]

전쟁(2차 세계 대전)이 시작되자 루스벨트는 "닥터 뉴딜이 닥터 승전勝戰으로 변신했다."고 말하는 걸 좋아했다. 루스벨트는 전혀 다른 상황에 대처해야 했지만, 과제를 처리하는 방식과 리더십—덧없이 걱정하며 시간을 보내지 않는 성격, 휴식하고 대화하며 문제를 숙고하는 습관, 리더십을 행사하는 것 자체를 즐기는 기질—에서는 똑같았다. 필사적으로 무엇인가를 해야 할 때가 되면 루스벨트는 주저 없이 싸움판에 뛰어들었다.

3개월 만에 25만 명의 청년을 CCC에 참여시키겠다는 목표를 설정했던 루스벨트는 정확히 7년 후에는 1년 안에 독일을 앞서기 위해 연간 5만 대의 항공기를 생산하는 어마어마한 역량을 확보하겠다고 단언했다. 처음에는 터무니없게 여겨졌던 그 목표는 나중에 밝혀졌듯이 "시야를 넓히고, 팀원들의 상상력을 자극하며, 국민에 활력을 불어넣어 불가능한 것도 이루어내려는 심리적 목표"였다.[177] 첫 노변담화에서 미로처럼 복잡한 은행 위기를 알기 쉽게 설명해주며 교사 역할을 했던 루스벨트가 이번에는 "전반적인 전쟁 전략은 무엇이며, 각 전투가 어떻게 진행돼야 하는지에 대해 설명하며 지리적 상황에 대해 자유롭게 언급할 수 있도록" 국민에게 탁자 위에 세계 지도를 펴놓아달라고 요구했다.[178]

루스벨트의 타고난 소통 능력은 공통된 사명을 개발하고 문제를 명확히 규정하며, 행동을 촉구하고 국민의 신뢰를 얻는 데 성공한 주된 수단이었다. "국민이 정부가 하는 일에 대해 진실하고 완전한 보고를 받는다면 대체로 올바른 방향을 선택할 것"이란 그의 믿음은 어떤 경우에도 흔들리지 않았다.[179] 루스벨트에게 국민은 섬김의 대상이었다. 따라서 국민과의 이러한 상호관계는 그의 리더십을 지탱하는 버팀목이었다.

격동의 시대에 리더의 품성과 지능이 무엇보다 중요하다는 주장이 성립된다면, 프랭클린 루스벨트의 널찍한 어깨는 의지하기에 충분할 것이다.

12

비전의 리더십

Visionary Leadership

"
린든 존슨과 시민권
"

"모든 것이 혼돈 상태였다."[1] 린든 존슨은 케네디 암살 직후의 며칠을 회상하며 이렇게 말했다. 미국인들은 연이은 충격적인 사건들—케네디의 자동차에 가해진 총격, 대통령의 사망 확인, 리 하비 오즈월드 Lee Harvey Oswald의 체포와 살해, 오즈월드의 살해자로 밝혀진 댈러스의 나이트클럽 주인 잭 루비Jack Ruby, 두 살인자가 러시아와 쿠바 혹은 마피아와 관련되었다는 추측—에 경악하며 이를 실시간으로 지켜봐야 했다. 암살부터 장례식까지 미국인들은 나흘 동안 텔레비전 앞을 떠나지 못했고, 3곳의 텔레비전 방송국은 모든 정규 방송을 중단하고 케네디와 관련된 소식을 전했다.

이 비극에 린든 존슨은 극단적인 위기에 빠졌지만, 전례 없이 신속하고 대담하게 행동하고 판단할 기회를 얻기도 했다. 전환기를 성공적으로 넘기려면 신속한 명령체계의 확립과 연속성의 상징적인 확약이 필요했다. 훗날 존슨이 말했듯이 "리더십이 절실히 필요한 시기였다. 국가가 근본부터 흔들리고 국민이 망연자실하더라도 정부는 마비 상태에 있지 않다는 확신을 주어야 했다." 어떤 의미에서는 미국을 넘어 "전 세계가 내 일거수일투족을 걱정스레 좇으며 평가하고 판단하고 있었다." 더 구체적으로 말하면, "내가 권력의 고삐를 꽉 쥐어야 했다. 그것도 지체 없이 그렇게 해야 했다. 조금이라도 머뭇거리나 약한 모습을 보이면, 또 실수하거나 회의적인 기색을 드러내면 파국적인 재앙이 닥칠 수 있었다."[2]

"우리 모두가 우왕좌왕하면서도 눈앞에 닥친 일을 직시하려 애썼다. 하지만 이해하려고 애쓸수록 더 깊은 혼란에 빠져들었다. 우리는 늪에 빠져 허우적대며 한 방향으로 움직이지 못하고, 제자리에서 뱅뱅 도는 소 떼와 같았다." 이런 모습에 존슨은 텍사스 힐카운티에서 보낸 어린 시절과 할아버지에게 들은 이야기들을 떠올렸다. "소 떼를 늪에서 끌어내는 방법은 하나밖에 없다. 말에 탄 사람이 선두에서 지휘하며 방향을 제시하는 것이다. 암살 이후에 닥친 혼돈의 시기에 내가 그 사람이었다."3

존슨은 국민에게는 강인함과 자신감을 보였지만 케네디가의 핵심 세력에게는 경의를 표하며 겸손하게 행동했다. 매킨리의 암살 이후, 차후의 선거를 앞두고 3년이란 넉넉한 시간을 두고 자신의 입지를 굳혔던 시어도어 루스벨트와 달리, 존슨은 1년도 남지 않은 시간에 다음 선거를 맞아야 했다. 새로운 팀을 백지부터 꾸리기에는 시간이 부족했다. 게다가 케네디가 사람들을 한결같이 존중하는 마음을 대외적으로 보여줘야 했다. 도제가 장인의 지위에 오르려고 점진적으로 노력하듯, 권력을 향한 이런 모순된 역할에서 존슨은 누구보다 뛰어났다.

존슨은 케네디가 사람들에게 한 명씩 다가갔다. "당신이 그분에게 얼마나 필요했던 존재인지 잘 안다. 그리고 지금 나에게 또 조국에게도 그러하다."라며,4 전에는 어땠을지 몰라도 당시에는 자신의 백악관이란 기색을 전혀 드러내지 않았다. 훗날 존슨은 "나는 그들의 기분을 알았다. 그들은 갑자기 국외자가 된 기분이었을 것이다. 거의 3년 전부터 내가 그랬던 것처럼 말이다."라고 회고했다.5 그는 거만함을 억누르고, 목소리까지 낮추며 겸양의 미덕을 보였다. 또한 암살에 대한 의혹을 제기하며 끈기 있게 그들에게 조언과 도움을 끊임없이 요청했다. "아는 게 많지 않습니다. 가르침을 주시기 바랍니다."6 케네디 내각과 백악관 참모 중 대다수가 과도기에 직책을 그대로 유지했다는 사실이, 그 혼돈의 시기에 그가 흠잡을 데 없이 처신했다는 증거다.

존슨은 권력을 잡을 기회가 오면 어떻게 행동하겠다고 오래전부터 연습한 듯했다. 그런데 느닷없이 기회가 찾아왔다. 그는 우연히 권력을 잡았고, 그 권력을 제대로 사용하고 싶었다.

———◇———

린든 존슨이 입법 절차의 달인이라는 데는 모두가 동의했다. 그는 대통령직에 오른 첫날부터 정부가 국민의 삶을 위해 행사해야 하는 역할을 다하기 위해 대통령 권력을 사용하겠다는 뜻을 분명히 밝혔다. 그는 국내 문제에서 미국을 어디로 끌어가야 하는지를 정확히 알았고, 그 목표에 도달하려면 어떻게 해야 하는지도 알았다.

암살이 있었던 날 오후 6시, 워싱턴에 도착하자마자 존슨은 전임 대통령이던 해리 트루먼과 드와이트 아이젠하워를 비롯한 많은 사람에게 전화로 연락을 취했고, 행정부 청사의 부통령실에서 의회 대표단을 만났다. 오후 10시에는 워싱턴의 스프링밸리 구역에 있던 3층 개인 주택, '더 엘름스The Elms'로 귀가해 소수의 보좌관과 친구를 만났다. 그는 3명의 측근 보좌관, 잭 발렌티Jack Valenti, 클리프 카터Cliff Carter, 빌 모이어스Billy Moyers에게 "나와 함께 밤을 보내주게."라고 부탁했다.7 그 어느 때보다 존슨은 혼자 밤을 보내고 싶지 않았다. 그의 생각을 정리하고 그의 입장을 결정하는 데 도움을 줄 만한 가까운 조언자들이 절실히 필요했다. 한 시간이 지나고 레이디 버드가 침실로 돌아가자, 존슨도 잠옷으로 갈아입었다. 그리고 큼직한 침대에 누워 세계를 충격에 빠뜨린 사건을 쉬지 않고 보도하는 텔레비전 방송을 시청하며 세 측근에게 무엇인가를 장황하게 늘어놓았다.

발렌티의 회고에 따르면, "다음날 아침, 동이 트기 전부터 신임 대통령은 자신의 계획과 목표, 또 그가 반드시 이루어내야 하는 더 큰 목표에 대해 구체적으로 언급하기 시작했다." 케네디가 제출한 모든 진보적인 법안이 의회에서 계류 중이었는데, 결국에는 법제화되는 미래를 마음의 눈으로 보았던 게 분명했다. "나는 케네디의 감세안을 상원 재정위원회Senate Finance Committee로부터 받아낼 것이고, 그럼 우리 경제는 다시 콧노래를 부르게 될 것이다. 다음에는 의회에 오래전부터 계류돼 있는 케네디의 민권법안*을 통과시킬 것이다. 쉼표 하나, 단어 하나도 고치지 않고 그대로 통과시킬 것이다. 그 다음에는 전국 어디에서나 누구나 투표할 수 있도록 모든 장벽을 허물어뜨리는 법안을 통과시킬 것이다. 그것이 전부는 아니다. 빈부의 차이, 피부색의 차이, 출신 지역의 차이에 상관없이 전국의 모든 남녀가 연방정부로부터 장학금이나 보조금 혹은 융자를 받아 교육을 받을 수 있도록 하는 법도 제정할 것이다. 또 전에는 누구도 관심을 두지 않았던 해리 트루먼의

---

* 공공장소는 물론 취업이나 교육, 법률상으로 인종과 피부색, 종교, 성별, 출신국가에 의한 차별을 금지한다는 내용을 골자로 한다. 당시 미국은 흑백분리문제가 심각했고, 1955년 12월 버스에서 백인에게 자리를 양보하지 않았다는 이유로 수감된 로자 파크스 사건을 계기로 흑인 사회에 반발이 심화되었다. - 편집자주

의료보험 법안도 통과시키고 싶다."[8]

졸린 듯했던 부통령은 훗날 '위대한 사회Great Society'로 일컬어진 정책을 개략적으로 밝혔을 때, 잠에서 완전히 깨어난 듯했다. 새벽 3시까지 세 보좌관이 함께하며, 케네디가 제안한 법안들을 교착 상태에서 끌어내는 데 그치지 않고, 프랭클린 루스벨트의 뉴딜 정책과 존 F. 케네디의 뉴프런티어 정책New Frontier*을 훌쩍 뛰어넘어 인종과 경제 정의에 기반한 사회를 건설하겠다는 결의를 목격하지 않았더라면 존슨의 그런 비전은 근거 없는 허황된 이야기로 여겨졌을 것이다.

존슨이 제시한 비전은 오래전부터 그가 머릿속으로 궁리하던 것이었다. 그는 대중에 영합하던 아버지에게 정부의 역할은 도움이 필요한 사람을 돌보는 것이란 믿음을 물려받았다. "그것이 우리가 존재하는 이유이다!"라고 아들에게 귀에 딱지가 앉도록 되풀이하던 아버지였다.[9] 루스벨트의 뉴딜 정책에 참여해 일하는 동안, 정부는 국민의 삶을 향상시키기 위해 권력을 사용해야 한다는 믿음은 더욱 굳어졌다. 거의 치명적이던 심장마비가 있은 뒤에 "특별한 조치"를 요구한 연설에서도 언급된 그 비전은, 1957년 시민권 법안을 통과시키려던 노력에도 영향을 미쳤다.

모이어스는 존슨이 더 엘름스에서 혼잣말처럼 비전을 중얼대던 때를 회상하며 "그날 그는 밤새 몇 개의 머리를 동시에 굴린 듯했다. 무서우면서도 경이로웠다!"라고 말했다.[10]

---

* 건국 초의 개척 정신으로 모든 문제를 타개해 나가자는 뜻으로 내세운 슬로건이다. 국내 문제의 개선(특히, 빈곤 문제 해결)과 해외 개발도상국에 대한 민주주의 추진을 목표로 했다. - 편집자주

어떻게 존슨은 그 비전을 실현할 수 있었을까?

극적으로 시작하라

린든 존슨에게 가장 중요한 과제, 즉 다른 모든 것을 가능하게 해주는 필요조건은, 급작스레 발생한 리더십의 공백을 자신이 메울 수 있다는 확신을 국민에게 입증해 보이는 것이었다. 존슨 자신이 의혹을 일소하고, 의심을 지워주고, 두려움을 가라앉히는 것이었다.

국가적 비상 상황에서 존슨 신임 대통령은 본래의 기질에 걸맞게 기민하게 행동했다. 정치인으로 오랫동안 활동하면서 존슨은 새로운 직책을 맡을 때마다 신속하고 확실한 시작으로 주변의 관심을 끌어모았다. 이번에도 케네디의 장례를 끝내고, 바로 다음날 국민을 상대로 연설을 하기로 결정했다. 그 결정에 위험이 없지 않았다. 예외적인 경우가 전혀 없지는 않았지만 존슨은 공식적인 환경에서 대규모 관중을 상대로는 설득력 있게 연설한 적이 없었기 때문이다. 소규모 모임에서는 여유만만하게 좌중을 사로잡는 사람이 이상하게도 연단에 서면 뻣뻣해지는 경향이 있었다. 그 연설은 존슨의 정치 경력에서 가장 중요한 연설이 되기에 충분했다. 모이어스가 말했듯이 "텔레비전 중계를 보던 국민이 '저 사람은 누구야?'라고 강한 의문을 품을 것"이고, 그가 연설을 끝내고 연단에서 물러설 즘에는 "국민이 그를 신뢰하거나 그렇지 않을 것이었다."[11]

자신의 강점으로 인도하라

존슨은 연설을 앞두고 두 가지 중요한 결정을 내렸다. 첫째는 대통령 집무실에서 방송 카메라를 앞에 두고 연설하는 것이 아니라, 양원 합동회의장에서 의원들을 앞에 두고 연설하기로 한 것이었다. 의회는 거의 30년 전부터 그의 본거지였다. 그가 권력을 행사하며 많은 업적을 남긴 곳이고, 그런 만큼 안도감을 느낄 수 있는 곳이었다. 또 청중석을 차지할 대다수는 오랜 친구였고 동료였다. 연방대법원 판사들과 국무위원들도 참석하는 것으로 국민에게 합법적인 권력 승계를 보여줄 수 있었다.

둘째는 존슨은 이 기회를 활용해 케네디의 국내 정책이 법제화되지 못한 채 교착 상태에 빠진 상황을 해결해달라고 옛 동료들에게 호소하기로 했다. 암살이 있기 한 달 전, 칼럼니스트 월터 리프먼Walter Lippmann은 "현재의 의회 시스템이 미국에 중대한 위험이 아닌지 고민해봐야 할 이유가 있다."고 지적하기도 했다.[12] 또 잡지 〈라이프〉는 사설에서, "현재의 의회는 과거의 어떤 의회보다 오랫동안 회의하지만 실질적으로는 아무것도 해낸 것이 없다."고 비판했다.[13] 의회가 입법 행위에 소극적인 까닭에 국가의 위기가 확대되고, 미국의 민주주의 시스템이 국내외에서 광범위한 비난에 직면하게 됐다는 데에 존슨도 동의했다.[14]

케네디의 국내 정책을 계승하기로 결정하면서 존슨은 그때까지 가장 깊숙이 관여하던 분야이며 가장 확실하게 아는 분야, 또 세세한 정책까지 편하게 다룰 수 있는 분야를 선택했다. 케네디 정부가 특별히 집중하던 외교 문제와 군사 문제는 그의 성격에 맞지 않았다. 국제 문제가 표면적으로 조용하던 시기에 대통령이 된 것도 그에게는 행운이었다.

"나를 대통령직에 올린 무의미한 사건들에 어떤 의미가 있다면, 입법자로서의 내 경험을 활용해 입법 절차를 제대로 기능하게 만들라는 게 아닌가 싶었다."[15] 그래서 케네디의 죽음으로 교착 상태에 빠진 뉴 프런티어 정책과 관련된 법안 통과에 "동정적인 분위기"가 조성됐다고 여긴[16] 존슨은 "망자의 프로그램을 순교자의 대의"로 바꿔치기하기로 계획을 세웠다.[17] 기회의 창은 무척 좁았기에 성공할 기회가 조금이라도 보이면 우호적인 분위기가 사라지기 전에 전속력으로 달려 나가야 했다.

의제를 단순화하라

처음부터 존슨은 케네디의 국내 정책을 두 가지 핵심 의제로 압축하기로 결정했다. 하나는 남부에서 인종차별을 종식하기 위한 시민권 법안이었고, 다른 하나는 경제 활성화를 위한 감세였다. 더 엘름스에서 존슨의 보좌관들은 그런 선택의 타당성을 두고 오랫동안 논의하고 토론했다. 법률 보좌관이던 에이브 포터Abe Fortas는 당시를 이렇게 회상했다. "한번은 누군가 시민권 통과를 위한 국회 활동은 바람직하지 않다고 목소리를 높였다. 특히 그의 최우선 과제로 두는 걸 반대했다. 그는 대통령에게 많은 동전이 있지 않다며, 시민권에 그 동전을 쓰면 동전이 부족하게 될 거라고 조언했다."

하지만 존슨은 "그런가? 그럼 대통령이 무엇 때문에 존재하지?"라고 대답하며 자신의 뜻을 명확히 드러냈다.[18]

1963년 11월 27일 정오, 존슨은 하원 본회의실에 입장했다. 회의실에는 깊은 침묵이 감돌았고, 존슨은 "오늘 이 자리에 서지 않을 수 있었다면 나는 모든 것을 흔쾌히 포기했을 것입니다."라며 연설을 시작했다. 슬픔과 겸손이 복합된 감동적인 어조였고, 추모 연설이자 행동을 촉구하는 취임 연설이었다.

> 1961년 1월 20일 존 F. 케네디는 우리의 국가적 과업이 "이 행정부의 1,000일 만에도, 행정부의 임기 동안에도, 어쩌면 이 행성에서 우리가 살아가는 동안에도 완성되지 않을지도 모릅니다. 그렇지만 시작합시다."라고 말했습니다. 오늘 새롭게 결의를 다지며 저는 모든 미국인에게 이렇게 말하고 싶습니다. 계속합시다!

국내 문제는 언급하지 않은 채 세계인에게 미국의 부활을 알렸던 케네디의 취임 연설과 달리, 존슨은 외교 정책에 대해서는 거의 언급하지 않고 국내 정책에 대한 바람을 개략적으로 제시했다.

> 첫째, 케네디 대통령이 추진하려고 그토록 오래 싸웠던 시민권 법

안을 가능한 한 빠른 시일 안에 통과시키는 것보다 그를 기리는 더 나은 추도사는 없을 것입니다. 이 나라에서 우리는 평등한 권리에 대해 충분히 오랫동안 논의해왔습니다. 100년, 아니 그전부터 말해왔습니다. 이제 다음 장을 쓰고, 법전에 포함시켜야 할 때입니다.

둘째, 케네디 대통령이 올해 내내 애썼던 감세 법안 통과를 신속히 처리하는 것만큼 그의 과업을 계승하기에 적합한 행위도 없을 것입니다.

존슨은 "의회는 의견의 분열에도 불구하고, 필요할 때는 현명하고 용기 있고 신속하게 행동하는 능력이 있다는 것을 믿습니다. 지금 여러분의 그런 능력이 필요합니다. 여러분이 도와주시기를 바랍니다." 라고 말했다.[19]

한 기자가 지적했듯이, 존슨은 리더십의 공백을 메우기 위해 행동을 촉구할 때 "그가 정치인으로 활동하며 가장 존경했던 사람, 즉 프랭클린 루스벨트"를 본보기로 삼은 듯했다.[20] 루스벨트가 국민이 어둠의 시간을 뚫고 나갈 수 있도록 "행동, 그것도 지금 당장의 행동"을 촉구했듯이,[21] 존슨도 "우리가 행동할 수 있고, 그것도 지금 당장 행동할 수 있다는 것"을 세계에 보여주자고 촉구했다.[22] 루스벨트와 존슨은 우울감과 두려움에 빠져 불안에 떨던 국민을 일으켜 세웠다. 그들은 낙담과 혼란을 떨쳐내고 새로운 방향을 제시하며 희망과 자신감을 주려고 애썼다. 루스벨트와 존슨은 실의에 빠진 국민을 보살폈고 국가의 사기를 높여주었다.

3부 리더와 시대 - 그들은 어떻게 세상을 이끌어가는가?

존슨이 연설을 끝내자, 모두가 기립박수로 화답했고 많은 사람이 눈물을 글썽였다. "기막힌 공연이었다. 지극히 어려운 환경에 더할 나위 없이 적합한 연설, 결과를 얻어내기 위해 치밀하게 계산된 연설"이었다는 데 모든 평론가가 동의했다.[23] 연설에 담긴 단어만큼이나, 그의 정중한 태도와 절제된 말투, 진지하면서도 단호한 표정에서도 권력과 목적의식이 린든 존슨이란 후임자에게 완전히 이양됐다는 게 읽혔다. 신문들의 머리기사도 그런 사실을 확인해주었다.

안심해도 좋은 리더십[24]
진중하면서 강한 모습을 보인 존슨[25]
새 지도자, 시험을 통과하다[26]

국민 모두가 애도의 분위기에 사로잡힌 상황에서 행해진 이 한 번의 연설로, 린든 존슨은 불가능하게 보이던 간격을 뛰어넘었다. 존슨은 권력의 고삐를 쥐었고, 갑작스레 그 자리에 오른 대통령으로서 지향할 방향과 목적의식을 국민에게 전달했다.

최대 효과를 얻는 방향으로 전투 순서를 결정하라

린든 존슨은 두 목표 중 시민권 법안 통과를 우선시했지만, 이 목표에 도달하기 위한 입법화 과정이 가짜 통로와 함정 및 막다른 길로 가득한 미로와 비슷하다는 걸 알았다. 존슨은 의사당에서 하원의원들이나 상원의원들과 의견을 교환한 뒤, 시민권 법안에서 의견이 크게 갈리는 쟁점을 두고 다투기 전에 감세 문제를 먼저 밀어붙이기로 결론내렸다. 하지만 케네디의 보좌관이던 시어도어 소런슨Theodore Sorensen은 전투 순서의 변경에 반대했다.[27] 소런슨은 존슨에게 그가 부통령이었을 때 참석하지 못한 의회 지도자 조찬에서 시민권 법안을 먼저 다루기로 결정했다는 사실을 상기시켜주었다. 존슨은 소런슨의 조언을 귀담아들었지만, 그런 절차 문제에서는 케네디 팀보다 자신의 직감과 경험을 더 신뢰했다. 시민권 법안의 통과를 무작정 밀어붙이면 시민권 법안만이 아니라 감세 법안도 통과하지 못할 가능성이 컸다.

시민권 법안은 하원에서 남부가 지배하는 위원회를 통과하더라도 상원에서 차단될 가능성이 컸다. 상원에서 남부 지도자들이 필리버스터를 조직적으로 시행하여 법안이 철회되거나, 법안 지지자들이 3분의 2의 동의를 확보하여 토론을 종결할 수밖에 없을 때까지 다른 모든 사안에 대한 논의는 중단될 터였다. 필리버스트가 지속되는 한 다른 법안은 상정될 수 없었다. 교착 상태가 길어지면 국가 위기가 심화되고, 새 정부의 전망도 크게 상처를 입기 마련이었다. 반면 감세 법안이 먼저 통과되면 탄력을 얻을 가능성이 컸다. 게다가 경기가 회복되는 뚜렷한 증거까지 보이면, 정부는 시민권 문제 해결에 매진할 수 있었다.

하지만 감세 법안의 확실한 법제화도 결코 장담할 수 없었다. 그 법안은 의회에서 13개월 동안 계류된 후에야 하원을 통과했는데, 상원 재정위원회에서 꼼짝달싹하지 못했다. 재정위원회 의장이던 버지니아 출신의 보수적인 상원의원 해리 버드Harry Byrd가 감세 법안을 완강히 반대한 때문이었다. 전형적인 남부인이던 버드에게는 법안을 위원회에 묻어둘 권한만이 아니라 공개적으로 토론에 부칠 권한도 있었다. 케네디의 사망 이후에는 진보 진영이 기업과 개인에 대한 감세를 찬성하고, 보수 진영이 반대하는 역전 현상이 벌어졌다. 케네디의 젊은 경제 보좌관들은 감세가 경제를 활성화하고, 세수를 증대하여 광범위한 사회보장 프로그램을 지원할 수 있을 것이라 주장했다. 그러나 보수주의자들은 균형 예산을 복음처럼 고수하며 적자 재정을 반대했다. 정부 지출을 줄여야 한다는 보수적인 이념을 해리 버드보다 명확히 대표하는 의원도 없었다.

존슨은 감세 법안을 버드의 손아귀에서 떼어놓을 만한 방법을 모색함과 동시에, 재정위원회에 소속된 의원들에게 끊임없이 전화를 걸어 법안 통과를 하소연했다. 그러다 플로리다의 조지 스매서스George Smathers로부터 버드가 예산을 심사할 수 있는 마감 시한인 1월 9일까지 법안을 공청회에 묶어두기로 결정했다는 정보를 얻었다. 예산이 1,000억 달러를 넘어설 경우, 그 법안이 재정위원회를 떠나지 못하게 막겠다는 게 버드의 계획이었다. 요컨대 1,000억 달러가 버드에게는 '마법'의 선이었던 셈이다.[28] 존슨은 희미한 희망의 빛을 보았다. 예산을 심리적 경계인 1,000억 달러 이하로 낮출 수 있다면, 버드가 궁극적으로 반대하더라도 법안을 상원의 토론과 투표에 부치는 타협은 가능했던 것이다.

린든 존슨은 버드의 환심을 사기 위해 어떤 것도 마다하지 않았다. 케네디가 암살되고 보름이 지나지 않은 12월 4일, 존슨은 버드를 백악관에 초대했다. "해리 의원, 내일 백악관을 방문해 나를 만나주시지 않겠습니까? 당신의 지혜를 빌리고 싶습니다."[29] 대통령의 리무진이 상원의원 회관으로 해리를 모시러 갔다. 해리가 백악관에 도착하자, 존슨은 직접 그를 맞이했고, 안내자 역할을 자임하며 웨스트윙을 함께 걸었다. 그러고는 실내 수영장과 마사지실을 지나 집무실 옆의 작은 방에 마주 보고 앉아, 버드가 좋아하는 감자 수프와[30] 바닐라 아이스크림으로[31] 점심 식사를 함께했다.

상원에서 함께했던 시절에 대해 담소를 나눈 후, 예절을 갖춘 흥정을 시작했다. "해리 의원, 감세는 중요합니다. 정말 중요합니다." 그러자 버드가 즉각 반격했다. "감세하면 예산을 크게 줄일 수밖에 없다는 걸 아시지 않습니까." 존슨은 "맞습니다."라고 동의하고는 "그런데 최근 연구에서 확인한 바에 따르면, 정말 운이 좋게도 예산을 1,050억 달러나 1,070억 달러 이하로 낮출 수 있을 것 같습니다."라고 덧붙였다. 물론 시골 장터의 흥정처럼 존슨이 높게 시작했다는 걸 둘 모두 알고 있었다. (케네디의 실행 예산은 1,030억 달러였고, 100억 달러의 적자를 기록했다.) 버드가 "너무 많습니다. 대통령님, 너무 많습니다."라고 말하자, 존슨은 "추정치를 말한 겁니다, 해리 의원. 나도 그대로 인정받을 거라고는 생각하지 않습니다. 적절히 조절하면 1,000억 달러 이하로 낮출 수도 있을 것 같습니다. 그 정도라면 어떻게 생각하십니까?"라고 물었다. 버드는 "그렇다면 타협점을 찾을 수 있을 것 같습니다."라고 대답했다. 버드가 약속을 지키는 사람이라는 걸 알았던 까닭에 존슨은 곧바로 일어나 악수를 청하며 말했다. "해리 의원, 당신이 이겼습니다. 당신을 만나 정말 반가웠습니다. 자주 만났으면 좋겠습니다."[32] 그러고는 버드를 정중히 출입문으로 안내했다.

약속을 지키고 의무를 다하라

예산 편성이라는 힘든 일이 시작됐다. 케네디 팀원들은 최대한 깎고 깎은 예산이라며 더 이상 깎으면 뼈만 남을 거라고 존슨에게 항의했다.[33] 하지만 존슨은 요지부동이었고, "1,000억 달러에 이르지 못하면 화장실에 갈 생각도 마시오!"라고 모두에게 경고했다.[34]

존슨은 그때를 회상하며 "나는 항상 그랬지만 그 예산에도 정말 공을 들였다. 거의 모든 항목을 빠짐없이 연구한 까닭에 꿈에도 예산이 나타날 정도였다."고 말했다. 연방 예산은 보통 시민에게는 이해하기 힘든 통계자료집으로 "시어스 로벅 백화점 카탈로그보다 두꺼웠고, 전화번호부보다 재미없었지만", 책임지고 우선순위를 결정해야 하는 대통령에게는 "모든 미국인의 일상생활에 영향을 미치는 인간적인 자료"였다.[35] 프랭클린 루스벨트가 그랬듯이, 린든 존슨도 국민은 숫자에 둘러싸여 살며 정부로부터 어떤 형태로든 도움을 받기를 바란다고 생각했다.

존슨은 정부 지출을 줄이기 위해 다방면에 힘을 기울였다. 연방 건물들을 정부 소유의 토지에 모았고, 기관들에게는 물품을 대량으로 구매하라고 지시했다. 그 외에도 백악관의 전등까지 끄고 다닌 까닭에 '전구 린든Lightbulb Lyndon'이란 별명을 얻었다.[36] 특히 존슨은 국방부를 비롯해 모든 부처에 메모를 보내 예산을 삭감할 항목들의 목록을 요구했다. 존슨이 국내 문제를 해결하는 데 많은 힘을 기울인 까닭에 10억 달러 이상의 대규모 삭감이 국방부 예산에서 이뤄졌다. 당시 국방부 장관은 로버트 맥나마라Robert McNamara였다.

버드는 감세 법안의 심의를 시작하기 전에 미리 예산안을 문서로 받아 자신의 참모들이 분석할 시간을 갖고 싶다고 말했다. 속임수를 쓰면 버드의 팀이 어렵지 않게 찾아낼 것이라는 걸 알았던 까닭에 존슨은 예산을 970.5억 달러까지 삭감하고 논쟁의 여지를 넉넉하게 남겼다. "당신은 대통령에게 예산을 삭감하게 만든 상원의원이었다고 손자들에게 말할 수 있을 것이다."[37] 존슨은 이렇게 말하며 이번 성과에 대한 판단은 미래의 몫이라는 걸 버드가 깨닫기를 바랐다.

존슨은 상호 신뢰가 무엇보다 중요하다고 생각했다. 자신이 약속을 지키면 버드도 약속을 지킬 것이라 확신했다. 2월 초, 해리 버드 재정위원회 의장은 마침내 감세 법안을 토론과 표결에 부쳤다. 하지만 시간이 여전히 절대적으로 중요했다. 상원에서 토론을 거친 뒤 하원과의 양원 합동위원회까지 올라가는 일반적인 입법 과정에는 몇 주, 심지어 몇 달이 걸릴 수 있었다. 그 지루한 과정에서 승리하더라도 의원들이 빈둥대고 시간을 끈다면, "순교한 대통령을 향한 민심을 이용하려던 기회의 창은 완전히 닫힐 것"이란 걱정을 존슨은 떨치지 못했다.[38]

재촉하고 또 재촉하라

"입법 과정은 사소한 부분도 그의 눈을 벗어날 수 없다. 매일, 매 순간 그는 재촉하고 또 재촉했다." 백악관 보좌관 래리 오브라이언Larry O'Brien은 린든 존슨에 대해 이렇게 말했다.[39] 버드의 재정위원회가 법안을 상원에 보내기로 표결했다는 소식을 듣자마자 존슨은 재정위원회 서기장 엘리자베스 스프링어에게 전화를 걸어, 상원에 보낼 다수파 보고서와 소수파 보고서를 서둘러 작성해 달라고 재촉했다. "보고서를 완료하는 데 얼마나 걸립니까?"라는 존슨의 질문에 그녀는 일주일쯤 걸릴 거라고 대답했다. 곧바로 존슨은 "밤에 일하는 직원은 없습니까?"라고 묻고는 그가 직접 모든 직원에게 초과 근무 수당을 지급하겠다고 말했다.[40] 대통령에게 직접 그 말을 들은 스프링어는 사흘 내에 보고서를 완료하겠다고 약속했다. "좋습니다! 고맙습니다!"[41] 곧이어 존슨은 보고서의 인쇄를 서두르려고 정부 인쇄국에 전화를 걸었다. 인쇄공은 존슨에게 확약했다. "오늘밤에도 일하는 직원이 있습니다. 인쇄기를 항상 열어두고, 보고서가 도착하는 즉시 인쇄를 끝내겠습니다."[42]

감세 법안이 상원에 상정된 직후, 존슨은 한 건의 수정도 허용하지 않겠다는 각오로 상원의원들에게 개별적으로 접촉했다. 조금이라도 수정되면 "수문水門이 열리면서" 법제화 과정이 늦어질 수 있었기 때문이다.[43] 또 모든 각료에게는 주저하는 상원의원들에게 압력을 가하라고 지시했다. 북대서양 조약기구North Atlantic Treaty Organization, NATO에 대한 외교정책 토론회에 참석하려는 의원들에게는 "그들이 세상을 부지런히 돌아다니는 걸 그다지 호의적으로 생각하지는 않는다."며,[44] 그들이 집중해야 할 일은 유럽이 아니라 의사당에 있다고 질책했다. 법안이 상원을 통과한 뒤에는 하원 세입위원회Ways and Means Committee 의장, 윌버 밀스Wilbur Mills에게 법안의 양원 합동위원회 통과를 서둘러 달라고 압력을 가했다.[45]

케네디가 암살되고 석 달이 지난 2월 26일, 감세 법안은 상원과 하원을 모두 통과했다. 서명식에서 존슨은 협상하는 동안 '파트너'라고 칭한 여섯 의원 중 우두머리인 버드 상원의원에게 특별히 감사의 뜻을 전하며, 버드는 개인적으로 감세 법안에 여전히 반대하면서도 다수의 뜻을 따라 "신사이며 학자이고 연출자"임을 증명해 보였다고 덧붙였다.[46]

정체 상태를 일소하고, 무기력증에 빠진 의회에서 무엇인가를 이루기 위해 린든 존슨은 모든 가능한 수단을 동원했다. 또 계류 중인 다른 법안은 다 무시하고 오로지 시민권 법안에만 집중할 거라는 자신의 뜻을 의회와 정부에 분명히 전달했다.

이야기를 꾸미는 힘을 키워라

에이브러햄 링컨과 프랭클린 루스벨트처럼, 린든 존슨도 "인간은 다른 어떤 수단보다 이야기에 쉽게 영향을 받는다는 것"을 알고 있었다.[47] 또 이야기가 사건과 숫자보다 더 오랫동안 기억된다는 것도 알고 있었다. 그래서 시민권 운동 지도자나 보수적인 남부인과 대화할 때, 개인적인 이야기를 약간 변형해가며 남부에서 지난 75년 동안 일상의 삶을 확고히 지배해온 차별 제도—식당과 목욕탕, 호텔과 모텔, 간이식당, 극장과 운동 경기장, 공연장 등 공공장소에서 백인과 흑인을 차별한 짐 크로우 법Jim Crow Law—를 더는 방치할 수 없다는 자신의 신념을 분명히 밝혔다.

상원의원이었을 때, 존슨은 오랫동안 함께한 흑인 고용인들—하녀 헬렌 윌리엄스와 집사 진 윌리엄스 부부, 요리사 제퍼 라이트—이 운전하는 자동차를 타고 매년 워싱턴에서 텍사스에 갔다. 사흘이 걸리는 고된 여정이었다. 한번은 존슨이 진에게 반려견 비들을 데려가도 되겠느냐고 물었다. 진은 멈칫하며 쉽게 대답하지 않았다. 존슨은 깜짝 놀라 "비들이 자네를 특별히 힘들게 하지는 않잖나, 진. 더구나 자네를 좋아하는 걸로 아는데."라고 말했다. 그러자 진은 주저하다가 이렇게 대답했다.

"상원의원님, 워싱턴에서 텍사스까지 가기는 무척 힘듭니다. 몇 시간이나 운전해야 합니다. 배도 고픕니다. 하지만 도중에 자동차를 세우고 들어가 먹을 곳이 없습니다. 우리는 그냥 계속 운전합니다. 날씨도 점점 더워집니다. 그래서 씻고 싶기도 하지만 우리가 들어갈 수 있는 목욕탕은 간선도로에서 몇 킬로미터나 떨어진 곳에 있습니다. 그래서 어둠이 내릴 때까지 우리는 마냥 운전합니다. 더는 눈을 뜨고 있을 수 없을 정도로 피곤에 지칠 때까지 운전합니다. 당장 어딘가에 들어가 잠을 자고 싶지만, 잠을 잘 곳을 찾는 데 다시 한 시간을 보내야 합니다. 외람된 말씀이지만, 유색인은 개가 없이 혼자 남부를 종단하는 것도 무척 힘듭니다." 존슨은 그 말을 들었을 때 "진에게 할 말이 없었다."고 솔직히 인정했다.[48]

차별주의자이던 미시시피주 출신의 존 스테니스John Stennis가 시민권 법안에서 공공시설 부문을 격렬히 비난했을 때, 존슨은 이 일화를 살짝 변형해 그에게 말해주었다. "상원의원님, 그런 구분은 잘못된 것입니다. 나쁜 것입니다. 그런 관습을 바꾸는 조치가 있어야 합니다. 미시시피 주민이 자발적으로 바꾸지 않으면 법으로 바꿀 수밖에 없을 듯합니다."[49]

이 이야기는 또 다른 형태로 시민권 운동 지지자들에게 전해졌다. 그들이 존슨에게 짐 크로우 법을 끝내려고 그처럼 열심히 활동하는 이유에 대해 물었을 때였다. 존슨은 인종평등회의Congress of Racial Equality, CORE의 리더, 제임스 파머James Farmer에게 "요리사 제퍼 라이트는 대학 교육까지 받았지만 들판에 쪼그려 앉아 소변을 봐야 한다. 이 관습은 분명 잘못된 것"이라 대답했다.[50] 창피한 관습을 척결하기 위한 조치가 분명 필요했다.

존슨은 미국이 진 윌리엄스를 비롯한 모든 흑인에게 응답해야 할때가 됐다는 결론에 도달했다. 당시 의회에 계류된 시민권 법안이 국법國法이 된다면, 더는 흑인이 전근대적이고 부당한 차별 시스템을 견딜 필요가 없었다.

무엇을 언제 시도해야 하는지 알아야 한다

제안된 시민권 법안에는 존슨이 오래전부터 제기하던 사회·정치·도덕적으로 뜨거운 쟁점들이 포함돼 있었다. 실패할 가능성이 컸다. "대통령이었지만 당시 내 힘은 보잘것없었다. 국민으로부터 위임받은 힘도 없었다. 선거로 대통령이 된 것이 아니었기 때문이다."[51] 다음 대통령 선거는 11개월 후에야 있었다. 평등한 시민권을 위한 결정을 내리면 개인적인 손해를 감수해야 했다. "내가 태어나고 자란 남부와 영원히 결별해야 할 운명이었다. 의회에서 오랫동안 충실한 친구였던 남부 의원들과도 멀어질 가능성이 컸다."[52]

하지만 존슨은 "모든 리더의 경력에는 모든 것을 쏟아내야 할 때가 온다."는 프랭클린 루스벨트의 부통령이던 존 낸스 가너John Nance Garner의 말을 인용하고는 "나는 그 중대한 조치에 내 모든 것을 투자하기로 결정"했다고 말했다.[53] 시민권 운동의 영향으로 미국이 변하고 있었고, 그도 변해 갔다. 존슨은 시민권 법안의 통과를 위해 한 줌의 힘까지 쥐어짜내기로 결심했다.[54] 시민권 운동 지도자 로이 윌킨스Roy Wilkins도 놀랐듯이 "케네디와 존슨 사이에는 커다란 차이가 있었다." 케네디는 냉정하고 현실적이었지만 존슨은 열정적이었다. 마틴 루서 킹Martin Luther King과 휘트니 영Whitney Young도 신인 대통령을 만난 뒤에 시민권에 대한 대통령의 '깊은 확신'과[55] '관심의 깊이'에[56] 크게 감동받았다고 증언했다. 특히 마틴 루서 킹은 친구들에게 "케네디라면 가지 못했을 길을 그는 갈 것 같다."라고 말했다.[57]

전략적 목표에 지지 세력을 규합하라

시민권 법안은 버지니아의 80세 독재자, 하워드 스미스Howard Smith 의 모호한 태도로 하원에서 움쩍하지 못했다. 오만한 스미스는 하원 규칙위원회Rules Committee 의장의 권한으로 토론 규칙을 정하기 위한 공청회를 열지 않겠다고 공언했다. 공청회를 거치지 않으면 어떤 법 안도 하원에 상정될 수 없었다. 따라서 시민권 운동 지도자들의 좌절 감은 깊어졌고, 길거리에서도 긴장감이 점점 높아졌다.

상황을 분석한 존슨은 하나의 선택밖에 남지 않았다고 결론지었다. 하원에서 거의 사용되지 않는 의회 운영 절차로 '위원회 심사 배제 요 청discharge petition'이었다. 과반수의 하원의원, 즉 218명의 하원의원이 심사 배제 요청에 서명하면, 위원회에 계류된 법안이 하원에서 검토 될 수 있었다. 하지만 하원의원들은 연공서열과 전통적인 위원회 시 스템을 전반적으로 존중했기 때문에 심사 배제 요청된 법안은 극소수 의 경우에만 법제화됐다.

존슨은 그 방법이 '무척 힘든 길'이라 인정했지만,[58] 218명에게 서명 을 얻기 위한 투쟁이 시민권 운동 지지자를 결집하는 효과가 있다는 걸 알았다. 우호적인 공세로 스미스 의장의 마음을 얻기는 불가능했 다. 그렇다고 압박하지 않으면 스미스는 어정버정 시간을 보내며 공 청회를 연기하고, 그렇게 겨울과 봄을 넘길 것이 뻔했다. 그렇게 여름 이 되고, 의회가 휴회될 것이었다.[59]

존슨은 대통령이 하원 내부 문제에 직접 간섭하는 건 오히려 심사 배제 요청의 가능성을 낮출 거라고 판단했다. 그래서 외부에서 의원들에게 압력을 가하는 방법을 택했다. 처음 보름 동안 그는 백악관에서 시민권 운동 지도자들, 진보 단체와 노동조합의 지도자들, 교회 지도자, 기업 협의회Business Council 회원들을 만났다. 존슨은 그들에게 논리적으로 설명하며, 심사 배제 요청을 우선순위에 두도록 촉구하고 간청했다. 그 후에는 매일 전화기와 씨름하며 시간을 보냈다. 다행히도 그 통화는 비밀리에 녹음됐는데, 이 녹음을 통해 린든 존슨이란 뛰어난 전략가의 대화 능력을 확인할 수 있다. 또한 타인의 개인적인 공간에 대한 위협적인 침범과 상대를 쿡쿡 찌르는 집게손가락, 흔히 '존슨식 대처법johnson treatment'으로 일컬어지는, 단순한 보상 방식보다 훨씬 복잡한 리더의 모습도 읽을 수 있다.[60]

존슨은 시민권 운동 지도자들, 예컨대 어사 필립 랜돌프Asa Philip Randolph, 마틴 루서 킹, 로이 윌킨스Roy Wilkins 등을 먼저 만났다. 존슨은 자신의 생각이 외부에 알려지는 걸 원하지 않았지만, "심사 배제 요청이 제시되면 모든 친구가 그 요청에 서명하도록" 압력을 가하는 데 힘을 집중해달라고 그들에게 부탁했다. 여러분을 지지하는 의원들에게 전화하십시오! 그들을 만나십시오! 한 발이라도 앞으로 움직이십시오! "이런 것이 여러분 모두의 전략이 되어야 합니다. 여러분이 이렇게 생각해주면 좋겠습니다."[61] 그다음 오래전부터 존슨의 리더십에 회의적이던 진보 단체에 손을 내밀었다. 존슨은 '민주적 행동을 위한 미국인Americans for Democratic Action, ADA'의 설립자, 조지프 로Joseph Rauh에게 "내가 과거에 잘못을 범했더라도 이제 깨끗이 잊고, 이제부터라도 협력하면 좋겠습니다."라고 말했다.[62] 미국 연합철강 노동조합United Steel Workers of America의 조합장, 데이비드 맥도널드David McDonald에게는 "누군가에 진심으로 말해야 할 때가 있다면 지금이다."라고 말했다.[63] 존슨은 시민권 운동 지지자들에게 "하원의원들은 의회 운영 절차를 위반하고 싶지 않다고 말할 것"이라며,[64] 그 경우에는 "가장 미천한 사람도 공청회를 요구할 권리가 있다!"고 반박하라고 조언했다.[65]

북부와 서부 출신으로, 서명한 민주당 의원은 150명이었다. 218명이란 마법의 수에 도달하려면 60~70명의 공화당 의원에게 동의를 받아야 했다. 존슨은 기업 협의회 회원들과 아이젠하워 내각 관리들과 대화할 때는 완전히 다른 방법을 시도했다. 즉, 그들의 공화당 의원들에게 더는 운영 절차를 핑계로 숨을 곳은 없으니 "당신이 시민권을 찬성하든 않든 상관없습니다. 당신이 링컨 당을 지지하든 않든 상관없습니다. 시민권을 지지하면 좋지만, 그렇지 않으면 입을 다물고 계십시오!"라고 전하라고 말한 것이다.[66]

존슨은 저명한 기자와 편집자에게도 전화를 걸어, 서명을 망설이는 의원들을 규탄하고 공격했다. 예컨대 〈워싱턴 포스트〉의 캐서린 그레이엄Katharine Graham에게는 "그들의 잘못을 지적하고 그들의 사진을 싣고, 사설에도 다루어주십시오."라고 부탁했다. 공청회를 반대하는 이유를 물으라고도 부탁했다. 시민권 법안을 본회의에 넘겨 토론과 투표에 부치기 위한 공청회를 반대하는 사람은 "인간에게 공평한 기회를 주어야 마땅하다고 믿는 사람"이 아니었다.[67] 며칠 후, 〈워싱턴 포스트〉는 '친구인가 적인가'라는 제목의 사설에서 존슨의 부탁을 정확히 들어주었다.[68] "하원의원들이 마침내 시험대에 올랐다. 이번에는 실수하지 않아야 할 것이다. 하원의원들은 크리스마스를 즐기기 위해 고향에 돌아가기 전 심사 배제 요청에 적극적으로 서명함으로써 시민권 법안의 운명을 결정해야 할 것이다." 시민권 법안 처리는 "의회가 결코 피할 수 없는 역사적 과제에 대처하는 능력의 시험대"였다.[69]

그로부터 보름이 지나자 서명자가 209명에 이르렀고, 꾸준히 증가하는 추세였다. 그러자 하원 규칙위원회에 소속된 한 공화당 의원이 하워드 스미스를 찾아갔다. "당신을 축출하고 싶지는 않습니다. 하지만……."[70] 생략된 말을 구체적으로 언급할 필요는 없을 것이다. 스미스는 결국 굴복하며 "법안을 책임지는 위치에서 해임되는 불명예"를 피했다.[71] 12월 9일, 스미스는 크리스마스 이후 의회가 소집되는 즉시 공청회를 개최하겠다고 약속했다. 공청회가 끝나고, 마침내 1월 31일 법안이 하원에 상정됐다. 자칫하면 법안의 효력을 크게 약화시켰을 법한 수정 조항을 전혀 인정하지 않은 채 과반수의 찬성을 얻은 것이다.

시민권 운동의 도덕적 힘과 대통령 권한을 능수능란하게 사용한 존슨의 능력 사이에는 어떤 일치가 있었다. 존슨이 회고록에서 말했듯이 "일부에게 '일치'라는 단어는 최소 공통분모를 찾으려는 노력을 뜻하지만, 이 정의는 '대통령직의 기본적이고 필수적인 의무'에 모순된다." 대통령은 정치적 함의와 상관없이 행해져야 할 것을 먼저 결정하고, 다음 단계에서 그것을 행하도록 의회와 국민을 설득해야 하기 때문이다.[72] 존슨에게 성공적인 일치는 효과적인 설득의 결과였다.

2월 10일, 하원은 재건 시대Reconstruction era* 이후 가장 강력한 시민권 법안을 큰 표차로 통과시켰다. 민주정부라는 바퀴가 마침내 순조롭게 돌아가기 시작했다.

전선을 명확히 그어라

존슨은 상원에서의 전투를 준비하며, 1957년과 달리 이번에는 어떤 타협도 용납하지 않겠다는 뜻을 명확히 드러냈다. "내가 조금이라도 망설이면 법안을 수정해 무용지물로 만들려는 상대편의 전략에 희망을 주게 된다는 걸 알았기 때문이다."73 평소답지 않게, 권모술수에 능한 협상의 달인은 모래밭에 경계선을 짙게 그었다. 당시 아무것도 확정적이지 않던 린든 존슨의 정치적 유산과 정치적 이력 및 미국의 미래에 대한 그의 비전은 전적으로 그 결과에 달려 있었다.

존슨은 자신의 생각을 명확히 전달하려고, 남부 반대파의 지도자 리처드 러셀 상원의원을 백악관에 초대해 일요일 아침 식사를 함께했다. 그들은 오래전부터 이런 친밀한 관계를 편안한 분위기에서 자주 가졌던 사이였다. "의원님, 당신을 사랑합니다. 많은 신세를 지기도 했습니다. 당신이 없었다면 저는 리더가 되지 못했을 겁니다. 부통령이 되지 못했을 것이고 대통령이 되지도 못했을 겁니다. 결국 당신 덕

---

* 남북전쟁 이후 1863년부터 1877년까지의 시대 - 옮긴이주

분에 지금의 내가 있는 겁니다. 그래서 당신과 얼굴을 맞대고 말하고 싶었습니다. 당신을 사랑하니까요. 시민권 법안 통과를 방해하지 마십시오. 그렇지 않으면 내가 당신을 비난하고 들이받게 될 겁니다."

"대통령님, 대통령으로서는 당연히 그렇게 해야겠지요. 하지만 시민권 법안에 집착하면 당신은 대통령 선거에 패하고, 남부도 영원히 잃게 될 겁니다."

"의원님, 당신 말이 맞을지도 모릅니다. 하지만 그것이 내가 치러야 할 대가라면 기꺼이 감당하겠습니다."[74]

훗날 존슨은 "이 몇 마디로 입씨름의 전체가 요약된다."고 말했다.[75] 오랜 지기였던 존슨과 러셀은 서로를 속속들이 알았다. 이번 다툼은 끝까지 양보할 수 없는 싸움이었다. 러셀은 고향 지역의 역사적 과거를 지키고, 일상의 삶을 좌우하는 관습과 지역 법규를 강제로 바꾸려는 연방정부의 압력에 맞서기 위해 온갖 수단을 다할 것이라며 "나는 무엇인가를 바꾸기에는 너무 늙은 것 같습니다."라고 말했다.[76] 한편 존슨은 현재의 다툼 이후, 즉 남부가 오랜 적대감과 오랜 증오에서 해방되는 때, 다시 말해서 새로운 남부가 잉태되어 매 순간 성장하고, "하나의 목적을 위해 이 나라의 모든 영역에" 참여하는 때를 머릿속에 그렸다.[77]

1월 초, 러셀은 한 기자에게 "상대가 케네디 대통령이었다면 어렵지 않게 승리"했거나 적어도 큰 양보를 얻어냈겠지만, 존슨은 상대하기가 "세 배나 힘들었다."고 털어놓았다. "케네디는 강력한 시민권 법안을 통과시킬 필요가 없었지만, 존슨은 그렇지 않았다."[78] 러셀의 설명처럼, 남부의 아들인 존슨이 타협하면 그에 대한 북부인의 신뢰는 산산조각 날 것이 뻔했다. 존슨과 러셀은 "시민권 법안은 양보나 타협이 불가능하다. 완전한 승리 아니면 완패일 수밖에 없는 싸움"이라는 걸 알았다.[79]

지지 세력에게 규율 준수를 요구하라

하원을 통과한 법안이 상원에 도착하기도 전에 러셀은 미국 역사상 가장 긴 필리버스터를 각오하며 지지자들을 규합하기 시작했다. 러셀은 두 상원의원을 한 팀으로 짝짓고, 한 번에 네다섯 시간 동안 헌법을 읽거나 시를 낭송하고 시민권 법안의 조항을 맹비난하도록 했다. 러셀은 존슨의 능숙한 의회 운영 능력을 두려워했지만, 역사가 자기편이라는 걸 알았다. 시민권 법안을 옹호하는 세력이 필리버스터의 종결을 선언하는 데 필요한 3분의 2의 지지를 얻은 적은 역사적으로 없었다. 시민권을 지지하는 상원의원들도 상원의 명예로운 전통인 필리버스터를 그렇게 끝내는 걸 마뜩잖게 생각했다. 특히 면적도 좁고 인구도 적은 주 출신의 상원의원들은 필리버스터를 다수의 횡포를 막는 최후의 보루로 여겼기에, 그런 수법을 달갑게 생각하지 않았다.

처음부터 존슨은 러셀의 목표가 "필리버스터로 법안을 폐기시키는 것"이란 걸 알았다.[80] 공화당 전당대회가 예정된 7월에는 의회가 휴회되고, 중요한 정치적 행사들로 관심의 판도가 바뀔 터였다. 그때까지 법안 심의를 끄는 것이 러셀의 목표였다. 한편 존슨은 시민권 법안이 상원 본회의에 상정되는 시간이 늦춰질수록 시민권 운동 세력의 좌절이 깊어지고, 많은 도시에서 꿈틀대는 폭력 사태로 시민권 법안에 대한 백인들의 반발이 더욱 커지지 않을까 걱정했다.

시간이 지날수록 그 싸움은 치열한 줄다리기로 변해 갔다. 시민권 운동 지지자들은 시간을 단축하는 데 목표를 두었고, 반대자들은 시간을 연장하려 했다. 남부 의원들이 시간을 연장하려고 흔히 사용한 전술은 빈번한 '쿼럼 콜quorum call'이었다. 본회의장에 참석한 상원의원이 51명 미만이면 어떤 의원이든 쿼럼 콜로 정족수 확인을 요구할 수 있었다. 그러면 상원의원들을 찾아다니느라 그날의 의정은 중단될 수밖에 없었다. 정족수를 채우지 못하면 상원은 어쩔 수 없이 휴회해야 했다. 그럼 남부 의원들은 이튿날 아침까지 휴식을 취할 수 있었다. 쿼럼 콜은 상원이 다시 개회할 때까지 법안을 다루지 않고 시간을 끄는 수단이었다는 점에서 입법 절차를 방해하는 효과적인 방법이었다.

4월 초 어느 토요일, 상원에 출석한 의원은 39명에 불과했다. 존슨은 크게 분노하며, 상원 원내총무로 시민권 법안을 지지하던 휴버트 험프리에게 "자유주의자들도 규칙을 배워야 하고, 상원에 반드시 참석해야 할 때는 참석해야 할 것입니다. 당신에게는 능력을 발휘할 좋은 기회이지 않습니까. 하지만 나는 누구도 책임지지 않는 지경까지 치달을까 두렵습니다."라고 말했다.[81] 존슨의 재촉에 험프리는 시민권 운동을 지지하는 10명의 의원으로 '특공대corporal's guard'를 구성해[82] 그들에게 각자 대여섯 명의 동료 의원을 끌어와 정족수를 채우는 책임을 부여했다. 험프리는 당시를 회상하며, "적잖은 의원이 재선을 위한 선거 운동으로 시시때때로 본회의장을 떠나야 했기 때문에 그 명단은 매일 바뀌었다."라고 말했다.[83]

프로야구팀 워싱턴 세너터스의 개막일은 시민권 운동 지지파에게 결코 놓칠 수 없는 기회였다. 그날 존슨은 개막 경기를 함께 관람하자고 수십 명의 상원의원을 초대했다. 필리버스터를 계속하려고 상원 본회의장에 머물던 소수의 남부 의원들이 빈자리를 확인하고는 쿼럼콜을 요구했다. 그때 장내 방송이 요란하게 울렸다. "안내 말씀 드리겠습니다. 안내 말씀 드리겠습니다. 모든 상원의원은 정족수 확인을 위해 즉시 상원으로 복귀해주십시오!" 리무진들이 야구장 앞에 일렬로 주차했고, 23분 후에는 모든 상원의원이 상원에 복귀해 정족수를 채웠다.[84] 시민권 법안을 통과시키기 위한 오랜 투쟁에서 처음으로, 시민권 법안을 지지하는 의원들이 대거 참석하며 정족수가 채워졌다.

성공의 열쇠를 확인하라. 자존심은 잠시 제쳐두라

전설적인 득표 계산기, 린든 존슨은 "당파의 이해관계에 따라 민주당이 분열된다면, 공화당의 지원이 없을 경우 필리버스터를 중단시키는 데 필요한 3분의 2의 표를 확보할 가능성은 전혀 없다. 그 지원군을 우리에게 끌어올 사람은 일리노이주 출신의 에버렛 더크슨Everett Dirksen 상원의원뿐이다."라고 확신했다.[85] 세금 싸움에서는 상원 재정위원회의 해리 버드 의장이 성공의 열쇠라 확인했듯이, 이번에는 소수당 지도자인 더크슨이 필리버스터를 중단시키는 데 필요한 25명 남짓한 공화당 의원을 끌어올 수 있는 유일한 사람이라고 판단했다.

존슨은 험프리에게 이렇게 지시했다. "에버렛 더크슨을 설득하지 못하면 시민권 법안은 통과되기 힘들 겁니다. 더크슨 의원을 우리 편으로 끌어들여야 합니다. 시간이 걸리겠지만 그를 반드시 우리 편으로 만들어야 합니다. 지금부터 에버렛 더크슨과 많은 시간을 보내려고 각오해야 할 겁니다. 더크슨이 행동하게 만들어야 합니다. 항상 원만한 관계를 유지하도록 하십시오. 더크슨을 만나지 말라고 속닥이는 방해꾼들의 감언이설에 넘어가지 마십시오. 더크슨을 만나십시오! 더크슨과 술을 마십시오! 더크슨을 수시로 만나 대화하십시오! 더크슨의 말을 경청하십시오!"[86]

또 존슨은 험프리에게, 시민권 운동 지도자들이 보수적인 더크슨과 협력하는 걸 마뜩잖게 여기더라도 "우리가 공화당 의원들을 우리 편으로 만들지 못하면, 이 법안을 민주당 법안이 아니라 미국 전체의 법안으로 승화하지 못하면, 이 빌어먹을 나라에서 폭동이 일어날 것"이라고 그들을 설득하라고 말했다.[87] 시민권 법안이 통과될 때 뒤따를지도 모르는 혼란을 진화하려면 초당적인 협력이 필수적이었다. 전미 흑인 지위 향상 협회National Association for the Advancement of Colored People, NAACP의 지도자, 로이 윌킨스에게도 존슨은 비슷한 논조로 도움을 청했다. "당신이 더크슨과 마주 앉아 시민권 법안 통과가 공화당에도 이익이라고 그를 설득해야 한다고 생각합니다. 그가 당신을 도우면 당신도 그를 도울 거라는 확신을 그에게 주어야 합니다."[88] 시민권 법안이란 쟁점은 그렇게 당의 경계를 넘어섰다.

더크슨에게 주인공 역할을 양보하며 그 자신과 민주당 동료들의 역할을 감추는 것이 정치 무대와 전국에서 전개되는 사건들의 충돌을 효과적으로 해결하는 데 도움이 된다면, 린든 존슨은 기꺼이 그렇게 하고도 남을 사람이었다.

상대의 역량과 됨됨이를 헤아려보라

맞춤 양복을 바느질하는 양복장이처럼 린든 존슨은 해리 버드와 하워드 스미스 등 대부분의 상원의원에게 그랬듯 에버렛 더크슨의 됨됨이도 나름대로 평가해보았다. 일리노이주 출신인 더크슨과 함께한 10년의 경험을 근거로 할 때, 더크슨은 법안을 지원하는 대가를 요구할 사람이었다.[89] 필리버스터가 계속되고 있었기 때문에 더크슨이 무조건적으로 존슨을 지원할 이유는 없었다. 존슨은 백악관에서 더크슨과 마주 앉아 술잔을 기울이며, 제5항소법원의 판사직, 피오리아의 우체국장 지명권, 대사 지명, 시카고에 예정된 연방 프로젝트 등 온갖 가능한 보상 방법을 제시했다. 존슨 도서관Johnson Library에 보관된 두툼한 메모가 그들이 수년 동안 주고받는 방대한 거래량을 증명한다.

당시 존슨은 더크슨에게 일반적인 보상보다 훨씬 중요한 것을 제안했다. 주목받기를 좋아하는 그 공화당 지도자의 성향에서, 진정한 이상주의와 애국주의를 읽어낸 것이다. 존슨은 훗날 역사에 기억되려는 더크슨의 욕망에 호소하며 "세계 박람회에서 당신의 고향, 일리노이주 전시관을 봤습니다. '링컨의 땅'이란 이름이 붙여졌더군요. 링컨의 후예라면 이 법안을 통과시켜야 할 겁니다. 그럼 나도 그에 합당한 보답을 그분에게 할 겁니다."라고 말했다.[90] 존슨은 더크슨의 허영심을 채워줄 만한 아첨을 하며, "당신이 나를 도와 이 법안을 통과시키면 200년 후에 일리노이주에서 기억되는 사람은 에이브러햄 링컨과 에버렛 더크슨, 두 명밖에 없을 겁니다!"라고 말했다.[91]

필리버스터가 벌써 몇 주째 이어졌기 때문에 더크슨은 '위험한 게임dangerous game'이라 할 만한 것을 시도하기 시작했다.[92] 우선 기본 법안을 적잖게 수정하지 않으면 공화당 동료 의원들을 설득할 수 없다고 존슨에게 경고했다. 존슨은 더크슨의 곤란한 처지를 인정했지만, 수정을 공공연히 언급하는 걸 망설이며 더크슨과의 협상 과정을 휴버트 험프리와 로버트 케네디 법무장관 및 시민권 운동 지도자들에게 맡겼다. 결국 시민권 운동 연대는 법안의 기본 취지를 손상하지 않는 방향에서 서너 곳을 수정하기로 합의했지만, 험프리는 존슨에게 "우리는 대다수가 가능하다고 상상하던 수준보다 훨씬 나은 법안을 만들었다."고 확언했다.[93] 합의에 이르자, 더크슨은 상원 연단에 올라 시민권 법안을 지지한다고 선언했다. 더크슨은 빅토르 위고Victor Hugo를 인용하며 "시대와 함께하는 사상은 군대보다 강하다."고 말했다.[94] 상원의 소수당 지도자가 등을 돌리자, 필리버스터를 종결하자는 청원서가 제출됐고, 6월 9일로 투표일이 정해졌다. 하지만 필리버스터를 종결시키기 위해서는 6표가 부족한 듯했다.

대통령과 시민권 운동 연대가 본격적으로 힘을 쏟을 때가 온 것이었다. 절체절명의 시간에 존슨은 직접 7명의 서부 지역 상원의원을 설득하고 나섰고, 교파를 초월해 모든 성직자가 신자들에게 호소했다. 6월 9일, 험프리는 토론 종결 표결에 필요한 67표를 확보했다고 확신했다. 75일 동안 500시간 이상 대화한 뒤였다. 존슨에게서 전화로 결과를 알려 달라는 연락을 받았다. 험프리는 흥분해서 밤을 하얗게 새우고는 상원으로 향했다.

6월 10일 오전 10시, 상원이 소집됐다. 토론 종결 투표에 앞서, 한 시간 동안 최종 토론이 이어졌다. 모든 좌석이 채워졌고, 2층 방청석에는 위대한 순간을 지켜보려는 사람들로 가득했다. 휴버트 험프리가 말했다. "상원의 동료 의원들에게 말씀드리고 싶습니다. 어쩌면 여러분은 자녀의 자녀에게 1964년을 자유의 해로 만들려고 이 자리에 있었다고 말할 수 있을 것입니다."95

서기가 출석 확인을 시작하자 긴장감이 한층 높아졌다. 캘리포니아 출신 상원의원, 클레어 엥글Clair Engle의 이름이 불렸을 때 아무런 대답이 들리지 않았다. 52세의 엥글은 악성 뇌종양 수술을 받은 4월 이후, 병원에 입원해 있었다. 하지만 전날 밤, 존슨은 엥글의 아내와 의사와 이야기를 나눈 뒤 엥글을 상원으로 데려오기 위한 앰뷸런스를 준비했다. 휠체어에 앉은 엥글은 말을 할 수 없었던 까닭에 자신의 눈을 가리켰다. 서기가 "예스라는 뜻으로 해석해도 되겠습니까?"라고 물었고, 회의실은 우레와 같은 박수로 뒤덮였다.96 마침내 서기가 W로 시작되는 의원들을 부르기 시작했고, 델라웨어 출신 존 윌리엄스John Williams 가 67번째로 토론 종결에 찬성함으로써 필리버스터는 막을 내려야 했다. 게다가 과반수가 시민권 법안에 찬성한다는 뜻을 밝혔다. 따라서 미국에서 법적인 차별을 종식하는 포괄적인 법안 통과를 막을 것은 이제 없었다.

러셀은 "소위 시민권 문제에서 내 의견은 존슨 대통령과 다르다. 그것도 크게 다르다. 그가 틀렸다고 생각되면 당연히 강력히 반대하겠지만, 그가 옳다고 생각되면 적극적으로 지지할 셈이다."라고 말했다.97 존슨은 처음부터 애정을 갖고 세심하게 러셀에 접근했다. 보복하겠다는 기색은 전혀 보이지 않았다. 존슨과 러셀은 둘 다 남부를 사랑했다. 그저 러셀이 과거에 매달린 반면, 존슨은 미래에 대한 경제사회적인 비전을 가진 점이 달랐을 뿐이다. 하지만 존슨이 가진 비전은 시민권 법안의 통과로 기대되는 변화가 없으면 결코 실현될 수 없는 것이었다.

상원에서 약간 수정된 법안이 하원에서 통과된 이후, 7월 2일 백악관 이스트룸에서 기념비적인 서명식이 열렸고, 린든 존슨은 의원들과 시민권 운동 연대 앞에서 1964년 민권법Civil Rights Act of 1964에 서명했다. 존슨은 서명용 사인펜을 에버렛 더크슨에게 넘겼다. 그리고 휴버트 험프리, 하원 지도자들, 시민권 운동 지도자들이 뒤이어 서명했다. 축하연이 진행되는 동안, 존슨은 레이디 버드에게 그날이 심장마비가 있은 지 9년째가 되는 날이라고 알려주었다. 심장마비는 권력과 목적의식에 대한 그의 세계관을 크게 바꿔놓은 크나큰 사건이었다. 레이디 버드는 웃으며 화답했다. "기념일을 축하해요."[98]

한없이 즐거운 날이었다. 서명식이 끝난 뒤, 존슨의 생각은 "내가 진 윌리엄스를 비롯한 어떤 흑인에게도 심지어 나 자신에게도 아무 말도 할 수 없었던 10년 전의 그날 오후"로 돌아갔다. "그날은 흑인이 구속되는 만큼 나 자신도 구속된다는 서글픈 진실을 처음으로 깨달은 날이었다. 그러나 1964년 7월 2일, 나는 진실의 긍정적인 면을 보았다. 흑인이 자유로운 만큼 나도 자유롭고, 내 조국도 자유롭다는 진실을 보았다."[99]

미래의 강렬한 모습을 제시하라

케네디 정부가 추진하던 두 가지 핵심 의제—감세와 시민권 법안—가 해결되자, 존슨의 대표적인 개혁 프로그램, '위대한 사회'의 서막이 올랐다. 케네디의 정체된 의제들은 도약대로서 쓸모가 있었다. 이제부터 존슨은 미국을 위한 자신의 비전을 명확히 보여주어야 했다.

그 목적을 위해 존슨은 미시간 대학교의 5월 졸업식을 선택했다. 미시간 대학교는 케네디가 선거 연설에서 평화 봉사단Peace Corps 같은 단체의 창설을 제안하며, 국민 모두가 미국 발전에 참여하는 미래의 모습을 포괄적으로 제시한 곳이었다. 대공황의 불가피성보다 번영의 강점에 기반한 덕분에 위대한 사회는 뉴딜을 넘어섰다. 존슨은 졸업생들에게 이렇게 말했다. "한 세기 동안 우리는 대륙에 정착하며 대륙을 정복하려고 애썼습니다. 그 후로 반세기 동안에는 한계가 없는 발명과 지치지 않는 근면성으로 우리 국민 모두를 위한 풍요로운 세계를 만들려고 애썼습니다. 다음 반세기의 과제는 현재의 부를 이용해 국민의 삶을 양적으로나 질적으로 향상시킬 만한 지혜가 있다는 것을 보여주는 것입니다."[100]

처음 선언될 때부터 위대한 사회 프로그램은 철학적이고 추상적이며 미래지향적인 개념으로 제시됐다. 훗날 그가 설명한 바에 따르면, 그가 생각한 프로그램의 목적은 "권리장전의 확장"이었다. 즉, 모든 미국인이 자신의 재능을 최대로 개발할 수 있도록 자유를 넓게 정의하겠다는 뜻이었다.[101] 이 목적을 달성하기 위해 존슨은 가난과 전쟁을 벌이고, 도심의 빈민가와 궁핍한 시골 지역을 경제적으로 지원하며, 노령자와 가난한 사람에게 적절한 의료를 제공하고, 자연자원을 보존하려 했다. "우리에게는 그렇게 할 만한 여유가 있습니다. 우리는 세계에서 가장 부유한 국가입니다!"[102]

"미국인들이 따르고자 한다면 나는 이런 목표를 지향하고 싶습니다." 존슨은 1964년 8월 민주당 대통령 후보 지명을 받아들이며 이렇게 약속했다. 이런 비전을 실현하기 위해 존슨은 국민에게 "시작할 권한"을 부여해 달라고 요구했다. 시대적 상황을 이용하고, 가능성을 실행에 옮기며, 원대한 열망에 합법성을 부여하는 권한이 필요했다. 존슨은 이번 대통령 선거를 "미래를 환영하는 사람들과 미래의 약속을 외면하는 사람들 간의 경쟁"이라 규정했다.[103]

린든 존슨과 배리 골드워터Barry Goldwater가 맞붙은 그 선거에서 존슨

은 포괄적인 권한을 위임받았다. 골드워터가 뉴딜이 구축한 사회 안
전망을 해체하려는 극단주의자로 여겨진 덕분이었다. 존슨의 압도적
인 승리로, 루스벨트가 1936년 선거에 대승한 이후 처음으로 민주당
이 하원과 상원 모두에서 다수당이 됐다.

준비가 모든 것이다

케네디의 죽음에 대한 동정적 반응, 대통령 선거의 압도적인 승리,
강력한 시민권 연대, 호황을 맞은 경제, 외견상 평화로운 세계 등 유리
한 환경으로 제89차 의회의 역사적 승리를 위한 분위기가 조성되기도
했지만, 존슨의 원대한 야망과 휘몰아치는 기질 및 고유한 입법 경험
도 이 드문 기회의 순간을 활용하는 데 큰 역할을 했다. 1965년의 회기
는 숨 돌릴 틈도 없이 운영되었다. 그때 생산된 중요한 법의 질과 양은
지금 생각해도 머리가 어지러울 정도다. 그렇게 빠른 속도로 진행된
처리 과정의 원동력이 린든 존슨이었다는 데는 의문의 여지가 없다.

존슨은 그 순간을 위해 오래전부터 준비하고 있었다. 선거를 통해
권한을 위임받기 전부터 헨리 포드의 모델 티 자동차를 생산하는 조
립 라인처럼 독창적이고 대담한 입법 과정을 구축하기 시작했다. '위
대한 사회'라는 명칭을 처음 사용한 연설에서 존슨은 "최고의 생각과
광범위한 지식을 지닌 사람들"로 전통적인 사고방식에 얽매이지 않는
태스크포스TF를 구성하겠다고 약속했다. "일반적인 입법 과정은 중앙

정부의 부처와 정부 기관들이 제시하는 제안을 채택하는 것부터 시작된다." 존슨은 그런 과정을 오랫동안 지켜보았고, "그런 식으로는 참신하고 창의적인 아이디어를 기대하기 어렵다고 확신했다." 관료적인 정부 조직은 "일상의 업무에 바쁘고, 현상을 유지하는 데 급급하다." 존슨이 자신의 멘토, 프랭클린 루스벨트에게 배웠듯, "복잡하고 느린 정부 조직에는 부처의 경계를 넘나드는 복잡한 문제를 해결할 능력도 없었다."[104]

1964년 초여름쯤에는 14개의 TF가 이미 활동하고 있었다. 존슨은 각 팀장에게 시야를 "지나치게 낮게 두지 말고, 터무니없을 정도로 높게" 두기를 바란다는 뜻을 분명히 전달했고,[105] 최종 보고서가 그의 책상에 올려지는 대통령 선거일까지 그들의 활동은 일급비밀로 부쳐지기를 바랐다. 그 보고서들은 의회에 구체적인 법률 제정을 요구하는 특별 교서로 압축됐다. 일반적인 경우에 대통령은 한두 번의 특별 교서를 보낸다. 하지만 준비 과정이 무척 포괄적이었던 까닭에 존슨은 1월에만 새 의회에 6번의 특별 교서를 보냈다. 그 후에도 서너 달 동안 광범위한 쟁점을 다룬 거의 60회의 특별 교서를 보내며 입법 조치를 요구했다.

존슨은 절호의 기회가 덧없이 사라질 수 있다는 과도한 걱정에 사로잡혀 취임 후 일주일도 지나지 않아, 위대한 사회 프로그램을 시행할 방법을 논의하기 위해 각 부처의 의회 연락 담당자들을 '피시룸Fish Room(현재의 명칭은 루스벨트룸)'에 소집했다. 존슨은 그들에게 "나는 미국 역사상 가장 큰 표차로 당선됐습니다. 1,500만 표차로 말입니다. 그런데 사람들의 생각이 자연스레 바뀐 탓도 있겠지만, 배리 골드워터가 무지막지하게 겁준 까닭에 그 1,500만 표 중 200만 표를 이미 잃어 1,300만 표로 줄어든 것 같습니다. 내가 의회와 싸우면 또 200만 표를 잃을 것이고, 베트남에 우리 청년들을 더 보내야 한다면 여름이 끝날 쯤에는 800만 표로 쪼그라들 겁니다."라고 말했다. 이 역시 대통령이 감당해야 할 운명이지만 대통령의 소중한 자산을 그렇게 날려버릴 수 없다는 게 존슨의 생각이었다.[106] 존슨은 그런 상황을 하나의 커다란 자극제로 삼아야 할 것이라며 "지금의 유리한 분위기가 사라지기 전에 위대한 사회 프로그램을 진척하는 데 필요한 모든 법안을 신속히 통과시키기 위해 최선을 다해주기를 바랍니다."라고 말했다.[107]

존슨은 "업무 진행에서 얻는 탄력은 신비로운 아가씨 같은 것이 아니다. 정치 행위에서 그런 탄력은 준비하면 얼마든지 통제할 수 있는 것"이라고 즐겨 말했다.[108] 삼권분립 원칙에 따라, 의회에는 어떤 법안을 어떤 순서로 심의할 것인지 결정할 권한이 있었다. 반면 행정부에는 대통령이 선택한 순서와 의회에 보내는 교서의 전달 속도로 입법부에 영향을 미치며 일정을 재조정할 수 있는 막강한 힘이 있었다. 또 특정한 법안에 대한 완강한 반대를 피하려고 문제가 해결될 때까지 어떤 교서도 보내지 않고, 법안을 가장 호의적인 소위원회에 보내는 경우도 적지 않았다.

예컨대 케네디는 연방정부가 교육을 지원하려고 의회와 싸웠지만 결실을 거두지 못했다. 정교분리 원칙을 위배하지 않으면서 종교 계통 학교를 보호 프로그램에 포함시키는 핵심적인 문제를 미리 해결하지 못한 탓이었다. 이 딜레마가 해결되지 않았다면 존슨은 그와 관련된 교서를 의회에 결코 보내지 않았을 것이다. 하지만 존슨은 TF를 활용한 덕분에 연방정부가 종교 계통 학교를 직접 지원하지 않고 가난한 학구 전체를 지원하면 된다는 해법을 생각해냈다. 또 건강관리를 다룬 TF는 의료인의 수수료와 관련된 '고르디아스의 매듭'*을 풀어 냈다.[109] 그때서야 존슨은 두 교서—하원에서는 H1, 상원에서는 S1이라 일컬어진 메디케어와 초등학교와 중등학교에 대한 연방정부의 지원—를 조심스레 진행했다. 시간이 지날수록 두 진취적인 법안은 상당한 국민적 지지를 받아 쉽게 통과되며, 그 이후에 추가로 제시된 법안들도 어렵지 않게 의회를 통과할 수 있는 발판을 놓았다.

움직이는 컨베이어 벨트를 이용한 헨리 포드의 능률적인 생산 방식이 새로운 시대를 열었듯이, 끊임없이 움직이고 고민하며 생산성을 극적으로 향상시킨 린든 존슨의 많은 입법 활동은 근대 입법에서 새 시대를 열었다.

이해 당사자들에게는 계획을 세우는 데
처음부터 참여할 기회를 줘라

"청소년 관리국에서 일한 덕분에 기획 단계부터 참여한 프로젝트가

---

* 복잡한 매듭처럼 풀기 힘들지만, 허점을 찾아내거나 발상을 전환해 쉽게 풀 수 있는 문제를 비유하는 말 - 편집자 주

위에서 명령으로 내려온 프로젝트보다 성공할 확률이 더 높다는 걸 알게 됐다." 존슨은 대통령이 된 후에도 "쟁점을 결정하는 과정부터 시작해 법안의 초안을 작성할 때까지 매 단계에서 의회와 상의하며 조언을 구했다."[110] 존슨은 하원의원과 상원의원에게 비밀 TF의 존재를 알려주었고, 교서와 법안에 들어갈 내용을 결정하기 위해 보좌관들을 의회에 보내 핵심 의원들과 비밀 회동을 갖도록 했다. 또 교서를 보내기 전날 밤에는 의원들을 초대해 백악관 식당에서 저녁 식사를 함께했다. 국무위원들도 참석해 의원들에게 배경 지식을 제공했고, 의원들의 질문에 요령껏 대답했다. 존슨의 표현을 빌리면, 이런 만찬은 "아무것도 아닌 것"처럼 보일 수 있었지만 "그 만찬이 실제로는 모든 것이었다." 만찬의 형태를 빌린 이런 예비 회의 덕분에, 다음날 기자와 카메라맨이 교서에 대한 의회의 반응을 물었을 때 의원들은 태연하게 대처할 수 있었다. 따라서 "의원들은 유권자들에게 멋지게 보였고, 법안에 대한 그들의 자세도 달라졌다."[111]

예비 회의의 중요성은 하원의원으로 일할 때 겪은 경험 때문에도 더욱 강조됐다. "루스벨트 대통령이 의회에 막 보낸 새 행정부의 중요한 교서를 하원 서기가 새뮤얼 레이번에게 읽어줄 때, 나는 우연히 그 모습을 보게 됐다. 레이번 의장 주변에는 30~40명의 민주당 의원이 있었다. 서기가 교서를 전달하자 모든 의원이 이구동성으로 불평을 토해냈다. "도대체 왜 대통령이 이런 것을 보내도록 내버려두셨습니까?", "왜 우리에게 미리 알려주시지 않았습니까?" 모두가 흩어진 후, 레이번은 존슨을 돌아보며 말했다. "대통령이 이런 논란이 많은 교서를 언제 보낼지 나에게만이라도 미리 알려주면, 내가 대통령을 위해 변명이라도 할 수 있을 텐데 말입니다. 지지 세력도 확보하고, 비판에도 더 효과적으로 대처할 수 있을 것이고요." 레이번이 자존심에 상처를 입었다는 걸 존슨은 즉시 눈치챌 수 있었다. "나는 그 교훈을 결코 잊지 않았다."[112]

사소한 것까지 챙기는 존슨의 세심한 관리는 교서를 의회에 보내는 날짜를 결정하는 것에 그치지 않았다. 존슨이 고안해낸 관리 방식은 기계화된 과정이 아니었다. 개개인으로 구성되고, 매 단계에서 관리와 고려가 필요한 방식이었다. 어떤 법안에나 관련된 의원과 유권자와 로비스트가 있었는데, 존슨은 그들 모두에게 관심의 끈을 놓지 않았다. 1965년 봄과 여름, 즉 베트남 전쟁으로 위대한 사회 프로그램에 짙은 먹구름이 뒤덮이기 전까지 존슨은 입법 과정에 거의 모든 시간을 할애했다. 《연방의회 의사록》의 요약이 매일 아침 그의 침대 옆 탁자에 놓였다. 백악관 보좌관들은 하루 동안 의원들을 접촉한 결과를 매일 밤 상세히 보고하며, 특별히 주목이 필요한 항목에는 표시를 해두었다. 국무회에서도 주된 의제는 언제나 '계류된 법안'이었다. 따라서 국무위원은 해당 부서의 입법 프로그램이 어떻게 진행되고 있는지 보고해야 했다.

물론 위대한 사회 프로그램과 관련된 법안의 통과보다 존슨에게 중요한 것은 없었다. 국무회의실의 한구석에 세워진 받침틀에는 각 법안의 진행 과정을 요약한 큼직한 도표가 놓여 있었다. 어느 법안이 아직 소위원회에 있고, 어느 법안이 최종 심의를 앞두고 있으며, 어느 법안이 본회의 토론에 상정돼 있는지 일목요연하게 정리된 도표였다. 이렇게 요약된 정보 덕분에 존슨과 국무위원들은 적절한 순간에 적절한 사람에게 필요한 압력을 가하며 입법 과정을 꾸준히 진척시킬 수 있었다.

대통령에 취임하고 처음 10개월 동안, 존슨은 모든 의원을 적어도 한 번씩 백악관에 초대했다. 30명씩 부부가 만찬에 초대를 받았고, 모든 비용은 존슨이 부담했다. 만찬이 끝나면 남자들은 대통령과 함께 버번위스키를 마시며 시가를 피웠고, 여자들은 레이디 버드의 안내를 받아 백악관을 둘러보았다. 이런 작은 만찬을 통해 존슨 대통령과 의원들은 긴장을 풀고 이런저런 이야기를 나누며 함께하는 시간을 즐겼다.[113] 언젠가 존슨은 "대통령이 의회를 다루는 방법은 하나밖에 없다. 그 방법은 중단 없이, 끊임없이 계속돼야 한다. 대통령과 의회의 관계가 진정으로 효과가 있으려면 거의 근친상간 관계여야 한다."고 말했다.[114]

한편 존슨은 의회를 "당신의 뜻대로 움직이게 만들어야 하는 위험한 짐승"에 비유했다. "당신이 적절히 자극하면 그 짐승은 당신이 원하는 방향으로 움직일 수 있지만, 지나치게 자극하면 요란하게 짖으며 오히려 당신을 공격할 수 있다. 그러니 그 짐승이 어떤 평가를 받고, 기분 상태가 어떠한지 매일 점검해야 한다. 당신이 그 짐승을 견제하고 다독거리지 않으면, 그 짐승은 금세 야수로 돌변할 것이다."[115]

기다려야 할 때와 추진해야 할 때를 알아야 한다

1964년 시민권법을 통과시키기 위한 오랜 투쟁이 있은 후, 존슨은 시민권 연대의 의제에서 다음 과제, 즉 평등한 투표권을 요구하려면 먼지가 충분히 쌓여야 한다고 생각했다. 즉, 의회가 분열의 상처를 치유할 시간이 필요하다고 판단했다. 실무적인 차원에서 연방 기관들이 식당과 목욕탕 및 극장을 통합하는 집행 절차를 마무리하는 데도 시간이 필요했다. 또 시민권 법안이 정치사회적으로 미친 방대한 영향을 미국인들이 소화하기 위해서는 더는 충돌이 없는 평온의 시간이 필요했다.

평등한 투표권이란 목표를 향한 존슨의 열의에는 의심의 여지가 없었다. 1965년 의회가 시작할 때, 존슨은 마틴 루서 킹에게 "1964년 시민권법보다 강력한 투표권 법안이 통과되는 것이야말로 아프리카계 미국인에게 가장 위대한 돌파구"가 될 것이라며,[116] "흑인의 목소리가 투표로 표현되는 순간부터 많은 다른 돌파구가 뒤따를 것이다. 백인에게 받는 선물이 아니라, 흑인이 미국 시민으로서 자신의 합법적인 힘을 행사한 결과로 많은 돌파구가 뒤따를 것"이라고 주장했다.[117] 하지만 당장에는 위대한 사회 프로그램과 관련된 다른 법안들을 통과시키는 데 힘을 더해 달라고 부탁했다. 메디케어와 교육 지원이 매우 중대한 단계에 있었는데, 이는 흑인과 백인 모두에게 삶의 질적 향상을 위해 반드시 필요한 프로그램이었다. 두 법안 뒤에는 경제적으로 궁핍한 공동체를 위한 공공사업 법안, 전국적인 직업 훈련 법안, 도심 지역의 재활성화를 위한 법안, 빈곤 구제를 확대하기 위한 법안 등이 줄지어 기다리고 있었다. 존슨은 모든 미국인을 돕기 위해 이 모든 법안을 먼저 통과시키자고 제안했고, 1966년에 투표권 문제를 최우선 과제로 삼겠다고 킹에게 약속했다.

하지만 앨라배마주 셀마에서 일어난 사건들로 계획이 틀어졌다. 린든 존슨이 치밀하게 계획한 입법 순서 시간표에 톱니 하나가 불쑥 끼어든 것이었다. 1965년 3월 초, 킹을 비롯한 시민운동가들은 투표권 법안에 대한 지지 세력을 규합하려고 독자적인 행동을 취하며, 남부 관리들이 아프리카계 미국인들에게 선거인 등록을 이유로 요구한 배타적 시험을 폐지하라고 주장했다. 그 터무니없는 시험에는 수정 헌법 제1조부터 제10조까지를 적절히 인용하고, 연방헌법의 일부 구절을 암송하고, 수정 헌법 제14조에 대해 설명하는 항목이 있었다. 남부 관리들이 예상한 대로 이런 차별적인 제도는 엄청난 위력을 발휘했고, 셀마에서 투표 연령을 넘긴 1만 5,000명의 흑인 중 고작 335명만이 유권자로 등록할 수 있었다.[118]

'피의 일요일Bloody Sunday'로 알려지게 된 오명의 날, 1965년 3월 7일, 600명 이상의 시민운동가들이 주도州都인 몽고메리까지 85킬로미터를 행진하려고 셀마의 브라운 교회에 모였다. 그들은 좁은 에드먼드 피터스 다리Edmund Pettus Bridge에 도착해서는 나란히 걸으며, 시민권 운동을 상징하는 성가, '우리는 승리하리라'를 힘차게 불렀다. 다리 끝에서 권총과 야경봉, 가죽 채찍과 곤봉으로 무장한 보안관 짐 클라크의 기마경찰대와 주경찰대가 그들의 행진을 차단했다. 텔레비전 카메라에

녹화된 현장에 따르면 "기병대가 공격했다. 금세 끝났고, 60명 이상이 부상해 쓰러졌다. 그들 중에는 노파와 어린아이도 있었다. 20명 이상이 병원으로 옮겨졌다."[119] 행진자들은 브라운 교회로 물러섰고, 기병대는 그들을 추적했다. 수백만의 시청자가 그 학살을 목격했고, 국민의식이 일깨워졌다.

존슨은 당시를 회상하며 "순간적으로 변한 분위기에서 항구적인 무엇인가를 이루어내려면 지체 없이 행동하는 게 중요했다. 물론 올바른 방향으로 움직이는 것도 그에 못지않게 중요했다."고 말했다.[120] 시위가 전국적으로 확산되고 규모와 강도도 점점 거세졌다. 게다가 국방군을 동원해, 몽고메리까지 행진을 재개하려는 이들을 보호하라는 거센 압력이 존슨에게 가해졌다. 피켓 시위자들이 백악관을 에워쌌고, 대통령에게 행동을 촉구하는 플래카드를 크게 펼쳤다. "LJB(린든 베인스 존슨), 눈을 크게 뜨고 남부의 아픔을 보라! 당신 고향의 만행을 보라!"[121] 그런 엄청난 압력에도 존슨은 아직 때가 되지 않았다고 생각했다. 그는 "연방군을 성급히 동원하면 투표권 법안의 통과에 유리하게 존재하던 작은 가능성마저 사라질까 두려웠다." 남부 출신이었던 까닭에, 연방군 파견이 재건 시대의 씁쓰레한 기억을 남부인들에게 되살리고, 앨라배마 주지사 조지 월러스George Wallace를 주권州權의 순교자로 둔갑시킬 위험이 있다는 걸 알았다. 따라서 존슨은 "우리는 북부의 심리적 승리를 위해서가 아니라 흑인의 진정한 승리를 위해 싸워야 한다."는 원칙에서 물러서지 않았다.[122]

전국 각지에서 사람들이 행진에 참여하려고 셀마로 구름처럼 모여들었고, 존슨은 월러스 주지사와 접촉했다. 존슨은 월러스가 곤경에 처해 있다는 걸 알았다. 주지사로서 월러스는 법과 질서를 유지해야 했지만, 유혈극이 계속되면 그의 전국적인 평판과 더 높은 자리를 향한 꿈이 타격을 받을 터였다. 그렇다고 흑인을 보호하겠다고 앨라배마주 주방위군을 배치하면, 백인 정치 세력이 그에게 등을 돌릴 것이 뻔했다. 존슨은 월러스의 상황을 "그야말로 진퇴양난이군!"이라 생각했다.[123] 서둘러 마련한 백악관 회동에서 존슨은, 앨라배마주가 자체적으로는 행진자들을 보호할 수 없다고 도움을 요청하면, 즉시 앨라배마 주방위군을 연방정부의 지휘하에 두겠다고 제안했다. 누구의 요청으로 연방군이 배치되는지가 무척 중요했다. 훗날 존슨은 "군대가 개입하더라도 그 군대는 해산을 강요하는 침략자가 아니었다. 이 점에서 완전히 달랐다."고 설명했다.[124]

법과 질서가 일시적으로 안정되자, 존슨은 근원적인 핵심 쟁점에 집중했다. 셀마의 잔혹행위와 그에 따른 국가적 수치를 활용해 '평등한 투표권' 통과를 앞당기겠다는 목표를 세웠다. 피의 일요일에 이미 존슨은 법무장관 니컬러스 캐천버크Nicholas Katzenbach에게 투표권 법안의 초안을 가장 강력하게 작성하라고 지시한 터였다. 다음 일요일 아침에 초안이 완성됐다. 일곱 번의 위기를 겪으면서도 존슨은 평론가들의 비난에 흔들리지 않고 때를 기다렸고, 때마침 셀마의 섬뜩한 사건들이 미국인들의 마음을 뒤흔들었다.

마침내 투표권을 밀어붙일 때가 온 것이었다. "투표권 법안과 교서를 의회에 보내는 가장 효과적인 방법이 무엇인가" 하는 문제만이 남

3부 리더와 시대 - 그들은 어떻게 세상을 이끌어가는가?

앉다. 대통령이 의회에 직접 출석해 입법 교서를 전달한 사례는 거의 20년 전에 있었다. 그렇다고 의회를 건너뛰고 국민에게 직접 호소하는 것도 너무 위험했다. 여하튼 존슨은 투표권 법안에 대해 국민에게 널리 알릴 수 있는 이번 기회를 놓치지 않기로 했다. 일요일 저녁, 존슨은 의회 지도자들을 백악관에 초대해 월요일 저녁 9시에 양원 합동 회의를 열어달라고 요청했다.

존슨은 극도로 신중한 어조로 연설하기 시작했다. "오늘 밤 나는 인간의 존엄성과 민주주의의 운명을 위해 이야기하고자 합니다. …… 때때로 역사와 운명이 같은 시간 같은 장소에서 만나, 자유를 향한 인류의 끊임없는 노력으로 전환점을 맞이합니다. 렉싱턴과 콩코드*에서 그랬고, 한 세기 전에는 애퍼매턱스**에서 그랬으며, 지난주에는 앨러배마주 셀마에서 그런 기적이 있었습니다.

흑인의 문제란 없습니다. 남부의 문제도 없습니다. 오로지 미국의 문제가 있을 뿐입니다. 오늘 밤 우리는 민주당원이나 공화당원으로서가 아니라 미국 국민으로서 이 자리에 모였습니다. 이 문제를 해결할 미국 국민으로서 이 자리에 모였습니다.

각 주의 권리냐 국가의 권리냐 하는 문제가 아닙니다. 오로지 인권의 문제일 뿐입니다. 그러나 우리가 이 법안을 통과시킨다 하더라도 싸움이 끝난 것은 아닙니다. 셀마에서 일어난 일은 미국의 모든 지역

---

* 1775년 4월 19일에 일어난 '미국 독립 전쟁'의 포문을 연, 영미 간 전투가 일어난 곳 - 편집자주
** 남북전쟁 당시 남군 총사령관 리 장군이 북군 총사령관 그랜트 장군에게 항복한 곳 - 옮긴이주

과 모든 주로 확산되고 있는 훨씬 더 큰 움직임의 일부분에 불과합니다. 이는 미국의 흑인들이 미국 국민으로서 누려야 마땅한 삶의 모든 축복을 스스로 획득하려는 노력입니다.

그들의 명분이 우리의 명분이 되어야 합니다. 흑인만이 아니라 우리 모두가 편견과 불의의 유산을 극복해야 합니다.

존슨은 여기에서 잠시 말을 멈추었다. 두 손을 불끈 쥐고, 침례교파의 옛 찬송가 가사를 읊조렸다. "그리고 우리는 …… 반드시 …… 승리할 것입니다!"[125]

백악관의 한 직원이 회고했듯 "순간 정적이 흘렀고, 의원들이 대통령이 흑인 시위대의 성가, 흑인들이 행진하며 부르는 성가를 자신의 슬로건으로 받아들이며 선포했다는 걸 깨달았다." 잠시 후에는 "의원과 방청객 모두가 기립해 박수를 치며 환호성을 질렀다. 심지어 발을 구르는 소리도 들렸다."[126]

그 연설의 설득력은 우아한 수사적 표현에서는 물론이고, 중대한 시점에 완벽하게 보여준 리더십에도 있었다. 특히 존슨은 "이번 투쟁의 진정한 영웅은 미국 흑인"이라 선언하며, 그들의 행동이 "이 나라의 양심을 일깨웠다."고 덧붙였다. 또 남부에 책임을 전가하지 않고, 미국의 어떤 지역도 흑인을 공평하게 대우하지 못한 책임에서 자유롭지 않다는 의견도 분명히 밝혔다. "버밍햄만이 아니라 버펄로에서, 셀마만이 아니라 필라델피아에서 미국 국민은 자유의 열매를 위해 투쟁하고 있습니다." 존슨은 자신이 의회에 보내려는 법안이 미국 흑인을 위한 것이고, 시민권이 핵심이더라도 "모든 미국인이 살 만한 집과 일자리를 구할 기회와 가난의 손아귀에서 벗어날 기회"를 갖는 '위대한 사회'를 구축하려는 목표의 일부라는 것을 미국인들에게 되새겨주었다.[127]

연설의 끝머리에서 존슨은 텍사스의 가난한 멕시코계 미국인 마을, 커툴라에서 교사로 일하며 직접 겪은 경험으로 되돌아갔다. 커툴라는 그의 권력 야망이 깊은 목적의식과 처음으로 결합된 곳이었다.

가난과 증오가 어린아이의 희망찬 얼굴에 남긴 상처를 보면, 가난과 증오의 힘을 결코 잊을 수 없습니다. 1928년 당시, 나는 1965년 지금 이곳에 서게 될 거라고는 생각하지도 못했습니다. 물론 그 학생들의 아들딸을 돕고, 이 나라 전역에 있는 그들과 같은 처지의 사람들을 도울 기회를 갖게 되리라고는 꿈에도 생각하지 못했습니다. 그러나 지금 나는 그런 기회를 갖게 됐습니다. 비밀 하나를 말씀드리면, 나는 이 기회를 사용할 작정입니다. 여러분도 나와 함께 이 기회를 사용하시기를 바랍니다.[128]

존슨이 입버릇처럼 "상대를 설득하려면 자신의 생각에 확신이 있어야 한다. 당신이 제시하는 주장을 스스로 믿어야 한다."고 말했듯이,[129] 그 시대에 대한 감상적 확신으로 시작된 박수가 점점 커져갔다.

오랜 친구이자 멘토이던 리처드 러셀은 법안에 찬성할 수는 없지만 "그가 그때까지 들었던 여러 대통령 연설 중 최고"였다고 칭찬했다.[130] 그 칭찬에 존슨은 환한 미소를 지었다. 마틴 루서 킹이 보낸 전보도 투표권 법안 통과에 유리한 분위기를 조성하는 데 한몫했다. "양원 합동 회의에서 행한 대통령님의 연설은 지금까지 어떤 대통령도 해내지 못한, 인권에 대한 감동적이고 웅변적이며 격정적인 탄원이었습니다."[131]

기념식으로 과거를 예우하고, 미래를 향한 추진력을 얻어라

린든 존슨은 위대한 사회 프로그램이 하나씩 법제화될 때마다 서명식을 가졌다. 법제화 과정에서 매 단계를 꼼꼼하고 정성껏 챙겼던 것만큼이나 서명식에도 신경을 기울였다.

예컨대 오랜 승강이 끝에 4월 초에 의회를 통과한 초중등교육법 Elementary and Secondary Education Act에 서명할 때는 그가 4세에 처음 다녔던 교실이 하나뿐인 학교, 정크션 스쿨을 찾았다. 그를 8년 동안 가르쳤던 교사, 케이티 디트릭을 캘리포니아에서부터 모셔오기도 했다. 그가 처음 교육을 받았던 곳으로 되돌아가 "배움의 세계가 어린아이 눈앞에 열어주는 마법의 시간"을 사람들에게 되살려주려 했던 것이다. 존슨은 "소작농의 아들이었던 까닭에 교육이 가난을 벗어나게 해주는 유일한 열쇠라는 것"을 잘 알았다. 정치에서 이룬 강렬한 업적을 제외하면 교사로 일했던 기억만이 존슨에게는 소중했다. 따라서 과거의 그 소중한 시간에 감사하려고 존슨은 커툴라 초등학교와 샘 휴스턴 고등학교의 옛 제자들을 서명식에 초대했다. "50년이 지난 뒤에 원래의 자리로 돌아왔다."라고 말한 것처럼, 대통령으로서 "의회에 제출된 가장 포괄적인 교육 법안"에 서명하는 특권은 그야말로 꿈의 실현이었다.[132]

존슨이 메디케어 서명식 장소를 워싱턴에서 미주리의 인디펜던스로 황급히 변경한 것도 감상주의가 아니라 역사의식과 감사하는 마음에서 비롯됐다. 존슨은 그렇게 하는 것이 전 대통령 해리 트루먼에 대한 경의의 표현이라 여겼다. 인디펜던스는 트루먼의 고향이었고, 건강관리를 위한 노력은 그곳 출신 대통령이 시작했다는 걸 국민에게 알리고 싶었던 것이다. 의회 지도자들과 보건복지부 국장 윌버 코헨Wilbur Cohen을 비롯한 고위 관료들은 서명식 장소를 워싱턴에서 미주리로 황급히 옮기면 많은 사람에게 불편을 준다며 반대했다. 그런 불편을 인정하면서도 존슨은 단호했다. "윌버, 이해하지 못하겠나? 해리 트루먼을 위해 옮기는 것이네. 트루먼 대통령은 늙고 지쳐 그곳에 계시네. 나는 국가가 그분을 잊지 않았다는 걸 그분에게 알려주고 싶은 걸세. 누군가 나를 위해 그렇게 해준다면 나는 정말 고마워할 거네."[133] 존슨의 직감은 옳았다. 트루먼은 크게 감동하며 "오늘 여기까지 찾아와 주다니, 나로서는 더할 나위 없는 큰 영광이네. 내가 지금껏 누려보지 못한 영광이네."라고 말했다.[134]

8월 6일 투표권 법안을 서명하는 장소로는 상원 회의실에 좀 떨어진 대통령실을 택했다. 그곳은 거의 한 세기 전 8월의 같은 날, 에이브러햄 링컨이 남부 연합 군인으로 동원됐지만 도망한 노예들을 석방하는 법안을 서명한 곳이었다. 존슨은 그곳에 모인 시민권 운동 지도자들과 각료들, 백악관 보좌관들, 상원의원들과 하원의원들에게 "오늘은 어느 전쟁터에서 거둔 승리만큼이나 자유가 위대한 승리를 거둔 날"이라고 말했다. 정확히 넉 달 만에 "이 훌륭한 의회가 합심해, 미국 자유의 역사에서 가장 기념비적인 법을 통과시켰다."라고 말했지만, 법안을 위한 마지막 장애가 곧 해결될 것이라 예고하면서도 존슨은 자유를 위한 싸움이 이제야 시작된 것이라 주장했다. 진정한 사회경제적 기회를 성취하기 위해서는 "평등을 위한 투쟁이 다른 전쟁터로 확전되어, 모든 흑인에게 미국 주류의 삶으로 들어갈 자유가 허락되어야 했다."[135]

지금까지 언급한 세 법의 서명식은 자축연을 넘어섰다. 존슨의 주도로 기획된 서명식은 관련된 사람들에게 공로를 돌리고, 과거를 되돌아보며 미래를 기대하는 기회를 제공했다. 입법 과정이 언제 시작됐고 언제 끝났는지를 되짚어보는 시간이었다.

—◇—

린든 존슨이 투표권법에 서명한 때는 케네디가 암살되고 623일이 지난 때였다. 케네디가 암살된 날부터 존슨은 세 보좌관과 사흘 밤을 함께 보내며 대통령으로서의 비전을 고심했다. 그 비전의 폭과 일관성을 넘어, 존슨은 놀랍게도 그날 밤부터 시작한 모든 것—감세, 시민권, 교육에 대한 연방 지원, 메디케어, 투표권—을 1년과 세 분기 만에 이루어냈다. 이 다섯 가지의 획기적인 법안은 서로 밀접한 관계가 있어 미국 사회에 큰 영향을 미쳤다. 감세 덕분에 3년 동안 경제가 크게 성장해 "가진 자와 못 가진 자의 계급투쟁"을 자극하지 않고 위대한 사회 프로그램을 재정적으로 지원할 수 있었다.[136] 병원이 메디케어 기금을 받으려면 시민권법의 비차별조항을 준수해야 했다. 오랜 시간이 지나지 않아, 남부에서도 흑인을 차별하는 병원은 모두 사라졌다. 투표권법 통과로 흑인 유권자 등록이 획기적으로 증가했고, 그 결과 투표로 선출된 흑인 관리의 수가 10배까지 증가했다. 헤드 스타트 프로그램Head Start Program은 혜택을 받지 못하는 수많은 아이에게 건강을 증진하고 고등학교까지 교육받을 기회를 제공했다. 더 나아가, 직업 시장에 들어가 생산적인 시민으로 성장할 기회도 크게 확대했다. 메디케어의 도움으로 기대 수명도 5년 이상 늘었다.

제89차 의회는 마지막 3개월 동안 더욱 포괄적인 법안들을 다루었다. 가난한 학생에게 장학금 제공, 학비 대출, 학교 공부와 현장 실습을 겸비한 직업 교육 등의 혜택을 주기 위한 고등교육법, 공공사업과 경제 발전에 관련된 법, 미술과 음악, 춤과 문화의 혜택을 지방에도 확산하는 법, 공공 방송국과 연방 주택 건설 지원을 확대하고 도심을 재활성하기 위한 주택 및 도시 개발법 등이 대표적인 예다. 심지어 서유럽과 북유럽 출신 백인을 우대한 차별적인 할당제를 철폐한 이민 법안도 법제화했다. 새로운 이민법은 출신지와 상관없이 개인의 능력을 기준으로 이민자에게 미국의 문을 개방하고, 다섯 명이 이민한 가족에게는 재결합의 혜택을 부여해 이민의 흐름이 아프리카와 아시아, 라틴아메리카로 이동했다. 그 결과 미국의 다양성은 크게 확대됐다.

거의 2년 동안, 린든 존슨의 리더십하에서 공화당과 민주당은 함께 노력하며 남북전쟁 이후 시민권에서 가장 획기적인 신장을 이루었고, 미국 사회에 항구적인 흔적을 남겨놓을 만한 포괄적이고 진보적인 변화를 위한 첫걸음을 놓았다. 1965년 10월 말 의회가 휴회를 선언했을 때 〈뉴욕 타임스〉는 오랫동안 사라졌던 행정부와 입법부의 생산적인 관계가 복원됐다고 평가했다.[137] 평론가들은 케네디의 죽음을 비롯해 흔치 않은 사건의 연속이 "입법부의 수확"으로 이어지며 경제 성장이 지속됐고, 그 결과 의회에서 민주당이 다수당을 유지할 수 있었다고 요약했다. 이 모든 요인에도 불구하고, 제89차 의회는 "무엇보다 갑자기 미국 대통령이 된 위대한 입법 리더의 작품"이라는 게 대체적인 의견이었다.[138]

적절한 곳과 적절한 시기에 적절한 인물로 등장한 린든 존슨은 에이브러햄 링컨이 자유로운 정부의 목표로 규정했던 것을 실질적으로 추구한 대통령—모든 시민에게 삶의 과정에서 각자의 근면성과 진취성과 지능에 따라 교육받고 사업하며 경쟁하는 공정한 기회를 제공하려는 대통령—에 가까웠다.[139]

이렇게 찬란한 업적이 이어지고 있는데 린든 존슨의 완벽한 리더십이 끝을 향해 다가가고 있다고 상상하기는 거의 불가능했을 것이다. 하지만 관심의 축이 국내 정치에서 베트남 전쟁으로 옮겨가자, 존슨의 리더십은 끔찍한 실패를 거듭하며 신뢰와 믿음을 상실했고, 그의 유산에 지워지지 않을 상처를 남겼다. 게다가 국가를 갈가리 찢어놓았다.

· 결말 ·

케네디가 암살된 날부터 린든 존슨이 보여준 비전의 리더십visionary leadership이 국제 문제와 베트남을 다룰 때는 전혀 힘을 발휘하지 못한 이유는 무엇일까?

대통령에 취임한 첫날 존슨은 국내 문제와 시민권에 집중했고, 성취해내려는 목표에 대한 구체적인 비전이 있었다. 또한 그 목표를 이루기 위해 의회와 국민을 어떻게 끌어가겠다는 명확한 전략도 있었다. 그러나 미국인을 베트남 전쟁에 끌어들일 때는 그 자신부터 적극적인 목표보다, 피하고 싶은 것—굴욕적인 패배, 실패와 상실—에 끌려들어갔다.

존슨이 정체된 법안을 해결하는 데 집중하는 동안, 취임하고 수주가 지나지 않아 미국이 대대적으로 개입해 전쟁의 흐름을 뒤집지 않으면 남베트남이 공산주의에 굴복하는 건 시간문제라는 군사 보좌관들의 경고가 잇달았다. 존슨은 국가안보 보좌관 맥조지 번디McGeorge Bundy에게 "베트남 때문에 정말 성가셔 죽겠네. 목숨을 걸고 싸워야 할 가치가 있다고도 생각하지 않지만, 그렇다고 발을 뺄 수도 없고! 정말 나로서는 평생 겪어보지 못한 골칫덩이!"라고 투덜댔을 정도였다.[140] 취임 초기에 존슨의 군사 보좌관들에게 베트남은 끔찍한 골칫거리였고, 존슨에게는 뒤로 미루고 덮어두고 싶은 문제였다. 그래서 존슨이 처음에 바란 것은 문제의 억제였다. 다시 말해서 국제 문제 해결에 위협이 될 만한 중대한 실수를 범하지 않는 것이었다.

의사결정 과정, 즉 무엇을 해야 하고 무엇을 하지 않아야 하는지를 판단하는 과정이 점점 복잡해졌다. 따라서 '무엇이든 할 수 있다'는 정신에 투철한 리더이던 존슨은 자신의 능동적이고 격정적인 기질과 충돌하는 상황에 빠져들었다. 국내 문제에서는 자신감을 마음껏 발산하며, 오랜 경험에서 기인한 그의 직관과 모순되는 조언을 무시할 수 있었지만, 국제 문제에서는 그러지 못했다. 따라서 소수의 각료와 보좌관을 "가장 똑똑하고 가장 뛰어난 전문가"라 생각하며 그들의 조언에 귀를 기울였다.[141] 대체로 그들은 일반화된 지식층을 대변하고, 베트남 전쟁은 공산주의와 민주주의 간의 투쟁이라고 생각하는 세대였다. 따라서 그 전쟁에서 패배하면 공산주의 침략이 도미노처럼 확산되고, 냉전에서 미국은 크게 약화될 것이란 두려움을 떨치지 못했다.

존슨은 국내 문제에 관련해서는 TF를 운영하며 전통적인 사고방식에 구속되지 않은 새로운 아이디어와 접근법을 얻었지만, 베트남 전쟁에 관련해서는 정부 내의 반대자는 물론이고, 대학과 싱크탱크의 동남아시아 전문가에게도 의견을 구하지 않았다. 게다가 남베트남은 미국의 국가 안보에 중요하지 않다는 주장과 미국이 파병을 확대하기 전에 베트남이 포기하면 미국의 패배가 아니라 자유 진영의 후퇴로 해석될 것이란 주장을 무시하고 외면했다.

베트남 문제에 대한 존슨의 의사결정은 한마디로 단편적이었다. 명확한 전략적 의제도 없고, 일관성과 확신도 부족했다. 1965년 2월 베트콩 게릴라가 미군 고문들의 막사를 습격하자, 존슨은 북베트남의 몇몇 지역을 공습하는 보복 공격을 승인했다. 게다가 공습을 주도한

공군 기지를 보호하겠다는 명목으로 병력을 추가로 파병했다. 그 직
후에는 공군 기지를 보호하려고 파병된 해병대를 보호하기 위한 병력
을 또 파병했다. 따라서 4월쯤에는 남베트남에 주둔한 미군이 5만 명
을 넘었다. 그 병사들의 임무는 더 이상 공군 기지 보호가 아니라, 근
처 베트남군이 곤경에 빠지면 전투에 참전해 그들을 돕는 것이었다.
6월경 미군은 베트남군과 협력하거나 독자적으로 군사 작전을 펼칠
수 있었다.

　존슨은 누구에게나 고유한 값이 있어, 마주 앉아 상대의 눈을 보면
어느 값에 그와 타협할 수 있는지 짐작할 수 있다고 믿었다. 그래서 호
찌민과 한 방에 들어가 마주 앉을 수만 있다면, 미군의 힘을 인정하라
고 그를 설득할 수 있을 거라고 확신했다. 실제로 존슨은 "전쟁도 필리
버스터와 같은 것이어서 처음에는 강력히 저항하지만 점점 힘이 빠지
기 마련이므로, 호찌민도 서둘러 끝내려 할 것"이라 말했다.[142] 존슨은
베트남 전쟁은 두 적대적인 집단 간의 다툼이므로 협상으로 해결될 수
있다는 믿음을 고수했다. 내란이고 사회 혁명이라는 걸 인정하지 않았
다. 또한 조국에서 조국을 위해 싸우는 북베트남인의 의지가 미군에게
지원받는 남베트남인보다 훨씬 굳건하다는 것도 인정하지 않았다.

　폭격으로도 고집스런 북베트남을 협상 테이블로 끌어내지 못하자,
당황한 존슨은 자애로운 아메리칸 드림을 베트남에 이식하려고 했다.
왼손으로는 베트남을 계속 파괴하면서 오른손으로는 남북 베트남의
사회경제적 발전을 위해 10억 달러 프로젝트를 제안한, 모순된 태도
는 눈총을 받지 않을 수 없었다. 존슨은 뉴딜 정책의 테네시강 유역 개

발공사를 압도할 정도의 규모로, 메콩강에 대규모 댐을 건설해 엄청
난 양의 전력을 생산하는 프로젝트를 제안했다. 실제로 힐 카운티를
전력화할 때 축소된 모형으로 그런 미래를 본 적이 있었다. 학교와 도
로와 주택을 세우고, 작은 마을에 "경이로운 현대 의술"을 도입하겠다
는 계획도 발표했다.[143] 한쪽에서는 베트남식 위대한 사회를 약속하면
서, 다른 한쪽에서는 파괴와 황폐화가 자행되고 있었던 것이다.

　1965년 7월쯤, 지속적인 폭격도 개발의 약속도 북베트남의 남부
침투를 막을 수 없다는 게 분명해졌다. 존슨의 최측근 보좌관들은 남
베트남이 붕괴의 위험에 직면했다고 경고하며, "패배를 피하기 위
해" 대규모 군사 파병을 권고했고, 존슨은 다시 그 충고를 받아들였
다. 그리하여 베트남에 파병된 미군은 50만을 넘겼다. 심지어 보좌
관들은 23만 5,000명의 예비군에게 동원령을 내리고, '비상사태state of
emergency'를 선포하라고도 촉구했다.[144] 더 나아가 경제를 전시 상태
로 편성해야 한다며 의회에 전쟁 비용을 위한 증세를 요구하고, 국민
에게는 미국이 큰 전쟁을 시작했다고 알려야 한다고 존슨에게 압력을
가했다.

　그해 7월에 내려진 결정보다 리더십의 실패를 극명하게 보여주는
사례는 없다. 존슨은 전쟁을 확대하라는 권고를 받아들였지만, 의회
와 국민에게 확전에 따른 비용 상승 가능성을 알리라는 조언은 받아
들이지 않았다. 투표권, 이민법 개혁, 위대한 사회 프로그램을 위한 입
법을 꾸준히 추진하기 위해 의회와 국민에게 베트남전의 필요성이나
그 전쟁 자체에 대해 언급하지 않기로 결정했다. 훗날 존슨은 이렇게

회고했다. "프랭클린 루스벨트를 비롯해 어떤 대통령보다 더 많은 사람의 삶을 향상시키겠다는 젊은 시절의 꿈에 거의 도달한 것 같았다. 따라서 나는 외교 정책을 날개 밑에 감추는 수밖에 다른 도리가 없었다. 나는 레이디 버드를 아는 것만큼이나 의회를 잘 알았다. 전쟁에 대한 토론이 본격적으로 시작되는 날이 위대한 사회 프로그램의 종말이 시작되는 날이 될 거라는 것도 알았다."[145]

하지만 존슨이 위대한 사회 프로그램을 추진하는 데 사용한 기법들은 베트남 전쟁의 내용과 성격을 미국인에게 감추는 데도 사용되며 부정적인 결과를 낳았다. 더 많은 병력의 필요성을 공개적으로 발표하는 걸 피하기 위해 존슨은 예비군을 동원하지 않고, 징집영장 발급을 늘렸고 모병을 확대했다. 5만 명의 추가 파병 소식을 오후의 복잡한 기자회견에 슬쩍 끼워 넣었다. 의회에 전쟁세를 요구하지도 않았다. 과거에는 입법부를 마비 상태에 빠뜨린 감세 법안을 해결하려고 예산을 깎는 데 주력했다면, 이번에는 증가한 국방비를 감추려고 예산을 교묘하게 조작했다. 그런 결정은 결국 인플레이션을 조장했고, 그가 공들였던 국내 프로그램에도 부정적인 영향을 미쳤다.

베트남 전쟁이 1965년을 넘어 1968년까지 계속되자 국민의 불만이 깊어졌다. 대학 캠퍼스에서 시작한 시위가 길거리로 확대됐다. 도시마다 시위대가 수만 명을 넘었다. 아칸소 출신 상원의원, 제임스 윌리엄 풀브라이트James William Fulbright가 베트남 전쟁에 대한 공청회를 시작하며 공개 토론을 열었지만, 존슨은 그 토론을 들으려 하지 않았다. 존슨은 베트남 전쟁에 대한 정보 공개를 단계적으로 서서히 확대하자는 자신의 정책을 고수하며 그 정책에 동의하는 사람들로 보좌관들을 줄여갔다. 그의 리더십을 지지하는 세력이 줄어들기 시작하자 혼자 책임을 떠안지 않으려고 온갖 곳에서 희생양을 찾으며 언론과 지식인, 극단적인 자유주의자와 외부의 선동가를 비판했다. 그 사이에도 존슨은 절망의 구렁텅이로 변해버린 베트남전에 대해 국민을 계속 속였다.

존슨이 미국 국민과의 신의를 저버렸다는 명백한 증거는 1968년 초에 드러났다. 북베트남과 베트콩이 남베트남 내에서 구정 대공세 Tet Offensive를 시도한 것이었다. 급습은 궁극적으로 둔화됐지만, 함락된 도시와 피로 물든 전투 현장이 텔레비전 뉴스로 방영되며, 전쟁이 순조롭게 진행되고 있어 마침내 터널 끝의 빛이 보인다는 존슨 정부의 거듭된 확언이 거짓으로 밝혀졌다. 배신감이 전국을 뒤덮었고, 미국 국민은 결국 존슨에게 등을 돌리기 시작했다. 이미 의심받기 시작하던 그의 신뢰성은 끝없이 추락했다. 대다수 국민은 존슨이 그들을 조직적으로 호도했다고 믿기에 이르렀다. 대통령에 대한 신뢰 상실은 정부와 리더십 자체에 대한 불신으로 이어졌다.

민주 정부의 수준은 리더가 국민과 공유하는 의문, 즉 "중요한 결정이 국민에게 어떻게 설명되고 규정되는지"에 의해 측정된다고 말할 수 있다. 전쟁에는 일반 국민의 가혹한 희생이 수반되기 마련이다. 따라서 어느 경우보다 전시에는 국민이 정확히 이해하도록 정부의 선택에 대한 충분한 정보가 전해져야 한다. 결국 어떤 정치인도 방향과 목적의식을 국민과 공유하지 않으면, 다시 말해서 국민이 정부로부터 무엇을 기대해야 할지 모르고, 정부가 자신들에게 무엇을 기대하는지 모른다면, 어떤 정치인도 전쟁 정책을 성공적으로 추진할 수 없다. 전쟁이라는 중대한 시기에 리더와 국민은 서로 정직하게 행동하고 협력해야 한다. 그런 점에서 린든 존슨은 실패했다.

전쟁에 대한 국민의 불만이 크다는 걸 알게 되자, 존슨은 전쟁의 수령에서 미국과 그 자신을 끌어낼 방법을 생각해냈다. 1969년 3월 31일, 텔레비전에 중계된 연설을 통해 북베트남에 대한 폭격을 중단함으로써 전쟁의 강도를 일방적으로 줄여가겠다고 선언한 것이다. 그 후에는 대통령 출마를 포기하고, 민주당이 대통령 후보로 지명하더라도 받아들이지 않겠다고 단호히 선언해 전국을 놀라게 했다. 셰익스피어의 표현을 빌리면, 출마를 포기한 이유는 "블랙베리만큼 많았다."[146] 그의 정치 이력에서 생명선이던 국민의 애정과 지지를 잃은 것이 가장 큰 이유였다. 코앞에 닥친 예비선거에서 승리할 것이란 보장도 없었다. 그는 압도적 승리를 거두었던 지난 선거에서 보여주었던 정치적 자산이 완전히 고갈됐고,[147] 활력과 활기 및 회복탄력성이란 개인적인 자산도 위험한 수준까지 떨어졌다고 판단했다. 게다가 심장마비라는 가족력을 고려하면, "다시 4년이란 오랜 시간 동안 끝없는 긴장을 견딜 자신"도 없었다.[148]

이런 정치적이고 개인적인 이유를 넘어, 존슨의 눈은 이미 역사의 판단을 향해 있었다. 존슨은 재선 출마를 단념함으로써 논란에 휘말리지 않고, 난해한 문제를 해결하려 했다. 평화안에 미국의 이익만을 도모한 흔적이 없다면 하노이가 평화안을 신뢰할 가능성이 있었다. 또 당파성을 초월하면 국가 재정의 건전성을 확보하기 위한 증세를 강력히 밀어붙일 수 있었다. 특히 2년 동안 의회에 계류돼 있던 또 하나의 시민권법—인종과 피부색, 종교와 국적을 이유로 주택을 판매하거나 임대하는 데 어떤 차별도 허락하지 않는 공정주택법Fair Housing Act—을 통과시키는 데도 긍정적인 역할을 할 수 있을 것 같았다.

언론의 즉각적인 반응은 존슨의 염원에 힘을 더해주는 듯했다. 머리기사들은 "존슨, 최고의 시간"이라 칭찬하며,[149] 존슨의 출마 포기를 "미국 정치사에서 견줄 바가 없는 이타적인 정치 행위"라고 평가했다.[150] 존슨을 가장 가혹하게 비판하던 풀브라이트 상원의원조차 존슨의 포기를 "위대한 애국 행위"로 보았다.[151] 북베트남이 협상 테이블에 참여할 의향을 표명했을 때 존슨의 인기는 치솟았다. 그로부터 수주가 지나지 않아, 의회는 증세 법안과 공정주택법으로 알려진 1968년 시민권법Civil Rights Act of 1968을 통과시켰다. 공정주택법이 통과되자, 존슨은 "정의의 목소리가 다시 울리기 시작했다."라고 자랑스레 말했다.[152] 한 신문기자는 "존슨 대통령은 마음의 평안이나 영혼의 평안, 어쩌면 둘 모두를 창조해낸 사람처럼 보였고, 그렇게 행동했다."고 보도했다.[153] 하지만 존슨의 즐거움은 오랫동안 지속되지 않았다. 요란하게 시작한 평화회담이 용두사미로 끝나며, 베트남과 미국을 고통에 밀어 넣었던 전쟁이 지루하게 이어졌다. 린든 존슨이 대통령으로 재임하던 시기의 단층선은 그의 유산을 둘로 가르며, 그가 삶을 마칠 때까지 그의 뇌리를 떠나지 않았다.

◆

에필로그

죽음과 기억에 대하여

배경과 능력과 기질이 다른 네 청년이 미국 대통령이 되기까지의 과정이 달랐듯, 이들이 삶을 마무리할 즈음 대통령직 이후의 삶에 대한 생각, 죽음과 기억에 대한 생각도 달랐다.

그들의 개인적인 이야기는 무척 다르게 끝났지만, 죽음 이후 자신이 남긴 업적으로 더 나은 미래가 펼쳐지기를 바란 마음은 같았다. 그들이 열망한 명성과 세상에서 인정받으려던 열망은 유명해지기를 바라는 요즘의 욕망과는 완전히 다르다. 그들은 자신의 업적에 대한 최종적인 평가는 집단의 기억에서 지속적인 위치를 인정받느냐로 이루어진다고 생각했다.

여기에서 다룬 네 리더 중 두 명은 대통령 재임 중 사망했다. 에이브러햄 링컨은 깊은 상처를 입은 국가를 치유하는 데 집중하던 과정에서 암살됐고, 프랭클린 루스벨트는 전쟁을 마무리짓고 복잡한 평화 과정을 준비하던 중에 사망했다.

시어도어 루스벨트와 린든 존슨은 대통령직을 무사히 끝내고, 그 이후의 삶을 경험할 수 있었다. 시어도어 루스벨트는 권력을 되찾겠다는 꿈을 포기하지 않았다. 삶을 마감하는 날에도 그는 1920년의 대통령 선거에 출마하려는 계획을 세웠을 정도다. 반면 애석하게도 린든 존슨은 능동적인 리더로 활약할 자신의 시대는 이미 끝났다는 걸 알았다. 그에게 남겨진 4년은 달콤하기보다 씁쓸한 시간이었다. 나는 그의 곁에서 그 시간을 지켜보았다.

———◆———

백악관을 떠나기 전 수개월 동안, 린든 존슨은 나에게 텍사스에 들어가 상근하며, 그가 회고록을 쓰고 오스틴에 대통령 기념 도서관을 짓는 걸 도와주지 않겠느냐고 몇 번이고 물었다. 나는 하버드에 복귀해 강의를 다시 시작하고 싶었기에 선뜻 대답하지 못했고, 그래서 시간제로 도와주는 건 어떻겠느냐고 제안했을 때 존슨은 단호히 "안 돼. 상근하지 않으면 안 돼."라고 대답했다.[1]

백악관에서의 마지막 날, 존슨이 나를 집무실로 불렀다. "도와주면 좋겠네. 자네가 원하는 대로 시간제로 말일세. 주말과 방학에 도와주면 고맙겠군." 이번에는 전혀 망설이지 않고 "물론입니다!"라고 대답했다. 존슨은 고맙다며 "하버드에서 몸조심하게. 그곳 친구들이 자네를 공격하지 않아야 할 텐데. 그들이 린든 존슨을 미워한다고, 자네까지 나를 미워하지 않기를 바랄 뿐이네."라고 덧붙였다.[2]

내가 뒤돌아서자, 존슨은 나를 불러 세우고는 덧붙여 말했다. "자네가 더 이상 정상에 있지 않을 때는 도움을 받기가 쉽지 않을 걸세. 그런 것이 세상 속성이니까. 그래서 자네가 나를 위해 해주는 일을 죽을 때까지 잊지 않을 거네."[3]

그 후 나는 하버드에서 강의를 시작했고, 강의를 쉬는 때와 여름 방학에는 오스틴과 존슨의 목장에서 보냈다. 물론 존슨이 회고록을 쓰는 과정을 돕던 옛 보좌관들과 연설문 작성자들이 있었고, 나는 그런 팀의 일원이 됐다. 나는 시민권과 의회와 관련한 부분을 맡았는데, 우리는 함께 일하며 자료를 철저히 점검했고, 회고록의 주인공인 대통령과 대화하기 전에 물어야 할 질문들도 준비했다.

베트남 전쟁이 화제에 오르면 존슨은 어김없이 경직됐고, 서류를 들척이며 힘겹게 말을 꺼냈다. 목소리도 굳어져 거의 귓속말처럼 낮아졌다. 프랭클린 루스벨트나 해리 트루먼과 달리, 존슨은 "자신이 올바른 결정을 내렸는지 카펫을 닳게 하며 쓸데없이 걱정하는 사람"이었다.[4] 언젠가 존슨은 부러운 듯한 목소리로 나에게 말했다. "트루먼은 결코 뒤돌아보지 않았네. '내가 그렇게 했어야 했나? 맞아, 그렇게 했어야 했어!' 그랬네, 트루먼은 자신이 최선을 다해 결정했다는 걸 알았고, 더는 그 결정에 대해 아쉬워하지 않았지. 뒤돌아보지 않았어. 나도 그런 성격을 조금이라도 가졌으면 좋았을 텐데. 이미 내려진 결정을 뒤돌아보며, 그 과정을 되짚고, 다른 길을 택했더라면 어땠을까 상상하는 것보다 나쁜 습관은 없으니까. 이런 습관이 나를 미치게 하네."[5] 거의 입에 올리지는 않았지만, 베트남 전쟁에 대한 아쉬움은 매일 그의 가슴을 후벼 팠다.

한편 국내 문제를 두고 의회와 협력하던 이야기로 화제가 옮겨가면 존슨의 활기가 회의실을 가득 채웠다. 존슨은 책상에서 일어나 성큼 성큼 걸으며, 흉내 내는 재주와 이야기꾼의 재능을 마음껏 발휘했다. 예컨대 해리 버드와 리처드 러셀, 휴버트 험프리와 에버렛 더크슨 등을 흉내 내며 예산과 시민권에 관련한 대화를 실감나게 되살려냈다. 얼굴 표정과 과장된 몸짓까지 더해져서 그야말로 연극 공연과 다를 바가 없었다. 그렇게 사기가 올라가면 존슨은 대통령에 취임한 초창기의 긍정적인 에너지를 되찾는 듯했다.

나는 내가 맡은 두 부분의 초고에서 존슨에게 들은 흥미로운 이야기를 직접 인용하며, 그의 자연스런 말투와 폭넓은 통찰력은 물론 흉내 내는 능력과 외설스런 유머까지 드러내고 싶었다. 하지만 존슨은 초고를 꼼꼼히 읽고 난 뒤에 "이렇게 낼 수는 없어. 그래도 대통령의 회고록인데. 시골뜨기 무지렁이 정치인이 아니라, 점잖고 존경받는 정치인처럼 보여야 하지 않겠나!"라고 말했다.[6] 그의 자연스런 말투와 이야기가 품위 있는 회고록에 적합하다고 아무리 설명해도 그는 설득되지 않았다. 결국 편집 과정에서 잘려나간 그의 자연스런 말투, 기상천외한 비유, 기민하게 돌아가는 두뇌 회전력은, 존슨이 백악관에서 사적으로 전화할 때 몰래 남긴 녹음이 세상에 공개되며 드러나게 됐다.

존슨은 회고록 작성에 완전히 몰두하지는 않았다. 그는 역사의 심판이 자신에게 불리하게 조작됐다는 생각을 거듭해서 피력했다. "모든 역사학자가 하버드 사람이다. 공평하지 않다. 후버는 아이오와주 웨스트브랜치에서 태어난 까닭에 하버드 인간들과 어울릴 기회가 없었다. …… 린든 존슨도 텍사스 스톤월 출신이어서 그런 기회를 얻지 못했다."[7] 이런 푸념은 일반적인 자기 연민을 넘어섰고, 그가 바라던 것이 대통령이란 직책은 아니었다는 것을 뜻했다. 그가 회고록 출판 프로젝트를 달갑게 생각하지 않았던 것도, 삶을 최종적으로 마무리한 다는 생각에 대한 반감의 표현이었다. 회고록을 끝내면, 그의 오랜 공직 생활과 그의 유용성도 끝났다는 뜻이었다. 그래서 그는 입버릇처럼 이렇게 말했다. "내가 여기에서 할 수 있는 것은 없다. 차라리 회고록 작성을 포기하고, 내가 조절할 수 있는 것에 내 에너지를 쏟는 편이 더 낫지 않을까? 내 목장을 관리하는 일에!"[8]

그 사이에 존슨의 외모도 눈에 띄게 변했다. 깔끔하게 정돈된 머리칼이 사라졌고, 시간이 지남에 따라 목깃을 덮는 긴 백발의 곱슬머리로 변해갔다. 짙은 색 정장과 반질거리는 신사화도 반소매 셔츠와 작업화로 변했다. 레이디 버드가 "우리 심장의 고향"이라 불렀던 집에는 편안한 분위기가 감돌았다.[9] 그들은 아담한 부엌이나, 미국 중산층의 많은 가정이 그렇듯 접시에 음식을 담아 아늑한 거실 텔레비전 앞에 앉아 저녁 식사를 해결했다.

하지만 얼핏 봐도 전통적인 중산층 가정은 아니었다. 거대한 통신망을 갖춘 덕분에 존슨은 세계 전역에서 정보를 받는 즉시 전달할 수 있었다. 휴대폰이 등장하기 전의 시대였던 까닭에, 수영장에는 전화기가 특수 뗏목에 띄워져 있었다. 그는 화장실에 앉아서도, 심지어 자동차로 이동하거나 모터보트로 항해할 때도 전화를 이용할 수 있었다. 그의 침실에는 세 개의 화면으로 구성된 텔레비전이 붙박이로 설치돼 있어 세 방송을 동시에 시청할 수 있었다. 게다가 전략적으로 설치된 13개의 확성기를 통해 필요하면 존슨의 목소리가 목장 곳곳에 전달됐다.

존슨은 아침 일찍 직접 차를 몰고 목장을 돌아다니며 일터를 점검하고 일꾼들에게 지시를 내렸다. 나는 존슨의 아침 시찰에 때때로 동행했다. 백악관과 목장은 권력의 크기에서 무척 달랐기에, 존슨이 목장 일꾼들에게 지시할 때의 절박함에서 연민이 느껴졌고, 심지어 희극적으로 여겨지기도 했다. "모든 황소가 건강하다고 확신할 때까지 여러분 모두가 오늘밤 잠자리에 들지 않겠다고 엄숙히 맹세하기를 바란다. 우리가 열심히 일하고 최선을 다하면, 미국에서 가장 좋은 쇠고기를 생산할 수 있을 것이라 확신한다."

'고급육high quality'을 뜻하는 HP라는 표식을 얻으려면 사소한 것도 간과해서는 안 된다는 게 존슨의 철학이었다. "제1목초지에 있는 밤색 황소의 짓무른 눈에는 연고를 발라줘라. 제3목초지에는 살수기를 가동하기 시작하라." 백악관에서 잠자리에 들기 전에 습관적으로 읽던 법안에 대한 현황 보고서가 텍사스에서는 그날 산란된 달걀 수에 대한 보고서로 대체됐다. "월요일 162개, 화요일 144개. …… 목요일 158개, …… 토요일 104개." 존슨은 이런 일일 현황 보고서에 서명하고 질문을 남겼다. "토요일에 104개? 암탉이 200마리인데? 자네는 암탉에게 문제가 있다고 생각하는가?"[10]

회고록이 마무리된 날, 모든 일을 끝내고 늦은 오후에 존슨과 함께한 산책이 생생히 기억난다. 우리는 목장에서부터 걷기 시작해 존슨이 어린 시절에 산책할 때 멈추었던 곳을 하나씩 지났다. 큰길에서 1.5킬로미터쯤 떨어진 곳에는 그가 태어난 생가로, 공들여 복원한 공립 박물관이 있었다. 존슨은 주차장에 주차된 자동차 번호판들을 살펴보고, 그 주에 얼마나 많은 사람이 방문했는지 확인하며 방명록을 훑어보는 걸 좋아했다. 그리고 방명록 내용을 역사적 판단의 풍향이 어떻게 불고 있는지 판단하는 근거로 삼았다. 들판 너머 생가에서 별로 떨어지지 않은 곳에는 그의 할아버지가 살았던 오두막 터가 있었다. 그곳은 그가 할아버지의 카우보이 이야기와 구비 설화에 흠뻑 빠졌던 곳이었다. 그 때문인지 그는 그곳에서 위안을 얻었다. 큰길을 따라 조금 내려간 오르막에는 그가 정식 교육을 받기 시작한 정크션 스쿨이 있었다.

그 길을 따라서는 그의 삶에서 중대한 위치를 차지하는 것들—목장과 생가, 할아버지의 오두막, 학교—이 늘어서 있었고, 길 너머에는 구불대는 페더네일스강을 굽어보는 웅장한 너도밤나무 아래 존슨 가족의 묘지가 있었다. 존슨은 작은 무덤을 가리키며 "여기에 어머니가 누워 계시네."라며 말했다. "여기에 아버지가 묻혔고, 나도 여기에 묻힐 거네."[11]

산책하는 동안 말이 끊어진 때는 거의 없었다. 그렇다고 존슨의 목소리로만 채워진 시간은 아니었다. 존슨은 편안하고 느긋한 마음으로 혼란스럽던 대통령 재임기부터 사회에 처음 진출한 시기까지 시간을 거슬러 올라갔다. 그는 커튤라라는 가난한 마을에서 교사로 일하며, 멕시코계 미국 학생들에게 온갖 운동과 활동을 가르치며 이루어낸 성과를 자랑스레 말했다. 또 프랭클린 루스벨트 시대에 청소년 관리국에서 일할 때 수천 명의 가난한 청년들에게 도로변의 공원, 학교 체육관, 수영장 등을 짓게 하며 일거리를 주었던 기억도 즐겁게 되살렸다. 자신이 힐 카운티에 전기를 어떻게 끌어왔는지, 전기의 도입으로 전등과 냉장고와 세탁기 같은 편의시설을 사용할 수 있어 수천 농가의 삶이 어떻게 달라졌는지에 대한 이야기도 반복했다. 물론 1957년 시민권법이 통과됐을 때의 즐거움에 대한 언급도 있었다. 시민권법이 엄격히 집행되지는 않았지만, 그 법이 통과되어 제89차 의회에서, 정확히 말해 그가 대통령으로 취임하고 첫 18개월 동안 크나큰 성과를 이루어낼 수 있었다.

"우리가 실질적으로 무엇인가를 이루어낸 시대였다. 프랭클린 루스벨트보다 더 많은 사람의 삶을 질적으로 향상시키겠다는 내 꿈이 가능해진 듯한 시대였다. 사태가 다른 식으로 진행됐더라면 우리가 어떤 상황에 직면했을지 생각해보라."[12] 존슨은 이렇게 말하고는 숨을 깊이 들이마셨고, 고개를 저으며 숨을 내쉬었다. 그의 표정에서는 깊은 슬픔과 불안이 읽혔다.

그날 밤 목장의 내 방으로 돌아와 존슨의 말을 정리하며 나는 "왜 그가 이런 모든 것을 나에게 말한 것일까? 왜 그는 나에게 자신의 취약함과 슬픔을 가감 없이 보여주었을까?"라는 의문을 가졌고, 그 후에도 오랫동안 그 의문을 풀려고 애썼다. 내가 젊은 여자로 역사학자가 되려고 염원한 때문이었을까? 하기야 젊음과 역사는 존슨이 다가가서 설득하기를 간절히 바라던 두 가지였으니까. 어쩌면 그가 경멸하면서도 탐내던 아이비 학위를 내가 지녔기 때문이었을지도 모른다. 아니면 그가 자신이 살아온 삶의 의미와 타협하려고 분투하는 걸 내가 밤잠을 설치며 열심히 들어준 때문이었을까?

존슨과 대화하는 횟수가 잦아질수록 그가 자신의 삶이 거의 끝나가고 있다고 생각한다는 느낌을 지울 수 없었다. 나중에야 알았지만, 그는 대통령에 재임할 때 심장마비가 가족력인 경우 64세에 사망할 확률을 통계적으로 예측한 생명표를 주문한 적도 있었다. 대통령직에서 물러나 1년이 조금 더 지난 1970년 봄, 존슨은 지독한 흉통으로 샌안토니오의 브룩 군병원Brooke Army Medical Center에 입원했고, 협심 통증이란 진단을 받았다. 존슨은 엄격한 식이요법과 운동을 시작했지만, 오랜 시간이 지나지 않아 다시 기름진 음식을 먹었고, 커티 사크Cutty Sark 스카치위스키를 마셨으며, 줄담배를 피우기 시작했다. "이 늙은 나이에 식이요법을 한다고 뭐가 달라지겠는가? 아이젠하워처럼 오래 살고 싶지는 않다. 갈 때가 되면 빨리 가고 싶다."[13]

1972년 4월, 존슨은 딸 린다의 버니지아 집에 머무는 동안 극심한 심장마비를 일으켰다. 의사의 지시에도 불구하고, 존슨은 텍사스에 돌아가 요양하겠다고 고집했다. 아버지가 죽음을 앞두고 그랬듯이, 존슨도 "자신이 아프면 모두가 알고, 자신이 죽으면 모두가 돌봐주는 곳"으로 돌아가기를 바랐다.[14] 존슨은 두 번째 심장마비를 그럭저럭 견뎌냈지만, 한 친구에게 "정말 지독히 아프다."라고 말했듯 결국 죽음을 맞을 때까지 고통과 싸워야 했다. 아침은 변변하게 시작하더라도 오후가 되면 "가슴을 연속해 찌르고 때리는 듯한 통증에 숨을 제대로 쉴 수 없었고 두려움에 휩싸였다."¹⁵ 그의 침대 옆에 설치된 이동식 산소 탱크가 그에게 일시적으로나마 위안을 주었다.

9개월 후인 1972년 12월 11일, 존슨은 LBJ 도서관의 시민권 심포지엄에서 연설할 예정이었다. 로이 월킨스, 클래런스 미첼, 휴버트 험프리, 줄리언 본드, 바버라 조던, 버넌 조던, 전 연방대법원장 얼 워런 등 시민권 운동 단체의 모든 지도자가 참석할 예정이었다. 하지만 심포지엄을 하루 앞둔 일요일 밤, 매서운 눈보라가 오스틴을 덮쳤다. 행사가 순조롭게 진행될는지도 명확하지 않았다. 도서관장, 해리 미들턴의 기억에 따르면 "지독히 춥고 온 세상이 얼어붙어, 워싱턴에서 많은 참석자를 싣고 오는 비행기가 오스틴 공항에 착륙할 수 없을 것이란 통지가 있었다. 결국 그들이 버스로 여기까지 와야 한다는 뜻이었다."¹⁶

레이디 버드는 "전날 밤 린든이 상당히 아팠다. 그래서 밤을 거의 새우다시피 했다. 주치의는 린든에게 절대적인 안정이 필요하다며 심포지엄에 참석하지 말라고 말렸다."라고 기억했다.¹⁷ 하지만 존슨은 "검푸른 정장"에 "눈부시게 반질거리는 신사화"를 신고,¹⁸ 110킬로미터쯤 떨어진 오스틴으로 향했다. 존슨은 오래전에 운전을 중단했지만, 운전기사가 빙판으로 변한 길에서 지나치게 조심하며 느릿하게 운전하자 짜증을 내고는 직접 운전대를 잡았다.

연단을 향해 계단을 오르는 전 대통령의 모습에서 많은 사람이 존슨의 결의를 엿볼 수 있었다. 존슨은 힘겹게 연단으로 향했다. 극심한 흉통이 밀려오자, 존슨은 걸음을 멈추고 니트로글리세린 알약을 삼켰다. 목숨을 잃더라도 이번 기회를 놓치지 않겠다는 의지가 읽혔다. 존슨은 더듬거리며 더는 대중 앞에서 "무척 자주", "꽤 오래" 연설할 수 없다는 걸 인정하면서 이번 기회에 꼭 말하고 싶은 게 있다고 힘주어 말했다. [19]

"40년 이상 공인으로 살았던 삶과 관련된 3,100만 장 이상의 자료가 이 도서관에 소장돼 있습니다. 그중에서도 시민권과 관련된 기록이 나에게는 가장 소중하고, 가장 큰 의미가 있습니다." 시민권이 그에게 늘 우선순위는 아니란 걸 인정했지만, '정부의 본질'은 "피부색과 신념, 조상, 성별, 연령에 상관없이 모든 개개인에게 품위 있고 온전한 삶을 보장하는 데 있다고 믿게 됐습니다."

이어서 그는 "이번 심포지엄에서 우리가 무엇을 했는지 논의하며 이틀이란 시간을 보낸다고 하는데, 그다지 즐겁지는 않습니다. 우리가 이루어낸 성과가 보잘것없고 턱없이 부족하기 때문입니다. 6년이나 대통령을 하면서 더 많은 성과를 이루어내지 못한 것이 한없이 부끄러울 따름입니다."라고 덧붙였다.

그의 주장에 따르면, 백인 사회에서 흑인으로 사는 역경은 미국 사회에서 거의 언급되지 않는 주된 문제였다. "우리가 불평등한 역사를 해결하지 않는다면 불평등한 기회의 문제도 극복할 수 없을 것입니다." 흑인이 평평하고 평등한 운동장에 서게 될 때까지 불평등을 해결하려는 노력을 멈추면 안 된다면서 "모든 미국인에게 똑같은 규칙이 적용되고 똑같은 가능성이 부여되는 세상을 보장하는 것"이 목표여야 한다고 강조했다.

"우리 노력이 계속된다면, 우리 의지가 굳건하다면, 또 올바른 마음과 진실한 용기를 잃지 않는다면, 우리 미국인은 어떤 장애도 극복할 수 있으리라 확신합니다."라며 연설을 끝맺었다.[20]

이 연설이 린든 존슨의 마지막 대중 연설이었다. 레이디 버드가 말했듯이, "심포지엄에 가기 전부터 그는 그 시간을 어떻게 써야 하는지를 알았다. 그 시간을 어떻게 사용할 것인지 결정할 권리는 전적으로 그에게 있었다."[21] 그날 존슨이 내린 결정에는, 시민권법을 위해 기꺼이 모든 위험을 무릅쓰며 대통령의 모든 자산을 쏟아 부었던 때를 역사가 기억해줄 것이란 바람이 담겨 있었다. 실제로 존슨은 나에게 "내가 훗날 기억된다면 시민권법으로 기억될 것"이라 말한 적이 있었다.[22]

심포지엄에서 기조연설을 하고 5주 후, 존슨은 치명적인 심장마비를 일으켰다. 항상 주변에 사람이 있었는데 하필 그때는 혼자였다. 오후 3시 50분, 존슨은 목장 전화로 황급히 경호대를 불렀다. 하지만 그들이 그의 침실에 도착했을 때 린든 존슨은 숨이 끊어진 뒤였다. 그가 오래전에 예언했듯이 그의 나이는 64세였다. 사흘 뒤, 그는 가족 묘지에 묻혔다. 장엄한 너도밤나무의 아늑한 그늘 아래에.

---◇---

시어도어 루스벨트는 리더십과 죽음과 기억에 대해 언급할 때마다, 숫돌에 칼날을 세우는 사람처럼 사방으로 불꽃을 튀겼다. 때때로 사후의 명성을 헛된 것이라 경멸하는 모습도 보였다. "위인에 대한 기억

이 흐려지는 것은 시간문제일 뿐이다." 100년이나 1,000년, 심지어 1만 년이 걸릴 수 있겠지만 "필연적으로 망각이 시간의 모래를 뒤덮고, 우리가 역사라 칭하는 모래 위에 남긴 흔적을 지워버린다."[23] 하지만 때로는 그런 입장을 버리고, 명성이 최고조에 이르렀을 때[24] "가치 있는 일을 제대로 해냈다."고 생각하며 죽어가는 낭만적인 삶을 높이 평가했고,[25] "죽기 전에 우리가 남자로서의 역할을 온전히 해냈고, 쓸모없는 존재로 내던져지지 않았다고 자부할 수 있다면 정말 즐거울 것"이라 말하기도 했다.[26]

루스벨트처럼 적극적이고 진취적인 사람에게 조용한 은퇴는 불가능한 개념이었다. 루스벨트는 퇴임한 이후에도 의미와 봉사, 의무와 모험을 꾸준히 추구했다. 가장 어린 나이에 대통령에 올랐던 까닭에 7년 반이란 재임을 끝냈을 때 그의 나이는 겨우 50세였다. 그는 미국 역사상 최연소 대통령이었다. 그에게 주목받지 못하는 삶은 생각조차 하기 싫은 것이었다. 그의 딸, 앨리스는 시어도어가 항상 세상의 중심에 있기를 바란 까닭에 세례 받은 아기, 결혼식의 신부, 장례식의 시신이기를 바랐다고 비유하기도 했다.

루스벨트는 "세계에서 가장 높은 직책", 대통령이던 매 순간을 즐겼다.[27] 그는 트러스트를 분쇄하고 용을 죽이는 위기관리 리더십이 국민의 호응을 얻는 시대에 국가를 이끌어갈 기회를 얻은 것이 다행이었다는 걸 알았다. 그는 시대정신zeitgeist을 자주 언급하며, 시대정신은 만화경처럼 특정한 시대에 특정한 능력을 요구하거나 배척하는 것이라 말했다. 시대와 시어도어 루스벨트의 조화는 1904년에 정점에 이르렀다. 윌리엄 매킨리 대통령의 잔여 임기, 3년 반을 끝낸 뒤 그는 "대통령 후보로는 미국 역사상 국민과 선거인단 모두에게 최대의 표"를 얻어 자력으로 대통령에 당선됐다.[28]

하지만 압도적인 승리를 거둔 직후, 그는 "대통령을 연임에 한정하는 현명한 전통"을 언급하며 다시 대통령에 출마하지 않을 것이라 선언해 모두를 놀라게 했다.[29] 1908년이면 그가 실질적으로 8년을 재임하게 되는데, 이 기간은 "조지 워싱턴이 현명한 기간이라 판단한 재직 기간보다 더 길어" 부적절한 야망으로 열렬한 지지자까지 실망시키지 않을까 걱정했던 것이다.[30] 현직 대통령으로는 드물게 루스벨트는 후계자로 친구이자 국무위원이던 윌리엄 하워드 태프트William Howard Taft를 선택하고 훈련시켰다. 태프트가 공화당 대통령 후보로 지명되도록 부지런히 뛰어다니기도 했다. 하지만 공화당 전당대회가 개막되자마자 루스벨트는 크게 후회했다. 자신의 팔목을 가리키며 한 친구에게 "내가 그런 성명을 발표한 걸 생각하면 이 팔목을 당장 부러뜨리고 싶네."라고 말했을 정도였다.[31] 루스벨트가 생각을 바꿨다는 언질을 조금이라도 대표단에게 주었더라면 그가 후보로 지명됐을 것이다. 하지만 루스벨트는 약속을 명예롭게 지켜야 하는 것이라 생각하며, 빌 수얼에게 "사람들은 내 말을 믿을 만하다고 생각하는데 내가 약속을 지키지 않아, 그들에게 불신을 준다면 정말 미안할 것"이라 말했다.[32] 루스벨트는 태프트를 무조건 지지하겠다는 약속을 되풀이하며, 미국에 그보다 "대통령이 되기에 적합한 인물"은 없다고 주장했다.[33]

태프트가 취임한 직후, 루스벨트는 1년 예정으로 아프리카 사파리 여행을 떠났다. "큰 충격 없이 사적인 삶으로 돌아가고, 평범한 시민으로 추락하는 삶을 막는 방법"이라 생각한 것이었다.[34] 하지만 귀국하자마자 잠시도 가만히 못 있는 부지런함은 되살아났다. 게다가 진보적인 단체들이 새거모어힐을 연이어 방문하며 1912년 대통령 선거에 출마하라고 독촉하자, 그의 부산스런 성격은 다시 타올랐다. 진보단체들의 주장에 따르면, 태프트 정권에서 따분한 보수주의자들이 다시 지배적인 위치를 차지하며 과거의 성과를 위협하고 있었다. "전투를 무수히 경험한 군마軍馬처럼"[35] 루스벨트는 마침내 출마를 선언하며, 한때 공화당 대통령 후보로 지명되도록 키워낸 현직 대통령에게 도전했다. 하지만 전당대회에서 태프트에게 패했고, 결국 루스벨트는 진보 세력을 대표한 제3당 후보로 나서기로 결정했다.

상원의원 촌시 드퓨Chauncey Depew가 적절히 지적했듯이, 공화당이 둘로 분열된 까닭에 "어느 시체가 더 많은 꽃을 얻느냐 하는 의문밖에 남지 않았다."[36] 대통령 선거전은 처음부터 민주당 후보, 우드로 윌슨이 절대적으로 유리했다. 하지만 10월 중순, 우연한 사건으로 경쟁 구도가 뒤집힐 조짐이 보였다. 루스벨트가 연설장에 가려고 밀워키의 한 호텔 앞에 주차된 무개차에 오르는 순간, 암살범이 권총을 꺼내들고 아주 가까운 거리에서 루스벨트의 가슴을 겨냥해 방아쇠를 당겼다. 탄환이 루스벨트 호주머니에 있던 금속 안경집 때문에 굴절되지 않았더라면 "그의 심장을 관통했을 것이다."[37] 루스벨트는 당장 응급실로 가야 한다는 의사의 지시를 거부하고, 연설장으로 향했다. 하지만 얼굴이 혈색이 옅어지며 창백하게 변했다. 그래도 루스벨트는 연설을 완전히 끝낸 뒤에야 병원에 입원했다. 루스벨트가 생명을 노린 시도에도 의연하게 대응하자, 그에 대한 지지도가 급증했다. 한 민주당 연설가는 "루스벨트의 가슴에 남은 탄환이 윌슨의 대통령 당선을 죽였다."고 염려하기도 했다.[38]

투표일을 일주일 앞두고, 루스벨트는 카네기홀에서 마지막 유세 연설을 할 정도로 건강을 회복했다. 그때까지의 선거 운동에서는 신랄한 어조로 상대들을 비판했지만, 마지막 연설에서는 진보당이 주장하는 원칙들을 설명하는 데 주력했다. 루스벨트는 "한 세대 내에 사회정의를 쟁취하려는 투쟁이 시작되는 시대가 올 것"이라 믿는다며 청중의 마음을 빼앗았다. 산업혁명에서 비롯된 지속적인 문제들이 해결되지 않으면 미국이 유산자와 무산자를 구분짓는 끔찍한 분할선으로 갈가리 찢어질 것이라 경고했다.[39] 그러고는 "이기든 패하든 간에 나는 이번 싸움에서 혼신을 다했던 많은 사람 중 한 명이었던 것만으로 한없이 기쁩니다."라며 연설을 끝냈다.[40]

루스벨트가 그때까지 어떤 제3당보다 압도적으로 많은 표를 얻었지만, 결국 우드로 윌슨이 승리를 거두었다. 무엇보다 분당으로 루스벨트가 내세운 진보적 대의명분이 상처를 입은 것이 더 큰 타격이었다. 더구나 2년 전에 승리를 거두었던 공화당의 진보적 의원들도 많은 주에서 패배했다.

정치적으로 곤경을 겪거나 개인적으로 슬픔과 우울감에 빠질 때마다 루스벨트는 육체적 도전과 모험을 통해 마음의 고통을 잊으려 했다. 대통령직을 떠난 후 아프리카 사파리 여행으로 충격을 완화했듯이, 당시 55세이던 루스벨트는 "소년으로서의 마지막 기회"라며 남아메리카로 향했다.[41] 브라질 열대우림의 심장부를 흐르는, 지도에도 없는 '의혹의 강The River of Doubt'을 탐사하는 것이 목적이었다. 이번에는 생명을 위협하는 감염에다 말라리아까지 걸려 거의 죽을 뻔했고, 그 결과로 심신이 크게 약화됐다. 루스벨트가 한 친구에게 남긴 표현을 빌리면, "브라질 황무지에서 10년의 수명을 빼앗겼다."[42]

하지만 열렬한 지지자들은 루스벨트라는 별이 저물었다는 걸 믿지 않았고, 루스벨트에게 1916년 대통령 선거에 출마하라고 압력을 가했다. 루스벨트는 그들의 요구를 거부하며, 현실적인 눈으로 시대의 흐름을 직시했다. "12년 동안 나는 국민들로부터 크게 신뢰받고 사랑받았다. 그 덕분에 반드시 해야 한다고 굳게 믿은 많은 일을 해낼 수 있었다."[43] 석탄 파업을 해결하고, 미래 세대를 위해 국립공원을 지정하고 자연자원을 보존하며, 경제적으로 공정한 운동장을 만들기 위해 트러스트를 혁파하는 규제 법안을 제정하는 데는 그가 유용했던 것이 분명하지만,[44] "나는 결코 변하지 않았지만, 무력증과 위험한 보수주의로 추락한 공화당원들이 나를 대통령 후보로 지명할 것이라 상상하는 자체가 무의미할 정도로 사상의 흐름에 큰 변화가 있었다."라고 생각했다.[45] "독립 혁명이나 남북전쟁을 할 때처럼 미국에 영웅이 필요한 상황이 닥치지 않는 한, 나를 후보로 지명하는 것은 전혀 현명하지 않은 짓이다!"[46]

루스벨트는 불필요한 존재라는 좌절감과 우울감에 빠져 자신을 원하는 시대가 오기를 기다렸다. 마침내 1917년 4월 제1차 세계 대전에 미국이 개입하며 영웅적인 행동이 필요한 때가 도래했다. 오래전 멕시코와의 국경 분쟁이 끓어오르기 시작했을 때, 친구 헨리 캐벗 로지에게 "여기에서 일하는 거칠고 용맹무쌍한 카우보이들 중에는 훌륭한 싸움꾼이 많다."고 말했듯, 배드랜드에 있던 청년 루스벨트는 기병 중대를 모집하겠다고 제안했었다.[47] 또 미국-스페인 전쟁에서는 유명한 '거친 기병대(러프 라이더스)'를 성공적으로 모집하고 지휘하는 능력을 발휘했다. 이번에도 루스벨트는 우드로 윌슨 대통령에게 지원병 사단을 모집할 권한을 허락해달라고 요청했다. 수천 명이 그의 사단에 입대하겠다고 몰려들었지만, 윌슨은 루스벨트의 요청을 거부했다.

루스벨트는 전쟁에 대해 불안할 정도로 낭만적으로 생각하고 과장하는 경향이 짙었다. 그는 "전사戰死라는 멋진 포상"을 무엇보다 가치 있는 보상이라 생각했다.[48] 아내 이디스가 중병에 걸렸을 때도 전쟁에 참전할 기회가 주어진다면 아내의 간호를 포기하겠다는 뜻을 내비치기도 했다. 언젠가는 "전쟁에서 즐거움을 느끼는 사람은 마음속에서 늑대의 심성이 꿈틀대는 게 어떤 기분인지 아는 사람"이라 말했고,[49] 또 어떤 때는 전쟁의 승리는 평화의 승리보다 더 위대하다고 주장했다. 네 아들은 해외로 파병됐지만 그는 집에서 "아무것도 하지 않고 편하고 안전하게 지낸다."는 생각에, 윌슨의 거절에 따른 실망은 심각한 우울증으로 발전했다.[50] 막내아들 켄틴이 전사했을 때 루스벨트는 세상이 무너진 듯한 깊은 슬픔에 사로잡혔는데,[51] 결국에는 그 자신이 아들들이 과도한 위험을 감수하기 바랐다는 '역겨운 사실'을 인정해야 했다.[52]

루스벨트는 몸보다 불같은 의지력이 더 빨리 되살아났다. 연설과 기고문을 통해 전쟁터에서 전사한 사람들의 명예를 드높이기 위해서라도 조국을 더 공정하고 공평한 곳으로 만들려고 함께 노력하고, "새로운 세계의 새로운 조건으로 정의를 도입하려는 포괄적인 개혁"을 시도하자고 미국인들에게 촉구했다.[53] 다시 그의 영웅적인 리더십은 뜨거운 반응을 불러일으켰고, 얼마 후에는 미국에서 가장 인기 있는 사람이 됐다.

루스벨트는 1918년 주지사 선거에 출마하라는 권유를 받았지만 거절했고, 여동생 코린에게 "나에게는 단 한 번의 싸움이 남았다. 1920년을 대비해 힘을 비축해둘 생각"이라고 말했다.[54] 루스벨트는 브라질에서 걸린 말라리아 후유증으로 걸핏하면 열병과 감염증에 시달렸고, 간헐적으로 무력증에 빠지기도 했다. 1918년 말에는 극심한 류머티즘으로 6주 동안 병원에 입원했다. 증세가 악화되면 평생 휠체어를 사용해야 할 수 있다는 주의를 듣고도 "괜찮다! 휠체어에 앉아서도 일할 수 있으니까!"라고 대꾸했다고 전해진다.[55] 그는 죽기 전에 이루고 싶은 것이 너무 많았다. 크리스마스를 앞두고 집에 돌아왔을 때 극심한 통증으로 두 달 동안 자주 외출할 수 없었는데, 집에서 기고문과 논설을 쓰고, 당 간부들을 불러들여 이야기를 나누었다. 특히 다음 대통령 선거에 출마할 계획을 짜는 데 심혈을 기울였다.

1919년 1월 5일 일요일, 루스벨트는 편지를 받아쓰게 했고, 〈메트로폴리탄 매거진〉에 기고할 글의 교정을 보았다. 훗날 프랭클린 루스벨트가 시행한 뉴딜 정책과 기본 골격이 거의 똑같은 국내 정책을 개략적으로 서술한 글이었다. 이 글에서 루스벨트는 노령 연금과 실업 보험, 하루 8시간 노동, 단체 교섭의 필요성을 역설했다. 여성 투표권에 대해 더 이상 왈가왈부하는 것은 어리석은 짓이고,[56] 정부는 퇴역 군인들에게 땅과 일자리를 보장해야 할 것이라고 주장했다. 또한 다양한 배경을 지닌 젊은 남녀에게 "공동선을 위해 형제애로 일하는 정신"을 가르치기 위해 국민 개병제*를 실시하자고도 제안했다.[57] 오래전부터 루스벨트는 "계급 차별이 공화국의 성장 과정에서 가장 크고 위험한 암초이며"[58] "두 당파, 즉 두 계급이 완전히 단절되어 상대의 열정과 선입관, 한마디로 상대의 관점을 인정하지 않을 때 재앙이 필연적으로 뒤따를 것"이라 예측했다.[59]

그날 밤 10시, 사회와 산업을 개혁하기 위한 계획을 고심하며 바쁜 하루를 보낸 뒤, 루스벨트는 이디스에게 심장이 곧 멈출 것처럼 "가슴 부근이 답답하다."고 말하고는[60] "아무 일도 없을 것"이라고 이디스를 안심시켰다. 하지만 "느낌이 무척 이상한 것은 사실이었다."[61] 주치의가 달려와 진단했지만 심장병과 관련된 징후는 없었다. 그래서 루스벨트는 잠자리에 들었다. 그리고 영원히 깨어나지 못했다. 그때가 60세였다. 혈전이 폐를 막고 심장을 멈춰 세운 것이었다.

침대 옆에서 공화당 전당대회 의장, 윌 헤이스Will Hays와 만날 때 언급해야 할 사항들을 기록한 쪽지가 발견됐다. 루스벨트의 지시를 받아들여 헤이스는 공화당의 보수파와 진보파를 하나로 묶겠다는 사명

---

* 모든 국민이 병역의 의무를 지는 제도 – 편집자주

을 띠고 워싱턴으로 향했다. 1912년 분당으로 양측의 불신과 반감은 여전했다. 미국을 이끌어갈 기회가 다시 주어진다면, 루스벨트는 공화당을 에이브러햄 링컨의 진보적인 정당으로 만들고, "상대를 이해하고 서로 공동의 목적을 위해 협력할 때 자연스레 생겨나는 동료애와 상호존중, 공동의 이익을 위한 공통된 사명감"을 되살려낼 계획이었다.[62]

그는 1920년을 즐거운 마음으로 기다리며, 만화경이 돌아 새로운 세계가 펼쳐지면 그가 사랑하던 리더십의 고삐를 다시 쥘 수 있을 것이란 꿈을 강력한 의지로 되살리고 있었다.

―◇―

죽음이 프랭클린 루스벨트를 말년에 쫓아다니며 괴롭힌 게 분명하지만, 당시에는 크게 의식하지 못했다. 1944년 루스벨트는 62세의 또래보다 훨씬 늙어 보였다. 안색은 창백했고 눈 밑에 짙은 다크서클도 있었다. 그가 담뱃불을 붙이려 할 때 손이 떨리는 걸 지적하는 사람도 많았다. 루스벨트는 이런 증상과 잦은 기침을 그해 겨울에 걸린 감기와 기관지염 탓으로 돌렸지만, 딸 애나는 크게 걱정했다. 애나는 아버지의 놀라운 신체 회복력에 익숙한 터였지만, 봄이 된 후에도 루스벨트는 계속 피로감에 시달렸고 체력은 회복되지 않았다. 애나는 아버지의 주치의, 로스 매킨타이어Ross McIntire 제독에게 베데스다 해군 병원에 종합검진을 예약해 달라고 부탁했다.

심장병 전문의, 하워드 브루엔은 당시를 회상하며 "대통령의 얼굴을 보자마자 뭔가가 대단히 잘못됐다고 생각했다. 무척 핼쑥했고, 피부와 입술과 손톱 바닥에도 핏기가 없었다."라고 말했다.[63] 루스벨트는 자리를 옮기려고 짧은 거리를 움직여도 숨을 헐떡였다. 심장이 커졌고, 폐에는 체액이 있었다. 혈압은 위험할 정도로 높았다. 브루엔의 진단에 따르면, 루스벨트의 증상은 급성 울혈성심부전이었다. 검사를 받는 동안, 루스벨트는 다양한 주제로 의사들과 정겹게 대화하며 심각한 질문을 사전에 차단했다. 따라서 브루엔은 대통령에게 검진 결과를 자유롭게 털어놓지 못했는데, 사실 매킨타이어에게 검진 결과를 섣불리 발설하지 말라는 주의를 들은 터였다. 검사가 끝났을 때 루스벨트는 특유의 미소를 지으며 브루엔에게 감사했고, 환자들과 병원 직원들에게 환한 얼굴로 인사를 건넨 후 자동차로 향했다.[64]

그날 오후 늦게 루스벨트는 945번째 기자회견을 가졌다.[65] 건강 상태를 묻는 질문에 루스벨트는 쿨럭쿨럭 기침을 하고는 기관지염으로 아침 일찍 병원에 가서 엑스레이를 찍었다고 인정했다. "놀라셨습니까?" "천만에요!" 또 의사가 기관지염이 폐렴으로 발전할 확률이 4만 8,500분의 1에 불과하다고 말했으니 그의 예후가 좋은 편이 아니겠느냐고도 덧붙였다. 기자회견장이 웃음바다가 됐고, 기자들은 평소대로 정책 질문으로 넘어갔다. 〈뉴욕 타임스〉는 "안색과 목소리가 더 나아졌을 뿐만 아니라 활력도 되찾은 것으로 보였다."고 보도했다.[66] 일주일 후 매킨타이어는 기자회견을 열어, 루스벨트가 만성 기관지염을 앓고 있을 뿐이라며 그에게 필요한 것은 "약간의 햇볕과 운동"이라고

발표했다.[67]

　루스벨트에게는 개인적인 문제를 드러내지 않고 감추는 습관이 있었다. 어린 시절부터 병약한 아버지 앞에서 자신감에 넘치고 상대에게 힘을 북돋워주는 모습을 보여주는 게 훈련된 때문이었다. 소아마비로 병원에 입원해 6주 동안 고통과 싸우는 동안에도 주변 사람들에게는 한결같이 낙관적인 모습을 보여주었다. 주변 사람들을 기분 좋게 해주며 자신의 기분도 끌어올리는 비법을 터득했던 것이다. 사촌로라 델러노의 기억에 따르면, 프랭클린은 외가 식구들에게 아프다고 말한 적이 없었다.[68] 1944년 봄에도 루스벨트는 건강 상태의 잠재적 위험을 항상 경계하되 자신의 병을 무시하는 쪽을 선택했다. 따라서 브루엔 박사의 처방을 군말 없이 따랐다. 매일 강심제를 복용했지만 혈압을 점검하는 데는 별다른 관심을 보이지 않았다. 또 저염·저지방 식이요법으로 체중을 상당히 줄였던지 장난스레 배를 툭툭 치며 "다시 청년이 된 기분이다. 배에 지방이 싹 없어진 것 같아."라고 농담하기도 했다.[69]

　루스벨트의 변함없이 쾌활한 태도는 전염성을 띠었다. 가까운 동료의 많은 증언에서 확인되듯, 루스벨트는 항상 활기차게 당면한 과제에 집중했다. 그 자신이 "지옥 같았다."고 인정한 날에도[70] "활기차고" "온화한"[71] 모습을 유지하며 아픈 티를 내지 않았다. 그해 초봄, 프랜시스 퍼킨스는 루스벨트의 안색을 보고 놀랐지만, 금융가 버나드 바루크Bernard Baruch의 사우스캐롤라이나 별장에서 보름 동안의 휴가를 끝내고 4월 말에 돌아왔을 때 활기를 되찾은 모습을 보고는 안도하며 "그가 거의 마지막 순간을 맞이할 때까지 그에 대해 걱정하지 않았다."[72]

하지만 루스벨트는 자신의 건강 상태를 무시하며, 겉으로는 밝게 보이려 애썼지만 순전히 의지력으로 버티고 있다는 걸 알고 있었다. 이런 지경에도 네 번째 임기에 도전하겠다고 결정한 이유가 무엇일까? 4년 전, 1940년 봄에는 히틀러가 네덜란드와 룩셈부르크, 벨기에와 프랑스를 침략하며 서구 문명을 위기에 몰아넣은 까닭에 두 번까지만 임기를 맡는다는 소중한 전통의 파기가 스스로 그런대로 정당화됐고 국민 여론도 인정하는 분위기였다. 1944년 봄, 루스벨트는 이미 12년 동안 백악관을 지킨 미국 역사상 최장수 대통령이었다. 그는 친구들에게 물었다. 다시 전례를 깨고 네 번째로 대통령에 출마해야 하는가?

1944년 5월 말, 민주당 전당대회를 7주 앞둔 때까지도 루스벨트의 망설임은 계속됐다. 세계 전쟁을 마무리 짓고, 그 이후에 평화를 정착시켜야 하는 막중한 임무가 남아 있었다. 미국과 민주주의의 생존이 걸린 문제가 해결되지 않은 상태였다. 100만 병력과 군비가 남잉글랜드의 선착장으로 옮겨진 후 노르망디 상륙을 시도하라는 명령을 기다리고 있었다. 파리와 암스테르담, 바르샤바와 아테네 등 유럽의 거의 모든 수도가 여전히 독일군의 수중에 있었고, 일본은 필리핀을 점령했다. 루스벨트가 사촌 마거릿 서클리와의 사적인 대화에서 그 딜레마를 밝혔던지, 서클리는 자신의 일기에 "중대한 결정이 필요했다."라고 썼다.[73] 미래가 너무도 불확실하기 때문에 루스벨트는 "힘이 남아 있는 한 의무를 다해야 한다."는 깊은 의무감을 느꼈다.[74] 대통령 역할을 4년 동안 제대로 수행할 수 없다면 출마하는 것 자체가 국민에게 예의가 아니었다.[75] 출마 여부를 결정한 최종 변수는 그의 건강 상태였다.

루스벨트는 늘 당면한 과제에 몰두했던 까닭에 국내외 사건들이 그의 건강 상태와 그가 신중하게 관리하며 아끼는 기력의 수준을 결정하는 듯했다. 1944년 6월 6일, 이른바 디데이에 연합군이 예상보다 적은 피해로 상륙 작전에 성공해 진격하고 있다는 소식에 루스벨트는 기력을 크게 되찾았고, 그날 오후 늦게 기자회견을 열었다. 한 기자의 보도에 따르면 "역사에서 위대한 순간이었다. 대통령은 커다란 초록색 의자에 차분히 기대어 앉아 미소 짓고, 세상의 흐름이 만족스러울 때 항상 그랬듯 담배를 입꼬리에 물고 위로 젖히고 있었다."[76] 다른 기자는 "회견 내내 대통령은 행복하고 자신감에 넘쳐 보였지만"[77] 지나치지 않으려고 경계했다. "상륙에 성공했다고 바닷가를 걸어 다닐 수 있는 게 아닙니다. 다리가 부러지지 않고 성공적으로 상륙했더라도 베를린까지 걸어갈 수 있는 게 아닙니다. 우리 국민이 그 사실을 하루라도 빨리 깨닫는 게 좋습니다."[78] 그날 저녁 루스벨트의 모습에 대해 엘리너는 "무척 건강해 보였고, 다시 본래의 모습으로 돌아와 미래의 계획으로 흥분돼 보였다."고 말했다.[79]

보름 후, 다시 강장제 같은 사건이 일어났다. 제대 군인 원호법G. I. Bill of Rights를 서명하던 루스벨트는 홍조를 띠며 상당히 건강해 보였다.[80] 그 법은 제대 군인에 교육과 훈련을 제공하려는 포괄적인 계획을 뒷받침하는 것이었다. 연설문 작성자 새뮤얼 로젠먼의 판단에 따르면, 루스벨트가 그런 계획을 18개월 전에 구상했다는 사실, 즉 노르망디 상륙작전이 시행되기 훨씬 이전에 전후 계획을 시작했다는 사실은 "올바른 정치인의 비전을 보여주는 좋은 본보기"였다.[81] 이런 비전, 즉 엄청난 양의 행정 문제에 빈틈없이 관심을 두고 전체적인 그림을 보며 가장 중요한 목표를 지향하는 루스벨트의 신비한 능력 때문에라도, 크게 떨어진 기력이나 건강에 상관없이, 국무위원들과 백악관 보좌관들은 루스벨트만큼 뛰어난 리더는 없다고 생각했다는 게 퍼킨스의 결론이다.[82]

민주당 전당대회가 열리기 닷새 전, 루스벨트는 마침내 네 번째로 출마하겠다는 의사를 밝혔다. 그의 오랜 경험과 폭넓은 지식을 고려할 때 전쟁을 끝내고 평화의 기초를 놓기에 그가 가장 적합한 사람이란 신중한 확신에서 비롯된 결정이었다. 그는 다시 당의 선택을 받으면 수락할 것이며, "미국의 자주적인 국민의 최고 사령관"으로서 명령하며 대통령의 임무를 다할 것이라고 발표했다.[83] 일주일 후, 민주당 전당대회 대표단은 프랭클린 루스벨트를 만장일치로 미국 대통령 후보로 지명했다.

가을부터 루스벨트는 공화당 후보인 젊은 뉴욕 주지사, 토머스 E. 듀이Thomas Edmund Dewey와 경쟁할 수 있는 체력이 있다는 걸 증명해야 했다. 경쟁 후보들이 루스벨트는 정신적으로나 신체적으로 쇠약하다는 거짓 소문을 퍼뜨리고 있었기 때문이다. 루스벨트의 표현을 빌리면 "내가 병들고 지쳤다는 중상모략이 팽배했다." 그런 소문이 거짓이라는 걸 입증하는 확실한 방법은 하나밖에 없었다. 유권자들 앞에 서서, 유권자들이 그의 능력에 대해 직접 판단하는 기회를 주는 것이었다. 즉, "전통적인 방식대로 저돌적인 선거 운동"을 벌여야 했다.

뉴욕시에서 하루 동안, 루스벨트는 무개차를 타고 브루클린과 퀸스, 브롱크스를 지났고 할렘과 브로드웨이를 넘어 가먼트 지구까지 80킬로미터를 이동했다. 300만 명의 시민이 연도에 모여들었다. 허리케인의 꼬리가 뼛속까지 시려오는 비를 군중에 퍼부었다. 빗물은 대통령의 옷도 흠뻑 적셨고, 뺨을 타고 흘러내렸다. 하지만 궂은 날씨에도 루스벨트는 미소를 잃지 않았고, 유세를 멈추지 않았다. 그 때문에도 군중은 그를 사랑했다. 군중의 환호에 루스벨트는 "소속감과 행복감을 느꼈다." 나중에 퍼킨스에게 "군중의 따뜻한 환영에 온몸이 빗물에 젖었는지도 몰랐다."고 말했을 정도였다.[84] 선거 운동이 끝날 때까지 루스벨트는 "투지만만하게" 버텼고,[85] 시작할 때보다 더 건강하게 보였다. 체중도 5킬로그램이 늘었고, 선거에도 승리함으로써 네 번째 연임에 성공했다.[86]

1945년 1월 20일, 취임식을 치른 루스벨트는 82일 후에 세상을 떠났다. 뒤늦게야 평론가들은 루스벨트가 심신 약화로 마지막 3개월 동안 역할을 효과적으로 해내지 못한 것이 아닌지 의문을 품기 시작했다. 얄타에서 이오시프 스탈린과 윈스턴 처칠과 지루하게 회담을 하는 동안 너무 많은 것을 내주고 너무 적게 받은 것이 아닌지를 두고 논쟁이 벌어진 것이다.[87] 얄타에서 루스벨트의 체력은 눈에 띄게 약해졌고, 건강도 악화됐다. 하지만 결국 루스벨트는 두 가지 주된 목표를 이루어냈다. 첫째, 일본을 공격하는 데 러시아도 참여하겠다는 약속을 받아냈다. 단독으로 공격하면 100만 명의 미군 사상자를 각오해야 하던 전투였다. 둘째, 역사상 가장 파괴적인 전쟁의 잔해를 딛고 평화를 구축하기 위한 새로운 세계 기구를 창설하는 데 러시아의 지원을 확보했다.

전쟁의 종결과 평화의 구축은 루스벨트가 마지막 순간까지 매진한 쌍둥이 목표였다. 그 외의 것은 잠정적으로 보류됐다. 하지만 해리 트루먼 부통령에게 전쟁에 대한 기밀 정보를 전해주지 않았다. 후임자인 트루먼에게 원자폭탄의 존재를 알려주지 않는 끔찍한 실수도 저질렀다. 하지만 트루먼은 그런 정보를 미리 알았더라면 대통령직을 더 효과적으로 준비할 수 있었겠느냐는 질문을 받았을 때, "루스벨트는 최선을 다했습니다."라고 너그럽게 대답했다.[88]

루스벨트는 "완결되지 않은 중요한 과제"를 위해 힘을 남겨두었다.[89] 예컨대 그는 4월 말에 샌프란시스코를 방문할 예정이었다. 그곳에 50개 연합국의 대표들이 모여 국제연합의 기본적인 골격을 구상할 계획이었다. 그 후에는 영국을 국빈 방문하려고 했다. 그 방문은 몹시 설레었던지 비밀에 붙이지 못했다. 루스벨트는 캐나다 총리 매켄지 킹William Lyon Mackenzie King과 대화하던 중 그 계획을 누설했고, 그 뒤에는 퍼킨스에게도 알렸다. 특히 퍼킨스에게 말할 때는 엘리너가 런던을 함께 방문한다는 기대감에 두 눈을 반짝였고, 엘리너에게 "정말 아름답게 보이도록" 서너 벌의 멋진 옷을 주문하라고 독촉했다고도 했다.[90]

런던 방문은 모두에게 환영받는 즐거운 여정이 될 것 같았다. 루스벨트 부부는 선박으로 사우샘프턴까지 이동하고, 그곳에서 런던까지 철도를 이용할 예정이었다. 런던에서는 조지 6세 부부와 함께 버킹엄 궁전에서 머물려 했다. 또 루스벨트는 왕과 함께 자동차에 나란히 앉아 런던 시내를 둘러보고, 의회에서 연설한 후에는 수상 전용 별장 체커스에서 처칠과 며칠을 함께 보낼 예정이기도 했다. 처칠은 루스벨트가 영국 국민으로부터 "마음에서 우러난 진정한" 환영을 받을 것이라며, "그 환영은 런던에 개선하던 넬슨 경 이후로 인간에게 부여되는 최고의 환영"이 될 것이라 예견했다.[91]

하지만 퍼킨스는 런던 방문을 반대했다. "전쟁 중입니다. 런던을 굳이 방문해야 한다고는 생각하지 않습니다. 너무 위험합니다." 루스벨트는 손을 오므리고는 그녀의 귀에 대고 "전쟁은 5월 말이면 끝날 거요."라고 소곤거렸다. 훗날 밝혔듯, 퍼킨스는 "전쟁이 거의 끝났다는 루스벨트의 확신에 안심했다." 루스벨트가 세상을 떠나기 2주 전이었다.[92]

루스벨트는 이런 미래와 국빈 방문을 학수고대했지만, 피로에 짓눌린 체력을 감추지 못했다. 그는 체력을 회복하고 국제연합 발족을 촉구하는 연설을 준비하기 위해 3월 말 백악관을 떠나 웜스프링스로 향했다. 거의 초자연적으로 신체 능력을 회복했던 그곳에서 보름 동안 휴가를 보내며 그 기적을 다시 누릴 수 있기를 바랐다. 비밀 경호원 마이크 라일리는 "우리는 그 여행이 대장에게 도움이 되기를 희망한 게 아니다. 당연히 도움이 될 거라고 의심치 않았다."고 말했을 정도였다.[93] 모두가 그렇게 생각했다. 12년 이상 동안 미국인에게 프랭클린 루스벨트는 회복탄력성의 상징이었다. 그 자신은 국민에게 힘을 얻어 회복하고 승리할 것이라고 확신했다.

백악관 연설문 보좌관이던 로버트 셔우드는 당시를 회상하며 "대통령이 과거와 달리 이번에는 회복하지 못할 것이란 생각은 해본 적이 없었다."고 말했다.[94] 4월 12일 아침, 초상화를 위해 의자에 앉아 우편물을 훑어보던 루스벨트의 안색이 유난히 좋아 보였다.[95] 사촌 마거릿 서클리의 표현을 빌리면, "루스벨트는 미소를 짓고 무척 행복해 보였다. 무엇이든 해낼 듯한 모습이었다."[96] 그런데 갑자기 그의 고개가 푹 떨어졌다. 뇌출혈로 쓰러졌고, 다시는 의식을 되찾지 못했다.

시어도어 루스벨트가 전투를 지휘하는 리더로 활약하다 순직하기를 바랐듯, 프랭클린 루스벨트는 당면한 과제에 몰두하다 죽음을 맞았다. 프랭클린은 민주주의를 구하고, 세계 평화를 위한 기초를 놓기 위해 전쟁에서 승리하려고 애썼다. 이런 면에서 프랭클린을 전사자 목록에 올리더라도 잘못된 것은 아니다. 중요한 것은 편력 기사의 장엄한 죽음이 아니라 견딜 수 있을 때까지 견디겠다는 의지력, 즉 루스벨트의 조용한 용기였다.

프랭클린 루스벨트는 자신의 유산에 대해 거의 언급하지 않았지만, "역사에 자신의 흔적을 남기겠다는 뜨거운 역사의식"이 있었다.[97] 지독한 수집광이던 루스벨트는 백악관 보좌관들에게 모든 자료와 모든 편지, 심지어 대통령 집무실에 전달된 종이쪽지까지 빠짐없이 챙기라고 지시했다. 죽음을 맞기 6년 전, 루스벨트는 모든 서류를 정부에 전달하며, 도서관 겸 박물관을 세울 부지로 하이드파크 사유지 일부를 기증하겠다고 약속했다. 그때부터 대통령 도서관이란 전통이 시작됐다. 자신감에 넘쳤던 루스벨트는 역사학자들에게 자신의 리더십을 정확히 평가할 기회를 주기 위해 그의 개인적이고 공적인 자료에 그들이 마음껏 접근할 수 있기를 바랐다.

루스벨트가 도서관의 주춧돌을 놓을 때 분명히 밝혔듯, 리더십의 열쇠는 리더가 국민과 맺는 상호의존적인 관계에서 찾아진다. "대통령 집무실에 많은 문서가 전달되는데, 고위직이나 개인 사무실을 차지한 사람들이 제공하는 문서보다, 미국 각지에서 남녀노소가 나와 내 가족 및 친구에게 자발적으로 보내는 편지들을 더 중요하게 생각한다. 그들이 처한 상황과 문제를 하소연하는 데 그치지 않고 해결을 위한 개인적인 의견까지 제시하기 때문이다."[98]

프랭클린 루스벨트의 부드럽고 친밀한 리더십이 국민의 마음에 깊이 파고들었던 까닭에, 그가 세상을 떠나고 며칠 후 〈뉴욕 타임스〉는 "미국의 모든 도시에서 사람들은 걸음을 멈추고 서로 위로의 말을 주고받았다. '친구를 잃었다'는 똑같은 한탄이 곳곳에서 들렸다."라고 보도했다.[99]

트렌턴의 한 시민은 "한 사람이 죽었다고 1억 3,000만이 쓸쓸함을 느낀다면 그것이야말로 인간을 향한 최고의 헌사가 아니겠는가."라고 말했다.[100]

◇

1845년 4월 14일 성금요일, 에이브러햄 링컨은 커다란 환호에 일어나 화답하며, 이 땅에서의 마지막 날을 맞았다.

전날 저녁, 워싱턴은 휘황찬란한 조명으로 밝혀졌다. 마침내 고난의 남북전쟁이 끝나고, 아메리카 합중국이 구원받았기 때문이다. 모든 건물의 창문마다 촛불이 반짝였고, 벽에는 멋지고 아름다운 등불들이 흔들렸다. 모든 주택과 건물 지붕에서 깃발이 펄럭였다. 길거리는 "환희에 젖은 사람들"로 가득했다.[101] 그들은 팔짱을 끼고 걸으며 웃고 노래했다. 열흘 전, 남부 연합의 수도, 리치먼드는 완전히 비워졌다. 다음 주에는 로버트 E. 리 장군이 애퍼매톡스에서 율리시스 그랜드 장군에게 모든 병사를 넘겨주며 항복했다. 하룻밤이 지날 때마다 축하할 새로운 이유가 생겼다. 예컨대 전쟁성이 징집을 유예한다고 발표했고, 군수품 구입이 중단됐으며, 항구가 무역을 시작했고, 그랜트는 백악관으로 개선하고 있었다.

그날 아침, 링컨은 아내 메리와 장남 로버트와 함께 아침식사를 했다. 당시 로버트는 육군 대위로 그랜트 장군의 참모였고, 전선에서 막 귀환한 터였다. 하원의장 스카일러 콜팩스Schuyler Colfax가 도착했다는 소식이 전해졌다. 콜팩스는 캘리포니아까지 전국을 횡단하는 여행을 계획하고 있었기에, 링컨에게 임시 의회를 소집할 계획이 있는지 확인하고 싶었다. 링컨은 그럴 계획이 없다며, 콜팩스에게 "즐거운 여행이 되기를 바랍니다! 하원의장님이 부러울 따름입니다."라고 말했다.[102]

그러고는 의자에서 일어나 서부의 금광과 은광에서 일하는 광부들에게 콜팩스가 대신 전해주기를 바라는 메시지의 개략적인 내용을 알려주었다. 링컨은 제대하면 곧바로 일자리를 구하려는 수십만 명의 군인들에 대해 생각하고 있었던 것이다. 링컨은 "로키산맥부터 태평양 연안까지" 드넓은 서부에는 개발되지 않은 광물 자원이 있다고 믿었다. 그 광활한 채굴 지역에는 제대 군인과 새로운 이민자까지 "모두를 수용하기에 충분한 공간이 있었다." 링컨은 "그들의 번영이 국가의 번영이니 내가 능력이 닿는 데까지 그들의 이익을 보장해줄 것이며, 그렇게 하면 머잖아 우리나라가 세계의 보물이 될 것"이란 메시지를 광부들에게 전하고자 했다.[103]

오전 11시, 링컨은 평소대로 국무회의에 참석했다. 지도와 전투 계획, 지난 4년 동안 국무회의를 특징짓던 군사 용품 등으로 채워진 전략 회의실은 평소에는 으스스한 분위기였지만 그날은 밝은 분위기를 띠었다. 회의 주제도 "화해와 재건을 최적으로 진행하는 방법"으로 달라졌다. 링컨은 "이것이 우리 앞에 닥친 가장 중대한 문제입니다. 신속하게 행동에 옮겨야 할 겁니다."라고 말했다.[104]

링컨은 치유의 분위기를 조성해 수개월 동안 끌어가고 싶었다. "이미 많은 목숨이 희생됐습니다. 화해하고 하나로 결합하기 위해서는 원한을 풀어야 합니다." 링컨은 3월 4일, 즉 2기 취임식 날, 의회가 휴회한 것을 좋은 징조로 보았다. "동기는 좋아도 완고하고 고집스런 사람들, 그가 동조하고 함께할 수 없는 증오심과 복수심을 지닌 사람들"이 있었기 때문이다.

저항하는 지도자를 어떻게 처리하겠느냐는 질문에 링컨은 "그런 사람들, 가장 악랄한 사람이라도 교수하거나 사형하는 데 어떤 개입도

하지 않을 것"이라고 분명히 대답했다.[105] 링컨은 그런 사람들의 존재가 치유 과정을 방해할 걸 알았다. 그래서 "문을 열고 장벽을 낮춘 후 그들을 겁주어 이 나라를 떠나게 하고 싶어 했다." 방목장에서 양을 몰아내는 것처럼 손을 휘두르며 그런 의도를 분명히 전달하려고 했다. 또한 "그들이 자발적으로 떠나면 그들을 저지하려는 어떤 시도도 않겠지만, 그들이 머문다면 범죄 행위에 대한 대가를 치르게 될 것"이라고 미리 알려줘야 했다.[106]

그랜트 장군은 애퍼매톡스에서 돌아오자마자 국무회의에 참석해 리 장군의 항복과 관련된 이야기를 들려주었다. 링컨이 "일반 병사에게는 어떤 석방 조건을 내걸었습니까?"라고 묻자, 그랜트는 "고향과 가족에게로 돌아가라고 말했습니다. 더 이상 저항하지 않으면 어떤 괴롭힘도 받지 않을 것이라고도 말했습니다."라고 대답했다. 장교들에게는 개인 말과 작은 무기를 휴대하는 것이 허용됐다. 그랜트가 그들의 개인 재산까지 압류하며 모욕하는 짓은 불필요하다고 판단한 때문이었다. 그랜트의 설명을 듣고 링컨은 "동의한다는 뜻으로 환히 웃었다."[107]

3시간 이상 각료들은 패배한 남부 세력과의 관계를 봉합하고 통일된 국가의 재건을 시작하는 데 반드시 필요한 너트와 볼트인 커뮤니케이션과 상업에 관련된 문제를 상의해 결론지었다. 예컨대 우체국과 연방 법원을 다시 개설하고, 상거래와 사회적 교류를 위한 연락망을 재구축하기로 결정했다. 링컨은 연방의 권력을 주州에 단순히 부과하는 것만으로도 혐오감을 불러일으킬 것이라 생각하며, 거듭해서 "그들을 편하게 해주십시다. 그들을 편하게 해주십시다."라고 말했다.[108] 링컨은 "모든 남부 주에서 주정부 역할을 하는 게 연방 정부의 특권"이라 생각하지 않았다. 오히려 "몇몇 주는 자치하기에 적합지 않다고 생각하지만 그곳 주민들이 그곳을 통치해야 한다."라고 말했다.[109] 재건 과정은 단계적으로 시행되고, 주변을 둘러보며 신중하게 진행돼야 했다. 무엇보다 융통성 있게 진행하는 게 중요했다.

국무회의가 끝나갈 때 전쟁성 장관 에드윈 스탠턴Edwin Stanton이 한 동료 장관에게 "오늘 우리 대장이 정말 멋져 보였다! 오늘이 지금까지 내가 참석한 국무회의 중 가장 만족스러웠다."고 말했다.[110] 국무위원들은 대체로 "링컨은 무척 즐거워하면서도 더할 나위 없이 침착했다."고 생각하는 듯했다.[111] 한 국무위원은 "전에는 그의 존재를 압축하는 특징으로 여겨졌던 형언할 수 없는 슬픈 분위기가, 원대한 목표를 성취했다고 확신하는 것처럼, 역시 형언할 수 없지만 잔잔한 즐거움을 띤 표정으로 바뀌었다."고 말했다.[112]

그날 오후 3시, 링컨과 메리는 마차를 타고 느긋하게 돌아다녔다. 메리가 링컨에게 말했다. "당신이 이처럼 즐거워하는 모습을 본 적이 없어요. 나도 놀랄 정도예요." 링컨은 "나도 놀랄 정도요. 오늘 이런 생각이 들더라고. 전쟁은 이제 끝났다!"라고 대답했다. 그러고는 "하기야 지금까지 살면서 기분이 좋았던 적이 없어요."라고 덧붙였다.[113]

마차는 해군 공창Navy Yard으로 향했다. 링컨 부부는 대통령직을 끝마친 후의 미래에 대해 대화하기 시작했다. 그들은 아직 상대적으로 젊은 편이었다. 링컨은 56세, 메리는 46세에 불과했다. 그들은 아들들과 함께 여행하기를 바랐다. 유럽 전역을 관광하고 성지聖地를 방문하고, 로키산맥을 넘어가 캘리포니아와 서부 해안 지역을 둘러보고 싶었다. 그러고는 그들이 결혼생활을 시작한 일리노이주로 귀향하기로 했다.

그들의 마차가 백악관에 도착했을 때, 일리노이주 주지사 리처드 오글즈비Richard Oglesby를 비롯해 옛 친구들이 막 돌아가려던 참이었다. 링컨은 서둘러 말했다. "친구들, 들어가세. 좀 더 있다 가라고."[114] 링컨은 오랫동안 피곤한 시간을 보낸 탓에 편안한 마음으로 한담하는 시간을 간절히 바랐다. 특히 재미있는 책을 소리 내어 읽는 시간을 갖고 싶어 했다. 오글즈비는 "친구들은 링컨을 저녁 식사에 자주 초대했다. 링컨은 참석하겠다고 매번 약속했는데, 그런 책을 읽다가 친구들과의 약속을 떠올리고는 약속 장소에 헐레벌떡 찾아오는 경우가 많았다."라고 회고했다.[115]

그날 링컨은 평소보다 일찍 저녁 식사를 끝냈다. 그날 저녁 포드 극장에서 희극 〈우리 미국인 사촌〉을 관람할 계획이었다. 식사를 끝낸 뒤, 링컨은 매사추세츠주 출신 하원의원 조지 애슈먼George Ashmun을 비롯해 다른 친구들을 만났다. 8시가 됐을 때 링컨은 자리에서 일어서며 "더 있고 싶지만 가야 할 것 같습니다."라며[116] "이미 극장에 가겠다고 알렸으니, 그곳에서 기다리는 사람을 실망시킬 수야 없지 않겠습니까."라고 덧붙였다.[117] 그는 입 밖에 내뱉은 약속은 반드시 지키는 사람이었다.

링컨의 암살범, 배우 존 윌크스 부스John Wilkes Booth는 연극계에서 유명한 인물이었다. 정오쯤에 대통령의 일정을 알게 되자, 부스는 율리우스 카이사르보다 '더 지독한 폭군'이라 생각하던 링컨을 살해하려면 그날 밤이 최적의 기회라고 판단했다. 부스는 후손이 자신의 행위를 명예롭게 기억해줄 것이므로 불멸의 이름을 남기게 될 것이라 믿었다.[118] 미국 대통령사에서 가장 끔찍한 비극은 이렇게 시작됐다.

링컨 일행이 편안한 특별석에 들어가 앉았을 때 부스는 이미 극장 안에 있었다. 10시 12분, 부스는 배우라는 신분을 이용해 특별석 뒤쪽으로 접근할 수 있었다. 링컨 대통령은 흔들의자에 앉아 팔꿈치를 팔걸이에 기댄 채 오른손에 턱을 괴고 몸을 앞쪽으로 구부리고 있었다. 부스는 링컨의 60센티미터 뒤까지 소리 없이 다가갔다. 부스는 데린 저식 권총을 치켜들고 링컨의 왼쪽 귓등을 겨누었다. 하얀 연기에 싸여 링컨은 앞쪽으로 푹 쓰러졌다. 특별석에서 무대로 뛰어내리던 부스의 승마화 박차가 특별석을 장식하던 연대 깃발에 걸리고 말았다. 그 때문에 그는 어색하게 떨어지며 다리가 부러졌다. 그는 무대에서 뛰어내려 통로로 도망치기 전에 단검을 높이 치켜들고 "폭군은 언제나 이렇게 될 것이다!sic semper tyrannis"라고 소리쳤다.

그 외침에는 야만적이면서도 섬뜩한 아이러니가 있었다. 오래전 링컨이 무법적 행위, 예컨대 살인과 사형私刑이 카이사르와 나폴레옹 같은 폭군을 낳는 비옥한 토양이 된다고 경고한 적이 있었기 때문이다. 그런 폭군들은 "더 높이기"보다 "아래로 끌어내림"으로써 영달을 구하는 사람들이었다.[119] 죽어가던 대통령, 링컨은 극단주의, 증오심과 복수심을 해소하는 데 거의 평생을 노력했고, 그날 오후에는 동료들에게 패배한 남부 주들에 독선적인 힘을 행사하지 말라고 충고했지만, 정작 그 자신은 인종차별적 극단주의자의 피해자가 되고 말았다. 암살범은 그가 죽인 사람에게 범한 악행으로만 기억될 뿐이다.

의사들은 "링컨은 살겠다는 의지가 대단하다."라고 발표했다. "대부분의 사람은 즉사했을 만한 부상"을 당하고도 링컨은 9시간 동안 분투를 계속했다.[120] 하지만 다음날 아침 7시 22분, 그 분투는 끝나고 말았다. 에이브러햄 링컨은 사망 선고를 받았다. 스탠턴 장관은 "이제 링컨은 역사의 일부가 됐다."고 말했다.[121] 이 헌사는 링컨이 우리와 그 이후의 모든 세대에 전해준 살아 있는 가치를 시적이면서도 정확히 묘사한 것이었다.

링컨이 유산으로 남긴 살아 있는 가치는 무엇이고, 어떻게 해야 그 가치를 후세에 전할 수 있을까?

상거먼 카운티에서 23세에 처음 대중 앞에 선 때부터 링컨은 교육과 역사, 과거의 기억과 자유를 연결시켰다. 링컨은 교육을 "우리가 국민으로서 참여할 수 있는 가장 중요한 과제"라 역설하며, "교육을 받아야 모두가 우리나라와 다른 나라의 역사를 읽고 우리 자유로운 제도의 가치를 올바로 평가할 수 있을 것"이라 말했다.[122]

29세에는 독립 혁명에 대한 기억이 흐릿해지고, 독립 혁명이 내세운 이상마저 "시간이 지남에 따라 점점 희미해지는 것"을 걱정했다. 링컨은 역사를 통해 "성경이 읽히는 한 미국 건국에 대한 이야기도 항상 읽히고 언급되기"를 바랐다.[123] 링컨은 역사, 즉 우리가 여기까지 오게 된 과정을 이해해야, 우리가 누구이고 어디로 가야 하는지를 정확히 판단할 수 있다고 생각했다.

링컨의 주된 이야기는 미국, 미국 민주주의의 탄생, 아메리카 합중국에서 자유의 발전에 대한 이야기였다. 시간이 지남에 따라 형식은 간결해졌고 내용은 깊어졌다. 스티븐 더글러스와 대토론을 벌일 때, 링컨은 자유로운 나라에 존재하는 노예제도의 딜레마를 이야기 형식으로 청중에게 이해시키고 해결책을 함께 모색했다. 또 게티스버그에서는 많은 병사의 목숨을 앗아간 "미완의 과제"를 마무리짓자고, 즉 "국민의 국민에 의한 국민을 위한 정부가 이 땅에서 결코 사라지지 않도록 하자며" 살아 있는 사람들에게 도전의식을 북돋웠다.[124] 두 번째 취임사에서는 미국 국민에게 "국가의 상처를 치유하기 위해서라도 우리가 지금 하고 있는 과업을 끝내자."고 촉구했다.[125] 이런 연설이 프랭클린 루스벨트를 키워냈다. 루스벨트 자신이 밝혔듯, 에이브러햄 링컨은 "인간의 마음이 향상될 수 없는 상황에서" 미래의 목표를 세웠기 때문에 그는 링컨의 연설에서 많은 영향을 받았다.[126]

링컨은 민주주의에서 리더의 강점은 국민과 하나가 되는 결속력에 달려 있다는 사실을 잠시도 잊지 않았다. 링컨은 아침마다 집무실 밖에서 줄서서 기다리는 보통 사람들의 탄원을 듣기 위해 서너 시간을 할애했고, 그 시간을 '여론의 공중목욕탕public opinion baths'[127]이라 칭했다. 친절과 감정이입, 유머와 겸손, 열정과 야망이 처음부터 링컨의 특징이었다. 링컨은 미국을 갈기갈기 찢어놓은 문제들에 몰입하는 리더로 꾸준히 성장했고, 미국을 끌어가려는 욕망과 미국에 봉사하려는 열망이 그의 내면에서 하나로 결합해 불굴의 힘으로 발전했다. 그 힘은 이후 리더들에게 영감을 주었고, 우리에게는 미래를 향해 나아갈 방향을 인도하는 도덕적 나침반이 되어주었다. 링컨의 리더십은 혼란기에만이 아니라 일상의 삶에서도 우리에게 인간애와 목적의식과 지혜를 가르쳐준다.

◆

감사의 글

사이먼 앤드 슈스터 출판사는 거의 40년 동안, 내 책을 전적으로 출간해주었다. 이제 캐롤린 라이디, 조너선 카프, 앨리스 메이휴, 리처드 로러, 재키 서우, 스티븐 베드퍼드, 스튜어트 로버츠, 줄리아 프로서, 리자 힐리, 크리스틴 르미어, 리자 어윈, 르웰린 폴란코의 도움 없이 책을 출간한다는 건 상상할 수조차 없다.

재키 서우에게는 거듭 감사의 말을 전하고 싶다. 그녀는 표지를 최종적으로 결정하기 위해 무수한 디자인을 끈기 있게 점검했다. 내 글을 독자들에게 연결하는 데 전문가적 식견과 날카로운 안목으로 도움을 주었던 줄리아 프로서와 스티븐 베드퍼드, 단계마다 내 원고를 꼼꼼히 읽고 방향을 결정하는 데 조언을 아끼지 않았던 스튜어트 로버츠, 힘든 시기에 콩고드의 내 집에서 함께 생활하며 이 책을 완성하도록 따뜻하게 배려해준 교열 담당자 프레드 체이스에게도 감사하고 싶다.

조너선 카프에게도 특별히 감사하고 싶다. 창의적인 식견으로 내가 이 책의 구조를 다른 식으로 생각하도록 도움을 주었다. 그의 조언을 받아들여, 나는 네 리더가 중대한 순간에 어떻게 결정했는지에 대한 사례 연구를 덧붙였다. 많은 다른 책에 대해서도 그랬듯이 이 책에 대해서도 앨리스 메이휴는 정확한 판단과 비할 데 없는 편집 능력으로 꾸준히 나를 지원해주었다. 20년 이상 동안 빈키 어번을 대리인으로 둔 것도 나에게는 큰 행운이다. 또 거의 40년 동안 린다 밴더그리프트는 내 연구 조교로 일했다. 내 모든 책이 그녀의 뛰어난 재능과 탁월한 조사 능력에 영향을 받았다. 우리는 함께 이야기꾼으로 성장해왔다. 네 리더의 사진을 찾는 데 도움을 준 미셸 라울 및 브라이언 이튼, 제이 굿윈, 매슈 핸슨에게도 감사의 말을 전하고 싶다. 겉표지를 비판적이고 예술적인 안목으로 선택해준 줄리아나 로스차일드에게 감사한다. 각 장을 시작하는 제언을 선택하는 데는 아이다 로스차일드에게 큰 빚을 졌다.

내 매니저이며 소중한 친구인 베스 라스키가 이 책의 완성에 또 내 삶에서 맡은 역할은 말로 표현하기 힘들 정도이다. 나에게 베스는 없어서는 안 될 사람이다. 20년 동안 그녀는 뛰어난 능력과 독창력, 상상력과 충성심으로 나를 지탱해주었고, 덕분에 나는 균형을 유지할 수 있었다. 베스도 알겠지만 그녀는 나의 든든한 버팀목이다.

이제 고인이 된 남편 리처드 굿윈과 절친한 친구 마이클 로스차일드는 처음부터 열까지 나의 모든 것이었다. 우리 세 사람과 가족은 40년 전부터 밀접한 관계를 맺어왔다. 마이클은 뛰어난 작가이자 조각가이며, 사과 과수원을 운영하는 농부이기도 했다. 리처드가 언제나 나에게 말했듯이, 이런 면에서 마이클은 토머스 제퍼슨과 무척 유사하다. 매년 우리 세 사람은 함께 집필하는 프로젝트를 진행했다. 우리는 같은 책을 읽었고, 이런저런 아이디어를 두고 토론했으며 언어적 표현을 두고도 입씨름을 벌였다. 이 책을 리처드와 마이클에 헌정하고 싶다.

◆ **사용된 약어**

AL: Abraham Lincoln(에이브러햄 링컨)

ARC: Anna Roosevelt Cowles(애너 루스벨트 콜스)

BP: Doris Kearns Goodwin. The Bully Pulpit. New York: Simon & Schuster, 2013.

CRR: Corrine Roosevelt Robinson(코린 루스벨트 로빈슨)

CW: Roy P. Basler, ed. The Collected Works of Abraham Lincoln. 8 vols. New Brunswick, N. J.: Rutgers University Press, 1953.

DKG: Doris Kearns Goodwin(도리스 컨스 굿윈)

DKG/LBJ Conversations: 저자와 린든 B. 존슨과의 대화

ER: Eleanor Roosevelt(엘리너 루스벨트)

FDR: Franklin D. Roosevelt(프랭클린 D. 루스벨트)

FDRL: Franklin D. Roosevelt Library, Hyde Park, New York(프랭클린 D. 루스벨트 도서관)

HCL: Henry Cabot Lodge(헨리 캐벗 로지)

HI: Douglas L. Wilson and Rodney O. Davis, eds. Herndon's Informants: Letters, Interviews, and Statements about Abraham Lincoln. Chicago: University of Illinois Press, 1998.

LBJ: Lyndon Baines Johnson(린든 베인스 존슨)

LBJOH: LBJ Library Oral History(린든 B 도서관 구술 역사관)

LC: Library of Congress(의회 도서관)

LJAD: Doris Kearns Goodwin. Lyndon Johnson and the American Dream.

New York: Harper & Row, 1976.

LTR: Theodore Roosevelt; Elting E. Morison, John M. Blum, and John J. Buckley, eds. The Letters of Theodore Roosevelt. 8 vols. Cambridge, Mass.: Harvard University Press, 1951-1954.

Nicolay Papers: Papers of John J. Nicolay, Manuscript Division, Library of Congress.

NOT: Doris Kearns Goodwin. No Ordinary Time: Franklin and Eleanor Roosevelt: The Home Front in World War II. New York: Simon & Schuster, 1994.

NYT: New York Times(<뉴욕 타임스>)

OHRO/CUL: Oral History Research Office Collection of the Columbia University Libraries

PPA: Franklin D. Roosevelt. The Public Papers and Addresses of Franklin D. Roosevelt. Vols. 1-5. New York: Random House, 1938.

PPP: Lyndon Baines Johnson. Public Papers of the Presidents of the United States. Washington, D.C.: Government Printing Office, 1964-1970.

PRLBJ: The Presidential Recordings: Lyndon B. Johnson. 7 vols. New York: W. W. Norton, 2005.

SDR: Sara Delano Roosevelt(세라 델러노 루스벨트)

Steffens Papers: Lincoln Steffens Papers. Rare Books and Manuscript Library, Columbia University

TOR: Doris Kearns Goodwin. Team of Rivals. New York: Simon & Schuster,1994.

TR: Theodore Roosevelt(시어도어 루스벨트)

TRC: Theodore Roosevelt Collection, Houghton Library, Harvard University

TRP: Theodore Roosevelt Papers, Manuscript Division, Library

VP: Lyndon Baines Johnson. The Vantage Point: Perspectives of the Presidency, 1963-1969. New York: Holt, Rinehart & Winston, 1971.

WTR: Theodore Roosevelt; Hermann Hagedorn, ed. The Works of Theodore Roosevelt. 24 vols. New York: Charles Scribner's Sons, 1923-1926.

◆ 서문

1 William Zinsser, ed., Extraordinary Lives: The Art and Craft of American Biography (Winter Park, Fla.: American Heritage Press, 1986), pp. 181~182.

2 TR, "The Conditions of Success," 1910년 5월 26일, WTR, 13:575.

3 The Adams Papers, Adams Family Correspondence, Vol. 3, April 1778-September 1780, ed. L. H. Butterfield and Marc Friedlaender (Cambridge, Mass.:Harvard University Press, 1973), pp. 268~269.

4 http://www.rwe.org/abraham-lincoln-15-april-1865-eulogy-by-ralph-waldo-emerson/

5 AL, "Farewell Address at Springfield, Illinois," [A. Version], Feb. 11, 1861, CW, 4:190.

6 Michael Burlingame, Abraham Lincoln, A Life (Baltimore: Johns Hopkins University Press, 2008), pp. 750~751.

7 AL, "Fragment: Notes for Speeches [Aug. 21, 1858], CW 2:553.

1부. 야망과 리더십의 자각

01 에이브러햄 링컨

1 AL, "Communication to the People of Sangamon County," March 9, 1832, CW, 1:8.

2 Ibid., p. 9.

3 Joshua Wolf Shenk, Lincoln's Melancholy: How Depression Challenged a President and Fueled His Greatness (New York: Mariner, 2006), p. 17.

4 John L. Scripps, in HI, p. 57.

5 AL, "Autobiography Written for John L. Scripps" [c. June 1860], CW, 4:61.

6 Nathaniel Grigsby, HI, p. 113.

7 Dennis F. Hanks, ibid., p. 37.

8 Michael Burlingame, The Inner World of Abraham Lincoln (Chicago: University of Illinois Press, 1994), p. 42.

9 HI, p. 40; Philip D. Jordan, "The Death of Nancy Hanks Lincoln," Indiana Magazine of History (June 1944), pp. 103-10.

10 AL, "Autobiography written for Jesse W. Fell," Dec. 20, 1859, CW, 3:511.

11 "The Bear Hunt," [Sept. 6, 1846?] CW, 1:386.

12 Dennis Hanks, HI, p. 41에서 인용.

13 A. H. Chapman, HI, p. 99.

14 Anna Caroline Gentry, HI, p. 132.

15 David Herbert Donald, Lincoln (New York: Simon & Schuster, 1995), p. 32.

16 Louis Warren, Lincoln's Youth: Indiana Years, Seven to Twenty-One, 1816-1830 (Indianapolis: Indiana Historical Society, 1959), p. 80.

17 Allen C. Guelzo, "Lincoln and Leadership: An Afterword," in Randall M. Miller, ed., Lincoln and Leadership: Military, Political, and Religious Decision Making (New York: Fordham University Press, 2012), p. 100.

18 Joshua Speed, HI, p. 499.

19 Sarah Bush Lincoln, HI, p. 107.

20 Ida M. Tarbell, The Life of Abraham Lincoln, 4 vols. (New York: Lincoln Historical Society, 1903), Vol. 1, pp. 43-44.

21 Grigsby, HI, p. 114.

22 Warren, Lincoln's Youth, p. 24.

23 Joseph C. Richardson, HI, pp. 473-74.

24 Grigsby, HI, p. 114.

25 Anna Caroline Gentry, HI, p. 132.

26 Grigsby, HI, pp. 114-15.

27 AL, Francis B. Carpenter, Six Months at the White House with Abraham Lincoln (Lincoln: University of Nebraska Press, 1995), pp. 312-13에서 인용.

28 Chapman, HI, p. 102.

29 Chapman, HI, p. 102; Tarbell, The Life of Abraham Lincoln, Vol. 1, p. 36.

30 Horace White, Abraham Lincoln in 1854 (Springfield: Illinois State Historical Society, 1908), p. 19.

31 Oliver C. Terry, HI, p. 662.

32 AL, "Chronicles of Reuben," in Carl Sandberg, Abraham Lincoln: The Prairie Years, vol. 1 (New York: Charles Scribner's Sons, 1943) p. 55.

33 Grigsby, HI, p. 112.

34 Tarbell, The Life of Abraham Lincoln, Vol. 1, p. 25.

35 David Turnham, HI, p. 122.

36 Helen Nicolay, Personal Traits of Abraham Lincoln (New York: Century, 1912), p. 81.

37 Leonard Swett, in Allen Thorndike Rice, ed., Reminiscences of Abraham Lincoln by Distinguished Men of His Time (New York: North American, 1886), p. 71.

38 Joseph C. Richardson, HI, p. 120.

39 John B. Helm, HI, p. 48.

40 Dennis Hanks, HI, p. 41.

41 Robert L. Wilson, HI, p. 207.

42 Dennis Hanks, HI, p. 41.

43 Douglas L. Wilson, Honor's Voice: The Transformation of Abraham Lincoln (New York: Vintage, 1999), p. 57.

44 William H. Herndon, "Analysis of the Character," Abraham Lincoln Quarterly (1941), p. 339.

45 Henry C. Whitney, Life on the Circuit with Lincoln (Boston: Estes and Lauriat, 1892), p. 146.

46 Robert Rutledge, HI, p. 409.

47 David Davis, HI, pp. 348, 350.

48 Burlingame, The Inner World of Abraham Lincoln, p. 237.

49 John Kotter, "What Leaders Really Do," Harvard Business Review (May-June 1990), p. 47.

50 Burlingame, The Inner World of Abraham Lincoln, p. 237.

51 1855년 8월 24일 링컨이 Joshua Speed에게, HI, p. 52.

52 Rutledge, HI, p. 382.

53 Tarbell, The Life of Abraham Lincoln, Vol. 1, pp. 59-60.

54 Carl Sandburg, Abraham Lincoln: The Prairie Years, Vol. 1 (New York: Charles Scribner's Sons, 1943), p. 161.

55 Menard Axis (Illinois), Feb. 15, 1862, HI, p. 24의 이곳저곳에서 인용.

56 Henry McHenry, HI, p. 14.

57 Tarbell, The Life of Abraham Lincoln, Vol. 1, p. 108.

58 Ida M. Tarbell, Assisted by J. McCan Davis, The Early Life of Abraham

Lincoln (New York: S. S. McClure, 1896), p. 119.

59 앞의 책.

60 Sandburg, The Prairie Years, Vol. 1, p. 134.

61 Mentor Graham, HI, p. 9.

62 William G. Greene, HI, p. 18.

63 Donald, Lincoln, p. 41.

64 Tarbell, The Early Life of Abraham Lincoln, p. 125.

65 Speed, HI, p. 499.

66 Herndon and Weik, Herndon's Lincoln, p. 65.

67 Joseph Gillespie, HI, p. 508.

68 AL, "Communication to the People of Sangamon County," March 9, 1832, CW, 1:7.

69 앞의 책, 1:8.

70 Burlingame, The Inner World of Abraham Lincoln, p. 238.

71 AL, "Communication to the People of Sangamon County," March 9, 1832, CW, 1:8.

72 J. Rowan Herndon, HI, p. 7.

73 AL, "Autobiography Written for John L. Scripps," CW, 4:64.

74 Tarbell, The Early Life of Abraham Lincoln, p. 155.

75 Robert L. Wilson, HI, p. 204.

76 William L. Miller, Lincoln's Virtues: An Ethical Biography (New York: Vintage, 2003), p. 8.

77 Wilson, HI, pp. 204-5.

78 Herndon and Weik, Herndon's Life of Lincoln, p. 76.

79 AL, "Autobiography Written for John L. Scripps," CW, 4:65.

80 Tarbell, The Life of Abraham Lincoln, Vol. 1, p. 132.

81 J. Rowan Herndon, HI, p. 8.

82 앞의 책.

83 Herndon and Weik, Herndon's Life of Lincoln, p. 104.

84 앞의 책, pp. 110-11.

85 Tarbell, The Life of Abraham Lincoln, Vol. 1, p. 132.

86 AL, "Autobiography Written for John L. Scripps," CW, 4:65.

87   Herndon and Weik, Herndon's Life of Lincoln, p. 91.

88   1855년 11월 5일, AL이 Isham Reavis에게. 1855, CW, 2:327.

89   Donald Phillips, Lincoln on Leadership (New York: Warner Books, 1992), p. 155.

90   Helen Nicolay, Personal Traits of Abraham Lincoln, p. 77.

91   앞의 책, p. 78.

92   Herndon and Weik, Herndon's Life of Lincoln, p. 118.

93   Henry C. Whitney, Lincoln, the Citizen (New York: The Baker & Taylor Co., 1908), p. 140.

94   Herndon and Weik, Herndon's Life of Lincoln, p. 115.

95   AL, ibid., pp. 115-16에서 인용.

96   앞의 책, p. 130.

97   Resolutions by the General Assembly of the State of Illinois, "Protest in Illinois Legislature on Slavery"의 주2에서 인용. March 3, 1837, CW, 1:75.

98   "Protest in Illinois Legislature on Slavery," March 3, 1837, CW, 1:75.

99   1864년 4월 4일 AL이 Albert Hodges에게, CW, 7:281.

100   Herndon and Weik, Herndon's Life of Lincoln, p. 145.

101   William O. Stoddard, Abraham Lincoln: The True Story of a Great Life (New York: Fords, Howard, & Hulbert, 1884), p. 116.

102   Burlingame, The Inner World of Abraham Lincoln, p. 239.

103   이에 대해서는 Gabor S. Boritt, Economics of the American Dream (Urbana: University of Illinois Press, 1994)을 참조할 것.

104   AL, "Remarks in the Illinois Legislature Concerning the Illinois and Michigan Canal," Jan. 22, 1840, CW, 1:196.

105   1842년 2월 25일 AL이 Joshua F. Speed에게, CW, 1:280.

106   AL, "Communication to the People of Sangamon County," March 9, 1932, CW, 1: 8.

107   AL, "Address before the Young Men's Lyceum of Springfield, Illinois," Jan. 27, 1838, CW, 1:109-14.

108   앞의 책, p. 108.

02 시어도어 루스벨트

1 John T. Stuart, HI, p. 77.

2 TR, "To the Voters of the 21st Assembly District," Nov. 1, 1881, in LTR, 1:55.

3 TR, An Autobiography (New York: Charles Scribner's Sons, 1925), pp. 59-60.

4 New York Daily Tribune, 1881년 11월 6일.

5 AL, "Communication to the People of Sangamon County," March 9, 1832, CW, 1:8.

6 TR, "The Conditions of Success," May 26, 1910, WTR, 13:575.

7 James M. Strock, Theodore Roosevelt on Leadership (Roseville, Calif.: Prima, 2001), p. 43.

8 TR, An Autobiography, pp. 55-56.

9 앞의 책, p. 56.

10 TR, An Autobiography, pp. 51-52.

11 Jacob Riis, Theodore Roosevelt, the Citizen (New York: Outlook Co., 1904), p. 15.

12 Eugene Thwing, The Life and Meaning of Theodore Roosevelt (New York: Current Literature, 1919), p. 1.

13 The World (New York), Nov. 16, 1902.

14 Lincoln Steffens, The Autobiography of Lincoln Steffens, 2 vols. (New York: Harcourt, Brace & World, 1931), Vol. 1, p. 350.

15 William Draper Lewis, The Life of Theodore Roosevelt (Chicago: John C. Winston, 1919), p. 36.

16 Riis, Theodore Roosevelt, the Citizen, p. 19.

17 TR, An Autobiography, p. 334.

18 Edward Wagenknecht, The Seven Worlds of Theodore Roosevelt (Guilford, Conn.: Lyons Press, 2009), p. 50.

19 H. W. Brands, T. R.: The Last Romantic (New York: Basic Books, 1997), p. 62.

20 Speed, HI, p. 499.

21 William Wingate Sewall, Bill Sewall's Story of Theodore Roosevelt (New York: Harper & Brothers, 1919), p. 39.

22 Corinne Roosevelt Robinson, quoted in Lewis, The Life of Theodore Roosevelt, p. 35.

23 TR, An Autobiography, p. 11.

24 Carleton Putnam, Theodore Roosevelt: The Formative Years, 1858-1886 (New York: Charles Scribner's Sons, 1958), p. 99.

25 TR, An Autobiography, p. 14.

26 Hermann Hagedorn, The Boy's Life of Theodore Roosevelt (New York: Harper & Brothers, 1941), p. 45.

27 CRR, My Brother, Theodore Roosevelt (New York: Charles Scribner's Sons, 1921), p. 80.

28 앞의 책, p. 50.

29 TR, An Autobiography, p. 52.

30 Putnam, Theodore Roosevelt, p. 127.

31 Charles Grenfell Washburn, Theodore Roosevelt: The Logic of His Career (Boston: Houghton Mifflin, 1916), p. 3.

32 Hagedorn, The Boy's Life of Theodore Roosevelt, p. 1.

33 TR, An Autobiography, pp. 7, 9.

34 1876년 10월 22일 TR이 TR Sr에게, LTR, 1:18.

35 앞의 책, p. 19.

36 Henry Pringle, Theodore Roosevelt: A Biography (New York: Harcourt, Brace, 1931), p. 33.

37 CRR in Kathleen Mary Dalton, Theodore Roosevelt: A Strenuous Life (New York: Vintage, 2004), p. 420.

38 Putnam, Theodore Roosevelt, p. 106.

39 앞의 책.

40 Kathleen Mary Dalton, "The Early Life of Theodore Roosevelt.," PhD diss., Johns Hopkins University, 1979, p. 282.

41 Theodore Roosevelt Private Diary, 1878년 2월 12일, Series 8, Reel 429, TRP.

42 Putnam, Theodore Roosevelt, p. 148.

43 TR, Private Diary, 1878년 3월 29일, Series 8, Reel 429, TRP.

44 NYT, 1878년 2월 13일.

45 TR, Private Diary, 1878년 2월 22일, Series 8, Reel 429, TRP.

46 앞의 책, 1879년 3월 29일.

47 Dalton, "The Early Life of Theodore Roosevelt," p. 300.

48 TR, Private Diary, 1880년 1월 30일, TRP.

49   1880년 2월 13일, TR이 Henry Davis Minot에게, LTR, 1:43.

50   TR, Private Diary, 1880년 1월 25일, TRP.

51   앞의 책, 1880년 3월 11일.

52   TR, An Autobiography, p. 24.

53   Sewall, Bill Sewall's Story of Theodore Roosevelt, p. 2.

54   Riis, Theodore Roosevelt, the Citizen, pp. 36-37.

55   William Roscoe Thayer, Theodore Roosevelt: An Intimate Biography (Boston: Houghton Mifflin, 1919), p. 21.

56   Robert Charles, "Legal Education in the Late Nineteenth Century, through the Eyes of Theodore Roosevelt," American Journal of Legal History (July 1993), p. 247.

57   TR, An Autobiography, p. 23.

58   앞의 책, p. 61.

59   James MacGregor Burns and Susan Dunn, The Three Roosevelts: Patrician Leaders Who Transformed America (New York: Grove, 2001), p. 25.

60   Caleb Carman, HI, p. 429.

61   Recollections of John Walsh, Kansas City Star, Feb. 12, 1922에서 인용.

62   TR, An Autobiography, p. 57.

63   앞의 책, p. 60.

64   Riis, Theodore Roosevelt, the Citizen, p. 51.

65   TR, An Autobiography, p. 60.

66   Paul Grondahl, I Rose Like a Rocket: The Political Education of Theodore Roosevelt (Lincoln: University of Nebraska Press, 2004), p. 65.

67   Putnam, Theodore Roosevelt, p. 248.

68   Thayer, Theodore Roosevelt, p. 30.

69   Riis, Theodore Roosevelt, the Citizen, p. 51.

70   앞의 책.

71   TR, An Autobiography, p. 63.

72   Hermann Hagedorn, Isaac Hunt, and George Spinney, "Memo of Conversation at Dinner at the Harvard Club," 1923년 9월 20일, p. 41, TRC.

73   TR, "Phases of State Legislation" (Jan. 1885), WTR, 13:47.

74   NYT, 1882년 4월 8일.

75 Dalton, "The Early Life of Theodore Roosevelt," p. 282.

76 Edmund Morris, The Rise of Theodore Roosevelt (New York: Modern Library, 2001), p. 179.

77 Grondahl, I Rose Like a Rocket, p. 61.

78 TR, An Autobiography, p. 56.

79 1903년 10월 20일 TR to TR Jr.에게, LTR, 3:635.

80 Riis, Theodore Roosevelt, the Citizen, p. 54.

81 앞의 책, p. 58.

82 Putnam, Theodore Roosevelt, p. 288에서 인용.

83 Hagedorn, Hunt, and Spinney, "Memo of Conversation at Dinner at the Harvard Club," p. 26.

84 앞의 책, p. 16.

85 TR, "True Americanism," April 1894, WTR, 13:16-17.

86 O'Neill, Putnam, Theodore Roosevelt, p. 255에서 인용.

87 Hagedorn, Hunt, and Spinney, "Memo of Conversation at Dinner at the Harvard Club," p. 19.

88 Riis, Theodore Roosevelt, the Citizen, p. 58.

89 Putnam, Theodore Roosevelt, p. 290.

90 Hagedorn, Hunt, and Spinney, "Memo of Conversation at Dinner at the Harvard Club," p. 19.

91 Riis, Theodore Roosevelt, the Citizen, p. 59.

92 TR, "A Judicial Experience," The Outlook, 1909년 3월 13일, p. 563.

93 앞의 책.

94 Riis, Theodore Roosevelt, the Citizen, p. 60.

95 TR, "Fellow-Feeling as a Political Factor" (Jan. 1900), WTR, 13:368, p. 355.

96 1884년 1월 22일 TR가 Alice Lee Roosevelt에게, LTR, 1:64.

03 프랭클린 루스벨트

1 Geoffrey C. Ward, Before the Trumpet: Young Franklin Roosevelt, 1882. 1905 (New York: Vintage, 2014), p. 90.

2 John Mack Interview, 1949년 2월 1일 인터뷰, Oral History Collection, FDRL.

3 앞의 책.

4   James MacGregor Burns, Roosevelt: The Lion and the Fox (Old Saybrook, Conn.: Konecky & Konecky, 1970), p. 9.

5   Ward, Before the Trumpet, p. 121.

6   Tom Leonard Interview, 1949년 1월 11일 인터뷰, Oral History Collection, FDRL.

7   FDR, "The Golden Rule in Government. An Extemporaneous Address at Vassar College, Poughkeepsie, N.Y.," 1933년 4월 26일, PPA, 2:338.

8   Poughkeepsie Eagle-News, 1910년 9월 12일.

9   Richard E. Neustadt, Presidential Power and the Modern Presidents (New York: Free Press, 1980), p. 153.

10   Geoffrey C. Ward, A First-Class Temperament: The Emergence of Franklin Roosevelt, 1905. 1928 (New York: Vintage, 2014), p. xv.

11   Joseph P. Lash, Eleanor and Franklin: The Story of Their Relationship (New York: W. W. Norton, 1971), p. 116.

12   Ward, Before the Trumpet, p. 145.

13   Sara Delano Roosevelt, My Boy Franklin (New York: Ray Long & Richard R. Smith, 1933), pp. 19-20.

14   John R. Boettiger, A Love in Shadow (New York: W. W. Norton, 1978), p. 29.

15   FDR이 SDR에게, [1888], Elliott Roosevelt, ed., F.D.R.: His Personal Letters: Early Years (New York: Duell, Sloan & Pearce, 1947), p. 6에서 인용.

16   FDR이 SDR에게, 1888년 5월 18일, 앞의 책, p. 8.

17   SDR, My Boy Franklin, pp. 5.6.

18   앞의 책.p. 33.

19   Ward, Before the Trumpet, p. 145.

20   Otis L. Graham Jr. and Meghan Robinson Wander, eds., Franklin D. Roosevelt: His Life and Times: An Encyclopedic View (New York: Da Capo, 1990), p. 400.

21   Walter Benjamin, Illuminations: Essays and Reflections (New York: Schocken, 1969), pp. 60-61.

22   Winston S. Churchill, The Second World War, Vol. 4, The Hinge of Fate (Boston: Houghton Mifflin, 1950), p. 712.

23   Grace Tully, F.D.R. My Boss (New York: Charles Scribner's Sons, 1949), p. 7.

24 SDR, My Boy Franklin, p. 34.

25 Frances Perkins, The Roosevelt I Knew (New York: Penguin, 2011), p. 32.

26 Samuel I. Rosenman, Working with Roosevelt (New York: Harper & Brothers, 1952), p. 17.

27 Ward, Before the Trumpet, p. 173.

28 앞의 책, p.174.

29 Robert H. Jackson, That Man: An Insider's Portrait of Franklin D. Roosevelt (New York: Oxford University Press, 2003), p. 12.

30 Rita Halle Kleeman, Gracious Lady: The Life of Sara Delano Roosevelt (New York: D. Appleton-Century, 1935), p. 190.

31 Eleanor Roosevelt, This I Remember (New York: Harper & Brothers, 1949), p. 43.

32 Bess Furman, Washington By-line: The Personal Story of a Newspaper Woman (New York: Alfred A. Knopf, 1949), p. 272.

33 John Gunther, Roosevelt in Retrospect (New York: Harper & Brothers, 1950), p. 173.

34 1896년 9월 18일, FDR이 SDR와 James Roosevelt에게. Elliott Roosevelt, ed., F.D.R.: His Personal Letters: Early Years, p. 35.

35 1896년 10월 1일, FDR이 SDR에게. 앞의 책, p. 42.

36 SDR, My Boy Franklin, pp. 39.40.

37 1897년 3월 24일, FDR이 SDR와 James Roosevelt에게, Elliott Roosevelt, ed., F.D.R.: His Personal Letters: Early Years, pp. 78-79.

38 SDR, My Boy Franklin, p. 49.

39 1897년 3월 14일, FDR이 SDR와 James Roosevelt에게, Elliott Roosevelt, ed., F.D.R.: His Personal Letters: Early Years, p. 97.

40 Elliott Roosevelt, ed., F.D.R.: His Personal Letters: Early Years, p. 34, note.

41 SDR, My Boy Franklin, p. 4.

42 앞의 책, p. 56.

43 Ward, Before the Trumpet, p. 245.

44 Philip Boffey, "FDR at Harvard," Harvard Crimson, 1957년 12월 13일.

45 1901년 4월 30일, FDR이 SDR에게, Elliott Roosevelt, ed., F.D.R.: His Personal Letters: Early Years, p. 456.

46 1897년 6월 4일, FDR이 SDR과 James Roosevelt에게, 앞의 책, p. 110.

47 Boffey, "FDR at Harvard."

48 1901년 4월 30일, FDR이 SDR에게, Elliott Roosevelt, ed., F.D.R.: His Personal Letters: Early Years, pp. 456-57.

49 Editorial, Harvard Crimson, Oct. 8, 1903, 앞의 책, p. 509.

50 Bernard Asbell, The F.D.R. Memoirs (Garden City, N.Y.: Doubleday, 1973), p. 85.

51 Frank Oilbert, "FDR Headed Crimson," Harvard Crimson, Dec. 11, 1950.

52 Rev. W. Russell Bowie, 앞의 책에서 인용.

53 1903년 12월 4일, FDR이 SDR에게, Elliott Roosevelt, ed., F.D.R.: His Personal Letters: Early Years, p. 518.

54 Eleanor Roosevelt, This Is My Story (New York: Harper & Brothers, 1937), p. 65.

55 Lash, Eleanor and Franklin, p. 74.

56 앞의 책, p. 87.

57 ER, This Is My Story, p. 111.

58 Arthur Schlesinger Jr., The Age of Roosevelt, Vol. 1: The Crisis of the Old Order, 1919.1933 (New York: Mariner, 2003), p. 323.

59 Nathan Miller, FDR: An Intimate History (New York: Madison Books, 1983), p. 51.

60 Eleanor Roosevelt and Helen Ferris, Your Teens and Mine (Garden City, N.Y.: Doubleday, 1961), p. 181.

61 Lash, Eleanor and Franklin, p. 107.

62 앞의 책, p. 109.

63 Ward, A First-Class Temperament, p. 86.

64 Lash, Eleanor and Franklin, p. 138.

65 앞의 책, pp. 138, 139, 141.

66 1884년 10월 30일, TR이 Francis Markue Scott에게, LTR 1:84.

67 Harvard Alumni Bulletin, April 28, 1945, pp. 451-52.

68 Jean Edward Smith, FDR (New York: Random House, 2007), p. 64.

69 John Mack Interview, 1949년 2월 1일 인터뷰, Oral History Collection, FDRL.

70 앞의 책.

71 SDR, My Boy Franklin, p. 70.

72 Poughkeepsie-Eagle News, 1910년 10월 7일.

73 SDR, My Boy Franklin, pp. 73-74.

74 The Franklin D. Roosevelt Collector (May 1949), p. 4.

75 Smith, FDR, p. 66.

76 ER, This Is My Story, p. 167.

77 Tom Leonard Interview, Jan. 11, 1949, Oral History Collection, FDRL.

78 The FDR Collector (May 1949), p. 3.

79 Ward, A First-Class Temperament, p. 122.

80 Frank Freidel, Franklin D. Roosevelt: The Apprenticeship (Boston: Little, Brown, 1952), p. 92.

81 Poughkeepsie Eagle-News, 1910년 11월 19일.

82 NYT, 1911년 1월 22일.

83 "Notable New Yorkers," Reminiscences of Frances Perkins (1951. 1955), Part 1, Session 1, p. 240, OHRO/CUL.

84 Perkins, The Roosevelt I Knew, p. 11.

85 Edmund R. Terry, "The Insurgents at Albany," The Independent (July. September 1911), p. 115.

86 Burns and Dunn, The Three Roosevelts, p. 121.

87 Carroll Kilpatrick, Roosevelt and Daniels, a Friendship in Politics (Chapel Hill: University of North Carolina Press, 1952), p. xii.

88 SDR, My Boy Franklin, p. 30.

89 Ward, A First-Class Temperament, p. 173.

90 Graham and Wander, eds., Franklin D. Roosevelt, p. 280.

91 TR이 FDR에게, LTR, 7:714.

92 Gunther, Roosevelt in Retrospect, p. 211.

93 Blaine Taylor, "Rehearsal of Glory: FDR as Assist. Sec. of the U.S. Navy," Sea Classics 33, no. 7 (July 2000).

94 James Tertius de Kay, Roosevelt's Navy: The Education of a Warrior President, 1882-1920 (New York: Pegasus, 2012), p. 55.

95 앞의 책, p. 53.

96 Ernest K. Lindley, Franklin D. Roosevelt: A Career in Progressive Democracy (Indianapolis: Bobbs-Merrill, 1931), p. 124.

97 앞의 책, p. 117.

98 Rex W. Tugwell, The Democratic Roosevelt (Baltimore: Penguin, 1957), p. 100.

99   Lindley, Franklin D. Roosevelt, p. 126.

100 Freidel, Franklin D. Roosevelt: The Apprenticeship, pp. 322-23.

101 ER, This Is My Story, p. 192.

102 Lela Stiles, The Man behind Roosevelt: The Story of Louis McHenry Howe (New York: World, 1954), p. 24.

103 James Tobin, The Man He Became (New York: Simon & Schuster, 2013), p. 55.

104 Ward, A First-Class Temperament, p. 199.

105 Alfred B. Rollins Jr., Roosevelt and Howe (New York: Alfred A. Knopf, 1962), p. 75.

106 Taylor, "Rehearsal of Glory: FDR as Assist. Sec. of the U.S. Navy."

107 Kilpatrick, Roosevelt and Daniels, p. 31.

108 Gunther, Roosevelt in Retrospect, p. 211.

109 Lindley, Franklin D. Roosevelt, p. 140.

110 Stanley Weintraub, Young Mr. Roosevelt: FDR's Introduction to War, Politics, and Life (New York: Da Capo, 2013), p. 25.

111 Elliott Roosevelt, ed., F.D.R.: His Personal Letters: 1905-1928 (New York: Duell, Sloan & Pearce, 1947), Vol. 2, p. 489.

112 Gunther, Roosevelt in Retrospect, p. 216.

113 Stiles, The Man behind Roosevelt, p. 68.

114 Frank Freidel, Franklin D. Roosevelt: The Ordeal (Boston: Little, Brown, 1954), p. 70.

115 Stiles, The Man behind Roosevelt, p. 70.

116 Linda Lotridge Levin, The Making of FDR: The Story of Stephen Early, America's First Modern Press Secretary (New York: Prometheus, 2008), p. 61.

117 Gunther, Roosevelt in Retrospect, p. 216.

118 Freidel, Franklin D. Roosevelt: The Ordeal, p. 77.

119 Julie M. Fenster, FDR's Shadow: Louis Howe, the Force That Shaped Franklin and Eleanor Roosevelt (New York: St. Martin's Griffin, 2009), p. 121.

120 Freidel, Franklin D. Roosevelt: The Ordeal, p. 81.

121 Levin, The Making of FDR, p. 59.

122 Freidel, FDR: The Ordeal, p. 90.

123 Fenster, FDR's Shadow, p. 122.

124 Ogden [Utah] Standard-Examiner, May 16, 1934.

125 NYT, 1932년 11월 27일.

04 **린든 존슨**

1 Robert Caro, The Years of Lyndon Johnson: The Path to Power (New York: Vintage, 1990), p. 202.

2 Tarbell, The Early Life of Abraham Lincoln, p. 155.

3 Welly Hopkins Interview, 1965년 5월 11일의 인터뷰, LBJOH.

4 Robert Dallek, Lone Star Rising: Lyndon Johnson and His Times, 1908-1960 (New York: Oxford University Press, 1991), p. 86.

5 Hopkins Interview, 1965년 5월 11일 인터뷰, LBJOH.

6 Dallek, Lone Star Rising, p. 87.

7 DKG, LJAD, p. 35.

8 1968년부터 1971년 사이에 저자가 LBJ의 목장에서 시간을 보내며 LBJ와 나눈 대화. DKG, LJAD에서 광범위하게 인용.

9 Alfred Steinberg, Sam Johnson's Boy: A Close-up of the President from Texas (New York: Macmillan, 1968), p. 26.

10 Dallek, Lone Star Rising, p. 46.

11 Caro, The Path to Power, p. 82.

12 앞의 책, p. 76.

13 앞의 책, p. 71.

14 DKG/LBJ의 대화.

15 앞의 책.

16 Rebekah Baines Johnson, A Family Album (New York: McGraw-Hill, 1965), p. 29.

17 Dallek, Lone Star Rising, p. 27.

18 Rebekah Baines Johnson, A Family Album, p. 25.

19 앞의 책, p. 30.

20 Dallek, Lone Star Rising, p. 28.

21 DKG/LBJ의 대화.

22 Dallek, Lone Star Rising, p. 32.

23 DKG/LBJ Conversations의 대화.

24 앞의 책.

25 앞의 책.

26 DKG, LJAD, p. 25.

27 DKG/LBJ의 대화.

28 Caro, The Path to Power, p. 71.

29 Larry King, "Bringing up Lyndon," Texas Monthly, January 1976, http://www.texasmonthly.com/issue/january-1976.

30 Time, 1965년 5월 21일.

31 Donald, Lincoln, p. 32.

32 DKG/LBJ의 대화.

33 Alfred B. Johnson "Boody," Merle Miller, Lyndon: An Oral Biography (New York: G. P. Putnam's Sons, 1980), p. 28에서 인용.

34 DKG/LBJ의 대화.

35 Mylton Kennedy, quoted in Caro, The Path to Power, p. 153.

36 Steinberg, Sam Johnson's Boy, p. 41.

37 Helen Hofheinz, in Caro, The Path to Power, p. 194.

38 Henry Kyle, in ibid., p. 196.

39 LBJ, College Star, June 19, 1929, William C. Pool, Emmie Craddock, and David E. Conrad, Lyndon Baines Johnson: The Formative Years (San Marcos: Southwest Texas State College Press, 1965), pp. 131-32에서 인용.

40 Caro, The Path to Power, p. 170.

41 LBJ, "Presidential News Conference," 1965년 3월 13일, PPP, 1:286.

42 Time, 1965년 5월 21일, p. 60.

43 "They Remember LBJ at Cotulla," South Carolina News (Florence, S.C.), 1964년 1월 27일, p. 12.

44 Dallek, Lone Star Rising, p. 79.

45 DKG/LBJ의 대화.

46 Caro, The Path to Power, p. 170.

47 Hopkins Interview, 1965년 5월 11일의 인터뷰, LBJOH.

48 Welly Hopkins, Caro, The Path to Power, p. 203에서 인용.

49 Hopkins Interview, 1965년 5월 11일의 인터뷰, LBJOH.

50 Steinberg, Sam Johnson's Boy, p. 53.

51 Gene Latimer Interview, 1979년 10월 5일 인터뷰, LBJOH.

52 Luther Jones Interview, 1969년 6월 1일의 인터뷰, LBJOH.

53 Latimer Interview, 1979년 10월 5일의 인터뷰, LBJOH.

54 Jones Interview, 1969년 6월 13일의 인터뷰, LBJOH.

55 Latimer Interview, 1979년 10월 5일의 인터뷰, LBJOH.

56 Latimer Interview, 1979년 10월 5일의 인터뷰, LBJOH.

57 DKG/LBJ의 대화.

58 LBJ, Merle Miller, Lyndon, p. 38에서 인용.

59 Arthur Perry, in Booth Moody, The Lyndon Johnson Story (New York: Avon, 1964), p. 38.

60 Jones Interview, 1969년 6월 13일의 인터뷰, LBJOH.

61 Dallek, Lone Star Rising, p. 101.

62 Jones Interview, 1969년 6월 13일의 인터뷰, LBJOH.

63 Caro, The Path to Power, p. 235.

64 Eric F. Goldman, The Tragedy of Lyndon Johnson (New York: Alfred A. Knopf, 1969), p. 343.

65 Caro, The Path to Power, p. 299.

66 Merle Miller, Lyndon, p. 52.

67 Caro, The Path to Power, pp. 300-301.

68 LBJ, 앞의 책에서 인용.

69 82 "I don't think . . . set eyes on her": Latimer Interview, 1971년 8월 17일의 인터뷰, LBJOH.

70 82 "balancing wheel": Jones Interview, 1969년 6월 13일의 인터뷰, LBJOH.

71 "Saving a 'Lost Generation' through the National Youth Administration," Roosevelt Institute, 1911년 5월 19일, http://rooseveltinstitute.org/saving-lost-generation-through-national-youth- administration/.

72 Tom Connally, 앞의 책에서 인용, p. 340.

73 Dallek, Lone Star Rising, p. 120.

74 W. Sherman Birdwell Jr. Interview, 1965년 4월 1일의 인터뷰, LBJOH.

75 Jones Interview, 1969년 6월 13일의 인터뷰, LBJOH.

76 Willard Deason Interview, 1969년 4월 11일의 인터뷰, LBJOH.

77 Luther Jones, Caro, The Path to Power, p. 348에서 인용.

78 Deason Interview, 1969년 4월 11일의 인터뷰에서 진행자 Joe B. Frantz가 언급한 표현, LBJOH.

79 Dallek, Lone Star Rising, p. 143.

80 앞의 책, p. 130.

81 Mary Henderson, Caro, The Path to Power, p. 351에서 인용.

82 Deason Interview, 1965년 5월 7일의 인터뷰, LBJOH.

83 Jesse Kellam Interview, 1965년 4월의 인터뷰, LBJOH.

84 Willard Deason, in NYA Group, "Discussion Days in NYA: William Deason, J. J. Pickle, Ray Roberts, Fenner Roth, Albert Brisbin, C. P. Little," taped in 1968 at William S. White's house, LBJL.

85 Ray Roberts, 앞의 책에서 인용.

86 Ernest Morgan, Caro, The Path to Power, p. 352에서 인용.

87 Daniel Pink, Drive: The Surprising Truth about What Motivates Us (New York: Riverhead Books, 2011), p. 174.

88 Brisbin, "Discussion Days in NYA," LBJL.

89 Jones Interview, 1969년 6월 13일의 인터뷰, LBJOH.

90 Birdwell Interview, 1965년 4월 1일의 인터뷰, LBJOH.

91 Brisbin, "Discussion Days in NYA," LBJL.

92 Roberts, 앞의 책에서 인용.

93 Deason, 앞의 책에서 인용.

94 White, 앞의 책에서 인용.

95 Roberts, 앞의 책에서 인용.

96 DKG/LBJ의 대화.

97 Caro, The Path to Power, p. 399.

98 앞의 책., p. 393.

99 DKG/LBJ의 대화.

100 Jones Interview, 1969년 6월 13일의 인터뷰, LBJOH.

101 DKG/LBJ의 대화.

102 Jones Interview, 1969년 6월 13일의 인터뷰, LBJOH.

103 Steinberg, Sam Johnson's Boy, p. 110.

104 Birdwell Interview, 1965년 4월의 인터뷰, LBJOH.

105 앞의 책.

106 Sam Fore, in Merle Miller, Lyndon, p. 61.

107 DKG/LBJ의 대화.

108 Joe B. Frantz, interviewer, Willard Deason Interview, 1969년 4월 11일의 인터뷰에서, LBJOH.

109 Carroll Keach, Caro, The Path to Power, p. 426에서 인용.

110 Deason Interview, 1969년 4월 11일의 인터뷰, LBJOH.

111 Carroll Keach, Caro, The Path to Power, p. 426에서 인용.

112 Tommy Corcoran, 앞의 책 p. 448에서 인용.

113 Elizabeth Wickendham Goldschmidt Interview, 1974년 11월 6일의 인터뷰, LBJOH.

114 William E. Leuchtenburg, Franklin D. Roosevelt and the New Deal, 1932-1940 (New York: Harper Perennial, 2009), p. 157.

115 LBJ, Merle Miller, Lyndon, p. 70에서 인용.

116 Tommy Corcoran, Dallek, Lone Star Rising, p. 180에서 인용.

117 LBJ, Merle Miller, Lyndon, p. 70에서 인용,

118 Ronnie Dugger, The Politician: The Life and Times of Lyndon Johnson (New York: W. W. Norton, 1982), p. 212.

119 Michael Gillette, Lady Bird: An Oral History (New York: Oxford University Press, 2012), pp. 101-2.

120 LBJ, Merle Miller, Lyndon, pp. 70-71에서 인용.

121 DKG/LBJ의 대화.

122 Merle Miller, Lyndon, p. 72.

123 Dugger, The Politician, pp. 209-10.

124 앞의 책, p. 210.

125 Merle Miller, Lyndon, p. 72.

126 Tommy Corcoran, in Dallek, Lone Star Rising, p. 162.

127 Elizabeth Rowe Interview, 1975년 6월 6일의 인터뷰, LBJOH.

128 Caro, The Path to Power, p. 453에서 인용.

129 앞의 책, p. 454.

130 Elizabeth Wickendham Goldschmidt Interview, 1974년 11월 6일의 인터뷰, LBJOH.

131 Elliot Janeway, Caro, The Path to Power, p. 449에서 인용.

2부. 역경과 성장

05 에이브러햄 링컨

1   Warren Bennis and Robert J. Thomas, "Crucibles of Leadership," Harvard Business Review, Sept. 2002, https://hbr.org/2002/09/crucibles-of-leadership.

2   Jim Collins, Good to Great (New York: HarperCollins, 2001), p. 82.

3   Whitney, Lincoln, The Citizen, p. 142.

4   Mary Lincoln이 Mercy Levering에게 보낸 편지. 1940년 12월 15일(?), Justin G. Turner and Linda Levitt Turner, Mary Todd Lincoln: Her Life and Letters (New York: Alfred A. Knopf, 1972), p. 516에서 인용.

5   Speed, in HI, p. 430.

6   Douglas L. Wilson, Lincoln before Washington: New Perspectives on the Illinois Years (Urbana: University of Illinois Press, 1998), p. 105.

7   AL이 Speed에게, 1842년 7월 4일, CW, 1:289.

8   Tarbell, The Life of Abraham Lincoln, Vol. 1, p. 174.

9   AL이 Joshua Speed에게, 1842년 7월 4일, CW, 1:282.

10   앞의 책, 1:289.

11   Wilson, Lincoln before Washington, p. 101.

12   AL이 Joshua Speed에게, 1842년 2월 25일, CW, 1:281.

13   Shenk, Lincoln's Melancholy, p. 19.

14   AL이 John T. Stuart에게, 1841년 1월 23일, CW, 1:229-30.

15   Speed, in HI, p. 474.

16   Michael Burlingame, ed., An Oral History of Abraham Lincoln: John Nicolay's Interviews and Essays (Carbondale: Southern Illinois University Press, 1996), p. 2.

17   Wilson, Lincoln before Washington, p. 110.

18   Carl Sandburg, Mary Lincoln: Wife and Mother (Bedford, Mass.: Applewood Books, 1995), p. 39.

19   Wilson, Lincoln before Washington, p. 110.

20   Speed, in HI, p. 197.

21   AL이 Martin S. Morris에게, 1843년 3월 26일, CW, 1:320.

22 Michael Burlingame, Abraham Lincoln, a Life, 2 vols. (Baltimore: Johns Hopkins University Press, 2008), Vol. 1, p. 185.

23 앞의 책, p. 186.

24 Burlingame, ed., An Oral History of Abraham Lincoln, p. 38.

25 AL이 Joshua F. Speed에게, 1842년 2월 25일, CW, 1:280.

26 AL이 Joshua F. Speed에게, 1842년 7월 4일, CW, 1:289.

27 Mary Todd Lincoln, in HI, p. 357.

28 AL이 Richard S. Thomas에게, 1843년 2월 14일, CW, 1:307.

29 Burlingame, The Inner World of Abraham Lincoln, p. 236.

30 AL, "Speech in United States House of Representatives: The War with Mexico," 1848년 1월 12일 연설, CW, 1:438-41.

31 Tarbell, The Life of Abraham Lincoln, Vol. 2, p. 11.

32 앞의 책.

33 Burlingame, Abraham Lincoln, a Life, Vol. 1, p. 279.

34 Chris DeRose, Congressman Lincoln: The Making of America's Greatest President (New York: Threshold, 2013), p. 203.

35 앞의 책, p. 206.

36 David Potter, The Impending Crisis, America before the Civil War, 1848-1861 (New York: Harper & Row, 1976), p. 21.

37 AL이 Joshua Speed에게, 1855년 8월 24일, CW, 2:323.

38 DeRose, Congressman Lincoln, pp. 206-7.

39 AL, "Remarks and Resolution Introduced in United States House of Representatives Concerning Abolition of Slavery in the District of Columbia," 1849년 1월 10일, CW, 2:20.

40 Wendell Phillips, Albert J. Beveridge, Abraham Lincoln, 1809-1858, 2 vols. (New York: Houghton Mifflin, 1928), Vol. 2, p. 185에서 인용.

41 Burlingame, The Inner World of Abraham Lincoln, pp. 4-5.

42 Francis Fisher Browne, The Every-Day Life of Abraham Lincoln: A Narrative and Descriptive Biography (Chicago: Browne & Howell, 1914), p. 107.

43 AL, "To Jesse W. Fell, Enclosing Autobiography," Dec. 20, 1859, CW, 3: 511-12.

44 AL, "Fragment: Notes for a Law Lecture" [July 1, 1850?], CW, 2:81.

45 Herndon and Weik, Herndon's Life of Lincoln, p. 248.

46 앞의 책, pp. 247-48.

47 Tarbell, The Life of Abraham Lincoln, Vol. 2, pp. 36-38.

48 Jesse W. Weik, The Real Lincoln: A Portrait (Boston: Houghton Mifflin, 1922), p. 240.

49 AL, "Autobiography Written for John L. Scripps," CW, 4:62.

50 Herndon and Weik, Herndon's Life of Lincoln, p. 248.

51 Lawrence Weldon, quoted in Tarbell, The Life of Abraham Lincoln, Vol. 2, p. 6.

52 앞의 책, Vol. 1, p. 120.

53 Sandburg, The Prairie Years, Vol. 1, p. 474.

54 Charles B. Strozier, Lincoln's Quest for Union: Public and Private Meanings (Chicago: University of Illinois Press, 1987), pp. 172-73.

55 Tarbell, The Life of Abraham Lincoln, Vol. 2, p. 43.

56 앞의 책, p. 45.

57 Whitney, Life on the Circuit with Lincoln, p. 114.

58 Tarbell, The Life of Abraham Lincoln, Vol. 2, p. 49.

59 Herndon and Weik, Herndon's Life of Lincoln, pp. 249-50.

60 Tarbell, The Life of Abraham Lincoln, Vol. 2, pp. 40-41.

61 앞의 책, p. 38.

62 앞의 책, p. 41.

63 Whitney, Life on the Circuit with Lincoln, p. 30.

64 Tarbell, The Life of Abraham Lincoln, Vol. 2, p. 40.

65 AL, "Fragment: Notes for a Law Lecture," [July 1, 1850?], CW, 2:81.

66 AL이 John M. Brockman에게, 1860년 9월 25일, CW, 4: 121.

67 Henry Whitney, in Sandburg, The Prairie Years, Vol. 1, p. 475.

68 AL, "Eulogy of Zachary Taylor," CW, 2:83-90.

69 AL, "Eulogy of Henry Clay," 1852년 7월 6일, CW, 2:125-26.

70 AL, "Eulogy of Henry Clay," 1852년 7월 6일, CW, 2:127.

71 1849년 12월 13일 하원에서의 토론, Congressional Globe, 31st Cong., 1st Sess., p. 28.

72 Robert Vincent Remini, Henry Clay: Statesman of the Union (New York: W. W.

Norton, 1991), p. 192.

73 AL, "Speech at Peoria , Ill.," CW, 2: 253.

74 Herndon and Weik, Herndon's Life of Lincoln, p. 292.

75 앞의 책.

76 Herndon and Weik, Herndon's Life of Lincoln, p. 294.

77 John G. Nicolay and John Hay, Abraham Lincoln: A History (New York: Century, 1890), Vol. 1, p. 392.

78 Herndon and Weik, Herndon's Life of Lincoln, p. 478.

79 Tarbell, The Life of Abraham Lincoln, Vol. 1, p. 43.

80 "Fragment on Slavery," [April 1, 1854?], CW, 2: 222.

81 AL, "Fragment on Stephen A. Douglas," [Dec. 1856?], CW, 2:382-83.

82 Lewis E. Lehrman, Lincoln at Peoria: The Turning Point (Mechanicsburg, Penn: Stackpole Books, 2008), p. 53.

83 AL, "Speech at Peoria, Ill.," 1854년 10월 16일, CW, 2:247-48.

84 James M. Rice, Lehrman, Lincoln at Peoria, p. 59에서 인용.

85 AL, "Speech at Peoria, Ill.," 1854년 10월 16일, CW, 2:275, 274.

86 앞의 책, p. 275.

87 AL, "Editorial on the Kansas-Nebraska Act," Sept. 11, 1854, CW, 2:230.

88 Tarbell, The Life of Abraham Lincoln, Vol. 2, p. 49.

89 AL, "Speech at Peoria, Ill.," 1854년 10월 16일, CW, 2:265, 272, 276.

90 앞의 책, p. 255.

91 앞의 책, p. 276.

92 Tarbell, The Life of Abraham Lincoln, Vol. 2, p. 75.

93 Burlingame, Abraham Lincoln, a Life, Vol. 1, p. 387과 White, Abraham Lincoln in 1854, p. 10.

94 Tarbell, The Life of Abraham Lincoln, Vol. 2, p. 75.

95 The Journals and Miscellaneous Notebooks of Ralph Waldo Emerson, Vol. 11, 1848-1851 (Cambridge, Mass.: Belknap Press of Harvard University Press, 1975), p. 341.

96 Walter Benjamin, "The Storyteller," in Dorothy J. Hale, ed., The Novel: An Anthology of Criticism and Theory, 1900-2000 (Malden, Mass.: Blackwell, 2006), pp. 364, 378.

97 Gillespie, in HI, p. 182.

98 AL이 Elihu B. Washburne에게, 1855년 2월 9일, CW, 2:304.

99 앞의 책, 2:306.

100 AL, "Speech at Springfield, Illinois," June 16, 1858, CW, 2:461.

101 Tarbell, The Life of Abraham Lincoln, Vol. 2, p. 116.

102 Sandburg, The Prairie Years, Vol. 2, p. 167.

103 AL이 Anson G. Henry에게, 1858년 11월 4일, CW, 3:335-36.

104 AL이 Charles H. Ray에게, 1858년 11월 20일, CW, 3:342.

105 Tarbell, The Life of Abraham Lincoln, Vol. 2, p. 116.

106 AL, Jesse W. Fell, in Osborn H. Oldroyd, comp., The Lincoln Memorial: Album-Immortelles (New York: G. W. Carleton & Co., 1882), p. 474에서 인용.

107 AL이 James Berdan에게, 1879년 1월 15일, CW, 4:33-34.

108 Tarbell, The Life of Abraham Lincoln, Vol. 3, p. 188.

109 AL, "Address at Cooper Institute, New York City," Feb. 27, 1860, CW, 3:535.

110 Chicago Daily Press and Tribune, 1860년 5월 16일.

111 AL이 Norman B. Judd에게, 1960년 2월 9일, CW, 3:517.

112 William Eldon Baringer, Lincoln's Rise to Power (Boston: Little, Brown, 1937), p. 186.

113 Whitney, Lincoln, the Citizen, p. 266.

114 Murat Halstead; William B. Hesseltine, ed., Three against Lincoln: Murat Halstead Reports the Caucuses of 1860 (Baton Rouge: Louisiana State University Press, 1960), p. 159.

115 AL이 Salmon P. Chase에게, 1860년 5월 26일, CW, 4:53.

116 AL이 Anson G. Henry에게, 1860년 7월 4일, CW, 4:82.

117 AL, "Speech at New Haven, Conn.," March 6, 1860, CW, 4:24.

118 Jacob Bunn, Paul M. Angle, ed., Abraham Lincoln by Some Men Who Knew Him (Chicago: Americana House, 1950), p. 108에서 인용.

119 Herndon and Weik, Herndon's Life of Lincoln, p. 372.

120 AL, "Eulogy on Henry Clay," July 6, 1852, CW, 2:129.

06 시어도어 루스벨트

1 Putnam, Theodore Roosevelt, p. 386.

2   TR, Private Diary, 1884년 2월 14일, TRP.

3   1884년 2월 16일, 앞의 책.

4   TR, 1884년 2월 14일 같은 날, 같은 집에서 사망한 사랑하는 아내 앨리스 해서웨이 루스벨트와 사랑하는 어머니 마사 불럭 루스벨트를 추모하며, (New York: G. P. Putnam's Sons, n.d.), TRP.

5   Sewall, Bill Sewall's Story of Theodore Roosevelt, p. 11.

6   The Sun (New York), 1884년 2월 17일.

7   Sewall, Bill Sewall's Story of Theodore Roosevelt, pp. 11-12.

8   TR이 Carl Schurz에게, 1884년 2월 21일, LTR, 1:66.

9   Hagedorn, Hunt, and Spinney, "Memo of Conversation at Dinner at the Harvard Club."

10   TR이 ARC에게, 1884년 3월 26일, Putnam, Theodore Roosevelt, p. 395에서 인용.

11   TR이 Simon Dexter North에게, 1884년 4월 30일, LTR, 1:66.

12   Undated speech, Charles Evans Hughes, Houghton Library, TRC.

13   TR이 ARC에게, 1884년 6월 8일, LTR, 1:70.

14   Morris, The Rise of Theodore Roosevelt, p. 258.

15   NYT, Putnam, Theodore Roosevelt, p. 464에서 인용.

16   TR, interview in the Boston Herald, July 20, 1884, WTR, 14:40에서 인용.

17   Boston Globe, 1884년 6월 11일, Putnam, Theodore Roosevelt, p. 463에서 인용.

18   TR이 Simon North에게, 1884년 4월 30일, LTR, 1:66.

19   TR이 HCL에게, 1884년 8월 24일, LTR, 1:80.

20   TR이 Bamie에게, 1884년 8월 12일, in Theodore Roosevelt, Letters from Theodore Roosevelt to Anna Roosevelt Cowles, 1870.1918 (New York: Charles Scribner's Sons, 1924), p. 61.

21   Putnam, Theodore Roosevelt, p. 444.

22   앞의 책, p. 468.

23   Hermann Hagedorn, Roosevelt in the Badlands (New York: Houghton Mifflin, 1921), p. 165.

24   Theodore Roosevelt, The New Nationalism (New York: Outlook, 1909), p. 106.

25   TR, Albert B. Fall이 Frederick S. Wood, Roosevelt as We Knew Him (Philadelphia: John C. Winston, 1927), p. 12에서 인용.

26   Morris, The Rise of Theodore Roosevelt, pp. 209-10.

27   Sewall, Bill Sewall's Story of Theodore Roosevelt, p. 12.

28   앞의 책., p. 92.

29   A. T. Packer, "Roosevelt's Ranching Days," Saturday Evening Post, March 4, 1905, p. 13.

30   Sewall, Bill Sewall's Story of Theodore Roosevelt, p. 47.

31   Edward Schapsmeier and Frederick H. Schapsmeier, "TR's Cowboy Years," in Natalie Naylor, Douglas Brinkley, and John Allen Gable, eds., Theodore Roosevelt: Many-Sided American (Interlaken, N.Y.: Heart of the Lakes, 1992), p. 148.

32   TR이 ALC에게, 1884년 9월 20일, LTR, Vol. 1, p. 82.

33   Theodore Roosevelt, Hermann Hagedorn, and G. B. Grinnell, Hunting Trips of a Ranchman: Ranch Life and the Hunting Trail (New York: Charles Scribner's Sons, 1927), p. 329.

34   Undated speech, Charles Evans Hughes, Houghton Library, TRC.

35   CRR, in Dalton, Theodore Roosevelt, p. 52.

36   Sewall, Bill Sewall's Story of Theodore Roosevelt, p. 41.

37   Putnam, Theodore Roosevelt, p. 530.

38   Sewall, Bill Sewall's Story of Theodore Roosevelt, p. 41.

39   Pittsburgh Dispatch, 1885년 8월 23일, Putnam, Theodore Roosevelt, p. 530에서 인용.

40   TR, An Autobiography, p. 27.

41   앞의 책, p. 52.

42   Frances Theodora Parsons, Perchance Some Day (Privately printed, 1952), p. 28.

43   TR, An Autobiography, p. 32.

44   Jon A. Knokey, Theodore Roosevelt and the Making of American Leadership (New York: Skyhorse, 2015), pp. 144-45.

45   TR, Douglas Brinkley, The Wilderness Warrior: Theodore Roosevelt and the Crusade for America (New York: HarperCollins, 2009), p. 161에서 인용.

46   TR, An Autobiography, pp. 52-53.

47   NYT 사설, Strock, Theodore Roosevelt on Leadership, p. 50에서 인용.

48   CRR, My Brother, Theodore Roosevelt, p. 150.

49 "Roosevelt National Park, North Dakota," National Park Service, Gohttps://www.nps.gov/nr/travel/presidents/t_roosevelt_park.html.

50 TR이 CRR에게, 1908년 3월 7일, LTR, 6:966.

51 Putnam, Theodore Roosevelt, p. 170.

52 EKR이 TR에게, 1886년 6월 8일, Derby Papers, TRC.

53 TR이 HCL에게, 1886년 8월 20일, LTR, 1:109.

54 TR이 HCL에게, 1886년 10월 17일, LTR, 1:109.

55 Grondahl, I Rose Like a Rocket, p. 212.

56 TR이 HCL에게, 1896년 12월 9일, LTR, 1:570.

57 Steffens, The Autobiography of Lincoln Steffens, Vol. 1, p. 260.

58 TR, An Autobiography, p. 337.

59 Riis, Theodore Roosevelt, the Citizen, p. 154.

60 TR, "The Merit System versus the Patronage System," Century Magazine (Feb. 1890), p. 628.

61 TR이 HCL에게, 1889년 6월 29일, LTR, 1:167.

62 WP, May 17, 1889.

63 TR, "The Merit System versus the Patronage System," p. 629.

64 TR이 HCL에게, 1889년 6월 29일, LTR, 1:167.

65 Edward P. Kohn, Heir to the Empire City: New York and the Making of Theodore Roosevelt (New York: Basic Books, 2014), p. 132.

66 TR이 HCL에게, 1889년 6월 29일, LTR, 1:167.

67 Galveston Daily News, Jan. 27, 1890.

68 Riis, Theodore Roosevelt, the Citizen, p. 105.

69 William Henry Harbaugh, Power and Responsibility: The Life and Times of Theodore Roosevelt (New York: Farrar, Straus & Cudahy, 1961), p. 80에서 인용.

70 TR이 ARC에게, 1891년 5월 25일, Theodore Roosevelt, Letters from Theodore Roosevelt to Anna Roosevelt Cowles, 1870-1918, p. 117.

71 Washington Post, 1890년 5월 6일.

72 Ohio Democrat, 1890년 11월 27일.

73 Boston Evening Times, 1890년 10월 29일, TR scrapbook, TRC.

74 Riis, Theodore Roosevelt, the Citizen, p. 106.

75 TR이 ARC에게, 1895년 5월 19일, LTR, 1:458.

76 Riis, Theodore Roosevelt, the Citizen, p. 122.

77 Steffens, The Autobiography of Lincoln Steffens, Vol. 1, pp. 257-58.

78 TR, An Autobiography, pp. 170-71.

79 Steffens, The Autobiography of Lincoln Steffens, Vol. 1, p. 257.

80 Joseph Bucklin Bishop, Theodore Roosevelt and His Time, Shown in His Letters, 2 vols. (New York: Charles Scribner's Sons, 192), Vol. 1, p. 63.

81 Riis, Theodore Roosevelt, the Citizen, p. 131.

82 Knokey, Theodore Roosevelt and the Making of American Leadership, p. 186.

83 Avery Andrews, "Citizen in Action: The Story of TR as Police Commissioner,"unpublished typescript, n. d., p. 8, TRC.

84 Morris, The Rise of Theodore Roosevelt, pp. 506-7.

85 Lincoln Steffens, Scrapbook 1, Lincoln Steffens Papers.

86 TR이 ARC에게, 1895년 6월 23일, LTR, 1:463.

87 Andrews, "Citizen in Action," TRC.

88 Knokey, Theodore Roosevelt and the Making of American Leadership, p. 193.

89 New York Sun, 1895년 6월 8일, Clipping Scrapbook, TRC.

90 Knokey, Theodore Roosevelt and the Making of American Leadership, p. 194.

91 Andrews, "Citizen in Action," TRC.

92 New York Sun, 1895년 6월 8일, Clipping Scrapbook, TRC.

93 Knokey, Theodore Roosevelt and the Making of American Leadership, p. 195.

94 Morris, The Rise of Theodore Roosevelt, p. 510.

95 TR, An Autobiography, pp. 176-77.

96 Riis, Theodore Roosevelt, the Citizen, p. 139.

97 Dalton, Theodore Roosevelt, p. 157.

98 앞의 책, p. 159.

99 TR이 Anna Roosevelt에게, 1895년 6월 23일, LTR, 1:463.

100 Riis, Theodore Roosevelt, the Citizen, p. 144.

101 Jacob A. Riis, The Making of an American (New York: Macmillan, 1904), p. 235.

102 앞의 책, p. 343.

103 Riis, Theodore Roosevelt, the Citizen, p. 138.

104 TR, An Autobiography, p. 189.

105 Andrews, "Citizen in Action," TRC.

106 TR이 Carl Schurz에게, 1895년 8월 6일, LTR, 1:472.

107 TR이 Anna Roosevelt에게, 1895년 6월 30일, LTR, 1:463.

108 TR이 HCL에게, 1895년 7월 20일, LTR, 1:469.

109 TR이 HCL에게, 1895년 8월 22일, in Henry Cabot Lodge, Selections from the Correspondence of Theodore Roosevelt and Henry Cabot Lodge: 1884.1918 (New York: Charles Scribner's Sons, 1925), Vol. 1, p. 164.

110 TR이 ARC에게, 1895년 6월 30일, LTR, 1:463.

111 Andrews, "Citizen in Action," TRC.

112 Jacob A, Riis, How the Other Half Lives: Studies among the Tenements of New York (New York: Charles Scribner's Sons, 1914), p. 241.

113 Riis, Theodore Roosevelt, the Citizen, p. 142.

114 NYT, 1895년 9월 26일.

115 앞의 책.

116 Daily Republican (Decatur, Ill.), 1895년 9월 27일.

117 Chicago Evening Journal, 앞의 책에서 재수록.

118 TR이 HCL에게, 1895년 10월 11일, LTR, 1:484.

119 TR이 HCL에게, 1895년 10월 15일, LTR, 1:486.

120 Steffens, The Autobiography of Lincoln Steffens, Vol. 1, p. 181.

121 TR이 ARC에게, 1895년 11월 19일, TR, Letters from Theodore Roosevelt to Anna Roosevelt Cowles, p. 164.

122 HCL이 ARC에게, [Dec. 1895], Lilian Rixey, Bamie: Theodore Roosevelt's Remarkable Sister (New York: D. McKay, 1963), p. 89에서 인용.

123 Knokey, Theodore Roosevelt and the Making of American Leadership, p. 199.

124 Sewall, Bill Sewall's Story of Theodore Roosevelt, p. 105.

125 TR이 ARC에게, 1896년 10월 4일, TR, Letters from Theodore Roosevelt to Anna Roosevelt Cowles, p. 194.

126 Albert B. Cummins, in Wood, Roosevelt as We Knew Him, p. 42.

127 TR이 HCL에게, 1896년 12월 4일, LTR, 1:568.

128 H. Paul Jeffers, Colonel Roosevelt: Theodore Roosevelt Goes to War, 1897.1898 (New York: John Wiley & Sons, 1996), p. 22.

129 TR이 HCL에게, 1896년 12월 4일, LTR, 1:568.

130 Stephen R. Covey, The 7 Habits of Highly Effective People: Restoring the Character Ethics (New York: Free Press, 2004), p. 188.

131 Jeffers, Colonel Roosevelt, p. 31.

132 John D. Long Diary, Feb. 26, 1897, Knokey, Theodore Roosevelt and the Making of American Leadership, p. 238에서 인용.

133 Jeffers, Colonel Roosevelt, p. 42.

134 TR, "Address to Naval War College," June 2, 1897, in Bishop, Theodore Roosevelt and His Time, Vol. 1, pp. 74-75.

135 Laura Ross, ed., A Passion to Lead: Theodore Roosevelt in His Own Words (New York: Sterling Signature, 2012), p. 66.

136 145 "The Secretary is away . . . running the Navy": TR이 Bellamy Storer에게, 1897년 8월 19일, LTR, 1:655.

137 TR이 ARC에게, 1897년 8월 1일, TR, Letters from Theodore Roosevelt to Anna Roosevelt Cowles, p. 208.

138 TR이 HCL에게, 1891년 7월 22일, LTR, 1:256.

139 TR, An Autobiography, p. 213.

140 TR이 John D. Long에게, 1897년 8월 9일, LTR, 1:642.

141 TR이 Long에게, 1897년 8월 15일, LTR, 1:651.

142 TR이 Long에게, 1897년 9월 15일, LTR, 1:676.

143 TR이 Long에게, 1897년 8월 15일, LTR, 1:651.

144 Burns and Dunn, The Three Roosevelts, p. 47.

145 TR이 Long에게, 1897년 9월 18일, LTR, 1:681.

146 TR이 Long에게, 1898년 1월 3일, LTR, 1:751.

147 TR이 Long에게, 1898년 1월 14일, LTR, 1:759.

148 Pringle, Theodore Roosevelt, p. 176.

149 Knokey, Theodore Roosevelt and the Making of American Leadership, p. 210.

150 Bishop, Theodore Roosevelt and His Time, Vol. 1, p. 86.

151 John D. Long Diary, Feb. 26, 1897, in Stefan Lorant, The Life and Times of Theodore Roosevelt (Garden City, N.Y.: Doubleday, 1959), p. 390.

152 TR이 George Dewey에게, 1898년 2월 25일, LTR, 1:784.

153 Long Diary, Feb. 26, 1898, Knokey, Theodore Roosevelt and the Making of American Leadership, p. 238에서 인용.

154 Long Diary, Feb. 26, 1898, Lorant, The Life and Times of Theodore Roosevelt, p. 390에서 인용.

155 Ray Stannard Baker, "TR," McClure's (Nov. 1890), p. 23.

156 Knokey, Theodore Roosevelt and the Making of American Leadership, p. 239에서 인용.

157 Winthrop Chanler이 Margaret Chanler에게, 1898년 4월 29일, in Winthrop Chanler and Margaret Chanler, Winthrop Chanler's Letters (Privately printed, 1951), p. 68.

158 Sewall, Bill Sewall's Story of Theodore Roosevelt, p. 102.

159 Long Diary, April 25, 1898, quoted in Lorant, The Life and Times of Theodore Roosevelt, p. 293.

160 TR이 Alexander Lambert에게, 1898년 4월 1일, LTR, 2:807.

161 Sewall, Bill Sewall's Story of Theodore Roosevelt, p. 103.

162 Lawrence Abbott, ed., The Letters of Archie Butt, Personal Aide to President Roosevelt (New York: Doubleday, Page, 1924), p. 146.

163 Morris, The Rise of Theodore Roosevelt, p. 613.

164 TR, An Autobiography, p. 218.

165 앞의 책, p. 219.

166 Theodore Roosevelt, The Rough Riders (New York: P. F. Collier & Sons, 1899), p. 22.

167 Evan Thomas, The War Lovers: Roosevelt, Lodge, Hearst, and the Rush to Empire, 1898 (Boston: Little, Brown, 2014), p. 263.

168 TR, "Fellow-Feeling," Jan. 1900, WTR, 13:355.

169 TR이 HCL에게, 1898년 5월 18일, Lodge, Selections from the Correspondence of Theodore Roosevelt and Henry Cabot Lodge, 1:298에서 인용.

170 TR, The Rough Riders, p. 178.

171 Pringle, Theodore Roosevelt, pp. 186-87.

172　TR, The Rough Riders, pp. 178-79.

173　Richard Harding Davis, The Cuban and Puerto Rican Campaigns (New York: Charles Scribner's Sons, 1898), p. 170.

174　앞의 책, p. 170.

175　Edward Marshall, The Story of the Rough Riders, 1st U.S. Volunteer Cavalry: The Regiment in Camp and on the Battle Field (New York: G. W. Dillingham, 1899), p. 104.

176　TR, An Autobiography, p. 242.

177　Marshall, The Story of the Rough Riders, p. 104.

178　Pringle, Theodore Roosevelt, p. 181.

179　Knokey, Theodore Roosevelt and the Making of American Leadership, p. 341.

180　TR, An Autobiography, p. 249.

181　Arthur Lubow, The Reporter Who Would Be King: A Biography of Richard Harding Davis (New York: Scribner, 1992), p. 185.

182　Richard Harding Davis, The Cuban and Puerto Rican Campaigns, p. 30.

183　Riis, Theodore Roosevelt, the Citizen, p. 167.

184　Thomas, The War Lovers, p. 325.

185　Richard Harding Davis, The Cuban and Puerto Rican Campaigns, p. 170.

186　Lubow, The Reporter Who Would Be King, p. 185.

187　Lincoln Steffens, "Theodore Roosevelt, Governor," McClure's (May 1899), p. 57.

188　TR이 Theodore (Ted) Roosevelt, Jr.에게, 1903년 10월 4일, container 7, TR Jr. Papers, LC.

189　Steffens, "Theodore Roosevelt, Governor," p. 60.

190　TR이 HCL에게, 1898년 10월 16일, LTR, 2:885.

191　Commercial Advertiser (Chicago), Oct. 26, 1898.

192　TR이 Cecil Spring Rice에게, 1898년 11월 25일, LTR, 2:888.

193　TR이 Seth Low에게, 1900년 8월 3일, LTR, 2:1372.

194　155 "No man resolved . . . personal contention": AL to Capt. James M. Cutts, Oct. 26, 1863, CW, 6:538.

195　A Day with Governor Roosevelt," NYT, Illustrated Magazine, April 23, 1899.

196　"Roosevelt 'Big Stick' Speech at State Fair," Sept. 3, 1901, Star Tribune

(Minneapolis), Sept. 2, 2014에 재수록.

197 앞의 책.

198 TR, An Autobiography, p. 275.

199 앞의 책, p. 308.

200 TR이 Thomas Collier Platt에게, 1899년 5월 8일, LTR, 2:1004.

201 TR, An Autobiography, p. 308.

202 Thomas Platt이 TR에게, 1899년 5월 6일, TRC.

203 TR, An Autobiography, p. 300.

204 TR, An Autobiography, p. 291.

205 Morris, The Rise of Theodore Roosevelt, p. 728.

206 TR이 Henry Sprague에게, 1900년 1월 26일, LTR, 2:1141.

207 TR이 Josephine Shaw Lowell에게, 1900년 2월 20일, LTR, 2:1197.

208 Louis J. Lang, ed., The Autobiography of Thomas Collier Platt (New York: B. W. Dodge, 1910), pp. 274-75.

209 Lincoln Steffens, "Governor Roosevelt," McClure's (June 1900), p. 112.

210 TR이 William McKinley에게, 1900년 6월 21일, LTR, 2:1337의 주에서 인용.

211 TR이 HCL에게, 1900년 2월 2일, LTR, 2:1160.

212 TR, The World (New York), June 18, 1900에서 인용.

213 Riis, Theodore Roosevelt, the Citizen, p. 235.

214 Edith Carow Roosevelt, quoted in Stacy A. Cordery, Alice: Alice Roosevelt Longworth, from White House Princess to Washington Power Broker (New York: Viking, 2007), p. 40.

215 TR이 Taft에게, 1901년 3월 12일, LTR, 3:11.

216 TR이 Charles Wood에게, 1899년 10월 23일, LTR, 2:108.

217 H. H. Kohlstat, From McKinley to Harding: Personal Recollections of Our Presidents (New York: Charles Scribner's Sons, 1923), p. 101.

07 프랭클린 루스벨트

1 Gunther, Roosevelt in Retrospect, p. 201.

2 Perkins, Part 2, p. 69, OHRO/CUL.

3 Ward, A First-Class Temperament, p. 583.

4 앞의 책, Ibid., p. 584.

5   Burns and Dunn, The Three Roosevelts, p. 79.

6   Ivan Turgenev, Sketches from a Hunter's Album, 서문 및 번역 Richard Freeborn (New York: Penguin, 1990), p. 227.

7   Ward, A First-Class Temperament, p. 604.

8   Ward, Before the Trumpet, p. 145.

9   TR이 Walter Camp에게, 1921년 9월 28일, in Elliott Roosevelt, ed., F.D.R.: His Personal Letters, 1905-1928 (New York: Duell, Sloan & Pearce, 1947), p. 530.

10   Gunther, Roosevelt in Retrospect, p. 229.

11   ER, Introduction, in Elliott Roosevelt, ed., F.D.R.: Personal Letters, 1905.1928, p. xviii.

12   Schlesinger, The Crisis of the Old Order, p. 405.

13   Gunther, Roosevelt in Retrospect, p. 229.

14   Tobin, The Man He Became, p. 171.

15   Ward, A First-Class Temperament, p. 729.

16   ER, This I Remember, p. 349.

17   Perkins, Part 2, p. 463, OHRO/CUL.

18   James Roosevelt and Sidney Schalett, Affectionately FDR: A Son's Story of a Lonely Man (New York: Harcourt Brace, 1959), p. 313.

19   NYT, 1932년 11월 27일.

20   Rosenman, Working with Roosevelt, p. 24.

21   Fenster, FDR's Shadow, p. 200.

22   앞의 책, pp. 146-48.

23   앞의 책., p. 147.

24   FDR이 Paul Hasbrouck에게, in Ward, A First-Class Temperament, p. 668.

25   Gunther, Roosevelt in Retrospect, p. 229.

26   Asbell, The F.D.R. Memoirs, p. 249.

27   Ward, A First-Class Temperament, p. 679.

28   Asbell, The F.D.R. Memoirs, p. 245.

29   앞의 책, p. 241.

30   Rosenman, Working with Roosevelt, p. 25.

31   Ward, A First-Class Temperament, p. 710.

32   Rosenman, Working with Roosevelt, p. 113.

33 ER, This I Remember, p. 349.

34 앞의 책.

35 Anna Rosenberg Hoffman, OH, FDRL.

36 Turnley Walker, Roosevelt and the Warm Springs Story (New York: A. Wyn, 1953), pp. 8-9.

37 Fenster, FDR's Shadow, p. 204.

38 James Roosevelt and Schalett, Affectionately FDR, p. 205.

39 Gunther, Roosevelt in Retrospect, p. 246.

40 Perkins, Part 2, p. 325, OHRO/CUL.

41 Hugh Gregory Gallagher, FDR's Splendid Deception (New York: Dodd, Mead, 1985), p. 62.

42 Perkins, The Roosevelt I Knew, p. 11.

43 Burns and Dunn, The Three Roosevelts, p. 188.

44 Henry Reed, ed., William Wordsworth, The Complete Poetical Works of William Wordsworth, Together with a Description of the Country of the Lakes in the North of England, Now First Published with His Works (Philadelphia.: James Kay, Jun. and Brothers, 1837), p. 339.

45 Perkins, Part 2, p. 325, OHRO/CUL.

46 Ward, A First-Class Temperament, p. 696.

47 Morning Herald (Hagerstown, Md.), June 26, 1924.

48 Syracuse Herald, June 27, 1924.

49 Elliott Roosevelt, ed., F.D.R.: His Personal Letters, 1905-1928, note, p. 563.

50 Kenneth S. Davis, FDR: The Beckoning of Destiny, 1882-1928 (New York: G. P. Putnam's Sons, 1972), p. 757.

51 Ward, A First-Class Temperament, p. 699.

52 Fenster, FDR's Shadow, p. 206.

53 FDR이 ER에게 [Oct. 1924], in Elliott Roosevelt, ed., F.D.R.: His Personal Letters, 1905.1928, p. 565.

54 Donald Scott Carmichael, ed., FDR, Columnist (Chicago: Pellegrini & Cudahy, 1947), p. 9.

55 앞의 책, p. 10.

56 FDR이 James R. Roosevelt에게, 1925년 4월 30일, Elliott Roosevelt, ed.,

F.D.R.: His Personal Letters, 1905.1928, p. 580.

57 Richard Vervill and John Ditrunno, "FDR, Polio, and the Warm Springs Experiment: Its Impact on Physical Medicine and Rehabilitation," American Academy of Physical Medicine and Rehabilitation (Jan. 2013), p. 5, http://www.pmrjournal.org/article/S1934-1482(12)01714-5/fulltext.

58 FDR이 SDR에게, Sunday [Autumn 1924], in Elliott Roosevelt, ed., F.D.R.: His Personal Letters, 1905-1928, p. 568.

59 Vervill and Ditrunno, "FDR, Polio and the Warm Springs Experiment," p. 6.

60 George Whitney Martin, Madame Secretary, Frances Perkins (New York: Houghton Mifflin Harcourt, 1983), p. 435.

61 Ward, A First-Class Temperament, p. 715.

62 Elliott Roosevelt, ed., F.D.R.: His Personal Letters, 1905-1928, p. 609.

63 Ward, A First-Class Temperament, p. 724.

64 Vervill and Ditrunno, "FDR, Polio and the Warm Springs Experiment," p. 6.

65 앞의 책, p. 5.

66 Ward, A First-Class Temperament, p. 724.

67 Gallagher, FDR's Splendid Deception, p. 57.

68 Walker, Roosevelt and the Warm Springs Story, p. 101.

69 Ernest K. Lindley, The Roosevelt Revolution: First Phase (London: Victor Gollancz, 1934), p. 214.

70 Perkins, Part 2, p. 78, OHRO/CUL.

71 Perkins, The Roosevelt I Knew, p. 29.

72 Vervill and Ditrunno, "FDR, Polio and the Warm Springs Experiment," p. 8.

73 Lindley, Franklin D. Roosevelt, pp. 16-20.

74 Asbell, The F.D.R. Memoirs, p. 253.

75 Richard Thayer Goldberg, The Making of FDR: Triumph over Disability (Cambridge, Mass.: Abt Books, 1981), p. 105.

76 Perkins, Part 2, p. 559, OHRO/CUL.

77 앞의 책, Part 2, p. 559, OHRO/CUL.

78 Frances Perkins, Burns, Roosevelt, p. 103에서 인용.

79 앞의 책, p. 103에서 인용.

80 Perkins, Part 2, p. 564, OHRO/CUL.

81 Gunther, Roosevelt in Retrospect, p. 256.

82 FDR이 Adolphus Ragan에게, 1938년 4월 6일, 미발송, LTR, 2:772-73.

83 Perkins, The Roosevelt I Knew, p. 52.

84 Gunther, Roosevelt in Retrospect, p. 256.

85 ER, This I Remember, p. 51.

86 Kathleen McLaughlin, "Mrs. Roosevelt Goes Her Way," NYT, July 5, 1936.

87 ER, This I Remember, p. 56.

88 Perkins, Part 2, p. 232, OHRO/CUL.

89 Gallagher, The Splendid Deception, p. 77.

90 Burns, Roosevelt, p. 101.

91 Rosenman, Working with Roosevelt, p. 31.

92 Graham and Wander, eds., Franklin D. Roosevelt, p. 55.

93 Raymond Moley, After Seven Years (New York: Harper & Brothers, 1939), p. 20.

94 Rosenman, Working with Roosevelt, p. 24.

95 Moley, After Seven Years, p. 20.

96 Asbell, The F.D.R. Memoirs, p. 86.

97 Perkins, The Roosevelt I Knew, p. 89.

98 앞의 책, pp. 93-95.

99 앞의 책, p. 89.

100 Rosenman, Working with Roosevelt, p. 49.

101 Perkins, The Roosevelt I Knew, p. 109.

102 FDR, "New York State Takes the Lead in the Relief of the Unemployed. A Message Recommending Creation of Relief Administration," Aug. 28, 1931, PPA, 1:457.

103 Rosenman, Working with Roosevelt, p. 50.

104 앞의 책, p. 51.

105 앞의 책, pp. 61-62.

106 FDR, "Address Accepting the Presidential Nomination for the Presidency," July 2, 1932, PPA, 1:647.

107 앞의 책.

108 Burns and Dunn, The Three Roosevelts, p. 209.

109 앞의 책.

110　FDR, "Address at Oglethorpe University," May 22, 1932, PPA, 1:646.

⬥08 린든 존슨

1　Birdwell Interview, 1965년 4월의 인터뷰.

2　Dallek, Lone Star Rising, p. 113.

3　AL, "Communication to the People of Sangamon County," March 9, 1832, CW, 1:9.

4　Levin, The Making of FDR, p. 59.

5　DKG/LBJ Conversations.

6　Dallek, Lone Star Rising, p. 207.

7　1941년 4월 22일, 프랭클린 D. 루스벨트의 기자회견, 1933-1945, FDRL.

8　Harfield Weedin Interview, 1983년 2월 24일의 인터뷰, LBJOH.

9　앞의 책.

10　Merle Miller, Lyndon, p. 84.

11　Dallek, Lone Star Rising, p. 213.

12　Jan Jarboe Russell, Lady Bird: A Biography of Mrs. Johnson (Waterville, Maine: Thorndike Press, 2000), p. 252.

13　Robert Caro, The Years of Lyndon Johnson: Master of the Senate (New York: Vintage, 2003), p. 685.

14　Brownsville Herald (Texas), 1941년 6월 19일.

15　Caro, The Path to Power, p. 710.

16　El Paso Herald Post, 1941년 6월 30일.

17　McAllen [Texas] Daily Press, 1941년 6월 29일.

18　Caro, The Path to Power, p. 733.

19　Merle Miller, Lyndon, p. 106.

20　Dallek, Lone Star Rising, p. 226.

21　Merle Miller, Lyndon, p. 88.

22　DKG/LBJ Conversations.

23　Robert Caro, The Years of Lyndon Johnson: Means of Ascent (New York, Vintage, 1991), p. 77.

24　O. C. Fisher Interview, 1969년 5월 8일의 인터뷰, LBJOH.

25　Randall B. Woods, LBJ: Architect of American Ambition (Cambridge, Mass.:

Harvard University Press, 2006), p. 158.

26 Dugger, The Politician, p. 216.

27 Caro, The Path to Power, p. 494.

28 Louis Kohlmeier, Ray Shaw, and Ed Cony, "The Johnson Wealth," Wall Street Journal, March 23, 1964.

29 Wichita Daily Times, 1947년 4월 9일.

30 DKG/LBJ Conversations.

31 Joe Phipps, Summer Stock: Behind the Scenes with LBJ in '48 (Fort Worth: Texas Christian University Press, 1992), pp. 117-18.

32 Dallek, Lone Star Rising, p. 306.

33 Woods, LBJ, p. 204.

34 Merle Miller, Lyndon, p. 120.

35 Dallek, Lone Star Rising, p. 327.

36 앞의 책, p. 347.

37 Donald R. Matthews, U. S. Senators and Their World (New York: W. W. Norton, 1973), p. 92.

38 George Reedy, Lyndon B. Johnson: A Memoir (New York: Andrews & McMeel, 1982), p. 89.

39 Merle Miller, Lyndon, p. 28.

40 DKG/LBJ Conversations.

41 앞의 대화.

42 DKG, LJAD, p. 107.

43 DKG/LBJ Conversations.

44 앞의 대화.

45 Rowland Evans and Robert Novak, Lyndon B. Johnson: The Exercise of Power (New York: New American Library, 1966), pp. 113-15.

46 Stewart Alsop, "Lyndon Johnson: How Does He Do It?," Saturday Evening Post, 1959년 1월 24일, p. 14.

47 Reedy, Lyndon B. Johnson, pp. 130, xiii.

48 앞의 책, p. xiv.

49 "My Heart Attack Taught Me How to Live," American Magazine (July 1956), p. 17.

50 Caro, Master of the Senate, p. 621.

51 Merle Miller, Lyndon, p. 181.

52 Samuel Shaffer, "Senator Lyndon Johnson: 'My Heart Attack Saved My Life,'" Newsweek, Nov. 7, 1955, p. 35.

53 Woods, LBJ, p. 293.

54 Caro, Master of the Senate, p. 622.

55 앞의 책, p. 625.

56 앞의 책, p. 626.

57 George Reedy Interview, 1983년 8월 16일의 인터뷰, LBJOH.

58 Caro, Master of the Senate, p. 630.

59 Reedy, Woods, LBJ, p. 295에서 인용.

60 Caro, Master of the Senate, p. 630.

61 Gillette, Lady Bird, p. 162.

62 Newsweek, Nov. 7, 1955, p. 36.

63 American Magazine, 1956년 7월호.

64 Newsweek, Nov. 7, 1955, p. 35.

65 William Deason Interview, 1969년 4월 11일의 인터뷰, LBJOH.

66 Merle Miller, Lyndon, p. 184.

67 George Reedy, Caro, Master of the Senate, p. 647에서 인용.

68 Caro, The Path to Power, p. 82.

69 George Reedy Interview, Aug. 16, 1983년 8월 16일의 인터뷰, LBJOH.

70 Merle Miller, Lyndon, p. 184.

71 Woods, LBJ, p. 299.

72 George Reedy Interview, 1983년 8월 16일, LBJOH.

73 The Baytown (Texas), Nov. 23, 1955.

74 Reedy Interview, 1983년 8월 16일의 인터뷰, LBJOH.

75 앞의 인터뷰.

76 NYT, Nov. 23, 1955.

77 NYT, Sept. 2, 1957.

78 앞의 책.

79 DKG/LBJ Conversations.

80 Clinton Anderson, in "Congress Approved Civil Rights Act of 1957,"

Congressional Quarterly, https://library.cqpress.com/cqalmanac/document.php?id=cqal57-1345184.

81 NYT, Sept. 1, 1957.

82 DKG/LBJ Conversations.

83 Harry McPherson, in Sylvia Ellis, Freedom's Pragmatist: Lyndon Johnson and Civil Rights (Tallahassee: University Press of Florida, 2013), p. 98.

84 Raymond Lahr, "Political Winds: This Year Has Been Lyndon's Year," Delta Democrat-Times (Greenville, Miss.), Sept. 2, 1957.

85 LBJ, Speech before the Democratic Caucus, Sept. 15, 1957, DKG, LJAD, p. 151에서 인용.

86 Henry Graff, Robert Caro, The Years of Lyndon Johnson: The Passage of Power (New York: Vintage, 2013), p. 343에서 인용.

87 Dallek, Lone Star Rising, p. 541.

88 Woods, LBJ, p. 573.

89 Caro, The Path to Power, p. 449.

90 Robert Dallek, Flawed Giant: Lyndon Johnson and His Times, 1961-1973 (New York: Oxford University Press, 1998), p. 7.

91 Dallek, Lone Star Rising, p. 567.

92 Woods, LBJ, p. 411에서 인용.

93 Caro, The Passage of Power, p. 226.

94 Dallek , Flawed Giant, p. 34.

95 DKG/LBJ Conversations.

96 Ed. Weisl Sr. Interview, 1969년 5월 13일의 인터뷰, LBJOH.

97 Robert Woods, LBJ, p. 11.

3부. 리더와 시대

09 변혁적 리더십

1 AL, "7 May Tuesday," in Michael Burlingame and John R. Turner Ettlinger, eds., Inside Lincoln's White House: The Complete Civil War Diary of John Hay (Carbondale: Southern Illinois University Press, 1997), p. 20에서 인용.

2   AL, 1862년 8월 15일 일기에서 인용. Gideon Welles; Howard K. Beale, ed., Diary of Gideon Welles: Secretary of the Navy under Lincoln and Johnson, Vol. 1: 1861.March 30, 1864 (New York: W. W. Norton, 1960), p. 159.

3   John G. Nicolay, A Short Life of Abraham Lincoln (New York: Century, 1909), p. 169.

4   Memo, July 3, 1861, Michael Burlingame, ed., With Lincoln in the White House: Letters, Memoranda, and Other Writings of John G. Nicolay, 1860.1865 (Carbondale: Southern Illinois University Press, 2000), p. 46에서 인용.

5   Gideon Welles, "The History of Emancipation," Galaxy (Dec. 1872), p. 844.

6   Allan Nevins and Milton Halsey Thomas, eds., The Diary of George Templeton Strong (New York: Macmillan, 1952), Vol. 3, p. 241.

7   Carpenter, Six Months at the White House with Abraham Lincoln, p. 20.

8   Welles, 1862년 10월 1일의 일기, Diary of Gideon Welles, p. 159; Burton J. Hendrick, Lincoln's War Cabinet (Boston: Little, Brown, 1946), p. 355.

9   Welles, "The History of Emancipation," p. 843.

10   John Hay, "Life in the White House in the Time of Lincoln," Century (Nov. 1890), p. 34.

11   Matthew Pinsker, Lincoln's Sanctuary: Abraham Lincoln and the Soldiers' Home (New York: Oxford University Press, 2003).

12   Welles, Diary of Gideon Welles, p. 70.

13   James A. Rawley, Turning Points of the Civil War (Lincoln: University of Nebraska Press, 1989), p. 134.

14   AL이 Albert G. Hodges에게, 1864년 4월 4일, CW, 7:281.

15   James M. McPherson, Abraham Lincoln and the Second American Revolution (New York: Oxford University Press, 1991), p. 85.

16   AL, "Proclamation Revoking General Hunter's Order of Military Emancipation of May 9, 1862," May 19, 1862, CW, 5:222.

17   AL, "Appeal to Border State Representatives to Favor Compensated Emancipation," July 12, 1962, CW, 5:319, note 1.

18   AL이 Reverdy Johnson에게, 1862년 7월 26일, CW, 5:343.

19   Carpenter, Six Months at the White House with Abraham Lincoln, p. 11.

20   AL, "Emancipation Proclamation.First Draft," [July 22, 1862], CW, 5:336.

21 Tarbell, The Life of Abraham Lincoln, Vol. 3, p. 115.

22 Burlingame, Abraham Lincoln, A Life, Vol. 2, p. 363.

23 Welles, "The History of Emancipation," p. 848.

24 Hendrick, Lincoln's War Cabinet, p. 359.

25 Welles, "The History of Emancipation," p. 848.

26 John P. Usher, President Lincoln's Cabinet (New York: Nelson H. Loomis, 1925), p. 17.

27 Welles, "The History of Emancipation," p. 847.

28 앞의 책.

29 AL이 Salmon P. Chase에게, 1962년 5월 17일, CW, 5:219.

30 220 "feel justified . . . in the field": "Proclamation Revoking General Hunter's Order of Military Emancipation of May 9, 1862," May 19, 1862, CW, 5:222.

31 Frederick William Seward, Seward at Washington as Senator and Secretary of State: A Memoir of His Life, with Selections from His Letters, 1861-1872 (New York: Derby and Miller, 1891), p. 121.

32 Frances Carpenter, "A Day with Govr. Seward," Seward Papers, LC.

33 Carpenter, Six Months at the White House with Abraham Lincoln, p. 22.

34 Drew Gilpin Faust, Republic of Suffering (New York: Vintage, 2009), p. 66.

35 Cincinnati Enquirer, Nov. 23, 1869에서 재인용.

36 John Niven, ed., The Salmon P. Chase Papers, Vol. 1: Journals, 1829-1872 (Kent, Ohio: Kent State University Press, 1983), p. 394.

37 Welles, "The History of Emancipation," p. 848.

38 앞의 책, p. 847.

39 앞의 책, p. 846.

40 1862년 9월 22일 일기, in Niven, ed., The Salmon P. Chase Papers, Vol. 1, pp. 394-95.

41 Hendrick, Lincoln's War Cabinet, p. 359.

42 Welles, "The History of Emancipation," p. 846.

43 Hendrick, Lincoln's War Cabinet, pp. 356, 347.

44 David Herbert Donald, ed., Inside Lincoln's Cabinet: The Civil War Diaries of Salmon P. Chase (New York: Longmans, Green, 1954), p. 152.

45 Welles, "The History of Emancipation," p. 847.

46 William Henry Seward, 1862년 9월 22일에서 인용, in Niven, ed., The Salmon P. Chase Papers, Vol. 1, p. 394.

47 AL, "Response to Serenade," Nov. 10, 1864, CW, 8:101.

48 AL, "Memo to Cabinet," July 14, 1864, CW, 7:439.

49 Randall Miller, ed., Lincoln and Leadership, p. 98.

50 Frank Abial Flower, Edwin McMasters Stanton: The Autocrat of Rebellion, Emancipation, and Reconstruction (Akron, Ohio: Saalfield, 1905), pp. 369-70.

51 AL이 Thurlow Weed에게, 1865년 3월 15일, Phillips, Lincoln on Leadership, p. 18에서 인용.

52 Welles, 1863년 7월 14일 일기, Diary of Gideon Welles, Vol. 1, p. 370.

53 AL이 GW에게, 1863년 7월 25일, CW, 6:349.

54 SPC가 James Watson Webb에게, 1863년 11월 7일, reel 29, Chase Papers.

55 Leonard Swett, HI, p. 166.

56 AL이 Stanton에게, 1864년 2월 5일, CW, 7:169.

57 William Henry Herndon to James Watson Webb, Jan. 6, 1887, reel 10, Herndon-Weik Collection, Manuscript Division, LC.

58 Ralph and Adaline Emerson, Mr. & Mrs. Ralph Emerson's Personal Recollections of Abraham Lincoln (Rockford, Ill.: Wilson Brothers, 1909), p. 7.

59 William L. Miller, Lincoln's Virtues, p. 424.

60 New York Evening Post, July 13, 1891.

61 AL이 Major General Meade에게, "never sent or signed," 1863년 7월 14일, CW, 6:328.

62 William H. Crook, "Lincoln as I Knew Him," Harper's Monthly (May. June 1907), p. 34.

63 Elizabeth Blair가 Samuel Lee에게, 1862년 3월 6일, Elizabeth Blair Lee; Virginia Jeans Laas, ed., Wartime Washington: The Civil War Letters of Elizabeth Blair Lee (Urbana: University of Illinois Press, 1999), p. 109.

64 Welles, Diary of Gideon Welles, Vol. 1, pp. 23-25.

65 AL, "Address to Union Meeting at Washington," Aug. 6, 1862, CW, 5:388-89.

66 Welles, "The History of Emancipation," p. 483.

67 Seward, Seward at Washington as Senator and Secretary of State, p. 141.

68 1862년 10월 23일의 일기, Nevins and Thomas, eds., The Diary of George

Templeton Strong, Vol. 3, p. 267.

69 McClellan이 아내에게 보낸 편지, 1862년 9월 25일, Stephen W. Sears, ed., The Civil War Papers of George C. McClellan: Selected Correspondence, 1860-1865 (New York: Ticknor & Fields, 1989), p. 481.

70 1862년 10월 16일, Burlingame, ed., With Lincoln in the White House, p. 89.

71 Carl Sandburg, Abraham Lincoln: The War Years, Vol. 3 (New York: Charles Scribner's Sons, 1943), p. 611.

72 Noah Brooks, Washington in Lincoln's Time (New York: Century, 1895), p. 44.

73 AL, "25 Sept. 1863, Sunday," in Burlingame and Ettlinger, eds., Inside Lincoln's White House, p. 232에서 인용함.

74 DKG, TOR, p. 485.

75 Noah Brooks, in P. J. Staudenraus, ed., Mr. Lincoln's Washington: Selections from the Writing of Noah Brooks, Civil War Correspondent (South Brunswick, N.J.: Thomas Yoseloff, 1966), p. 155.

76 James M. McPherson, Battle Cry of Freedom: The Civil War Era (New York: Oxford University Press, 1988), p. 574.

77 AL, "Reply to Serenade in Honor of Emancipation Proclamation," Sept. 24, 1862, CW, 5:438.

78 Nancy F. Kohen, "Lincoln's School of Management," NYT, Jan. 26, 2013.

79 Burlingame, The Inner World of Abraham Lincoln, p. 105.

80 William O. Stoddard, Inside the White House in War Times (Lincoln, Neb.: Bison, 2000), p. 191.

81 AL, Schuyler Colfax, The Life and Principles of Abraham Lincoln (Philadelphia: Jas. R. Rodgers, 1865), p. 12에서 인용.

82 Francis Carpenter, quoted in Charles M. Segal, ed., Conversations with Lincoln (New York: G. P. Putnam's Sons, 1961), pp. 302-3.

83 William Kelley, in Rice, ed., Reminiscences of Abraham Lincoln by Distinguished Men of His Time, p. 270.

84 Carpenter, Six Months at the White House with Abraham Lincoln, p. 51.

85 Isaac N. Arnold, quoted in ibid., p. 150.

86 Burlingame and Ettlinger, eds., Inside Lincoln's White House, p. 76.

87 Carpenter, Six Months at the White House with Abraham Lincoln, p. 172.

88 Helen Nicolay, Personal Traits of Abraham Lincoln, p. 280.

89 John Eaton, Grant, Lincoln, and the Freedman: Reminiscences of the Civil War (New York: Longmans, Green, 1907), p. 180.

90 Carpenter, Six Months at the White House with Abraham Lincoln, p. 172.

91 NYT, Dec. 27, 1862.

92 1862년 12월 30일의 일기, Nevins and Thomas, eds., The Diary of George Templeton Strong, Vol. 3, p. 284.

93 AL이 Joshua Speed에게, 1842년 7월 4일, CW, 1:289.

94 George S. Boutwell, Speeches and Papers Relating to the Rebellion and the Overthrow of Slavery (Boston: Little, Brown, 1867), p. 392에서 인용.

95 Douglass' Monthly (Oct. 1862).

96 Brooks, Washington in Lincoln's Time, p. 42.

97 AL, "Annual Message to Congress," Dec. 1, 1862, CW, 5:537.

98 Brooks, in Staudenraus, ed., Mr. Lincoln's Washington, p. 57.

99 Seward, Seward at Washington as Senator and Secretary of State, p. 151.

100 Frederick Douglass, The Life and Times of Frederick Douglass (Mineola, N. Y.: Dover, 2003), p. 255.

101 William S. McFeeley, Frederick Douglass (New York: W. W. Norton, 1995), p. 237.

102 Journal of the House of Representatives of the Commonwealth of Kentucky (Frankfort: John B. Major, 1863), p. 1126.

103 1862년 1월 19일, Theodore Calvin Pease, and James G. Randall, eds., Diary of Orville Hickman Browning, Vol. 1: 1850-1864 (Springfield: Illinois State Historical Library, 1925), p. 616에서 인용.

104 앞의 책., Jan. 26, 1862, p. 620.

105 William C. Davis, Lincoln's Men: How President Lincoln Became Father to an Army and a Nation (New York: Touchstone, 2000), p. 101.

106 Swett, HI, p. 164.

107 AL이 Albert G. Hodges에게, 1864년 4월 4일, CW, 7:281.

108 Carpenter, Six Months at the White House with Abraham Lincoln, p. 77.

109 앞의 책.

110 John W. Forney, "31 December 1863, Thursday," in Burlingame and Turner,

eds., Inside Lincoln's White House, p. 135에서 인용.

111 Brooks, in Staudenraus, ed., Mr. Lincoln's Washington, p. 138.

112 NYT, April 9, 1863.

113 Thurlow Weed Barnes, ed., Memoir of Thurlow Weed (Boston: Houghton Mifflin, 1884), pp. 434-35.

114 AL이 James C. Conkling에게, 1863년 8월 27일, CW, 6:414.

115 AL이 James C. Conkling에게, 1863년 8월 26일, CW, 4:407.

116 앞의 책.

117 Tarbell, The Life of Abraham Lincoln, Vol. 3, p. 150. ·

118 Davis, Lincoln's Men, p. 130.

119 앞의 책, p. 95.

120 앞의 책, p. 69.

121 앞의 책, p. 142.

122 앞의 책, p. 108.

123 앞의 책, p. 91.

124 Bell Wiley, The Life of Billy Yank (Baton Rouge: Louisiana State University Press, 1979), p. 44.

125 Douglass' Monthly (Aug. 1862).

126 Douglass, The Life and Times of Frederick Douglass, pp. 784-85.

127 Frederick Douglass, in Rice, ed., Reminiscences of Abraham Lincoln by Distinguished Men of His Time, p. 187.

128 앞의 책, p. 188.

129 Douglass, The Life and Times of Frederick Douglass, p. 485.

130 Douglass, in Rice, ed., Reminiscences of Abraham Lincoln by Distinguished Men of His Time, p. 320.

131 Dudley Taylor Cornish, The Sable Arm: Black Troops in the Union Army, 1861.1865 (Lawrence: University Press of Kansas, 1956), pp. 146-47.

132 앞의 책, pp. 142-43.

133 AL이 James C. Conkling에게, 1863년 8월 26일, CW, 6:408-9.

134 Browne, The Every-Day Life of Abraham Lincoln, p. 486.

135 Henry J. Raymond to AL, Aug. 22, 1864, Lincoln Papers, Manuscript Division, LC.

136 "The interview between Thad Stevens & Mr. Lincoln as related by Colonel R. M. Hoe," 편집자 John G. Nicolay, container 10, Nicolay Papers.

137 Nicolay, in Burlingame, ed., With Lincoln in the White House, p. 152.

138 "Interview with Alexander W. Randall and Joseph T. Mills," Aug. 19, 1864, CW, 7:507.

139 1864년 9월 3일, in Nevins and Thomas, eds., The Diary of George Templeton Strong, Vol. 3, pp. 480-81.

140 Burlingame, Abraham Lincoln, a Life, Vol. 2, p. 668.

141 Tarbell, The Life of Abraham Lincoln, Vol. 3, p. 203.

142 The World (New York), Oct. 14, 1864.

143 Ida M. Tarbell, A Reporter for Lincoln: Story of Henry E. Wing, Soldier and Newspaperman (New York: Macmillan, 1927), p. 70.

144 AL, "Speech to One Hundred Sixty-Sixth Ohio Regiment," Aug. 22, 1864, CW, 7:512.

145 Brooks, Washington in Lincoln's Time, p. 187.

146 AL, "Response to a Serenade," Feb. 1, 1865, CW, 8:254.

147 Burlingame, Abraham Lincoln, a Life, Vol. 2, p. 749.

148 앞의 책, p. 751.

149 Speed, HI, p. 197.

150 AL, "Speech at Peoria, Ill.," Oct. 16, 1854, CW, 2:274.

151 AL, "Response to a Serenade," Feb. 1, 1865, CW, 8:254.

152 AL, "Annual Message to Congress," Dec. 1, 1862, CW, 5:537.

⑩ 위기관리

1 TR이 HCL에게, 1901년 9월 23일, in Lodge, Selections from the Correspondence of Theodore Roosevelt and Henry Cabot Lodge, Vol. 1, p. 506.

2 TR, An Autobiography, p. 350.

3 TR이 William McKinley에게, 1900년 6월 21일, LTR, 2:1337에서 인용.

4 Mark Sullivan, Our Times: The United States, 1900-1925, Vol. 2: America Finding Herself (New York: Charles Scribner's Sons, 1927), p. 392.

5 New York Tribune, Sept. 17, 1901.

6 Rixey, Bamie, p. 172.

7   David S. Barry, Forty Years in Washington (Boston: Little Brown, 1964), p. 268.

8   Sullivan, Our Times: America Finding Herself, Vol. 2, p. 399.

9   Walter Wellman, "The Progress of the World," American Monthly Review of Reviews (Oct. 1902).

10   Joseph P. McKerns, "The 'Faces' of John Mitchell: News Coverage of the Great Anthracite Strike of 1902 in the Regional and National Press," in The "Great Strike": Perspectives on the 1902 Anthracite Coal Strike (Easton, Penn.: Canal History & Technology Press, 2002), p. 29.

11   TR이 Carl Schurz에게, 1903년 12월 24일, LTR, 3:379-80.

12   Joseph Gowaskie, "John Mitchell and the Anthracite Strike of 1902," in The "Great Strike," p. 129.

13   Robert J. Cornell, The Anthracite Coal Strike of 1902 (Washington, D.C.: Catholic University of America, 1957), p. 92.

14   Walter Wellman, "The Inside History of the Coal Strike," Collier's, Oct. 18, 1902, p. 7.

15   Cornell, The Anthracite Coal Strike of 1902, p. 94.

16   Lincoln Steffens, "A Labor Leader of Today: John Mitchell and What He Stands For," McClure's (Aug. 1902), p. 355.

17   TR이 Lodge에게, 1902년 9월 30일, in Lodge, Selections from the Correspondence of Theodore Roosevelt and Henry Cabot Lodge, Vol. 1, p. 535.

18   TR이 Marcus Hanna에게, 1902년 9월 27일, LTR, 3:329-30.

19   TR, An Autobiography, pp. 362, 365.

20   앞의 책, p. 357.

21   앞의 책, p. 464.

22   Riis, Theodore Roosevelt, the Citizen, p. 375.

23   Carroll D. Wright, "Report to the President on Anthracite Coal Strike" (Nov. 1902), Bulletin: Department of Labor, No. 43, p. 1147. (이후 Wright Report.)

24   앞의 책.

25   Defiance Express, June 27, 1902.

26   Literary Digest, June 21, 1902, p. 826.

27   Riis, Theodore Roosevelt, the Citizen, p. 373.

28 Jonathan Grossman, "The Coal Strike of 1902—Turning Point in U.S. Policy," Monthly Labor Review, Oct. 10, 1975, p. 23.

29 Richard G. Healey, "Disturbances of the Peace: The Operators' View of the 1902 Anthracite Coal Strike," in The "Great Strike," p. 100.

30 Wright Report, p. 1151.

31 앞의 책, pp. 1166-67.

32 Grossman, "The Coal Strike of 1902—Turning Point in U.S. Policy," p. 23.

33 Philander Knox to TR, Aug. 23, 1902, Theodore Roosevelt Papers. Library of Congress Manuscript Division. http://www.theodorerooseveltcenter.org/Research/Digital-Library/Record?libID=039143. Theodore Roosevelt Digital Library. Dickinson State University.

34 Literary Digest, Aug. 9, 1902, p. 152.

35 TR, An Autobiography, pp. 470-72.

36 Nathan Miller, The Roosevelt Chronicles, (New York: Doubleday, 1979), p. 117.

37 TR이 John Hay에게, 1902년 7월 22일, LTR, 3:300.

38 TR이 William Allen White에게, 1902년 10월 6일, LTR, 3:343.

39 AL이 John Hay에게, 1902년 7월 22일, LTR, 3:300.

40 Edmund Morris, Theodore Rex (New York: Modern Library, 2001), p. 134.

41 NYT, July 31, 1902.

42 New York Tribune, July 31, 1902.

43 앞의 책.

44 TR이 Robert Bacon에게, 1902년 10월 5일, LTR, 3:340.

45 McKerns, "The 'Faces' of John Mitchell," p. 39.

46 Morris, Theodore Rex, p. 135.

47 Literary Digest, August 2, 1902.

48 TR이 Philander Chase Knox에게, 1902년 8월 21일, LTR, 3:323.

49 Ray Stannard Baker, "The Great Northern Pacific Deal," Collier's, Nov. 30, 1901.

50 New York Herald, Feb. 20, 1902.

51 Bishop, Theodore Roosevelt in His Own Time, Vol. 1, pp. 184-85.

52 앞의 책.

53 Owen Wister, Roosevelt: The Story of a Friendship, 1880-1919 (New York:

Macmillan, 1930), p. 210.

54 Philander C. Knox가 TR에게, 1902년 8월 23일, Theodore Roosevelt Digital Library, Dickinson State University, http://www.theodoreroosceveltcenter. org/Research/Digital-Library/Record?libID=o39143.

55 Wright Report, p. 1192.

56 앞의 책, p. 1212.

57 The Daily Times (New Brunswick, N.J.), Aug. 27, 1902.

58 Galveston Daily News, Aug. 24, 1902.

59 TR이 John Hay에게, 1903년 8월 9일, LTR, 3:549.

60 Boston Globe, Aug. 26, 1902.

61 Leroy Dorsey, "Reconstituting the American Spirit: Theodore Roosevelt's Rhetorical Presidency," PhD diss., Indiana University, 1993, pp. 181-82.

62 Allen C. Guelzo, " 'Public Sentiment Is Everything': Abraham Lincoln and the Power of Public Opinion," in Lucas E. Morel, ed., Lincoln and Liberty: Wisdom for the Ages (Lexington: University Press of Kentucky, 2014), p. 171.

63 Little Falls Herald, Sept. 5, 1902.

64 The World (New York), Sept. 4, 1902.

65 앞의 책.

66 The World (New York), Sept. 25, 1902.

67 TR이 Orville Platt에게, 1902년 10월 2일, LTR, 3:335.

68 TR이 Winthrop Murray Crane에게, 1902년 10월 22일, LTR, 3:360.

69 TR이 Carl Schurz에게, 1903년 12월 24일, LTR, 3:679.

70 Seth Low가 TR에게 보낸 전보, Theodore Roosevelt Papers. Library of Congress Manuscript Division. http://www.theodoreroosceveltcenter.org/ Research/Digital-Library/Record?libID=o284062. Digital Library, Dickinson State University.

71 New York Tribune, Sept. 27, 1902.

72 앞의 책.

73 TR이 Crane에게, 1902년 10월 22일, LTR, 3:360.

74 앞의 책.

75 Morris, Theodore Rex, p. 151.

76 Cornell, The Anthracite Coal Strike of 1902, p. 176.

77   TR이 Crane에게, 1902년 10월 22일, LTR, 3:360.

78   TR이 John Mitchell에게, 1902년 10월 1일, LTR, 3:334.

79   Walter Wellman, "The Inside History of the Great Coal Strike," Collier's Weekly, Oct. 18, 1902, p. 6.

80   Cornell, The Anthracite Coal Strike of 1902, p. 180.

81   Sullivan, Our Times: America Finding Herself, Vol. 2, p. 430.

82   The World (New York), Oct. 4, 1902.

83   앞의 책.

84   앞의 책.

85   Letter from TR이 Seth Low에게 썼지만 발송하지 않은 편지. Theodore Roosevelt Papers. Library of Congress Manuscript Division. http://www.theodorerooseveltcenter.org/Research/Digital-Library/Record?libID=0266115. Digital Library, Dickinson State University.

86   The World (New York), Oct. 4, 1902.

87   Public Policy, Oct. 25, 1902, p. 261.

88   앞의 책.

89   Theodore Roosevelt to Mark Hanna, October 3, 1902, container 77, Theodore Roosevelt Jr. Papers, LC.

90   Morris, Theodore Rex, p. 160.

91   The World (New York), Oct. 4, 1902.

92   TR이 Crane에게, 1902년 10월 22일, LTR, 3:360.

93   TR이 Robert Bacon에게, 1902년 10월 5일, LTR, 3:340.

94   Morris, Theodore Rex, p. 160.

95   The World (New York), Oct. 4, 1902.

96   TR, An Autobiography, p. 466.

97   TR이 Mark Hanna에게, 1902년 10월 3일, LTR, 3:337.

98   The Independent [New York City], Oct. 30, 1902, p. 2563.

99   Washington Times, Oct. 4, 1904.

100   Plain Dealer (Cleveland), Oct. 17, 1902, Public Policy, Nov. 15, 1902, p. 315에서 인용.

101   The Outlook, Oct. 11, 1902, p. 345.

102   The World (New York), Oct. 4, 1902.

103 Baer가 W. I. Clark에게, 1902년 7월 17일, Cornell, The Anthracite Coal Strike of 1902, p. 170에서 인용.

104 Boston Watchman, Sullivan, Our Times: America Finding Herself, Vol. 2, p. 426에서 인용.

105 Washington Times, Oct. 4, 1904.

106 TR이 Henry Beach Needham에게, 1905년 7월 19일, LTR, 4:1280.

107 TR이 Kermit Roosevelt에게, 1904년 3월 5일, LTR, 4:744.

108 TR이 Herbert Putnam에게, 902년 10월 6일, LTR, 3:343.

109 TR이 George Frisbie Hoar에게, 1902년 10월 8일, LTR, 3:344.

110 TR이 Crane에게, 1902년 10월 22일, LTR, 3:362.

111 TR이 Crane에게, 1902년 10월 22일, LTR, 3:362.

112 앞의 책.

113 TR, An Autobiography, p. 476.

114 The American Monthly Review of Reviews (Nov. 1902).

115 Chicago Record-Herald, Oct. 5, 1902.

116 The World (New York), Oct. 4, 1902.

117 TR이 Crane에게, 1902년 10월 22일, LTR, 3, p. 361.

118 Morris, Theodore Rex, p. 164.

119 Sullivan, Our Times: America Finding Herself, Vol. 2, p. 437.

120 TR이 Crane에게, 1902년 10월 22일, LTR, 3:362-63.

121 Morton Gitelman, "The Evolution of Labor Arbitration," DePaul Law Review (Spring-Summer 1960), p. 182.

122 TR, An Autobiography, p. 474.

123 Sullivan, Our Times: America Finding Herself, Vol. 2, p. 436.

124 TR, An Autobiography, p. 475.

125 Sullivan, Our Times: America Finding Herself, Vol. 2, p. 437.

126 Cornell, The Anthracite Coal Strike of 1902, p. 211.

127 Walter Wellman, "The Settlement of the Coal Strike," American Monthly Review of Reviews (Nov. 1902).

128 The American, Oct. 6, 1900, p. 485.

129 Sullivan, Our Times: America Finding Herself, Vol. 2, p. 437.

130 James E. Watson in Wood, Roosevelt as We Knew Him, p. 112.

131 TR, An Autobiography, pp. 475-76.

132 앞의 책, p. 473.

133 Root가 TR에게, 1902년 10월 11일, Philip C. Jessup, Elihu Root, 2 vols. (New York: Dodd, Mead, 1938), Vol. 1, p. 275에서 인용.

134 Wright Report, p. 1177.

135 Jessup, Elihu Root, Vol. 1, p. 276.

136 Operators statement," Oct. 14, 1902, Sullivan, Our Times: America Finding Herself, Vol. 2, p. 440에서 인용.

137 Jessup, Elihu Root, Vol. 1, p. 276.

138 TR Morris, Theodore Rex, p. 167에서 인용.

139 TR, An Autobiography, pp. 468-69.

140 Bisbee [Arizona] Daily News, Oct. 21, 1902; Butler County [Hamilton, Ohio] Democrat, Oct 23, 1902; New York Tribune, Oct. 22, 1902.

141 SEP, April 4, 1903, p. 4.

142 Public Opinion, Oct. 23, 1902.

143 Carroll D. Wright가 Dr. Graham Brooks에게, 1902년 10월 18일, Jonathan Grossman, "The Coal Strike of 1902—Turning Point in U.S. Policy," Monthly Labor Review, Oct. 10, 1975, p. 25에서 인용.

144 TR이 J. P. Morgan에게, 1902년 10월 16일, LTR, 3:353.

145 TR이 ARC에게, 1902년 10월 16일, in TR, Letters from Theodore Roosevelt to Anna Roosevelt Cowles, p. 252.

146 Lewis Gould, The Presidency of Theodore Roosevelt (New York: Oxford University Press, 2012), p. 71.

147 Riis, Theodore Roosevelt, the Citizen, p. 378.

148 Sullivan, Our Times: America Finding Herself, Vol. 2, p. 445.

149 Morris, Theodore Rex, p. 169.

150 TR이 Crane에게, 1902년 10월 22일, LTR, 3:359.

151 앞의 책, p. 362.

152 Thayer, Theodore Roosevelt, pp. 245-46.

153 TR, Addresses and Presidential Messages of Theodore Roosevelt, 1902-1904 (New York: G. P. Putnam's Sons [The Knickerbocker Press], 1904), p. 165.

154 TR이 Mark Hanna에게, 1902년 10월 3일, LTR, 3:337.

155 Sewall, Bill Sewall's Story of Theodore Roosevelt, p. 112.

⑪ 희생의 리더십

1   Perkins, The Roosevelt I Knew, p. 203.

2   앞의 책, p. 174.

3   Alonzo Hamby, Man of Destiny: FDR and the Making of the American Century (New York: Basic Books, 2015), pp. 169-70.

4   Eric Goldman, Rendezvous with Destiny: A History of Modern American Reform (Chicago: Ivan R. Dee, 2001), p. 323.

5   Robert E. Sherwood, Roosevelt and Hopkins: An Intimate History (New York: Harper & Brothers, 1948), p. 40.

6   앞의 책, p. 39.

7   Jonathan Alter, The Defining Moment: FDR's Hundred Days and the Triumph of Hope (New York: Simon & Schuster, 2006), p. 61.

8   Leuchtenburg, Franklin D. Roosevelt and the New Deal, 1932-1940, p. 39.

9   Alter, The Defining Moment, p. 1.

10 FDR, "Introduction," PPA, 2:3.

11 Adam Cohen, Nothing to Fear: FDR's Inner Circle and the Hundred Days That Created Modern America (New York: Penguin, 2009), p. 15.

12 앞의 책, p. 16.

13 NYT, March 19, 1933.

14 Louise Van Voorhis Armstrong, We Too Are the People (Boston: Little, Brown, 1938), p. 50.

15 Ernest Sutherland Bates, The Story of the Congress, 1789-1935 (New York: Harper & Brothers, 1936), p. 408.

16 James A. Farley, Jim Farley's Story: The Roosevelt Years (New York: McGraw-Hill, 1948), p. 36.

17 "National Affairs: We Must Act," Time, March 13, 1933, p. 11.

18 Rosenman, Working with Roosevelt, p. 91.

19 FDR, "Introduction," PPA, 2:13-14.

20 Henrietta McCormick Hull, A Senator's Wife Remembers: From the Great Depression to the Great Society (Montgomery, Ala.: New South Books, 2010), p. 34.

21 Frank Freidel, Franklin D. Roosevelt: Launching the New Deal (Boston: Little, Brown, 1952), p. 202.

22 FDR, "Inaugural Address," March 4, 1933, PPA, 2:11.

23 앞의 책, pp. 11-12.

24 앞의 책, p. 13.

25 앞의 책, p. 15.

26 TR, An Autobiography, p. 464.

27 FDR, "Inaugural Address," March 4, 1933, PPA, 2:15.

28 NYT, March 5, 1933.

29 James A. Farley, Behind the Ballots: The Personal History of a Politician (New York: Harcourt, Brace, 1938), p. 209.

30 NYT, March 5, 1933.

31 Farley, Behind the Ballots, p. 209.

32 FDR, "The President Proclaims a Bank Holiday. Gold and Silver Exports and Foreign Exchange Transactions Prohibited. Proclamation No. 2039," March 6, 1933, PPA, 2:26, note.

33 Franklin D. Roosevelt, On Our Way (New York: John Day, 1934), p. 3.

34 FDR, "The President Proclaims a Bank Holiday. Gold and Silver Exports and Foreign Exchange Transactions Prohibited. Proclamation No. 2039," March 6, 1933, PPA, 2:28.

35 Katie Louchheim, ed., The Making of the New Deal: The Insiders Speak (Cambridge, Mass.: Harvard University Press, 1983), p. 121.

36 Freidel, Launching the New Deal, p. 206.

37 Louchheim, ed., The Making of the New Deal, p. 121.

38 Oelwein Daily Register (Iowa), March 11, 1933.

39 NYT, March 19, 1933.

40 Southwest Times (Pulaski, Va.), March 10, 1933.

41 Alter, The Defining Moment, p. 235.

42 Fenster, FDR's Shadow, p. 216.

43 Rosenman, Working with Roosevelt, p. 37.

44 Freidel, Launching the New Deal, p. 215.

45 NYT, March 19, 1933.

46 앞의 책.

47 NYT, Nov. 20, 1932.

48 NYT, March 19, 1933.

49 Perkins, The Roosevelt I Knew, p. 144.

50 Cohen, Nothing to Fear, p. 199.

51 Perkins, The Roosevelt I Knew, pp. 145-46.

52 Perkins, Part 1, Session 1, p. 75, OHRO/CUL.

53 Cohen, Nothing to Fear, p. 73.

54 앞의 책, p. 76.

55 Arthur M. Schlesinger, The Age of Roosevelt, Vol. 2: The Coming of the
    New Deal, 1933.1935 (New York: Mariner, 2003), p. 6.

56 Freidel, Launching the New Deal, pp. 214-15.

57 FDR, "Inaugural Address," March 4, 1933, PPA, 2:12.

58 Cohen, Nothing to Fear, p. 67.

59 FDR, On Our Way, p. 8.

60 Raymond Moley, The First New Deal (New York: Harcourt, Brace & World,
    1966), p. 191.

61 앞의 책, p. 177.

62 Schlesinger, The Coming of the New Deal, p. 7.

63 George C. Edwards, The Strategic President: Persuasion and Opportunity in
    Presidential Leadership (Princeton: Princeton University Press, 2009), p. 114.

64 Schlesinger, The Coming of the New Deal, p. 4.

65 NYT, March 10, 1933.

66 FDR, "Recommendation to the Congress for Legislation to Control
    Resumption of Banking," March 9, 1933, PPA, 2:45-46.

67 Cohen, Nothing to Fear, p. 79.

68 Edwards, The Strategic President, p. 112.

69 NYT, March 10, 1933.

70 Elmer E. Cornwell Jr., Presidential Leadership of Public Opinion (Bloomington:
    Indiana University Press, 1965), p. 143.

71 James E. Sargent, Roosevelt and the Hundred Days: Struggle for the Early
    New Deal (New York: Garland, 1981), p. 100.

72   Anthony J. Badger, FDR: The First Hundred Days (New York: Hill & Wang, 2008), p. 40.

73   NYT, March 9, 1933.

74   FDR, "The First Press Conference," March 8, 1933, PPA, 2:32.

75   Steffens, The Autobiography of Lincoln Steffens, Vol. 2, p. 509.

76   Smith, FDR, p. 310.

77   FDR, "The First Press Conference," March 8, 1933, PPA, 2:32.

78   Schlesinger, The Coming of the New Deal, p. 561.

79   FDR, "The First Press Conference," March 8, 1933, PPA, 2:30.

80   FDR, "Press Conference of President Franklin D. Roosevelt, 1933-1945," March 10, 1933, Digital Collection, FDRL.

81   Cohen, Nothing to Fear, p. 78.

82   NYT, March 12, 1933.

83   Freidel, Launching the New Deal, p. 215.

84   Amos Kiewe, FDR's First Fireside Chat: Public Confidence and the Banking Crisis (College Station: Texas A&M University Press, 2007), p. 82.

85   Perkins, The Roosevelt I Knew, pp. 69-70.

86   Rosenman, Working with Roosevelt, p. 92.

87   FDR, "The First 'Fireside Chat'. An Intimate Talk with the People of the United States on Banking," March 11, 1933, PPA, 2:61.

88   AL, "A House Divided Speech, Springfield, Ill.," June 16, 1858, CW, 2:461.

89   FDR, "The First 'Fireside Chat,' " 2:61-64.

90   앞의 책, 2:63-65.

91   The News Herald [Spencer, Ill.], May 12, 1933.

92   Olean [NY] Times Herald, March 15, 1933.

93   Chicago Tribune, May 14, 1933, quoted in William L. Silber, "Why Did FDR's Bank Holiday Succeed?," Federal Reserve Bank of New York Economic Policy Review (July 2009), p. 27.

94   NYT, March 14, 1933.

95   San Antonio Express, March 15, 1933.

96   Silber, "Why Did FDR's Bank Holiday Succeed?," p. 27.

97   Kiewe, FDR's First Fireside Chat, p. 9.

98 FDR, "Introduction," 1933, PPA, 2:3-4.

99 FDR, On Our Way, pp. 35, x.

100 FDR, "Introduction," PPA, 2:5.

101 앞의 책, PPA, 2:6.

102 Moley, After Seven Years, p. 189.

103 FDR, "The Second 'Fireside Chat'. 'What We Have Been Doing and What We Are Planning to Do,'" May 7, 1933, PPA, 2:160, 164.

104 FDR, "Introduction," 1933, PPA, 2:6.

105 Perkins, The Roosevelt I Knew, p. 165.

106 FDR, "Three Essentials for Unemployment Relief (C.C.C., F.E.R.A., P.W.A.)," March 21, 1933, PPA, 2:82.

107 Schlesinger, The Coming of the New Deal, p. 534.

108 Tonya Bolden, FDR's Alphabet Soup: New Deal America, 1932-1939 (New York: Alfred A. Knopf, 2010)을 참조할 것.

109 Fred I. Greenstein, The Presidential Difference: Leadership Styles from FDR to Clinton (New York: Free Press, 2000), p. 24.

110 NYT, March 21, 1933.

111 FDR, "Three Essentials for Unemployment Relief (C.C.C., F.E.R.A., P.W.A.)," March 21, 1933, PPA, 2:80, note.

112 앞의 책, p. 81.

113 Cohen, Nothing to Fear, p. 210.

114 앞의 책, p. 219.

115 Alter, The Defining Moment, p. 293.

116 Cohen, Nothing to Fear, p. 209.

117 Alter, The Defining Moment, p. 293.

118 FDR, "The Civilian Conservation Corps Is Started. Executive Order No. 6101," April 5, 1933, PPA, 2:110, note.

119 Schlesinger, The Coming of the New Deal, p. 339.

120 Cohen, Nothing to Fear, p. 225.

121 FDR, "Three Essentials for Unemployment Relief (C.C.C., F.E.R.A., P.W.A.)," March 21, 1933, PPA, 2:81, note.

122 Schlesinger, The Coming of the New Deal, p. 339.

123 FDR, "Three Essentials for Unemployment Relief," March 21, 1933, PPA, 2:80.

124 FDR, "The Thirteenth Press Conference," April 19, 1933, PPA, 2:139.

125 Rosenman, Working with Roosevelt, p. 63.

126 Schlesinger, The Coming of the New Deal, pp. 534-35.

127 앞의 책. p. 535.

128 Tully, F.D.R. My Boss, p. 170.

129 Schlesinger, The Coming of the New Deal, p. 540.

130 앞의 책, p. 536.

131 Harold Ickes, The Autobiography of a Curmudgeon (New York: Quadrangle, 1969), p. x.

132 Sherwood, Roosevelt and Hopkins, p. 29.

133 Cohen, Nothing to Fear, p. 268.

134 Sherwood, Roosevelt and Hopkins, p. 29.

135 NYT, Nov. 19, 1933.

136 Cohen, Nothing to Fear, pp. 267-68.

137 Perkins, The Roosevelt I Knew, p. 179.

138 1935년 8월 23일 일기, Harold L. Ickes, The Secret Diary of Harold L. Ickes: The First Thousand Days, 1933.36 (New York: Simon & Schuster, 1953), Vol. 1, p. 423에서 인용.

139 Arthur M. Schlesinger Jr., The Age of Roosevelt: The Politics of Upheaval, 1935-36 (New York: Mariner, 2003), p. 351.

140 NYT, Sept. 11, 1935.

141 Cohen, Nothing to Fear, p. 112.

142 Sherwood, Roosevelt and Hopkins, p. 71.

143 1935년 10월 27일 일기, in Ickes, The Secret Diary of Harold L. Ickes, Vol. 1, p. 449.

144 Sherwood, Roosevelt and Hopkins, p. 79.

145 앞의 책., pp. 78-79.

146 Schlesinger, The Coming of the New Deal, p. 525.

147 앞의 책.

148 FDR, "New Means to Rescue Agriculture. The Agricultural Adjustment Act," March 16, 1933, PPA, 2:77, note.

149 Asbell, The F.D.R. Memoirs, p. 84.

150 Stiles, The Man behind Roosevelt, p. 249.

151 ER, radio speech for Pond's Co. (March 3, 1933), ER, Speeches and Articles, Box 3, FDRL.

152 Richard Lowitt and Maurine Beasley, eds., One Third of a Nation: Lorena Hickok Reports on the Great Depression (Urbana: University of Illinois Press, 2000), p. xxiii.

153 Elliott Roosevelt and James Brough, A Rendezvous with Destiny: The Roosevelts in the White House (New York: G. P. Putnam's Sons, 1975), p. 71.

154 ER, This I Remember, p. 125.

155 Frances Perkins의 인터뷰, Graff Papers, FDRL.

156 Perkins, The Roosevelt I Knew, p. 70.

157 Lash, Eleanor and Franklin, pp. 383-84.

158 FDR, "Informal Extemporaneous Remarks to the New Jersey State Emergency Council," Jan. 18, 1936, PPA, 5:60.

159 Perkins, The Roosevelt I Knew, p. 153.

160 FDR, "The Second 'Fireside Chat': What We Have Been Doing and What We Are Planning to Do," May 7, 1933, PPA, 2:165.

161 Rosenman, Working with Roosevelt, p. 36.

162 FDR, "Introduction," PPA, 2:4.

163 FDR, On Our Way, p. 44.

164 Cohen, Nothing to Fear, p. 151.

165 Moley, The First New Deal, p. 315.

166 Joplin Globe (Missouri), March 30, 1933.

167 Schlesinger, The Coming of the New Deal, p. 464.

168 "The President insisted upon Federal Supervision of the Sale of Securities," March 26, 1934, PPA, 4:169.

169 Cohen, Nothing to Fear, p. 277.

170 Graham and Wander, eds., Franklin D. Roosevelt, p. 132.

171 Anthony J. Mayo and Nitin Nohria, In Their Time: The Greatest Business Leaders of the Twentieth Century (Cambridge, Mass.: Harvard Business Review Press, 2005), p. 108.

172 Milton Friedman and Anna J. Schwartz, quoted in Moley, The First New Deal, p. 320.

173 Perkins, The Roosevelt I Knew, p. 156.

174 Sherwood, Roosevelt and Hopkins, p. 73.

175 Perkins, The Roosevelt I Knew, p. 155.

176 FDR, "A Letter of Appreciation to the Congress," June 16, 1933, PPA, 2:256.

177 Irving Holley Jr., Buying Aircraft: Materiel Procurement for the Armed Forces (Washington, D.C.: Office of the Chief of Military History, 1964), p. 228.

178 NYT, Feb. 24, 1942.

179 Rosenman, Working with Roosevelt, p. 92.

⑫ 비전의 리더십

1 Caro, The Passage of Power, p. 353.

2 LBJ, VP, pp. 12, 18.

3 앞의 책, p. 172.

4 Goldman, The Tragedy of Lyndon Johnson, p. 26.

5 DKG/LBJ Conversations.

6 Walter Heller, quoted in Evans and Novak, Lyndon B. Johnson, p. 360.

7 Harry McPherson and Jack Valenti과의 토론, "Achilles in the White House," Wilson Quarterly (Spring 2000), p. 90.

8 Jack Valenti, "Lyndon Johnson: An Awesome Engine of a Man," in Thomas W. Cowger and Sherwin J. Markman, eds., Lyndon Johnson Remembered: An Intimate Portrait of a Presidency (Lanham, Md.: Rowman & Littlefield, 2003), p. 37.

9 Caro, The Path to Power, p. 82.

10 Merle Miller, Lyndon, p. 325.

11 Caro, The Passage of Power, p. 426.

12 LBJ, VP, p. 3.

13 Life, Dec. 13, 1963, p. 4.

14 LBJ, VP, p. 21.

15 앞의 책, p. 35.

16 Caro, The Passage of Power, p. 435.

17 DKG/LBJ Conversations.

18 Merle Miller, Lyndon, p. 337.

19 LBJ, "Address before the Joint Session of Congress," Nov. 27, 1963, PPP, 1:8, 10.

20 San Antonio Express, Dec. 1, 1963.

21 FDR, Inaugural Address, March 4, 1933, PPA, 2:12, 11.

22 LBJ, "Address before the Joint Session of Congress," Nov. 27, 1963, PPP, 1:9.

23 Anniston Star (Ala.), Dec. 1, 1963.

24 Sheboygan Press (Wisc.), Nov. 29, 1963.

25 Caro, The Passage of Power, p. 433.

26 Anniston Star (Ala.), Dec. 1, 1963.

27 PRLBJ, Vol. 2, pp. 38-39.

28 앞의 책, p. 123.

29 Caro, The Passage of Power, p. 475.

30 앞의 책, p. 476.

31 Jack Valenti, A Very Human President (New York: Pocket Books, 1977), p. 153.

32 앞의 책, pp. 153-54.

33 PRLBJ, Vol. 1: pp. 167-68.

34 Caro, The Passage of Power, p. 423.

35 LBJ, VP, p. 36.

36 Globe Gazette (Mason City, Iowa), Aug. 17, 1964.

37 Caro, The Passage of Power, p. 482.

38 PRLBJ, Vol. 2, p. 371.

39 Edwards, The Strategic President, p. 122.

40 PRLBJ, Vol. 3, p. 855.

41 앞의 책, p. 878.

42 앞의 책, p. 886.

43 PRLBJ, Vol. 4, p. 159.

44 PRLBJ, Vol. 2, p. 373.

45 PRLBJ, Vol. 4, pp. 291-96.

46 Dallek, Flawed Giant, p. 74.

47 Phillips, Lincoln on Leadership, p. 158.

48 LBJ, VP, pp. 153-54.

49 Merle Miller, Lyndon, p. 367.

50 Nick Kotz, Judgment Days: Lyndon Baines Johnson, Martin Luther King Jr., and the Laws That Changed America (New York: Houghton Mifflin, 2005), p. 22.

51 LBJ, VP, p. 157.

52 앞의 책, p. 37.

53 앞의 책, p. 38.

54 앞의 책, p. 157.

55 Caro, The Passage of Power, p. 90.

56 NYT, Dec. 3, 1963.

57 Caro, The Passage of Power, p. 491.

58 앞의 책, p. 490.

59 PRLBJ, Vol. 1, p. 381.

60 Merle Miller, Lyndon, p. 411.

61 PRLBJ, Vol. 1, p. 301.

62 Todd S. Purdum, An Idea Whose Time Has Come: Two Presidents, Two Parties, and the Battle for the Civil Rights Act of 1964 (New York: Henry Holt, 2015), p. 176.

63 PRLBJ, Vol. 1, p. 263.

64 Purdum, An Idea Whose Time Has Come, p. 164.

65 PRLBJ, Vol. 1, p. 71.

66 앞의 책., p. 382.

67 PRLBJ, Vol. 2, p. 43.

68 William Pool, Dec. 8, 1963.

69 앞의 책.

70 Purdum, An Idea Whose Time Has Come, p. 166.

71 NYT, Dec. 8, 1963.

72 LBJ, VP, p. 28.

73 앞의 책. p. 157.

74 Harry McPherson and Jack Valenti과의 토론, "Achilles in the White House," Wilson Quarterly (Spring 2000), p. 94.

75 LBJ, VP, p. 157.

76   William E. Leuchtenburg, The White House Looks South: Franklin D. Roosevelt, Harry S. Truman, Lyndon B. Johnson (Baton Rouge: Louisiana State University Press, 2005), p. 303.

77   LBJ, "Remarks in Atlanta at a Breakfast of the Georgia Legislature," May 8, 1964, PPP, 1:648.

78   NYT, Jan. 12, 1964.

79   LBJ, VP, p. 15.

80   Lake Charles American Press [La.], April 7, 1964.

81   Merle Miller, Lyndon, p. 368.

82   Kotz, Judgment Days, p. 122.

83   Robert D. Loevy, ed., The Civil Rights Act of 1964: The Passage of the Law That Ended Racial Segregation (Albany: State University of New York Press, 1997), p. 82.

84   앞의 책, p. 68.

85   DKG/LBJ Conversations.

86   Kotz, Judgment Days, p. 115.

87   PRLBJ, Vol. 6, p. 696.

88   PRLBJ, Vol. 3, p. 192.

89   Kotz, Judgment Days, p. 117.

90   PRLBJ, Vol. 6, p. 662.

91   Joseph A. Califano Jr., The Triumph & Tragedy of Lyndon Johnson: The White House Years (New York: Touchstone, 2015), p. xxvi.

92   Kotz, Judgment Days, p. 136.

93   PRLBJ, Vol. 6, p. 696.

94   Jefferson City Daily Capital News (Missouri), May 20, 1964.

95   Purdum, An Idea Whose Time Has Come, p. 316.

96   Richard A. Arenberg and Robert B. Dove, Defending the Filibuster: The Soul of the Senate (Bloomington: Indiana University Press, 2012), p. 65.

97   Merle Miller, Lyndon, p. 369.

98   NYT, July 3, 1964.

99   LBJ, VP, p. 160.

100   LBJ, "Remarks at the University of Michigan," May 22, 1964, PPP, 1:407.

101 LBJ, VP, p. 104.

102 DKG/LBJ Conversations.

103 "Remarks before the National Convention upon Accepting the Nomination," Aug. 27, 1964, PPP, 1964, 2:1010, 1012.

104 LBJ, VP, pp. 326-27.

105 앞의 책, p. 327.

106 Evans and Novak, Lyndon B. Johnson, pp. 514-15.

107 Merle Miller, Lyndon, p. 408.

108 DKG/LBJ Conversations.

109 Greenstein, The Presidential Difference, p. 88.

110 DKG/LBJ Conversations.

111 앞의 책.

112 LBJ, VP, pp. 447-48.

113 Post-Herald and Register (Beckley, W. V.), Oct. 24, 1965.

114 DKG/LBJ Conversations.

115 Goldman, The Tragedy of Lyndon Johnson, p. 60.

116 Michael Beschloss, ed., Reaching for Glory: Lyndon Johnson's Secret White House Tapes, 1964.65 (New York: Touchstone, 2001), p. 159.

117 LBJ, VP, p. 161.

118 Califano, The Triumph & Tragedy of Lyndon Johnson, p. 44.

119 Independent Press Telegram (Long Beach, Calif.), March 14, 1965.

120 LBJ, VP, p. 162.

121 앞의 책, p. 228.

122 앞의 책, p. 161.

123 Kotz, Judgment Days, p. 303.

124 LBJ, VP, p. 163.

125 "Special Message to the Congress: The American Promise," March 15, 1965, PPP, 1965, 1:281, 284.

126 Richard Goodwin, Remembering America: A Voice from the Sixties (New York: Little, Brown, 1988), p. 334.

127 PRLBJ, Vol. 1, p. 285.

128 앞의 책, p. 286.

129 DKG/LBJ Conversations.

130 Richard Goodwin, Remembering America, p. 237.

131 Daniel S. Lucks, Selma to Saigon: The Civil Rights Movement and the Vietnam War (Lexington: University Press of Kentucky, 2014), p. 142.

132 LBJ, VP, p. 212.

133 DKG, LJAD, p. 250.

134 NYT, July 31, 1965.

135 LBJ, "Remarks in the Capitol Rotunda at the Signing of the Voting Rights Act," Aug. 6, 1965, PPP, 2:840-42.

136 Hamilton Daily News Journal (Ohio), Oct. 23, 1965.

137 NYT, Oct. 25, 1965.

138 Hamilton Daily News Journal (Ohio), Oct. 23, 1965.

139 Independent Press Telegram (Long Beach, Calif.), March 14, 1965.

140 Geoffrey C. Ward and Ken Burns, The Vietnam War: An Intimate History (New York: Alfred A. Knopf, 2017), p. 104.

141 David Halberstam, The Best and the Brightest (New York: Ballantine, 1993).

142 Goldman, The Tragedy of Lyndon Johnson, p. 404.

143 LBJ, "Address at Johns Hopkins: 'Peace without Conquest,' " April 7, 1965, PPP, 1: 397.

144 LBJ, VP, p. 281.

145 DKG/LBJ Conversations.

146 Shakespeare, Henry IV, Part 2.

147 LBJ, VP, p. 157.

148 앞의 책, p. 426.

149 Oakland Tribune, April 1, 1968.

150 Roscoe Drummond, quoted in Fairbanks Daily News-Miner (Alaska), April 6, 1968.

151 Oakland Tribune, April 1, 1968.

152 NYT, April 12, 1968.

153 Winona [Minn.] Daily News, April 2, 1968.

◆ **에필로그. 죽음과 기억에 대하여**

1   DKG/LBJ Conversations.

2   앞의 책.

3   앞의 책.

4   Rosenman, Working with Roosevelt, p. 36.

5   DKG/LBJ Conversations.

6   앞의 책.

7   앞의 책.

8   앞의 책.

9   Hal Rothman, LBJ's Texas White House: "Our Heart's Home" (College Station: Texas A&M University Press, 2001), p. 264.

10 DKG/LBJ Conversations.

11 Leo Janos, "The Last Days of the President: LBJ in Retirement," The Atlantic (July 1973), https://www.theatlantic.com/magazine/archive/1973/07/the-last-days-of-the-president/376281/.

12 DKG/LBJ Conversations.

13 Janos, "The Last Days of the President."

14 DKG/LBJ Conversations.

15 Janos, "The Last Days of the President."

16 Merle Miller, Lyndon, p. 559.

17 앞의 책. p. 560.

18 Hugh Sidey, "The Presidency," Life, Dec. 29, 1972, p. 16.

19 "Lyndon Baines Johnson Civil Rights Symposium Address," December 12, 1972, "American Rhetoric," Online Speech Bank, Lyndon Baines Johnson Library, Austin, TX, http://www.americanrhetoric.com/speeches/lbjfinalspeech.htm.

20 앞의 책.

21 Sidey, "The Presidency," p. 16.

22 DKG/LBJ Conversations.

23 TR이 William Allen White에게, 1906년 11월 28일, LTR, 5:516.

24 TR이 Henry Cabot Lodge에게, 1905년 7월 18일, LTR, 4:1279.

25 TR이 William Howard Taft에게, 1901년 3월 12일, LTR, 3:12.

26 TR이 Cecil Arthur Spring Rice에게, 1905년 7월 24일, LTR, 4:1282-83.

27 Oscar S. Straus, Under Four Administrations: From Cleveland to Taft (Boston: Houghton Mifflin, 1922), p. 251.

28 TR이 Kermit Roosevelt에게, 1904년 11월 10일, LTR, 4:1024.

29 Herman A. Kohlsaat, From McKinley to Harding: Personal Recollections of Our Presidents (New York: Charles Scribner's Sons, 1923), pp. 137-38.

30 TR이 George Trevelyan에게, 1908년 6월 19일, LTR, 6:1089.

31 Kohlsaat, From McKinley to Harding, p. 137.

32 Sewall, Bill Sewall's Story of Theodore Roosevelt, p. 112.

33 Boston Daily Globe, June 19, 1908.

34 Abbott, ed., The Letters of Archie Butt, p. 41.

35 Ray Stannard Baker, Notebook, Dec. 8, 1911, Ray Stannard Baker Papers.

36 Mark Sullivan, Our Times: The United States 1900.1925, Vol. 4: The War Begins (New York: Charles Scribner's Sons, 1927), p. 531.

37 Oscar Davis, Released for Publication: Some Inside Political History of Theodore Roosevelt and His Times, 1889.1919 (Boston: Houghton Mifflin, 1925), pp. 381-82.

38 NYT, Oct. 27, 1912.

39 TR, "Address at Madison Square Garden," Oct. 30, 1912, in Lewis L. Gould, ed., Bull Moose on the Stump: The 1912 Campaign Speeches of Theodore Roosevelt (Lawrence: University Press of Kansas, 2008), p. 187.

40 앞의 책, pp. 191-92.

41 Candice Millard, The River of Doubt: Theodore Roosevelt's Darkest Journey (New York: Broadway Books, 2005), p. 61.

42 Thayer, Theodore Roosevelt, p. 130.

43 TR이 John Callan O'Laughlin에게, 1914월 8월 27일, LTR, 7:813.

44 TR이 Edwin Van Valkenburg에게, 1916년 9월 5일, LTR, 8:1114.

45 TR이 John Callan O'Laughlin에게, 1914년 8월 27일, LTR, 7:813.

46 TR이 Gifford Pinchot에게, 1916년 2월 8일, LTR, 8:1016.

47 TR이 HCL에게, 1886년 8월 10일, LTR, 1:108.

48 Wood, Roosevelt as We Knew Him, p. 480.

49 Wagenknecht, The Seven Worlds of Theodore Roosevelt, p. 247.

50 TR이 Quentin Roosevelt에게, 1917년 9월 1일, LTR, 8:1232.

51 Bishop, Theodore Roosevelt and His Time, Vol. 2, p. 468.

52 Patricia O'Toole, When Trumpets Call: Theodore Roosevelt after the White House (New York: Simon & Schuster, 2005), p. 398.

53 TR, "Eyes to the Front," Metropolitan Magazine (Feb. 1919).

54 CRR, My Brother, Theodore Roosevelt, p. 345.

55 Harbaugh, Power and Responsibility, p. 489.

56 TR, "Eyes to the Front," Metropolitan Magazine (Feb. 1919).

57 Matthew J. Glover, "What Might Have Been: Theodore Roosevelt's Platform for 1920," in Naylor, Brinkley, and Gable, eds., Theodore Roosevelt, p. 489.

58 TR at Banquet of the Iroquois Club, Chicago. May 10, 1905, in TR; Alfred Henry Lewis, ed., A Compilation of the Messages and Speeches of Theodore Roosevelt, 1901. 1905 (Washington, D.C.: Bureau of National Literature and Art, 1906), p. 620.

59 TR, "Fellow Feeling as a Political Factor" (Jan. 1900), WTR, 13:355.

60 New York Tribune, Jan. 9, 1919.

61 DKG, BP, p. 746.

62 TR, "Fellow Feeling as a Political Factor" (Jan. 1900), WTR, 13:355.

63 DKG, NOT, p. 494.

64 FDR의 건강 검진, 앞의 책, pp. 494-95.

65 1944년 3월 28일, transcript, FDRL.

66 NYT, March 29, 1944.

67 NYT, April 5, 1944.

68 Ward, A First-Class Temperament, p. 607.

69 Perkins, The Roosevelt I Knew, p. 374.

70 William D. Hassett, Off the Record with F.D.R. (New Brunswick, N.J.: Rutgers University Press, 1958), p. 239.

71 앞의 책., p. 240.

72 Perkins, The Roosevelt I Knew, p. 374.

73 Margaret Suckley, in Geoffrey C. Ward, Closest Companion: The Unknown Story of the Intimate Friendship between Franklin Roosevelt and Margaret Suckley (New York: Simon & Schuster, 1995), p. 316.

74 앞의 책, p. 316.

75 앞의 책, p. 302.

76 Letter from "B" to "Mom," June 6, 1944, Reminiscences by Contemporaries, FDRL.

77 I. F. Stone, The War Years, 1939.1945 (Boston: Little, Brown, 1990), p. 236.

78 FDR, "The Nine Hundred and Fifty-Fourth Press Conference. D Day," June 6, 1944, PPA, 1:159.

79 DKG, NOT, p. 510.

80 Ward, Closest Companion, p. 254.

81 Rosenman, Working with Roosevelt, p. 394.

82 Perkins, The Roosevelt I Knew, p. 371.

83 Official announcement letter, FDR이 Robert Hannegan에게, 1944년 7월 11일, FDR, PPA, 1944-45, p. 197.

84 Perkins, The Roosevelt I Knew, p. 116.

85 Ward, Closest Companion, p. 340.

86 Perkins, The Roosevelt I Knew, p. 372.

87 DKG, NOT, pp. 573-85.

88 William E. Leuchtenburg, In the Shadow of FDR: From Harry Truman to Barack Obama (Ithaca: Cornell University Press, 2009), p. 7.

89 Anne O'Hare McCormick, " 'His Unfinished Business' and Ours," NYT, April 22, 1945.

90 Frances Perkins, "The Roosevelt I Knew: the War Years," Collier's, Sept. 21, 1946, p. 103.

91 Rosenman, Working with Roosevelt, p. 546.

92 Perkins, The Roosevelt I Knew, p. 380.

93 앞의 책.

94 Sherwood, Roosevelt and Hopkins, p. 880.

95 Elizabeth Shoumatoff, FDR's Unfinished Portrait (Pittsburgh: University of Pittsburgh Press, 1990), p. 108.

96 Ward, Closest Companion, p. 417.

97 Gunther, Roosevelt in Retrospect, p. 80.

98 FDR, Nov. 19, 1939, Oil City Derrick (Penn.), Nov. 20, 1939에서 인용.

99   Anne McCormick, "A Man of the World and the World's Man," NYT, April 14, 1945.

100 Ben Vine, April 13, 1945, "Tributes to the Late President," NYT, April 17, 1945에서 인용.

101 Montgomery C. Meigs Diary, Segal, ed., Conversations with Lincoln, p. 393 에서 인용.

102 O. J. Hollister, The Life of Schuyler Colfax (New York: Funk & Wagnalls, 1886), p. 252.

103 Segal, ed., Conversations with Lincoln, pp. 392-93.

104 Jay Winik, April 1865: The Month That Saved America (New York: Harper Perennial, 2002), p. 208.

105 Gideon Welles, "Lincoln and Johnson," Galaxy (April 1872), p. 526.

106 Winik, April 1865, p. 208.

107 Frederick William Seward, Reminiscences of a War-Time Statesman and Diplomat: 1830.1915 (New York: G.P. Putnam's Sons [Knickerbocker Press], 1916), pp. 256, 255.

108 Carl Sandburg, Abraham Lincoln: The War Years, Vol. 6 (New York: Charles Scribner's Sons, 1943), p. 227.

109 Seward, Reminiscences of a War-Time Statesman, p. 256.

110 Burlingame, Abraham Lincoln, A Life, Vol. 2, p. 806.

111 Tarbell, The Life of Abraham Lincoln, Vol. 4, p. 29.

112 Katherine Helm, The True Story of Mary, Wife of Lincoln (New York: Harper & Brothers, 1928), p. 253.

113 Winik, April 1865, p. 220.

114 Helm, The True Story of Mary, Wife of Lincoln, p. 255.

115 앞의 책, p. 256.

116 Hollister, The Life of Schuyler Colfax, p. 253.

117 Col. William H. Crook; Margarita Spaulding Gerry, ed., Through Five Administrations: Reminiscences of Colonel William H. Crook (New York: Harper & Brothers, 1910), p. 67.

118 Donald, Lincoln, p. 597.

119 AL, "Address before the Young Men's Lyceum of Springfield, Illinois," Jan.

120 Dr. Charles Sabin Taft, The Diary of Horatio Nelson Taft, Vol. 3, Manuscript Division, LC에서 인용.

121 Robert V. Bruce, "The Riddle of Death,", Gabor S. Boritt, ed., The Lincoln Enigma: The Changing Faces of an American Icon (New York: Oxford University Press, 2001), p. 144에서 인용.

122 AL, "To the People of Sangamon County," March 9, 1832, CW, 1:8.

123 AL, "Address before the Young Men's Lyceum of Springfield, Illinois," Jan. 27, 1838, CW, 1:115.

124 AL, "Address Delivered at the Dedication of the Cemetery at Gettysburg," Nov. 19, 1963, [final text], CW, 7:23.

125 AL, "Second Inaugural Address," March 4, 1865, CW, 8:333.

126 Rosenman, Working with Roosevelt, p. 452.

127 Helen Nicolay, Personal Traits of Abraham Lincoln (New York: Century, 1912), p. 258.